D1719226

René Dick

Alliierte Kriegsverbrechen
von 1939 bis 1955

Vorwort

Über die alliierten Kriegsverbrechen zu berichten ist immer ein sehr heikles Thema! Dieses Buch stellt Hinter- und Beweggründe der damaligen Zeit dar und versucht diese neutral zu betrachten. Gewalt erzeugt Gegengewalt und letztendlich eine Gewaltspirale, bei der jeder Jedem versucht die Schuld in die Schuhe zu schieben. Ein Krieg ruft immer die abartigsten Abgründe des Menschen hervor. Doch auch wenn manN sich im Krieg befindet, sollte der Verstand nicht aussetzen. Die Deutschen wollten die Schmach und das Diktat von Versailles wieder rückgängig machen, eine erlesene Rasse und Raum für das eigene Volk erschaffen. Dabei bedienten sie sich den bekannten besonderen „Methoden". Die alliierten Kräfte, verfolgten eigene ideologische Interessen, wie die Errichtung des Bolschewismus und den eigenen Territorialforderungen. Hierbei sei auch erwähnt, daß die USA bis in die 1970er Jahre eine entschiedene Rassenpolitik gegen ihre eigene schwarze Bevölkerung betrieb. Millionen Menschen starben im Gulag. Deutsche Kriegsgefangen wurde hingerichtet, weil einem der „Transport" ins Kriegsgefangenenlager zu umständlich war. Massenvergewaltigungen waren an der Tagesordnung, Ratten wurden in die Kinderwagen deutscher Kinder geworfen, Frauen wurden mit der Brust auf den Tisch festgenagelt, 5 Millionen Männer, Frauen und Kinder starben in der „Obhut" der alliierten Siegermächte und führten zu einem Trauma von 3 Generationen. Ich persönlich mag keine einseitige Berichterstattung vom bösen Deutschen! Wenn schon berichtet wird, dann muss ALLES auf den Tisch! und nicht so ein einseitiges Verschweigen, wie beim Nürnberger (Kriegsverbrecher)- Prozess (aber das ist eine andere Geschichte)! Wenn schon etwas angesprochen wird, dann muss auch alles nach dem Motto: ZDF – Zahlen, Daten, Fakten zum Vorschein gebracht werden! Unverblümt, ungeschminkt und Wahr!

Gewalt

Unter den Begriff **Gewalt** (von althochdeutsch *waltan* – stark sein, beherrschen) fallen Handlungen, Vorgänge und Szenarien, in denen bzw. durch die auf Menschen bzw. Gegenstände beeinflussend, verändernd und/oder schädigend eingewirkt wird. Gemeint ist das Vermögen zur Durchführung einer Handlung, die den inneren bzw. wesentlichen Kern einer Angelegenheit oder Struktur (be)trifft.

Der Begriff der Gewalt und die Bewertung von Gewalt ändert sich im historischen und sozialen Kontext. Auch wird er je nach Zusammenhang (etwa Soziologie, Rechtswissenschaft, Politikwissenschaft u.a.) in unterschiedlicher Weise definiert und differenziert. Im *soziologischen Sinn* ist Gewalt eine Quelle der Macht. Im engeren Sinn wird darunter häufig eine illegitime Ausübung von Zwang verstanden. Im Sinne der *Rechtsphilosophie* ist Gewalt gleichbedeutend mit Macht (englisch *power*, lateinisch *potentia*) oder Herrschaft (lateinisch *potestas*). *Zivilrecht und Strafrecht* basieren auf dem allgemeinen **Gewaltverbot**.

Sprachlicher Zusammenhang

„Gewalt" im Sinne von Walten findet sich wieder in Begriffen wie Staatsgewalt oder Verwaltung. Inhaltliche Anwendung findet der Begriff bei den wissenschaftlichen Disziplinen Staatstheorie, Soziologie und Rechtsphilosophie. Die Definition des Begriffs variiert stark in Abhängigkeit von dem jeweiligen Erkenntnisinteresse. Eine ursprünglich positive Begrifflichkeit ist bei „gewaltige Wirkung" oder „gewaltige Leistung" erkennbar, wenn eine über das übliche Maß hinausgehende Leistung anerkennend beschrieben werden soll. In Begriffen wie Gewaltmonopol des Staates oder Gewaltenteilung wird der Terminus *Gewalt* neutral verwendet. Die im heutigen Sprachgebrauch verbreitete negative Belegung ist in Begriffen wie Gewalttat, Gewaltverbrechen, Gewaltverherrlichung, Vergewaltigung wie auch im Distanz schaffenden Begriff Gewaltlosigkeit enthalten. Ein engerer Gewaltbegriff, auch als „materielle Gewalt" bezeichnet, beschränkt sich auf die zielgerichtete physische Schädigung einer Person. Der weiter gefasste Gewaltbegriff bezeichnet zusätzlich die psychische Gewalt (etwa in Form von Deprivation, emotionaler Vernachlässigung, „Weißer Folter", verbaler Gewalt, Emotionaler Gewalt) und in seinem weitesten Sinne die „strukturelle Gewalt". Zudem fällt Vandalismus unter diesen Gewaltbegriff, wenngleich sich die Einwirkung nicht direkt gegen Personen richtet.

Gewalt in verschiedenen Zusammenhängen
Soziologie

Grundlegendes

Im soziologischen Sinn ist Gewalt eine Quelle der Macht (und damit von gesellschaftlicher Machtlosigkeit wie sozialer Ohnmacht zugleich). Im engeren Sinn wird darunter häufig eine illegitime Ausübung von Zwang verstanden: Der Wille dessen, über den Gewalt ausgeübt wird, wird missachtet oder gebrochen (englisch *force*, lateinisch *vis* oder *violentia*). Hier geht es um körperliche (physische) und/oder seelische (psychische) Schädigung eines Anderen oder von Anderen oder/und deren Androhung(en). Gewalt wird hier als letzte Funktionswirksamkeit machtbezogener Kommunikation als Interaktion zwischen Menschen verstanden. Auf Grund der anthropologisch gegebenen und unhintergehbaren Verletzungsmächtigkeit und Verletzungsoffenheit des Menschen als Gattungswesen entschlüsselt sich Gewalt als fundamentales Moment jeder Vergesellschaftung. Darauf hat vor allem der Soziologe Heinrich Popitz hingewiesen. Für Popitz ist Gewalt eine Machtaktion, „ ... *die zur absichtlichen körperlichen Verletzung anderer führt*".

Popitz' Soziologie der Gewalt

Über den soziologischen "Klassiker" Max Weber und dessen Machttheorie hinausgehend hat Heinrich Popitz 1986 „Gewalt" als besondere Form von Machtausübung, *„Todesmacht von Menschen über Menschen"* eingeschlossen", anthropologisch verortet und als „Facit" handlungssoziologisch präzisiert:

„Der Mensch muß nie, kann aber immer gewaltsam handeln, er muß nie, kann aber immer töten [...] - jedermann. Gewalt überhaupt und Gewalt des Töten im besonderen ist [...] kein bloßer Betriebsunfall sozialer Beziehungen, keine Randerscheinung sozialer Ordnungen und nicht lediglich ein Extremfall oder eine ultima ratio (von der nicht so viel Wesens gemacht werden sollte). Gewalt ist in der Tat [...] eine Option menschlichen Handelns, die ständig präsent ist. Keine umfassende soziale Ordnung beruht auf der Prämisse der Gewaltlosigkeit. Die Macht zu töten und die Ohnmacht des Opfers sind latent oder manifest Bestimmungsgründe der Struktur sozialen Zusammenlebens."

Enzensbergers publizistische Zuspitzung

An diese und andere Grundsätzlichkeiten anschließend und auch Genozid (Völkermord) als Mordhandlung(en) bedenkend, hat der Schriftsteller Hans Magnus Enzensberger zu Beginn seines 1993 ersterschienen „Bürgerkrieg"-Essays die in der soziologischen These von der **Universalität der Gewalt** und ihrer gesellschaftlichen Funktionalität aufscheinende „furchtbare Wahrheit" (Georg Glaser) zum besonderen Vernichtungs- oder Destruktionspotential der Gattung Mensch plastisch ausgedrückt:

> *Der Mensch ist der einzige unter den Primaten, der die Tötung seiner Artgenossen planvoll, in größerem Maßstab und enthusiastisch betreibt. Der Krieg gehört zu seinen wichtigsten Erfindungen.*

Reemtsmas triadische Gewalttypologie

An militärstrategische Hinweise anschließend hat der Literaturwissenschaftler und Sozialtheoretiker Jan Philipp Reemtsma in seiner 2008 erschienenen Studie „Vertrauen und Gewalt" aktuell drei Typen von Gewalt unterschieden: einmal die *lozierende* Gewalt, die einen anderen Körper entfernt, weil er der Verfolgung eigener Interessen im Wege steht (z. B. im Krieg, bei Raub und Mord), zum anderen die *raptive* Gewalt, die sich des anderen Körpers bemächtigt, um ihn für seine Interessen zu benutzen (vor allem in Formen sexueller Gewalt), und schließlich die *autotelische* Gewalt, die im Unterschied zu den beiden erstgenannten Gewaltformen keinem außerhalb der Gewalthandlung(en) liegenden Zweck dient, sondern vielmehr um ihrer selbst willen angewandt wird. Hierunter thematisiert er ausdrücklich auch den unmittelbaren Lustgewinn Vieler, wenn sie Gewalt anwenden (schrecken, quälen, foltern) können.

Recht

Zivilrecht und Strafrecht

Im Strafrecht ist Gewalt ein Zwangsmittel zur Einwirkung auf die Willensfreiheit eines anderen, z. B. bei Raub, Entführung, Erpressung und Nötigung; bei Delikten wie Mord, Körperverletzung und Sachbeschädigung geht das Strafrecht vom Ergebnis aus, d. h. jemand wird getötet, verletzt oder eine Sache wird beschädigt bzw. zerstört. Als Gewaltformen werden physische oder psychische, personale oder strukturelle (oder auch kulturelle), statische oder dynamische unterschieden. Zivilrecht und Strafrecht basieren auf dem allgemeinen Gewaltverbot. Ausgenommen sind nur Situationen der Notwehr und des Notstands sowie Fälle des unmittelbaren Zwanges von Vollzugskräften des Staates (Gewaltmonopol des Staates). Die Anwendung von Gewalt (lat. *vis* oder *violentia*), im Sinne von roher, verbrecherischen Gewaltsamkeit, wirkt hier strafverschärfend, z. B. bei Eigentums- und Sexualdelikten. Der „materielle" Gewaltbegriff im Strafrecht setzt eine physische Zwangswirkung beim Opfer voraus. Gewalt wird daher meist als personales, weniger als psychisches oder gar soziales Handeln verstanden. Der Einsatz von Gewalt ist für den Akteur, also den Täter, subjektiv mit Vorteilen verbunden. Der Sinn des Gewalteinsatzes kann *instrumentell* – der Akteur versucht, zum Teil auch mangels anderer Mittel, ein bestimmtes Ziel zu erreichen – oder *expressiv* – der Gewalteinsatz dient dann etwa der Selbstdarstellung oder Selbstvergewisserung, sein. Die juristische Definition von Gewalt ist nach der heutigen Rechtsprechung zu definieren als körperlich wirkender Zwang durch die Entfaltung von Kraft oder durch sonstige physische Einwirkung, die nach ihrer Intensität dazu geeignet ist, die freie Willensentschließung oder Willensbetätigung eines anderen zu beeinträchtigen. Die Anwendung von Gewalt bei der Erziehung ist in Deutschland verboten. Erst 2000 wurde durch eine Gesetzesänderung das elterliche Züchtigungsrecht abgeschafft.

Rechtsmedizin

Im Gegensatz zur Rechtsprechung wird der Begriff in der Rechtsmedizin im Sinne einer *physischen Einwirkung* enger umrissen für eine Gruppe von schädigenden Ereignissen verwendet. Man unterteilt rechtsmedizinisch in Scharfe Gewalt, wenn Stich-, Schnitt- oder Hiebverletzungen mit spitzen oder scharfkantigen Gegenständen vorkommen und spricht von Stumpfer Gewalt, wenn breitflächige oder stumpfkantige Gegenstände oder Flächen auf den Körper treffen. Auch Schußverletzungen und Strangulierungen zählen rechtsmedizinisch zur Gewalt. Hingegen werden z. B. Brandstiftungen, Nötigungen oder Gifteinwirkungen nicht unter diesen Begriff geordnet, obwohl diese ihrer rechtlichen und psychologischen Natur nach ebenfalls gewalttätig sind. Gewalt ist in der Rechtsmedizin eine von vielen Formen der *schädigenden Einflussnahme* seitens der Täter auf die Opfer. Historisch stellen stumpfe und vor allem scharfe Gewalt zudem die häufigsten Methoden des Kriegshandwerks dar und sind für einen großen Prozentsatz der Opfer verantwortlich.

Politik und Politikwissenschaft
Staatsgewalt und Gewaltenteilung

Im Sinne der Rechtsphilosophie ist Gewalt gleichbedeutend mit Macht (englisch *power*, lateinisch *potentia*) oder Herrschaft (lateinisch *potestas*). Während Staatsgewalt einst als Ausdruck legitimer Machtausübung als gleichsam sakrosankt anerkannt wurde, entstanden mit zunehmender gesellschaftlicher Ausdifferenzierung Forderungen nach Verrechtlichung, prozeduraler Einhegung und demokratischer Legitimierung von Gewalt (Gewaltenteilung, „Alle Staatsgewalt geht vom Volk aus"). Man unterscheidet im demokratischen Rechtsstaat die gesetzgebende Gewalt (Legislative), die vollziehende bzw. ausführende Gewalt (Exekutive) und die Rechtsprechung (Judikative). Das Gewaltmonopol des Staates regelt und begrenzt die Ausübung physischen Zwanges gegenüber Staatsbürgern. Die Staatsphilosophie beschäftigt sich somit mit Ausübung von Gewalt im innerstaatlichen Verhältnis und im Verhältnis zwischen Staaten (im Inneren, s. z. B. Widerstandsrecht, im Äußeren „Theorie des gerechten Krieges"). Ein wesentliches Ziel ist es, Gewalt einzuhegen und an Legitimationsprozesse zu binden (z. B. Polizei- und Kriegsrecht).

Gewalt als Ausdrucksform der Diktatur

Eine planvolle Vorgehensweise zum Einsatz politisch motivierter Gewalt oder deren zielgerichtete Androhung, beispielsweise im Krieg oder zur Abschreckung, wird als Strategie bezeichnet. Die Analyse bereits angewandter und die Ausarbeitung neuer Strategien ist Hauptanliegen der Strategischen Studien, einer Unterdisziplin der Internationalen Beziehungen.

Gegengewalt

Frantz Fanon und Herbert Marcuse formulierten unter dem Eindruck von Algerien- und Vietnamkrieg das Prinzip der „Gegengewalt", die von unterdrückten Völkern und diskriminierten Minderheiten ausgeübt wird mit dem Zweck, die sie beherrschende Gewalt zu brechen. Marcuse sagte: „...ich glaube, daß es für unterdrückte und überwältigte Minderheiten ein "Naturrecht" auf Widerstand gibt, außergesetzliche Mittel anzuwenden, sobald die gesetzlichen sich als unzulänglich herausgestellt haben. Gesetz und Ordnung sind überall und immer Gesetz und Ordnung derjenigen, welche die etablierte Hierarchie schützen; es ist unsinnig, an die absolute Autorität dieses Gesetzes und dieser Ordnung denen gegenüber zu appellieren, die unter ihr leiden und gegen sie kämpfen - nicht für persönlichen Vorteil und aus persönlicher Rache, sondern weil sie Menschen sein wollen. Es gibt keinen anderen Richter über ihnen außer den eingesetzten Behörden, der Polizei und ihrem eigenen Gewissen. Wenn sie Gewalt anwenden, beginnen sie keine neue Kette von Gewalttaten, sondern zerbrechen die etablierte." In der Diskussion der 68er-Bewegung unterschied man Gewalt als „Diktatur der Gewalt" (Staat, Kapitalismus, strukturelle Gewalt, vgl. Rudi Dutschke) von Notwehr, Selbstverteidigung, Entmonopolisierung der Gewalt und drittens von „revolutionärer Gewalt" (Generalstreik, bewaffnetem Befreiungskampf in Teilen der so genannten „Dritten Welt"). Ob Gewalt legitim für die jeweilige politische Aktion war, knüpfte sich an die Unterscheidung von *„Gewalt gegen Sachen"* (juristisch gilt diese als Schädigung oder auch Landfriedensbruch, wenn ein Polizeifahrzeug beschädigt wird), mit der einem Protest oder einer Forderung Nachdruck verliehen werden soll, und *„Gewalt gegen Personen"*, die abgesehen von Teilen der späteren Stadtguerilla und von der RAF allgemein abgelehnt wurde.

Philosophie
Walter Benjamin: Zur Kritik der Gewalt

Walter Benjamin verfasste 1921 mit der Schrift *„Zur Kritik der Gewalt"*, in der er sich auf Georges Sorels *Réflexions sur la violence* (dt. *Über die Gewalt*) bezieht, einen philosophischen Grundlagentext für die moderne Gewaltkritik. Spätere Theoretiker wie Theodor W. Adorno, Hannah Arendt, Jacques Derrida, Enzo Traverso und Giorgio Agamben wurden in ihrer Analyse davon beeinflusst und beziehen sich auf die kritische Theorie Benjamins. Nach Benjamin entsteht Gewalt dann, wenn eine *wirksame Ursache* in Verhältnisse eingreift, die als sittlich verstanden und die durch Begriffe wie Recht und Gerechtigkeit markiert werden kann. In einer Rechtsordnung diene Gewalt zuerst als *Mittel* und nicht als *Zweck*. Ist Gewalt lediglich das Mittel in einer Rechtsordnung, so lassen sich Kriterien für diese Gewalt finden. Gefragt werden kann, ob Gewalt ein Mittel zu gerechten oder zu ungerechten Zwecken darstellt. Benjamin kritisiert das Naturrecht, nach dessen Anschauung Gewalt *"ein Naturprodukt, gleichsam ein Rohstoff [sei], dessen Verwendung keiner Problematik unterliegt, es sei denn, daß man die Gewalt zu ungerechten Zwecken mißbrauche."* An diesem Punkt verweist er auf die Nähe zwischen rechtsphilosophischen Dogmen, die aus den *natürlichen Zwecken* als Maß die *Rechtmäßigkeit* der Gewalt ableiten, und naturgeschichtlichen Dogmen des Darwinismus , der neben der *natürlichen Zuchtauswahl die Gewalt als ursprüngliches und allen vitalen Zwecken der Natur allein angemessenes Mittel* ansieht. Anknüpfend an die naturrechtliche Gewaltvorstellung kritisiert Benjamin ebenfalls die gegenläufigen Thesen des Rechtspositivismus, denen zufolge die Gewalt aufgrund geschichtlicher Prozesse von Ablehnung und Zustimmung (*Sanktionierung*) in ihrer Rechtmäßigkeit beurteilt werden müsse.

Kultur- und Sozialanthropologie / Ethnologie / Kulturwissenschaft

Innerhalb der Kultur- und Sozialanthropologie ist der Gewaltbegriff umstritten und eine allgemeingültige, klare Definition existiert nicht. Es handelt sich um einen noch sehr jungen Forschungsbereich. Eine ausführliche Theoriebildung fand erst seit den 1940er Jahren statt. Nach Scheper-Hughes und Philippe Bourgois vermieden viele Ethnologen bis weit ins 20. Jahrhundert hinein vor allem deshalb die Untersuchung indigener Gewaltformen, um durch ihre Analyse nicht das Stereotyp von der Primitivität und Brutalität indigener Völker zu stärken. Kultur- und sozialanthropologische Ansätze können auf einer etischen oder emischen Herangehensweise basieren. Bei einem etischen Vorgehen, welches sich durch eine Analyse vor dem Hintergrund westlich geprägter Wissenschaftskonzepte auszeichnet, kann eine Kultur vergleichende Studie durchgeführt werden. Ein emisches Vorgehen hingegen versucht das Phänomen Gewalt mit den jeweiligen kultureigenen Begriffen und Konzepten darzustellen. Die soziale Rolle von Gewalthandlungen in verschiedenen kulturellen Kontexten, ihre kulturspezifischen Ursachen und Bedingungen, sowie die je nach Kultur unterschiedlichen Konzeptionen von Gewalt sind zentrale Fragestellungen der Forschung. Wichtige Themen in der kultur- und sozialanthropologischen Untersuchung von Gewalt sind Nationalität, Ethnizität, Rache, *„rumor and gossip"*, Alkohol, Religion, Aggressivität, Kriegsführung, Selbstmord, Hexerei, Strukturelle Auswirkungen von Gewalt sowie Gewaltlosigkeit. Es werden unter Anderem strukturelle, symbolische und physische Gewalt unterschieden. Physische Gewalt beinhaltet eine relativ eng umgrenzte Gewaltdefinition, die eine intendierte körperliche Schädigung als Grundlage hat. Trotzdem können sich auch vor dem Hintergrund einer engen Definition verschiedene Perspektiven und Bewertungen von ein und demselben Kraftakt auftun. Diese Perspektivdifferenz zum Thema Gewalt greift David Riches, einer der bedeutendsten Vertreter der Kultur- und Sozialanthropologie der Gewalt, in seiner Theorie des Dreiecks der Gewalt bestehend aus Täter, Opfer und Zeuge aus dem Jahr 1986 auf. Danach hängt die Definition von Gewalt letztendlich von der Beurteilung der Beteiligten ab. Riches' Erklärung konzentriert sich auf phänomenologische und handlungsmotivierende Aspekte von Gewalt. Daneben gibt es heute eine Vielzahl von Theorien, die gewalttätige Handlungen in ihrem historischen Kontext betrachten Untersucht werden sowohl Vorbedingungen für als auch Konsequenzen von Gewaltakten. Narrative Ansätze neigen dazu, Beweggründe für Gewalt zu erklären, sie zu legitimieren und Menschen damit letztendlich zur Ausübung von Gewalt zu motivieren. Weiterhin wird zwischen individueller und kollektiver Gewalt unterschieden. Wird Gewalt auf das Individuum bezogen untersucht, liegt der Fokus auf der subjektiven Erfahrung. Bei kollektiver Gewalt sind die Folgen einer als gewalttätig aufgefassten sozialen Handlung entscheidend.

Einzelnachweise

1. ↑ Heinrich Popitz: *Phänomene der Macht*, Tübingen 1986, S. 68-106; hier: S. 76 + 82 f.
2. ↑ Hans Magnus Enzensberger: *Aussichten auf den Bürgerkrieg*, Frankfurt am Main ²1996, hier S. 9
3. ↑ Jan Philipp Reemtsma: *Vertrauen und Gewalt. Versuch über eine besondere Konstellation der Moderne*, Hamburg 2008

4. ↑ BGH NJW 1995, 2643

5. ↑ Herbert Marcuse: *Repressive Toleranz* in: Robert Paul Wolff, Barrington Moore, Herbert Marcuse: *Kritik der reinen Toleranz*, edition suhrkamp 181, Frankfurt 1966, S.127

6. ↑ Walter Benjamin, Srache und Geschichte - Philosophische Essays, hrsg. v. Rolf Tiedemann, Reclam, 1992, S. 105

7. ↑ Scheper-Hughes, N. and P. Bourgeois, Eds. (2005). Violence in war and peace [an anthology]. Blackwell readers in anthropology ; 5. Malden, Mass. [u.a.], Blackwell: 6

8. ↑ Elwert, G. (2002). Sozianthropologisch erklärte Gewalt. Internationales Handbuch der Gewaltforschung. W. Heitmeyer and G. Albrecht. Wiesbaden, Westdt. Verl.: 336

9. ↑ Wurde ausführlich diskutiert von Paul Farmer, Philippe Bourgois und Nancy Scheper-Hughes, obwohl der Begriff ursprünglich durch den Politikwissenschaftler Johan Galtung geprägt wurde. Scheper-Hughes, N. and P. Bourgeois, Eds. (2005). Violence in war and peace [an anthology]. Blackwell readers in anthropology ; 5. Malden, Mass. [u.a.], Blackwell.

10.↑ Symbolic dimension of violence may also backfire against its perpetrators and make it contestable on a discursive level not as a physical but as a performative act (Schmidt 2001: 6). Symbolic Violence (Bourdieu 1977) – inherent but unrecognized violence that is maintained and naturalized within systems of inequality and domination. (Robben, Antonius C. G. M.; Suárez-Orozco, Marcelo M., Cultures under siege. Collective violence and trauma in interdisciplinary perspectives (2000). New York: Cambridge University Press, S. 249)

11.↑ Elwert, G. (2002). Sozianthropologisch erklärte Gewalt. Internationales Handbuch der Gewaltforschung. W. Heitmeyer and G. Albrecht. Wiesbaden, Westdt. Verl.: 336f.

12.↑ Riches, D., Ed. (1986). The anthropology of violence. 978-0-631-14788-6. Oxford [u.a.], Blackwell.

13.↑ Stewart, P. J. and A. Strathern (2002). Violence - theory and ethnography. London [u.a.], Continuum: 10

14.↑ Stewart, P. J. and A. Strathern (2002). Violence - theory and ethnography. London [u.a.], Continuum: 152

15.↑ Schmidt, Bettina; Schröder, Ingo W (2001): Anthropology of violence and conflict. London: Routledge (European Association of Social Anthropologist): 18

Literatur

Definitionen

- Volker Krey: *Zum Gewaltbegriff im Strafrecht*. In: Bundeskriminalamt (BKA) (Hrsg.): *Was ist Gewalt? Auseinandersetzungen mit einem Begriff*, Wiesbaden 1986, S. 11–103.
- Joachim Schneider: *Kriminologie der Gewalt*, Stuttgart / Leipzig 1994, ISBN 3-7776-0608-1.
- Heinz Müller-Dietz: *Zur Entwicklung des strafrechtlichen Gewaltbegriffs*. In: Goltdammer's Archiv für Strafrecht 121, 1974, S. 33–51.

Historische Ansätze

- Michel Foucault: *Überwachen und Strafen*, Frankfurt a.M. 1995, ISBN 3-518-27784-7.
- Thomas Lindenberger / Alf Lüdtke (Hgg.): *Physische Gewalt. Studien zur Geschichte der Neuzeit*, Frankfurt am Main 1995, ISBN 3-518-28790-7.
- Manuel Braun / Cornelia Herberichs: *Gewalt im Mittelalter. Realitäten - Imaginationen*, Paderborn / München 2005, ISBN 3-7705-3881-1.
- Peter Imbusch: *Moderne und Gewalt. Zivilisationstheoretische Perspektiven auf das 20. Jahrhundert*, Wiesbaden 2005, ISBN 3-8100-3753-2.
- Dirk Schumann, *Politische Gewalt in der Weimarer Republik 1918 - 1933. Kampf um die Straße und Furcht vor dem Bürgerkrieg*, Essen 2001, ISBN 3-88474-915-3.

Soziologische Ansätze

- Zygmunt Bauman: *Gewalt? Modern und postmodern*. In: Max Miller / Hans-Georg Soeffner (Hgg.): *Modernität und Barbarei. Soziologische Zeitdiagnose am Ende des 20. Jahrhunderts*, Frankfurt am Main 1996, S. 36–67, ISBN 3-518-28843-1.
- Peter Brückner: *Über die Gewalt. 6 Aufsätze zur Rolle der Gewalt in der Entstehung und Zerstörung sozialer Systeme*, Berlin 1979,

ISBN 3-8031-1085-8.
- Regina-Maria Dackweiler / Reinhild Schäfer: *Gewalt-Verhältnisse.* Feministische Perspektiven auf Geschlecht und Gewalt, Frankfurt a.M. 2002, ISBN 3-593-37116-2.
- Wilhelm Heitmeyer / Hans-Georg Soeffner (Hrsg.): *Gewalt.* Entwicklungen, Strukturen, Analyseprobleme. Suhrkamp, Frankfurt am Main 2004.
- Wilhelm Heitmeyer, *Gewalt.* Beschreibungen, Analysen, Prävention, hrsg. von Wilhelm Heitmeyer / Monika Schröttle, Bonn 2006, ISBN 3-89331-697-3.
- Antje Hilbig (Hgn.): *Frauen und Gewalt: interdisziplinäre Untersuchungen zu geschlechtsgebundener Gewalt in Theorie und Praxis,* Würzburg 2003, ISBN 3-8260-2362-5
- Ronald Hitzler: *Gewalt als Tätigkeit. Vorschläge zu einer handlungstypologischen Begriffserklärung,* in: Sighard Neckel/Michael Schwab-Trapp (Hgg.): *Ordnungen der Gewalt. Beiträge zu einer politischen Soziologie der Gewalt und des Krieges.* Opladen 1999, S. 9–19.
- Frauke Koher / Katharina Pühl: *Gewalt und Geschlecht. Konstruktionen, Positionen, Praxen.* Opladen 2003, ISBN 3-8100-3626-9.
- Siegfried Lamnek / Manuela Boatca: *Geschlecht – Gewalt – Gesellschaft.* 2003
- Friedhelm Neidhardt: *Gewalt. Soziale Bedeutungen und sozialwissenschaftliche Bestimmungen des Begriffs.* In: Bundeskriminalamt (Hrsg.): *Was ist Gewalt?,* Wiesbaden 1986, S. 109–147.
- Heinrich Popitz: *Gewalt,* in: Ders.: *Phänomene der Macht.* 2., stark erw. Aufl., Tübingen 1992, S. 43–78.
- Trutz von Trotha (Hg.): *Soziologie der Gewalt.* Opladen 1997.

Politikwissenschaftliche Ansätze

- Hannah Arendt: *Macht und Gewalt,* 15. Aufl., München 2003, ISBN 3-492-20001-X (Originalfassung: *On Violence,* New York, London 1970.)
- Manuel Eisner: *Individuelle Gewalt und Modernisierung in Europa, 1200–2000.* In: Günter Albrecht / Otto Backes / Wolfgang

Kühnel (Hgg.): *Gewaltkriminalität zwischen Mythos und Realität*, Frankfurt am Main 2001, S. 71–100.

- Johan Galtung: *Gewalt, Frieden und Friedensforschung*. In: Dieter Senghaas (Hrsg.): *Kritische Friedensforschung*, Frankfurt am Main 1977.
- Johan Galtung: *Strukturelle Gewalt. Beiträge zur Friedens- und Konfliktforschung*, Reinbek bei Hamburg 1975.
- Heide Gerstenberger: *Die subjektlose Gewalt*. Theorie der Entstehung bürgerlicher Staatsgewalt. 2., überarb. Aufl., Münster 2006, ISBN 3-89691-116-3.
- Hedda Herwig: *„Sanft und verschleiert ist die Gewalt…"*. Ausbeutungsstrategien in unserer Gesellschaft, Reinbek bei Hamburg 1992, ISBN 3-498-02913-4.
- Werner Ruf (Hrsg.): *Politische Ökonomie der Gewalt*. Staatszerfall und die Privatisierung von Gewalt und Krieg, Opladen 2003, ISBN 3-8100-3747-8.
- Dierk Spreen: *Krieg und Gesellschaft*. Die Konstitutionsfunktion des Krieges für moderne Gesellschaften. Duncker & Humblot, Berlin 2008, zum Gewaltbegriff insbes. S. 30–75, ISBN 3-428-12561-4. Inhalt

Philosophische Ansätze

- Giorgio Agamben: *Homo Sacer. Die souveräne Macht und das nackte Leben*, aus dem Ital. von Hubert Thüring, Frankfurt am Main 2002, ISBN 3-518-12068-9. (engl.: *Homo sacer. Sovereign Power and Bare Life*, 1998)
- Günther Anders: *Gewalt – ja oder nein. Eine notwendige Diskussion.*. Knaur TB 3893, München 1987, ISBN 3-426-03893-5.
- Walter Benjamin: *Zur Kritik der Gewalt und andere Aufsätze*. Mit einem Nachw. vers. von Herbert Marcuse, 7. Aufl., Frankfurt am Main 1993, ISBN 3-518-10103-X. (1. Aufl. 1965.)
- Judith Butler: *Kritik der ethischen Gewalt*. Adorno-Vorlesungen 2002, Institut für Sozialforschung an der Johann-Wolfgang-Goethe-Universität, erw. Ausg., Frankfurt am Main 2007, ISBN 3-518-29392-3.
- Jacques Derrida, *Gesetzeskraft. Der mystische Grund der Autorität'*, aus dem Franz. von Alexander García Düttmann,

Suhrkamp: Frankfurt a.M. 1996, ISBN 3-518-13331-4.
- Otto Gusti Nd. Madung: *Politik und Gewalt*. Giorgio Agamben und Jürgen Habermas im Vergleich, München 2008, ISBN 978-3-8316-0822-5.
- Wolfgang Sofsky: *Traktat über die Gewalt*. Fischer TB, Frankfurt a.M. 2005, ISBN 3-596-16855-4.
- Georges Sorel: *Über die Gewalt*. Lüneburg 2007, ISBN 3-926623-58-6. (frz. *Réflexions sur la violence*; 1981.)
- Michel Wieviorka: *Die Gewalt*. Aus dem Franz. v. Michael Bayer, gekürzte dt. Ausg., Hamburger Edition HIS Verlag, Hamburg 2006, ISBN 3-936096-60-0. (Rezension)

Psychologische Ansätze

- Hans W. Bierhoff / Ulrich Wagner: *Aggression und Gewalt*. Phänomene, Ursachen und Interventionen, Stuttgart / Berlin / Köln 1997, ISBN 3-17-013044-7.
- Rosa Logar (Hgn.): *Gewalttätige Männer ändern sich*. Rahmenbedingungen und Handbuch für ein soziales Trainingsprogramm, Bern / Stuttgart / Wien 2002, ISBN 3-258-06395-8. (Siehe auch Zeitung der *Plattform gegen die Gewalt* von 2006. Online verfügbar: PDF.)
- Peter Gay: *Kult der Gewalt*. Aggression im bürgerlichen Zeitalter, aus dem Engl. von Ulrich Enderwitz, München 2000, ISBN 3-442-75554-9.
- Anita Heiliger / Constance Engelfried: *Sexuelle Gewalt*. Männliche Sozialisation und potentielle Täterschaft, *Frankfurt am Main / New York 1995, ISBN 3-593-35395-4*.
- Susanne Kappeler: *Der Wille zur Gewalt*. Politik des persönlichen Verhaltens, *Frauenoffensive, München 1994, ISBN 3-88104-254-7*.
- Joachim Lempert (Hrsg.): *Handbuch der Gewaltberatung*. 2. Aufl., Hamburg 2006, ISBN 3-9807120-1-X.
- Bernhard Mann: *Gewalt und Gesundheit. Epidemiologische Daten, Erklärungsmodelle und public-health-orientierte Handlungsempfehlungen der Weltgesundheitsorganisation (WHO)*. In: Sozialwissenschaften und Berufspraxis. Jg. 29 (1/2006), S. 81–91.
- Jan Philipp Reemtsma: *Vertrauen und Gewalt. Versuch über eine*

besondere Konstellation der Moderne, Hamburger Edition HIS, Hamburg 2008, ISBN 978-3-936096-89-7.

- Dirk Richter: *Effekte von Trainingsprogrammen zum Aggressionsmanagement in Gesundheitswesen und Behindertenhilfe: Systematische Literaturübersicht.* Westfälische Klinik, Münster 2005. PDF
- Cesar Rodriguez Rabanal: *Elend und Gewalt.* Eine psychoanalytische Studie aus Peru, Fischer TB, Frankfurt am Main 1995, ISBN 3-596-12660-6.
- Silke Wiegand-Grefe / Michaela Schumacher: *Strukturelle Gewalt in der psychoanalytischen Ausbildung: eine empirische Studie zu Hierarchie, Macht und Abhängigkeit*, Gießen 2006, ISBN 3-89806-418-2.
- Frauke Koher: *Gewalt, Aggression und Weiblichkeit.* Eine psychoanalytische Auseinandersetzung unter Einbeziehung biographischer Interviews mit gewalttätigen Mädchen, Hamburg 2007, ISBN 3-8300-2703-6.
- Volker Caysa / Rolf Haubl: *Hass und Gewaltbereitschaft*, Göttingen 2007, ISBN 3-525-45172-5.

Linguistische Ansätze

- Ursula Erzgräber (Hrsg.): *Sprache und Gewalt.* Berlin 2001, ISBN 3-8305-0049-1.
- Kristin Platt: *Reden von Gewalt.* München 2002, ISBN 3-7705-3674-6. Digitalisat
- Senta Trömel-Plötz (Hrsg.): *Gewalt durch Sprache.* Die Vergewaltigung von Frauen in Gesprächen, Wien 2004, ISBN 3-85286-120-9.
- Michael Beißwenger: *Totalitäre Sprache und textuelle Konstruktion von Welt am Beispiel ausgewählter Aufsätze von Joseph Goebbels über „die Juden"*, Stuttgart 2000, ISBN 3-89821-003-0.
- Marshall B. Rosenberg: *Gewaltfreie Kommunikation.* Eine Sprache des Lebens. 7. überarb. und erw. Neuaufl., Junfermann, Paderborn 2007, ISBN 978-3-87387-454-1. (Originaltitel: *Nonviolent Communication A Language of Compassion.* PuddleDancer Press, Del Mar 1999.)

Kommunikationswissenschaftliche Ansätze

- Julia Döring: *Gewalt und Kommunikation.* Essener Studien zur Semiotik und Kommunikationsforschung. Band 29. Shaker, Aachen 2009, ISBN 978-3-8322-8661-3

Friedensforschung

Wolfgang Bittner: *Lese-Kultur gegen Gewalt.* In: *Schreiben, Lesen, Reisen*, Athena, Oberhausen 2006, ISBN 978-3-89896-253-7.

- Wilhelm Heitmeyer / John Hagan (Hrsg.): *Internationales Handbuch der Gewaltforschung.* Westdeutscher Verlag, Opladen 2002, ISBN 3-531-13500-7.
- Jiddu Krishnamurti: *Jenseits der Gewalt.* Aus dem Engl. von Christine Bendner, Berlin 1999, ISBN 3-548-35800-4.

Weblinks

- Die Bedeutungen von Gewalt und die Gewalt von Bedeutungen Interkulturelle Diskussion zum Gewaltbegriff
- Albert Fuchs: *„Wider die Entwertung des Gewaltbegriffes"*
- Dossier zum Thema Gewalt
- Christoph Liell: *„Gewalt: diskursive Konstruktion und soziale Praxis"* (*PDF*)
- Wilhelm Heitmeyer: *„Kontrollverluste – zur Zukunft der Gewalt"* in der Frankfurter Rundschau
- IKG (*Institut für interdisziplinäre Konflikt- und Gewaltforschung an der Universität Bielefeld*)
- Angelika Ebrecht (2005): *„Die Herrschaft der wilden Kerle. Zum Verhältnis von Wildheit, Macht und Gewalt im Geschlechterverhältnis"*
- Der Umgang mit Gewalt
- Magazin Deutsch – Das doppelte Antlitz der Gewalt – zur Unterscheidung von Gewalt und Gewalttätigkeit
- Weltbericht Gewalt und Gesundheit
- Theorie der Gewalt. Hässliche Wirklichkeit. Von Jan Philipp Reemtsma in der Süddeutschen Zeitung vom 25. Januar 2008,

S.14.

Zweiter Weltkrieg

Zweiter Weltkrieg – Weltweite Bündnisse 1939–1945

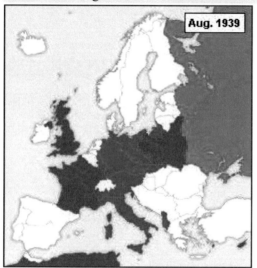

Kriegsverlauf in Europa (Animation)

Kriegsschauplatz Pazifik: Mündungsfeuer der Geschütze des Schlachtschiffs USS *Iowa*, 1944

Der Zweite Weltkrieg war der zweite auf globaler Ebene geführte Krieg **sämtlicher** Großmächte **des 20. Jahrhunderts und stellt den bislang größten und verheerendsten Konflikt in der** Menschheitsgeschichte **dar.**

Überblick

Der Krieg, der zwischen den expandierenden Achsenmächten und den Alliierten geführt wurde, prägte das Weltgeschehen nach dem Krieg über die Politik und die Kriegsführung hinaus in den meisten wirtschaftlichen, technologischen, sozialen und kulturellen Zusammenhängen. Die weltanschaulichen Gegensätze und Machtinteressen der zweckverbündeten Sieger mündeten in den Kalten Krieg, in dem sich zwei Staatenblöcke unter der jeweiligen Führung der sich etablierenden Supermächte Sowjetunion und USA gegenüberstanden. Der Zweite Weltkrieg forderte zirka 55 bis 60 Millionen Menschenleben, wobei die Sowjetunion und China Verluste in zweistelliger Millionenhöhe erlitten. Er war durch eine starke Ideologisierung, häufig mit rassistischen Zügen geprägt. Dies führte zu zahlreichen Kriegsverbrechen und gewaltsamen, zumeist systematischen Übergriffen auf Kriegsgefangene oder Zivilbevölkerung. Dies traf besonders auf diejenigen Gebiete zu, die Deutschland unter dem Nationalsozialismus beziehungsweise das kaiserliche Japan kontrollierte. Viele der dort ansässigen Bevölkerungsgruppen wurden als minderwertig betrachtet. Mit dem nationalsozialistischen Ziel des Lebensraumgewinns und der Blut-und-Boden-Ideologie war auch untrennbar die von Adolf Hitler im Januar 1939 im Falle eines Krieges angedrohte Vernichtung der „jüdischen Rasse" in Europa verbunden, die sie letztendlich systematisch betrieben: Im sogenannten Holocaust starben allein sechs Millionen Juden. Ungefähr vier Millionen Angehörige anderer Volksgruppen, insbesondere Slawen, wurden Opfer eines ideologisch geprägten Vernichtungskrieges, dem in dessen Endphase auch viele Deutsche zum Opfer fielen. Vor, während und nach dem Krieg wurden Grenzen in Mittel- und Osteuropa, im Nahen Osten und in anderen Regionen teils mehrfach neu gezogen. Vielfache individuelle Umwälzungen verursachte der Zweite Weltkrieg durch eine millionenfache Entwurzelung in Form von Emigration, kriegsbedingter Flucht und Vertreibung ganzer Bevölkerungsgruppen. Dass die Zivilbevölkerung im Vergleich zum Ersten Weltkrieg noch stärker von den Kampfhandlungen direkt betroffen war, lag abgesehen von der Versorgungslage einerseits an der raschen Weiterentwicklung der Flugzeug- und Rüstungsindustrie, andererseits an der billigenden Inkaufnahme ziviler Opfer durch die Terror-Strategien, in deren Kontext die Kriegsteilnehmer oft neuartige Waffen erstmals einsetzten. Der Zerstörungseffekt der großflächigen Bombardierung ganzer Städte in Europa und Asien mit teils 1000 Bombenflugzeugen wurde schließlich bei den Atombombenabwürfen auf Hiroshima und Nagasaki mit nur einem Bomber erzielt. Damit demonstrierten die USA noch vor Kriegsende die Macht dieser neuen Massenvernichtungswaffe. Nachdem im Ersten Weltkrieg fast alle kriegsteilnehmenden Staaten in Europa chemische Waffen eingesetzt hatten, verwendete ausschließlich Japan gegen China diese Art der Kriegsführung. Mehrere zunächst voneinander abgegrenzte Kriegsschauplätze mündeten in den Zweiten Weltkrieg, dessen genauer Beginn daher umstritten ist. Den ersten dieser Kriegsschauplätze schuf Japan im Jahre 1937 mit seiner zweiten Invasion Chinas innerhalb eines halben Jahrhunderts. In Europa begann der Krieg im September 1939 mit den Angriffen des Deutschen Reiches und der Sowjetunion auf Polen, nachdem kurz zuvor im deutsch-sowjetischen Nichtangriffspakt für beide Staaten die Interessengebiete für militärische Expansionen (Polenfeldzug beziehungsweise Winterkrieg in Finnland) abgesteckt worden waren. Großbritannien und Frankreich hatten zuvor Polen diplomatisch unterstützt und gaben auch Kriegserklärungen an das Deutsche Reich ab, griffen jedoch nicht wirksam ein und wandten sich nicht gegen die UdSSR. Auf See kam es jedoch zur mehrjährigen Atlantikschlacht. Da im Winter 1939/40 kein Friedensschluss entstand, dauerte die Pattsituation an Land, der sogenannte „Sitzkrieg", mehr als ein halbes Jahr an. Im Frühjahr kam Deutschland mit dem „Unternehmen Weserübung" einem britischen Zugriff auf Norwegen zuvor. Im anschließenden Westfeldzug wurde Frankreich nach wenigen Wochen geschlagen, der Kern der britischen Armee konnte sich jedoch aus Dünkirchen auf die Insel zurückziehen. Frankreich kollaborierte teilweise nach seiner Kapitulation, aber Großbritannien verteidigte sich in der Luftschlacht um England sowie auf See erfolgreich. Die Versuche Benito Mussolinis, nach dem 1935 eroberten Italienisch-Ostafrika auch im Mittelmeerraum zu expandieren, scheiterten schon im Ansatz, so dass im Frühjahr 1941 deutsche Truppen in Nordafrika eingreifen mussten, und kurz danach auch auf dem Balkan. Dies verzögerte den deutschen Überfall auf die bis dahin verbündete Sowjetunion um mehrere Wochen, Moskau konnte nicht wie geplant vor Wintereinbruch erobert werden. Im Dezember bewirkte der japanische Angriff auf die Vereinigten Staaten sowie die anschließende deutsche Kriegserklärung, dass die USA, die Großbritannien und die UdSSR durch das <u>Leih- und Pachtgesetz</u> schon wirtschaftlich unterstützt hatten, nun auch militärisch mit voller Kraft in den Krieg eingreifen konnten. Durch den Kriegsschauplatz im Pazifikraum bekamen die getrennten Konflikte eine gemeinsame weltpolitische Dimension, die zwei Drittel aller <u>Nationen</u> und drei Viertel der Weltbevölkerung umspannte. Durch den <u>Seitenwechsel Italiens</u> (1943) schied Mussolini als Machtfaktor aus, dem Suizid Hitlers folgte kurz darauf die <u>Kapitulation der Wehrmacht</u>, die den Krieg in Europa am 8. Mai 1945 beendete. Den Schlusspunkt der Kampfhandlungen setzte am 2. September 1945 die <u>Kapitulation Japans</u>.

Vorgeschichte

Benito Mussolini und Adolf Hitler, München 1938

In den Jahren seit 1920 bis zum Ende des Zweiten Weltkriegs 1945 erlangte in weiten Teilen Europas der <u>Faschismus</u> beziehungsweise <u>Rechtsextremismus</u> als politische Richtung zunehmend Bedeutung. <u>Benito Mussolini</u> riss mit dem <u>Marsch auf Rom</u> 1922 die Macht in <u>Italien</u> an sich. 1936 griff Italien, das engere Beziehungen zum <u>Deutschen Reich</u> pflegte, <u>Äthiopien</u> an, im April 1939 wurde <u>Albanien</u> annektiert. In Spanien bekämpften sich von 1936 bis 1939 im <u>Spanischen Bürgerkrieg</u> eine hauptsächlich durch Republikaner, Sozialisten und Kommunisten geführte *Volksfrontregierung* und Anhänger einer durch General <u>Franco</u> geführten Militärrevolte. Die <u>Sowjetunion</u> und zunächst auch die <u>französische Volksfront</u> lieferten der „Volksfront" Waffen und Kriegsmaterial, während Italien und Deutschland die Truppen der Nationalisten Francos unterstützen. Die nationalsozialistische Regierung entsandte zu diesem Zweck die <u>Legion Condor</u>, welche insbesondere durch die <u>Bombardierung und Zerstörung Gernikas</u> entscheidend zum Sieg des <u>Franquismus</u> beitrug. In Deutschland war der <u>Nationalsozialismus</u> seit 1930 zur Massenbewegung herangewachsen. Am 30. Januar 1933 wurde ihr und ihren rechtskonservativen Verbündeten die politische Macht übergeben: Adolf Hitler wurde vom Reichspräsidenten Paul von Hindenburg zum Reichskanzler ernannt. Er bildete aus Nationalsozialisten und Deutschnationaler Volkspartei das Kabinett Hitler. Die Revision der internationalen Ordnung nach dem Versailler Vertrag, bereits ein Ziel früherer deutscher Regierungen, gehörte zum Programm der Nationalsozialisten und ihrer Verbündeten. Mit der 1935 vollzogenen Wiedervereinigung des Saargebietes mit dem Deutschen Reich, dem Einmarsch in das entmilitarisierte Rheinland 1936, dem „Anschluss" Österreichs und der Abtrennung des Sudetenlandes von der Tschechoslowakei im Münchner Abkommen 1938 wurden die ersten beiden Ziele weitgehend erfüllt. Begünstigt wurde dies durch die britische und französische Appeasement-Politik, die auf eine friedliche Verständigung mit dem nationalsozialistischen Deutschland abzielte. Selbst nach dem Einmarsch in die so genannte Rest-Tschechei im März 1939 gab es lediglich Proteste auf britischer und französischer Seite. Kurz darauf gab Litauen unter dem Druck der Verhältnisse das Memelland an Deutschland zurück, die Slowakei wurde ein eigener Staat und durch einen Schutzvertrag eng an Deutschland gebunden. Großbritannien und Frankreich wollten das deutsche Expansionsstreben eingrenzen und gaben Polen eine Garantieerklärung ab, die kurze Zeit später in ein förmliches Bündnis umgewandelt wurde.

Josef Stalin und Joachim von Ribbentrop, Moskau 23. August 1939

Im August 1939 schlossen Deutschland und die Sowjetunion überraschend einen Nichtangriffspakt, später „Hitler-Stalin-Pakt" genannt. In einem geheimen Zusatzprotokoll des Paktes wurde die Aufteilung Europas in geographisch genau bezeichnete, aber ansonsten nicht näher definierte „Interessensphären" beschlossen. Dies lief letztlich auf die Aufteilung Polens zwischen Deutschland und der Sowjetunion sowie die einseitige Eroberung und Besetzung weiterer Gebiete (unter anderem der baltischen Staaten und Finnlands) sowie weiter Teile Rumäniens durch die UdSSR hinaus. Die japanische Expansionspolitik begann in den 1930er Jahren, als der Einfluss der militärischen Führung auf die kaiserliche Regierung immer stärker wurde. Japan verstand sich als Schutz- und Ordnungsmacht, die dazu auserkoren war, die anderen ostasiatischen Völker zu beherrschen. Die Rohstoffvorkommen und das Reservoir an Arbeitskräften, das die Nachbarländer boten, sollten der japanischen Wirtschaft zugute kommen. Das Hauptinteresse galt zunächst der Republik China, deren stark industrialisierte Region Mandschurei bereits 1931 annektiert und zum Protektorat Mandschukuo erklärt wurde. Als Reaktion auf die internationalen Proteste trat Japan 1933 aus dem Völkerbund aus. Ende 1936 schlossen Deutschland und Japan den Antikominternpakt. Mitte 1937 begann Japan den Zweiten Japanisch-Chinesischen Krieg.

Kriegsziele und -führung

Deutschland

Im europäischen Kontext war der Zweite Weltkrieg ein vom nationalsozialistischen Deutschland ausgelöster Raub- und Vernichtungskrieg. Wesentliche Momente der Strategie der politischen und militärischen Führung waren:

- eine Ressourcen schonende Kriegsführung („Blitzkrieg"), um die Industriekapazitäten nicht zu Ungunsten der Konsumwirtschaft zu belasten: Bei der deutschen Bevölkerung sollte keine Unzufriedenheit durch eine mögliche materielle Verknappung entstehen.
- ein rascher und ausgiebiger Raumgewinn, um der sich abzeichnenden Überlegenheit der gegnerischen Rüstung zuvor zu kommen;
- Ausplünderung der besetzten Territorien und (vor allem im Osten)

Versklavung ihrer Bewohner zugunsten des Deutschen Reiches und seiner „arischen" Bevölkerung.

- ein antisemitischer und antibolschewistischer Vernichtungskampf zur Gewinnung eines deutschen „Lebensraums im Osten" („Volk ohne Raum"). Hierbei gewann die „Endlösung der Judenfrage" ab 1941 oberste Priorität.

Das von Beginn an anvisierte Ziel war eine deutsche Weltmachtstellung und die „rassische Neuordnung des [europäischen] Kontinents". Zur Konsolidierung der „Heimatfront" und im Sinne einer optimalen Nutzung der eroberten Kapazitäten wurde ein Zweifrontenkrieg zunächst vermieden. Der Völkermord wurde mit der angeblichen Minderwertigkeit der „jüdischen Rasse" sowie mit einer Verschwörungstheorie gerechtfertigt, derzufolge das „Weltjudentum" das Ziel habe, die Weltherrschaft zu erreichen und deshalb die „germanische Rasse" beherrschen beziehungsweise auslöschen wolle. Nach dem Willen der nationalsozialistischen Führung sollte die Volksgruppe der Slawen den Deutschen zunächst unterworfen und das eroberte Osteuropa von deutschen Siedlern, sogenannten Wehrbauern, nutzbar gemacht werden. Nach Vernichtung ihrer Elite sollten die slawischen Völker für immer ein Reservoir an ungebildeten und gehorsamen Land- und Hilfsarbeitern stellen. Die eroberte Sowjetunion sollte in verschiedene Gebiete unter der Leitung von Reichskommissaren aufgeteilt werden. Einzig Weißrussen, Ukrainer und baltische Völker würden als lebenswerte Völker eingestuft, die Russen dagegen, Alfred Rosenberg zufolge, „durchaus niedergehalten werden". Der Revanchismus, die Empörung über den Versailler Vertrag, insbesondere die harten und als ungerecht empfundenen Reparationsforderungen, die seit 1931 nicht mehr erhoben wurden, sowie die einseitige Schuldzuweisung an die Mittelmächte, fanden sich in weiten Teilen der deutschen Bevölkerung wieder. Die Revision des Versailler Vertrags und die Rückkehr des Deutschen Reiches in den Kreis der Großmächte war stets mit besonderem Nachdruck von der deutschen Generalität, dem monarchistisch und antirepublikanisch gesinnten Teil des deutschen Bürgertums und der wirtschaftlichen Elite angestrebt worden. Für die Nationalsozialisten war dies lediglich ein Etappenziel. In seiner geheimen Denkschrift zum Vierjahresplan forderte Hitler im August 1936, die Einsatzfähigkeit der deutschen Armee und die Kriegsfähigkeit der Wirtschaft seien innerhalb von vier Jahren herzustellen. Hierfür formulierte er zwei unterschiedliche Szenarien: Ersteres sollte bis 1944/45 bei ungünstiger politischer und militärischer Entwicklung, letzteres bis 1941/42 bei entsprechend günstigeren Aussichten erreicht werden. Am

5. November 1937 präzisierte er vor den deutschen militärischen und außenpolitischen Führungskräften seine Kriegsziele, die sich in der Hoßbach-Niederschrift wiederfinden.

Japan

Seit seiner Modernisierung im Zuge der Meiji-Restauration im Jahre 1868 strebte das japanische Kaiserreich eine territoriale Ausdehnung auf dem asiatischen Kontinent an, die ihm vor allem der Sicherung wichtiger Rohstoffe dienen sollte. Seine Bemühungen konzentrierten sich besonders auf China, das Japan aufgrund seiner wirtschaftlichen und innenpolitischen Situation als schwach ansah. Von einer expansiven Dynamik ermutigt, die mit dem Vertrag von Tientsin begann, sich durch den Sieg im Russisch-Japanischen Krieg fortsetzte und zunächst in der Besetzung der Mandschurei gipfelte, betrachtete Japan die zunehmenden Spannungen in Europa als Gelegenheit, dem wachsenden Einfluss der Vereinigten Staaten in Ostasien entgegenzutreten. Den geostrategischen Spannungen trat die häufige Einmischung der Streitkräfte in die Angelegenheiten der zivilen Führung und eine wechselseitige kulturelle Aversion zwischen breiten Bevölkerungsschichten in Japan und den Vereinigten Staaten hinzu. Dies veranlasste die Bundesregierung der Vereinigten Staaten nach Beginn des Pazifikkrieges beispielsweise zur Internierung japanischstämmiger Amerikaner. Japan sah sich, ähnlich dem Deutschen Reich in Europa, einer sich im Laufe der Jahre verschlechternden strategischen Ausgangslage in Ostasien gegenübergestellt. Ursache dessen war vor allem seine bündnispolitische Isolation. Dem vorwiegend amerikanischen Unwillen, die japanische Ausdehnung in der Region hinzunehmen, schlossen sich China, die Sowjetunion und die Kolonialmächte grundsätzlich an, da diese stets zu Lasten einer dieser Großmächte gehen musste. Konkret sah sich das japanische Kaiserreich in einem vierfachen geostrategischen Kontext bedroht. Im Osten war dies die damalige Pazifikflotte der Vereinigten Staaten, im Norden die Sowjetunion. Auch ein Mangel an Gegenwehr anderer Großmächte änderte wenig an der latenten Bedrohung durch China im Westen sowie Australien, Neuseeland und Niederländisch-Indien im Süden. Sie lagen unausweichlich auf amerikanischen und britischen Marschrouten nach Japan und waren aufgrund ihrer räumlichen Ausdehnung als Operationsbasen geeignet. Diese geostrategische Ausgangslage veranlasste die japanische Führung, ähnlich wie Deutschland, zu einer Mischung diplomatischer Instrumente mit einem Bewegungskrieg. Es schloss daher nach gescheitertem Vordringen auf sowjetischem Gebiet im Jahre 1938/39 mit der UdSSR einen Nichtangriffspakt. Der Angriff der

Kaiserlich Japanischen Marine auf Pearl Harbor, deren Aufbau angesichts der Einschränkungen des Washingtoner Flottenabkommens qualitativ ausgerichtet war, beabsichtigte vor allem, der Marine der Vereinigten Staaten angesichts ihrer zunehmenden Rüstung einen Schlag von strategischem Ausmaß zu versetzen. Auch in Südostasien selbst konzentrierte sich Japan im ersten Schritt auf die Neutralisierung konzentrierter militärischer Ressourcen, beispielsweise Douglas MacArthurs Ansammlung an B-17-Langstreckenbombern auf den Philippinen und rückte auf Australien vor. Die dann folgende umfangreiche japanische Invasion Südostasiens diente zum einen der Beschaffung von Rohstoffen, vorrangig von Erdöl, und zum anderen dazu, den USA den Nachschubweg nach Australien abzuschneiden.

Kriegsverlauf in Europa

Vom Angriff auf Polen bis zur Niederlage Frankreichs, September 1939 bis Juni 1940

In manchen Darstellungen, jedoch geschichtswissenschaftlich umstritten, wird der Beginn des Zweiten Japanisch-Chinesischen Kriegs am 7. Juli 1937 als eigentlicher Beginn des Zweiten Weltkrieges angegeben. In der ersten Phase des Krieges eroberte Deutschland Polen (September 1939) sowie große Teile Skandinaviens (vor allem April 1940) und Westeuropas (Mai/Juni 1940). Gerade die schnelle Niederlage Frankreichs kam für die meisten unerwartet, nicht zuletzt auch für Josef Stalin. Dennoch erreichte Hitler sein Hauptziel nicht, nämlich Großbritannien aus dem Krieg herauszuhalten, zur Aufgabe zu zwingen oder militärisch zu besiegen. Dies wurde spätestens im Oktober 1940 deutlich. Großbritannien sollte das einzige Land bleiben, das vom Beginn des Krieges an durchgehend handlungsfähiger Gegner Deutschlands war.

Der deutsche Angriff auf Polen 1939

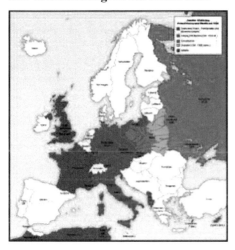

Polenfeldzug 1939

Das erste unmittelbare Kriegsereignis war der Angriff auf Polen am 1. September 1939 um 4.45 Uhr.

Die persönliche Weisung Hitlers (Geheime Kommandosache Nr. 170/39) vom 31. August 1939 enthielt folgende Passagen:

„Der Angriff gegen Polen ist nach den für Fall Weiß getroffenen Vorbereitungen am 1.9.39 um 4 Uhr 45 zu führen. [...] Im Westen kommt es darauf an, die Verantwortung für die Eröffnung von Feindseligkeiten eindeutig England und Frankreich zu überlassen. [...] Eröffnet England und Frankreich die Feindseligkeiten gegen Deutschland, so ist es Aufgabe der im Westen operierenden Teile der Wehrmacht unter möglichster Schonung der Kräfte die Voraussetzung für den siegreichen Abschluss der Operation gegen Polen zu erhalten. [...] Die von uns Holland, Belgien, Luxemburg und der Schweiz zugesicherte Neutralität ist peinlich zu achten. [...] Die Ostsee ist gegen feindlichen Einbruch zu sichern. Die Entscheidung, ob zu diesem Zweck die Ostsee-Eingänge mit Minen gesperrt werden dürfen, trifft Ob. d. M. [...] Die Kriegsmarine führt Handelskrieg mit dem Schwerpunkt gegen England. [...] Die Angriffe gegen das englische Mutterland sind unter dem Gesichtspunkt vorzubereiten, daß unzureichender Erfolg mit Teilkräften unter allen Umständen zu vermeiden ist."

Diesem Angriff ging **(nach heutiger Geschichtsdarstellung)** keine formale Kriegserklärung voraus.

Deutsche Soldaten stellen die Zerstörung des Schlagbaums an der deutsch-polnischen Grenze in der Nähe von Danzig nach, 1. September 1939

Um die Invasion Polens zu rechtfertigen, fingierte die deutsche Seite mehrere Vorfälle. Der bekannteste ist der vorgetäuschte Überfall auf den Sender Gleiwitz von als polnische Widerstandskämpfer verkleideten SS-Angehörigen am 31. August. Dabei verkündeten diese in polnischer Sprache über Radio die Kriegserklärung Polens gegen das Deutsche Reich. Den militärischen Angriff begann das deutsche Linienschiff *Schleswig-Holstein* auf die polnische Stellung „Westerplatte" in Danzig. Die polnische Armee war der vordringenden Wehrmacht zwar zahlenmäßig ebenbürtig, doch technisch und in der Art der Kriegsführung unterlegen. Die polnische Regierung rechnete mit der Unterstützung durch Frankreich und Großbritannien, welche am 2. September aufgrund der „Garantieerklärung vom 30. März 1939" ein Ultimatum an das Deutsche Reich stellten. Es forderte den sofortigen Rückzug aller deutschen Truppen aus Polen. Die britisch-französische Garantieerklärung hätte diese Staaten verpflichtet, spätestens 15 Tage nach einem deutschen Angriff eine eigene Offensive im Westen Deutschlands zu beginnen. Hitler hoffte, dass die beiden Westmächte ihn ebenso wie beim Einmarsch in die „Rest-Tschechei" gewähren lassen würden und hatte den Westwall nur schwach besetzt. Dieser Angriff aus dem Westen blieb tatsächlich aus, jedoch erklärten Großbritannien und Frankreich am 3. September nach Ablauf des Ultimatums Deutschland den Krieg.

Zusammentreffen deutscher und sowjetischer Soldaten in Lublin, September 1939

Am 17. September, nach der Zerschlagung der organisierten polnischen Verteidigung durch die Wehrmacht, dem Zusammenbruch des polnischen Staates und der Flucht der polnischen Regierung nach Rumänien, begann die sowjetische Besetzung Ostpolens in Übereinstimmung mit dem geheimen Zusatzprotokoll des deutsch-sowjetischen Nichtangriffspaktes. Dabei besetzte die Rote Armee Teile Ostpolens (in erster Linie die Westukraine, den westlichen Teil Weißrusslands und das Gebiet um Wilno), ohne dabei auf organisierten militärischen Widerstand zu stoßen. Dennoch fielen 3000 sowjetische Soldaten. Diese Aktion hatte erst am 18. Dezember 1939 die Erklärung eines Kriegszustandes mit der Sowjetunion seitens der polnischen Exilregierung zur Folge. Eine Kriegserklärung des Vereinigten Königreichs und Frankreichs an die Sowjetunion erfolgte dagegen nicht.

Am 28. September kapitulierten die rund 100.000 die polnische Hauptstadt Warschau verteidigenden Soldaten, nachdem sie am 18. September vollständig von deutschen Truppen eingeschlossen und am 27./28. September einem intensiven Bombardement ausgesetzt worden waren. Einen Tag später folgte die Aufgabe der Festung Modlin.

Am 8. Oktober teilten sich das Deutsche Reich und die Sowjetunion im Abkommen von Brest-Litowsk das eroberte Gebiet durch eine Demarkationslinie, was als die „Vierte Teilung Polens" in die Geschichte einging. Nicht nur die nach dem Versailler Vertrag abgetretenen Gebiete wurden wieder in das Reich eingegliedert, sondern darüber hinaus weite Bereiche Zentralpolens einschließlich der Stadt Łódź. Der Rest Polens wurde deutsches Generalgouvernement unter der Leitung von Hans Frank. Die anschließende Besatzungszeit war von extremen Repressalien der Besatzer gegen die Zivilbevölkerung geprägt. Deportationen zur Zwangsarbeit waren nur die sichtbarste Ausprägung, insbesondere die polnischen Juden wurden Opfer der nationalsozialistischen Rassenpolitik. Im östlichen Teil Polens wurden zahlreiche „Klassenfeinde" von den sowjetischen Besatzern in den Gulag deportiert. Die auf einen schnellen Sieg ausgelegte – und hierbei erfolgreiche – Taktik beim Angriff auf Polen förderte die Verwendung des Begriffs „Blitzkrieg" und prägte die weitere Kriegsführung Deutschlands bis Ende 1941.

Stellungskrieg an der Westfront 1939

Premierminister Neville Chamberlain erklärt Deutschland am 3. September 1939 den Krieg Text der Rede (englisch)

Lautsprecherwagen der NSDAP an der Front am Oberrhein, 1939

Am 3. September erklärten Frankreich und das Vereinigte Königreich Deutschland den Krieg. Aufgrund dessen begann am 5. September eine begrenzte und eher symbolische Offensive der Franzosen gegen das Saargebiet. Die Deutschen leisteten keinen Widerstand und zogen sich zum stark befestigten Westwall zurück. Danach blieb es ruhig an der Westfront. Diese Phase wird als „Sitzkrieg" (französisch: „drôle de guerre", englisch: „phony war") bezeichnet. Bis auf vereinzelte Artilleriescharmützel erfolgten keine weiteren Angriffe. Auf deutscher Seite rollte die Propagandamaschinerie an. Mit Plakaten und Parolen über Lautsprecher rief man den Franzosen „Warum führt ihr Krieg?" oder „Wir werden nicht zuerst schießen" zu.

Am 27. September erging eine Weisung Hitlers an das Oberkommando des Heeres zur Ausarbeitung eines Angriffsplanes, des sogenannten „Falls Gelb". Bis zum 29. Oktober waren die Planungen abgeschlossen. Sie sahen vor, dass zwei Heeresgruppen durch die Niederlande und Belgien vorstoßen sollten, um somit sämtliche alliierten Kräfte nördlich der Somme zu zerschlagen.

Letzten Endes fand jedoch 1939 kein Angriff statt, da aufgrund schlechter Witterungsbedingungen und viel größerer Verluste in Polen als erwartet (22 % Verluste bei Kampfflugzeugen, 25 % bei Panzern) der Angriff insgesamt neunundzwanzigmal verschoben wurde.

Finnisch-Sowjetischer Winterkrieg 1939/1940

Am 30. November 1939 überrannten sowjetische Truppen unter Marschall Kirill Merezkow im so genannten Winterkrieg die 950 Kilometer lange Grenze zu Finnland. Die Rote Armee griff mit 1500 Panzern und 3000 Flugzeugen an und erwartete einen schnellen Sieg, aber die Sowjets unterschätzten die Finnen. Die Rote Armee verlor 200.000 Mann, die Finnen jedoch nur 25.000 Mann. Schweden unterstützte Finnland, ohne allerdings die Neutralität aufzugeben. Ein Eingreifen des Vereinigten Königreichs und Frankreichs gegen die Sowjetunion wurde zwar geplant, kam aber nicht zustande, da diese beiden Staaten nicht noch einen weiteren Kriegsgegner haben wollten. Das Deutsche Reich sympathisierte zwar mit Finnland, eine militärische Unterstützung war jedoch wegen des bestehenden Nichtangriffspakts mit der Sowjetunion nicht möglich. Ein Friedensvertrag, der am 12. März 1940 unterzeichnet wurde, legte fest, dass Finnland Teile der Karelischen Landenge und die Fischerhalbinsel (Kalastajansaarento) am Nordmeer an die Sowjetunion abtreten musste. Als direkte Reaktion auf den sowjetischen Angriff nahm Finnland 1941 im Fortsetzungskrieg am deutschen Krieg gegen die Sowjetunion teil, um die verlorenen Gebiete zurückzuerobern. Eine wesentliche Folge des Winterkriegs war, dass Stalin mit einer Reorganisation der Roten Armee begann, in deren Verlauf auch Offiziere rehabilitiert wurden, die im Gefolge des Großen Terrors nach Sibirien verbannt worden waren. Diese Reorganisation trug erheblich dazu bei, dass die Rote Armee 1941 über eine größere Kampfkraft verfügte, als die Deutschen es erwartet hatten.

Besetzung Dänemarks und Norwegens April 1940 [

Norwegen und Westfeldzug 1940

Zum Ende des Jahres 1939, nach dem Verlust der französischen Eisenerzeinfuhr (lothringische Minette), stellten die Lieferungen aus dem neutralen Schweden 40 Prozent des Eisenerzbedarfs für Deutschland dar. Ein weiterer wichtiger Rohstoff war das finnische Nickel. Durch die Erzbahn von Schweden nach dem Verladehafen Narvik war Norwegen für Deutschland von außerordentlichem wirtschaftlichen und militärischen Wert. Die Briten wollten diese wichtigen Rohstofflieferungen stören und frühestmöglich abschneiden (Altmark-Zwischenfall), weswegen am 5. Februar 1940 beim obersten franco-britischen Kriegsrat die Planung der Landung von vier Divisionen in Narvik vereinbart worden war. Die vorgesehene Besetzung des norwegischen Hafens durch die Briten veranlasste das Oberkommando der Wehrmacht, einen zusätzlichen Stab für Norwegen aufzustellen, dem für seine Operationsrichtlinien anfangs nur ein Baedeker-Reiseführer zur Verfügung stand. Am 21. Februar erging eine direkte Weisung Hitlers für die Planung bestimmter Operationen im skandinavischen Raum. Am 1. März wurde das *Unternehmen Weserübung* endgültig beschlossen. Es sah vor, Dänemark einzunehmen und es als „Sprungbrett" für die Eroberung Norwegens zu benutzen. Im März kam es zu diversen Angriffen gegen britische Seeeinheiten. Am 5. April fand die alliierte *Operation Wilfred* statt, bei der die Gewässer vor Norwegen vermint und weitere Truppen ins Land gebracht werden sollten. Einen Tag später lief auf deutscher Seite das „Unternehmen Weserübung" an. Dabei wurde fast die gesamte Kriegsmarine mobilisiert und ein Großteil der Zerstörer in Richtung Narvik geschickt. Am 9. April begann das Unternehmen endgültig mit der Landung einer Gebirgsjägerdivision vor Narvik.

Panzerspähwagen der Wehrmacht in Viborg (Dänemark), April 1940

In Großbritannien hielt man eine Landung der Deutschen für recht unwahrscheinlich, was dazu führte, dass von alliierter Seite nur geringe Gegenmaßnahmen getroffen wurden. Die Deutschen konnten ihren Brückenkopf ohne größeren Widerstand ausweiten, sodass am 10. April bereits Stavanger, Trondheim und Narvik besetzt wurden, nachdem zuvor bereits Dänemark kampflos besetzt worden war. Großbritannien besetzte am 12. April aus strategischen Gründen die dänischen Färöer im Nordatlantik. Am 13. April kam es zu einigen schweren Seegefechten, wobei es neun britischen Zerstörern und dem Schlachtschiff HMS Warspite gelang, alle zehn im Ofotfjord vor Narvik operierenden deutschen Zerstörer zu versenken. Weiterhin wurden auf ihrem Rückweg mehrere leichte Kreuzer und zahlreiche Frachter von alliierten U-Booten beziehungsweise der Royal Air Force versenkt. Am 17. April landeten die Alliierten schließlich und setzten die Truppen der Wehrmacht durch gleichzeitigen massiven Beschuss durch Schiffe der Royal Navy unter starken Druck. Bis zum 19. April wurden umfangreiche alliierte Verbände, darunter polnische Soldaten und Reste der Fremdenlegion, in Norwegen angelandet. Inzwischen verbesserte sich das Wetter in Norwegen, sodass die Wehrmacht ihre Fronten festigen konnte. Bei schweren Angriffen der deutschen Luftwaffe wurden am 2. Mai ein britischer und ein französischer Zerstörer vor Namsos versenkt. Noch im selben Monat beschloss Churchill wegen der deutschen Erfolge in Frankreich den Abzug der Alliierten aus Norwegen. Bevor die 24.500 Soldaten evakuiert werden konnten, gelang es ihnen jedoch noch, in Narvik einzudringen und einen wichtigen Hafen zu zerstören. Am 10. Juni kapitulierten schließlich die verbliebenen Soldaten der Norwegischen Streitkräfte, worauf das Unternehmen Weserübung abgeschlossen war. Norwegen unter deutscher Besatzung wurde Reichskommissariat und Teil des deutschen Herrschaftsgebietes, sollte jedoch nach dem Willen Hitlers als selbständiger Staat bestehen bleiben. Im weiteren Verlauf wurde Norwegen stark befestigt, weil Hitler eine Invasion befürchtete. Im Februar 1942 wurde eine Marionettenregierung unter Vidkun Quisling eingesetzt.

Westfeldzug Mai/Juni 1940

Der Westwall im Bienwald, April 1940

Regierung und Militärs in Frankreich vertrauten auf die stark befestigte Maginot-Linie. Die Ardennen galten als natürliche Verlängerung dieser fast 130 Kilometer langen Verteidigungslinie. Die französische Generalität glaubte nicht an einen deutschen Vorstoß durch dieses Gebiet, da es besonders für Panzerkräfte als unüberwindbar galt. Die ursprünglichen deutschen Pläne, die eine Umgehung im Norden ähnlich dem „Schlieffenplan" vorsahen, fielen jedoch im Januar durch ein verirrtes Kurierflugzeug den Belgiern in die Hände. Ein neuer Plan für einen Feldzug im Westen wurde von Generalleutnant Erich von Manstein mit seinen beiden Mitarbeitern, Oberst Günther Blumentritt und dem damaligen Major i. G. Henning von Tresckow entwickelt. Er sah einen schnellen Vorstoß durch die Ardennen vor, um dann die Alliierten im Norden zu einer Schlacht mit verkehrter Front zu zwingen. Mit der Masse der hier zu versammelnden Panzer- und motorisierten Divisionen gedachte er, durch das „Loch in den Ardennen" zum „Sichelschnitt" – wie ihn Churchill später bezeichnete – bis zur Kanalküste hin anzusetzen.

Nach der Landung in Brand geschossene Flugzeuge Ju 52. Kurz nach Landung der deutschen Truppen am 10. Mai 1940 in Delft.

Am 10. Mai 1940 begann der Angriff deutscher Verbände („Fall Gelb") mit insgesamt sieben Armeen auf die neutralen Staaten Niederlande, Belgien und Luxemburg. 136 deutsche Divisionen standen rund 137 alliierten gegenüber. Bereits an diesem Tag wurde die für uneinnehmbar gehaltene belgische Festung Eben-Emael durch deutsche Fallschirmjäger eingenommen. Am 14. Mai überschritt General Guderian mit seiner Panzergruppe die Maas. Die Royal Air Force versuchte mit verzweifelten Angriffen, die Pionierbrücken über dem Fluss zu zerstören, verlor dabei aber einen Großteil ihrer Flugzeuge. Erst am 17. Mai trat die französische 4. Panzerdivision unter Charles de Gaulle zu einem Gegenangriff auf Montcornet an, der aber nach anfänglichen Erfolgen wegen starker Attacken deutscher Sturzkampfbomber abgebrochen werden musste. Am 17. Mai wurde Brüssel kampflos übergeben.

Durchmarsch deutscher Truppen in Amsterdam, Mai 1940

Die Niederländer waren, bedingt durch ihre Neutralität im Ersten Weltkrieg, noch weniger als die Belgier auf einen Krieg eingestellt, sodass ihre Armee relativ leicht geschlagen werden konnte. Nach Beginn des deutschen Angriffs siedelte Königin Wilhelmina mit der Regierung am 13. Mai 1940 nach London über. Der Befehl zur Kapitulation der niederländischen Armee war am 14. Mai 1940 unterwegs; die Nachricht davon erreichte die deutschen Kommandostellen jedoch zu spät, um die Bombardierung Rotterdams am selben Tag zu verhindern.[7] Die niederländischen Streitkräfte kapitulierten am 15. Mai 1940. Als Reichskommissar für die Niederlande setzte Hitler Arthur Seyß-Inquart ein, der sein Amt am 19. Mai 1940 antrat.

Deutsche Truppen in Brüssel, 1940

Am 19. Mai erreichte die deutsche 6. Armee den Fluss Schelde und stieß bis Abbeville vor. Der Vormarsch in diese Gebiete erfolgte so schnell, dass die britischen und französischen Einheiten bei Dünkirchen eingekesselt wurden. Die Panzerstreitkräfte der Heeresgruppe A erhielten jedoch am 24. Mai den Befehl, den Vormarsch zu stoppen. Dieser wurde erst nach mehr als drei Tagen aufgehoben. Die Gründe für diesen Anhaltebefehl waren damals unklar, und auch noch heute ist das „Rätsel Dünkirchen" in der historischen Forschung umstritten. Erklärungsansätze waren ein für Panzer wenig geeignetes Gelände, der Vortritt für Hermann Görings Luftwaffe oder eine bewusste Schonung der Briten. Es handelte sich vermutlich jedoch um Kompetenzgerangel und einen Denkzettel Hitlers an eigenmächtige Generäle. Am 27. Mai begann die „Operation Dynamo", die Evakuierung der alliierten Soldaten, an der etwa 900 Seefahrzeuge teilnahmen. Über 337.000 Soldaten, darunter 110.000 Soldaten der französischen Armee, konnten trotz heftiger Angriffe durch Bomber der deutschen Luftwaffe bis zum 4. Juni evakuiert werden. Aus militärischer Sicht stellte der Haltebefehl, der die Evakuierung fast des gesamten britischen

Expeditionskorps ermöglichte, einen schweren taktischen und vor allem in der Rückschau folgenreichen Fehler dar. Die Fähigkeit zur Fortsetzung des Krieges wäre nach dem Verlust des Expeditionskorps für Großbritannien deutlich schwieriger geworden, da es sich um erfahrene Berufssoldaten handelte. So ging den Alliierten nur das am Strand zurückgelassene Kriegsmaterial verloren, das leichter ersetzt werden konnte. Als sich die Briten zurückzogen, bereitete sich Frankreich auf die Verteidigung vor. Der „Fall Rot", so der deutsche Deckname für die zweite Offensive in Frankreich, die eigentliche Schlacht um Frankreich, begann am 5. Juni mit einer deutschen Offensive an der Aisne und der Somme. Am 9. Juni überschritten Soldaten der 6. Infanteriedivision die Seine. Am 10. Juni trat Italien auf Seiten Deutschlands in den Krieg ein und begann eine Offensive im Süden.

Deutsche Soldaten vor dem Arc de Triomphe du Carrousel in Paris, 1940

Am 14. Juni besetzten Teile der 18. Armee die französische Hauptstadt Paris. Um ihre Zerstörung zu verhindern, wurde sie zur offenen Stadt erklärt und kampflos von den französischen Truppen geräumt. Gleichzeitig durchbrach die Heeresgruppe C die Maginot-Linie, und die symbolträchtige Festung Verdun konnte ebenfalls eingenommen werden. Am 17. Juni erklärte Philippe Pétain, Ministerpräsident der neu gebildeten französischen Regierung, die Niederlage Frankreichs. Am 21. Juni wurden die französischen Unterhändler im Wald von Compiègne von Hitler empfangen. Zur Unterzeichnung der vergleichsweise maßvollen Waffenstillstandsbedingungen kam es gegen Abend des 22. Juni 1940. Der deutsch-französische Waffenstillstand trat erst am 25. Juni um 01:35 Uhr in Kraft. Damit die französische Flotte nicht in deutsche Hände fallen konnte, nahmen die Briten am 3. Juli diese im algerischen Hafen Mers-el-Kébir bei Oran unter Beschuss. Nur sechs Wochen und drei Tage hatte der Blitzkrieg im Westen gedauert, in dem über 135.000 alliierte und etwa 46.000 deutsche

Soldaten ihr Leben verloren. Die Schweiz konnte ihre Unabhängigkeit wahren und wurde nie Ziel einer deutschen Offensive (→ Die Schweiz im Zweiten Weltkrieg). Frankreich wurde in zwei Zonen geteilt: Der Norden und Westen Frankreichs war deutsch besetzt; hier befanden sich wichtige Flugfelder und Marinebasen für den Krieg gegen Großbritannien. Die Häfen am Atlantik, insbesondere Brest und La Rochelle wurden die wichtigsten Operationsbasen der deutschen U-Boote. Der östliche und südliche Teil Frankreichs blieb unter französischer Kontrolle. Marschall Philippe Pétain regierte von Vichy aus den so genannten „État français" als Marionettenstaat des Deutschen Reichs. Pétain wurde als Kollaborateur nach dem Zweiten Weltkrieg zum Tode verurteilt, später jedoch begnadigt.Charles de Gaulle (1890–1970) war Organisator des Widerstandes als „Führer des freien Frankreichs" vom Exil in London aus.

Andauern des Kriegs gegen Großbritannien und Hitlers Suche nach Verbündeten, Juni 1940 bis Juni 1941

Trotz der Niederlage Frankreichs ging der Krieg weiter, da Großbritannien Hitlers Friedensangebot nicht annahm. Hitler bemühte sich, seine Herrschaft über das „Neue Europa" zu konsolidieren und durch weitere Bündnisse abzusichern.

Luftschlacht um England 1940/1941

Übungen mit einem Panzer III zum Unternehmen Seelöwe, 1940

Als „Luftschlacht um England" (Unternehmen Seelöwe) bezeichnete die nationalsozialistische Propaganda die Vorbereitung einer Invasion Großbritanniens durch Angriffe aus der Luft, zu denen Flächenbombardements gehörten. Ziel war es, die britische Royal Air Force entscheidend zu schwächen und Großbritannien zur Kapitulation zwingen zu können, ohne die Invasion tatsächlich durchführen zu müssen. In den zwei Jahren zwischen dem Münchner Abkommen und der „Luftschlacht um England" arbeiteten die Briten fieberhaft am Aufbau einer modernen Jagdfliegerwaffe. Allein in den drei Monaten vor der Aufnahme der Kampfhandlungen gelang es der britischen Industrie, über 1400 Jagdflugzeuge fertigzustellen. Um dem dringenden Personalbedarf nachzukommen, wurden Piloten aus dem Commonwealth, Frankreich, den USA, Polen und der Tschechoslowakei unter dem Befehl der Royal Air Force eingesetzt.

Durch deutsche Angriffe zerstörte Gebäude in London während des Zweiten Weltkrieges

Britische Flugplätze, Flugzeugfabriken und Hafenanlagen wurden häufig von der Luftwaffe bombardiert. Die deutschen Bomber erhielten Begleitschutz von Jagdflugzeugen zur Abwehr britischer Abfangjäger. Die Kampfhandlungen führten auf beiden Seiten zu großen materiellen Verlusten, weshalb sich die deutsche Luftwaffe ab Oktober 1940 größtenteils auf Nachtbombardements beschränkte. Die „Luftschlacht um England" (10. Juli bis 31. Oktober 1940) endete als militärisches Patt, war aber eine politische und strategische Niederlage für Hitler, dem es zum ersten Mal nicht gelungen war, einem Land seinen Willen aufzuzwingen. Mitentscheidend für den Misserfolg der Luftwaffe war unter anderem die Fehlbewertung der Ortung durch englische Radarstationen an der Süd- und Ostküste der britischen Insel. Auf Görings Befehl wurden die deutschen Bomber vermehrt gegen britische Städte eingesetzt, um die Moral der britischen Bevölkerung zu brechen, ein Versuch, der hohe Verluste unter der Zivilbevölkerung forderte und große Schäden an Gebäuden verursachte, wofür der Begriff „Coventrieren" geprägt wurde. Genauso wie der Bombenkrieg der Alliierten gegen das Deutsche Reich blieb dieser Versuch Görings in seinen *politischen* Zielen erfolglos, während die Royal Air Force ihre daher weitgehend verschont gebliebenen Radarstationen in Küstennähe zur präzisen und schnellen Ortung deutscher Luftstreitkräfte nutzen und diese so wesentlich effizienter bekämpfen konnten. Göring betrachtete dies als eine Niederlage der deutschen Luftwaffe. Die deutschen Jägerpiloten wurden in der Folge von ihm der Feigheit bezichtigt. Göring erneuerte diesen Vorwurf im weiteren Verlauf des Krieges verschiedene Male, um Niederlagen der Luftwaffe zu erklären und von seinem eigenen Versagen als Kommandeur abzulenken. Bei den Bombardements von London („The Blitz"), Coventry und anderen englischen Städten wurden über 32.000 Zivilisten getötet.

Hitlers Bündnispolitik

Nachdem der Kriegsgegner Großbritannien nicht besiegt werden konnte, suchte Hitler nach Verbündeten sowohl gegen Großbritannien als auch künftig gegen die Sowjetunion. Diese war nicht nur seit langer Zeit von Hitler als „Lebensraum im Osten" definiert worden, sondern galt ihm jetzt auch als möglicher Verbündeter Großbritanniens auf dem Kontinent.

Philippe Pétain, Paul-Otto Schmidt, Adolf Hitler und Joachim von Ribbentrop in Montoire-sur-le-Loir, 24. Oktober 1940

In Westeuropa machte er kaum Fortschritte. Marschall Pétain wollte das französische Kolonialreich erhalten, ohne sich den Briten zu entfremden, daher stimmte er im Prinzip einer Zusammenarbeit mit dem Reich zu, lehnte aber einen Kriegseintritt Frankreichs mit Kriegserklärung gegen Großbritannien ab (Begegnung in Montoire, 24. Oktober 1940). Spaniens Diktator Franco war im Juni 1940 noch bereit, in den Krieg an deutscher Seite einzutreten, und verlangte dabei Gibraltar und Teile der französischen Afrika-Besitzungen. Hitler hielt Spaniens Unterstützung damals nicht für nötig. Als er sich am 23. Oktober in Hendaye mit Franco traf, war Spanien jedoch nicht mehr von der baldigen Niederlage Großbritanniens überzeugt und blieb zurückhaltend. Italien hingegen war im Juni 1940, kurz vor der französischen Kapitulation, Hitlers Kriegsverbündeter geworden. Zusammen mit Japan schlossen Mussolini und Hitler am 27. September 1940 in Berlin den Dreimächtepakt, der gegenseitigen Beistand bei der Gewinnung der Hegemonie über Europa (Deutschland und Italien) beziehungsweise Asien (Japan) beinhaltete. Die Bestimmungen galten nicht gegen die Sowjetunion; vor allem sollten die USA von einem Kriegseintritt abgehalten werden. Obwohl der Pakt in der Propaganda als Erfolg gefeiert wurde, half er Hitler nicht bei seinem größten Problem, der Frontbildung gegen Großbritannien. In Osteuropa gewann Hitler Rumänien als Verbündeten hinzu, das für ihn wegen der strategischen Lage und seiner Rohstoffvorkommen wertvoll war. Zwar ließ er die Sowjetunion das nach dem Ersten Weltkrieg verlorene Bessarabien einfordern, wie im Hitler-Stalin-Pakt vorgesehen. Doch Hitler garantierte im Sommer 1940 Rumäniens Bestand, das seinerseits aus dem Völkerbund austrat.

Italienischer Parallelkrieg im Mittelmeerraum und Ostafrika 1940/1941

Kriegsereignisse im gesamten Mittelmeerraum werden in der englischsprachigen Geschichtswissenschaft unter dem Begriff Mediterranean Theatre of Operations (Kriegsschauplatz Mittelmeerraum) zusammengefasst.

Mussolini, der darauf brannte, den Erfolgen des deutschen Achsenpartners eigene entgegenzusetzen, griff nach dem Kriegseintritt Italiens zunächst britische Positionen im Mittelmeerraum und Ostafrika an. Jedoch ging nach geringen italienischen Anfangserfolgen in Britisch-Somaliland und Ägypten im Spätsommer und Herbst 1940 die Initiative verloren und die Gegenoffensiven von britischen und Commonwealth-Truppen führten zu einer verheerenden Niederlage in Ägypten (→ Operation Compass) und zum Verlust Italienisch-Ostafrikas. Im Februar 1941 reagierte Hitler mit der Entsendung des Deutschen Afrikakorps (→ Unternehmen Sonnenblume), um wenigstens den Verlust Libyens zu verhindern. Die Großmachtambitionen Mussolinis waren bereits seit den 1930er-Jahren auch auf den Balkan gerichtet. Am 28. Oktober 1940 griffen italienische Verbände von dem seit 1939 italienisch okkupierten Albanien aus Griechenland an (→ Griechisch-Italienischer Krieg). Italien hatte zuvor versucht, Bulgarien als Verbündeten zu gewinnen, was jedoch wegen der ablehnenden Haltung von König Boris III. misslang. Hitler war über den Angriff zuvor nicht unterrichtet worden. Auch hatte er Operationen in diesem Gebiet gar nicht geplant, da es vermutlich seine Absicht war, mit Italien die Eroberung Großbritanniens vorzubereiten. Das Ziel Benito Mussolinis war es, Griechenland im Sturm zu erobern. Doch schon am 3. November gingen die Griechen erfolgreich zum Gegenangriff über. Bis zum 14. November gerieten die italienischen Truppen endgültig in die Defensive, sodass sie sogar bis über die Grenzen Albaniens zurückgedrängt wurden. Angesichts solcher Niederlagen des Achsenpartners erließ Hitler am 13. Dezember den Startbefehl für das „Unternehmen Marita".

Balkanfeldzug 1941

Anfang des Jahres 1941 versuchte das Deutsche Reich im Balkankonflikt zu vermitteln. So unterbreitete Hitler dem Königreich Jugoslawien den Vorschlag, dem Dreimächtepakt beizutreten, was jedoch abgelehnt wurde. Griechenland verzichtete ebenfalls auf jeden Vermittlungsversuch, da seine Armee die italienischen Soldaten an jeder Front zum Rückzug zwingen konnte. Eine italienische Großoffensive am 9. März wurde zum Desaster. Am 27. März trat Jugoslawien schließlich dem Dreimächtepakt bei. Die Folge waren antideutsche Demonstrationen und ein Putsch des serbischen Offizierskorps gegen die Regierung des Prinzregenten Paul, worauf der Beitritt wieder rückgängig gemacht wurde.

Balkanfeldzug 1941

Diese unerwartete Wendung erzürnte Hitler und führte zu seiner Entscheidung, Jugoslawien zu „bestrafen". Am 6. April überschritten Wehrmachtsverbände die Grenze nach Jugoslawien, und die Luftwaffen der Achsenmächte begannen Belgrad mit schweren Bombardements in Schutt und Asche zu legen (→ Luftangriff auf Belgrad 1941). Der weitere Vormarsch erfolgte wie im Manöver. Bereits am 10. April war die kroatische Hauptstadt Zagreb besetzt. Belgrad fiel zwei Tage später unter dem Druck deutscher Panzerverbände. Am 17. April unterschrieben die jugoslawischen Befehlshaber schließlich die bedingungslose Kapitulation. Ebenfalls am 6. April begann der deutsche Feldzug gegen Griechenland. Anders als in Jugoslawien war der griechische Widerstand stellenweise ausgesprochen hart. Besonders in den Gebirgslagen und im Gebiet der stark verteidigten Metaxas-Linie stießen die Soldaten nur langsam und unter hohen Verlusten durch das bergige Nordgriechenland in das Landesinnere vor. Am 9. April fiel Saloniki. Gleichzeitig wurde die griechische Armee in Ostmazedonien abgeschnitten und die Metaxas-Linie stärker bedrängt. Die griechischen Verstärkungen von der albanischen Front wurden bei ihrem Vormarsch durch die gebirgige Landschaft und von deutschen und italienischen Panzereinheiten sowie Luftangriffen behindert. Am 21. April mussten 223.000 griechische Soldaten kapitulieren.

Einmarsch deutscher Truppen in Athen, Mai 1941

Die in Griechenland stationierten britischen Verbände bauten unterdessen eine Verteidigung an den Thermopylen auf. Diese wurde am 24. April überrannt, worauf die Alliierten eine amphibische Evakuierungsoperation einleiten mussten, in der 50.000 Soldaten nach Kreta und Ägypten verschifft wurden. Am 27. April rückte die Wehrmacht in Athen ein. Am 25. April entschlossen sich die Führer der Achsenmächte zu einer Luftlandeinvasion von Kreta (→ „Unternehmen Merkur"). Am Invasionstag, dem 20. Mai 1941, brachten 593 Transportflugzeuge die deutschen Luftlandeeinheiten über Kreta. Die deutschen Fallschirmjäger bildeten durch ihre Fallschirme ein leichtes Ziel für die Luftabwehr, sodass viele bereits im Flug getötet oder verwundet wurden. Die gelandeten Einheiten konnten zunächst keine Flugplätze für Nachschub und Verstärkungen (insbesondere Artillerie und Fahrzeuge) erobern. Außerdem gab es keine Funkverbindung zum deutschen Hauptquartier in Athen, da viele Funkgeräte bei den Landungen zerstört wurden. Erst mit verstärktem Einsatz der Luftwaffe und einigen erfolgreichen Landungen auf umkämpften Flugplätzen stabilisierte sich die Situation für die Angreifer. Die Alliierten, darunter Neuseeländer und Australier, verteidigten Kreta eine Woche lang, bis sie sich mit etwa 17.000 Mann absetzen mussten. Aufgrund der hohen Verluste beschloss Hitler, in Zukunft keine Luftlandungen mehr durchzuführen.

Vom Entstehen der Ostfront bis zur Westfront, Juni 1941 bis Juni 1944

Mit dem Angriff auf die Sowjetunion entstand am 22. Juni 1941 eine neue Front im Osten Deutschlands. Sie wurde (neben der japanisch-chinesischen) die am längsten bestehende Front im Zweiten Weltkrieg, die am meisten Opfer forderte. Die deutsche Besatzungsmacht eroberte riesige Gebiete des europäischen Teils der Sowjetunion mit dem Ziel, sie rücksichtslos auszubeuten, einen Teil ihrer Einwohner zu töten und den anderen als Sklaven zu halten. Dabei wurden auch viele weitere Juden umgebracht. Ein halbes Jahr später wurden auch die USA offizieller Kriegsgegner Deutschlands, die allerdings bereits zuvor Großbritannien indirekt unterstützt hatten. Amerika brauchte Zeit, seine Wirtschaft auf den Krieg umzustellen. Eine Konfrontation der deutschen mit angelsächsischen Landstreitkräften fand bis zum Juni 1944 nur in Nordafrika statt, umso erbitterter wurde der Luft- und Seekrieg geführt (siehe unten).

Der Krieg gegen die Sowjetunion bis Stalingrad, Juni 1941 bis Februar 1943

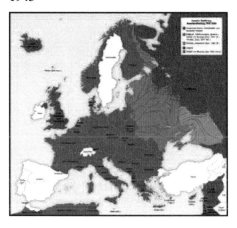

Russlandfeldzug 1941–1942

Der Balkanfeldzug hatte den Angriffszeitpunkt für einen Überfall auf die Sowjetunion um vier Wochen verschoben. Der Angriff fand nun erst am 22. Juni 1941 statt. Diese Verzögerung und ein ungewöhnlich früh einsetzender Winter erschwerten den geplanten Ablauf des Vormarschs und verhinderten das Erreichen der Linie Archangelsk-Astrachan als operatives Ziel. Obwohl Berechnungen auf deutscher Seite zeigten, dass die Versorgung der Wehrmacht nur bis zu einer Linie entlang Pskow, Kiew und der Krim möglich war, verlangte Hitler die Eroberung Moskaus im Rahmen eines einzigen, ununterbrochenen Feldzuges. Für den Überfall standen drei Heeresgruppen (Nord, Mitte, Süd) bereit. Die Heeresgruppe Nord (von Leeb) sollte die baltischen Staaten erobern und dann nach Leningrad vorstoßen. Auf der Heeresgruppe Mitte (von Bock) lag die Hauptlast. Sie sollte nach Moskau vorrücken und war entsprechend stark gerüstet. Die Heeresgruppe Süd (von Rundstedt) sollte die Ukraine erobern. Ebenfalls an dem Feldzug beteiligt waren Verbände aus befreundeten und eroberten Ländern der Achsenmächte. Auch vom besetzten Norwegen aus wurden Angriffe gegen die Sowjetunion unternommen. Sie zielten insbesondere auf Murmansk und die dortige Eisenbahnverbindung, die „Murmanbahn", sowie den Hafen.

Deutsche Soldaten in einem brennenden Dorf bei <u>Mahiljou</u>, 16. Juli 1941

Am 22. Juni 1941 um 4:15 Uhr begann der Angriff von 153 deutschen Divisionen, darunter 19 Panzer- und 12 motorisierte Divisionen, auf einer Frontlänge von 1600 km zwischen der Ostsee und den Karpaten gegen die Sowjetunion. Zwei Divisionen operierten von Finnland aus. Trotz vieler Hinweise waren die unteren und mittleren militärischen Befehlshaber der Roten Armee nicht auf diese bisher größte militärische Offensive der Weltgeschichte mit 3,2 Millionen deutschen Soldaten eingestellt. Hinzu kamen 600.000 Soldaten aus den verbündeten Staaten Ungarn, Rumänien, Finnland, Slowakei und Italien. Die Rote Armee umfasste im Juni 1941 rund 5 Millionen Soldaten. Allerdings waren diese Truppen nicht alle an der sowjetischen Westgrenze stationiert. Viele der sowjetischen Soldaten an der Grenze ergaben sich ohne Widerstand, während die motorisierten deutschen Truppen zunächst zügig vorankommen konnten. Die Fähigkeit der sowjetischen Streitkräfte, zum damaligen Zeitpunkt einen Angriff oder einen Krieg gegen Deutschland zu führen, muss auch nach neueren Erkenntnissen stark bezweifelt werden. Der erste Wehrmachtsbericht am Morgen des 22. Juni 1941 erweckte dagegen den Eindruck, sowjetische Truppen seien nach Ostpreußen eingedrungen. Er unterstützte damit die <u>Präventivkriegslegende</u> der <u>NS-Propaganda</u>, die den Angriff als Verteidigungskrieg darstellte. Tatsächlich war der Überfall auf die Sowjetunion im Wesentlichen ein ideologisch verbrämter Eroberungs- und Vernichtungskrieg mit dem von Hitler bereits Jahre zuvor formulierten Ziel der Gewinnung von „<u>Lebensraum im Osten</u>". Damit war „ein blockadefestes Großimperium" bis zum Ural und über den Kaukasus hinaus gemeint.

General Schukow, 1940

Deutsche Soldaten bei der Bergung eines Verwundeten in der Sowjetunion, November 1941

Erst am 29. Juni reagierte die sowjetische Führung strategisch und rief den „Großen Vaterländischen Krieg" aus. Kurz zuvor war Minsk in der Kesselschlacht bei Białystok und Minsk eingeschlossen und wenig später besetzt worden. Am 26. September fand die Schlacht von Kiew ihr Ende. Doch schon im Oktober begann es zu schneien und zu regnen. Daraufhin verlangsamte sich die deutsche Offensive, sie blieb immer häufiger im Schlamm stecken, und der Angriff auf Moskau kam wegen der sich versteifenden sowjetischen Gegenwehr zum Erliegen. Am 5. Dezember setzte eine sowjetische Gegenoffensive mit frischen, für den Winterkrieg ausgerüsteten Einheiten aus Fernost unter dem Befehl von General Schukow ein, wodurch eine Eroberung der Hauptstadt Moskau durch deutsche Truppen verhindert wurde. Nach dem sowjetischen Angriff am 25.

Juni versuchte Finnland im Fortsetzungskrieg mit deutscher Unterstützung die im Winterkrieg an die Sowjetunion verlorenen Gebiete in Karelien zurückzuerobern. Nachdem es dieses Ziel im Sommer 1941 erreicht hatte, blieb Finnland jedoch nicht defensiv, sondern fuhr bis in den Dezember fort, umstrittene, aber nie zuvor finnisch gewesene karelische Gebiete zu besetzen. Die Rote Armee hatte sich neu organisiert. Die Kriegsproduktion wurde, unerreichbar für die deutsche Luftwaffe, hinter den Ural verlegt. Am 16. Dezember gab Hitler den Befehl zum Halten. Bis zum Ende des Jahres wurde die Wehrmacht jedoch weiter zurückgedrängt.

In den Frühjahrsschlachten des neuen Jahres konnte am 28. Mai Charkow in einem Vernichtungssieg erobert werden. Zwischen dem 15. und 21. Mai fanden die Kämpfe ihr Ende. Am 2. Juni begann die eigentliche Schlacht auf der Krim um Sewastopol, dessen Verteidiger sich erbittert wehrten, und endete am 5. Juli. Am 21. Juli überschritten deutsche Kräfte den Don, wodurch die ersten Schritte für den Vormarsch auf Stalingrad eingeleitet wurden. Zwei Tage später konnte Rostow erobert werden. Insgesamt liefen die Operationen, was den Raumgewinn im Kaukasus betraf, innerhalb weniger Wochen ab. Am 4. August wurde Stawropol eingenommen, am 9. August Krasnodar und der Kuban überschritten. Den rumänischen Verbündeten gelang es, die sowjetische Verteidigung an der Ostküste des Asowschen Meeres von Norden her aufzurollen und die Taman-Halbinsel von „rückwärts" her zu öffnen. Auch das Elbrus-Massiv selbst wurde genommen, am 21. August wehte auf dem Berg die Reichskriegsflagge. Ein am 26. August begonnener Angriff auf Tuapse wurde nach zwei Tagen angehalten, dafür wurden am 31. August und am 6. September nach schweren Kämpfen die Hafenstädte Anapa sowie Noworossijsk, wichtigster Stützpunkt der Schwarzmeerflotte, genommen.

Im Hochgebirge hatten deutsche Truppen die wichtigsten Passübergänge eingenommen und vorübergehend auf breiter Front nach Süden überschritten – sie rückten bis zum abchasischen Gebirgsdorf Pßchu, 20 Kilometer vor der Küste des Schwarzen Meeres bei Gudauta vor. Östlich des Elbrus standen die deutschen und rumänischen Truppen in den Flussabschnitten des Baksan und des Terek bis Naurskaja. Nördlich davon verlor sich die Front an der Kuma, in der Nogajer Steppe und in der Kalmykensteppe.

Partisanenkrieg

Mit dem Einmarsch deutscher Truppen wurde in den verschiedenen Staaten Europas eine Umgestaltung entsprechend den nationalsozialistischen besatzungspolitischen, rassenideologischen und bevölkerungspolitischen Vorstellungen eingeleitet, die die Besatzer mit allen Mitteln der Repression durchzusetzen versuchten. Das betraf vor allem den politischen und militärisch-politischen Widerstand und die jüdische Minderheit, die im gesamten deutschen Machtbereich zum Objekt von Verfolgung und Vernichtung wurde.

Aussiedlung der polnischen Bevölkerung im deutsch besetzten Wartheland, 1939

Mit dem Generalplan Ost entstand unter Heinrich Himmler als dem Reichskommissar für die Festigung deutschen Volkstums ein umfassendes bevölkerungs- und siedlungspolitisches Konzept zur kolonialistischen „Germanisierung" der besetzten und noch zu erobernden Ostgebiete. Besonders die Bevölkerung Polens, Serbiens, der Ukraine, Weißrusslands und Russlands sollte demnach „durchaus niedergehalten werden". Aus der rücksichtslosen Ausplünderung dieser Gebiete ergab sich, dass Millionen der Hungertod drohte, was von den Planern hingenommen, wenn nicht begrüßt wurde. Nach der Entscheidung für den „Arbeitseinsatz" als dem ökonomisch ergiebigeren Umgang mit der Bevölkerung vor allem der Sowjetunion wurden Millionen Zwangsarbeiter nach Deutschland verschleppt. Repression und Ausbeutung stießen bald auf Widerstand. In den Niederlanden streikten zum Beispiel die Polizei und die Eisenbahner. In Frankreich kam es zu bewaffneten Angriffen. In den Balkanstaaten und in Osteuropa war der Widerstand besonders stark und verteilte sich oft auf verschiedene Gruppierungen. Jugoslawische Partisanen unter der Führung von Tito konnten sogar einzelne geschlossene Gebiete befreien, und in Griechenland kontrollierten Partisanen der ELAS, EDES und EKKA die Berge. In der Sowjetunion bekämpften kommunistische und anarchistische Gruppen das deutsche Besatzungsregime. Der Partisanenkrieg in der

Sowjetunion war allerdings von der Roten Armee vor dem Krieg geplant worden; entsprechende Einheiten wurden aufgestellt, die nach der Eroberung eines Gebietes den Widerstand gegen die Besatzer im Hinterland der Front weiterführen sollten. Im allgemeinen war der Partisanenkrieg durch zahlreiche Verstöße gegen das Kriegsrecht gekennzeichnet. Die Partisanen machten in der Regel keine Gefangenen oder zwangen sie zum Überlaufen. Auf deutscher Seite enthielt der Kommissarbefehl die Anweisung, Politkommissare der Roten Armee nicht als Kriegsgefangene zu behandeln, sondern sie ohne Verhandlung zu erschießen. So nahm der Partisanenkrieg in Osteuropa den Charakter eines systematischen Ausrottungskrieges an. In Griechenland (Kefalonia, Chortiatis), Frankreich (Oradour, Maillé) oder Italien (Marzabotto, Caiazzo) kam es zu vereinzelten Massakern an der Zivilbevölkerung.

Kriegseintritt der USA, Dezember 1941

Die Vereinigten Staaten hatten in dem Konflikt zunächst formal Neutralität gewahrt. Die isolationistische Grundstimmung in der US-Bevölkerung ermöglichte es Präsident Roosevelt nicht, direkt an der Seite Großbritanniens und der Sowjetunion in den Krieg einzugreifen. Der Kongress schuf jedoch mit dem Leih- und Pachtgesetz vom 11. März 1941 die legale Grundlage für die vorher bereits praktizierte Unterstützung Großbritanniens. Das Land wurde, wie später auch die Sowjetunion, in großem Umfang mit Waffen und Hilfsgütern aus den USA beliefert.

Den Ausbruch des Zweiten Weltkrieges in Europa nutzte Japan zur Besetzung von Französisch-Indochina und weiterer Regionen Südostasiens. In der Folge verhängten die USA und das Vereinigte Königreich ein Embargo und froren die finanziellen Mittel Japans ein. Im September 1940 unterzeichnete der japanische Außenminister Matsuoka Yōsuke in Berlin den Dreimächtepakt mit Deutschland und Italien. Das Embargo hatte fehlende Rohstofflieferungen seitens der europäischen Verbündeten zur Folge, sodass die Führung des japanischen Kaiserreichs in einem Krieg mit den USA und Großbritannien die einzige Möglichkeit sah, ihre imperialistischen Ambitionen abzusichern. Nach dem Angriff Japans auf die amerikanische Pazifikflotte in Pearl Harbor am 7. Dezember 1941 und der am 11. Dezember erfolgten Kriegserklärung Deutschlands befand sich das Land auch offiziell im Kriegszustand mit den Achsenmächten. Trotz des japanischen Angriffs einigten sich die Regierungen der USA und Großbritanniens auf den Grundsatz „Germany first", d. h. auf die Niederringung Deutschlands als vordringliches Kriegsziel. Zu ersten Kampfhandlungen zwischen US-amerikanischen und deutschen Truppen kam es Ende 1942 in Nordafrika.

Der Kriegsschauplatz Nordafrika 1940–1943

Ähnlich wie auf dem europäischen Kriegsschauplatz hatten die Italiener in Nordafrika schwere Rückschläge gegen die Briten hinnehmen müssen. Eine italienische Offensive zum Ende des Jahres 1940 führte zur Vernichtung der eigenen Verbände in Libyen.

Erwin Rommel westlich von Tobruk, 16. Juni 1942

US-amerikanischen Soldaten führen italienische und deutsche Kriegsgefangene in Tunesien ab, 1942

Der deutsche General Erwin Rommel bekam deshalb im Februar 1941 den Befehl, mit den zwei Divisionen des Deutschen Afrikakorps den erfolglosen Bündnispartner bei seiner Verteidigung zu unterstützen. Rommel hielt eine defensive Haltung für unangebracht, stattdessen wollte er angreifen. Am 31. März begann Rommel den Vormarsch. Schon am 10. April standen deutsche Panzer vor der ostlibyschen Hafenstadt und Festung Tobruk, die kurz zuvor noch von den Italienern ausgebaut und dann beinahe kampflos geräumt worden war. Bis zum 13. April unternahm Rommel drei Angriffe auf die Festung, die jedoch alle fehlschlugen. Rommel musste vorerst die Eroberung Tobruks zurückstellen. Auch weitere Vorstöße konnten auf Grund von Versorgungsengpässen nicht durchgeführt werden, sodass beide Seiten zu einem Stellungskrieg übergingen. Im November 1941 griffen die Briten dann wieder an. Am 26. November erfolgte ein zweiter Angriff, wobei es der Besatzung von Tobruk nun endlich gelang, den Belagerungsring zu sprengen. Am 7. Dezember zog sich das Afrikakorps zur Gazala-Linie zurück. Nachdem Tobruk augenscheinlich einer Eroberung durch das Afrikakorps widerstehen konnte, griff Rommel erst im nächsten Jahr wieder an. Am 26. Mai befahl Rommel das *Unternehmen Theseus* mit dem Ziel, Tobruk zu erobern. Nach schweren Panzergefechten gelang es den Achsenmächten, Bir Hacheim am 10. Juni einzunehmen, um dann den Vormarsch auf Tobruk einzuleiten. Am 20. Juni wurden Stadt und Festung besetzt, und Rommel wurde zum Generalfeldmarschall befördert. Im Juli 1942 fand die Erste Schlacht von El Alamein statt. Das Ziel des weiteren Vormarsches durch Ägypten war der Sueskanal. Kurz vor El Alamein hatten die Briten einen 65 Kilometer langen Verteidigungsgürtel aufgebaut, in dem die deutsche Offensive steckenblieb. Der neue britische Befehlshaber Bernard Montgomery befahl am 23. Oktober 1942 den Gegenangriff (Zweite Schlacht von El Alamein). Das zahlenmäßig unterlegene Afrikakorps musste den Rückzug antreten. Die Lage der deutschen Truppen in Nordafrika wurde aussichtslos, als am 8. November *(Operation Torch)* amerikanische Truppen in Casablanca und Algier landeten und somit die deutschen und italienischen Truppen in Nordafrika von zwei Seiten in die Zange genommen waren. Am 13. November fiel Tobruk wieder in britische Hand. Am 23. Januar 1943 besetzten die Briten Tripolis. Im März und April wurden die Truppen der Achsenmächte in Tunesien eingekesselt (Schlacht um Tunesien). Lediglich an der Mareth-Linie wurde noch erbitterter Widerstand geleistet. Am 12. Mai 1943 – Rommel war inzwischen aus Nordafrika abberufen worden – kapitulierten 150.000 deutsche und 100.000 italienische Soldaten auf der Halbinsel Kap Bon.

Die deutsche Bevölkerung reagierte völlig entsetzt auf die hohen Verluste in Nordafrika, die als Wende des Krieges gedeutet wurden. Hinter vorgehaltener Hand sprach man von einem „zweiten Stalingrad" oder von „Tunisgrad".

Stalingrad und die Wende im Osten 1943–1945

Deutscher Luftangriff auf Stalingrad, 1942

Trotz der angespannten Kräfte- und Nachschubsituation befahl Hitler gegen den teilweisen Widerstand der Generalität parallel zur südlichen Offensive in Richtung Kaukasus ein zweites Angriffsziel: Stalingrad. Am 23. August 1942 begannen etwa tausend Flugzeuge Brandbomben auf die Stadt zu werfen, gleichzeitig konnten deutsche Panzer zum ersten Mal in die Außenbezirke eindringen. In erbitterten Einzelkämpfen in den Häusern und Straßen der Stadt kamen die Deutschen nur unter hohen Opfern bei der Eroberung von Stalingrad voran. Schließlich beherrschte die Wehrmacht zwar etwa 90 Prozent der in einen Trümmerhaufen verwandelten Stadt, die vollständige Inbesitznahme misslang jedoch. Einen schmalen Uferstreifen der Wolga am östlichen Stadtrand, an dem permanent neue Truppen angelandet wurden, konnten die sowjetischen Verteidiger unter hohen Verlusten verbissen halten.

Am 19. November begann die Großoffensive der Roten Armee („Operation Uranus") gegen die rumänischen und deutschen Linien nordwestlich und südlich von Stalingrad. Wenige Tage später vereinigten sich die sowjetischen Panzerspitzen bei Kalatsch. Damit war die 6. Armee eingekesselt. Die von Göring versprochene Luftversorgung war nicht durchführbar. Die deutschen Verbände waren recht unbeweglich und völlig unterversorgt. Ein Entsatzangriff der 4. Panzerarmee („Operation Wintergewitter"), der bis zu 40 Kilometer an die Stadt heranführte, musste abgebrochen werden. General Paulus fühlte sich an den Haltebefehl Hitlers gebunden und gab weder einen Befehl zum Ausbruch aus dem Kessel noch wollte er kapitulieren. Am 10. Januar 1943 eröffneten daraufhin sieben sowjetische Armeen den Angriff auf die Stadt. Bis zum 23. Januar eroberten sie die Flugplätze <u>Pitomnik</u> und <u>Gumrak</u> zurück. Am 24. Januar gelang es ihnen, den Kessel in eine nördliche und eine südliche Hälfte zu spalten. Am 25. Januar verließ die letzte Ju 52 den Behelfsflugplatz Stalingradski. Am 31. Januar ging Paulus, zwischenzeitlich zum Generalfeldmarschall befördert, angesichts der aussichtslosen Lage, in sowjetische Gefangenschaft, ohne eine Gesamtkapitualition der 6. Armee auszusprechen. Es folgten ungeregelte Teilkapitulationen von Einheiten des Südkessels, der Nordkessel kämpfte noch bis zum 2. Februar. Vom 29. Januar bis zum 2. Februar gerieten etwa 91.000 deutsche Soldaten in Gefangenschaft. Schätzungen nennen 5.000 Wehrmachtssoldaten, die nach dem Krieg nach Deutschland zurückkehrten. Es überlebten Generalfeldmarschall Paulus, sein Stabschef und die meisten anderen hohen Offiziere. Die <u>Schlacht von Stalingrad</u> markierte einen psychologischen Wendepunkt im Krieg. Ab diesem Zeitpunkt glaubte die Mehrheit der Deutschen nicht mehr an den „<u>Endsieg</u>", ungeachtet der Goebbels-Rede im Berliner Sportpalast mit dem „Aufruf zum totalen Krieg" und der Zustimmung ihrer Zuhörer.

Panzer der <u>Waffen-SS</u> während der *Operation Zitadelle*, Juli 1943

Gegenoffensive 1943–1945

Am Morgen des 16. Februar wurde die Stadt <u>Charkow</u> von Truppen der Wehrmacht und <u>Waffen-SS</u> gegen den Befehl Hitlers aufgegeben, um einer drohenden Einkesselung zu entgehen. Am 21. Februar begann jedoch eine deutsche Gegenoffensive. Bis zum 5. März wurde das Gebiet bis zum mittleren Donezk zurückerobert. Es wurden dabei erhebliche Geländegewinne erzielt, dem Gegner hohe Verluste beigebracht und wieder eine geschlossene Front hergestellt. Ein im Frühjahr 1943 potentiell bevorstehender Zusammenbruch der <u>Ostfront</u> wurde so verhindert. In der <u>Schlacht um Charkow</u> wurde die Stadt am 14. März unter Verlusten durch Truppen der Waffen-SS zurückerobert. Eine weitere Offensive im Sommer, die „<u>Operation Zitadelle</u>", sollte den Frontbalkon bei <u>Kursk</u> ausräumen und große Teile der Roten Armee einkesseln und vernichten. Die Operation gipfelte in der größten Panzerschlacht der Geschichte. Der Angriff war jedoch von der Roten Armee vorausgesehen worden, die sich durch tiefe Verteidigungsstellungen vorbereitet hatte, und blieb stecken. Der deutsche Vorstoß wurde auf dem Höhepunkt der Schlacht abgebrochen. Die sowjetische Gegenoffensive bei Orel, die ihrerseits das Ziel verfolgte, Teile der Heeresgruppe Mitte einzukesseln und die zwischenzeitlich erfolgte Landung der Alliierten auf Sizilien verhinderten eine Weiterführung der Offensive. Nach mehreren sowjetischen Gegenoffensiven in den folgenden Monaten musste die Wehrmacht an der gesamten Front den Rückzug antreten, wobei auch die <u>Schlacht um die Krim</u> mit einer deutschen Niederlage endete. Bis zum Ende des Jahres war Kiew wieder in der Hand der Sowjetunion. Die mit der „Operation Zitadelle" verlorenen Panzerreserven konnten von den Deutschen bis Kriegsende nicht ersetzt werden und bedeuteten einen absehbaren Sieg der Sowjetunion. Danach folgten weitere größere Schlachten: Schlacht am Dnepr und die Dnepr-Karpaten-Operation.

Rückzug deutscher Truppen am Ilmensee, Februar 1944

Am 14. Januar 1944 begann mit der sowjetische Leningrad-Nowgoroder Operation, dem Angriff auf den deutschen Belagerungsring um Leningrad, eine Serie von Angriffsoperationen, die die sowjetische Propaganda später als „Zehn Stalinsche Schläge" bezeichnete. Die Sowjetunion setzte nach: Ihre Frühjahrsoffensive brachte weitere Gebietsgewinne, und die Wehrmacht musste sich bis zum Peipussee zurückziehen. Am 12. Mai war die Krim wieder fest in sowjetischer Hand. Am 9. Juni begann die Offensive an der finnischen Front auf der Karelischen Landenge. Ende Juni kam dieser Angriff auf Höhe der alten Grenze von 1940 zum Stillstand. Im Juni und Juli 1944 gelang der Sowjetunion die Zerschlagung der Heeresgruppe Mitte, wodurch ihre Armeen nun bis kurz vor Warschau und Ostpreußen vorstießen. Am 3. Juli eroberte die Rote Armee Minsk zurück, weiter südlich drang ab dem 13. Juli in Galizien eine weitere sowjetische Offensive (Lwiw-Sandomierz-Operation) bis Lemberg an die Weichsel vor. Die Wehrmacht war aufgrund der dabei erlittenen Verluste in der Folge nur noch zu hinhaltendem Widerstand gegen die Rote Armee fähig. Am 1. August begann der Warschauer Aufstand der Polnischen Heimatarmee. Am 20. August marschierte die Rote Armee in der „Operation Jassy-Kischinew" in Rumänien ein, worauf am 23. August König Michael durch einen Staatsstreich den Diktator Ion Antonescu stürzte und am 24. die rumänische Armee den Kampf an Deutschlands Seite einstellte. Die Erfolge der Sowjetunion zwangen die Wehrmacht zum Rückzug aus Griechenland, am 13. Oktober rückten britische Einheiten in Athen ein. Am 5. September nahm die Rote Armee Bulgarien ein; der Unterstützung durch die Sowjetunion sicher, führten die bulgarischen Kommunisten am 9. September eine gewaltsame Änderung der Staatsform herbei und übernahmen die Führung im Land. Finnland schloss am 19. September einen Waffenstillstand mit der Sowjetunion. Am 20. Oktober eroberten sowjetische Einheiten und jugoslawische Partisanen unter Tito die Hauptstadt Belgrad. Im Norden zog sich die Heeresgruppe Nord am 13. Oktober aus Riga nach Kurland zurück. In Ostpreußen kam die Offensive der Sowjetunion im Oktober nach anfänglichen Erfolgen zum Erliegen. In der Schlacht um Budapest wurde die ungarische Hauptstadt belagert, konnte aber erst am 11. Februar 1945 von der Roten Armee eingenommen werden.

Flüchtlinge auf einem Schiff in Königsberg, 1945

Die Rote Armee stieß Anfang 1945 von Warschau (Befreiung am 17. Januar) aus nach Norden vor und schnitt damit Ostpreußen vom Rest des Reiches ab. Zehntausende flohen aus Ostpreußen über das zugefrorene Haff nach Westen. Insgesamt gelangten über zwei Millionen Flüchtlinge über das Meer nach Westen. Im Zuge der Rettungsaktion wurde am 30. Januar vor Gotenhafen das ehemalige KdF-Schiff „Wilhelm Gustloff", mit Tausenden von Flüchtlingen an Bord durch ein sowjetisches U-Boot torpediert und ging unter. Gleiches Geschick erlitt wenig später die „Goya". Nach der Anzahl der Opfer gehören beide zu den verlustreichsten Schiffskatastrophen der Geschichte. Königsberg fiel am 9. April endgültig an die Sowjetunion. Am 27. Januar erreichte die Rote Armee das Konzentrationslager Auschwitz-Birkenau, das von der SS zuvor aufgegeben worden war. Am selben Tag erreichten erste sowjetische Einheiten Küstrin und damit die Oder.

Sowjetische Artillerie bei Berlin, April 1945

Nach der sowjetischen Weichsel-Oder-Operation stand die Rote Armee Ende Januar 1945 entlang der Oder und Neiße von Stettin bis Görlitz knapp 80 Kilometer vor Berlin. Die Höhen von Seelow bildeten dabei ein steil aufsteigendes, natürliches Hindernis, und um diese Höhen wurde eine der größten Schlachten des Zweiten Weltkrieges geschlagen. Die Schlacht um die Seelower Höhen begann am 16. April, im Laufe des 18. April errang die zahlenmäßig weit überlegene Rote Armee die Oberhand. Unterdessen wurde im Süden der sowjetische Belagerungsring um Breslau am 15. Februar geschlossen, welches allerdings erst am 6. Mai in die Hände der Roten Armee fiel. Am 25. April schloss sich der Belagerungsring um Berlin, am 28. April scheiterte der Versuch der 12. Armee unter General Walther Wenck, die Hauptstadt zu entsetzen, am 30. April tötete Adolf Hitler sich selbst im Führerbunker unter der Neuen Reichskanzlei. Am 2. Mai kapitulierten die letzten Verteidiger von Berlin vor der Roten Armee.

Nach dem Scheitern der Plattenseeoffensive im Frühjahr 1945 war Ungarn am 4. April vollständig von der Roten Armee erobert. Wien fiel am 13. April, von Osten aus wurden Niederösterreich, das Burgenland und die Steiermark erobert. Am 8. Mai erreichte die Rote Armee Graz. Ebenfalls am 8. Mai 1945, dem Tag der bedingungslosen Kapitulation der deutschen Wehrmacht, besetzte die Rote Armee im Zuge der Prager Operation Dresden, am 10. Mai rückten sowjetische Einheiten in Prag ein. Bereits am 8. Mai um 23:00 Uhr mitteleuropäischer Zeit trat die Gesamtkapitulation der deutschen Wehrmacht in Kraft. Anfang Mai war die Personalstärke der Heeresgruppe Mitte, die unter Generaloberst Schörner in Böhmen und Mähren stand, noch mit 900.000 Soldaten angegeben worden. Die wenigsten erreichten den Westen, die Masse ging in sowjetische Gefangenschaft, auch der tschechische Aufstand forderte, im Zusammenhang mit der anfangs ungeordneten Vertreibung der deutschen Bewohner, eine unbekannte Zahl an Opfern.

Italien 1943 und 1944

Am 10. Juli 1943 landeten die Alliierten in Sizilien *(Operation Husky)*, worauf der Große Faschistische Rat Mussolini Versagen vorwarf. Der Duce wurde daraufhin auf Befehl des italienischen Königs verhaftet. Als neuer Ministerpräsident wurde Pietro Badoglio eingesetzt.

Mussolini beim Verlassen des Hotels Campo Imperatore, 12. September 1943

Durch deutsche Soldaten bewachte und entwaffnete italienische Soldaten in Bozen, September 1943

Am 22. Juli konnte die sizilianische Hauptstadt Palermo von den Alliierten besetzt werden. Am 3. September landeten zwei britische Divisionen bei nur minimalem Widerstand der Verteidiger auf dem italienischen Festland. Fünf Tage nach der Landung schloss die neue italienische Regierung einen Waffenstillstand mit den Alliierten, worauf der *Fall Achse* eingeleitet wurde, in dem die Deutschen alle italienischen Verbände entwaffneten und am 10. September Rom besetzten. Am 12. September gelang es einigen deutschen Fallschirmjägern, Mussolini aus seiner Gefangenschaft im Hotel Campo Imperatore zu befreien. Mussolini wurde nach Ostpreußen gebracht, um wenig später eine Marionetten-Regierung in Norditalien leiten zu können (Republik von Salò) und den Kampf an deutscher Seite fortzusetzen. Nachdem sich die auf der griechischen Insel Kefalonia stationierten italienischen Soldaten ihrer Entwaffnung widersetzten, wurden zwischen dem 18. und dem 23. September etwa 5000 Italiener gefangen genommen und von deutschen Gebirgsjägertruppen erschossen. Am 13. Oktober erklärte die Badoglio-Regierung dem Deutschen Reich den Krieg. An der Seite der offiziellen italienischen Verbände operierte eine kampfstarke Partisanenarmee von 256.000 Frauen und Männern, die 1944 mit ihren Kampfhandlungen zehn Wehrmachtsdivisionen band.

240-mm-Haubitze der US-Amerikaner in der Nähe von Mignano (Italien), Januar 1944

Der Vormarsch der Alliierten erfolgte nur sehr langsam. Die Deutschen verteidigten ihre Stellungen bis zum Äußersten, während im Hinterland schon die nächsten Verteidigungsstellungen ausgehoben wurden. Erst wenn der Druck zu stark wurde, zogen sie sich zurück, um sich wieder neu zu verschanzen. Die Entscheidung der Alliierten, in Sizilien und nicht gleich bei Rom zu landen, verlängerte den Krieg möglicherweise erheblich. Es gibt Einschätzungen, dass die italienischen Verbände und die Partisanen bei einer Landung der Alliierten bei Rom Süditalien selbst hätten befreien können. Während sich die Alliierten schwere Gefechte mit den Truppen der Wehrmacht lieferten, konnten sie die Deutschen nach einer Landung bei Anzio (*Operation Shingle*, 21. Januar) weiter in Bedrängnis bringen, worauf diese gezwungen waren, zusätzliche Divisionen nach Italien zu verlegen. Die Alliierten errichteten in Italien eine zweite Front, nutzten aber nicht die Gelegenheit, bis Rom vorzustoßen.

Von neuseeländischen Soldaten bewachte deutsche Kriegsgefangene bei Monte Cassino, März 1944

Am 15. Februar wurde bei der Schlacht um Monte Cassino das von den Deutschen nicht besetzte Bergkloster Monte Cassino, das eine strategische Lage in der Gustav-Linie hatte, bombardiert und zwei Tage später durch Artilleriebeschuss völlig zerstört. Die deutschen Verteidiger, ehemalige Fallschirmjäger von der Landung auf Kreta, verschanzten sich anschließend in den Ruinen des Klosters. Erst drei Monate später, am 18. Mai, nahm das 2. Polnische Korps unter Führung von General Władysław Anders unter hohen Verlusten nach mehreren Tagen des Angriffs das Kloster ein, nachdem die vorhergehenden Angriffe der Alliierten gescheitert waren. Nachdem das Hindernis Monte Cassino überwunden war, begann der Vormarsch auf Rom. Am 25. Mai vereinten die alliierten Kräfte ihre beiden Fronten und drängten die deutschen Truppen auf die „Grüne Linie" zwischen La Spezia und Rimini zurück. Generalfeldmarschall Albert Kesselring, Oberbefehlshaber der Heeresverbände in Italien, lehnte es ab, in der „ewigen Stadt" zu kämpfen und befahl seinen Einheiten, Rom am 4. Juni widerstandslos zu verlassen. Die Hoffnung der Alliierten, die Wehrmacht bis in die Alpen zurück zu treiben, wurde bei der Apennin-Verteidigungslinie vorerst zerstört, sodass 1944 noch keine Entscheidung in Italien stattfand.

In diesen Zeitraum fallen ebenfalls alliierte Überlegungen eines weiteren Vorrückens über den Balkan, die jedoch, um Spannungen mit der UdSSR zu vermeiden, verworfen wurden.

Von der Westfront bis zum Kriegsende, Juni 1944 bis Mai 1945
Westfront 1944/1945

Deutsche Soldaten an einem Geschütz am Atlantikwall in Nordfrankreich, 1944

Mit Jahresbeginn übernahm Erwin Rommel den Oberbefehl der deutschen Heeresgruppe B an der Westfront nördlich der Loire. Am 21. Januar 1944 begann die deutsche Luftwaffe wieder mit Angriffen auf London, die bis zum April fortgesetzt wurden. Während die Alliierten damit beschäftigt waren, Berge von Versorgungsmaterial anzuhäufen, verstärkten die Deutschen ihre Küstenbefestigungen am Atlantikwall.

US-amerikanische Soldaten landen bei Omaha Beach, 6. Juni 1944

Am 6. Juni 1944 landeten die Alliierten in der Normandie. Der Plan für *Operation Overlord* fußte auf ab 1941 ausgearbeiteten Invasionsplänen und war vom britischen Lieutenant General (Generalleutnant) Sir Frederick E. Morgan in seiner endgültigen Fassung erarbeitet worden. Er sah vor, mit vier Armeen zu landen und dann schnell ins Landesinnere vorzustoßen. Die Deutschen waren schlecht auf die Invasion eingestellt. Der deutsche Planungsstab und Hitler erwarteten die Landung immer im Pas-de-Calais, der engsten Stelle des Ärmelkanals. Das Gebiet von Calvados, wo die Alliierten schließlich an Land gingen, wurde stellenweise nur mit einigen Metern Stacheldraht und ein paar MG-Nestern verteidigt. Aber nicht überall, denn trotz der falschen Erwartungen des OKW über den Ort der Invasion war die Normandieküste doch recht schwer befestigt. Das Invasionsgebiet war in fünf Landungsabschnitte aufgeteilt mit den Decknamen Juno, Gold, Sword (britisch/kanadische Landungsabschnitte), sowie Utah und Omaha (US-amerikanische Landungsabschnitte). Die Bombardierungen der Küste aus der Luft und von See verliefen planmäßig, verfehlten bei Omaha jedoch die erste deutsche Linie, und das führte, zusammen mit der Tatsache, dass die Deutschen in Unkenntnis der Alliierten eine zweite Division dort hatten, zu sehr schweren Verlusten der ersten Welle (etwa 70 %). Am so genannten *D-Day* waren während der Operation Neptune, dem eigentlichen Invasionsunternehmen, fast 6700 Schiffe und über 13.000 Flugzeuge beteiligt. Am frühen Morgen des 6. Juni starteten mehrere Luftlandeeinheiten (die 82. und 101. US-Luftlandedivision) zu ihren Einsätzen im Hinterland. Wegen Navigationsfehlern und überraschend starkem deutschen Flakfeuer erreichten viele Maschinen nicht die vorgesehenen Absprungzonen, sodass die Fallschirmjäger über weite Teile der Halbinsel Cotentin verteilt wurden.

Toter deutscher Soldat in Frankreich, Juni 1944

Obwohl die Alliierten gewaltige Kräfte aufgeboten hatten, kamen sie stellenweise nur schleppend voran. Doch nicht zuletzt durch die alliierte Luftüberlegenheit und die selbst zerstörten französischen Bahngleise gelang es der deutschen Seite nicht, schnellstmöglich zusätzliche Einheiten in das Kampfgebiet der Normandie zu verlegen. Cherbourg im Norden der Cotentin-Halbinsel unter Festungskommandant Karl-Wilhelm von Schlieben fiel am 26. Juni nach starkem amerikanischen Artilleriebeschuss und heftigen Straßenkämpfen (→ Schlacht um Cherbourg). Die Einnahme von Caen, ein Primärziel des ersten Landungstages, erwies sich für die alliierten Truppen der Briten und Kanadier an der Ostseite des Normandie-Brückenkopfes als ungleich schwieriger (→ Schlacht um Caen). Erst nach sechs Wochen verlustreicher Kämpfe konnte die Stadt am 19. Juli vollständig besetzt werden. Am 15. August begann eine zweite Invasion in Südfrankreich an der Côte d'Azur zwischen Toulon und Cannes (Operation Dragoon, ursprünglich bekannt unter dem Decknamen Anvil). An der Landung waren 880 alliierte Seeschiffe, darunter vier Flugzeugträger, sechs Schlachtschiffe, 21 Kreuzer und über 100 Zerstörer, insgesamt 34 französische Schiffe und 1370 Landungsboote sowie ungefähr 5000 Flugzeuge beteiligt. Drei amerikanische Divisionen bildeten die Angriffstruppen. Die Franzosen und US-Amerikaner konnten ohne entscheidenden Widerstand zügig in das Landesinnere vorstoßen.

In der Normandie unternahmen die US-Amerikaner am 25. Juli einen Ausbruchsversuch aus ihrem Brückenkopf-Sektor (→ Operation Cobra), der in den Folgetagen im Westen zur Abschnürung der Cotentin-Halbinsel bis nach Avranches führte. Im Osten konnten US-amerikanische Einheiten bei Saint-Lô nach anfänglicher Verzögerung schnell die deutsche Front durchbrechen. Am 6. August starteten die Deutschen zwar unter dem leitenden OB West, Generalfeldmarschall Günther von Kluge, eine Konterattacke bei Mortain (→ Unternehmen Lüttich). Sie wurde aber schon nach zwei Tagen wieder gestoppt, was schließlich mit Hilfe der nördlich kämpfenden Briten und Kanadier zum Kessel von Falaise führte.

Am 25. August wurde Paris befreit (→ Schlacht um Paris). Der deutsche Stadtkommandant General Dietrich von Choltitz verweigerte Hitlers Befehl, die Stadt zu zerstören und ergab sich mit seinen Truppen kampflos. Durch die enorme Materialfülle und absolute Luftherrschaft konnten deutsche Truppenansammlungen zu jeder Zeit zerschlagen werden und die Alliierten kamen in der Folgezeit recht zügig voran. Zwar überdehnten sie bei ihrem schnellen Vorstoß zum deutschen Westwall ihre Versorgungslinien, aber durch den Aufbau neuer, schneller Nachschubwege (→ Red Ball Express), gelang es vor allem, den in großen Mengen benötigten Treibstoff bereitzustellen. Bereits am 3. September fiel Brüssel und am Tag darauf konnte Antwerpen besetzt werden. Einzig bei der Luftlandeoperation *Market Garden* konnte das II. SS-Panzerkorps den Briten und US-Amerikanern in Arnheim noch einmal eine schwere Niederlage beibringen.

Mit dem Verlust der Atlantikhäfen am Ärmelkanal und vor allem in der Bretagne (→ Schlacht um die Bretagne) setzte die deutsche Marine ihren U-Boot-Krieg von Norwegen aus fort. Bis zum 1. September griffen die Deutschen von Abschussrampen in Nordfrankreich aus mit Raketen (V1, V2) London an. Mit Arbeiten an dem Projekt „Friesenwall" sollte dem direkten Eindringen der Alliierten an der deutschen Nordseeküste entgegengewirkt werden. Er wurde jedoch nicht fertiggestellt.

Am 21. Oktober eroberten die Alliierten nach heftigen Kämpfen Aachen als erste deutsche Stadt. Am 22. November erreichten weiter südlich US-amerikanische Streitkräfte die Festung Metz und Straßburg. Im Dezember versuchten die Deutschen, in der *Ardennenoffensive* die Oberhand im Westen zurückzugewinnen. Das Operationsziel, die Linien der Alliierten zu spalten, in breiter Front nach Belgien vorzustoßen und den alliierten Nachschubhafen Antwerpen zu besetzen, misslang jedoch. Dabei wurden die letzten deutschen Offensivreserven verbraucht.

Zwei US-amerikanische Soldaten während der Explosion eines Benzintankanhängers auf dem Marktplatz von Kronach, 14. April 1945

Mit amerikanischer Luftunterstützung erobern in der Nacht vom 16. auf den 17. April 1945 französische Truppen unter Befehl von General Jean de Lattre de Tassigny und angeführt von Major Christian Marie de Castries die im Schwarzwald zentral gelegene Stadt Freudenstadt und zerstören deren Zentrum beinahe vollständig. Dabei wird auch von zahlreichen Ausschreitungen von Soldaten gegenüber der Zivilbevölkerung berichtet. Daraufhin geht die Truppenbewegung weiter in Richtung Rottweil und Stuttgart. Alliierte Truppen erreichten am 7. März 1945 die unzerstörte Rheinbrücke von Remagen. Sie errichteten Brückenköpfe auf rechtsrheinischem Gebiet und kreisten das Ruhrgebiet ein. Die Heeresgruppe B der Wehrmacht unter Feldmarschall Model wurde am 1. April im sogenannten Ruhrkessel eingeschlossen und kapitulierte am 18. April. Am selben Tag nahmen die US-Truppen Magdeburg ein, einen Tag später Leipzig.

Am 25. April trafen sich US-amerikanische und sowjetische Truppen in Torgau an der Elbe (Elbe Day); der letzte Einflussbereich der Deutschen zerfiel jetzt in zwei Teile. Am 26. April fiel Bremen an die Briten, die weiter nach Nordosten zogen. In rascher Folge nahmen sie Lübeck (2. Mai) und Hamburg (3. Mai), während britisch-kanadische Truppen in Wismar einmarschierten.[18] Der Vorstoß aus dem Raum Hagenow erfolgte vermutlich auch, um die Rote Armee daran zu hindern, bis Schleswig-Holstein vorzustoßen. Im späten Nachmittag des 2. Mai trafen sich die Alliierten am östlichen Stadtrand Wismars.

Am 5. Mai kapitulierte Generaloberst Blaskowitz, dessen Truppen in Holland eingekesselt waren. Während die britischen Einheiten

Norddeutschland eroberten, wandten sich die US-Amerikaner nach Süden. Sie besetzten am 30. April München. Stuttgart fiel am 22. April an die französische Armee, die nach Süden bis Vorarlberg vordrang. Die US-Armee wandte sich zu den Alpen und traf am 3. Mai am Brennerpass mit ihren Landsleuten zusammen, die von Süden her Oberitalien besetzt hatten. In Italien fiel Bologna am 19. April an die US-Truppen. Am 25. April fand die Flucht des italienischen Diktators Benito Mussolini vor den Alliierten aus Salò statt, was als Ende der Italienische Sozialrepublik gilt. Am 27. April wurde Genua erobert; einen Tag später ergriffen italienische Partisanen in Dongo den gestürzten „Duce" Benito Mussolini und erschossen ihn. Am 2. Mai kapitulierten die deutschen Einheiten in Italien, am selben Tag marschierte die britische Armee in Triest ein.

Kriegsende in Europa 1945

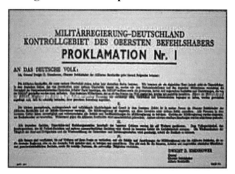

Proklamation Nr. 1 von General Eisenhower an das deutsche Volk, März 1945

Sowjetische Soldaten nach der Kapitulation Berlins vor dem Brandenburger Tor, Mai 1945

Einen Tag bevor Hitler sich am 30. April das Leben nahm, hatte er in seinem politischen Testament Großadmiral Karl Dönitz zum Reichspräsidenten und Oberbefehlshaber der Wehrmacht und Propagandaminister Joseph Goebbels zum Reichskanzler bestimmt. Nachdem Goebbels sich am 1. Mai ebenfalls das Leben genommen hatte, erklärte Dönitz am gleichen Tag in einer Rundfunkansprache die Fortsetzung des militärischen Kampfes gegen „den vordrängenden bolschewistischen Feind". Dönitz wollte die deutschen Soldaten in amerikanisch-britische Gefangenschaft bringen und sie vor sowjetischer Gefangenschaft retten. Nachdem die letzten Einheiten in Berlin am 2. Mai kapituliert hatten, schlug er sein Hauptquartier am 3. Mai im von Deutschen gehaltenen Flensburg auf und benannte eine Geschäftsführende Reichsregierung unter Graf Schwerin von Krosigk.Am 4. Mai unterzeichnete der neu ernannte Oberbefehlshaber der Kriegsmarine, Generaladmiral Hans-Georg von Friedeburg, auf dem Timeloberg eine Urkunde zur bedingungslosen Kapitulation der Wehrmachtseinheiten, die im Nordwesten gegen den britischen Feldmarschall Montgomery gekämpft hatten – diese Teilkapitulation trat am 5. Mai um 7 Uhr in Kraft.

Wilhelm Keitel unterzeichnet die ratifizierende Kapitulationsurkunde in Berlin-Karlshorst, 8./9. Mai 1945

Nachdem Eisenhower im operativen Hauptquartier der SHAEF in Reims das Ansinnen eines separaten Waffenstillstands mit den Westalliierten zurückgewiesen hatte, unterzeichnete Generaloberst Alfred Jodl in den Morgenstunden des 7. Mai die bedingungslose Kapitulation aller deutschen Truppen. Sie trat am 8. Mai, 23:01 Uhr mitteleuropäischer Zeit in Kraft. In einem weiteren Dokument wurde die Ratifizierung dieser bedingungslosen Kapitulation, dann durch das Oberkommando der Wehrmacht sowie die Oberbefehlshaber von Heer, Luftwaffe und Marine vereinbart. Das geschah durch Unterzeichnung einer weiteren Kapitulationsurkunde im sowjetischen Hauptquartier in Berlin-Karlshorst. Aufgrund einer Zeitverzögerung war es schon nach Mitternacht, als diese in der Nacht vom 8. zum 9. Mai von Generalfeldmarschall Keitel für das OKW und das Heer, Generaladmiral von Friedeburg für die Kriegsmarine und Generaloberst Stumpff für die Luftwaffe (als Vertreter des Oberbefehlshabers Generalfeldmarschall von Greim) unterzeichnet wurde.

Sonderausgabe der US-amerikanischen Soldatenzeitung Stars and Stripes zur Kapitulation am 8. Mai 1945.

Die Oberbefehlshaber der vier Verbündeten am 5. Juni 1945 in Berlin: Bernard Montgomery, Dwight D. Eisenhower, Georgi Konstantinowitsch Schukow und Jean de Lattre de Tassigny.

Zum Kriegsende am 8. Mai, dem V-E-Day beziehungsweise Tag der Befreiung, befanden sich im Westen noch die Kanalinseln und die Städte Lorient, Saint-Nazaire, La Rochelle sowie die lettische Halbinsel Mazierbe unter Kontrolle der Wehrmacht. Auch in Dänemark blieb die deutsche Herrschaft bis zur Kapitulation unangefochten. Das Deutsche Reich selbst war weitgehend besetzt, lediglich der Alpenraum, Teile des Protektorats Böhmen und Mähren und Schleswig-Holstein noch unter Kontrolle deutscher Truppen.

In Norwegen und zum Teil auch in Nordwestdeutschland waren die deutschen Truppen in Gewahrsam der britischen Streitkräfte. Sie waren formal Kriegsgefangene, jedoch nicht entwaffnet und in ihrer militärischen Gliederung und Kommandostruktur unverändert. Sie wurden in Einsatzbereitschaft gehalten und zum Teil auch weiter ausgebildet. Die Truppenteile unterstanden britischem Kommando. Während der Potsdamer Konferenz wurde bei der 9. Vollsitzung am 27. Juli 1945 der britische Premier Churchill vom sowjetischen Generalissimus Stalin auf diese nicht entwaffneten, sich in Norwegen befindenden 400.000 Soldaten angesprochen (siehe auch: Operation Unthinkable).

Am 8. und 9. Mai versuchten ungezählte deutsche Soldaten aus dem sowjetischen Machtbereich noch in die von den Westalliierten kontrollierten Gebiete zu gelangen, vor allem solche aus dem böhmisch-mährischen Raum. Der überwiegenden Mehrheit gelang dies nicht, zumal die US-Armee sich strikt an die Waffenstillstandbedingungen hielt und in ihren Bereich gelangte deutsche Soldaten in Lagern (Pisek) festhielt und den Sowjets übergab. Keinerlei Aussicht, der Gefangenschaft zu entgehen, bestand für die eingeschlossene Heeresgruppe Kurland.

Der Oberste Sowjet hob den Kriegszustand mit Deutschland erst in einer einseitigen Erklärung am 25. Januar 1955 auf.

Richard von Weizsäcker äußerte 1985 in seiner Rede zum 8. Mai, das Kriegsende ginge seit 1945 in der Bundesrepublik Deutschland als Befreiung vom Nationalsozialismus in die nationale Erinnerungskultur ein. Demgegenüber vertritt beispielsweise Michael Wolffsohn die Auffassung, dass der 8. Mai für die Ostdeutschen keine Befreiung gewesen sei, da sie „bis 1989 unfreiwillig die braune gegen die rote Unfreiheit […] tauschten." – „Wie und weshalb hätten sich die Ostdeutschen befreit fühlen können – oder gar die 12 Millionen Flüchtlinge und Vertriebenen, die Vergewaltigten und unschuldig Verfolgten?"

Krieg in Asien und im Pazifik

Japan war vor dem Zweiten Weltkrieg bereits an mehreren Kriegen beteiligt gewesen. Unter Tennō Yoshihito kämpfte Japan an der Seite der Alliierten im Ersten Weltkrieg, in dem Japan Kolonien des deutschen Kaiserreichs übernehmen konnte, wie zum Beispiel Qingdao. Etwa zehn Jahre zuvor kam es wegen Streitigkeiten um die Mandschurei zum Russisch-Japanischen Krieg (1904–1905). Nachdem es nicht gelang, die Wirtschaftskrise ab 1929 im Rahmen der weltwirtschaftlichen Lage einzudämmen, wurden verstärkt Stimmen laut, die eine territoriale Expansion als Lösung der Probleme sahen. Ab den 1930er Jahren erlangten Militärs verstärkt Kontrolle über die Regierung, einschließlich des Amts des Premierministers, politische Gegner wurden verfolgt, Medien zensiert. Der aggressive Einsatz für eine Neuordnung der Pazifikregion hatte vorgeblich zum Ziel, die Hegemonie der asiatischen Länder und Kolonien durch westliche, europäische Staaten zu beenden und sie durch eine japanische zu ersetzen (Panasienbewegung). Das Hauptinteresse der japanischen Expansion galt dem Gebiet der damaligen Republik China. Nach dem Mukden-Zwischenfall am 18. September 1931, der vermutlich von den Japanern selbst erzeugt wurde, kam es zur Mandschurei-Krise und die Guandong-Armee besetzte, angeblich ohne größere Rücksprache mit der japanischen Regierung, die Mandschurei. Am 1. März 1932 wurde dort der Marionettenstaat Mandschukuo ausgerufen, dessen offizieller Präsident und späterer Kaiser Pu Yi war. Aufgrund internationaler Proteste über das Vorgehen in China trat Japan 1933 aus dem Völkerbund aus, 1936 schloss es sich dem Antikominternpakt an.

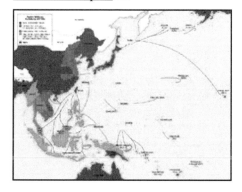

Pazifikkrieg 1937–1942

Am 7. Juli 1937 landeten japanische Truppen an der Küste Chinas und es kam zum Zwischenfall an der Marco-Polo-Brücke. Infolgedessen begann nach einem kurzzeitigen Waffenstillstand am 25. Juli 1937 der Zweite Japanisch-Chinesische Krieg, der bis 1945 andauern sollte und dessen Ausbruch von einigen Historikern sogar als der eigentliche Beginn des Zweiten Weltkrieges angesehen wird. China stand zu diesem Zeitpunkt vor einem Scheideweg, da die Kommunisten unter Mao Zedong und die Nationalisten der Kuomintang unter Chiang Kai-shek um die Vorherrschaft im Land kämpften. Die Kommunisten hatten sich nach dem Langen Marsch in das Landesinnere zurückgezogen und griffen beim Kampf gegen die Japaner nur vereinzelt ein. So errangen sie in der Schlacht von Pingxingguan einen kleinen taktischen Sieg, der als *„Der große Sieg von Pingxingguan"* in die Geschichte der kommunistischen Partei einging. Nach der Hundert-Regimenter-Offensive von Mitte bis Ende 1940 kam es zu einem inneren Zerwürfnis in der Partei und Mao beschloss den Kampf gegen die Japaner gänzlich den Nationalisten zu überlassen und die eigenen Truppen für den später wieder ausbrechenden *Klassenkampf* zurückzuhalten. Um den 8. Dezember 1937 erreichten die japanischen Truppen Nanjing, die Hauptstadt der Kuomintang und kesselten sie ein. Bei der Evakuierung von amerikanischen Bürgern aus Nanking beschossen die Japaner am selben Tag von Kampfflugzeugen aus das auf dem Jangtsekiang voll beladen fahrende Kanonenboot USS Panay (→ Panay-Vorfall). Das Boot wurde versenkt. Drei Menschen starben und 48 wurden verletzt. Zwar entschuldigte sich die japanische Regierung für den Zwischenfall, aber zusammen mit Berichten über die Grausamkeiten japanischer Soldaten, die nun an die Öffentlichkeit kamen, sorgte er dafür, dass sich das Bild von Japan in den USA zu ändern begann. Am 13. Dezember besetzten die japanischen Truppen Nanking. In dem darauf folgenden, drei Wochen andauernden Massaker von Nanking wurden vermutlich mehr als 300.000 chinesische Zivilisten ermordet und etwa 20.000 Frauen vergewaltigt. Chiang Kai-shek ließ daraufhin die Hauptstadt in das entfernte Chongqing verlagern. Im März 1938 verabschiedete Japan das Nationale Mobilisierungsgesetz, das im April in Kraft trat. Auf diesem Gesetz war die Bewegung der nationalen geistigen Mobilisierung aufgebaut, in der alle wirtschaftlichen und gesellschaftlichen Aspekte auf eine effizientere Kriegsführung konzentriert wurden. Hoffnungen auf eine friedliche Lösung des Konfliktes mit China kamen auf, als Ugaki Kazushige, ein ehemaliger General und Gegner weiterer Eskalationen, im Mai desselben Jahres Außenminister wurde. Doch statt eine Beruhigung der Lage zu erreichen, kam es zu erneuten Streitigkeiten mit der Sowjetunion um die Mandschurei und in der Folge zum Japanischen-Sowjetischen Grenzkonflikt. Da Japans wirtschaftliche Zukunft vor allem von Rohstofflieferungen aus Kolonien Großbritanniens und Frankreichs abhing, nutzte es den Ausbruch des Kriegs in Europa und erpresste von Großbritannien die Sperrung der Burmastraße, um die chinesischen Truppen vom Nachschub abzuschneiden. Außerdem setzte Japan in Nanking Wang Jingwei als Chef einer Marionettenregierung ein (Panasiatismus) und erhielt vom Vichy-Regime die Zustimmung zur Besetzung Vietnams, damals noch Französisch-Indochina. In der Folge verhängten die USA und Großbritannien ein Embargo und froren die finanziellen Mittel Japans ein. Am 27. September 1940 unterzeichnete Japan den Dreimächtepakt mit Deutschland und Italien, der den bestehenden Antikominternpakt um gegenseitige militärische Unterstützung erweiterte. Damit verwarf der japanische Kaiser seine noch am 5. September 1939 verkündete Neutralität und unterstrich seine aggressive Außenpolitik vor allem gegenüber China. Die amerikanische Regierung rief daraufhin am 8. Oktober alle Zivilisten im Fernen Osten auf, in die USA zurückzukehren, da es zu einer indifferenten Lage in diesem Gebiet käme und verhängte am 23. Oktober ein totales Ausfuhrverbot für Eisen- und Stahlschrott nach Japan. Am 23. Oktober verließen drei Passagierdampfer die USA um alle Amerikaner aus China und Japan zu evakuieren. Im April 1941 unterschrieb Präsident Roosevelt einen Geheimbefehl, der es Reserveoffizieren erlaubte das Militär zu verlassen und als Freiwillige nach China zu gehen. Als Folge gründete Captain Claire Lee Chennault in Kunming die American Volunteer Group (auch *Flying Tigers* genannt), eine US-amerikanische Fliegerstaffel, die ab 1942 in den aktiven Dienst der US Air Force gesetzt wurde. 1941 begannen verstärkte Bemühungen der USA und Japan, um den drohenden Krieg zu verhindern. Gleichzeitig nahmen die Kriegs- und Eroberungspläne der Japaner für Südostasien konkrete Formen an. Den Forderungen der USA, China zu verlassen, kam Japan jedoch nicht nach. Wegen des Embargos Großbritanniens und der USA und weil Japan von den Rohstofflieferungen der europäischen Verbündeten abgeschnitten war, blieb ein Krieg mit den USA und Großbritannien die einzige Alternative zum Verlust des Reiches. Nachdem Japan die USA mit dem Angriff auf Pearl Harbor am 7. Dezember 1941 empfindlich getroffen hatte und diese ihnen den Krieg erklärt hatten, drangen die Japaner weiter nach Süden vor und besetzten unter der Propaganda „Asien den Asiaten" europäische und amerikanische Kolonien wie Hongkong, die Philippinen und Niederländisch-Indien. Innerhalb von vier Monaten (Dezember–Marz) hatten japanische Truppen weite Teile Südostasiens und einen Großteil des Pazifiks mit etwa 450 Millionen Menschen unter ihrer Kontrolle. Dies war die größte Ausdehnung in der Geschichte Japans. Die wichtigste Eroberung der Japaner fand am 23. Januar 1942 statt, als die kleine australische Garnison in Rabaul an der Nordostspitze auf New Britain überwältigt und die Hafenstadt eingenommen werden konnte. Damit hatten die Japaner eine hervorragende Ausgangsbasis für ein weiteres Vordringen in Richtung Ostpazifik und die Südsee, die in den folgenden Jahren zu einer regelrechten Festung ausgebaut wurde. Mitte 1942, nach der Schlacht im Korallenmeer sowie der Schlacht um Midway, bei der die Japaner vier Flugzeugträger und zahlreiche Flugzeuge und erfahrene Besatzungen verloren und damit ihre Flotte empfindlich geschwächt war, änderte sich jedoch die Situation. Mit der Landung auf der Salomonen-Insel Guadalcanal am 7. August begannen die Amerikaner die *Operation Watchtower*, eine der verlustreichsten und verbissensten Schlachten während des Pazifikkrieges. Sie dauerte bis ins nächste Jahr an und markierte einen weiteren Wendepunkt zugunsten der Amerikaner. Sie konnten ein weiteres Vordringen Japans verhindern. Damit war eine Isolierung Australiens von Amerika vereitelt und US-Truppen konnten weiter auf japanisch besetztes Gebiet vorrücken. Weiterhin hatte die japanische Flotte bei diesen Abnutzungsschlachten Verluste zu verzeichnen, die sie im Gegensatz zu ihren Gegnern kaum zu ersetzen vermochte.

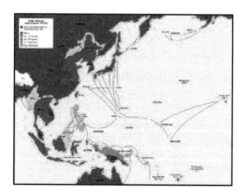

Gegenoffensive 1943–1945

Die härtesten Kämpfe tobten von Ende 1942 bis Mitte 1944 auf Neuguinea, in der Südsee auf den Salomonen, den Gilbertinseln, den Marshallinseln und den Marianen. Ein erfolgreiches taktisches Mittel war dabei das so genannte „Island Hopping", bei dem die Amerikaner die starken japanischen Stützpunkte, im Besonderen den wichtigen Standort Rabaul mit seinem Hafen und den Flugfeldern, umgingen und Insel für Insel in Richtung japanischem Hoheitsgebiet einnahmen. Zu Beginn des Jahres 1943 gelang es den Amerikanern in vermehrtem Maß, japanische Funkcodes zu entschlüsseln. Einer der wichtigsten Codes war der *Ultra*-Code der Kommandantur des Truk-Atolls. Damit war die Grundlage für den

Seekrieg gegen die japanischen Fracht- und Nachschubschiffe durch US-U-Boote gelegt, dessen stetig steigende Versenkungsraten einen wesentlichen Anteil am Sieg hatten. Der japanischen Marine gelang es während des gesamten Krieges nicht, ein wirksames Schutzsystem für ihre Transportschifffahrt zu bilden. Dies lag sowohl an der Unterschätzung der U-Boot Gefahr in der japanischen Militärdoktrin, mit der Folge einer ungenügenden Anzahl von Geleitschiffen bei Kriegsbeginn, sowie an der großen technologischen Unterlegenheit Japans im Bereich der Überwasser-(Radar)als auch Unterwasserortung (Asdic). Vor allem der daraus resultierende Mangel an Treibstoff beeinträchtigte einerseits die Ausbildung neuer Piloten extrem, und machte es anderseits erforderlich, Flottenverbände weit außerhalb der Hauptkampfgebiete, in der Nähe von Treibstoffquellen, zu stationieren, was die taktischen strategischen Optionen der Flotte stark einschränkte.

Explosion von „Fat Man" über Nagasaki, 9. August 1945

Der amerikanischen Funkaufklärung gelang Mitte April die Entschlüsselung eines Funkspruchs, demzufolge Admiral Yamamoto Isoroku, Oberbefehlshaber der Kaiserlich Japanischen Marine, den Stützpunkt auf Bougainville besuchen wollte. Zum Abfangen seines Flugzeugs starteten am 18. April 16 Lightning Jäger von der neuen zweiten Startbahn des Henderson Airfields auf Guadalcanal und nahmen Kurs nach Norden. Bei einem eigenen Verlust gelang ihnen der Abschuss von drei der neun japanischen Begleitflugzeuge und der zwei Transportmaschinen. In einer davon befand sich Yamamoto, der dabei ums Leben kam. Vom Verlust dieser starken Führungspersönlichkeit konnte sich die japanische Marine in der Folge nur schwerlich erholen (→ Operation Vengeance).

Ab 1944 begann die Erfolgszeit der amerikanischen Task Forces. Die Fast Carrier Task Force, abwechselnd unter der Bezeichnung *Task Force 38* und *58*, führte Vorstöße gegen japanisch besetzte Inselgruppen durch und drang stetig weiter in Richtung der japanischen Inseln vor, obwohl die Japaner mit dem Einsatz von Kamikaze-Fliegern begannen. Die von den Japanern erwarteten hohen Verlustraten bei den amerikanischen Schiffen blieben aber aus. Ebenso blieben die Erfolge der bemannten Kaiten-Torpedos aus. Nach der ab Mitte Juni begonnenen blutigen Schlacht um Saipan, verbunden mit der Schlacht in der Philippinensee, bei der die Japaner fast alle eingesetzten Flugzeuge mitsamt Besatzungen und durch U-Boote drei Flugzeugträger verloren, kam es Ende Oktober bis Anfang November 1944 während der Landungen auf Leyte in den Philippinen zur See- und Luftschlacht im Golf von Leyte. Hier verloren die Japaner mit vier Flugzeugträgern (ohne Flugzeuge), drei Schlachtschiffen, zehn Kreuzern und neun Zerstörern fast ihre komplette verbliebene Seestreitmacht. Nach den Kämpfen auf den japanischen Inseln Iwojima und Okinawa warfen die Amerikaner am 6. August 1945 die erste Atombombe auf Hiroshima. Kurz darauf, am 9. August wurde die zweite über Nagasaki gezündet. Sechs Tage später verkündete der japanische Tennō im Rundfunk die Kapitulation Japans, die am 2. September in der Bucht von Tokio auf der *USS Missouri* unterzeichnet wurde

Strategische Aspekte

Der Strategiehistoriker Colin Gray deutet den Zweiten Weltkrieg mit seinen Operationen auf drei Kontinenten zu Lande, zu Wasser und in der Luft als komplexes Ereignis, das allerdings von einer „eleganten Schlichtheit in seinem Ablauf und seiner Struktur" durchzogen werde. Gray zufolge waren die beiden wichtigsten Kriegsschauplätze, die Ostfront und der pazifische Raum, grundsätzlich voneinander unabhängig. Allerdings stellten wichtige Ereignisse wie die deutsche Kriegserklärung an die Vereinigten Staaten nach dem japanischen Angriff auf Pearl Harbor immer wieder kriegswichtige Bezüge her. Ihnen gemeinsam sei vor allem gewesen, dass es sich bei beiden Feldzügen um „riesige Belagerungsoperationen" gehandelt habe.[25] Darüber hinaus ordnet Gray den Zweiten Weltkrieg trotz einer im Vergleich zum Ersten Weltkrieg verstärkten verbundenen Gefechtsführung, wie beispielsweise den Blitzkrieg, als Abnutzungskrieg ein.

Luftkrieg

Die deutsche Luftwaffe absolvierte ihren ersten Test im Spanischen Bürgerkrieg. Am 26. April 1937 bombardierten Flugzeuge der Legion

Condor die spanische Stadt Guernica. Dieser Luftangriff war der erste
Auslandseinsatz der neuen Reichsluftwaffe und der erste Luftangriff auf ein
ziviles Flächenziel in der Militärgeschichte. Im Polenfeldzug erlangte die
Luftwaffe schnell die Lufthoheit, da die größtenteils veralteten polnischen
Jagdflugzeuge nur wenig Widerstand leisten konnten. Der Luftangriff auf
Warschau am 15. September 1939 war ein erster Angriff auf vor allem zivile
Ziele aus der Luft im Zweiten Weltkrieg. Am 14. Mai 1940 fiel die
Innenstadt von Rotterdam einem Angriff der Luftwaffe zum Opfer. Ein
Angriff auf Mönchengladbach im Mai 1940 durch die Royal Air Force
(RAF) blieb relativ bedeutungslos. Am 14. November 1940 flog die
deutsche Luftwaffe einen schweren Bombenangriff auf Coventry. Neben
Industrieanlagen wurden Tausende von Wohnhäusern und die
mittelalterliche Kathedrale der Stadt zerstört. Ein nächster Angriff traf die
Stadt am 8. April 1941. Die nationalsozialistische Propaganda erfand den
Begriff des „Coventrierens" für Flächenbombardements dieses neuen Typs.
Die Angriffe auf Rotterdam und Coventry leitete der vormalige Chef der
Legion Condor und Verantwortliche für den Angriff auf Guernika. Als
Reaktion auf Coventry intensivierte die Royal Air Force ihre
Flächenbombardements auf deutsche Städte, was umso erfolgreicher
geschehen konnte, als die Luftschlacht um England, August 1940 bis Mai
1941, mit der Niederlage der deutschen Luftwaffe endete. Am 6. April 1941
wurde Belgrad, das nur schwach gegen Luftangriffe verteidigt werden
konnte, von der Luftwaffe angegriffen und in weiten Teilen zerstört. Bei der
deutschen Offensive gegen die Sowjetunion spielte die Luftwaffe eine
bedeutende Rolle, konnte aber weder die Schlacht um Moskau noch die um
Stalingrad für die deutsche Seite entscheiden. Ab 1942 flog auch die
amerikanische Luftwaffe Angriffe in Europa und im April 1942 einen
Bombenangriff auf Tokio.

Hamburg nach der Operation Gomorrha, 1943

Tote nach den Luftangriffen auf Dresden, Februar 1945

1942 Arthur Harris Oberkommandierender des RAF Bomber Command. Im Mai begann mit einem Angriff auf Köln das Flächenbombardement deutscher Städte, das im Juli 1943 mit der Operation Gomorrha gegen Hamburg einen ersten Höhepunkt erreichte. Hier wurden erstmals Täuschungstechniken eingesetzt. Allerdings gab es auch beträchtliche Verluste der amerikanischen Tagbomberverbände, beispielsweise bei Angriffen auf Schweinfurt und Essen. Mit ihren massiven Luftangriffen hofften die Alliierten, Widerstand gegen die Führung hervorrufen und den Krieg verkürzen zu können. Diese Erwartung erfüllte sich in keiner Weise, da sich die deutsche Bevölkerung enger um ihre nationalsozialistische Führung sammelte („Zweite Machtergreifung"). In den letzten Kriegsmonaten wurden zahlreiche deutsche Städte großflächig zerstört, darunter Braunschweig, Dresden, Heilbronn, Koblenz, Pforzheim, Hanau und Würzburg. Mit der Entwicklung der Flugbombe V1 und der Rakete V2 hoffte die nationalsozialistische Seite auf eine „Wunderwaffe". Da beide Waffen nicht punktgenau eingesetzt werden konnten, waren sie ungeeignet zur gezielten Zerstörung militärischer Ziele. Ihre Funktion war vor allem die Terrorisierung der Zivilbevölkerung, weshalb sie ungezielt in Großstädte wie London oder Antwerpen geschossen wurden. Zwischen Juni 1944 und März 1945 wurden mit ihnen Ziele in Westeuropa, darunter London angegriffen. Tokio wurde im Februar/März 1945 bei amerikanischen Angriffen erheblich zerstört, unter gleichzeitigen immensen Menschenverlusten. Den Schlusspunkt setzten die amerikanischen Atombombenabwürfe auf Hiroshima und Nagasaki am 6. und 9. August 1945. Sie sollten zum einen Japan militärisch zur Kapitulation zwingen und zum anderen ein politisches Zeichen militärischer Stärke in der aufkommenden Blockkonfrontation setzen.

Atlantik- und U-Boot-Krieg

Karl Dönitz beim Einlaufen des U-Bootes U 94 im Hafen von Saint-Nazaire, Juni 1941

Am 14. Oktober 1939 gelang es *U 47* mit Kapitänleutnant Günther Prien, in die Bucht von Scapa Flow, dem Hauptstützpunkt der *Home Fleet der britischen Marine* einzudringen und das Kriegsschiff *Royal Oak* mit 1400 Mann Besatzung zu versenken. Das war zwar vorerst nur ein Propagandaschlag, geplant durch Kommodore Karl Dönitz, aber der Beginn des U-Boot-Kriegs. Fanden bis zur Mitte des Jahres 1940 hauptsächlich Aktionen durch einzelne U-Boote statt, konnten nach der Eroberung Frankreichs an der Biskaya in Brest, Lorient, Saint-Nazaire und La Rochelle vorerst provisorische U-Bootstützpunkte errichtet werden. Die U-Boote konnten dank dieser neuen Häfen wesentlich schneller die Operationsgebiete auf den westlichen Zufahrtswegen zum Ärmelkanal erreichen. Die alliierten Konvois waren aus Mangel an Geleitschiffen nur schwach gesichert. Außerdem setzten die U-Boot-Kommandanten die neue Taktik eines nächtlichen Überwasserangriffs ein, der die nur Unterwasserziele ortenden alliierten Sonargeräte (ASDIC) wirkungslos werden ließ. Die jetzt folgenden Siege der deutschen U-Boot-Waffe wurden von der nationalsozialistischen Propaganda bis ins letzte ausgeschlachtet und viele Kommandanten zu Helden hochstilisiert. 1940 gingen ungefähr 4,5 Millionen BRT Schiffsraum bei den Alliierten verloren und 1941 ca. 4 Millionen BRT. Um den Druck auf die britischen Nachschubtransporte zu erhöhen und um den U-Boot-Krieg zu unterstützen, lief im Mai 1941 ein Geschwader aus Gotenhafen mit Ziel Atlantik aus. Es bestand aus dem gerade erst in Dienst gestellten Schlachtschiff *Bismarck*, dem sich ebenfalls erst wenige Monate im Dienst befindenden Schweren Kreuzer *Prinz Eugen* und einigen Zerstörern. Die Aktion bekam den Decknamen *Unternehmen Rheinübung*, führte zum Untergang des britischen Schlachtkreuzers *HMS Hood* und endete mit der Versenkung der *Bismarck* am 27. Mai.

Nach dem Eintritt der USA in den Krieg und der Bindung großer amerikanischer Kräfte im Pazifik entsandte Admiral Dönitz Langstrecken-U-Boote zum *Unternehmen Paukenschlag* nach Amerika, wo sie in den ersten Januartagen 1942 eintrafen. Die zunächst schlecht organisierte US-Küstenverteidigung stand den Angriffen auf die Handelsschifffahrt hilflos gegenüber. Als die Verteidigung im Frühjahr zunahm, weiteten die U-Boote ihr Einsatzgebiet in die Karibik und den Südatlantik aus. Kürzer reichende Boote operierten zur gleichen Zeit im Nordatlantik in Rudeln und konnten so den Druck auf die Konvois aufrechterhalten. Es kam im Laufe des Jahres zu mehreren großen Geleitzugschlachten. Im Herbst 1942 steigerten sich die Erfolge der U-Boote noch weiter, da die Geleitkräfte für die Sicherung in Nordafrika benötigt wurden. 1942 wurden über 8 Millionen BRT Schiffsraum versenkt. Ende 1942 gelang es den Alliierten, den Code der deutschen Enigma-Verschlüsselungsmaschine zu brechen. Im Mai 1943 konnten sie ihre Luftüberlegenheit und ihre Geleitkräfte in vollem Maße nutzen, sodass in diesem Monat 43 deutsche U-Boote versenkt wurden. Dönitz stellte daraufhin den U-Boot-Krieg vorübergehend ein und ließ die U-Boote zurückrufen. Die Schlacht im Atlantik hatte sich somit endgültig gewendet. Mit der Invasion in Frankreich im Juni 1944 wurden bald auch die deutschen U-Bootstützpunkte an der französischen Atlantikküste überrannt. Die U-Boote wurden in die Nord- und Ostsee sowie nach Norwegen zurückgedrängt und operierten nun mehr vor der englischen Küste. Bei Bekanntwerden der Kapitulation wurde am 4. Mai 1945 die *Operation Regenbogen* gestartet: Obwohl Dönitz' Befehl an diesem Tage lautete, alle Schiffe zu übergeben, wurden die meisten in den Häfen liegenden U-Boote versenkt. Die U-Boote, die noch im Einsatz waren, liefen nach dem 8. Mai englische oder amerikanische Häfen an.

Politische Aspekte
Kriegsverbrechen

Im Kriegsverlauf wurden nach entsprechenden Befehlen von deutschen Truppen zahlreiche Kriegsverbrechen an Juden, Sinti und Roma und an als „Untermenschen" betrachteten Osteuropäer verübt. Die Leningrader Blockade verursachte mehr als eine Million Opfern. In deutschen Sammellagern starben über drei Millionen sowjetische Kriegsgefangene; die Wehrmacht ließ sie gezielt verhungern, sie wurden ermordet oder starben an Krankheiten, Misshandlungen und bei der Zwangsarbeit.

Öffnung eines Massengrabes in Katyn, März 1943

Der Roten Armee wird vorgeworfen, in den von ihr eroberten Ländern Osteuropas Kriegsverbrechen begangen zu haben. Die Zahl der Vergewaltigungen durch die Soldaten der Roten Armee und deren Verbündete wird europaweit auf vier Millionen Frauen geschätzt, davon 1,9 bis 2 Millionen vergewaltigte Frauen in Deutschland (mit 240.000 Todesfällen in deren Folge) während des Vormarsches der Roten Armee gegen Kriegsende.[28][29]

Getötete Kinder nach dem Massaker von Nanking, 1937/38

Japan ging insbesondere gegen Chinesen mit großer Brutalität vor. Dabei kam es zu Kriegsverbrechen japanischer Soldaten in China (Massaker von Nanking sowie grausame medizinische Experimente an Gefangenen). Nach chinesischen Angaben sollen zwischen 5 und 10 Millionen chinesische Zivilisten getötet worden sein. Die Bombardierung Shanghais 1937 setzt den Auftakt des japanischen Eroberungsfeldzuges durch Südostasien. Er kostete bis 1945 insgesamt etwa 20 Millionen Menschen das Leben. Die Einheit 731 führte in Lagern grausame Experimente an Gefangenen durch. Es sind japanische Menschenversuche mit biologischen Krankheitserregern an Chinesen bekannt geworden. Nach dem Ende des Zweiten Weltkrieges wurden einige hochgestellte deutsche Kriegsverbrecher in den Nürnberger Prozessen verurteilt und zahlreiche Personen aus der nationalsozialistischen Führung, Ärzte, Juristen und führende Personen aus der Wirtschaft und dem Oberkommando der Wehrmacht verurteilt. Dabei mussten sich erstmals in der Geschichte Politiker, Militärs und andere Verantwortungsträger persönlich für das Planen und Führen eines Angriffskrieges und für Verbrechen gegen die Menschlichkeit verantworten. Diese Prozesse gelten heute als Grundlage für das moderne Völkerstrafrecht, wurden jedoch in der Nachkriegszeit von vielen deutschen Politikern als Siegerjustiz kritisiert. Die Mehrheit der Kriegsverbrecher aus den Einheiten der Waffen-SS und der Wehrmacht wurde nie vor Gericht gestellt. Japanische Hauptkriegsverbrecher wurden vom *International Military Tribunal for the Far East* in den Tokioter Prozessen abgeurteilt.

Massenverbrechen im Hinterland

Die Entrechtung und Verfolgung der jüdischen Minderheit war ein integraler Bestandteil der nationalsozialistischen Politik. In zeitlicher Übereinstimmung mit der Ausweitung des Krieges durch den Überfall auf die Sowjetunion radikalisierte sich die Haltung gegenüber der Minderheit zur Vernichtungspolitik. Im von der Wehrmacht geschützten Hinterland im Osten führten die Einsatzgruppen der Sicherheitspolizei und des SD, Polizeireserveeinheiten und Wehrmachtseinheiten flächendeckende Massentötungen von Juden und Roma durch. Der „Kommissarbefehl" veranlasste vor allem Wehrmachtseinheiten zur systematischen Tötung kriegsgefangener Rotarmisten mit tatsächlicher oder angenommener politischer Funktion. Bis Ende 1941 wurde so über eine halbe Million Menschen ermordet, neunzig Prozent davon waren Juden. Die deutsche Militärverwaltung tolerierte diese Verbrechen, an vielen Orten unterstützten Wehrmachtseinheiten logistisch die Einsatzgruppen. So sicherten Einheiten der Wehrmacht beispielsweise die Stadt Kiew und halfen den SS-Einheiten dadurch, in der nahegelegenen Schlucht Babi Jar innerhalb von zwei Wochen über 50.000 Juden zu erschießen. Es entstanden Vernichtungslager im besetzten Polen, von denen das KZ Auschwitz-Birkenau das größte war, in die aus allen Teilen des nationalsozialistisch besetzten Europa Menschen zu ihrer Vernichtung deportiert wurden. In dem Maße, in dem die Rote Armee auf ihrem Weg nach Westen erfolgreich war, konnten die überlebenden Lagerinsassen befreit werden. In einigen Ländern, wie z. B. Dänemark, wo es zur Rettung der dänischen Juden kam, widersetzten sich die Regierung oder die Bevölkerung der Deportation und Ermordung. Von der nationalsozialistischen Machtergreifung bis zum Kriegsende wurden etwa 6 Millionen Juden ermordet. Der Vernichtungspolitik fielen insgesamt über 10 Millionen Menschen zum Opfer. Die Befreiung des KZ Auschwitz durch die Rote Armee am 27. Januar 1945 ist in der Bundesrepublik Deutschland offizieller Tag des Gedenkens an die Opfer des Nationalsozialismus.

Flächenbombardierungen

Opfer eines Luftangriffes auf Berlin, Herbst 1944

Während sich der Luftkrieg in den ersten Monaten noch gegen ausschließlich militärische Ziele wie Panzer, Schiffe und auf das Erringen der Lufthoheit richtete, radikalisierte sich das Klima Anfang September 1940, als die deutsche Luftwaffe einen ersten Angriff auf eine britische Stadt (London) flog ("The Blitz"). Gleichzeitig griff die Royal Air Force seit Mai 1940 nadelstichartig deutsche Städte an. Da konzentrierte Bomberangriffe, bestehend aus wenigen Maschinen, hohe Verlustquoten aufwiesen und ihr Ziel meistens verfehlten, gingen die Alliierten ab Mitte 1942 dazu über, große Bomberpulks nach Deutschland zu schicken, um großflächig Städte zu zerstören. Ziel war es, sowohl Militär und Industrie zu vernichten als auch die Moral der Bevölkerung zu brechen. Vorwiegend konzentrierte sich die USAAF bei Tagangriffen auf strategische Ziele, die RAF bei Nachtangriffen auf die Städte. Großstädte wie Köln und zahlreiche Städte des Ruhrgebiets, aber auch Hamburg, Braunschweig, Heilbronn,

Magdeburg, Pforzheim, Schweinfurt und Würzburg wurden großflächig zerstört, wobei Zehntausende getötet wurden. Ab 1944 verschob sich die Luftüberlegenheit derart auf alliierte Seite, dass beinahe täglich Bomberschwärme mit über 1000 Maschinen das Reich angreifen konnten. In den letzten Kriegsmonaten wurden täglich ca. 3000 Tonnen Bomben abgeworfen (USAAF/RAF ca. 1/1). Winston Churchill stellte die flächigen Bombardements der eigenen Luftwaffe auf deutsche Städte nach den Luftangriffen auf Dresden in Frage und sparte das britische *Bomber Command* bei künftigen Würdigungen strikt aus. Am 9. März 1945 flogen amerikanische Bomber einen der verheerendsten Luftangriffe auf Tokio. Ganze Stadtteile mit in traditioneller Holzbauweise errichteten Gebäuden verbrannten durch Feuerstürme, über 100.000 Menschen starben.

Zivilbevölkerung

Bergung von Opfern in Berlin nach einem Bombenangriff, 8. April 1944

Die Sowjetunion hatte von allen beteiligten Staaten die meisten zivilen Opfer zu beklagen. Am Beispiel der Stadt Leningrad lassen sich die Ausmaße des millionenfachen Hungertodes exemplarisch verdeutlichen. Nachdem Leningrad von deutschen Truppen eingekesselt wurde, konnte die Bevölkerung nicht mehr ausreichend versorgt werden. Insgesamt starben in der Leningrader Blockade ungefähr 470.000 Menschen (andere Schätzungen nennen 700.000, 1,1 Millionen oder 1,5 Millionen Opfer). Für die deutsche Zivilbevölkerung hatte der Kriegsbeginn zunächst keine direkten Konsequenzen. In den ersten Kriegsjahren gab es keine Hungersnöte, wenngleich im Laufe des Krieges fast alle Waren des täglichen Bedarfs rationiert wurden. Das lag vor allem daran, dass Güter und Rohstoffe aus den besetzten Gebieten nach Deutschland transferiert wurden, meist zu Ungunsten der dortigen Bevölkerung. Die unmittelbaren

Auswirkungen auf die Zivilbevölkerung begannen erst mit den alliierten Luftangriffen auf deutsche Städte und mit der zunehmenden Totalisierung der Kriegsführung. Ab Oktober 1944 wurde der Volkssturm, das heißt „alle waffenfähigen Männer im Alter von 16 bis 60 Jahren", zum Dienst an der Front einberufen. Der Kulturbetrieb wurde während des gesamten Krieges aufrechterhalten, insbesondere Filme wie „Die Feuerzangenbowle" dienten der Zerstreuung und Ablenkung vom Kriegsalltag. Für die Zivilbevölkerung im Osten des Landes erreichten die Kriegseinwirkungen ihren Höhepunkt mit dem Einmarsch und der Besetzung der Roten Armee. Im Westen wurden die einrückenden Briten und US-Amerikaner von der deutschen Bevölkerung überwiegend mit Erleichterung über das Kriegsende begrüßt.

Propaganda
Deutsche Propaganda

Niederländisches Propaganda-Plakat der Waffen-SS

Nachdem nach kurzer Zeit alle Medien gleichgeschaltet waren, hatte Reichspropagandaminister Goebbels alle Instrumente der Meinungslenkung in seinen Händen. Er nutzte diese Macht von Anfang an, um einen „Führerkult" um Hitler zu inszenieren und bei der deutschen Bevölkerung Hass, insbesondere auf Juden, zu schüren. So entstanden unter Goebbels' Einfluss antisemitische Propagandafilme wie *Jud Süß* und *Der ewige Jude*. Der Höhepunkt dieser antisemitischen Propaganda war 1938 die von ihm organisierte <u>Reichspogromnacht</u>. Während des Krieges beschwor Goebbels den <u>Endsieg</u> und glorifizierte die Erfolge der Wehrmacht, indem er zukünftige Positionen des deutschen Heeres als schon teilweise erreicht darstellte. Auch prognostizierte er die Einnahme von Städten, die wenige Tage später tatsächlich eingenommen wurden. Des Weiteren verhöhnte Goebbels die Gegner Deutschlands, so wurde beispielsweise <u>Winston Churchill</u> als Trunkenbold dargestellt. 1941 mussten die nationalsozialistischen <u>Führer</u> eine Rechtfertigung für den Feldzug gegen die Sowjetunion finden. Sie begründeten den Angriff mit der „Verteidigung des Abendlandes gegen den <u>Bolschewismus</u>" und gegen die „<u>jüdisch-bolschewistischen</u> <u>Untermenschen</u>". Dementsprechend gab die SS die Broschüre *<u>Der Untermensch</u>* heraus, die mit Hetzartikeln und fratzenhaften Bildern die Russen als minderwertig darstellte. Als der Vormarsch des deutschen Heeres in der Sowjetunion 1942 jedoch endgültig ins Stocken geriet und die Stimmung in der Bevölkerung zu kippen drohte, setzte Goebbels zunehmend auf Durchhalteparolen. Nach dem Desaster in Stalingrad rief er die deutsche Bevölkerung in der <u>Sportpalastrede</u> zum <u>totalen Krieg</u> auf. Viele Deutsche entschieden sich anschließend zur Mobilisierung ihrer letzten Reserven und unterstützten weiterhin die Kriegsführung. Im weiteren Verlauf forderte die <u>NS-Propaganda</u> den Widerstandswillen der Bevölkerung „bis zum Endsieg", gegen den „angloamerikanischen Bombenterror" und die „rasende Rachsucht" der <u>Roten Armee</u> immer stärker, je näher die Alliierten auf die Reichsgrenzen vorrückten.

Britische Propaganda

US-amerikanisches Propagandaplakat

Auch in Großbritannien wurde gegen den Kriegsgegner Stimmung gemacht. 1940 gelang es Churchill in mehreren berühmten Reden, darunter der „Blut-Schweiß-und-Tränen-Rede" und ihrer Fortsetzung *(We Shall Fight on the Beaches)*, das Einverständnis der britischen Bevölkerung für einen Krieg und den Widerstand gegen Deutschland zu gewinnen. Folglich ignorierte er auch das sogenannte Friedensangebot, das Hitler Großbritannien in seiner Reichstagsrede vom 19. Juli 1940 machte.

Rundfunkpropaganda

Bei der Suche nach einem geeigneten Mittel, um schnell eine breite Masse anzusprechen, fiel die Wahl auf den Rundfunk, da er ein zuverlässiges und ohne merkbaren Zeitverlust funktionierendes Medium darstellte. Vor allem während des Kriegs nahmen die Anzahl der Propagandasendungen in allen beteiligten Ländern schnell zu. Auf deutscher Seite wurden der deutschen Politik zugeneigte britische und amerikanische Immigranten eingesetzt, um den Kriegsgegner perfekt in seiner Muttersprache ansprechen zu können. Die bekannteste Moderatorin war „Axis Sally", deren Sendungen vom Großdeutschen Rundfunk im Studio Berlin ausgestrahlt wurden. Goebbels lancierte den Auslandsrundfunksender „Germany Calling", dessen Moderatoren unter dem geringschätzigen Spitznamen „Lord Haw-Haw" bekannt wurden. Der britische Soldatensender Calais war so gut durchorganisiert, dass er über einen langen Zeitraum von der deutschen Bevölkerung für einen eigenen Wehrmachtssender gehalten wurde. Auch im pazifischen Raum setzten die Japaner ab 1943 verstärkt auf Propaganda gegen die Amerikaner, indem sie über Radio Tokyo ihre Sendung „The Zero Hour" ausstrahlten. Für die überwiegend weiblichen Moderatoren, die Amerikanisch mit einem japanischen Akzent sprachen, bürgerte sich im GI-Sprachgebrauch der Begriff Tokyo Rose ein.

Widerstand gegen den Nationalsozialismus

Die deutsche Zivilbevölkerung stand dem Kriegsbeginn zunächst skeptisch gegenüber, ließ sich aber anschließend von den Siegesmeldungen blenden. Aus Angst vor Strafen wagten nur wenige Menschen, sich aktiv gegen den Krieg auszusprechen. Zentren des zivilen Widerstands waren die „Weiße Rose", der „Kreisauer Kreis" oder die „Rote Kapelle". Wenngleich die Wehrmacht prinzipiell hinter Hitlers Ideen stand und seine Kriegsführung mittrug, sahen ab 1943 einige Generäle die zwangsläufige Niederlage deutlich vor Augen und setzten daher auf einen Waffenstillstand, um der

Wehrmacht und der deutschen Bevölkerung Zeit zur Umgruppierung des Heeres und Neuorganisation des Staates zu geben. Am 20. Juli 1944 verübten einige Widerständler ein Attentat auf Hitler im Führerhauptquartier Wolfsschanze. Der Versuch, Hitler zu töten, misslang aber ebenso wie der anschließende Versuch eines Staatsstreichs in Berlin. Die Attentäter wurden hingerichtet. Einige wenige Soldaten lehnten den Krieg auch aus ideologischen Gründen ab und versuchten, ihn durch Sabotagemaßnahmen zu verkürzen. Die überwiegende Mehrheit kämpfte allerdings bis zum Schluss weiter. Zahlreiche deutsche Soldaten und Hilfsverbände (Polizeireserve etc.) beteiligten sich an Kriegsverbrechen, was den Widerstand der Bevölkerung in den besetzten Gebieten weiter provozierte. In Dänemark empfand die Bevölkerung die deutsche Besatzung nach den Worten des Königs als „Alpdruck". In den Niederlanden mussten die Deutschen die dortige Polizei entwaffnen, weil sie einen Aufstand befürchteten. Der pro-deutschen Bewegung des Vidkun Quisling in Norwegen folgte keine Massenbewegung der Bevölkerung, die Mehrheit lehnte die Deutschen ab. Die schärfsten Formen des westeuropäischen Widerstands traten in Frankreich auf, wo die Résistance, darunter die Maquis (nach dem mediterranen Buschgestrüpp „maquis" benannt), gegen die deutsche Besatzung kämpfte. Unvergleichlich stärker waren dagegen Widerstandsbewegungen in Südost- und Osteuropa: In der Sowjetunion, in Griechenland (siehe: ELAS), in Albanien und in Jugoslawien (unter Marschall Tito) kämpften große Partisanenarmeen, meist mit kommunistischer, kommunistisch beeinflusster, sozialistischer oder aber nationalistischer Haltung. Die polnische „Heimatarmee" allerdings konnte nur auf wenig Unterstützung von außen hoffen. Aus dem ständigen Kleinkrieg gegen die deutschen Besatzer gingen die Partisanen häufig als Sieger hervor. Gegen Ende des Krieges konnten größere Gebiete von den deutschen Besatzern befreit werden, so etwa in Jugoslawien, wo Tito im Anschluss die Macht übernahm oder in Griechenland, wo die Hegemonie der ELAS mit britischen Interessen kollidierte und zum Griechischen Bürgerkrieg führte.

Internationale Blockbildung

Mit der Unterzeichnung des Antikominternpaktes zwischen Deutschland und Japan wurde bereits 1936 der Grundstein für die spätere Achse Deutschland–Japan–Italien gelegt. Durch den Hitler-Stalin-Pakt verschlechterte sich das Verhältnis zu Japan zwar zunächst, da sich Japan jedoch Zugriff auf die britischen und niederländischen Kolonien in Asien erhoffte, wurde 1940 durch den Dreimächtepakt ein neuer Vertrag für die militärische Kooperation geschlossen, dem zahlreiche osteuropäische Staaten beitraten. Großbritannien jedoch widersetzte sich 1940 einem deutschen Bündnis und vertraute stattdessen auf wirtschaftliche und militärische Unterstützung durch die USA. Insbesondere der amerikanische Präsident Franklin D. Roosevelt wollte die USA aus machtpolitischen, strategischen und ökonomischen Gründen zu einem entscheidenden militärischen Widerpart der Expansionspläne Deutschlands machen. Obwohl die USA offiziell neutral blieben, unterstützen sie seit März 1941 Großbritannien durch massive Rüstungslieferungen. Im August trafen sich die Staatschefs von Großbritannien und den USA, um Grundsätze ihrer gemeinsamen Kriegs- und Nachkriegspolitik festzulegen. Nach dem japanischen Angriff auf Pearl Harbor im Dezember traten die USA offiziell in den Krieg ein.

Alliierte Kriegskonferenzen

v.l.n.r.: Stalin, Roosevelt und Churchill in Teheran, 1943

- Atlantikkonferenz (9. bis 12. August 1941) auf dem britischen Schlachtschiff Prince of Wales
- Arcadia-Konferenz (22. Dezember 1941 bis 14. Januar 1942) in Washington D.C.
- Moskauer Konferenz 1942 (12. bis 17. August 1942) in Moskau
- Casablanca-Konferenz (12. bis 24. Januar 1943) in Casablanca, Marokko
- Trident-Konferenz (12. bis 27. Mai 1943) in Washington D.C.
- Quadrant-Konferenz (17. bis 24. August 1943) in Québec, Kanada

- Moskauer Außenministerkonferenz 1943 (19. Oktober bis 1. November 1943) in Moskau
- Teheran-Konferenz (28. November bis 1. Dezember 1943) in Teheran, Iran
- Zweite Québec-Konferenz (12. bis 16. September 1944) in Québec
- Moskauer Konferenz 1944 (9. bis 20. Oktober 1944) in Moskau
- Jalta-Konferenz (4. bis 11. Februar 1945) in Jalta, Krim, Ukraine
- Dreimächtekonferenz von Potsdam (17. Juli bis 2. August 1945) in Potsdam

Anfang 1943 einigten sich in Casablanca Roosevelt und Churchill, Deutschland bis zur bedingungslosen Kapitulation zu bekämpfen. Ende des Jahres fand in Teheran eine erste Konferenz zusammen mit der Sowjetunion statt, die ebenfalls durch massive Rüstungslieferungen der USA gestützt wurde, auf der über die Nachkriegszeit nach einem Sieg über Deutschland debattiert wurde. Da jedoch die Alliierten zu keinen konkreten Garantien oder Vereinbarungen mit der Sowjetunion für die Nachkriegsordnung in Europa bereit waren, gab es bereits 1944 erste Risse in der Anti-Hitler-Koalition. Die Sowjetunion begann deshalb, in ihrem Einflussbereich kommunistische Regierungen zu etablieren. Der Regierungswechsel in den USA 1945 führte auch zu einem Politikwechsel, Harry S. Truman schlug einen strikt antikommunistischen und antisowjetischen Kurs ein und stützte sich dabei auf die wirtschaftliche Überlegenheit und später auf das Atomwaffenmonopol. Diese Konflikte führten in der Folge zum Kalten Krieg zwischen den USA und der Sowjetunion und zur Teilung Deutschlands, die erst durch den Zwei-plus-Vier-Vertrag 1990 ihr Ende fand.

Kriegsfolgen und Opfer
Opferzahlen

Bettelnder Kriegsinvalide in Essen, 1948

Während des Zweiten Weltkrieges fanden Schätzungen zufolge rund 55 Millionen Menschen den Tod (davon rund 39 Millionen in Europa und ungefähr 16 Millionen in Asien), darunter nicht nur viele Soldaten, sondern – charakteristisch für den „modernen Krieg" – auch viele Zivilisten (so beispielsweise in der Schlacht von Stalingrad). Am stärksten betroffen war die Sowjetunion mit etwa 17 Millionen getöteten Zivilpersonen und 8,6 Millionen Soldaten. In dieser Zahl sind auch die vielen politisch oder rassistisch verfolgten Sowjetbürger, Serben, Juden, die Sinti und Roma, die Homosexuellen und die sogenannten „Asozialen" sowie die „Wehrkraftzersetzer" und die Geistlichen enthalten, die in den Vernichtungs- und Konzentrationslagern der Deutschen umkamen. Im Vergleich dazu belaufen sich die getöteten Menschen auf deutscher Seite auf etwa 5,7 Millionen Soldaten[31] und etwa 3,6 Millionen Zivilisten („Kollateralschäden") sowie mehr als eine Million weitere unmittelbare Opfer des NS-Regimes wie (KZ-)Häftlinge (sogenannte Asoziale, Homosexuelle, Geistliche, Wehrkraftzersetzer, usw.), Zwangsarbeiter, rassistisch oder politisch Deportierte (deutschstämmige Juden, Sinti; Kommunisten, Sozialisten, Widerstandskämpfer, …), Behinderte (Euthanasie) und weitere deutschstämmige Zivilisten.[32] Insgesamt sind von den 5,7 Millionen Kriegsgefangenen der Sowjetarmee 3,3 Millionen verhungert oder in Konzentrationslagern ums Leben gekommen. Dies bedeutet, dass 56 % der sowjetischen Kriegsgefangenen in deutscher Gefangenschaft starben. Von den 3,1 Millionen deutschen Soldaten in sowjetischer Kriegsgefangenschaft kamen näherungsweise 1,3 Millionen (42 %) um. Die Zahl der in deutscher Kriegsgefangenschaft zu Tode gekommenen westalliierten Kriegsgefangenen betrug zirka 3 %. Zu den vielen Verwundeten müssen auch zahlreiche als Deserteure verurteilte Soldaten hinzugezählt werden, die depressiv oder geisteskrank und deshalb unfähig zum Militärdienst waren, aber trotzdem verurteilt wurden, um die „Moral der Truppe aufrecht" zu erhalten. Dazu kam es nicht nur in Deutschland und bei den Achsenmächten, sondern auch in großer Zahl bei den anderen kriegsbeteiligten Staaten. Es gab viele tote Zivilisten durch die Bombardierungen der Großstädte (Köln, Düsseldorf und das Ruhrgebiet, Hamburg, Warschau, Dresden, London, Tokio) beziehungsweise bei deren Zerstörung bei der Eroberung (Stalingrad, Breslau, Königsberg), die Leningrader Blockade, die Aushungerung von Charkow, die Versenkung von Flüchtlingsschiffen (Armenija, Gustloff, Goya, Steuben), die Härte des Winters, die Straflager in der Sowjetunion und die gewaltsame Vertreibung von Menschen nach dem Krieg (zum Beispiel der Sudentendeutschen als Folge der Beneš-Dekrete). Vielen Menschen war es nicht möglich, aus dem nationalsozialistischen Herrschaftsbereich zu fliehen, weil Staaten wie die USA oder die Schweiz teilweise die Grenzen schlossen und auch jüdische Flüchtlinge zurück in die vom Deutschen Reich beherrschten Gebiete schickten. Die direkten und indirekten Opfer der Atombombenabwürfe auf Hiroshima und Nagasaki belaufen sich in die Hunderttausende.

Kriegsgefangene und Zwangsarbeiter

Insgesamt gerieten 11 Millionen Angehörige der Wehrmacht und der Waffen-SS in Kriegsgefangenschaft, davon 7,7 Millionen auf Seiten der Westmächte und 3,3 Millionen auf Seiten der UdSSR. Etwa 3,6 Millionen deutsche Kriegsgefangene befanden sich in britischen Lagern in Großbritannien, Deutschland, Kanada, Malta, Madagaskar, Äthiopien und anderen Ländern. Ungefähr 3,1 Millionen deutsche Gefangene befanden sich in amerikanischen Lagern, zumeist in den Vereinigten Staaten. Um ihnen den Status von Kriegsgefangenen vorenthalten zu können, wurden die bei Kriegsende gefangengenommenen Angehörigen von Wehrmacht und Waffen-SS als „Disarmed Enemy Forces" bezeichnet. Sie wurden unter anderem in den sogenannten Rheinwiesenlagern festgehalten und zu einem großen Teil auch zur Zwangsarbeit in Deutschland und im Ausland, besonders in Frankreich, eingesetzt. Zur Zwangsarbeit unter dem Naziregime wurden zwischen sieben und elf Millionen Menschen fast überall im Deutschen Reich und den besetzten Gebieten eingesetzt. Zum Teil arbeiteten sie in Fabriken neben KZ-Häftlingen unter ähnlich menschenunwürdigen Bedingungen, zum kleineren Teil glichen die Lebensbedingungen denen der Arbeit gebenden Handwerker- und Bauernfamilien. Der für sie als oberster Verantwortlicher ernannte Gauleiter Fritz Sauckel wurde 1946 im Rahmen der Nürnberger Prozesse zum Tode verurteilt und hingerichtet. Nach Kriegsende existierten in Europa zwischen 6,5 und 12 Millionen als „Displaced Persons" bezeichnete Personen, bei denen es sich in der Mehrzahl um befreite Kriegsgefangene, Zwangsarbeiter und KZ-Häftlinge handelte. Diese wurden bis zu ihrer Repatriierung oder Aufnahme in Drittstaaten in sogenannten DP-Lagern untergebracht.

Nachwirkungen

Durch den Zweiten Weltkrieg schieden Deutschland, Italien und Japan aus dem Kreis der militärischen Großmächte aus. Die westeuropäischen Staaten (Frankreich, Niederlande, Großbritannien) wurden so weit geschwächt, dass sie nach dem Krieg ihre Kolonialreiche aufgeben mussten. An ihre Stelle traten die USA und die Sowjetunion als neue Weltmächte, durch die atomare Rüstung dann sogar als sogenannte Supermächte.

Europa

Nach dem Ende des Zweiten Weltkrieges in Europa berieten die Siegermächte im Juli/August 1945 in Potsdam über die weitere Zukunft Europas und Deutschlands. Die Zielrichtung der gefassten Potsdamer Beschlüsse hatte sich bereits auf der Konferenz von Jalta im Februar 1945 angedeutet. Deutschland wurde danach in vier Besatzungszonen eingeteilt; seine Ostgebiete (Pommern, Schlesien, Ostpreußen) wurden vorbehaltlich einer endgültigen Friedensregelung der Verwaltung Polens und der Sowjetunion unterstellt.[33] Die Volksrepublik Polen erhielt dadurch einstweilig eine neue Grenze im Westen (Oder-Neiße-Linie) und im Osten. Das durch die Bestimmungen des Münchner Abkommens von 1938 von Deutschland eingegliederte Sudetenland fiel an die Tschechoslowakei zurück, da die faktische Annexion im Zuge der „Zerschlagung der Rest-Tschechei" durch das Deutsche Reich nachträglich für nichtig erklärt wurde. Österreich wurde als unabhängiger Staat wiederhergestellt – dies hatten die späteren Siegermächte bereits 1943 in der Moskauer Deklaration angekündigt –, die Zweite Republik gegründet und ebenfalls in vier Besatzungszonen eingeteilt, bis sie 1955 mit dem Österreichischen

Staatsvertrag neutral wurde. Aufgrund der durch die drei Hauptsiegermächte de facto beschlossenen Gebietsverkleinerung Deutschlands wurden nach unterschiedlichen Angaben zwischen 12 und 14 Millionen Deutsche (Sudetendeutsche, Schlesier, Pommern, Polen und Ostpreußen) aus ihrer angestammten Heimat vertrieben. So kamen noch nach der deutschen militärischen Kapitulation nach unterschiedlichen Quellen zwischen 2 und 3 Millionen Deutsche zu Tode. Weitere 3,5 Millionen Polen verloren durch die anschließende Westverschiebung der polnischen Grenzen ihre Heimat.

Verhandlungssaal der Nürnberger Prozesse, 30. September 1946

Die deutschen und japanischen Kriegsverbrechen wurden in mehreren Prozessen (u. a. Nürnberger Prozesse) verhandelt. Das Stuttgarter Schuldbekenntnis einiger führender evangelischer Christen zu Versäumnissen in der Zeit des Nationalsozialismus im Oktober 1945 blieb eine seltene Ausnahme im beginnenden, von den Alliierten erzwungenen Entnazifizierungs-Geschehen.

Berliner zerlegen ein verendetes Pferd, Mai 1945.

Die zum größten Teil zerstörten Städte und der Mangel an Lebensmitteln –
insbesondere fehlende Rohstoff- und Düngemittel – sorgten bei der
Bevölkerung für ein Leben in Armut. Weil viele Männer im Krieg gefallen
waren oder in Kriegsgefangenschaft geraten waren, beseitigten
„Trümmerfrauen" den Schutt in den Städten. Lebensmittel waren nur über
Lebensmittelmarken oder aus eigenem Anbau zu haben, weshalb
Stadtbewohner massenhaft aufs Land fuhren, um Sachgüter gegen
Lebensmittel einzutauschen. Darüber hinaus verloren zu damaliger Zeit
weltweit führende deutsche Wirtschaftsunternehmen bedeutende Patente
und Warenzeichen. Diese Situation änderte sich erst 1948 mit der
Währungsreform und durch den bald darauf einsetzenden und vielfach als
Wirtschaftswunder bezeichneten rasanten Wirtschaftsaufschwung in den
1950er Jahren.

Asien und Pazifik

Japan musste die besetzten pazifischen Inseln an Australien und
Großbritannien zurückgeben; es verlor weiterhin Korea, Formosa (Taiwan),
Südsachalin und die Kurileninseln. Die alliierte Besetzung Japans endete
mit dem Friedensvertrag von San Francisco von 1951, in dem die staatliche
Souveränität Japans wiederhergestellt wurde. Einige japanische Inseln,
darunter die Ryūkyū-Inseln, blieben zum Teil bis 1972 unter amerikanischer
Kontrolle.

Gründung der Vereinten Nationen

Mit der Gründung der „Organisation der Vereinten Nationen" (UNO) auf
der Konferenz von San Francisco und dem Inkrafttreten der UN-Charta am
24. Oktober 1945 wurde der Versuch unternommen, das informelle
Kriegsbündnis der Anti-Hitler-Koalition in eine permanente Institution zu
Wahrung des Weltfriedens zu transformieren. Die Initiative hierzu war
maßgeblich von dem verstorbenen US-Präsidenten Franklin D. Roosevelt
ausgegangen. Kernpunkt der Charta waren die Schaffung eines Systems,
das die friedliche Beilegung von Streitigkeiten und die kontrollierte
Intervention bei Verstößen ermöglichen sowie die internationale
Zusammenarbeit fördern sollte. Eine besondere Rolle als Garanten des
Weltfriedens wurde dabei für die Hauptsiegermächte USA, Sowjetunion,
Großbritannien, Frankreich und China vorgesehen, die permanente Sitze
und ein Vetorecht im Sicherheitsrat der Vereinten Nationen erhielten. Am
10. Dezember 1948 wurde die Allgemeine Erklärung der Menschenrechte
verabschiedet, auf deren Grundlage später weitere international bindende

Menschenrechtsabkommen entstanden sind, darunter die Konvention über die Verhütung und Bestrafung des Völkermordes.

Blockbildung und Kalter Krieg

Der Zweite Weltkrieg ging sowohl in Europa als auch in Asien relativ nahtlos in den Kalten Krieg über. Schon während des Krieges gab es Differenzen zwischen der Sowjetunion und den westlichen Alliierten, die zugunsten des gemeinsamen Ziels nicht in den Vordergrund gestellt wurden. An diesen Differenzen war nicht allein die Sowjetunion schuld. In diesem Sinne waren Hiroshima und Nagasaki nicht nur die letzten Bomben des Zweiten Weltkrieges, sondern auch die ersten Bomben des Kalten Kriegs. Ebenso waren die gewaltigen Erweiterungen der sowjetischen Hemisphäre in den Westen und das beständige kommunistische Vordringen in Asien nicht nur ein Ergebnis des Zweiten Weltkrieges, sondern auch ein Grund für den Kalten Krieg. In einer Rede in Fulton, Missouri, 1946 gebrauchte Winston Churchill erstmals öffentlich das Bild des „Eisernen Vorhangs" zur Beschreibung des nunmehr in Einflusssphären geteilten Nachkriegseuropas. Ab etwa 1947 (Truman-Doktrin) kam es zunehmend zu Spannungen zwischen den einstigen Verbündeten, den westlichen Alliierten auf der einen und der Sowjetunion auf der anderen Seite. Während die Westmächte in ihren Einflusszonen die parlamentarische Demokratie installierten, errichtete die Sowjetunion in den Staaten Osteuropas sogenannte Volksdemokratien unter Führung der Kommunisten. In der Folge verschärften sich die Spannungen und führten zu einer unversöhnlichen Gegnerschaft der einstigen Verbündeten, zur Teilung Deutschlands und Europas und dem Beginn des „Kalten Krieges". Als westliches Militärbündnis wurde 1949 die NATO gegründet, nach der westdeutschen Wiederbewaffnung und dem NATO-Beitritt der Bundesrepublik Deutschland 1955 folgte als Gegenstück der Ostblockstaaten der Warschauer Pakt. Mit dem Zusammenbruch der osteuropäischen Diktaturen im Zuge der Revolutionen im Jahr 1989 und der mit der Auflösung der Sowjetunion einhergehenden Wiederherstellung des Selbstbestimmungsrechts der Völker der früheren sowjetischen Republiken wurden weitere Nachwirkungen des Zweiten Weltkrieges beseitigt.

Weitere Nachfolgekonflikte

Als weitere Nachfolgekonflikte, die direkt oder indirekt mit dem Zweiten Weltkrieg in Beziehung stehen, können genannt werden:

- der wiederaufgenommene Chinesische Bürgerkrieg (1945–1949), endend mit dem Sieg der Kommunisten und der Gründung der Volksrepublik China, sowie der anschließende Taiwan-Konflikt
- der Indonesische Unabhängigkeitskrieg (1945–1949)
- die Irankrise (1945–1946)
- der Griechische Bürgerkrieg (1946–1949)
- der französische Indochinakrieg (1946–1954)
- der beginndende Nahostkonflikt, der nach der Gründung des Staates Israel 1948 im Palästinakrieg (1948–1949) erstmals eskalierte
- der Konflikt im Zusammenhang mit der Teilung Indiens in die Staaten Indien und Pakistan nach der Unabhängigkeit 1947 sowie der damit verbundene Kaschmir-Konflikt (Erster Indisch-Pakistanischer Krieg 1947–1949)
- der erstmals unter Beteiligung der UN geführte Koreakrieg im geteilten Korea (1950–1953)

In Teilen Osteuropas, so im Baltikum, in Polen und in der Ukraine, kam es bereits vor Kriegsende zu von nationalistischen Organisationen (Waldbrüder, OUN) geführten, teilweise bis in die frühen 1950er Jahre andauernden Untergrundaktionen gegen Sowjetisierung und Stalinisierung. Nach dem Tod Stalins im März 1953 entlud sich der Widerstand gegen die etablierten Systeme sowjetkommunistischer Prägung in mehreren, von der Roten Armee niedergeschlagenen Volksaufständen (Aufstand des 17. Juni 1953 in der DDR, Ungarischer Volksaufstand 1956).

Aufarbeitung und Rezeption

Die Beschäftigung der europäischen und der deutschen Öffentlichkeit mit dem Zweiten Weltkrieg hält weiterhin an; sie erfuhr in den letzten Jahren größere Bedeutung. (*Siehe dazu* Martin Walser, Denkmal für die ermordeten Juden Europas.) Das gewaltige Ausmaß des Zweiten Weltkrieges hat sich in mehreren Sprachen niedergeschlagen. So ist für die verhältnismäßig lange und prosperierende Friedenszeit, die dem Krieg in den Industrieländern folgte, im Deutschen wie auch in anderen westlichen Sprachen der Begriff der Nachkriegszeit (englisch: *postwar period*) als sprachlicher Abgrenzungsmechanismus zum Kriegsgeschehen entstanden, der selten auf andere Kriege angewandt wird. Darüber hinaus haben viele kriegsverwandte Begriffe aus ihrer Herkunftssprache Eingang in die

Sprachen anderer ehemaliger Kriegsteilnehmer gefunden, beispielsweise „Blitzkrieg", „moral bombing" oder „Ketsu-go".

Siehe auch

- Militärische Operationen im Zweiten Weltkrieg
- Luftkrieg im Zweiten Weltkrieg
- Liste der deutschen Konzentrationslager
- Chronologie des Zweiten Weltkrieges
- Angriffe auf Nordamerika während des Zweiten Weltkriegs

Literatur

Deutsch

- Winfried Baumgart u. a. (Bearb.): *Quellenkunde zur deutschen Geschichte der Neuzeit von 1500 bis zur Gegenwart.* Wissenschaftliche Buchgesellschaft, Darmstadt,
  - 6/2 – *Weimarer Republik, Nationalsozialismus, Zweiter Weltkrieg (1919–1945)*, 2003, ISBN 3-534-07659-1.
- Winston S. Churchill: *Der Zweite Weltkrieg. Mit einem Epilog auf die Nachkriegsjahre.* Fischer, Frankfurt/M. 2003, ISBN 3-596-16113-4
- Jörg Echternkamp: *Der Zweite Weltkrieg. Die 101 wichtigsten Fragen*, C.H. Beck, München 2010, ISBN 978-3-406-59314-7.
- Militärgeschichtliches Forschungsamt der Bundeswehr: *Das Deutsche Reich und der Zweite Weltkrieg* (10 Bände). DVA, 1978–2008.
- Lothar Gruchmann: *Totaler Krieg. Vom Blitzkrieg zur bedingungslosen Kapitulation.* Dtv, München 1991, ISBN 3-423-04521-3.
- Manfred Hildermeier: *Die Sowjetunion 1917–1991.* In: Grundriss der Geschichte, Oldenbourg, München 2001.
- David Jordan, Andrew Wiest: *Atlas des Zweiten Weltkrieges*, Tosa, Wien 2005, ISBN 3-85492-972-2.
- John Keegan: *Der Zweite Weltkrieg.* Rowohlt, Reinbek 2004, ISBN 3-87134-511-3.
- Ian Kershaw: *Wendepunkte. Schlüsselentscheidungen im Zweiten*

Weltkrieg 1940/41. DVA, München 2. Aufl. 2008, ISBN 978-3-421-05806-5.

- James Lucas: *Die Wehrmacht von 1939 bis 1945*. Tosa, Wien 2004, ISBN 3-85492-880-7.
- Rolf-Dieter Müller: *Der Zweite Weltkrieg*, Klett-Cotta, Stuttgart 2004. (Handbuch der deutschen Geschichte; Bd. 21) ISBN 3-608-60021-3 (Wichtiges Handbuch; auch als „Der letzte deutsche Krieg" in gekürzter und bearbeiteter Fassung erschienen. Rezension bei SEHEPUNKTE).
- *Die Berichte des Oberkommandos der Wehrmacht 1939–1945*, Verl. für Wehrwissenschaft, München 2004, ISBN 3-89340-063-X.
  - Bd. 1. – *September 1939 bis 31. Dezember 1940*
  - Bd. 2. – *1. Januar 1941 bis 31. Dezember 1942*
  - Bd. 3. – *1. Januar 1942 bis 31. Dezember 1943*
  - Bd. 4. – *1. Januar 1944 bis 31. Dezember 1944*
  - Bd. 5. – *1. Januar 1944 bis 9. Mai 1945*
- Birgit Morgenrath (Hrsg.): *Unsere Opfer zählen nicht. Die Dritte Welt im Zweiten Weltkrieg*, Assoziation A, Berlin 2005, ISBN 3-935936-26-5.
- Richard Overy: *Die Wurzeln des Sieges: Warum die Alliierten den Zweiten Weltkrieg gewannen*. rororo, Reinbek 2002, ISBN 3-499-61314-X.
- Gerhard Schreiber: *Der Zweite Weltkrieg*, Beck, München 2002, ISBN 3-406-44764-3. (Eine relativ kurze, aber profunde Gesamtdarstellung; Rezensionen bei Perlentaucher.)
- Michael Sontheimer (Hrsg.): *Bilder des Zweiten Weltkrieges*. DVA, München 2005, ISBN 3-421-05872-5.
- Hedley Paul Willmott: *Der Zweite Weltkrieg*, Gerstenberg Verlag, 2005, ISBN 3-8067-2561-6.
- Adam Tooze: *Ökonomie der Zerstörung. Die Geschichte der Wirtschaft im Nationalsozialismus*. Siedler Verlag, 2007, ISBN 978-3-88680-857-1.
- Christian Zentner (Hrsg.): *Der Zweite Weltkrieg. Ein Lexikon*, Tosa, Wien 2005, ISBN 3-85492-818-1.
- John Zimmermann: *Pflicht zum Untergang. Die deutsche Kriegsführung im Westen des Reiches 1944/45*. Verlag Ferdinand Schöningh, Paderborn 2009, ISBN 978-3-506-76783-7 (Zeitalter der Weltkriege, Bd. 4).[34]

- Sönke Neitzel, Harald Welzer: *Soldaten. Protokolle vom Kämpfen, Töten und Sterben*. S. Fischer Verlag, Frankfurt am Main 2011, ISBN 978-3-10-089434-2. („Eine erschreckende Innenansicht des Zweiten Weltkriegs")

Englisch

- Michael Armitage u. a.: *World War II Day by Day*, DK Publishing, London 2004, ISBN 0-7566-0296-3
- Robin Cross: *World War II*, DK Adult, New York 2004, ISBN 0-7566-0521-0
- Jon E. Lewis: *The Mammoth Book of Eyewitness World War II*, Carroll & Graf, London 2002, ISBN 0-7867-1071-3
- Kelly S. Tunney (Hrsg.): *Memories of World War II. Photographs from the archives of the Associated Press*, Abrams, New York 2004, ISBN 0-8109-5013-8
- Gerhard L. Weinberg: *A world at arms. A global history of World War II.*, University Pr., Cambridge 2005, ISBN 0-521-85316-8 (Wichtige und detaillierte Gesamtdarstellung.)

Filme

Reportagen

- *Global War – Der Zweite Weltkrieg*
  - *Teil 1: Der Faschismus breitet sich aus*, 2005
  - *Teil 2: Das Wiederherstellen der Kräfte*, 2005
  - *Teil 3: Die Befreiung*, 2005
- *Der Zweite Weltkrieg – Die Enzyklopädie*, 2003
- *Zweiter Weltkrieg* (Stalingrad-Box), 2003
- *Der Zweite Weltkrieg in original Farbaufnahmen 1–3*, 2002

Spielfilme

Siehe auch: Liste der Kriegsfilme, die den Zweiten Weltkrieg behandeln

Auswahl

- Der Untergang, 2004
- Band of Brothers – Wir waren wie Brüder, 2002
- Pearl Harbor, 2001
- Der Soldat James Ryan, 1998
- Stalingrad, 1993
- Das Boot, 1981
- Die Brücke von Arnheim, 1977
- Der längste Tag, 1962

Einzelnachweise

1. ↑ Gerhard Schreiber: *Der Zweite Weltkrieg*, 2. Auflage, C.H. Beck, München 2004, S. 8.
2. ↑ Gabriel Kolko: *Das Jahrhundert der Kriege*. S. Fischer, Frankfurt am Main 1999, S. 183.
3. ↑ Colin Gray, *War, Peace and International Relations – An Introduction to Strategic History*, Routledge, Oxon 2007, S. 156 ff.
4. ↑ Colin Gray, *War, Peace and International Relations – An Introduction to Strategic History*, Routledge, Oxon 2007, S. 170.
5. ↑ Abkürzung für *Oberbefehlshaber der Kriegsmarine*
6. ↑ Akten zur Deutschen Auswärtigen Politik 1918–1945, Serie D, Band VII M 70604, S. 397, 1946; hrsg. v. Beauftragten der Siegermächte USA, GB und Frankreich
7. ↑ Nur die zweite Welle der anfliegenden Bomber konnte noch zurückbeordert werden. Vgl. Alexander Lüdeke: *Der Zweite Weltkrieg. Ursachen, Ausbruch, Verlauf, Folgen.* Berlin o. J., ISBN 978-1-4054-8585-2, S. 41.
8. ↑ Vgl. Alexander Lüdeke: *Der Zweite Weltkrieg. Ursachen, Ausbruch, Verlauf, Folgen.* Berlin 2007, ISBN 978-1-4054-8585-2, S. 69.
9. ↑ Lothar Gruchmann: *Der Zweite Weltkrieg. Kriegführung und Politik*, 7. Auflage, dtv, München 1982 (1967), S. 87/88.
10. ↑ Lothar Gruchmann: *Der Zweite Weltkrieg. Kriegführung und Politik*, 7. Auflage, dtv: München 1982 (1967), S. 99–100.
11. ↑ Lothar Gruchmann: *Der Zweite Weltkrieg. Kriegführung und Politik*, 7. Auflage, dtv: München 1982 (1967), S. 96–98.
12. ↑ Lothar Gruchmann: *Der Zweite Weltkrieg. Kriegführung und*

Politik, 7. Auflage, dtv: München 1982 (1967), S. 95-96.

13.↑ Heather Williams, *Parachutes, Patriots and Partisans: The Special Operations Executive and Yugoslavia, 1941–1945*, C. Hurst & Co., 2003, ISBN 1-85065-592-8, S. 36.

14.↑ <u>a</u> <u>b</u> Vgl. Alexander Lüdeke: *Der Zweite Weltkrieg. Ursachen, Ausbruch, Verlauf, Folgen*. Berlin o. J., ISBN 978-1-4054-8585-2, S. 118.

15.↑ Vgl. Günter Wegmann (Hrsg.): *„Das Oberkommando der Wehrmacht gibt bekannt ...". Der deutsche Wehrmachtsbericht. Bd. 1, 1939–1941*. Biblio Verlag, Osnabrück 1982, ISBN 3-7648-1282-6, S. 585.

16.↑ Vgl. Rolf-Dieter Müller: *Der Zweite Weltkrieg*, Stuttgart 2004 (Handbuch der deutschen Geschichte; Bd. 21), S. 108–154; siehe auch Ders.: *Hitler war kein Bismarck*. In: *Spiegel Geschichte* Nr. 3, 2010, S. 64–67, hier: S. 66.

17.↑ Alexander Lüdeke: *Der Zweite Weltkrieg. Ursachen, Ausbruch, Verlauf, Folgen*. Berlin 2007, ISBN 978-1-4054-8585-2, S. 105.

18.↑ *„Am 2. Mai 1945 ist in Wismar der Krieg zu Ende. Britisch-kanadische Truppen, aus Richtung Gadebusch kommend, besetzten kampflos die Stadt. Sie errichteten auf Höhe des Soldatenfriedhofs an der Rostocker Straße einen Schlagbaum zur Abgrenzung gegen das von sowjetischen Truppen eroberte Gebiet. Die sowjetischen Truppen erreichen aus Richtung Bützow-Warin am Nachmittag des gleichen Tages die Stadtgrenze und setzen bei Kritzowburg ihren Schlagbaum."* Aus: *Wismarer Beiträge* – Schriftenreihe des Stadtarchivs Wismar, Bd. 6; Wismar 1990, S. 6

19.↑ Aus der Personalakte eines Bundeswehroffiziers: „Vom 9.05.45 bis 30.09.45 Teilnehmer am 8. Generalstabslehrgang in Oslo".

20.↑ Alexander Fischer: *„Teheran – Jalta – Potsdam", Die sowjetischen Protokolle von den Kriegskonferenzen der „Großen Drei", mit Fußnoten aus den Aufzeichnungen des US Department of State*, Köln 1968, S. 322, 324.

21.↑ http://www.dhm.de/ausstellungen/kalter_krieg/zeit/z1955.htm Text der Einseitigen Erklärung der Sowjetunion

22.↑ Erlass des Präsidiums des Obersten Sowjets der UdSSR (russischer Text).

23.↑ Richard von Weizsäcker: Rede zum 8. Mai 1985.

24.↑ Publikationen von Prof. Dr. Michael Wolffsohn

25.↑ Colin Gray, *War, Peace and International Relations – An*

Introduction to Strategic History, Routledge, Oxon 2007, S. 127.

26.↑ Im Folgenden siehe u. a.: Wolfgang Benz/Hermann Graml/Hermann Weiß, *Enzyklopädie des Nationalsozialismus*, München, 3. Aufl. 1998.

27.↑ Der Forschungsdiskurs bewegt sich um die Frage, welches Gewicht welches Motiv hatte. Ein guter Überblick und Literaturhinweise finden sich bei http://www.uni-muenster.de/PeaCon/wuf/wf-95/9520301m.htm. Jüngste Literatur: Tsuyoshi Hasegawa, Racing the Enemy. Stalin, Truman and the Surrender of Japan, Cambridge (Mass.) 2005.

28.↑ Helke Sander/Barbara Johr: *BeFreier und Befreite*, Fischer, Frankfurt 2005

29.↑ Seidler/Zayas: *Kriegsverbrechen in Europa und im Nahen Osten im 20. Jahrhundert*, Mittler, Hamburg Berlin Bonn 2002

30.↑ Im Folgenden siehe z. B. Hannes Heer/Klaus Naumann (Hrsg.), *Vernichtungskrieg. Verbrechen der Wehrmacht 1941 bis 1944*, Frankfurt/M. 1997; Christopher R. Browning, *Ganz normale Männer. Das Reserve-Polizeibataillon 101 und die „Endlösung" in Polen*, Reinbek 1993; Walter Manoschek (Hrsg.), *Die Wehrmacht im Rassenkrieg. Der Vernichtungskrieg hinter der Front*. Wien 1996.

31.↑ Rüdiger Overmans: *Deutsche militärische Verluste im Zweiten Weltkrieg*, Oldenbourg, München 1999, ISBN 3-486-56332-7, S. 316.

32.↑ Dieter Pohl: *Verfolgung und Massenmord in der NS-Zeit 1939–1945*. Wissenschaftliche Buchgesellschaft, Darmstadt 2003, ISBN 3-534-15158-5, S. 153.

33.↑ Helmut Müller: *Schlaglichter der deutschen Geschichte*, Bundeszentrale für politische Bildung (bpb), Bonn 1990, S. 305; Eckart Thurich: *Die Sieger in Deutschland*, in: *Die Teilung Deutschlands 1945–1955*, aus: *Informationen für die politische Bildung Nr. 232*, 1991, S. 9

34.↑ Vgl. Wighert Benz: *Rezension zu: Zimmermann, John: Pflicht zum Untergang. Die deutsche Kriegführung im Westen des Reiches 1944/45. Paderborn 2009*. In: *H-Soz-u-Kult*, 5. Februar 2010.

Weblinks

- Der Zweite Weltkrieg im Lebendigen virtuellen Museum Online

(LeMO)

- *Zweiter Weltkrieg* in der *Virtual Library Zeitgeschichte* beim Historischen Centrum Hagen
- *Battle of the Ruhr 1939–1945*. Regionalgeschichte des Zweiten Weltkriegs beim Historischen Centrum Hagen („eines der ältesten geschichtswissenschaftlichen Angebote im deutschsprachigen Internet")
- *Der alliierte Bombenkrieg 1939–1945* beim Fachportal *historicum.net* (Redaktion: Ralf Blank, Historisches Centrum Hagen)
- *Collections Online* des britischen *Imperial War Museum* (englisch)
- *World War II Multimedia Database*; Umfangreiches Bild- und Tonarchiv mit Bildern und Videos (englisch)
- *World War II*; US-amerikanisches Bild- und Tonarchiv zum Zweiten Weltkrieg auf *authentichistory.com* (englisch)
- *Source List and Detailed Death Tolls*; Auflistung der Opfer- und Verlustzahlen auf *users.erols.com*, November 2005 (englisch)
- *60 Jahre Kriegsende*; Berichte russischer Zeitzeugen in deutscher Sprache auf *kriegsende.aktuell.ru*
- *Germany surrenders unconditionally (1945)*; Originaldokumente der Kapitulation, Digitalisat auf *archive.org*, 26. Dezember 2007
- *Verkündung der Kapitulation der deutschen Wehrmacht, 8. Mai 1945*; Originalton (35 Sekunden) im Deutschen Rundfunkarchiv (Real-Audio-Format)
- *Die deutsche Kapitulation 1945*; historische Bilder und Dokumente des Bundesarchivs

Von „http://de.wikipedia.org/wiki/Zweiter_Weltkrieg"

Kriegsverbrechen der Alliierten im Zweiten Weltkrieg

Regierungspolitik

Die Militärs der westlichen Alliierten wurden von ihren Regierungen angewiesen, die Genfer Konventionen einzuhalten. Sie gingen davon aus, einen gerechten Krieg im Sinne der Verteidigung zu führen. Auch wenn Verletzungen der Konventionen auftraten, wurden keine schwerwiegenderen Verletzungen, wie zum Beispiel Völkermord, begangen.

Europa
Großbritannien

Auf ihrem Rückzug aus Belgien vor der rasch vorrückenden Wehrmacht 1940 töteten polnische Soldaten unter britischem Kommando den belgischen Radrennfahrer Julien Vervaecke (1899-1940). Dieser hatte sich als Besitzer einer Gaststätte in Menen gegen die Verwüstung derselben durch die Briten gewehrt. Am 24. Mai 1940 wurde er von den Soldaten gewaltsam verschleppt und wahrscheinlich am nächsten Tag im französischen Roncq erschossen. Wiederholt kam es zur Erschießung schiffbrüchiger deutscher Marinesoldaten durch Besatzungen britischer Schlachtschiffe. Nach der Versenkung des deutschen Zerstörers Z 12 Erich Giese durch die britischen Zerstörer HMS Cossack (F03) und HMS Foxhound (H69) am 13./14. April 1940 vor Norwegen wurde auf die deutschen Schiffbrüchigen geschossen. Nach dem Einmarsch der Wehrmacht in Griechenland versenkte am 12. Mai 1941 das britische U-Boot Rorqual (LCdr Dewhurst) den griechischen Motorsegler Osia Paraskevi (Οσία Παρασκευή), der sich auf dem Weg von Kastron (Limnos) nach Kavala befand. Den 7 griechischen Besatzungsmitgliedern wurde zuvor noch ermöglicht, ein Rettungsboot zu besteigen, während die 4 deutschen Soldaten mit Waffengewalt daran gehindert wurden. Nach Versenkung des Schiffes wurden die vier schwimmenden Deutschen mit Maschinengewehren erschossen. Am 9. Juli 1941 versenkte das britische Unterseeboot Torbay einen deutschen Motorsegler vor Kreta. 7 deutsche Soldaten, Angehörige einer Gebirgsdivision auf Kreta, die sich in ein Schlauchboot gerettet hatten, wurden auf Befehl des U-Boot-Kommandanten LtCdr. Miers mit Maschinengewehren erschossen. Der Erste Wachoffizier und ein Seemann weigerten sich, sich an der Erschießung zu beteiligen. Dasselbe Unterseeboot versenkte mehrere weitere deutsche Motorsegler und hinderte die Besatzungen daran, von Bord zu gehen. Es kam nie zu einem Verfahren gegen LtCdr Miers.

Kanada

Laut Mithcham und von Stauffenberg töteten im Juli 1943 auf Sizilien Soldaten des The Loyal Edmonton Regiment mehrere deutsche Gefangene in Leonforte. Während der Operation Overlord kam es nach den neuen Forschungen von Antony Beevor zu mehreren Fällen der Erschießung deutscher Kriegsgefangener, v.a. Angehöriger der Waffen-SS, durch kanadische Soldaten. Diese Kriegsverbrechen stehen teils in unmittelbarem Zusammenhang mit dem an Kanadiern begangenen Massaker in der Abbaye d'Ardenne, das Kurt Meyer von der 12. SS-Panzer-Division „Hitlerjugend" zu verantworten hatte. Später beschuldigte Meyer die kanadischen Streitkräfte der 3. Kanadischen Infanterie-Division, während der Operation Overlord in Nordfrankreich 1944 die Haager Konventionen verletzt zu haben. Er behauptete, dass schon am 7. Juni Aufzeichnungen gefunden worden seien, welche angeordnet hätten, keine Gefangenen zu nehmen, sollten diese die Operationen behindern. Hubert Meyer bestätigt dies. Er gibt an, dass am 8. Juni ein kanadisches Notizbuch gefunden worden sei, welches dieselben Anordnungen enthalten habe. Kurt Meyer beruft sich auch auf Beweise von Bernhard Siebken's Kriegsverbrecherprozess, in dem die kanadische Infanterie beschuldigt wurde, bei mindestens einer Gelegenheit deutsche Soldaten erschossen zu haben, die während des Angriffs kapituliert hatten. Beevor äußert ferner, wenn auch verklausuliert, den Verdacht, dass während der Schlacht um Falaise am 8. und 9. August gefangene SS-Soldaten ebenfalls der Division "Hitlerjugend" von Angehörigen des II. kanadischen Korps getötet worden seien. C.P. Stacey, der offizielle kanadische Schlachthistoriker, berichtet, dass sich am 14. April 1945 das Gerücht verbreitet hatte, wonach der kommandierende Offizier der Argyll and Sutherland Highlanders of Canada von einem zivilen Scharfschützen getötet wurde. Daraufhin steckten die *Highlander*, in einem irrtümlichen Vergeltungsschlag, zivile Immobilien in Friesoythe in Brand. Stacey schrieb später, dass die *Highlander* zuerst die deutschen Zivilisten von den Grundstücken entfernten und dann die Häuser in Brand setzten. Er kommentierte, dass er „zum Glück sagen kann, dass [er] nie von einem anderen, ähnlichen Fall hörte"

Frankreich
Maquis

Nach den Operation Dragoon-Landungen in Südfrankreich und dem Zusammenbruch der deutschen Militärbesatzung im August 1944, gelang es nur wenigen Deutschen, aus Frankreich zu fliehen, weshalb sich viele den Französischen Streitkräften im Inneren stellten. Die Résistance tötete einige ihrer deutschen Kriegsgefangenen, die meisten von ihnen waren Mitglieder der Gestapo, oder der SS. Am 10. September 1944 brachten die Maquis 17 deutsche Kriegsgefangene in Saint-Julien-de-Crempse im Département Dordogne um, von denen 14 identifiziert werden konnten. Die Morde waren Vergeltungstaten für deutsche Morde an 17 Einwohnern des Dorfes St. Julien am 3. August 1944, welche ebenfalls aus Vergeltung wegen Aktivitäten der Résistance in der Umgebung von St. Julien begangen wurden, welche die damalige Heimat einer aktiven Maquis-Zelle war.

Marokkanische Goumiers

Französisch-Marokkanische Truppen der *French Expeditionary Corps*, auch als Gourmiers bekannt, begingen massenhafte Verbrechen in Italien, während der Schlacht um Monte Cassino, und in Deutschland. Laut europäischen Quellen wurden durch die Gourmiers mehr als 12.000 Zivilisten, vor allem junge und alte Frauen sowie Kinder, entführt, vergewaltigt oder getötet. Dieses Thema wurde auch im italienischen Film *Und dennoch leben sie*, mit Sophia Loren, behandelt.

Sowjetunion

Katyn-Denkmal

Die Sowjetunion hatte die Genfer Konventionen von 1929 bezüglich der Behandlung von Kriegsgefangen nicht unterzeichnet. Das wirft unter Historikern die Frage auf, ob die sowjetische Behandlung der Kriegsgefangenen schon Kriegsverbrechen darstellten. Laut Quellenangaben wurden die Kriegsgefangenen der Achsenmächte „[nicht] einmal ansatzweise der Genfer Konventionen entsprechend behandelt" und hunderttausende fielen der Gefangenschaft zum Opfer. Trotzdem wurde diese Argumentation bei den Nürnberger Prozessen abgelehnt, mit der

Begründung, dass die Haager Konventionen (welche die Genfer Konventionen von 1929 nicht ersetzten, aber erweiterten und, anders als die Konventionen von 1929, von der Sowjetunion ratifiziert wurden), sowie das sonstige Kriegsvölkerrecht für alle Nationen bindend seien. Weitere Fälle von Massenvergewaltigungen und anderen Kriegsverbrechen wurden während der Besetzung Ostpreußens und Danzigs, in Teilen von Pommern und Schlesien und während der Schlacht um Berlin verübt. Beim Massaker von Katyn wurden im Frühjahr 1940 mehrere tausend polnische Offiziere von sowjetischen Truppen ermordet. Das Massaker war eine Aktion, welche von Josef Stalin befohlen und vom NKWD durchgeführt wurde. Insgesamt etwa 22.000 Polen kamen bei diesem Massaker ums Leben, vorwiegend aus der militärischen und der intellektuellen Elite des Landes.

Jugoslawien

In Jugoslawien kam es nach dem Sieg der jugoslawischen Volksbefreiungsarmee insbesondere in den Monaten Mai und Juni 1945 zu Massenhinrichtungen von Angehörigen der kroatischen Ustascha-Miliz, der kroatischen Domobrani, der slowenischen Domobranci, serbischer Tschetniks sowie deutscher Verbände. So wurden etwa 2000 Angehörige der 7. SS-Freiwilligen-Gebirgs-Division „Prinz Eugen" bei Brežice erschossen. Tausende erschossener Slowenen, Kroaten und Serben liegen in Massengräbern, die erst in den Jahren seit dem Zerfall Jugoslawiens 1991 erforscht werden, darunter im Gottscheer Hornwald (Kočevski Rog), in Tezno oder im Barbara-Stollen bei Huda Jama. Angehörige der Wehrmacht starben 1945 zu Tausenden in s.g. Sühnemärschen.

Vereinigte Staaten von Amerika

Viele SS-Wärter im Konzentrationslager Dachau wurden kurz nach der Befreiung hingerichtet.

- Das Massaker von Canicattì: Mehrere italienische Zivilisten wurden auf Anordnung von Lieutenant Colonel McCaffrey umgebracht. Die daraufhin eingeleitete, geheime Ermittlung führte zu keiner Bestrafung McCaffreys. Weiterhin blieb der Vorfall lange Zeit unbekannt, bis Joseph S. Salemi von der New York University einen Artikel über das Thema publizierte(siehe Dachau-Massaker).

- Das Biscari-Massaker: Im Juli und August 1943 wurden von US-Truppen 76 unbewaffnete Kriegsgefangene (zwei Deutsche, 74 Italiener) getötet.

- Operation Teardrop: Acht von den überlebenden, gefangengenommenen Besatzungsmitgliedern des versenkten deutschen U-Bootes U 546 wurden vom US-Militärpersonal gefoltert. Der Historiker Philip K. Lundeberg schrieb, dass die Züchtigung und Folter der Überlebenden der U 546 eine einmalige Gewalttat war, mit dem Hintergrund, möglichst schnell Informationen über mögliche Raketenangriffe auf US-amerikanischen Boden von Seiten deutscher U-Boote zu erlangen.

- Operation Overlord 1944: Nach neuen Forschung von Antony Beevor, der mehrere Augenzeugenberichte bringt, begingen US-Soldaten, wie auch Kanadier und Briten, eine Reihe von Kriegsverbrechen, insbesondere die Erschießung deutscher Kriegsgefangener. Teils sei dies auf die Härte der Kämpfe zurückzuführen; unter anderem handelte es sich um Angehörige der 82. und 101. Luftlandedivisionen.

- Ardennenoffensive: Nach dem Malmedy-Massaker wurde ein schriftlicher Befehl des Hauptquartiers des 328. Infanterie-Regimentes, datiert auf den 21. Dezember 1944, gefunden, welcher angab, keine SS-Truppen oder Fallschirmjäger als Gefangene zu nehmen, sondern sie bei Sichtkontakt sofort zu erschießen.

- Kämpfe im Reichsgebiet 1945: Als Major-General Raymond Hufft (U.S. Army) 1945 den Rhein überquerte, befahl er seinen Truppen, keine Gefangenen zu nehmen. Nach dem Krieg, als er über die von ihm autorisierten Kriegsverbrechen nachdachte, gab er zu, dass "wenn die Deutschen gewonnen hätten, wäre ich in Nürnberg angeklagt worden, anstelle von ihnen." Stephen Ambrose gab dazu an: „Ich habe weit über 1000 Veteranen befragt. Nur einer davon sagte, dass er einen Gefangenen erschoss […]. Vielleicht ein Drittel der Veteranen […] konnte sich jedoch an Vorfälle erinnern, wo sie sahen, wie andere GIs unbewaffnete deutsche Gefangene mit erhobenen Händen erschossen.“

Asien und der Krieg im Pazifik

„In den letzten Jahren des Krieges gegen Japan, stand die Abneigung der Japaner aufzugeben im grausamen Einklang mit dem Desinteresse der Alliierten keine Gefangenen zu nehmen.", so John W. Dower, ein Sozialhistoriker des Pazifikkrieges. Dower deutet an, dass den meisten japanischen Soldaten erzählt wurde, sie würden „getötet oder gefoltert" werden, sollten sie in die Hände der Alliierten fallen. Deswegen kämpften bei einer sich abzeichnenden Niederlage die meisten japanischen Soldaten bis zum Tod oder begingen Selbstmord. Hinzu kam die Auffassung, dass es für einen japanischen Soldaten schändlich und schmachvoll wäre, sich zu ergeben, was die Tendenz des Kampfes bis zum Tode noch verstärkte. Selbst im *Japanese Field Service Code* stand, dass Aufgeben nicht zulässig sei. Es gab damals auch weitverbreitete Berichte, dass japanische Gefangene alliierte Sanitäter, Feldärzte und Wachen mit versteckten Waffen töteten, nachdem sie sich ergeben hatten. Dies führte dazu, dass viele alliierte Soldaten das Nehmen von Gefangenen als zu riskant einstuften.

China

Laut Rudolph Joseph Rummel gibt es wenige Informationen über die Behandlung japanischer Kriegsgefangener durch die NRA während des zweiten Japanisch-Chinesischen Krieges (1937-45). Dennoch wurden neben chinesischen Zivilisten und Rekruten auch japanische Zivilisten von chinesischen Soldaten misshandelt. Die chinesischen Bauern hatten „oft nicht weniger Angst vor ihren eigenen Soldaten, als vor den Japanern", so Rummel. So starben 90 % der NRA-Rekruten an Krankheiten, Unterernährung oder den Folgen von Gewalt, noch bevor sie überhaupt mit der Grundausbildung anfingen. Folgendes sind Beispiele für von chinesischen Streitkräften verübte Kriegsverbrechen:

- 1937 kam es in Shanghai zu gewaltigen Übegriffen, Folter und Mord, von chinesischen Soldaten an japanischen Kriegsgefangenen und chinesischen Zivilisten, welche der Kollaboration bezichtigt wurden. Einige dieser Szenen wurden vom schweizer Geschäftsmann Tom Simmen auf Bildern festgehalten. (Die Fotos wurden 1996 von Simmens Sohn veröffentlicht und zeigen Soldaten der NRA bei willkürlichen Exekutionen durch Enthauptungen und Erschießungen, sowie bei öffentlicher Folter.)
- Beim Tōngzhōu-Zwischenfall im August 1937 wechselten chinesische Soldaten, welche vorher von Japan rekrutiert worden waren, die Seiten und brachten 250 Zivilisten sowie 20 japanische Militärangehörige um.

- Im Mai 1943 ordneten die Nationalistischen Truppen in der Hubei-Provinz die Evakuierung und anschließende Plünderung ganzer Dörfer an. Zivilisten, die sich weigerten zu gehen oder dazu nicht mehr fähig waren, wurden getötet.

Australien

Laut Mark Johnston war „das Töten von unbewaffneten Japanern normal". Die australischen Befehlshaber versuchten Druck auf die Truppen auszüben, damit diese Gefangene nehmen würden, die Soldaten zeigten sich jedoch äußert unwillig, diesen Befehl auszuführen. Laut Charles Lindbergh wurden Gefangene oft aus Flugzeugen geworfen und dann gesagt, sie hätten Selbstmord begangen. Johnston zufolge war die Konsequenz aus diesem Verhalten, dass „einige japanische Soldaten zweifellos abgeschreckt waren, sich den Australiern zu ergeben".

Vereinigte Staaten von Amerika

Im Pazifik wurden sich ergebende japanische Soldaten oft absichtlich von den Amerikanern getötet. Richard Aldrich zufolge, welcher eine Studie über die von US und australischen Soldaten geführten Tagebücher veröffentlichte, gab es manchmal sogar Massaker an Kriegsgefangenen. Dower erklärt, dass in „vielen Fällen [...] Japaner, welche gefangennommen wurden, gleich auf der Stelle, oder auf dem Weg in den Gefängnishof, erschossen wurden." Laut Aldrich war es eine übliche Praxis unter US-Truppen, keine Gefangenen zu nehmen. Diese Analyse wird vom britischen Historiker Niall Ferguson unterstützt, der ebenfalls sagt, dass im Jahr 1943 „ein vertraulicher [US] Geheimdienstreport bemerkt, dass nur das Versprechen von Eiscreme und drei freien Tagen [...] amerikanische Soldaten davon überzeugen würde, sich ergebende Japaner nicht umzubringen". Laut Ferguson waren solche Praktiken unter anderem der Grund für die geringe Quote von gefangengenommenen zu getöteten Soldaten (etwa 1:100) im späten 1944. Im gleichen Jahr bemühten sich hochrangige alliierte Kommandeure, die „keine Gefangenen nehmen" Einstellungen unter ihren Soldaten zu unterbinden, um japanische Soldaten zur Kapitulation zu animieren. Der Hauptgrund hierfür waren die Geheimdienstinformationen, deren Gewinnung durch die gängigen Praktiken eingeschränkt war. Laut Ferguson wurde durch die ergriffenen Maßnahmen der Kommandeure die Rate von gefangenen zu getöteten japanischen Soldaten bis Mitte 1945 auf 1:7 verbessert. Jedoch war es bei der Schlacht um Okinawa von April bis Juni 1945 immer noch übliche

Praxis unter US-Truppen, keine Gefangenen zu nehmen. Ulrich Straus, ein US-amerikanischer Japanologe, deutet an, dass die US-Truppen an der Front einen intensiven Hass auf das japanische Militärpersonal entwickelten, weshalb sie „nicht einfach zu überzeugen" gewesen waren, Gefangene zu nehmen oder diese zu beschützen. Dies ist vor allem auf die damals gängige Auffassung zurückzuführen, dass sich ergebendes, alliiertes Militärpersonal „keine Gnade" von den Japaner erfahren würde. Alliierte Soldaten glaubten, dass die japanischen Soldaten dazu neigen würden, das Sich-ergeben vorzutäuschen, um dann Überraschungsangriffe durchzuführen. Deswegen, nach Straus, „widersetzten sich leitende Offiziere der Anordnung, Gefangene zu nehmen, ausgehend davon, dass die amerikanischen Truppen einer unnötigen Gefahr ausgesetzt werden würden[…]."Als in der Schlacht um Guadalcanal trotzdem Gefangene genommen wurden, merkte der Army-Verhörer Captain Burden an, dass viele Gefangene während des Transportes erschossen wurden, weil „es zu viel Ärger war, sie wegzubringen." Ferguson deutet an, dass „es nicht nur die Angst vor Disziplinarmaßnahmen oder eine Frage der Ehre war was die deutschen oder japarnen Soldaten vor dem Sich-ergeben aufhielt. Viel Wichtiger war die Ansicht der meisten Soldaten, dass die Gefangenen eh von dem Gegner getötet werden würden, so könne man auch einfach weiter kämpfen." Der amerikanische Historiker James J. Weingartner führt die äußerst geringe Anzahl von Japanern in US-amerikanischer Kriegsgefangenschaft auf zwei wichtige Faktoren zurück. Diese waren zum einen die Abneigung der Japaner sich zu ergeben und zum anderen eine weit verbreitete amerikanische „Ansicht, dass die Japaner „Tiere" oder „Untermenschen" wären und somit eine den Kriegsgefangenen angemessene Behandlung nicht verdienten. Ein letzter Grund wird von Ferguson unterstützt, der sagt, dass „Alliierte Truppen die Japaner so sahen, wie die Deutschen die Russen sahen – als Untermenschen."

Die Verstümmelung japanischer Leichen

Die alliierte Praxis japanische Körperteile zu sammeln, geschah in solch „einer Größenordnung, die selbst die alliierten Militärbehörden während des Konflikts besorgte und über die ausgiebig von der amerikanischen und japanischen Kriegspresse berichtet und kommentiert wurde." Das Sammeln von japanischen Körperteilen begann relativ früh im Krieg, woraufhin im September 1942 ein Befehl für Disziplinarmaßnahmen gegen das Sammeln solcher „Souvenirs" gegeben wurde. Harrison folgert, dass, seit der ersten richtigen Gelegenheit zum Sammeln solcher Gegenstände (bei der Schlacht um Guadalcanal), „das Sammeln von Körperteile, in einer

Größenordnung ‚die selbst die Militärbehörden besorgte, bei der ersten Begegnung mit lebenden oder toten japanischen Körpern begann.“ Als japanische Überreste von den Marianen zurückgesandt wurden, fehlte bei rund 60 % der Leichen der Kopf. Der Judge Advocate General (JAG) der US-Armee erklärte in einem Memorandum vom 13. Juni 1944, dass „solche grausamen und brutalen Methoden“, zusätzlich zu ihrer Widerwärtigkeit, Verletzungen des Kriegsrechtes darstellten. Er empfahl die Verbreitung einer Direktive an alle Kommandanten, welche betonen sollte, dass „die Misshandlung von gegnerischen Kriegstoten eine eklatante Verletzung der Genfer Konventionen von 1929 seien, welche besagte: Nach jedem Engagement soll der Kriegsteilnehmer, welcher in Besitz des Feldes bleibt, Maßnahmen unternehmen solle, um Verwundete und Tote zu suchen und sie vor Raub und Misshandlung zu schützen.“ Diese Praktiken waren außerdem eine Verletzung der ungeschriebenen, üblichen Regeln der Landkriegsführung und konnten zur Todesstrafe führen. Eine Woche später wurde dieser Punkt vom U.S. Navy JAG bestätigt, welcher außerdem hinzufügte, dass „das grausame Verhalten von einigem US-Personal zu einer Vergeltung der Japaner führen könnte, welche unter internationalem Recht verurteilt werden würde.“

Bombenangriffe auf Hiroshima und Nagasaki

1963 wurden die Atombombenabwürfe auf Hiroshima und Nagasaki im Prozess *Ryuichi Shimoda et al. gegen den Staat* auf ihre Verfassungsrechtlichen Vereinbarkeit geprüft. Das Gericht in Tokio weigerte sich, über die Legalität von Atomwaffen im Allgemeinen zu entscheiden, aber befand, dass „die Attacken auf Hiroshima und Nagasaki solch schweres und wahlloses Leiden verursachten, dass sie die meisten legalen Grundprinzipien der Kriegsführung verletzten.“ In Bezug auf die „Anti-City“- oder „Blitz“-Strategie weist Francisco Gómez, in einem Artikel im International Review of the Red Cross, darauf hin, dass es während des Zweiten Weltkrieges keinerlei Vereinbarungen, Verträge, Konventionen oder ähnliche Instrumente zum Schutz der Zivilbevölkerung oder des zivilen Eigentums gab. Die Möglichkeit, dass Angriffe, wie die auf Hiroshima und Nagasaki, als Kriegsverbrechen angesehen werden könnten, ist einer der Gründe warum John R. Bolton (Untersekretär des Staates für Waffenkontrolle und internationale Sicherheit (2001–2005) und U.S. Permanent Representative to the United Nations (2005)) die Zustimmung der USA zum Römischen Statut des Internationalen Strafgerichtshofs verweigerte.

Vergewaltigungen

Es gab Anschuldigungen, dass einige US-Soldaten okinawanische Frauen während der Schlacht um Okinawa (1945) vergewaltigt hätten. Der okinawanische Historiker (und ehemaliger Direktor der *Okinawa Prefectural Historical Archives*) Oshiro Masayasu schreibt, auf Basis jahrelanger Forschung:

Kurz nachdem die US-Marines landeten, fielen alle Frauen eines Dorfes auf der Motobu-Halbinsel in die Hände der amerikanischen Soldaten. Zum damaligen Zeitpunkt waren nur Frauen, Kinder und alte Menschen im Dorf, da alle jungen Männer für den Krieg mobilisiert worden waren. Kurz nach der Landung „mischten" die Marines das gesamte Dorf „auf", fanden aber keine Anzeichen von japanischen Streitkräften. Die Situation ausnutzend, begannen sie eine „Jagd auf Frauen", mitten am Tag, und wer sich im Dorf, oder in benachbarten Luftschutzbunkern, versteckte, wurde eine nach der anderen herausgezogen.

Trotzdem waren japanische Zivilisten „oft erstaunt über die vergleichsweise humane Behandlung die sie vom amerikanischen Feind erhielten." Laut Mark Selden und Laura Hein (in *Islands of Discontent: Okinawan Responses to Japanese and American Power*) „verfolgten [die Amerikaner] keine Methoden wie Folter, Vergewaltigung und Mord an Zivilisten, vor denen die japanischen Militärs gewarnt hatten." Nachdem die Japaner die Präfektur Kanagawa aufgaben, gab es während der ersten zehn Tage der Okkupation 1336 berichtete Vergewaltigungen.

Instrumentalisierung durch Holocaustleugner

Der Fokus auf tatsächliche oder vermeintliche von Alliierten verübte Verbrechen während des Krieges, ist auch Bestandteil in der Literatur von Holocaustleugnern, insbesondere in Ländern, in denen das Leugnen des Holocausts verboten ist. Laut der Historikerin Deborah Lipstadt steht das Konzept von „vergleichbaren alliierten Fehlern" so wie die Vertreibungen und die alliierten Kriegsverbrechen im Mittelpunkt und ist ein sich fortlaufend wiederholendes Thema von kontemporärer Holocaustleugnung; ein Phänomen welches sie „[i]mmorale Äquivalenz" nennt.

Siehe auch

- Massaker von Bleiburg

- Foibe-Massaker
- Verbrechen der Roten Armee im Zweiten Weltkrieg
- Verbrechen der Wehrmacht
- Kriegsverbrechen der Japanischen Armee im Zweiten Weltkrieg
- Siegerjustiz

Einzelnachweise

1. ↑ *Der Deutsche Radfahrer*, 18. Juni 1941
2. ↑ Patrick Cornillie und Rik Vanwalleghem, *Karel van Wijnendaele*, Lannoo Uitgeverij, 2006, ISBN 9020965476
3. ↑ Württembergische Landesbibliothek Stuttgart: Tötung von Schiffbrüchigen
4. ↑ Alfred de Zayas: Die Wehrmacht-Untersuchungsstelle. Dokumentation alliierter Kriegsverbrechen im Zweiten Weltkrieg. 7. erw. Aufl. Langen-Müller, München 2001, S. 368-376.
5. ↑ Alfred de Zayas (2001), S. 377-380.
6. ↑ Paul Chapman: Submarine Torbay. Hale, London 1989, pp. 59-67.
7. ↑ Samuel Mitcham und Friedrich von Stauffenberg. *Die Schlacht von Sizilien*
8. ↑ Antony Beevor, D-Day. Die Schlacht um die Normandie, C. Bertelsmann Verlag, München 2010, ISBN 978-3570100073, S.198f., S.288
9. ↑ [a] [b] Meyer (1957), S. 233.
10. ↑ Meyer (1994), S. 187.
11. ↑ Antony Beevor, D-Day, S.460
12. ↑ Stacey (1960), S. 558.
13. ↑ Stacey 1982, S. 163–164.
14. ↑ Antony Beevor, *D-Day*, Viking, 2009, S. 447.
15. ↑ *After the Battle* Magazine, Ausgabe 143.
16. ↑ Italian women win cash for wartime rapes Toter Link.
17. ↑ „1952: Il caso delle „marocchinate" al Parlamento".
18. ↑ *Case Study: Soviet Prisoners-of-War (POWs), 1941–42*. Webseite von Gendercide Watch.
19. ↑ Matthew White, Source List and Detailed Death Tolls for the

Twentieth Century Hemoclysm: Stalin.

20.↑ *POWs and the laws of war: World War II legacy*. Educational Broadcasting Corporation. 2003.

21.↑ Jennifer K. Elsea (Legislative Attorney American Law Division) Federation of American Scientists CRS Report for Congress Lawfulness of Interrogation Techniques under the Geneva Conventions (PDF). 8. September 2004. Seite 24, erster Paragraph (siehe auch: Fußnoten 93 und 87).

22.↑ Prozess Oberkommando der Wehrmacht. 30. Dezember 1947 – 28. Oktober 1948, Part VIII

23.↑ James Mark, 2005. „Remembering Rape: Divided Social Memory and the Red Army in Hungary 1944–1945". *Past & Presen* 188, S. 133–161.

24.↑ William I. Hitchcock, 2003. *The Struggle for Europe: The Turbulent History of a Divided Continent, 1945–2002*. Exzerpt, Kapitel Eins. ISBN 0-385-49798-9.

25.↑ Alfred de Zayas, 1994. *A Terrible Revenge: The Ethnic Cleansing of the East European Germans, 1944–1950*. ISBN 0-312-12159-8.

26.↑ Elizabeth B. Walter, 1997. *Barefoot in the Rubble*. ISBN 0-9657793-0-0.

27.↑ Antony Beevor, 1. Mai 2002. „They raped every German female from eight to 80", in: *The Guardian*.

28.↑ Tamara Griesser-Pecar: *Das zerrissene Volk. Slowenien 1941-1946. Okkupation, Kollaboration, Bürgerkrieg, Revolution.* Böhlau Verlag, Wien 2003, ISBN 3-205-77062-5

29.↑ Ekkehard Völkl: *Abrechnungsfuror in Kroatien* in: Klaus-Dietmar Henke, Hans Woller (Hrsg.): *Politische Säuberung in Europa. Die Abrechnung mit Faschismus und Kollaboration nach dem Zweiten Weltkrieg*, München 1991, ISBN 3-423-04561-2, S. 358-394.

30.↑ John Prcela und Stanko Guldescu (Hrsg.): Operation Slaughterhouse. Eyewitness Accounts of Postwar Massacres in Yugoslavia, Philadelphia 1970.

31.↑ Kurt W.Böhme: Zur Geschichte der deutschen Kriegsgefangenen des Zweiten Weltkriegs I/1: Die deutschen Kriegsgefangenen in Jugoslawien 1941-1949, München 1962, S. 134.

32.↑ Giovanni Bartolone, Le altre stragi: Le stragi alleate e tedesche nella Sicilia del 1943–1944.

33.↑ George Duncan, Massacres and Atrocities of World War II in the Axis Countries.

34.↑ James J. Weingartner, 2000. *A Peculiar Crusadee: Willis M. Everett and the Malmedy massacre*. NYU Press, S. 118. ISB 0814793665.

35.↑ James J. Weingartner, 23. August 2007. „Massacre at Biscari: Patton and an American War Crime", *Historian*, Band 52, Ausgabe 1, S. 24–39.

36.↑ Philip K. Lundeberg, 1994. „Operation Teardrop Revisited". in: Timothy J. Runyan und Jan M. Copes. *To Die Gallantly: The Battle of the Atlantic*. S. 221–226. Boulder: Westview Press. ISBN 0-813-38815-5.

37.↑ Clay Blair, *Hitler's U Boat War The Hunted, 1942–1945* (Modern Library ed.). Random House, New York 1998, ISBN 0-679-45742-9, S. 687.

38.↑ Antony Beevor, D-Day. Die Schlacht um die Normandie, München 2010, S.67, 80–83, 120f., 136, 163, 176, 183f., 193, 198f., 221, 228f., 232, 241f., 253, 275f., 288f., 318, 374, 403f., 411, 420, 460, 466, 475f., 497, 519, 536, 540.

39.↑ Bradley A. Thayer, *Darwin and international relations*, S. 186.

40.↑ Bradley A. Thayer, *Darwin and international relations*, S. 189.

41.↑ Bradley A. Thayer, *Darwin and international*, S. 190.

42.↑ John W. Dower, 1986. *War Without Mercy: Race and Power in the Pacific War. Seite 35. Pantheon: New York*. ISB 0-394-75172-8.

43.↑ John W. Dower, 1986. *War Without Mercy*. Seite 68.

44.↑ ᵃ ᵇ John W. Dower, 1986. *War Without Mercy*, Seite 69.

45.↑ Edgar Rice Burroghs, 1947. *Tarzan and „The Foreign Legion"*.

46.↑ ᵃ ᵇ Rummel 1991, Seite 112.

47.↑ ᵃ ᵇ Rummel 1991, Seite 113.

48.↑ Rudolph J. Rummel, 1991. *China's Bloody Century: Genocide and Mass Murder Since 1900*, Seite 115. Transaction Publishers ISBN 0-88738-417X.

49.↑ Tom Mintier, 23. September 1996. „Photos document brutality in Shanghai". CNN.

50.↑ Mark Johnston. *Fighting the enemy: Australien soldiers and their adversaries in World War II*. Seite 80-81.

51.↑ ᵃ ᵇ Mark Johnston. *Fighting the enemy: Australien Soldiers and their adversaries in World War II.* Seite 81.

52.↑ <u>a</u> <u>b</u> Ben Fenton, 8. Juni 2005. *Daily Telegraph* (UK).

53.↑ Niall Ferguson, „Prisoner Taking and Prisoner Killing in the Age of Total War: Towards a Political Economy of Military Defeat", *War in History*, 2004, 11(2): 148-192.

54.↑ <u>a</u> <u>b</u> Niall Ferguson, „Prisoner Taking and Prisoner Killing in the Age of Total War: Towars a Political Economy of Military Defeat", *War in History*, 2004, 11(2): Seite 150.

55.↑ Ferguson 2004, S. 181.

56.↑ <u>a</u> <u>b</u> <u>c</u> Ulrich Straus, 2003 <u>*The Anguish of Surrender: Japanese POWs of World War II (excerpts)*</u>. Seite 116. Seattle: University of Washington Press. <u>ISBN 978-0-295-98336-3</u>.

57.↑ Ulrich Straus, 2003. <u>*The Anguish Of Surrender: Japanese POWs of World War II (excerpts)*</u>, Seite 116. Seattle: University of Washington Press, ISB 978-0-295-98336-3.

58.↑ Niall Ferguson, 2004. „Prisoner Taking and Prisoner Killing in th Age of Total War: Towars a Political Economy of Military Defeat", *War in History*, 11 (2): Seite 176.

59.↑ James J. Weingartner, 1992. „Trophies of War: U.S. Troops and Mutilation of Japanese War Dead, 1941-1945", Seite 55. *Pacific Historical Review.*

60.↑ Niall Ferguson, 2004. „Prisoner Taking and Prisoner Killing in the Age of Total War: Towards a Political Economy of Military Defeat", S. 182. *War in History*, 11(2).

61.↑ Simon Harrison, 2006. „Skull Trophies of the Pacific War: transgressive objects to remembrance", S. 818. *Journal of the Royal Anthropological Institute* (N.S) 12.

62.↑ <u>a</u> <u>b</u> Simon Harrison, 2006. „Skull Trophies of the Pacific War: transgressive objects to remembrance", Seite 827. *Journal of the Royal Anthropological Institute* (N.S) 12.

63.↑ Simon Harrison „Skull Trophies of the Pacific War: transgressive objects of remembrance". *Journal of the Royal Antropological Institute* (N.S.) 12, 817-836 (2006). Seite 828.

64.↑ <u>a</u> <u>b</u> James J. Weingartner, 1992. „Trophies of War: U.S. Troops and Mutilation of Japanese War Dead, 1941–1945", Seite 59. *Pacifical Historical Review.*

65.↑ <u>Shimoda et al. v. The Staat</u> Tokyo District Court, 7. Dezember 1963.

66.↑ Richard A. Falk, 15. Februar 1965. „The Claimants of Hiroshima". *The Nation*. Neu erschienen in Richard A. Falk, Saul H. Mendlovitz eds., ed (1966). „The Shimoda Case: Challenge and Response". *The Strategy of World Order. Volume: 1.* New York: World Law Fun. Seiten 307-313.

67.↑ International Review of the Red Cross no 323, Seite 347-363. The Law of Air Warfare, 1998.

68.↑ John Bolton, Januar 2001. *The Risks and Weaknesses of the International Criminal Court from America's Perspective*, S. 4.

69.↑ a b Peter Shrijvers, 2002. *The GI War Against Japan*, Seite 212. New York City: New York University Press. ISBN 0814798160.

70.↑ Toshiyuki Tanaka, 2003. *Japan's Comfort Women: Sexual Slavery and Prostitution During World War II*, Seite 111. Routledge. ISBN 0203302753.

71.↑ Michael S. Molasky. *The American Occupation of Japan and Okinawa: Literature and Memory*, Seite 16.

72.↑ Michael S. Molasky, Steve Rabson. *Southern Exposure: Modern Japanese in Literature from Okinawa*, S. 22.

73.↑ Susan D. Sheehan; Laura Hein; Mark Selden. *Islands of Discontent: Okinawan Responses to Japanese and American Power*, S. 18.

74.↑ Stephen E. Atkins: „Holocaust denial as an international movement", ABC-CLIO, 2009, S. 105.

75.↑ Debrah Lipstadt. „Denying the Holocaust: The Growing Assault on Truth and Memory". Bt Bound, 1999, S. 41.

„http://de.wikipedia.org/wiki/Kriegsverbrechen_der_Alliierten_im_Zweiten_Weltkrieg"

Kriegsvölkerrecht

Als **Kriegsvölkerrecht** werden zusammenfassend zwei verschiedene Aspekte des internationalen öffentlichen Rechts bezeichnet. Zum einen zählt zu diesem Bereich des Völkerrechts das Recht zum Krieg (*ius ad bellum*), also Fragen der Legalität des Führens eines Krieges. Zum anderen gehört zum Kriegsvölkerrecht auch das Recht im Krieg (*ius in bello*), also Regeln zum Umgang mit Kombattanten, Nichtkombattanten, Kulturgut und andere Vorschriften, welche die mit einem Krieg verbundenen Leiden und Schäden vermindern oder auf ein unvermeidbares Maß beschränken sollen.

Dieser Teil wird zusammenfassend auch als humanitäres Völkerrecht bezeichnet.

Das Recht zum Krieg (*ius ad bellum*)

Kriege sind grundsätzlich völkerrechtswidrig. Dies ergibt sich aus Artikel 2 Ziffer 4 der Charta der Vereinten Nationen. Diese Vorschrift lautet: „Alle Mitglieder unterlassen in ihren internationalen Beziehungen jede gegen die territoriale Unversehrtheit oder die politische Unabhängigkeit eines Staates gerichtete oder sonst mit den Zielen der Vereinten Nationen unvereinbare Androhung oder Anwendung von Gewalt." Noch bis zum Kellogg-Pakt von 1928 war der rechtliche Zustand annähernd umgekehrt: Das Recht des Souveräns zur freien Kriegführung im Sinne des *ius ad bellum* war weitgehend unbestritten, zumindest bei Vorliegen eines *casus belli*, das heißt eines als Kriegsgrund eingestuften Anlasses. Trotz der grundsätzlichen Ächtung des Krieges gibt es mehrere Ausnahmen vom heute geltenden Gewaltverbot:

1. Eine Intervention ist regelmäßig völkerrechtlich zulässig, wenn der betreffende Staat zustimmt. Nach verbreiteter Ansicht ist im Falle eines solchen Einverständnisses bereits der Tatbestand des Gewaltverbots nicht gegeben. Alle gegenwärtigen, nach dem Parlamentsbeteiligungsgesetz beschlossenen Auslandseinsätze der Bundeswehr beruhen (auch) auf einem Einverständnis des betreffenden Staates (Sondersituation Kosovo, das 1999 nicht als eigenständiger Staat existierte und bislang [Jan. 2010] nur von 64 [also 33 %] der 192 UN-Mitgliedstaaten anerkannt ist).
2. Artikel 51 der UN-Charta erlaubt im Falle eines bewaffneten Angriffs die Selbstverteidigung, bis der Sicherheitsrat die „erforderlichen Maßnahmen getroffen hat". Die Reichweite des Selbstverteidigungsrechts ist insbesondere im Fall der sog. präventiven Selbstverteidigung umstritten.
3. Die UN-Charta legitimiert militärische Handlungen, wenn ein Mandat des UN-Sicherheitsrats vorliegt (Kapitel VII UN-Charta; „friedensschaffende" oder „friedensbewahrender" Maßnahmen). Alle gegenwärtigen, nach dem Parlamentsbeteiligungsgesetz beschlossenen Auslandseinsätze der Bundeswehr beruhen (auch) auf einem Mandat des UN-Sicherheitsrats (Sonderfall Kosovo, bei dem diese Frage möglicherweise in dem noch nicht entschiedenen Verfahren der Fraktion DIE LINKE vor dem Bundesverfassungsgericht überprüft wird).

4. Es ist umstritten, ob eine Intervention zur Rettung eigener Staatsangehöriger vom Gewaltverbot ausgenommen ist, insbesondere weil eine solche Ausnahme über das Gewaltverbot hinaus ginge. Die Operation Libelle in Albanien im Jahr 1997, bei der die Bundeswehr zur Rettung deutscher Staatsangehöriger in Albanien intervenierte, wird teilweise als völkerrechtskonform angesehen. Insbesondere auch weil die Intervention einer Einladung der albanischen Regierung folgte. Darüber hinaus handelte es sich um einen Eingriff in das Staatsgebiet eines "failed-state", ein Staat in dem die Regierungsgewalt bereits weggefallen ist, so dass internationale Kritik an der Aktion kaum zu erwarten war. Umstritten sind allerdings Operationen die ohne Einladung erfolgt sind, wie beispielsweise die von Israel in Uganda durchgeführte Operation Entebbe im Juli 1976.

5. Eine weitere Ausnahme vom Gewaltverbot – die allerdings so gut wie keine praktische Anwendung erlangt hat – ist über Art. 52 UN-Charta zulässig (Regionale Abmachungen). Die fehlende praktische Bedeutung geht insbesondere darauf zurück, dass hierdurch allenfalls eine Intervention innerhalb des Geltungsgebiet der regionalen Abmachung legitimiert werden kann, nicht aber außerhalb dieses Gebiets.

6. Umstritten ist in der völkerrechtlichen Literatur, ob über den Wortlaut der UN-Charta hinaus eine weitere Ausnahme vom Gewaltverbot im Falle der sog. humanitären Intervention vorliegt, d. h. einer Intervention ohne Mandat des UN-Sicherheitsrats und ohne Einverständnis des betreffenden Staates zur Abwendung bestimmter humanitärer Missstände (Beispiel: Kosovo-Konflikt im Jahr 1999). Befürworter und Gegner der völkerrechtlichen Rechtmäßigkeit einer solchen Intervention halten sich ungefähr die Waage.

7. Eine Ausnahme vom Gewaltverbot kann in bestimmten Fällen auch dann gegeben sein, wenn der betroffene Staat anderen in einem völkerrechtlichen Vertrag ein Recht zur Intervention eingeräumt hatte – beispielsweise für den Fall schwerwiegender Menschenrechtsverletzungen (sog. Interventionsklausel). In diesem Fall liegt nicht zwangsläufig ein gegenwärtiges Einverständnis des betreffenden Staates vor (siehe hierzu Punkt 1), jedenfalls aber ein antizipiertes Einverständnis.

Das Recht im Krieg (*ius in bello*)

Große Teile des *Rechts im Krieg* werden heute unter der Bezeichnung Humanitäres Völkerrecht zusammengefasst. Kriegshandlungen sind nur zulässig in den Grenzen der völkerrechtlichen Vereinbarungen der Haager Abkommen, insbesondere der Haager Landkriegsordnung, und der Genfer Abkommen über die Verbesserung des Loses der Verwundeten, Kranken und Schiffbrüchigen der bewaffneten Kräfte, über die Behandlung der Kriegsgefangenen und über den Schutz von Zivilpersonen in Kriegszeiten. Insbesondere ist ein Angriff auf diese geschützten Personenkreise unzulässig und stellt ein Kriegsverbrechen dar.

Durchsetzung geltenden Rechts

Zur Überprüfung völkerrechtlicher Streitigkeiten ist in Den Haag der Internationale Gerichtshof eingerichtet worden, der auch in Fragen des Kriegsvölkerrechts Recht spricht. Der IGH ist nach Art. 92 der UN-Charta das Hauptrechtsprechungsorgan der UNO. Gleichwohl ist nicht jeder kriegsvölkerrechtlich relevante Sachverhalt vom IGH überprüfbar; vielmehr hängt es jeweils vom konkreten Einzelfall ab, inwieweit der IGH über einen Sachverhalt entscheiden kann. So hat sich beispielsweise Deutschland im Mai 2008 durch eine Unterwerfungserklärung gegenüber den Vereinten Nationen der obligatorischen Gerichtsbarkeit des IGH unterworfen, den Bereich der Auslandseinsätze der Bundeswehr von der Unterwerfungserklärung jedoch ausgenommen. Eine Zuständigkeit des IGH hinsichtlich der Auslandseinsätze der Bundeswehr kann als Folge davon nicht aus der deutschen Unterwerfungserklärung hergeleitet werden, sondern allenfalls aus anderweitigen Rechtsgrundlagen. Mit dem Römischen Statut zum Internationalen Strafgerichtshof ist ein internationaler Gerichtshof zur Ahndung von Straftaten gegen das Kriegsvölkerrecht geschaffen worden. Das deutsche Recht hat diese Entwicklung des Völkerstrafrechts in der Form eines Völkerstrafgesetzbuches übernommen. Ein Verstoß gegen das völkerrechtliche ius ad bellum ist strafrechtlich kaum verfolgbar: (a) Es gibt im Statut des Internationalen Strafgerichtshof zwar einen Straftatbestand der Aggression (Art. 5 Abs. 1 lit. d IStGH-Statut). Der Gerichtshof übt jedoch die Gerichtsbarkeit über das Verbrechen der Aggression erst aus, „sobald […] eine Bestimmung angenommen worden ist, die das Verbrechen definiert […]" (Art. 5 Abs. 2 IStGH-Statut). Eine solche Definition liegt bislang nicht vor, so dass der Straftatbestand der Aggression derzeit nicht vom Internationalen Strafgerichtshof verfolgt werden kann. (b) Das deutsche Völkerstrafgesetzbuch enthält keinen Straftatbestand der

Aggression, weil der Gesetzgeber den Diskussionen um den völkerrechtlichen Straftatbestand der Aggression nicht vorgreifen wollte. (c) Der Straftatbestand im deutschen Strafgesetzbuch (§ 80 StGB) gilt nur für Angriffskriege, an denen Deutschland beteiligt ist. Anders verhält es sich bei Verstößen gegen das völkerrechtliche ius in bello. In solchen Fällen kann eine Strafbarkeit sowohl nach dem Statut des Internationalen Strafgerichtshofs als auch nach dem deutschen Völkerstrafgesetzbuch und dem deutschen Strafgesetzbuch gegeben sein. Eine Strafbarkeit nach deutschem Recht kann in den vom Gesetz festgelegten Fällen auch dann gegeben sein, wenn keinerlei Inlandsbezug gegeben ist, also Täter und Opfer Ausländer sind, der Tatort im Ausland liegt und Deutschland an den Verstößen nicht beteiligt ist.

Geschichte

Ursprünglich war der Krieg ein weitgehend rechtsfreier Raum, es entwickelten sich jedoch mehr oder weniger unverbindliche Gebräuche. Zu Zeiten der Römer prägte Cicero den lateinischen Rechtssatz *inter arma enim silent leges*: Unter Waffen schweigen die Gesetze. Andererseits wurde Caesar in Rom wegen seiner Kriegführung in Gallien kritisiert. Auch wenn dies durch politische Widersacher betrieben wurde, zeigt es das Vorhandensein gewisser Moralvorstellungen über die Kriegführung. Augustinus von Hippo entwickelte am Übergang von Antike zum Mittelalter den Begriff des *bellum iustum*, des gerechten Krieges. Im Hochmittelalter kam es im Zusammenhang mit den Kreuzzügen sogar kurzzeitig zur Verwendung des Begriffes *bellum sacrum*, heiliger Krieg. Das entstehende Völkerrecht griff in der Neuzeit mit den Spanischen Spätscholastikern und Grotius den Begriff des *bellum iustum* auf. Insbesondere die Frage, ob Unschuldige im Krieg getötet werden dürften, wurde kontrovers diskutiert. Der Begriff wurde im Zeitalter der Kabinettskriege bloße Formel, die mit der Findung eines *casus belli* leicht zur Anwendung kommen konnte. Im 19. Jahrhundert schließlich setzte sich die Lehre des *ius ad bellum* im Sinne eines Rechts zur freien Kriegführung durch. Der erste, wenn auch zeitlich und lokal begrenzte Versuch einer Kodifizierung von Regeln des Kriegsvölkerrechts war der Lieber Code, der während des Amerikanischen Bürgerkrieges für die Truppen der Nordstaaten galt. In Form von internationalen und dauerhaften Vereinbarungen nahm das humanitäre Völkerrecht seinen Anfang mit Dunants Erlebnissen nach der Schlacht von Solferino, was auf seine Initiative hin zur Genfer Konvention führte. Auf der Brüsseler Konferenz von 1874 wurde erstmals versucht, die Gesetze und Gebräuche des Krieges in Form einer international verbindlichen Konvention festzulegen, was jedoch mangels späterer Ratifikationen der Deklaration von Brüssel keinen Erfolg hatte. Ein weiteres wichtiges Dokument in der Geschichte des Kriegsvölkerrechts war das 1880 vom Institut de Droit international beschlossene Oxford Manual, das unter dem Titel *Manuel des lois de la guerre sur terre* („Die Regeln des Landkrieges") wichtige Vorschriften zur Kriegführung zusammenfasste. Gedacht war dieses Regelwerk vor allem als Vorschlag an die damaligen Staaten für eine entsprechende nationale Gesetzgebung. Ende des 19. Jahrhunderts kam es auf den zunächst als Abrüstungskonferenzen geplanten Haager Friedenskonferenzen zu weitreichenden Vereinbarungen über die Kriegführung, außerdem zur Einrichtung des ersten internationalen Schiedsgerichts. Die Erlebnisse des Ersten Weltkriegs führten zu einer Veränderung der Auffassung vom *ius ad bellum*, so dass es zum Briand-Kellogg-Pakt kommen konnte, der Angriffskriege grundsätzlich verbot. Der Völkerbund sollte eine friedliche Ordnung sichern, was aber scheiterte. Nach dem Zweiten Weltkrieg kam es daher 1945 mit der Charta der Vereinten Nationen zu einer grundlegenden Neuordnung des internationalen Rechts. Angesichts der zahlreichen Todesopfer unter der Zivilbevölkerung wurde eine Verbesserung ihres Schutzes für notwendig erachtet. So war insbesondere der Schutz von Zivilpersonen vor Repressalien analog dem der Kriegsgefangenen vorrangiges Ziel der Genfer Konventionen von 1949. Während des Krieges hatten insbesondere die deutsche Besatzungsmacht unter dem Vorwand der Repressalie zahllose Massenmorde an Zivilisten begangen. Im Rahmen der Nachkriegsjustiz wurden diese Morde als grundsätzlich völkerrechtswidrig eingestuft, lediglich als äußerstes Mittel zur Aufrechterhaltung der öffentlichen Ordnung wurden sogenannte „Sühnemaßnahmen" als unter bestimmten, sehr eng gefassten Bedingungen als theoretisch zulässig erachtet. Zu einer einheitlichen Rechtsprechung kam es jedoch nicht mehr, bevor der Schutz von Zivilpersonen durch die Genfer Konvention zur Rechtsnorm erhoben wurde. Dieser Schutz wurde 1977 in den Zusatzprotokollen erweitert, so dass Repressalien gegen Personen heute weitestgehend ausgeschlossen sind. 2002 wurde der Internationale Strafgerichtshof geschaffen.

Einzelnachweise

1. ↑ Ausnahmen entnommen aus: Christian Starck (Hrsg.) *Kann es heute noch „gerechte Kriege" geben?*, Wallstein-Verlag, 2008, S. 116–119 m.w.N.
2. ↑ Urteil des Bundesverwaltungsgerichts vom 21. Juni 2005,

BVerwG 2 WD 12.04

3. ↑ http://www.focus.de/politik/deutschland/bundeswehr-linke-klagt-gegen-kosovo-einsatz_aid_306412.html

4. ↑ http://www.ifhv.rub.de/imperia/md/content/publications/2008/bofax319d.pdf

5. ↑ http://www.ifhv.rub.de/imperia/md/content/publications/2008/bofax319d.pdf

6. ↑ A.R. Albrecht: *War Reprisals in the War Crimes Trials and in the Geneva Conventions of 1949*. In: *The American Journal of International Law* Vol. 47, No. 4 (Oct., 1953), 590–614.

Literatur

- Deutschsprachige Originaltexte der Abkommen und Erklärungen der beiden Haager Friedenskonferenzen
- Harald Maihold: *Die Tötung des Unschuldigen, insbesondere im Krieg – Schuld und Nutzenargumente in der thomistischen Morallehre des 16. Jahrhunderts*. In: Ancilla Iuris, Artikel vom 14. August 2007
- Keith E. Puls (Ed.): *Law of War Handbook* (PDF, 306 S.), International and Operational Law Department, Judge Advocate General's Legal Center and School, Charlottesville, Virginia, 2005
- Brian J. Bill (Ed.): *The Law of War Deskbook* (PDF, 248 S.), International and Operational Law Department, Judge Advocate General's Legal Center and School, Charlottesville, Virginia, 2010
- Online-Bibliographie Theologie und Frieden des IThF – Die Online-Bibiliographie Theologie und Frieden des Instituts für Theologie und Frieden (IThF), Hamburg, enthält ca. 148.000 durch detaillierte Deskriptoren sacherschlossene Titel. Berücksichtigung findet dabei für friedensethische Forschung relevante Literatur aus einzelnen Disziplinen der Theologie und anderen Wissenschaften
- Christian Starck (Hrsg.): *Kann es heute noch „gerechte Kriege" geben?*, Wallstein-Verlag, 2008, ISBN 3-835-30261-2
- Andreas Toppe: *Militär und Kriegsvölkerrecht. Rechtsnorm, Fachdiskurs und Kriegspraxis in Deutschland 1899-1940*, Oldenbourg Wissenschaftsverlag, München 2008, ISBN 978-3-

Massaker in der Abbaye d'Ardenne

Beim **Massaker in der Abbaye d'Ardenne** in der Nähe von Caen wurden am 7. und 8. Juni 1944 während der Operation Overlord 18 kanadische Gefangene von der Waffen-SS exekutiert. In der Folge davon kam es sowohl auf alliierter als auch auf deutscher Seite zu weiteren Tötungen von Kriegsgefangenen.

Ablauf

Einen Tag nach der Landung der Alliierten in der Normandie bezog am 7. Juni SS-Standartenführer Kurt Meyer, Befehlshaber des 25. SS-Panzergrenadierregiments der 12. SS-Panzer-Division „Hitlerjugend", sein Hauptquartier in der Abbaye d'Ardenne, einer mittelalterlichen Abtei in der Nähe des Ortes Villons-les-Buissons. Meyer befahl einen Gegenangriff gegen die im Raum Buron/Authie vorrückenden Kanadier der Einheit North Nova Scotia Highlanders, die von Panzern des 27th Canadian Armour Regiments (den Sherbrooke Fusiliers) unterstützt wurde. In dem für die Deutschen siegreichen Gefecht machte die Waffen-SS zahlreiche Gefangene, die aus dem Kampfraum entfernt wurden. 27 Gefangene wurden daraufhin zwischen dem 8. und 17. Juni in der Abbaye d'Ardenne exekutiert. Die ersten Hinrichtungen fanden bereits in der Nacht vom 7. auf den 8. Juni statt, als 11 Kanadier, die aus der Gruppe ausgewählt worden waren, erschossen wurden; am 8. Juni wurden weitere sieben Kanadier nach einer Befragung im Hauptquartier Meyers erschossen, alle nacheinander durch Kopfschüsse. Vor der Hinrichtung schüttelten sich alle noch einmal die Hände. Hauptzeuge der Exekutionen war der polnische SS-Soldat Jan Jesionek. Die meisten Leichen wurden erst im Frühjahr 1945 entdeckt. Vermutlich zwei weitere Kanadier wurden am 17. Juni bei der Abtei exekutiert. Die Abbaye d'Ardenne wurde nach einem erfolgreichen Angriff der Kanadier des Regina Rifles Regiment von Meyer einen Monat später, in der Nacht vom 8. auf den 9. Juli, aufgegeben.

Juristische Aufarbeitung

Insgesamt töteten Soldaten der Division „Hitlerjugend" allein in den ersten Tagen der Invasion 187 kanadische Gefangene, nach anderen Quellen 156.

Kurt Meyer musste sich wegen der Erschießungen im Dezember 1945 vor Gericht verantworten; obwohl er eine Mitwisserschaft abstritt, wurde er zum Tode verurteilt, doch wurde diese Strafe in lebenslange Haft umgewandelt; auf diese Strafmilderung nahm offenbar der kanadische Major General Christopher Vokes Einfluss, der selbst die Tötung zweier Gefangener befohlen hatte, die jedoch durch seinen Divisionskommandeur noch verhindert wurde.

Gedenken

Bei der Abtei wurde zum Gedenken an die ermordeten kanadischen Soldaten ein Gedenkstätte errichtet, bestehend aus einem Holzkreuz mit einer Nische, in der sich eine Marienstatue befindet; am Kreuz ist ein kanadischer Stahlhelm befestigt. Kinder des Ortes Authie schmücken die Stätte jedes Jahr mit Blumen. 1984 brachte man eine Gedenktafel aus Bronze mit folgender Inschrift an: *„On the night of June 7/8, 1944, 18 Canadian soldiers were murdered in this garden while being held here as prisoners of war. Two more prisoners died here or nearby on June 17. They are dead but not forgotten."* (zu Deutsch: *„In der Nacht vom 7. auf den 8. Juni 1944 wurden in diesem Garten 18 kanadische Kriegsgefangene ermordet. Zwei weitere Gefangene starben hier oder in der Nähe am 17. Juni. Sie sind tot, aber nicht vergessen."*).

Die Folge: Weitere Kriegsverbrechen

Im Kampfraum um Caen kam es aber auch seitens der Kanadier zu Erschießungen deutscher Gefangener. Nach Antony Beevor töteten schon am 8. Juni Angehörige des kanadischen Inns of Court Regiments einige deutsche Gefangene, die sich weigerten, sich entgegen der Genfer Konvention in ungeschützter Position auf die Kühlerhaube kanadischer Fahrzeuge zu setzen. Als Vergeltung darauf habe das Panzergrenadierregiment 26, ebenfalls der 12. SS-Pz.-Division „Hitlerjugend" angehörend, drei kanadische Gefangene erschossen. In der Folgezeit wurden die Kämpfe zwischen der SS-Division „Hitlerjugend" und den Kanadiern, die immer wieder aufeinander trafen, mit äußerster Härte geführt. Nach Beevor kam es am 4. Juli zu einem für beide Seiten verlustreichen Kampf um das Dorf Carpiquet westlich von Caen zwischen dem SS-Panzergrenadierregiment 26 und dem frankokanadischen Régiment de la Chaudière. Beevor schreibt: „Die wenigen [deutschen] Gefangenen wurden nach dem erbitterten Kampf sehr brutal behandelt. [..] Nach einer kanadischen Quelle wüteten die Frankokanadier des Régiment de la

Chaudière im Morgengrauen wie die Berserker. Sie schnitten jedem SS-Mann, den sie antrafen, die Kehle durch, egal, ob verwundet oder tot.'" Weiter zitiert Beevor einen Offizier: „An diesem Tag wurden von keiner Seite Gefangene gemacht." Außerdem weist Beevor auf die Schlacht um die Straße nach Falaise am 8. und 9. August hin: Unter den 1327 deutschen Gefangenen, die das II. kanadische Korps ins Hinterland brachte, seien nur acht SS-Leute von der den Kanadiern verhassten SS-Div. „Hitlerjugend" gewesen. Trotz der für gewöhnlich fanatisch kämpfenden SS-Soldaten solle dieses Detail zu denken geben, so Beevor.

Einzelnachweise

1. ↑ Antony Beevor, D-Day. Die Schlacht um die Normandie, S. 199. C. Bertelsmann Verlag, München 2010, C. Bertelsmann Verlag. ISBN 978-3570100073.
2. ↑ Antony Beevor, D-Day, S. 198.
3. ↑ Antony Beevor, D-Day, S. 288 f.
4. ↑ Antony Beevor, D-Day, S. 460.

Weblinks

- Detaillierte Beschreibung mit Namen der Getöteten

„http://de.wikipedia.org/wiki/Massaker_in_der_Abbaye_d%E2%80%99Ardenne"
.

Kriegsverbrechen an der deutschen Zivilbevölkerung

Noch anwesende Bewohner, vom Vormarsch der Roten Armee eingeholte Flüchtlinge oder nach dem (teils temporären) Ende der Kampfhandlungen zurückkehrende Bewohner wurden vielfach von russischen Soldaten, die durch die vorherigen Verbrechen der deutschen Besatzungsmacht in Russland traumatisiert und darüber hinaus durch antideutsche Kriegspropaganda aufgestachelt worden waren, misshandelt, getötet (siehe Verbrechen der Roten Armee im Zweiten Weltkrieg), oder zur Zwangsarbeit in die Sowjetunion verschleppt. In diesem Kontext ist beispielsweise das Massaker von Nemmersdorf im Oktober 1944 zu nennen, als erstmals nach dem Ersten Weltkrieg russische Truppen nach Ostpreußen vorstießen.

Alexander Solschenizyn („Ostpreußische Nächte") und Lew Kopelew waren als Angehörige der Roten Armee Augenzeugen und haben später als Regimekritiker auf diese, wie auf andere sowjetische Kriegsverbrechen (z. B. die Massenerschießungen polnischer Offiziere in Katyn) hingewiesen. Die Verantwortlichen wurden letztlich jedoch im Hinblick auf die weltpolitische Lage weder international noch in der Sowjetunion selbst zur Verantwortung gezogen. A/B 6. Ende März 1945 wurde Danzig von der Roten Armee im Zuge der Schlacht um Ostpommern eingeschlossen und erobert. Durch die Kampfhandlungen sind große Teile der Innenstadt (bestehend aus Rechtstadt, Altstadt, Vorstadt und Niederstadt) zerstört worden. Während und nach dem Einmarsch wurden die noch erhaltenen Häuser der Innenstadt von den sowjetischen Soldaten geplündert und in Brand gesteckt. Insgesamt wurde ein sehr hoher Anteil der Bebauung zerstört.

Vertreibung der deutschen Bevölkerung (1945–1947)

Nach dem Zweiten Weltkrieg wurde das östlich der Oder-Neiße-Linie gelegene Gebiet Schlesiens 1945 unter polnische Verwaltung gestellt. Entsprechend der zwischen den Alliierten auf der Potsdamer Konferenz getroffenen Vereinbarung sollte die endgültige Festlegung der Grenze zwischen dem vereinten Deutschland und Polen einer abschließenden Friedenskonferenz vorbehalten bleiben. Nach Übernahme der Verwaltung durch polnische Stellen wurde dieser größere Teil Schlesiens administrativ in den polnischen Staat eingegliedert, die deutschen Ortsnamen wurden entfernt und die deutsche Bevölkerung größtenteils vertrieben oder (zwangs-)polonisiert. Ein Teil der damals 4,5 Millionen Schlesier floh ab Anfang 1945 vor der anrückenden Roten Armee. Ab dem Frühsommer 1945 wurde die Vertreibung der Deutschen von polnischen Stellen organisiert. Die hierzu erlassenen Bierut-Dekrete ermöglichten die Einziehung des gesamten beweglichen und unbeweglichen Eigentums von Personen deutscher Nationalität zugunsten des polnischen Staates. Deswegen wurden im Juni 1945 alle Deutschen aus einem Gebietsstreifen von etwa 30 Kilometer Breite unmittelbar östlich der Lausitzer Neiße vertrieben. Da die neue polnische Verwaltung zu diesem Zeitpunkt noch keineswegs gefestigt war, konnten im Sommer 1945 jedoch auch viele geflohene Schlesier zunächst wieder in ihre Heimat zurückkehren, bevor sie in den Jahren 1946 und 1947 endgültig vertrieben wurden. Rund 1,2 Millionen Deutsche in Oberschlesien und etwa 150.000 in Niederschlesien entgingen der Vertreibung zunächst ganz. Der Grund war im Falle der Oberschlesier die uneindeutige nationale Identität (Zweisprachigkeit, „schwebendes

Volkstum"), im Falle der nicht vertriebenen Niederschlesier ihre Nützlichkeit als Facharbeiter, insbesondere im Bergbau um die Stadt Waldenburg *(Wałbrzych)*. Die weitaus meisten deutschen Niederschlesier siedelten in den Jahren 1958 bis 1960 in die Bundesrepublik Deutschland aus, zum kleineren Teil in die DDR. Laut der Volkszählung 2002 leben in Schlesien 140.895 Deutsche (1,61 % der Gesamtbevölkerung Schlesiens), davon in der Woiwodschaft Niederschlesien 2.158/0,074 %, in der Woiwodschaft Oppeln 106.855/10,033 % und in der Woiwodschaft Schlesien 31.882/0,672 %. Von den nicht vertriebenen Oberschlesiern sind die meisten ab etwa Mitte der 1970er-Jahre aus wirtschaftlichen und politischen Gründen in die Bundesrepublik ausgewandert oder – wie es vor allem seit der Mitte der 1980er der Fall war – illegal mit einem Touristenvisum in die Bundesrepublik gekommen, wo sie einen Vertriebenen-Status und somit u. a. das Recht auf eine Entschädigung für das in Schlesien zurückgelassene Eigentum erhielten. Der Höhepunkt der Aussiedlungs- beziehungsweise Ausreisewelle von Deutsch-Polen war Anfang 1990, ungeachtet oder gerade wegen der Anerkennung der deutschen Minderheit in Polen. Das Eigentum der geflohenen und vertriebenen Deutschen wurde im Jahre 1946 durch zwei polnische Dekrete als „verlassenes bzw. herrenloses Gut" entschädigungslos konfisziert. Die späteren deutsch-polnischen Aussiedler aus Schlesien haben hingegen nicht ihr gesamtes Eigentum verloren, einige haben nach 1990 Teile ihres Eigentums in Polen zurückerhalten. Die Zahl der Toten bei der Vertreibung aus Schlesien ist nicht exakt bekannt. Ausweislich der „Gesamterhebung zur Klärung des Schicksals der deutschen Bevölkerung in den Vertreibungsgebieten" (München, 1964) sind 51.926 namentlich bekannte Niederschlesier (ohne Breslau) nachweislich „bei und als Folge der Vertreibung" ums Leben gekommen, einschließlich 2.308 Suizide. Hinzu kommen 210.923 namentlich bekannte „ungeklärte Fälle", davon 93.866 mit Vermisstenhinweis und 48.325 mit Todeshinweis. Für Breslau, das gesondert erfasst wurde, betragen die Zahlen: 7.488 nachweislich Umgekommene, davon 251 Suizide. 89.931 namentlich bekannte ungeklärte Fälle, davon 37.579 mit Vermissten- und 1.769 mit Todeshinweis (Band II, S. 456 der Gesamterhebung). Von den Oberschlesiern sind 41.632 nachweislich umgekommen, davon 302 durch Suizid. Von den 232.206 namentlich erfassten ungeklärten Fällen lag für 46.353 ein Vermissten- und für 2.048 ein Todeshinweis vor. Dies ergibt eine Gesamtzahl von 634.106 geklärten Todes- und ungeklärten Vermisstenfällen im Zusammenhang mit der Vertreibung der deutschen Bevölkerung aus Schlesien. Bezogen auf eine Gesamtzahl von 4.592.700 Einwohnern (Volkszählung 1938) ergibt dies einen Bevölkerungsverlust durch geklärte Todes- und ungeklärte

Vermisstenfälle von 13,8 % der Gesamtbevölkerung. Rechnet man aus den 4.592.700 Einwohnern noch die bereits im Krieg umgekommenen und die im Kriegsverlauf geflohenen Einwohner heraus, so liegt der prozentuale Anteil noch weit höher. Am 1. Mai kämpfte die Rote Armee noch gegen zahlreiche deutsche Widerstandsnester, und in den Morgenstunden des 2. Mai kapitulierte General Helmuth Weidling im Divisionsgefechtsstand General Tschuikows in einem Gebäude am Schulenburgring 2 in Berlin-Tempelhof. Bis 15 Uhr waren schließlich alle Kampfhandlungen eingestellt und die meisten der überlebenden rund 130.000 deutschen Soldaten gerieten in Kriegsgefangenschaft.

Folgen

60 Jahre danach: Der Berliner Künstler Marcel Backhaus zeigt in einem Panoramabild die Kriegszerstörungen am Brandenburger Tor

Verwüstete Straße in Berlin

Die *Schlacht um Berlin* steht sinnbildlich für die Brutalität des gesamten Krieges. Obwohl der Krieg für Deutschland schon lange verloren war, hatte Hitler noch am Ende befohlen, Widerstand bis zum letzten Mann zu leisten. Mit dem Volkssturm wurden tausende Jugendliche und alte Männer in den letzten Wochen des Krieges geopfert. Deserteure oder Zivilisten, die sich kritisch äußerten, wurden auch noch in den letzten Tagen des Krieges von der SS und der Feldgendarmerie erschossen. Auch Stalin opferte Tausende sowjetische Soldaten, indem er die Eroberung Berlins so bald wie möglich forderte, um den Amerikanern zuvorzukommen, und so auch einen propagandistischen Sieg für die Sowjetunion zu verzeichnen. So verlor die Rote Armee allein in den Anfangstagen der Offensive ca. 80.000 Mann und viele beim Häuserkampf in Berlin. Im Überblick betrachtet existieren jedoch über die Verluste beider Seiten, sowohl unter den Soldaten als auch den Zivilisten, keine genauen Zahlen. In unterschiedlichen Quellen variieren die geschätzten Angaben über die Anzahl der in unmittelbarer Folge der Schlacht um Berlin ums Leben gekommen Menschen erheblich; nach neuesten seriösen Forschungen verlor die Wehrmacht insgesamt über 100.000 Mann an Gefallenen in und um Berlin (einschließlich der Schlacht um die Seelower Höhen und im Kessel von Halbe). Noch Jahrzehnte nach der Schlacht wurden oft durch Zufall bei Bauarbeiten noch verschollene Tote gefunden, die teilweise in Massengräbern verscharrt worden waren. Die in diesem Artikel angegebenen Zahlen spiegeln lediglich einen Mittelwert der Schätzungen wider. Die militärische Moral der noch andernorts verbliebenen deutschen Truppen sank weiter. Zudem konnte das Deutsche Reich in den letzten Kriegstagen nicht mehr von Berlin aus regiert und verwaltet werden. Hitlers Nachfolger, Großadmiral Dönitz, trat sein Amt, das im Grunde nur noch die Abwicklung des NS-Staates bis zur Kapitulation wenige Tage später beinhaltete, in der Nähe von Flensburg an. Aus Angst vor der Roten Armee und aus Verzweiflung vor allem bei überzeugten Nationalsozialisten kam es in den letzten Tagen zu vielen Selbstmorden, so verzeichnete alleine der Bezirk Pankow 215 Selbsttötungen. Die Führung der Roten Armee befürchtete, dass es in der Euphorie des Sieges, gefördert durch Alkohol, zu Gewalttaten an der deutschen Zivilbevölkerung kommen würde. Deshalb gab Marschall Rokossowski einen Tagesbefehl heraus, nach dem Plünderern und Vergewaltigern das Kriegsgericht oder die unverzügliche Erschießung drohte. Obwohl sich auch andere Offiziere der Roten Armee darum bemühten, Racheakte der Soldaten zu verhindern, entluden sich nach der Einnahme von Berlin der Schmerz über die zahlreichen sowjetischen Verluste, den Opfern des ideologisch motivierten Vernichtungskriegs seitens des Deutschen Reiches, die allgemeine Abstumpfung und die Verrohung der Soldaten durch die Kriegsumstände in zahlreichen Plünderungen und Vergewaltigungen. Hierzu schreibt Karl Bahm, der an der Universität von Wisconsin Geschichte lehrt: „[…] natürlich führten sich nicht alle so auf, aber eine nicht zu kleine Minderheit tat es." In verschiedenen Quellen, die hauptsächlich auf den vieldiskutierten, teilweise umstrittenen Dokumentarfilm der Feministinnen Helke Sander und Barbara Johr und deren nachfolgendem Buch *BeFreier und Befreite* zurückgehen, wird von mindestens 100.000 (teils mehrfach) vergewaltigten Berliner Frauen ausgegangen, wobei es allerdings eine hohe Dunkelziffer gibt. Cornelius Ryan schreibt in seinem Buch *Der letzte Kampf*, dass nach Schätzungen der Ärzte, mit denen er sprach, zwischen 20.000 und 100.000 Frauen vergewaltigt worden seien. **(Die Anzahl der Vergewaltigungen im Berliner Raum wird eher noch höher sein, da sich viele Frauen aus Scham nicht zu Wort meldeten!)**

Massaker von Katyn

Koordinaten: 54° 46′ 24″ N, 31° 47′ 20″ O (Karte)

Massengräber auf dem Soldatenfriedhof von Katyn

Im **Massaker von Katyn** ermordeten im Frühjahr 1940 Einheiten des sowjetischen Innenministeriums NKWD in einem Wald bei Katyn (RSFSR; poln. Katyń) mehrere tausend polnische Offiziere. Das Massaker war Teil einer Aktion des NKWD, bei der auf Weisung Stalins rund 22.000 polnische Staatsangehörige – Offiziere, Polizisten, Intellektuelle und andere Eliten – an verschiedenen Orten in der RSFSR, der Ukraine und Weißrusslands ermordet wurden. Die Gräber beim Dorf Katyn waren lediglich die ersten, die entdeckt wurden, und lange die einzig bekannten, daher entstand das Synonym „Massaker von Katyn" für die gesamte Aktion. Die Entdeckung der Massengräber 1943 durch die Wehrmacht führte zum Abbruch der Beziehungen zwischen der polnischen Exilregierung in London und der Sowjetunion. Das Massaker wurde zunächst von der NS-Propaganda instrumentalisiert, während die sowjetische Führung unter Stalin das

Verbrechen von sich wies und es der Wehrmacht anlastete. <u>Michail Gorbatschow</u> stellte 1990 klar, dass die Sowjetunion für den Massenmord in Katyn verantwortlich war. Das Verbrechen blieb für Jahrzehnte eine Belastung für das <u>polnisch</u>-<u>russische</u> Verhältnis.

Das Massaker

5. März 1940: erste Seite einer Notiz von <u>Lawrenti Beria</u> an Stalin mit dem Vorschlag zur Exekution polnischer Offiziere

Eines der Massengräber in Katyn

Öffnung der Massengräber (März/April 1943), Aufnahme einer deutschen Propagandakompanie

Untersuchung von Fundstücken aus den Massengräbern (März/April 1943)

Umbettung der polnischen Generäle Mieczysław Smorawiński und Bronisław Bohatyrewicz

Pressebesichtigung der Fundstücke

Reichsgesundheitsführer Leonardo Conti (rechts) empfängt aus der Hand von Orsós am 4. Mai 1943 den Bericht der internationalen Kommission

Nach der Unterzeichnung des Hitler-Stalin-Paktes und der darauf folgenden sowjetischen Besetzung Ostpolens im Herbst 1939 gerieten 14.700 Offiziere und Soldaten der polnischen Armee und Polizei in sowjetische Kriegsgefangenschaft. Am 5. März 1940 unterzeichneten die Mitglieder des Politbüros der KPdSU – Stalin, Molotow, Kaganowitsch, Woroschilow, Mikojan, Beria und Kalinin – den Befehl zur Exekution von „Nationalisten und konterrevolutionären Aktivisten" in den besetzten Gebieten. Diese weite Definition ermöglichte es, neben Offizieren, Soldaten und Reservisten auch circa 10.000 polnische Intellektuelle und Polizisten zu töten. Die genaue Zahl der Opfer des Verbrechens ist, unter anderem wegen der obstruktiven Haltung der russischen Behörden, nicht bekannt. In einem Schreiben des KGB-Vorsitzenden Alexander Schelepin an Nikita Chruschtschow vom März 1959 ist von 21.857 Opfern die Rede. Die Exekutionen wurden zwischen dem 3. April und dem 19. Mai 1940 vom NKWD ausgeführt. Zwischen 4400 und 4430 Mann aus einem Kriegsgefangenenlager bei Koselsk (Oblast Kaluga) wurden im Wald von Katyn ermordet. Aus dem Lager bei Starobilsk (Oblast Luhansk, Ukraine; poln. *Starobielsk*, russ. *Starobelsk*) wurden zwischen 3739 und 3896 Offiziere in das NKWD-Gefängnis nach Charkow gebracht, dort erschossen und in einem Wald- und Parkgebiet bei Pjatychatky, einem Dorf in der Nähe, verscharrt. Rund 6300 polnische Armee-, Polizei- und Gendarmerieoffiziere sowie einige Zivilisten aus dem Lager Ostaschkow auf der Insel Stolobny im nordrussischen Seligersee wurden in den Keller des NKWD-Gebäudes in Twer (damals Kalinin) gebracht und dort erschossen. Die Leichen verbrachte man in die Nähe des Dorfes Mednoje und begrub sie in einem Massengrab. 124 Personen, welche sich als Zuträger des NKWD betätigten, überlebten den Massenmord.

Ende Juli 2006 wurde vom polnischen Archäologen Andrzej Koła im Wald von Bykiwnja (polnisch *Bykownia*; heute Ortsteil von Kiew) ein weiteres Massengrab mit polnischen Opfern des NKWD entdeckt, in dem 3435 bislang vermisste Opfer des Massakers vermutet werden („ukrainische Katyń-Liste"). Dabei handelt es sich wahrscheinlich überwiegend um Zivilisten, die im Kiewer NKWD-Sitz ermordet wurden. Das Massengrab ist eines von vielen – insgesamt wird im Wald von Bykiwnja das größte Gräberfeld von Opfern des Stalinismus in der Ukraine vermutet. Zudem wurden wahrscheinlich im NKWD-Sitz in Minsk zwischen 3700 und 4500 weitere Opfer ermordet und im Waldgelände Kuropaty vergraben. Genauere Forschungen sind bisher aufgrund der Haltung der weißrussischen Regierung nicht möglich. Zu den vielen polnischen Intellektuellen, die das NKWD im Zuge des Massakers liquidiert hatte, gehörten auch die beiden bekannten Mathematiker Józef Marcinkiewicz und Stefan Kaczmarz. Der Vater des polnischen Filmregisseurs Andrzej Wajda wurde nicht – wie lange Zeit angenommen – im Katyn-Massaker ermordet, sondern mit mehreren anderen Häftlingen des Lagers Starobilsk in Charkow hingerichtet. Wajda drehte jedoch aus persönlichen Überzeugungen den Film „Das Massaker von Katyn", der 2007 uraufgeführt wurde.

Entdeckung des Massakers

Im Februar 1943 entdeckten Wehrmachtssoldaten, namentlich Rudolph von Gersdorff als Dritter Generalstabsoffizier in der Stabsabteilung der Heeresgruppe Mitte, im Wald von Kosji Gory bei Katyn Massengräber mit den Leichen tausender polnischer Offiziere, die nach Aussagen der einheimischen Bevölkerung im Frühjahr 1940 ermordet worden waren. Die reichsdeutschen Rundfunkmeldungen vom 13. April 1943 über die Funde veranlassten die Polnische Exilregierung in London, eine internationale Untersuchung durch das Internationale Komitee vom Roten Kreuz in Genf zu beantragen. Gegen dieses Vorhaben wehrte sich die sowjetische Regierung heftig und brach unter dem Vorwurf der Komplizenschaft mit Hitler den Kontakt zur polnischen Exilregierung ab, wodurch es auch zu einer Belastung der Anti-Hitler-Koalition kam. Bis dahin hatte die polnische Exilregierung keine Antwort auf circa 50 offizielle Anfragen zum Verbleib ihrer Militärgefangenen erhalten.

Untersuchungen Anfang 1943 und NS-Propaganda

Die Ausgrabungsarbeiten in Katyn wurden von dem deutschen Gerichtsmediziner Gerhard Buhtz geleitet. Den Fall Katyn nutzte die

NSDAP für die NS-Propaganda gegen die Sowjetunion. Das nationalsozialistische Deutsche Reich veranstaltete direkt nach dem Fund eine öffentliche Exhumierung durch eine kompetente internationale Untersuchungskommission von zwölf namhaften Gerichtsmedizinern sowie Vertretern der polnischen Exilanten und des Polnischen Roten Kreuzes. Die Kommission von Gerichtsmedizinern aus elf europäischen Staaten – Belgien (Dr. Speleers, Gent), Bulgarien (Dr. Markov, Sofia), Dänemark (Dr. Helge Tramsen, Kopenhagen), Finnland (Dr. Saxen, Helsinki), Italien (Dr. Vincenzo Palmieri, Neapel), Kroatien (Dr. Miloslawich, Agram), Niederlande (Dr. de Burlet, Groningen), Rumänien (Dr. Birkle, Bukarest), Schweiz (Dr. François Naville, Genf), Slowakei (Dr. Subik, Preßburg), Ungarn (Dr. Ferenc Orsós, Budapest) – und aus dem Protektorat Böhmen und Mähren (Dr. Hajek, Prag) begutachtete zwischen dem 28. und 30. April 1943 die bereits aufgedeckten Massengräber und grub exemplarisch weitere Leichen aus dem Boden, auch um das Todesdatum zweifelsfrei festzustellen. Die Kommission übergab am 4. Mai 1943 den Bericht in Berlin an Reichsgesundheitsführer Conti. Das Internationale Komitee vom Roten Kreuz hatte aufgrund der Proteste der Sowjetunion seine Mitarbeit verweigert. In einem gemeinsamen Beschluss veröffentlichte die Kommission ihre Expertise zum Todesdatum, in der sie unter anderem zu dem übereinstimmenden und unwidersprochenen Schluss kam, dass das Todesdatum aufgrund der Feststellungen der Gerichtsmediziner und der bei den Leichen gefundenen Papiere und Briefe, die alle zum selben Zeitpunkt abbrachen, im Frühjahr 1940 gelegen haben muss. Der *Deutsche Verlag* publizierte 1943 die Ergebnisse als amtliches Gutachten. Darin heißt es: „Die Leichen wiesen als Todesursache ausschließlich Genickschüsse auf. Aus den Zeugenaussagen, den bei den Leichen gefundenen Briefschaften, Tagebüchern, Zeitungen usw. ergibt sich, dass die Erschießungen in den Monaten März und April 1940 stattgefunden haben." Weil die Massengräber sich auf einem Gebiet befanden, das von Frühjahr 1940 bis Juni 1941 von der Sowjetunion besetzt war, war die Täterschaft für alle an der Untersuchung Beteiligten klar. Katyn war für die NS-Propaganda von mehrfachem Nutzen. International konnte das Ansehen des Kriegsgegners Sowjetunion geschwächt werden, im Rahmen der Besatzungspolitik in den polnischen Gebieten sollte dem lokalen Widerstand klar gemacht werden, dass die Sowjetunion als Bündnispartner ausschied, und mit dem für die NS-Propaganda typischen Antikommunismus sollte die eigene Bevölkerung gegen den Bolschewismus weiter aufgebracht werden.

Untersuchungen Ende 1943 und sowjetische Propaganda

Ende 1943, nach der Zurückdrängung der Wehrmacht, ließ die Sowjetunion das Massaker durch eigene Fachleute, den Schriftsteller Tolstoi und Militärs untersuchen. Die „Sonderkommission zur Feststellung und Untersuchung des Tatbestandes der Erschießung kriegsgefangener polnischer Offiziere im Wald von Katyn" unter Vorsitz des Chefchirurgen der Roten Armee, Nikolai Burdenko entstand. Der Sonderkommission gehörten neben Alexei Tolstoi auch der Metropolit von Kiew und Galizien Nikolai, der Vorsitzende des Allslawischen Komitees Gundorow, der Vorsitzende des Exekutivkomitees des Verbandes der Organisationen des Roten Kreuzes und des Roten Halbmonds Kolesnikow und der Volkskommissar für Bildungswesen der RSFSR Potjomkin an. Diese behaupteten, dass die Genickschüsse im Herbst 1941 (nachdem deutsche Truppen Smolensk und Umgebung erobert hatten) stattgefunden hätten. Bei den exhumierten Ermordeten hätten die „sowjetischen Experten" verschiedene Gegenstände mit Zeitangaben wie *November 1940, März 1941* oder *Juni 1941* gefunden, was beweise, dass die Exekutionen von den „Deutschfaschisten" durchgeführt wurden. Anfang 1946 berichtete die Zeitung „Nordwest-Nachrichten" (Herausgeber war die britische Militärbehörde) und die sowjetische Agentur TASS, dass zehn deutsche Kriegsgefangene am 30. Dezember 1945 von der sowjetischen Justiz für die Massaker bei Katyn verurteilt worden waren. Sieben wurden mit dem Tode bestraft und drei zu 20 Jahren Zwangsarbeit verurteilt.

Katyn bei den Nürnberger Prozessen ab 1946

Die sowjetischen Ankläger vor dem Nürnberger Prozess gegen die Hauptkriegsverbrecher warfen die Verbrechen den deutschen Angeklagten vor. Der US-amerikanische Richter Francis A. Biddle bezeichnete die Eingabe der Sowjetunion als „maßlos" und gab seinem Mitarbeiter Wechsler den Auftrag, Klarheit in die Angelegenheit zu bringen. Da die westlichen Alliierten kein Interesse daran hatten, den Prozess durch sowjetische Propaganda in seiner Wirkung beeinträchtigen zu lassen, überstimmten sie den sowjetischen Richter Nikittschenko und drohten mit dem Verlesen von Wechslers Erklärung sowie der Verhaftung des sowjetischen Anklägers Rudenko, wenn er weiterhin durch entsprechende Anträge das Gericht missachten sollte. Katyn blieb daher beim Urteilsspruch unbeachtet. Bis zur Wende 1989 war das sowjetische Bestreben, dieses Kriegsverbrechen den Nationalsozialisten anzulasten, teilweise erfolgreich. Im Geschichtsunterricht der DDR und der Volksrepublik Polen wurde das Massaker der Wehrmacht angelastet. Einwände wurden als „faschistische Hetze" verfolgt. Auch in der

Bundesrepublik Deutschland wurde von der KPD/ML noch 1979 die deutsche Täterschaft behauptet.

Anerkennung des Massakers durch die Sowjetunion und Russland

Lange war das Thema *Katyn* ein Tabu: Bis ins Jahr 1989 war es in Polen verboten, darüber zu sprechen. Am 13. April 1990 gestand Gorbatschow die sowjetische Alleinschuld am Massenmord in Katyn offiziell ein. Noch 1990/1991 veröffentlichte jedoch die russische militärhistorische Zeitschrift *Wojenno-Istoritscheski Schurnal* eine Artikelserie, die auf der Verantwortlichkeit der Deutschen für das Massaker beharrte. Was Gorbatschow noch unterlassen hatte, holte der russische Präsident Boris Jelzin im Oktober 1992 nach. Er überließ Polen eine Kopie der Akten von 1940, mit denen Kaganowitsch, Stalin, Beria und andere die Exekutionen von Katyn angeordnet hatten. Nach sowjetischen Dokumenten fanden 21.857 Menschen den Tod, nach Angaben Polens waren es circa 30.000 Personen. Für das Verbrechen verantwortlich war die ganze damalige Staats- und Parteiführung der Sowjetunion. Die russische Regierung hatte sich lange geweigert, die Opfer des Massakers von Katyn offiziell als Opfer des stalinistischen Terrors anzuerkennen. Langjährige Ermittlungen der obersten russischen Militärstaatsanwaltschaft wurden 2004 mit der Begründung der Verjährung und damit, dass viele Dokumente geheim und die Täter bereits tot seien, eingestellt. Das oberste Gericht Russlands bestätigte diese Entscheidung im Januar 2009. Am 28. April 2010 wurden auf Anordnung des russischen Präsidenten Medwedew sieben verschiedene Dokumente im Internet veröffentlicht, die die Beteiligung russischer Offizieller bestätigten. Medwedew sagte hierzu, es könne nun jeder sehen, wer die Befehle zur Ermordung gab, und dass Russland seine Lektion aus der Geschichte lernen müsse. Am 26. November 2010 verabschiedete die russische Duma eine Erklärung *„Über die Katyn-Tragödie und ihre Opfer"*, in der endgültig eingeräumt wurde, dass das Massaker auf Befehl Josef Stalins und anderer sowjetischer Anführer verübt wurde.

Gemeinsame Gedenkveranstaltungen und Flugzeugabsturz im Jahr 2010

Im März 2010 schlug der russische Premier Wladimir Putin überraschend eine gemeinsame Gedenkveranstaltung von Polen und Russen im Wald von Katyn vor. Am 7. April 2010 gedachten Putin und der polnische Ministerpräsident Donald Tusk des Massenmordes, der nun 70 Jahre zurück lag.

Zu diesem Treffen zwischen Putin und Tusk war der polnische Präsident Lech Kaczyński nicht geladen. Er galt als scharfer Kritiker Russlands und hatte beispielsweise in Anwesenheit Putins auf einer Gedenkveranstaltung zum 70. Jahrestag des deutschen Überfalls auf Polen das „bolschewistische Russland" kritiert, es habe damals Polen einen „Messerstich in den Rücken" versetzt. Kaczyński reiste zu einem anderen Termin nach Katyn. Bei dieser vom polnischen Rat zur Bewahrung des Gedenkens an Kampf und Martyrium organisierten Gedenkveranstaltung verunglückte am 10. April die Präsidentenmaschine. Bei dem Absturz kamen neben Präsident Kaczyński und dessen Ehefrau zahlreiche hochrangige Repräsentanten des Landes und Angehörige der Opfer des Massenmordes ums Leben.

Geschichtliche Einordnung

Das geheime Zusatzprotokoll des Hitler-Stalin-Paktes, das unter anderem die Aufteilung des polnischen Gebietes und damit letztlich die Vernichtung des polnischen Staates vorsah, schuf nach Auffassung von Historikern die Grundlage für das *Massaker von Katyn* und weitere Verbrechen auf polnischem Boden.

Mediale Rezeption

Das Massaker von Katyn ist Thema mehrerer Filme:

- *Im Wald von Katyn.*, 1943. Deutsche propagandistische Kurzdokumentation
- Las katyński, 1990, Marcel Łoziński
- *Katyn – Der Massenmord und die Propagandalüge*, 1992, Dokumentarfilm von Barbara Dyrschka und Marek Grzona, eine deutsch-polnisch-russische Koproduktion, die 1994 mit dem Filmpreis St. Petersburg ausgezeichnet wurde.
- Die Katyn Lüge, 1993, Michael Kloft, Bengt von zur Mühlen, Chronos Film
- Das Buch *Enigma* sowie der Film *Enigma – Das Geheimnis* mit Dougray Scott und Kate Winslet behandeln die Ereignisse von Katyn und deren damalige Geheimhaltung durch die Westalliierten.
- Der Film *Das Massaker von Katyn* des polnischen Regisseurs Andrzej Wajda feierte am 17. September 2007 Premiere und wurde im Januar 2008 für den Oscar als bester nicht-englischsprachiger Film nominiert.

- *Das Massaker von Katyn* ist auch der Titel eines Buches und eines Dokumentarfilms von der dänischen Journalistin Lisbeth Jessen[20] über den an der Exhumierung beteiligten dänischen Pathologen Helge Tramsen.
  - *Kraniet fra Katyn* in der deutschen und englischen Version der Internet Movie Database 2006, Lisbeth Jessen, 58 Min., 2006 bei ARTE und NDR ausgestrahlt.

Siehe auch

- AB-Aktion („Außerordentliche Befriedungsaktion", NS-Sprachgebrauch)
- Katyń-Museum Warschau

Literatur

- Józef Mackiewicz: *Katyn – ungesühntes Verbrechen.* Thomas, Zürich 1949.
- John P. Fox: *Der Fall Katyn und die Propaganda des NS-Regimes.* In: *Vierteljahrshefte für Zeitgeschichte.* 30, 1982, S. 462–499.
- Czesław Madajczyk: *Die Okkupationspolitik Nazideutschlands in Polen 1939–1945.* Köln 1988.
- Czesław Madajczyk: *Das Drama von Katyn.* Dietz, Berlin 1991, ISBN 3-320-01668-7. (erste wissenschaftliche Arbeit über Katyn durch den polnischen Historiker).
- Manfred Vasold: *Katyn.* In Wolfgang Benz: *Legenden, Lügen, Vorurteile.* dtv, München 1995, S. 115ff.
- Thymian Bussemer: *Das internationale Rote Kreuz und die NS-Kriegspropaganda. Der Fall Katyn.* In: *Vorgänge.* Jg. 39, 2000, S. 81–89.
- Gerd Kaiser: *Katyn. Das Staatsverbrechen – das Staatsgeheimnis.* Aufbau, Berlin 2002, ISBN 3-7466-8078-6. (Fortführung der Arbeit Madajczyks unter Einbeziehung weiterer Quellen aus russischen Archiven).
- Tadeusz A. Kisielewski: *Katyń - Zbrodnia i Kłamstwo*, Poznań 2008, 304 S., ISBN 978-83-7510-219-2
- Małgorzata Ruchniewicz, Krzysztof Ruchniewicz: *Katyn 1940.* In: Gerd R. Ueberschär (Hrsg.): *Orte des Grauens. Verbrechen im*

Zweiten Weltkrieg. Primus, Darmstadt 2003, ISBN 3-89678-232-0, S. 71–82.

- George Sanford: *The Katyn Massacre and Polish-Soviet Relations, 1941–43.* In: *Journal of Contemporary History.* 41, 2006, S. 95–111.
- Victor Zaslavsky: *Klassensäuberung. Das Massaker von Katyn.* Wagenbach, 2007.
- Allen Paul: *Katyn: Stalin's Massacre and the Triumph of Truth.* Naval Institute Press, Annapolis, Md., 1997, ISBN 1-55750-670-1.
- Allen Paul: *Katyn: The Untold Story of Stalin's Polish Massacre.* Scribner Book Company, New York 1991, ISBN 0-684-19215-2.
- Josef Czapski: *Unmenschliche Erde.* Mit einem Vorwort von Manès Sperber, Köln/Berlin 1967

Weblinks

🌐 **Commons: Massaker von Katyn** – Sammlung von Bildern, Videos und Audiodateien

- Amtliches Material zum Massenmord von Katyn im Auftrage des Auswärtigen Amtes Berlin, 1943
- Beschluss über die Erschießung der polnischen Offiziere, Gendarmerie- und Polizeimitarbeiter, Osadniki und anderer Personen aus drei Sonderlagern für Kriegsgefangene sowie der Häftlinge aus den Gefängnissen in der Westukraine und Westweißrusslands, 5. März 1940
- Virtuelle Katyn-Gedenkstätte (englisch, polnisch)
- Ein Massenmord an polnischen Offizieren, Katyn als Gegenstand der Nürnberger Prozesse und danach
- Katyn 1940: Polnische Tragödie und internationales Lehrstück
- Festschmaus vor der Leichenschau, Bericht von einer Expertentagung in Genf von Wolfgang U. Eckart (Universität Heidelberg), idw, 23. April 2007
- LitDok Ostmitteleuropa (Herder-Institut Marburg)
- Originaldokumente im staatlichen Rusarchiv
- Katyn Memorial Wall – Liste der Katyn-Opfer (englisch, polnisch)

Einzelnachweise

1. ↑ <u>a</u> <u>b</u> Cordula Kalmbach (Historikerin der Universität Freiburg, die über die polnische Erinnerungskultur promoviert) am 12. April 2010 in Zeit.de: <u>Katyn ist heute</u> – Zum polnisch-russischen Verhältnis 2010 siehe insbesondere Reiter „POLITISCHE FOLGEN" im Kasten unter dem dritten Absatz: *„Bis heute sind die Beziehungen zu Russland aufgrund der Massaker belastet. Die gemeinsame Gedenkveranstaltung zum 70. Jahrestag [...] war die erste, an der ein Mitglied der russischen Staatsführung teilnahm. Dass Putin dabei lediglich allgemein der ‚Opfer des Stalinschen Terrors' gedachte, wurde in Polen durchaus verbittert registriert, erwarten viele von dem Nachbarn doch eine Wiedergutmachung."*

2. ↑ Vgl. Tadeusz Kisielewski: *Katyń. Zbrodnia i kłamstwo.* Posen 2008, S. 223

3. ↑ Vgl. Tadeusz Kisielewski: *Katyń. Zbrodnia i kłamstwo.* Posen 2008, S. 74–90

4. ↑ Siehe dazu: <u>Artikel in der Welt</u>, 6. Februar 2008; <u>Vortrag vom Archäologentag Berlin</u>, 2005; <u>Artikel im Hamburger Abendblatt</u>, 20. Juni 1990

5. ↑ *Gräber polnischer Soldaten in der Ukraine entdeckt.* <u>Der Standard</u> vom 9. August 2006

6. ↑ Vgl. Tadeusz Kisielewski: *Katyń. Zbrodnia i kłamstwo.* Posen 2008, S. 95–97

7. ↑ Vgl. Tadeusz Kisielewski: *Katyń. Zbrodnia i kłamstwo.* Posen 2008, S. 105–113

8. ↑ <u>Interview mit Andrzej Wajda über den Angriffskrieg 1939 in Polen und das Massaker von Katyn</u>, welt.de, 31. August 2009

9. ↑ Bei einer offiziellen Unterredung am 3. Dezember 1941 des polnischen Ministerpräsidenten <u>Sikorski</u> mit Stalin gab dieser an, *"daß alle polnischen Gefangenen entkommen und in die Mandschurei geflohen sind."* Zwei Tage nach der Entdeckung von Katyn jedoch wurde auf einmal von russischer Seite erklärt, *„die mit Bauarbeiten beschäftigten Polen seien bei Smolensk den faschistischen Henkern in die Hände gefallen".* Quelle: Horst Boog, Jürgen Förster, <u>Joachim Hoffmann</u>, Ernst Klink, <u>Rolf-Dieter Müller</u>, <u>Gerd R. Ueberschär</u>: *Der Angriff auf die Sowjetunion.* (= *Militärgeschichtliches Forschungsamt (Hrsg.) Das Deutsche Reich und der Zweite Weltkrieg. Band 4).* 2. Auflage. Deutsche Verlags-Anstalt, Stuttgart 1987, <u>ISBN 3-421-06098-3</u>, S. 803

(Eingeschränkte Vorschau in der Google Buchsuche).

10.↑ KPD/ML (Hrsg.): Die Wahrheit über J. W. Stalin, 1979

11.↑ http://www.merkur.de/2010_13_Stalins_Massaker.41209.0.html *Stalins Massaker*

12.↑ *Keine Ermittlungen zu Massenmord in Katyn.* FAZ vom 30. Januar 2009

13.↑ Moskau stellt Akten zu Katyn-Massaker ins Internet in *Der Spiegel* vom 28. April 2010. Abgerufen am 28. April 2010

14.↑ Spiegel Online: *Duma verurteilt Massaker an Tausenden Polen*, 26. November 2010.

15.↑ Putin und Tusk gedenken des Massenmordes von Katyn (nicht mehr online verfügbar) auf tagesschau.de vom 7. April 2010

16.↑ Artikel Das ungesühnte Verbrechen in Stern.de vom 9. April 2010: „*Das Verbrechen von Katyn begann mit dem Bündnis der Diktatoren: Am 23. August 1939 schlossen das "Dritte Reich" und die Sowjetunion einen Nichtangriffspakt.*"

17.↑ Im Wald von Katyn (deutscher Kurzfilm, 1943)

18.↑ *Las katyński* in der deutschen und englischen Version der Internet Movie Database

19.↑ *Die Katyn Lüge* in der deutschen und englischen Version der Internet Movie Database

20.↑ Anna Elisabeth Jessen: *Kraniet fra Katyn. Beretning om massakren i 1940.* Copenhagen: Høst & Søn, 2008 ISBN 978-87-638-0703-6

Von „http://de.wikipedia.org/wiki/Massaker_von_Katyn"

Biscari-Massaker

Das **Biscari-Massaker** war ein Kriegsverbrechen durch US-amerikanische Truppen während des Zweiten Weltkrieges (Operation Husky), bei dem 76 unbewaffnete italienische und deutsche Kriegsgefangene (74 italienische und 2 deutsche) bei Biscari in Sizilien im Juli und August 1943 getötet wurden. Das Kriegsverbrechen wurde von den Verantwortlichen vertuscht, gleichwohl kam es zu einem Kriegsgerichtsprozess gegen zwei beteiligte amerikanische Soldaten. Einer von ihnen wurde freigesprochen, der andere dagegen verurteilt und später begnadigt. Beide hatten sich auf Befehle ihres Vorgesetzten, General George S. Patton, berufen.

Literatur [Bearbeiten]

- James Weingartner, »Massacre at Biscari: Patton and An American War Crime«, The Historian LII, no. 1, (November 1989), 24-39.
- Gianfranco Ciriacono. *Le stragi dimenticate - Gli eccidi americani di Biscari e Piano Stella*. Ragusa, tipografia Cooperativa Cdb.
- Giovanni Bartolone. *Le altre stragi. Le stragi alleate e tedesche nella Sicilia del 1943-1944*. Bagheria, Tipografia Aiello & Provenzano, 2005.
- Carlo D'Este. *Lo sbarco in Sicilia*. Milano, Mondadori, 1990
- Ezio Costanzo. *Sicilia 1943*. Le Nove Muse, 2003.
- Gianfranco Ciriacono. *Arrivano ....* Vittoria, 2003.
- Alfio Caruso. *Arrivano i nostri*. Longanesi, 2004.
- Giuseppe Federico Ghergo. *14 luglio 1943: il massacro di Biscari* su *Storia Militare* n° 133, ottobre 2004 (p. 4-7).

Von „http://de.wikipedia.org/wiki/Biscari-Massaker"

Operation Teardrop

Rettungsboot mit Überlebenden des U-Bootes *U 546* inmitten einer Gruppe Zerstörer der US-Navy am 24. April 1945

Datum	April 1945 – Mai 1945
Ort	Atlantischer Ozean
Ausgang	Sieg der Vereinigten Staaten

Konfliktparteien	
Deutsches Reich	USA
Befehlshaber	
Eberhard Godt	Jonas H. Ingram
Truppenstärke	
7 U-Boote	4 Flugzeugträger, 42 Zerstörer
Verluste	
218 Tote unbekannt viele Verwundete, 33 Gefangene 5 versenkte U-Boote	126 Tote, unbekannt viele Verwundete, 1 versenkter Zerstörer

Die **Operation Teardrop** war eine Operation der United States Navy, deren Ziel es war, deutsche U-Boote zu versenken, von denen man ausging, dass sie mit V-1-Raketen bewaffnet auf die Ostküste der Vereinigten Staaten zusteuerten. Den zwei großen U-Jagd-Task-Force der US-Navy gelang es, fünf der U-Boote zu zerstören bei Verlust von einem Geleitzerstörer. Nach dem Krieg kamen die Alliierten zu dem Schluss, dass sich auf den Schiffen keine Raketen befanden. Die Operation Teardrop wurde im späten Jahr 1944 als Reaktion auf Geheimdienstinformationen geplant, welche angaben, dass Deutschland eine mit Raketen bewaffnete U-Boot-Truppe aufbaute. Der Plan wurde im April 1945 ausgeführt, nachdem Deutschland mehrere U-Boote der Klasse IX von Norwegen in Richtung Vereinigte Staaten schickte. Während schlechte Wetterbedingungen im Nordatlantischen Ozean die Effektivität der vier US-amerikanischen Geleitflugzeugträger stark einschränkten, konnten Geleitzerstörer die meisten deutschen U-Boote finden und zerstören. Vier der angegriffenen U-Boote wurden mit ihrer gesamten Besatzung versenkt. Ein Großteil der Besatzung des anderen untergehenden U-Bootes wurde gefangengenommen und deren Spezialisten brutal verhört. Im Gegenzug wurde die USS Frederick C. Davis mit dem

Großteil ihrer Besatzung versenkt. Die verbliebenen U-Boote stellten sich im frühen Mai 1945 der US-Navy im Zuge der allgemeinen deutschen Kapitulation.

Hintergrund

Im späten Jahr 1944 erhielten die Alliierten Geheimdienstinformationen, welche andeuteten, dass die Kriegsmarine plante, mittels V-1 Raketen Städte an der Ostküste der USA anzugreifen. Im September des selben Jahres gab Oscar Mantel, ein von der US-Navy gefangengenommener Spion, gegenüber dem FBI an, dass mehrere, mit Raketen bewaffnete U-Boote auslaufbereit gemacht würden. Analysten der United States Tenth Fleet untersuchten anschließend Fotos von unüblichen Befestigungen in U-Boot-Basen in Norwegen, aber folgerten, dass diese nur Holzschienen zum Laden von Torpedos gewesen seien. Weitere Gerüchte von mit Raketen bewaffneten U-Booten kamen später im Jahr auf, einschließlich einem, welches von Schwedens Supreme Headquarters Allied Expeditionary Force verbreitet wurde. Der britische Lord High Admiral widersprach diesen Berichten. Er schätzte, dass die V-1 Raketen an U-Booten der Klasse IX angebracht werden könnten, es aber unwahrscheinlich wäre, dass die Deutschen ihre spärlichen Ressourcen in ein solches Projekt investieren würden. Trotz der Einschätzungen der Tenth Fleet und des Lord High Admirals blieben das US-Militär und die Regierung besorgt, dass Deutschland Vergeltungsschläge gegen Ostküstenstädte verüben könnte. Im frühen November 1944 startete der Eastern Sea Frontier eine intensive Suche nach U-Booten in einem Radius von 400 km vor New York City Anfang Dezember 1944 erzählten die Spione William Curtis Colepaugh und Eric Gimpel, welche in New York City verhaftet worden waren, nachdem sie mit U 1230 in Maine gelandet waren, ihren Verhörern, dass die Deutschen eine Gruppe von mit Raketen bewaffneten U-Booten vorbereiten. Am 10. Dezember warnte der amtierende Bürgermeister der Stadt New York, Fiorello LaGuardia, die Bevölkerung, dass Deutschland einen Angriff mit Langstreckenraketen auf New York City erwäge. LaGuardias Warnungen und die Behauptungen der gefangengenommenen Spione lösten ein beachtliches Medienecho aus. Trotz allem gab das Kriegsministerium der Vereinigten Staaten, welches von der US-Army dominiert wurde, Präsident Franklin D. Roosevelt am 11. Dezember den Ratschlag, dass die Gefahr eines Raketenangriffes so niedrig wäre, dass es den Abzug von Ressourcen von anderen Aufgaben nicht rechtfertige. Diese Einschätzung wurde von der US-Navy nicht unterstützt. Als Antwort auf die wahrgenommene Gefahr bereitete die United States Atlantic Fleet einen

Plan zur Verteidigung der Ostküste vor Luft- und Raketenangriffen vor. Dieser Plan erhielt den Codenamen "Operation Bumblebee", wurde aber später in "Operation Teardrop" umbenannt. Fertiggestellt am 6. Januar 1945, beinhaltete der Plan den Einsatz von Anti-U-Boot-Einheiten der US-Navy sowie Einheiten der United States Army Air Forces und der US-Army, welche für den Abschuss angreifender Flugzeuge und Raketen verantwortlich waren. Der Kern des Planes war die Formation von zwei großen Task-Forces, welche im mittleren Atlantik eingesetzt wurden und eine Blockade gegen sich der Ostküste nähernden U-Booten bilden sollten. Diese Sonderkommandos wurden aus verschiedenen, bereits existierenden Geleitflugzeugträgergruppen gebildet und benutzten Argentia, Neufundland als Operationsbasis. Neben der Verteidigung vor Raketenangriffen wurden diese großen Truppen auch mit dem Bekämpfen der neuen und hochentwickelten U-Boote der Klasse XXI beauftragt, hätten diese angefangen im zentralen Atlantik zu operieren. Der Kommandant der Atlantikflotte, Vize-General Jonas H. Ingram, gab am 8. Januar eine Pressekonferenz, in der er vor der Gefahr eines Raketenangriffes warnte und ankündigte, dass eine große Truppe zur Abwehr solcher U-Boote aufgestellt wurde. Im Januar 1945 machte Albert Speer eine Propaganda-Übertragung, in dem er behauptete, dass V-1- und V-2-Raketen "am 1. Februar 1945 auf New York fallen werden". Dies verstärkte die Besorgnis der US-Regierung gegenüber der Gefahr von Raketenangriffen. Allerdings waren die Deutschen nicht fähig, Raketen von ihren U-Booten aus abzuschießen, nachdem beide Versuche, von U-Booten abschießbare Raketen zu entwickeln, gescheitert waren. Im Juni 1942 war von U 511 der Abschuss kleiner Kurzstreckenartillerieraketen getestet worden, welche unter Wasser gezündet werden konnten. Die Entwicklung des Systems wurde Anfang des Jahres 1943 beendet, da es die Seetüchtigkeit des U-Bootes beeinflusste. Im November 1944 begann das deutsche Militär mit der Entwicklung eines Abschussbehälters für die V-2, welcher von einem U-Boot gezogen werden konnte. Diese Behälter sollten vor der US-Ostküste in Position gebracht werden, um dann damit New York anzugreifen. Den Auftrag für den Bau eines Prototypes bekam die AG Vulcan in Stettin im März oder April 1945, jedoch kam es bis zum totalen Zusammenbruch des Deutschen Reiches zu keinen wesentlichen Entwicklungen. Es ist unwahrscheinlich, dass das System erfolgreich gewesen wäre, wäre es fertiggestellt worden.

Operation
Anfängliche Aufstellung

Neun deutsche U-Boote der Klasse IX wurden von Norwegen entsandt, um im März 1945 vor Kanada und den Vereinigten Staaten zu patrouillieren. Am 12. April wurden die Boote U 518, U 546, U 805, U 858, U 880, U 881 und U 1235 der "Gruppe Seewolf" zugeordnet und beauftragt, die Schifffahrt südlich von New York anzugreifen. Die verbleibenden zwei U-Boote - U 530 und U 548 - wurden in kanadische Gewässer gesandt. Der Sinn ihrer Abfahrt war das "Ärgern und Trotzen der Vereinigten Staaten." Durch dekodierte Informationen der Enigma war den Alliierten das Ablegen und der Zielort der Truppen bekannt. Vize-Admiral Ingram und die U.S. Tenth Fleet schlossen daraus, dass die Boote der *Gruppe Seewolf* V-1-Raketen mit sich führten und starteten daraufhin die Operation Teardrop. Die Schiffe der *First Barrier Force*, welche aus den Geleitflugzeugträgern *USS Mission Bay* und *USS Croatan* sowie 20 Geleitzerstörern bestand, legten zwischen dem 25. und 27. März ab. Das erste Ziel war Argentia, um dort nachzutanken und eine 190 km lange Linie zu bilden, wobei die beiden Flugzeugträger, jeweils von vier Geleitzerstörern beschützt, an das westliche Ende der Linie fuhren. Die Luftoperationen der Flugzeugträger wurden jedoch vom schlechtem Wetter verhindert. Während sie nach Westen liefen, wurde der *Gruppe Seewolf* vom Befehlshaber der U-Boote der Angriff auf den Schiffsverkehr befohlen. Die Schiffe fanden keine Ziele, da die Alliierten ihre Konvois nach Süden verlagert hatten, um den deutschen U-Booten und dem schlechten Wetter aus dem Weg zu gehen. Die deutschen U-Boote fingen somit an, ihre anfänglichen Zielpositionen östlich der Neufundlandbank am 8. April zu erreichen. Der Befehlshaber wies der *Gruppe Seewolf* zwölf verschiedene Spährouten zwischen dem 2. und dem 19. April zu. Die Funksignale wurden von den Alliierten entschlüsselt, was ihnen detaillierte Informationen über die Standorte der U-Boote verschaffte.

Aktionen der *First Barrier Force*

Kurz vor Mitternacht am 15. April erschien *U 1235* auf dem Radar der USS *Shanton*, etwa 800 km nördlich der Insel Flores. Sofort griff sie das U-Boot mit seinem Hedgehog-Anti-U-Boot Mörser an, aber verfehlte es, als es abtauchte. Unterstützt von der USS *Frost* entdeckte die *Shanton* das U-Boot auf dem Sonar und feuerte drei weitere Mörsersalven ab. Der dritte Angriff, welcher am 16. April um 00:33 Uhr stattfand, versenkte das U-Boot mitsamt seiner Mannschaft. Kurz danach entdeckte die *Frost U 880* auf dem Radar, als es versuchte, das Gebiet über Wasser zu verlassen. Nachdem das

U-Boot mit einer Leuchtgranate sichtbar gemacht wurde, eröffneten die Geleitzerstörer mit ihren 40-mm-Bofors-Geschützen das Feuer. Dies geschah aus einer Distanz von 590 m um 02:09 Uhr. *U 880* tauchte darauf hin ab, wurde aber von dem Sonar der *Shanton* und der *Frost* registriert. Die beiden US-amerikanischen Schiffe feuerten mehrere Mörsergranaten auf das U-Boot ab, von denen letztlich die *Shanton* um 04:04 Uhr den finalen Treffer erzielte und das U-Boot zusammen mit seiner gesamten Mannschaft versenkte. Bei beiden U-Booten kam es nach den Treffern der Hedgehogprojektile zu schweren Explosionen, was die Angst vor mitgeführten Raketen noch verstärkte und die *First Barrier Force* noch stärker motivierte, ihre Anstrengen zur Zerstörung der übrigen U-Boote zu intensivieren. Nachdem *U 1235* und *U 880* versenkt wurden, steuerte die *First Barrier Force* westwärts. Mit Leigh Lights ausgestattete Consolidated B-24 der VPB-114 entdeckten in der Nacht vom 18. zum 19. April *U 805* an der Wasseroberfläche. Das U-Boot war nur 80 km von der *Mission Bay* und ihren Eskorten entfernt, wurde aber nicht angegriffen, da der Flugzeugträger bis zum Abtauchen des U-Bootes nicht sicher feststellen konnte, ob es sich um ein feindliches handelte. In der Nacht vom 20. April versucht *U 546*, einen Geleitzerstörer zu torpedieren, verfehlte ihn aber. In der folgenden Nacht wurde *U 805* von der USS *Mosley* entdeckt, entkam jedoch, nachdem es von der *Mosley*, der USS *Lowe* und der USS *J. R. Y. Blakely* über zwei Stunden verfolgt worden war. Ihren letzten Erfolg verzeichnete die *First Barrier Force* in der Nacht vom 21. zum 22. April. Kurz vor Mitternacht entdeckte die USS *Carter U 518* über Sonar. Die USS *Neal A. Scott* kam daraufhin zur Unterstützung herbei und feuerte den ersten Hedgehog-Angriff auf das U-Boot ab. Daraufhin griff auch die *Carter* mittels Mörser an und versenkte *U 518* mit seiner ganzen Mannschaft. Zur Zeit des Angriffs war die *First Barrier Force* gerade auf dem Heimweg zurück nach Argentia, nachdem die *Second Barrier Froce* sie abgelöst hatte.

Aktionen der *Second Barrier Force*

Die *Second Barrier Force* bestand aus den Geleitflugzeugträgern USS *Bogue* und USS *Core* sowie 22 Geleitzerstörern. *Bogue* und zehn Zerstörer legten am 16. April vom Quonset Point ab, während die *Core* und zwölf Zerstörer von Bermuda und anderen Orten ablegten. Die Schiffe wurden entlang des 45. Längengrades in einer 169 km langen Patrouillenlinie stationiert und liefen Richtung Osten. Diese Linie bestand aus 14 Geleitzerstörern im Abstand von acht Kilometern, mit der *Core* und ihren vier Eskorten am nördlichen Ende und der *Bogue* mit ihren vier Eskorten am südlichen Ende.

In der Nacht vom 22. zum 23. April löste der Befehlshaber der U-Boote die *Gruppe Seewolf* auf und schickte die drei überlebenden U-Boote auf Positionen zwischen New York und Halifax. Kurz danach wurden *U 881*, *U 889* und *U 1229*, welche bis dahin separat operiert hatten, auf Positionen zwischen New York und Cape Hatteras geschickt. Die Funksprüche wurden von den Alliierten entschlüsselt und verstärkten die Angst, dass die U-Boote versuchen würden, amerikanische Städte anzugreifen. Die *Second Barrier Force* begegnete ihrem ersten U-Boot am 23. April, als eine Grumman TBF der VC-19 kurz nach Mittag *U 881* etwa 119 km nordwestlich der *Bogue* sichtete. Das Flugzeug ließ Wasserbomben fallen, die aber keine ernsthaften Schäden am U-Boot hinterließen. Dies war der erste Luftangriff während der Operation Teardrop. Am nächsten Tag entdeckte *U 546* die *Core* und versuchte, sich in eine Position zu manövrieren, aus der es den Geleitflugzeugträger angreifen konnte. Das U-Boot versuchte, die Sicherung des Trägers zu überwinden, wurde aber von der USS *Frederick C. Davis* um 08:30 Uhr entdeckt, welche sofort den Angriff auf *U 546* vorbereite. Nachdem Kapitänleutnant Paul Just realisiert hatte, dass sein U-Boot entdeckt worden war, schoss er aus einer Entfernung von 590 m einen Zaunkönig-Torpedo auf die Zerstörereskorte ab. Die Foxer-Ablenkung der *Frederick C. Davis* war nicht erfolgreich und der Torpedo traf ihren Maschinenraum um 08:35 Uhr. Sie sank fünf Minuten später, wobei 66 der 192 Matrosen gerettet werden konnten. Daraufhin begann eine zehnstündige Verfolgungsjagd mit acht amerikanischen Zerstörern, bevor die USS *Flaherty* mit ihrem Hedgehog-Mörser *U 546* schwer beschädigte. Das U-Boot tauchte sofort auf, wurde aber versenkt, nachdem die *Flaherty* und drei oder vier andere Zerstörer das Feuer auf sie eröffneten. Kapitänleutnant Just und sowie 32 weitere Besatzungsmitglieder überlebten den Angriff und wurden gefangengenommen. Um Informationen über die mögliche Existenz von mitgeführten Raketen zu erhalten, wurden einige der Überlebenden der *U-546* ausgesprochen brutal verhört. Nach kurzen Befragungen an Bord der *Bogue* wurden die Überlebenden in eine US-Basis in Argentia verlegt. Bei ihrer Ankunft am 27. April wurden acht Spezialisten von den anderen 25 Überlebenden getrennt, die - anders als die separierten acht - in ein Kriegsgefangenenlager geschickt wurden. Die Spezialisten wurden in Einzelhaft gesteckt und "Schockverhör"-Techniken unterzogen, die etwa anstrengende körperliche Übungen sowie körperliche Gewalt in Form von Tritten und Schlägen beinhalteten. Am 30. April lieferte Kapitänleutnant Just einige Informationen über die Zusammensetzung und Auftrag der *Gruppe Seewolf*, kurz bevor er bewusstlos wurde. Aus den von Just und anderen Spezialisten bereitgestellten Informationen wurde jedoch nicht erkenntlich, ob die U-Boote Raketen mit sich führten. Die acht Mann wurden kurz nach dem V-E-Day nach Fort Hunt (Virginia) geschickt, wo die harten Verhöre fortgesetzt wurden, bis Just sich am 12. Mai entschied, einen Bericht über die Geschichte von *U 546* zu schreiben. Der Historiker Philip K. Lundeberg schrieb, dass es sich bei den Schlägen und Folter der Überlebenden von *U 546* um eine "einmalige Gräueltat" handelte, motiviert vom akuten Druck der Verhörenden, schnellstmöglich Informationen über mögliche Raketenangriffe zu erhalten. Vom 24. April an bewegte sich die *Second Barrier Force* langsam von Westen Richtung Süden, um die verbleibenden U-Boote zu finden. In der Nacht zum 25. April erschien ein U-Boot auf dem Radar der USS *Swennig*, schaffte es jedoch, der darauffolgenden Verfolgung zu entkommen. Nach einer Woche Suche südlich der Neufundlandbank, wurde die *Second Barrier Force* am 2. Mai aufgeteilt, um eine größere Fläche abdecken zu können. Während dieser Zeit verstärkte die *Mission Bay*-Gruppe, mit ihren drei Geleitflugzeugträgern und -zerstörern, die *Second Barrier Force*. *U 881* war das fünfte und letzte U-Boot, das während der Operation Teardrop versenkt wurde. Es wurde am 5. Mai kurz vor Sonnenaufgang entdeckt, als es versuchte, die Blockade unter Wasser zu durchbrechen. Es wurde vom Zerstörer USS *Farquhar* entdeckt, der sofort auf Steuerbord wechselte und Wasserbombem abwarf, die das U-Boot mit seiner gesamten Besatzung um 06:16 Uhr versenkten. *U 881* war das letzte deutsche U-Boot, das von der US-Navy während des Zweiten Weltkrieges versenkt wurde. Die *Second Barrier Force* baute ihre letzte Barriere entlang des 60. Längengrades West am 7. Mai auf. Nach dem Ende des Zweiten Weltkrieges akzeptierte sie die Kapitulation von *U 234*, *U 805*, *U 858* und *U 1228* auf hoher See, bevor sie zu Basen an der Ostküste der USA zurückkehrte.

Nachwirkungen

Nachdem sich die Deutschen ergeben hatten, versuchte die US-Navy weiterhin herauszufinden, ob die U-Boote Raketen an Bord hatten. Die Besatzungen von *U 805* und *U 858* wurden verhört und bestätigten, dass ihre Schiffe nicht mit Raketenabschussvorrichtungen ausgestattet waren. Kapitänleutnant Fritz Stienhoff, welcher das Kommando über *U 511* während der Raketentests besaß, wurde bei der Kapitulation von *U 873* gefangengenommen und verhört. Bei dem Verhör kam es zu Misshandlungen. Eine offizielle Untersuchung von Seiten der US-Navy wurde eingeleitet, nachdem Stienhoff kurze Zeit später im Charles Street Jail in Boston Selbstmord beging. Es ist nicht bekannt, ob die Alliierten von Stienhoffs Involvierung in die Raketentests wussten. Die bei der Operation Teardrop angewandten Taktiken wurden nach dem Krieg von US-Navy

Offizieren evaluiert. Die Geleitflugzeugträger waren durch das schlechte Wetter während der Operation behindert. Trotzdem waren sie erfolgreich darin, die U-Boot auf Tauchkurs zu zwingen, was ihre Geschwindigkeit stark verringerte Andere Berichte betonen die Wichtigkeit des Teamworks zwischen den Geleitzerstörern während eines Angriffes auf U-Boote und argumentierten, dass einreihige Blockaden, wie sie in den meisten Fällen während der Operation Teardrop angewendet worden waren, weniger effektiv seien, als eine Gruppe von Schiffen, die zur Patrouille eines gewissen Gebietes eingeteilt sei. Dennoch beschrieb Philip K. Lundeberg die Operation als „eine klassische Demonstration, nicht nur von koordinierten Jägertaktiken, zum Teil abgeleitet von Erfahrungen der Briten, sondern auch vom schweren Einfluss von Kommunikationsinformationen in verbotenen Transit- und Operationsgebieten von U-Booten." In den Jahren nach dem Zweiten Weltkrieg wurde eine Variante der V-1 von der US-Navy verwendet, um Raketenstarts von U-Booten aus zu testen. Raketen des Types Republic-Ford JB-2 wurden von der USS *Cusk* und der USS *Carbonero* in einer Reihe von Versuchen getestet, welche am 12. Februar 1947 begannen. Diese Tests waren erfolgreich und führten zur Entwicklung weiterer, von U-Booten aus startbarer Marschflugkörpern. Der Erfolg der US-Navy, eine Variante der V-1 von einem U-Boot aus zu starten, demonstrierte, dass es für Deutschland technisch möglich gewesen wäre, das gleiche zu bewerkstelligen.

Einzelnachweise

1. ↑ Blair (1998), Seite 688
2. ↑ Lundeberg (1994), Seiten 213-215
3. ↑ a b Siegel (1989), Seite 33
4. ↑ Lundeberg (1994), Seite 215
5. ↑ Lundeberg (1994), Seiten 215-216
6. ↑ Blair (1998), Seite 683
7. ↑ Lundeberg (1994), Seiten 213 214
8. ↑ Neufeld (1995), Seite 255
9. ↑ Blair (1998), Seiten 686-687
10. ↑ Morison (1956), Seite 345
11. ↑ a b Blair (1998), Seite 216
12. ↑ Lundeberg (1994), Seite 216
13. ↑ Lundeberg (1994), Seite 218

14.↕ Lundeberg (1994), Seite 218

15.↕ Morison (1956), Seite 349

16.↕ Lundeberg (1994), Seite 219

17.↕ Lundeberg (1994), Seiten 219-220

18.↑ a b c d e f Lundeberg (1994), Seite 220

19.↑ a b Morison (1956), Seite 350

20.↑ a b Morison (1956), Seite 351

21.↑ a b Blair (1998), Seite 687

22.↕ Lundeberg (1994), Seiten 221-22

23.↕ Lundeberg (1994), Seiten 224-225

24.↕ Lundeberg (1994), Seiten 225-226

25.↕ Lundeberg (1994), Seite 226

26.↕ Y'Blood (2004), Seite 272

27.↕ Blair (1998), Seiten 689-690

28.↕ Lundeberg (1994), Seite 229

29.↕ Lundeberg (1994), Seite 230

30.↕ Polmar und Moore (2004), Seite 87

31.↕ Duffy (2004), Seite 72

Von „http://de.wikipedia.org/wiki/Operation_Teardrop"

Operation Overlord

Datum	6. Juni – 25. August 1944
Ort	Frankreich
Ausgang	Sieg der Alliierten

Konfliktparteien

Alliierte	Deutsches Reich

Befehlshaber

Dwight D. Eisenhower (Oberbefehlshaber) Bernard Montgomery (Oberbefehlshaber der Bodentruppen) Bertram Ramsay (Oberbefehlshaber der Marinestreitkräfte) Trafford Leigh-Mallory (Oberbefehlshaber der Luftstreitkräfte)	Adolf Hitler (Oberbefehlshaber) Gerd von Rundstedt (Oberbefehlshaber West) Erwin Rommel (Befehlshaber der Heeresgruppe B)

Truppenstärke

etwa 1.530.000 Soldaten (11. Juni)	etwa 350.000, aber vermutlich um die 1.000.000 Soldaten über ganz Frankreich verteilt (Anfang Juni)

Verluste

(schätzungsweise) 65.700 Tote (37.000 Tote bei den Landstreitkräften und 28.714 Tote bei den Luftstreitkräften), 18.000 Vermisste und 155.000 Verwundete	(schätzungsweise) 200.000 Tote/Verwundete/Vermisste, (50 000 Tote), 200.000 Kriegsgefangene

Bedeutende Militäroperationen an der Westfront 1944–1945

1944: *Overlord* · *Dragoon* · Mons · *Market Garden* · Scheldemündung · Aachen · Hürtgenwald · *Queen* · Elsaß-Lothringen · Ardennen

1945: *Nordwind* · *Blackcock* · Colmar · *Veritable* · *Grenade* · *Lumberjack* · *Undertone* · *Plunder* · Ruhrkessel

Die **Operation Overlord** (dt.: Oberherr) war eine Operation der westlichen Alliierten im Zweiten Weltkrieg, die zum Ziel hatte, die deutschen Besatzer aus Nordfrankreich zurückzudrängen und dort eine feste Basis aufzubauen. Dazu gehörten die Invasion in der Normandie unter dem Decknamen Operation Neptune sowie mehrere Folgeoperationen. Die Operation Overlord dauerte vom 6. Juni 1944, dem D-Day, bis zum 25. August 1944, als die Alliierten am Ende der Schlacht um Paris Frankreichs Hauptstadt einnahmen. Zur Entlastung der Roten Armee hatte Josef Stalin die Westalliierten zur Eröffnung einer zweiten Front gedrängt. Die Konferenz von Teheran im November 1943 beschloss Landungen in Nord- und Südfrankreich, die Operationen Overlord und Anvil. Hauptziel der Planungen war die Kontrolle der größeren Städte Caen, Bayeux, Saint-Lô und Cherbourg. An den Landungen nahmen Soldaten aus Großbritannien, den USA, Polen, Frankreich, Neuseeland, Kanada und vielen anderen Nationen teil. Gleichzeitig wurde eine große Armada an Schiffen für die Überfahrt, die Landungen und die Nachschubversorgung (→ Seekrieg während der Operation Overlord) bereitgestellt, sowie eine immense Anzahl von Flugzeugen (→ Luftkrieg während der Operation Overlord). Die Deutschen hatten an der Atlantikküste ein Atlantikwall genanntes System von Verteidigungsanlagen errichtet und rechneten – auch wegen der alliierten Täuschungsoperation Fortitude – mit einer alliierten Invasion beim Pas-de-Calais (→ Deutsche Situation in der Normandie im Jahr 1944). Nach der Landung an den Normandiestränden – der Operation Neptune – versuchten die Alliierten, ihren Brückenkopf auszubauen. Im Westen des Invasionsgebietes behinderte sie das schwer zu durchdringende Bocage-Gelände, während die Deutschen im Osten ihre Elite-Panzerverbände konzentrierten (→ Schlacht um Caen). Mit der amerikanischen Operation Cobra gelang es, die deutschen Stellungen im Westen des Invasionsbereiches zu durchbrechen. Die Amerikaner rückten danach mit einem Teil ihrer Streitkräfte in die Bretagne vor (→ Schlacht um die Bretagne), während sie mit dem Rest Richtung Caen marschierten und gemeinsam mit den Kanadiern und Briten die mittlerweile nach Süden zurückgedrängten Deutschen im Kessel von Falaise einschlossen und mehrere deutsche Armeen vernichteten. Bis zum 25. August rückten die Alliierten bis nach Paris vor, das ihnen einen Tag später übergeben wurde, um die Stadt zu erhalten (→ Schlacht um Paris). Um der Gefallenen und der Ereignisse zu gedenken, errichteten ehemalige Kriegsteilnehmer in der Nachkriegszeit mehrere Friedhöfe, Gedenkstätten und Museen im

ehemaligen Operationsgebiet (→ Gedenken an die Operation Overlord).
Die Operation Overlord ist außerdem Gegenstand vieler Bücher, Filme und
Spiele.

Hintergrund und alliierte Planung

Das „Freie Frankreich" und die Situation im besetzten Frankreich

Am 25. Juni 1940 gründete der französische General Charles de Gaulle in
London das Komitee „Freies Frankreich" und wurde Chef der „Freien
Französischen Streitkräfte" (force française libre, FFL) und des
„Nationalen Verteidigungskomitees". Daraufhin wurde de Gaulle vom
Kriegsrat der Vichy-Regierung im August 1940 wegen Hochverrats in
Abwesenheit zum Tode verurteilt. Die meisten Staaten erkannten das Vichy-
Regime Marschall Pétains als die legitime Regierung Frankreichs an.
Winston Churchill bemühte sich zwar anfangs diplomatisch um das Vichy-
Regime, unterstützte aber de Gaulle und ließ die in Nordafrika in Mers El
Kébir unter dem Kommando von Pétains Marineminister Admiral François
Darlan vor Anker liegende französische Kriegsflotte mit ca. 1.300 Mann an
Bord zerstören (Operation Catapult). Mehrere französische
Kolonialbesitzungen, vornehmlich in Afrika, darunter Kamerun und Tschad,
später ab 1942 Diego Suarez auf Madagaskar und Dakar in Französisch-
Westafrika unterstellten sich im Laufe des Krieges dem von de Gaulle
erschaffenen Freien Frankreich, das von seinem *Comité National Français*
regiert wurde. Er sorgte besonders dafür, dass Frankreich im Lager der
Alliierten durch seine „Freien Französischen Streitkräfte" (FFL), die an
verschiedenen Fronten den Kampf fortsetzten, stets präsent blieb. U. a.
stimulierte und förderte er dank Colonel Passy, Pierre Brossolette und
besonders Jean Moulin die Bewegung der „résistance intérieure", die er von
„France libre" zur „France combattante", zum kämpfenden Frankreich,
transformierte.

Kriegseintritt der USA, erste Planungen für eine Invasion und „Probelauf bei Dieppe"

Trotz des japanischen Angriffs auf Pearl Harbor, dem US-Flottenstützpunkt
auf O'ahu, Hawaii, am 7. Dezember 1941 und dem damit verbundenen
Kriegseintritt der USA einigten sich die Regierungen der USA und
Großbritanniens auf den Grundsatz „Germany first", das heißt auf die
Niederringung Deutschlands als vordringliches Kriegsziel. Darüber hinaus
sollte die Invasion ein zu weites Vordringen der Roten Armee nach Westen

verhindern. Schon unmittelbar nach der Schlacht von Dünkirchen im Juni 1940 begannen die Briten mit der Aufklärung der Normandieküste, weil man sie für ein geeignetes Gebiet für eine Landung auf dem europäischen Festland hielt: Durch die Nähe zu England waren die Wege für die angreifenden Truppen und ihre anschließende Versorgung kurz. Das flache Land schien geeignet für einen schnellen Vormarsch und die Landung von Lastenseglern, die deutsche Truppenkonzentration und die Befestigungsanlagen waren schwächer als an anderen Küstenabschnitten. Cherbourg bot sich als Hafen mit ausreichender Kapazität für die Anlandung größerer Folgetruppen an. Stalin forderte erstmals im Juli 1941 eine zweite Front. Konkrete Invasionspläne begannen die Alliierten 1942 zu entwerfen und kontrovers zu diskutieren. Dieser Prozess begann mit der Arcadia-Konferenz in Washington D.C. zwischen den amerikanischen und britischen Führungsstäben, die vom 22. Dezember 1941 bis zum 14. Januar 1942 stattfand. Der britische Premierminister Winston Churchill sprach sich für einen Angriff von der Peripherie aus, um einen Grabenkrieg wie im Ersten Weltkrieg zu vermeiden. Von Beginn an stand fest, dass eine amphibische Landung in Nordwesteuropa, sowie ein Eindringen der alliierten Kräfte über das Mittelmeer stattfinden sollte. Zusätzlich sollte damit ein zu weites Vordringen der sowjetischen Truppen nach Mitteleuropa verhindert werden. Zwei Pläne wurden in den Grundstrukturen ausgearbeitet, die Operation Sledgehammer für eine Invasion noch im Jahr 1942 und die Operation Roundup, die eine wesentlich größer angelegte Invasion 1943 vorsah. Die Alliierten planten außerdem, einen Angriff auf die französische Stadt Dieppe durchzuführen, der hauptsächlich das Ziel hatte, zu erkunden, ob es möglich wäre, einen Hafen auf dem besetzten Festland über einen kurzen Zeitraum zu halten. Des Weiteren sollten nachrichtendienstliche Informationen gesammelt und das Verhalten der deutschen Besatzer analysiert werden. Diese Operation Jubilee ging maßgeblich von Admiral Lord Louis Mountbatten, Chef der *Combined Operations*, aus und fand am 19. August 1942 statt. Für den Angriff wurden überwiegend kanadische Soldaten ausgewählt, die nach längerer Zeit wieder einen Kampfeinsatz bestreiten sollten. In Großbritannien verfestigte sich die Erkenntnis, dass die von Josef Stalin geforderte zweite Front in Westeuropa 1942 noch nicht aufgebaut werden konnte. Des Weiteren lieferte der Dieppe-Angriff wichtige Erkenntnisse für die spätere Operation Overlord. Inwieweit der Scheinangriff dazu dienen sollte, Stalin davon zu überzeugen, dass die von ihm geforderte Invasion 1942 noch nicht möglich war, ist bei Historikern umstritten. Die deutsche Propaganda versuchte, den fehlgeschlagenen alliierten Vorstoß als gescheiterten Versuch einer groß angelegten Invasion hochzuspielen. Die Verluste der Alliierten beliefen sich auf insgesamt 4304 Gefallene, Verwundete und Gefangene, darunter 907 tote Kanadier. Von den 4963 Kanadiern kehrten 2210 nach dem Einsatz zurück, viele davon verwundet. Insgesamt kamen ungefähr 2000 alliierte Soldaten in deutsche Kriegsgefangenschaft. 119 alliierte Flugzeuge gingen verloren (davon mit 106 Maschinen der höchste Tagesverlust in der Geschichte der RAF). Die Wehrmacht hatte demgegenüber Verluste in Höhe von etwa 591 Mann erlitten (mindestens 311 Gefallene und 280 Verwundete), außerdem 48 Flugzeuge. Churchill hatte sich bereits im Frühjahr 1942 darauf festgelegt, die Landung zuerst in Nordafrika zu versuchen. Wegen der begrenzten Boots- und Truppenkapazität wäre eine Invasion auf dem europäischen Festland im gleichen Jahr nicht möglich gewesen. Die Nordafrika-Pläne stießen auf massiven Protest der sowjetischen Seite und zunächst auf Zurückhaltung in der amerikanischen Generalität.

Die Planung der Invasion im Jahr 1943

Auf der Casablanca-Konferenz im Januar 1943, nach der unterdessen erfolgreich durchgeführten ersten Invasion an der nordafrikanischen Küste, der Operation Torch, kamen die Combined Chiefs of Staff zum Schluss, dass die Vorbereitungen zur Operation Roundup nicht vor Mitte August beendet sein würden. Damit wäre ein Start der Invasion nicht vor dem Spätherbst 1943 möglich, was hieße, dass Roundup nicht die sowjetische Sommeroffensive unterstützen könnte. Die Landung an der italienischen Küste auf Sizilien sollte vorgezogen werden, und die Invasion Westeuropas wurde auf 1944 verschoben, wobei sich die Briten noch die Option für einen kleinen Brückenkopf ab Ende 1943 vorbehielten. Darüber hinaus wurde die Vernichtung der deutschen Luftwaffe durch Luftangriffe noch 1943 und darauf folgende Angriffe auf Versorgungseinrichtungen beschlossen, die die große Landung 1944 vorbereiten sollten. Auf der amerikanisch-britischen Trident-Konferenz im Mai in Washington legten Churchill und Roosevelt sich auf den Mai 1944 als Invasionstermin fest. Stalin wurde erst nach dieser Konferenz davon informiert, dass es 1943 keine Invasion mehr geben werde. Auf der Quadrant-Konferenz im August in Quebec wurden erste detaillierte Pläne für die Operation Overlord vorgelegt.

Operation Skyscraper

Der Roundup-Plan wurde ab März 1943 vom britischen Lieutenant General Sir Frederick E. Morgan, dem späteren COSSAC, deutlich erweitert. Eine erste Version, genannt *Operation Skyscraper*, sah eine Landung an den Stränden bei Caen und den östlichen Cotentin-Stränden vor, wobei vier Divisionen die erste Welle bilden und weitere sechs dieser direkt folgen sollten. Zusätzlich waren elf Sonderkommandos für spezielle Einsätze geplant und ebenso vier Luftlandedivisionen zum Angriff auf den deutschen Nachschub. Nach dem ersten Brückenkopf, der auch Cherbourg mit einschloss, war die Eroberung weiterer Häfen zur Sicherung des eigenen Nachschubs angedacht. Der Vorstoß sollte in Richtung der Häfen an der Seine-Mündung verlaufen, mit einer notwendigen weiteren Landung bei Le Havre. Im weiteren Verlauf sollte Antwerpen fallen, um die alliierten Truppen zwischen dem Pas-de-Calais und der Ruhr aufzustellen. Die Planung von *Skyscraper* war von der Aufdeckung der Hauptprobleme für eine Kanalüberquerung geprägt, die im Wesentlichen in der Bereitstellung einer genügenden Anzahl von Landungsschiffen lagen. Als absolutes Minimum wurde eine zu befördernde Anzahl von zehn Divisionen angesehen, die gerade ausreichen würden, die aktuellen Feindeinheiten im Westen zu bekämpfen. Sollte es den Alliierten nicht gelingen, zusätzliche deutsche Truppenverlegungen nach Frankreich zu verhindern, musste die Invasionsflotte zum Transport weiterer Divisionen aufgestockt werden. Zwei zusätzliche Divisionen mussten zur Küstenverteidigung bereitstehen. Die Operation *Skyscraper* stellte hohe Anforderungen, nicht zuletzt um die Abhängigkeiten von Truppenstärken, Materialverfügbarkeit, Zeitabläufen und Kosten zu entwirren, die wesentlich zum Stillstand der Roundup-Planungen beitrugen. Die Planer drängten aber auch auf eine schnelle Entscheidung, um ihre Forderungen nicht gegen eine aufkommende gegnerische Aufrüstung durchsetzen zu müssen. Je länger sich die Planungsphase hinzog, desto mehr stellte sich heraus, dass die Alliierten für eine Invasion noch nicht bereit waren. Schließlich waren die Ziele für die *Operation Skyscraper* doch zu hoch gesteckt. Die britischen Planer zogen sich aus dem Stab zurück, da ihnen der Gedanke an „entschiedenen Widerstand" nicht ausreichend erschien, um die Anzahl der Angriffsdivisionen zu bestimmen. So kam es zu einem Bruch in der Invasionsplanung.

Die Operation Overlord

Da einige der Planer zum COSSAC-Stab wechselten, gingen viele der Skyscraper-Ideen nicht verloren und wurden in die Operation Overlord übernommen. General Morgan sah aber auch, dass ein Neubeginn mit einem neuen Ansatz unumgänglich war. Zwar waren sehr viele verwertbare Daten gesammelt worden, aber ein Plan, der seinem Namen alle Ehre machte, fehlte noch. Morgan wies seinen Planungsstab an, die vorhandenen Pläne weitestgehend zu berücksichtigen, um Zeit zu sparen, aber die Planungsarbeiten als etwas völlig Neues zu betrachten.

Die geplante Erweiterung des Brückenkopfes nach Unterlagen der 21. Armee-Gruppe vom Februar 1944

Die dann vorgelegte Gesamtkonzeption bestand hauptsächlich aus einer groß angelegten Landoffensive, deren Höhepunkt aus der Invasion und Besetzung Deutschlands mit etwa 100 Divisionen bestand. Das Eröffnungsszenario sollte eine kanadische Armee im Südwesten bestreiten, während die Hauptstreitmacht in den USA bereitstand, um den Atlantik zu überqueren. In Anbetracht der notwendigen Luftunterstützung sollte der Angriff über die linke Flanke erfolgen, gegenüber den britischen Einheiten. Weitere amerikanische Kräfte sollten den Brückenkopf erweitern und die Häfen erobern, über die die Haupteinheiten aus den USA an Land gehen sollten. Um einer Verwirrung der administrativen Zuständigkeiten vorzubeugen, war es besser, den kanadischen Brückenkopf als linke Flankendeckung der Amerikaner zu bezeichnen. Jedenfalls bedeutete die Öffnung der Atlantikhäfen eine Verlegung des Invasionsortes von Osten weiter nach Westen. So war Morgan schnell klar, dass die Landungen nur in Frankreich stattfinden konnten. Die Häfen in Belgien und den Niederlanden zu erobern, hätte bedeutet, dass die Landungstruppen auch direkt den Kampf um Deutschland hätten aufnehmen müssen. Unter der Annahme, dass die Deutschen die bestmögliche Abwehr an der Küste etablieren würden, und in Anbetracht der den Alliierten zur Verfügung stehenden Ressourcen, schätzte Commodore John Hughes-Hallett, der britische Marine-Chefplaner im Mai, dass die Landungstruppen aus vier Divisionen mit zusätzlich 16.000 Soldaten in gepanzerten Landungsschiffen und etwa 12.000 Fahrzeugen in LSTs und ähnlichen Schiffen bestehen müssten. Eine weitere Division müsste innerhalb von 24 Stunden an Land gehen. Doch das Hauptproblem, die Verfügbarkeit von Landungsschiffen aller Art, war immer noch nicht gelöst. Die Briten versuchten, den Amerikanern eine Versicherung abzuringen, dass die Schiffe rechtzeitig zur Verfügung ständen. Durch die damalige aktuelle Lage im Pazifikkrieg ließen sich die Amerikaner aber vorerst nicht zu einer derartigen Zusicherung überreden, obwohl die Massenproduktion von amphibischen Einheiten aufgrund des Marshall-Memorandums seit 1942 auf Hochtouren lief. Die Verantwortung dafür trug die US-Marine, die zwar in ihren Werften alle Arten von Schiffen vom Kanonenboot bis zum Flugzeugträger bauten, aber keinerlei Erfahrungswerte mit Landungsbooten hatte. Zudem waren die Werften auch noch mit älteren Aufträgen stark belastet. Aus diesem Grund gaben sie die Aufträge an kleinere Werften in das amerikanische Inland ab. Es wurde aber schwierig, die Mannschaften zu finden und zu trainieren, die die Boote zur atlantischen Küste fuhren. Diese Aufgabe übernahm schließlich die amerikanische Küstenwache mit technisch schlecht ausgebildetem Personal. Beispielsweise konnte ein schwerer Unfall, den ein junger Kommandant einer Inlandfähre fast auslöste, nur knapp verhindert werden. Er steuerte nachts ein Landungsboot den Niagara-Fluss hinunter und verpasste die Abzweigung in den Eriekanal, so dass er direkt auf die Niagarafälle zulief. Alle Warnzeichen vom Ufer missachtend, lief sein Boot aber einige hundert Meter vor dem Wasserfall auf Grund. Als er später befragt wurde, sagte er aus, dass er die Lichtzeichen wohl gesehen habe, deren Bedeutung allerdings nicht kannte. Diese Unerfahrenheit verzögerte zwar das Programm, konnte es aber nicht ernsthaft gefährden. Im Februar 1943 endete das Programm vorerst wie vorgesehen mit einer Rekordproduktion von 106.146 Verdrängungstonnen. Das Programm wurde danach zwar fortgesetzt, aber die Produktionszahlen wurden heruntergefahren, und im Mai 1943 wurden nur noch 60.000 t im Monat produziert. Die Briten drängten die USA zu einer Erhöhung der Produktion, um zum vorgesehenen Zeitpunkt im Frühjahr 1944 über die geplante Landeflotte zu verfügen. Da die britischen Produktionsstätten selbst voll ausgelastet waren, mussten die Boote aus den USA kommen. Im Gegenzug argumentierten die Amerikaner mit der Verzögerung ihrer anderen Schiffsbauprogramme durch den hohen Ausstoß an Landungsschiffen seit 1942. Sie waren für die folgenden sechs Monate nicht gewillt, weitere Auftragsverschleppungen hinzunehmen.

Konferenz von Teheran

Bei der ersten gemeinsamen Konferenz im November 1943 in Teheran, der Konferenz von Teheran, an der neben Franklin D. Roosevelt und Winston Churchill auch Josef Stalin teilnahm, einigten sich die Alliierten auf Landeoperationen in Frankreich. Anfangs wollte Churchill die Landung erneut verschieben und erst Italien komplett erobern, wo sich der alliierte Vormarsch inzwischen festgefahren hatte, setzte sich damit aber nicht durch. Während die Briten und Amerikaner zwei getrennte Aktionen vorschlugen, wollte Stalin diese als gleichzeitig vorgetragenen Zangenangriff aus dem Süden und Norden Frankreichs auf die deutschen Besetzer sehen. Damit gerieten die Westalliierten unter Zugzwang und begannen, die Operation Overlord wie auch die Operation Dragoon nun endgültig in allen Einzelheiten auszuarbeiten. Schon Anfang 1944 begannen sie in Großbritannien mit den ersten Übungen für die Landung, die allerdings noch nicht den Ausarbeitungen für die Operation Neptune, dem Angriffsplan für die Normandieküste folgen konnten, da dieser zu der Zeit erst in seinen Grundzügen existierte. Dazu wurde eine gemeinsame Kommandostelle in Betracht gezogen, die die Koordination zur Vorbereitung und Durchführung der Aktion übernehmen musste. Diese wurde mit der Gründung des Supreme Headquarters Allied Expeditionary Force (SHAEF) Mitte Februar 1944 etabliert. SHAEF beinhaltete neben dem Führungsstab und operativen Abteilungen auch eine Aufklärungsabteilung, die für das Ausspähen der deutschen Stellungen für die geplante Landung äußerst wichtig war. Der Stab des SHAEF nahm den Grundriss des von Frederick E. Morgan entwickelten Plans und formte ihn in die Endversion, der Operation Overlord, die am 6. Juni 1944 von General Dwight D. Eisenhower und dem Landstreitkräftekommandanten für den Anfangsteil der Invasion, General Sir Bernard Montgomery gestartet wurde.

Die Planung umfasste im Wesentlichen folgende Operationen:

- Verschiedene Trainingsoperation für die beteiligten See- und Landtruppen, zur Landung an den Strandabschnitten, darunter die Operation Tiger
- Operation Fortitude zur Ablenkung und Desinformation des deutschen Geheim- und Aufklärungsdienstes (s. u. Die alliierten Täuschungsvorkehrungen – „Operation Fortitude")
- Operation Neptune – Sturmangriff auf die Befestigungen in der Normandie und die Etablierung eines Brückenkopfes inklusive der Errichtung zweier Nachschubhäfen (Mulberry-Hafen)
- Eroberung von Cherbourg mit seinem Tiefseehafen

- Erringung der Luftherrschaft über die Normandie und später über das komplette Frankreich
- Eroberung der kompletten französischen Ärmelkanalküste mit ihren Häfen
- Vorrücken der Truppen auf Paris mit dem Ziel, die Stadt zu befreien
- Befreiung ganz Frankreichs
- Planung einer strategischen Bombardierung deutscher Ziele auf deutschem Boden
- Bildung einer alliierten Westfront.

Vorbereitung der Operation – das Jahr 1944
Besondere Ausrüstung der Alliierten

Zu Beginn des Jahres 1944 konnte Major-General Percy Hobart Eisenhower und Montgomery eine Brigade von schwimmfähigen DD tanks, Crab Minenfahrzeugen und AVRE-Panzern, sowie ein Regiment von Crocodile Flammenwerfer-Panzern vorführen, die alle zu den Hobart's Funnies gehörten. Montgomery war davon überzeugt, dass sie auch den US-amerikanischen Streitkräften zugänglich gemacht werden sollten, und bot ihnen die Hälfte der verfügbaren Fahrzeuge an. Doch das Echo darauf fiel nicht besonders stark aus. Eisenhower gefielen die Schwimmpanzer, aber er überließ die Entscheidung den anderen Führungskräften, wie etwa General Omar Bradley, der sie wiederum an seine Offiziere verwies. Von den anderen Entwürfen nahmen die Amerikaner nichts an. In Anbetracht der Notwendigkeit einiger neuer experimenteller Fahrzeuge, die das Vorankommen an den französischen Invasionsstränden unterstützen sollten, war bereits 1943 die Entscheidung von Feldmarschall Sir Alan Brooke gefallen, diese zu entwickeln. Es war nötig die Hindernisse an den britischen Landungsstränden schnellstmöglich aus dem Weg zu räumen, da das relativ flache Hinterland einen frühen deutschen Gegenangriff ermöglichte. Einige der Ideen waren schon etwas älter, waren getestet und schon eingesetzt worden, wie beispielsweise der Scorpion Dreschflegel-Panzer, ein umgebauter Matilda-Panzer, der in Nordafrika den Briten den Weg durch die deutschen Minenfelder geebnet hatte. Der Invasionsplan sah außerdem die Konstruktion zweier künstlicher Häfen, der so genannten Mulberrys, vor, um in den ersten Wochen der Invasion Truppen und Ausrüstung an Land zu bringen. Des Weiteren sollten unter dem Wasser verlaufende Pipelines gelegt werden, um die alliierten Streitkräfte mit Treibstoff zu versorgen (→ Operation PLUTO).

Aufklärungsoperationen

Mittels Luftbildaufnahmen, Zeichnungen der Résistance, der Sammlung privater Urlaubsbilder in Großbritannien und einzelner Kommandooperationen, bei denen ergänzend Sand- und Gesteinsproben genommen wurden, erstellten die Alliierten ein Profil des Landungsbereiches. Die britische Admiralität hat sich über die BBC am 19. Mai 1942 an die Bevölkerung gewandt, mit der Bitte, dass ihr Postkarten und Fotos, die die französische Küste zeigen, zugesandt würden. Innerhalb kurzer Zeit erhielt die Admiralität neun Millionen Fotos und Karten, von denen ca. 500.000 kopiert und von Fachleuten ausgewertet wurden. Auf diese Weise wurde eine Vielzahl von geologischen Details entdeckt, die auf keiner Karte verzeichnet waren. Im Herbst 1943 stellten die Kartografen der Alliierten dann fest, dass die Karten der Normandie auf Vermessungen der Jahre 1895/96 beruhten und somit nur noch bedingt zu gebrauchen waren. Es wurden daher alle Landungsabschnitte sowohl aus 10.000 Meter Höhe als auch im Tiefflug fotografiert. Zur Ablenkung wurden für jeden Flug über der Normandie zwei im Pas de Calais durchgeführt. Ziel war die Erstellung einer "D-Day Invasion Map", die allen Einheiten die Orientierung erleichtern sollte. Das Kartenwerk war im Juni 1944 fertig und ging mit einer Gesamtauflage von über 18 Millionen Stück in die Produktion. In der Nacht vom 3. auf den 4. Juli 1943 landeten zehn Mitglieder der so genannten „Forfar Force", einer Sondereinheit aus dem X. „deutschen" Trupp des 10. interalliierten Commandos und der Special Boat Section (SBS), nahe dem normannischen Seebad Onival bei Le Tréport. Die Landung war der erste von insgesamt sieben Aufklärungsangriffen im Verlauf der Operation Forfar Easy, deren Ziel war, die in Küstennähe stationierten deutschen Verbände zu identifizieren, Umfang und Art der Strandhindernisse festzustellen, deutsche Stellungen zu verzeichnen und Bodenproben zu nehmen. Ausgerüstet waren die deutschsprachigen Soldaten der Sondereinheit mit deutschen Uniformen und Waffen. Teilweise hielten sich die Trupps längere Zeit in den Dörfern im Pas-de-Calais-Gebiet und in der Normandie auf und tauschten mit den Einheimischen Postkarten mit eingezeichneten deutschen Stellungen gegen Schokolade. Bis zum August 1943 hatte die Sondereinheit ihre Operation beendet. Bei den Vorbereitungen auf die Normandielandungen wurden auch britische *Chariots* (bemannte Torpedos) und Kampftaucher eingesetzt, um den Meeresgrund entlang der Normandieküste nach Hindernissen abzusuchen. Diese untersuchten das Gewässer und inspizierten den Strand, soweit das möglich war, weshalb den Alliierten gute Informationen zum Landungsbereich zur Verfügung standen. Des Weiteren wurden Modelle der Umgebung gebaut, die auf Luftbildern der Royal Air Force und Berichten von französischen Widerstandskämpfern basierten. Am 12. Januar 1944 stellte das COPP (Combined Operations Pilotage Parties) fest, dass es einige Probleme mit den Landungsstränden geben könnte, da bei Proben Torf und Lehm gefunden wurden. Der Geologe Professor J. D. Bernal beschrieb mögliche Auswirkungen des Torfs und Lehms:

"A large part of the area between Asnelles and la Riviere will prove impassable even to lightly equipped infantry without vehicles." „Ein großer Teil des Gebiets zwischen Asnelles und la Riviere wird sich als undurchdringlich erweisen, sogar für nur leicht ausgerüstete Infanterie ohne Fahrzeuge."

Aufgrund Bernals Report wurden weitere Erkundungsmissionen befohlen, um zusätzliche Proben zu nehmen. Außerdem wurden französische Geologen nach Paris geschickt, um geologische Karten der Normandie zu suchen. Vier Karten wurden gefunden und nach England geschmuggelt, wo sie vom Inter-Services Topographical Department in Oxford begutachtet wurden. Die Warnungen von Bernal erwiesen sich als zu pessimistisch, obwohl trotzdem mit dem Verlust einiger gepanzerter Fahrzeuge gerechnet werden musste. Am 17. Januar stach ein alliiertes U-Boot, die HMS X20, im Verlauf der *Operation Postage Able* von England aus in See, um vier Tage die französische Küste auszukundschaften. Während des Tages analysierte die Besatzung die Uferlinie und den Strand mit dem Periskop und lotete mit einem Echolot den Meeresgrund aus. In den Nächten schwammen zwei der Besatzungsmitglieder an den Strand – jeder mit einer Spezialausrüstung, die unter anderem ein Unterwassernotizbuch mit Bleistift, einen Kompass, einen 45er Revolver und einen Erdbohrer umfasste. Bodenproben wurden in Präservativen gesammelt. Die Taucher gingen in zwei Nächten an Land, um die Strände bei Vierville, Moulins St. Laurent und Colleville, die den US-amerikanischen Strandabschnitt Omaha Beach bilden würden, zu überblicken. In der dritten Nacht sollten sie an der Ornemündung an Land gehen, konnten dies aber aus Erschöpfung und wegen schlechter Wetterverhältnisse nicht durchführen, woraufhin sie am 21. Januar nach England zurückkehrten. Sie brachten Informationen über die geologische Beschaffenheit der Strände, die Position von Felsen und die Gezeiten mit. Am 31. März stand die gesamte Küste Nordfrankreichs bereits unter der Beobachtung speziell ausgerüsteter alliierter Flugzeuge mit horizontalen und vertikalen Kameras. Aufklärungsflüge brachten ans Licht, dass die Anzahl deutscher Batterien innerhalb von acht Wochen von 16 auf 49 Artilleriebatterien (für die gesamte Küste Nordfrankreichs) gestiegen war.

Übungen und Planungslücken

Die Alliierten probten die Invasion bereits Monate vor dem D-Day. So übten alliierte Streitkräfte am 28. April 1944 südlich von Devon im Verlauf der Exercise Tiger eine Landung. Als der Schiffskonvoi von deutschen Schnellbooten entdeckt und torpediert wurde, verloren 749 US-amerikanische Soldaten ihr Leben. Eine Gefahr für den Erfolg der Operation Fortitude (vgl. Die alliierten Täuschungsvorkehrungen – „Operation Fortitude") und somit auch der gesamten Invasion stellte das Reiseverbot in die und aus der Republik Irland (die neutral war und teilweise mit den Deutschen kooperierte) dar, ebenso wie das Verbot, sich in den Küstenbereichen zu bewegen, die für die Operation Overlord genutzt wurden. Um diesen deutlichen Hinweis auf eine Invasion zu entwerten, überschütteten die alliierten Geheimdienste die deutschen Konsulate mit Fehlinformation, sodass die Verbote von den Deutschen letztendlich ignoriert wurden. In den Wochen vor der Invasion sorgte bei den Planern der Operation Overlord die überraschend große Anzahl an Kreuzwörtern des britischen Daily Telegraphs, die gleichzeitig Codenamen bei der Invasion darstellten, für Aufruhr [7]. Der britische Geheimdienst MI 5 hielt dies erst für einen Zufall, aber als das Wort „Mulberry" auftauchte, wurde man unruhig und suchte den Ersteller des Rätsels auf. Der Ersteller, ein Lehrer, wusste nichts von der Operation, allerdings stellte sich später heraus, dass die Wörter von seinen Schülern vorgeschlagen worden waren, die diese wiederum von Soldaten gehört hatten, jedoch nicht wussten, was sie bedeuteten. Es gab mehrere Planungslücken vor und am D-Day. Ein bedeutender Fehler der Alliierten drehte sich um den Funkspruch General de Gaulles nach dem D-Day. Er stellte dort, anders als alle anderen alliierten Führer, fest, dass die Invasion in der Normandie die richtige und einzige Invasion war. Diese Aussage konnte die gesamte Wirkung der Operationen Fortitude North und South beeinträchtigen. Eisenhower beispielsweise bezeichnete die Invasion nur als eine Anfangsinvasion. Die Deutschen glaubten de Gaulle jedoch nicht, knüpften an ihre eigene Ansicht einer zweiten Invasion an einem anderen Ort an und verlegten deshalb keine zusätzlichen Einheiten in die Normandie.

Operation Anvil/Dragoon – die Planung der alliierten Landung in Südfrankreich

Die Alliierten planten neben der Operation Overlord, die damals noch Operation Hammer hieß, die Operation Anvil (= Amboss). Winston Churchill befürchtete, Anvil würde die Kampfkraft der alliierten Streitkräfte auf zu viele Kriegsschauplätze gleichzeitig verteilen und dazu führen, dass die Verbände der West-Alliierten langsamer als die sowjetischen Verbündeten in Richtung Berlin vordringen würden. Er reklamierte später, so lange bedrängt worden zu sein, bis er die Invasion akzeptierte, die dann unter dem Decknamen Operation Dragoon stattfinden sollte. Die amerikanischen Befürworter versprachen sich von der Operation die schnelle Eroberung von zwei großen Häfen – Toulon und Marseille, mit deren Einnahme die Versorgung der in Frankreich kämpfenden Truppen, also auch der in der Normandie kämpfenden, erheblich erleichtert würde. Tatsächlich konnte bis zur Einnahme Antwerpens im Dezember 1944 etwa ein Drittel der gesamten Truppenversorgung der Alliierten von Marseille über die Rhône-Route inklusive reparierter Brücken und Eisenbahntrassen nach Nordfrankreich transportiert werden. Die Operation Dragoon sollte an der Côte d'Azur zwischen Toulon und Cannes am 15. August 1944 beginnen.

Der Schauplatz

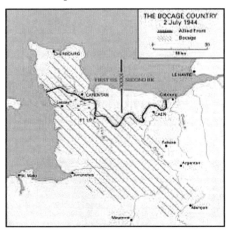

Karte der Normandie und der alliierten Front mit eingezeichneter Bocage-Landschaft

Im Westen der Normandie besteht die Küste aus Granit- und im Osten aus Kalksteinklippen, die bis zu 150 Meter hoch aufragen. An manchen Stellen, vornehmlich in der Mitte der Region, findet man jedoch auch kilometerlange Sandstrände. Aufgrund besonderer Küstenphänomene kann der Wasserstand am Scheitelpunkt der Flut um mehr als zehn Meter über dem bei Ebbe liegen (Tidenhub). Deshalb erreicht die Strömung oft auch eine Geschwindigkeit von 35 Kilometern pro Stunde. Das ganze Jahr über herrschen in der Normandie Westwinde vor, öfter auch in Orkanstärke. Im Norden wird die Normandie durch den Ärmelkanal begrenzt und von mehreren Flüssen wie Seine, Orne und Vire durchzogen. Die Orne war taktisch wichtig, da sie eine natürliche Grenze zwischen der deutschen 7. und 15. Armee darstellte, die nur über die Brücken überwunden werden konnte. Daher war es für die Alliierten von Nutzen, diese Brücken zu zerstören und so den Zusammenschluss der Armeen zu verhindern. Keltische Bauern hatten vor etwa 2.000 Jahren Wallhecken im westlichen Teil der Normandie zum Zweck von Feldabgrenzungen gebaut. Diese so genannte Bocage-Landschaft beinhaltete viele Felder, kleine Wege, Flüsse und Bäche, die gute Verteidigungspositionen während der Operation Overlord boten. In den zwei Jahrtausenden hatten sich die Wallhecken zu etwa einen bis drei Meter breiten, und bis zu dreieinhalb Meter hohen Wällen herausgebildet. Diese Wallhecken waren meist von Brombeer- und anderen dornigen Sträuchern, sowie Büschen bewachsen, sodass die Hecken insgesamt bis zu 4,5 Meter an Höhe erlangen konnten. Überlebende alliierte Soldaten berichteten, dass jedes einzelne Feld durch heftige Kämpfe erobert werden musste. Neben dem Bocage befand sich im Westen jedoch noch ein weiteres natürliches Hindernis für die Alliierten: Ausgedehnte Sümpfe erstreckten sich im Gebiet von Carentan und machten eine Überquerung durch Fahrzeuge unmöglich. Von diesen Sümpfen befinden sich fünf größere und etliche kleinere in der Ebene von Carentan, die von den deutschen Verteidigern noch durch künstliche Überflutungen ausgeweitet wurden. Aufgrund dieser undurchdringlichen Sumpflandschaft mussten die Alliierten letztlich durch die Bocage-Landschaft vorrücken. Im Gebiet von Arromanches bis zur Orne-Mündung hatten die Deutschen die zum Meer zeigenden Fenster der Häuser zugemauert und mit Schießscharten versehen, um im Notfall von dort aus Widerstand leisten zu können. Alle Straßen, die in die Strandpromenaden mündeten, hatten die Deutschen mit Betonmauern versperrt, woraufhin diese mit den Häuserfronten eine Linie bildeten. Im Osten der Normandie – im Raum von Caen – war der Boden meist flach, trocken und fest. Daher eignete er sich gut für große Panzermanöver. Außerdem hat man wegen des kaum hügeligen Landes guten und vor allem weitreichenden Überblick. Die Deutschen kannten den taktischen Wert dieses Geländes und stationierten deshalb den Großteil ihrer in der Normandie befindlichen Panzerdivisionen im Raum von Caen. Außerdem postierten sie Beobachtungsposten auf hochgelegenen Gebäuden oder Türmen, um den guten Überblick über das Gelände für sich zu nutzen.

Die alliierten Täuschungsvorkehrungen – „Operation Fortitude"

Um die Deutschen annehmen zu lassen, die Invasion würde bei Pas-de-Calais oder in Norwegen stattfinden, starteten die Alliierten die so genannte Operation Fortitude. Diese Operation wurde in zwei Teile aufgeteilt – „Fortitude North" (Norwegen, Briten) und „Fortitude South" (Pas-de-Calais, Amerikaner). Im Südosten Englands wurde daher die fiktive First U.S. Army Group („FUSAG") unter dem Befehl von Lesley J. McNair und George S. Patton aufgestellt. Falscher Funkverkehr bestärkte die deutschen Vermutungen, dass die Invasion im Gebiet des Pas-de-Calais stattfinden sollte. So wurde von der Rekrutierung der Soldaten aus den unterschiedlichsten US-Staaten berichtet. Fiktive Befehlshaber wurden erfunden und komplette Baseball- und Footballspiele zwischen den Abteilungen übertragen. Auch Privatnachrichten von den nicht existenten Soldaten zurück in die Heimat wurden verlesen. Die Deutschen hatten ein Netzwerk von Spionen in Großbritannien installiert, die allerdings vom britischen MI5 im Kriegsverlauf weitgehend enttarnt und zum Teil als Doppelagenten eingesetzt werden konnten. Diese Überläufer lieferten im Rahmen des „Double Cross Systems" den Deutschen falsche Informationen über Ort und Konzentration der alliierten Truppen. Gleichzeitig wurden auch Attrappen von Landungsbooten in den Häfen in Südost- und Ostengland platziert, die von der deutschen Luftwaffe fotografiert wurden und so die Annahme einer Invasion im Pas-de-Calais-Bereich erhärteten. Im Verlauf der Operation Fortitude North wurde von Schottland aus Funkverkehr simuliert, um die Deutschen glauben zu lassen, dass eine Invasion in Norwegen stattfinden würde. Als Konsequenz beließen die Deutschen Truppenverbände in Norwegen, die sonst nach Frankreich verlegt worden wären. Auch die Briten kreierten eine nicht existente Armee, die 4. Britische Armee, die als fiktiver Verband zur Durchführung dieser Invasion in Norwegen dienen sollte.

Die deutsche Situation in der Normandie

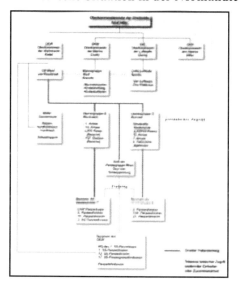

Kommandostruktur im Westen 1944

Die Sorge um einen adäquaten Ausbau des Atlantikwalls beschäftigte die Deutschen schon seit 1941, da sie vor allem im von ihnen besetzten Frankreich mit einer alliierten Invasion rechneten. Sie vermuteten sie am Pas-de-Calais, konnten andere Gebiete jedoch nicht ausschließen und sich deshalb nicht konzentriert auf Gegenmaßnahmen einer Invasion vorbereiten. Trotzdem liefen die Vorbereitungen zur Küstenverteidigung bis 1943 unter der niedrigsten Prioritätsstufe. Die Ostfront forderte ihren zusätzlichen Tribut, indem immer wieder Truppen aus den westlichen Verteidigungszonen abgezogen wurden. Das Oberkommando der Wehrmacht (OKW) arbeitete gegen Ende des Jahres 1943 einen detaillierten Plan aus, der alle möglichen feindlichen Szenarien beinhaltete, die durch eine Invasion an den verschiedensten Küsten des Westens entstehen konnten. Der Plan sah für eine Invasion in Frankreich die Verschiebung von drei Infanteriedivisionen aus Norwegen und Dänemark, einer Infanteriedivision, eines Werferkorps und eines Korpshauptquartiers aus Italien, sowie von vier Infanterie- und Jägerdivisionen und kleineren Einheiten aus dem Balkanraum vor. Dies sollte vor dem Hintergrund geschehen, dass die Verbündeten im Westen „einen" großen Invasionsangriff planten. Im Januar 1944 begann das OKW an dieser

„einen" großen Attacke zu zweifeln. Obwohl alles auf einen Angriff am engsten Kanalpunkt hindeutete, meinten sie auch Zeichen ausgemacht zu haben, dass es auch zu Begleitinvasionen, beispielsweise in Portugal oder dem Balkan kommen könnte. Die deutschen Zweifel bekamen durch die alliierte Landung bei Anzio am 22. Januar noch mehr Nahrung. General Alfred Jodl war der Meinung, dass diese Landung nicht mit der italienischen Front zusammenhänge, sondern der Beginn von mehreren kleineren Operationen sei, die die deutschen Kräfte zersplittern und von der Hauptlandung in Nordfrankreich ablenken sollten. Für Frankreich sah er Landungen in der Biskaya und Südfrankreich voraus, die die Iberische Halbinsel abschneiden sollten. Die Überlegungen wurden so ernst genommen, dass als Folge im Februar zwei neue Infanteriedivisionen aufgestellt und der 19. Armee im Süden zugewiesen wurden. Vom OB West wurde die 9. SS-Panzerdivision abgezogen und nach Avignon in Reserve verlegt. Zu Bewachung der spanischen Grenze und der Biskaya-Küste erhielt die 1. Armee eine neue Division.

Lagebesprechung von Offizieren, u.a. Generaloberst Friedrich Dollmann (links), Generalleutnant Edgar Feuchtinger (2.v.r.) und Generalfeldmarschall Erwin Rommel (r) in Nordfrankreich, 1944

Atlantikwall - Übung am Geschütz (Frühjahr 1944)

Die 12. SS-Division "Hitlerjugend" in Paradeaufstellung anlässlich der Besichtigung durch Generalfeldmarschall Gerd von Rundstedt (Januar 1944)

Weil die Lage an der Ostfront und auf dem mediterranen Kriegsschauplatz schnellen Änderungen unterworfen war, konnte das OKW so gut wie keine langfristigen Zukunftspläne ausarbeiten, und nur von Tag zu Tag planen. Schon im März erging der Befehl zur Rücknahme des vorher ausgegebenen Verteidigungsplans und der damit verbundenen Truppenverlegungen. Es erging zudem die Anweisung an die Kommandanten, dass Truppenverlegungen erst dann detailliert genehmigt würden, nachdem der Feind einen Hauptinvasionsangriff gestartet hätte. Dazu wurden Verlegungspläne der Reserveeinheiten für mögliche Invasionsszenarien ausgearbeitet. Nach diesen würde OB West ein Korpshauptquartier, zwei verstärkte Panzergrenadierregimenter, ein verstärktes Infanterieregiment, Kampfgruppen aus drei Infanterieregimentern als Basis für eine neue Division, sowie ein motorisiertes Artillerieregiment, fünf Landschützenbataillone und ein Nebelwerferbataillon bekommen. Diese neu aufgestellten Einheiten waren natürlich in Erfahrung und Kampfkraft nicht mit den nach den alten Plänen zu erwartenden acht Divisionen vergleichbar. Da die oberste Führung jedoch von mehreren Invasionsschauplätzen anstelle eines Großangriffs ausging, erschienen die vorhandenen dislozierten Kräfte als ausreichend. Bei einem Treffen der Führungsebene mit Adolf Hitler im März 1944 versuchte Generalfeldmarschall Erwin Rommel eine Ausweitung seiner Befehlsgewalt durchzusetzen, was zu einer faktischen Ablösung Gerd von Rundstedts und Leo Geyr von Schweppenburgs als Kommandierende der Verteidigungskräfte geführt hätte. Im Speziellen forderte Rommel eine Unterstellung aller motorisierten und Panzerverbände, sowie der Artillerie unter sein Oberkommando. Hitler war von seinen Einbringungen angetan und versprach eine Überprüfung der aktuellen Situation. Nur eine Studie des Operationsstabes des OKW, die einen später geschriebenen Protestbrief von Rundstedts unterstützte, ließ Hitler wieder auf den alten Kurs einschwenken. Allerdings hatten einige Änderungen schon gegriffen und wurden nicht wieder revidiert. Die 2., 21. und 116. Panzerdivision waren Rommel mit voller taktischer Kontrolle als Reserve für die Heeresgruppe B unterstellt worden. Von Schweppenburg blieb aber für deren Training und Organisation verantwortlich. Etwa zur gleichen Zeit wurden dem OKW im Sektor des OB West vier weitere Panzereinheiten zur Verfügung gestellt. Es handelte sich dabei um die 1. und 12. SS-Panzerdivision, die 17. SS-Panzergrenadierdivision und die Panzerlehrdivision. Sie sollten als zentrale mobile Reserve dienen. Die letzte Änderung in der Kommandostruktur fand im Mai statt, als von Rundstedt den Aufbau einer zweiten Heeresgruppe anordnete, die das Kommando über die 1. und 19. Armee übernahm. Die Heeresgruppe G unterstand Generaloberst Johannes Blaskowitz und übernahm neben den beiden Armeen auch die drei übrigen Panzerdivisionen in Frankreich, die 9., 10. und 2. SS-Panzerdivision. Über die Einrichtung des neuen Hauptquartiers versuchte von Rundstedt, seine Position neu zu definieren. Damit stand fest, dass in der kritischen Phase der Verteidigungsvorbereitungen die Befehle vom OB West oder direkt von Hitler kommen würden. Hitler, der in Ostpreußen in seinem Hauptquartier Wolfsschanze saß, war intensiv mit der Ostfront beschäftigt, so dass er erst nach der erfolgten Invasion in den Westen reiste. Weiterhin schien er selbst keine direkten taktischen Vorschläge machen zu können, so dass sich seine Entscheidungen in Details verloren und kaum politische Definitionen enthielten. Hitlers Befehlsberechtigung störte weiterhin das ohnedies schon gestörte Verhältnis zwischen Rommel und von Rundstedt. Der Schwerpunkt der deutschen Verteidigungsvorbereitungen lag im Raum Pas-de-Calais, da dort aufgrund der geringen Entfernung von England zum Festland am ehesten mit einem Landungsversuch gerechnet wurde. Diese Vermutungen wurden durch die alliierte Täuschungsoperation, die Operation Fortitude, bestärkt. Die Deutschen vermuteten des Weiteren, dass die Alliierten am Tag, bei gutem Wetter und bei Flut angreifen würden, da sie dies bei vorangegangenen alliierten Invasionen beobachtet hatten.

Spezialeinsätze und Sabotage
Die Rolle der Résistance

Schon seit Anfang 1941 unterhielt die britische Special Operations Executive (SOE) Kontakt mit der französischen Widerstandsbewegung, der Résistance, als deren erste Agenten über Frankreich absprangen, um eine ausgeklügelte Struktur zur Nachrichtenübermittlung zu etablieren. Nachdem sich eine zentrale Kommunikationskontrolle als nicht sinnvoll herausstellte, wurden 1942 17 Radiomoderatoren zusammen mit 36 anderen Agenten in Frankreich abgesetzt. Dazu kamen zusätzliche Nachschublieferungen über Gibraltar und Südfrankreich, so dass eine relativ sichere Kommunikationsstruktur aufgebaut werden konnte. Das größte Hemmnis für die Versorgung der Résistance mit Waffen und Munition für den Untergrundkampf waren die wenigen zur Verfügung stehenden Flugzeuge. Erst als COSSAC die Mitwirkung der Résistance beim *Overlordplan* als Bonus in Betracht zog, erhöhte sich nach und nach die Anzahl der Nachschubflüge nach Frankreich. COSSAC wollte zunächst einen französischen Aufstand in die Planung mit aufnehmen, verwarf dies jedoch wieder als zu unsicher. Die britische Armee und die SOE überzeugten schließlich die Planer von den weitläufigen Möglichkeiten, die ein integrierter Résistanceeinsatz bei der Invasion bot. Durch die vielen erfolgreichen Aktionen, die besonders die Organisation des Maquis ausführte, kamen die Planer zum Schluss, die Résistance vollwertig für Guerillaoperationen vorzusehen. Nun flogen auch die USA Nachschub zur Résistance. Die effektivsten Schläge führte die Résistance gegen das französische Straßen- und Schienennetz, um die Deutschen zu hindern Nachschub und Truppen zu transportieren. In den ersten drei Monaten des Jahres 1944 konnte sie beispielsweise 808 Lokomotiven sabotieren. Die Vichypolizei führte in einem Report mehr als 3.000 Anschläge auf das Schienensystem an. Je näher der Invasionstag rückte, um so mehr koordinierte die SOE die Anschläge der Résistance. Unmittelbar vor dem D-Day sollten speziell ausgesuchte Straßen- und Schienenverbindungen unterbrochen werden. Danach sollten weitere Aktionen folgen. Um dem Widerstand den genauen Termin der Landung mitzuteilen, bediente sich SOE des britischen Senders BBC. Die Organisatoren der Résistance hatten schon Monate vorher die Anweisung erhalten, an jedem 1., 2., 15. und 16. jeden Monats den Sender zu hören, und auf eine vorbereitete, codierte Nachricht zu warten. Sobald sie diese hörten, musste zur Sicherheit noch die zweite Überprüfungsnachricht abgewartet werden, die kurz darauf folgte. 48 Stunden nach den Durchsagen sendete BBC codierte Meldungen, die die genauen Einsatzorte und durchzuführenden Aktionen betrafen. Da die Anschläge der Résistance meist regional geplant wurden, konnten sie leicht mit den jeweiligen Operationen von *Overlord* bzw. *Neptune* abgestimmt werden. Im gesamten Juni und besonders in den Tagen nach der Landung zerstörte die Résistance 486 Schienenstränge und 26 Telegrafenleitungen, darunter die Verbindungen zwischen Avranches und Saint-Lô, Saint-Lô und Cherbourg und zwischen Saint-Lô und Caen. Weitergehende Planungen banden die Kämpfer der Résistance sogar als feste französische Verbände in die nachfolgenden Operationen mit ein. Zwar war die Anzahl der Angehörigen des Widerstands schwer kalkulierbar, aber in London wurde das Hauptquartier des FFI (Forces Françaises de L'Intérieur) unter General Joseph Pierre Koenig gegründet, der wiederum ein dreistaatliches Oberkommando, bestehend aus Franzosen, Briten und Amerikanern, einsetzte. Das FFI wurde anschließend direkt dem Supreme Allied Commander unterstellt. Auch hier bestand wieder das Problem der Versorgung, insbesondere mit schweren Waffen wie Artilleriegeschützen. Dazu fanden sich in den Tagen nach D-Day elf Spezialeinheiten des SAS zusammen, von denen fünf von Großbritannien und sechs von Nordafrika aus unter dem Kommando von Lieutenant General Browning mittels Fallschirmen entsprechende Waffen und Geschütze aus der Luft anlieferten.

Operationen des britischen und französischen SAS in der Bretagne

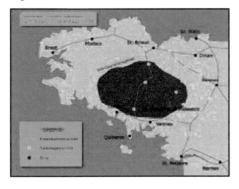

Karte der Operationen und Sabotagen der SAS-Truppen und Résistancemitglieder in der Bretagne

Während der Nacht vom 5. auf den 6. Juni 1944 sprangen vier Gruppen des französischen 4. SAS (36 Soldaten) über der südlichen und nördlichen Bretagne ab, um die Stützpunkte „Dingson", „Samwest" und „Grog" zu errichten, von denen die französische Résistance unterstützt und Lande- und Absprungzonen für das restliche Bataillon markiert werden sollten. Die Aufgabe des französischen SAS war es, alle Kommunikationsleitungen und -wege zu zerstören und Hinterhalte und Sabotageakte vorzubereiten, um die Deutschen am Vorrücken in Richtung Normandie zu hindern. In der Nacht nach dem D-Day wurden achtzehn französische SAS-Teams (58 Soldaten) mit dem Namen „Cooney-Teams" damit beauftragt, in weiten Gebieten der Bretagne abzuspringen und die Sabotagen an Bahnstrecken, Straßen, Brücke, usw., die vorher von den anderen Einheiten vorbereitet worden waren, auszuführen. Die Verbände zogen von Juni bis Juli 1944 durch das Land und rüsteten die örtlichen Mitglieder der Résistance mit Waffen aus. Außerdem trainierten sie mit ihnen den Kampf. Nacht für Nacht wurden weitere SAS-Gruppen sowie Nachschubgüter in das Gebiet von Saint-Marcel „Dingson" eingeflogen, wodurch es den alliierten Verbänden gelang, die Sabotagen in den meisten Fällen erfolgreich zu beenden. Die SAS-Teams gruppierten dort etwa 10.000 Résistancekämpfer um sich, die ihnen halfen, ihre Aufgaben zu erfüllen. Am 18. Juni lieferten sich 200 Männer des französischen SAS, zusammen mit vier bewaffneten Jeeps und etwa 2500 Mitgliedern der Résistance einen Kampf mit schätzungsweise 5000 deutschen Soldaten, die von Mörserteams unterstützt wurden. Die SAS-Truppen sowie die Résistance hielten ihre Stellungen bis in die Nacht, um sich dann im Schutze der Dunkelheit zurückzuziehen. Nach diesen Kämpfen wurden die SAS-Einheiten von den Deutschen mit allen Mitteln gejagt, so dass viele ums Leben kamen. Heute erinnert ein Museum in Saint-Marcel an die Kämpfe. Im August rückte das VIII. Korps der 3. US-Armee in der Bretagne ein, und die Schlacht um die Bretagne begann. Die 2. Squadron des 3. SAS wurde in die Bretagne eingeflogen, um die Männer des 4. SAS abzulösen. Außerdem wurden viele Fahrzeuge per Lastensegler in die Bretagne gebracht Vannes, Morbihan. Das französische SAS (530 Soldaten) hatte zum Kriegsende mehr als 55 % seiner Männer in den Kämpfen in der Bretagne verloren: 81 Tote, 195 Verwundete.

Der Beginn der Operation

Zur Verschleierung der Normandielandungen stiegen am Morgen des 6. Juni 1944 alliierte Flugzeuge von Flugplätzen bei Dover auf und warfen vor der britischen Küste über dem Ärmelkanal Silberfolie ab. Die damit erzeugten Radarechos täuschten den Deutschen den Anflug von hunderten von Flugzeugen und die Überfahrt von eben so vielen Schiffen in Richtung Pas-de-Calais vor. Ursprünglich war der Start der Operation Overlord mit der Operation Neptune auf einen Maitermin festgelegt worden. Wegen schlechter Witterungsverhältnisse musste der Tag der Landung (der D-Day) aber mehrfach verschoben werden. Am 8. Mai 1944 setzte der alliierte Oberkommandierende des SHAEF, General Dwight D. Eisenhower, den D-Day auf den 5. Juni 1944 fest. Nachdem am 4. Juni für den nächsten Tag schlechtes Wetter vorhergesagt wurde, verschob Eisenhower den Termin auf den 6. Juni. Auf der entscheidenden Sitzung um 4:15 Uhr am 5. Juni wurde dem Unternehmen grünes Licht gegeben (→ Wettervorhersage für den 5. und 6. Juni 1944 im Ärmelkanal). Aus Geheimhaltungsgründen erhielten nicht nur die einzelnen Operationen selbst und ihr Startdatum militärische

Tarnbezeichnungen, sondern auch die für die Landung an der Küste der Halbinsel Cotentin vorgesehenen Strandabschnitte. Die 1. US Armee landete an den Stränden Utah bei Sainte-Mère-Église und Omaha bei St. Laurent. Die 2. Britische Armee ging in den Abschnitten Gold bei Arromanches und Sword bei Ouistreham an Land, die Kanadier im Abschnitt Juno bei Courseulles-sur-Mer. Als Eisenhower am Abend vor dem D-Day die 101. US-Luftlandedivision besuchte, hatte er bereits seine offizielle Pressemeldung für den Fall, dass die Invasion missglückte, formuliert:

„Unsere Landungen im Cherbourg-Havre Gebiet konnten keinen ausreichenden Brückenkopf bilden und ich habe die Truppen [daher] zurückgezogen. Meine Entscheidung, zu dieser Zeit und an diesem Ort anzugreifen, basierte auf den besten zur Verfügung stehenden Informationen. Die Land-, Luft- und Seestreitkräfte haben alle mögliche Tapferkeit und Pflichterfüllung geleistet. Wenn dem Unternehmen irgendeine Schuld oder ein Tadel zugemessen wird, ist es meine alleinige."

Operation Neptune (D-Day)

Am 6. Juni 1944 kamen die stärksten Landungskräfte der Kriegsgeschichte zum Einsatz. Unterstützt und getragen wurden diese durch die mächtigste Schiffsansammlung aller Zeiten mit insgesamt über 6000 Schiffen (vgl. Seekrieg während der Operation Overlord). Zur Sicherung der Flotte und zur Unterstützung der Bodentruppen stellten die Alliierten etwa 4190 Jagdflugzeuge, 3440 schwere Bomber, 930 mittlere und leichte Bomber, 1360 Truppentransporter und Frachtmaschinen, 1070 Maschinen des Küstenkommandos, 520 Aufklärungsflugzeuge und 80 Rettungsflugzeuge bereit. Insgesamt wurden am D-Day auf alliierter Seite 11.590 Flugzeuge eingesetzt. Der Angriff erfolgte auf einer Breite von 98 km zwischen Sainte-Mère-Église auf der Halbinsel Cotentin im Westen, und Ouistreham im Osten. In den westlichen Abschnitten der amerikanischen Truppen (mit den Codenamen Utah und Omaha Beach) landeten drei Infanteriedivisionen, in den angrenzenden Abschnitten Gold, Juno und Sword Beach zwei britische und eine kanadische Division, insgesamt an diesem Tag etwa 170.000 Mann.

Luftlandemanöver

Die alliierten Luftlandedivisionen, die am D-Day absprangen, hatten zum Ziel, die Flanken zu sichern und wichtige Schlüsselpunkte und Batterien zu erobern oder zu zerstören. Sechzehn Minuten nach Mitternacht begann die Operation der 6. Britischen Luftlandedivision, die Operation Tonga mit der Landung von Gleitern an den Brücken über die Orne und den Caen-Kanal bei Benouville. Die 6. Luftlandedivision hatte den Auftrag, mit Fallschirmjägern und Gleitertruppen in 3 Landezonen (K, V und N) zu landen, die Orne-Caen-Kanal-Brücken zu nehmen und zu halten, Brücken über die Dives zu zerstören, die Küstenbatterie Merville auszuschalten und den Raum zwischen Orne und Dives zu halten und damit die linke Flanke der alliierten Landung zu schützen. Den Fallschirmjägern gelang es schnell, die Landezonen zu nehmen und für die Landung der Verstärkungen vorzubereiten. Auch die Sprengungen der Brücken über die Dives bei Troarn, Bures, Robehomme und Varaville gelangen. Bis zum Abend des 6. Juni erreichte die Division alle Ziele. Ein zweiter Teil der Operation bestand aus der Landung von Fallschirmjägern bei der Artilleriebatterie bei Merville, die diese zerstören sollten, was ihnen – mit schweren Verlusten von etwa 50 % – auch gelang. Die 82. US-Luftlandedivision sollte im Verlauf der Operation Detroit und die 101. US-Luftlandedivision im Verlauf der Operation Chicago an der Westflanke des Invasionsbereiches landen. Aufgrund teilweise unmarkierter Landezonen, schlechten Wetters und schlechten Geländes wurden die Fallschirmjäger weit verstreut und konnten sich oft nicht zusammenschließen. Einige der Fallschirmjäger ertranken sogar in Seen oder in von den Deutschen überflutetem Gelände. Nach 24 Stunden hatten sich nur 2500 der 6000 Angehörigen der 101. Luftlandedivision zusammengeschlossen. Viele der Soldaten irrten noch Tage später durch das Gelände. Die 82. Luftlandedivision hatte bereits am Morgen des 6. Juni die Stadt Sainte-Mère-Église erobert, womit dies die erste von den Alliierten kontrollierte Stadt während der Invasion war. Eine spezielle Gruppe der 101. US-Luftlandedivision, die aus zwölf Männern bestand, ließ sich ihre Haare zu Irokesenschnitten frisieren, um die deutschen Verbände einzuschüchtern. Diese Gruppe nannte sich „Filthy 13", und die Angehörigen waren als harte Kämpfer und für ihren großen Mut berüchtigt [9]. Die Idee für die Aktion hatte der Fallschirmjäger Jake McNiece, ein Halb-Indianer aus Oklahoma. Die Gruppe wurde vor dem D-Day von einem Fotografen des Magazins „Stars and Stripes" aufgenommen, als sie sich Kriegsbemalung auf ihre Gesichter auftrugen und dadurch bekannt – das Material wurden auch später von mehreren Filmen genutzt. Die „Filthy 13" kämpften bis zum Ende des Krieges, wobei insgesamt etwa 30 verschiedene Soldaten gefallene oder verwundete Mitglieder ersetzten. Die Deutschen sollen sogar vermutet haben, dass die „Filthy 13" Kriminelle seien, die die Amerikaner freigelassen und in den Kampf geschickt hätten. Ein alliierter Fallschirmjäger schilderte seine Erlebnisse am D-1, dem 6.

Juni 1944 wie folgt:

„Kleinkriege entbrannten rechts und links von mir. Sie dauerten meist zwischen fünfzehn Minuten und einer halben Stunde, aber man konnte nur raten, wer als Sieger aus ihnen hervorging. Ich konnte weder Freund noch Feind ausmachen. Wenn man allein, tief im Feindesland, an Hecken entlang schleicht und genau weiß, dass das Meer einen vom nächsten Verbündeten trennt, fühlt man sich wie der einsamste Mensch der Welt."

Sword Beach

Die Landezone war ca. acht Kilometer lang und wurde in vier Abschnitte mit den Namen *Oboe, Peter, Queen* und *Roger* unterteilt. Sie war die östlichste der alliierten Landezonen. Truppen der 3. Britischen Infanteriedivision in der Stärke von ca. 30.000 Soldaten landeten am D-Day um 7:25 Uhr an diesem Strandabschnitt östlich der Orne und des Caen-Kanals. Ihnen waren zur Verstärkung Britische Kommandos zugeteilt worden. Um auch die Franzosen an der Landung ihrer eigenen Küste zu beteiligen, hatte sich Charles de Gaulle in London für eine Beteiligung stark gemacht und die Zusage zur Teilnahme erhalten. So gingen am Sword Beach auch französische Truppen mit an Land. Zur Verteidigung lagen am Sword Beach Teile der 716. Deutschen Infanteriedivision, die Regimenter 736 und 125, sowie Kräfte der 21. Panzerdivision, die aus dem nahen Hinterland eingreifen konnten. Im Osten hinter der Dives war noch zusätzlich die 711. Deutsche Infanteriedivision stationiert. Die Briten konnten trotz des deutschen Widerstands ins Landesinnere vordringen und sich mit den Soldaten der 6. Britischen Luftlandedivision vereinen. Da der Sturm auf Caen nicht von einigen Fallschirmjägereinheiten allein durchgeführt werden konnte, warteten die Truppen auf die Einheiten der 1. Commando-Brigade unter dem Kommando von Lord Lovat, die am späten Morgen an der Pegasusbrücke eintrafen. Das Vorrücken auf Caen wurde erheblich durch die 21. Panzerdivision und später durch die 12. SS-Panzer-Division „Hitlerjugend" behindert. Es dauerte noch bis Mitte Juli, bis Caen vollständig eingenommen werden konnte. Die Verluste der Briten am Strandabschnitt Sword werden auf ca. 700 Soldaten beziffert.

Juno Beach

Die Landezone war in zwei Abschnitte mit den Namen *Mike* und *Nan* unterteilt. Juno Beach liegt zwischen den Abschnitten Sword und Gold. Kanadische Truppen unter Major General Rodney Fredi Leopold Keller landeten an diesem Strandabschnitt, der daher auch oft *Kanadischer Strand* genannt wird. Juno Beach war der am zweitheftigsten verteidigte Strand nach Omaha Beach. Der Abschnitt war der 716. Deutschen Infanteriedivision unter dem Befehl von General Wilhelm Richter zugewiesen worden. In der ersten Stunde nach dem erfolgten Angriff beliefen sich die kanadischen Verluste auf etwa die Hälfte aller an Land gegangenen Soldaten; in etwa vergleichbar mit den amerikanischen Verlusten am Omaha Beach. Den angelandeten Schwimmpanzern gelang es aber, die Verteidigungspositionen der Deutschen erfolgreich zu bekämpfen. Nachdem es den Kanadiern nach einer Stunde gelungen war, den Wall von der Strandseite aus zu überwinden, konnten sie schnell weiter ins Landesinnere vordringen und die Deutschen wesentlich besser bekämpfen als die Amerikaner am Omaha Beach. Gegen Mittag war die komplette 3. Kanadische Division an Land und etliche Kilometer in das Hinterland vorgedrungen, um Brücken über die Seulles einzunehmen. Die Stadt Saint-Aubin-sur-Mer war um 18:00 Uhr in kanadischer Hand. Eine Gruppe des 6. Kanadischen Panzerregiments konnte als einzige die gesteckten Ziele in der Normandie erreichen. Sie waren 15 km landeinwärts gerückt und kreuzten die Hauptstraße zwischen Caen und Bayeux. Ohne die unterstützende Infanterie mussten sie sich aber wieder zurückziehen. Am Ende des D-Day war es den Kanadiern gelungen, so weit wie keine andere alliierte Einheit auf französischen Boden vorzudringen, obwohl sie bei der Landung auf ähnliche Gegenwehr gestoßen waren wie die Amerikaner am Omaha Beach. Dabei verloren insgesamt 340 Soldaten ihr Leben, weitere 574 wurden verwundet. Der Zusammenschluss mit den britischen Truppen, die am Sword Beach gelandet waren, erfolgte am Abend des nächsten Tages.

Gold Beach

Der Landungsstrand war unterteilt in die vier Abschnitte *How*, *Item*, *Jig* und *King*. Die beiden letzten waren weiterhin in die Unterabschnitte *Green* und *Red* unterteilt, so dass schlussendlich sechs Sektoren vorhanden waren. Britische Truppen der 50. Britischen Infanteriedivision (Northumbrian) unter dem Kommando von Major General Graham, zugehörig zur 2. Britischen Armee unter Lieutenant General Miles Dempsey, landeten am 6. Juni 1944 an diesem Strandabschnitt. Sie bestanden aus den vier Regimentern *Devonshire*, *Hampshire*, *Dorsetshire* und *East Yorkshire*. Weiterhin waren im *Jig*-Sektor die 231. Brigade und im *King*-Sektor die 69. Brigade den Landungstruppen zugewiesen, da die Strände lang genug waren, um die Soldatenanzahl zweier Brigaden bei der Landung aufzunehmen. Im *Item*-Sektor kämpfte das 47. Royal-Marine-Kommando zusammen mit der 50. Division. Zur Verteidigung lagen hier Teile der deutschen 716. Infanteriedivision und bei Le Hamel ein Bataillon der 352. Infanteriedivision, die Kampfgruppe Meyer. Die Hauptaufgabe der alliierten Truppen lag darin, einen Brückenkopf am Strand zu bilden und dann die Stadt Arromanches einzunehmen, die als Lagepunkt für einen Mulberry-Hafen ausgewählt worden war. Danach sollte der Kontakt zu den amerikanischen Einheiten am Omaha Beach und den kanadischen Truppen am Juno Beach hergestellt werden. Obwohl der deutsche Widerstand immer heftiger wurde, gelang es der 50. Division bei relativ geringen Verlusten durchzubrechen. Dies lag nicht zuletzt an der üppigen Ausstattung der Landungstruppen mit Panzern und gepanzerten Fahrzeugen der 79. Britischen Panzerdivision. Dazu gehörten die so genannten Hobart's Funnies, die mit 290-mm-Mörsern ausgestattet waren, um Hindernisse wie Minenfelder und größere Befestigungen aus dem Weg zu räumen. La Rivière fiel schon morgens um 10:00 Uhr, und Le Hamel war am Nachmittag in britischer Hand. Die Briten konnten bis zum frühen Abend rund 25.000 Mann an Land bringen und verzeichneten insgesamt etwa 400 Tote. Der Brückenkopf konnte bis auf zehn Kilometer ins Inland ausgebaut werden, und Kontakt mit den Kanadiern vom östlich gelegenen Juno Beach wurde hergestellt. Arromanches wurde etwa gegen 22:30 Uhr vollständig besetzt, und die Briten erreichten kurz darauf die Außenbezirke von Bayeux.

Omaha Beach

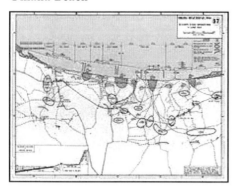

Der Omaha-Brückenkopf am 6. Juni 1944

Stationäre Verwendung eines Panzer-IV-Geschützturms (Kaliber 7,5 cm) in einer deutschen Stellung am Omaha Beach

Omaha Beach war der mit mehr als zehn Kilometern Länge ausgedehnteste Landungsabschnitt und noch einmal unterteilt in acht Landungszonen, die von West nach Ost als *Charlie, Dog Green, Dog White, Dog Red, Easy Green, Easy Red, Fox Green* und *Fox Red* bezeichnet wurden. *Easy Red* war mit rund 2,2 km der längste Abschnitt. Zur Küstensicherung wurde die 716. Infanterie-Division eingesetzt. Sie wurde von General Wilhelm Richter mit Hauptquartier in Caen befehligt. Die 716. Infanteriedivision wurde bereits seit Juni 1942 an der Küste als so genannte statische Division eingesetzt. Ab Mitte März 1944 kam die 352. Infanteriedivision zusätzlich an den Strandabschnitt und übernahm die Hälfte des Verteidigungsbereichs der 716. Die Landungstruppen erlitten am Omaha Beach die größten Verluste, da die 448 B-24 Bomber mit 1285 Tonnen Bomben der 2. Bomberdivision der 8. US-Air Force aufgrund schlechter Sicht die deutschen Stellungen verfehlten und dadurch die Verteidigungsanlagen größtenteils intakt blieben. 117 B-24-Bomber kehrten sogar mit ihrer Ladung wieder zurück nach England, da sie ihre Ziele nicht fanden. Der erste bedeutende Durchbruch gelang um 9:00 Uhr am Abschnitt Dog White. Hier bestand die Verteidigung nur aus leichtem, nicht konzentriertem Maschinengewehrfeuer aus dem Widerstandsnest WN60. Etwa 20 Minuten später gelang es der C-Kompanie des 116. Regiment und Rangern des 5. Ranger Battalion unter dem Befehl von General Norman Cota, den steilen Strandabschnitt zu ersteigen und in das Hinterland vorzudringen. General Cota führte seine Männer von Osten nach Vierville und kämpfte sich dann den Weg zum Strand (D1 Beach Exit) hinunter.An anderen Stellen des Omaha Beach waren wesentlich stärker bewaffnete und befestigte deutsche Verteidigungsstellungen zu überwinden. General Bradley empfing gegen Mittag die Nachricht, dass große Truppenteile auf dem Strandabschnitt

Easy Red feststecken. Auf den Abschnitten *Easy Red* und *Easy Green* trafen weitere Verstärkungswellen ein, und die Verwundeten wurden abtransportiert. Das deutsche Widerstandsnest WN 72 ergab sich etwa um 13:00 Uhr, so dass der Strandausgang D1 nach Vierville-sur-Mer frei war. Ab 20:00 Uhr trafen weitere Landungswellen ein, die zusätzliches Material wie Panzer und Artillerie brachten. Auf der Westseite von Omaha Beach gelang es der 1. US-Division nicht, die Tagesziele zu erreichen. Am Morgen des 7. Juni unternahmen Teile des deutschen 915. Grenadierregiments nochmals einen Vorstoß Richtung Küste. Dieses Unternehmen scheiterte und führte zum endgültigen Zusammenbruch im Strandbereich. Ab dem 7. Juni 1944 zogen sich die restlichen deutschen Truppenteile nur noch zurück, da gegen die Übermacht der alliierten Panzer, Artillerie und Luftwaffe ein Ankämpfen mit Handwaffen und den vereinzelten Panzern nicht mehr möglich war.

Pointe du Hoc

Bei Pointe du Hoc, das in US-amerikanischen Armee-Dokumenten oft fälschlicherweise als „*Pointe du Hoe*" angegeben wird, befanden sich sechs deutsche Stellungen mit 155-mm-Artilleriegeschützen, die den Strand bewachten und somit die amerikanischen Landungstruppen an den Strandabschnitten Utah und Omaha Beach unter Beschuss hätten nehmen können. Obwohl die Stellungen oft von Bomberverbänden und Schiffsartillerie angegriffen wurden, waren die Befestigungen zu stark und hielten dem Beschuss stand. Deshalb wurde dem US-amerikanischem 2. Rangerbataillon der Auftrag gegeben, die Geschütze am Morgen des D-Day zu vernichten. Das aus 225 Männern bestehende Rangerbataillon wurde von Lieutenant Colonel (Oberstleutnant) James Earl Rudder angeführt. Der Plan sah für die drei Rangerkompanien (D, E und F) vor, von See aus am Fuß der Klippen anzulanden und dann mit Seilen, Leitern und ähnlichem die Felswände emporzuklettern. Danach sollten die Truppen das obere Kliff erobern. Der Angriff sollte vor den alliierten Hauptlandungen ausgeführt werden. Es war vorgesehen, den Angriff um 6:30 Uhr morgens zu beginnen. Eine halbe Stunde später sollte eine zweite Gruppe, bestehend aus acht Kompanien, folgen. Daraufhin sollten sie von Truppen, die am Abschnitt „Dog Green" bei Omaha Beach landeten, abgelöst werden. Nach einigen anfänglichen Rückschlägen aufgrund schlechten Wetters und Navigationsproblemen landeten die Amerikaner 40 Minuten später als vorgesehen am Fuß der Klippen, während der Angriff von alliierten Zerstörern unterstützt wurde. Die Deutschen leisteten jedoch verbissen Widerstand und warfen Felsbrocken und Handgranaten auf die heraufkletternden Amerikaner. Um 7:08 Uhr waren alle Ranger auf den Klippen angekommen und stürmten die deutschen Stellungen. Nach einer etwa 40-minütigen Aktion waren die Klippen mit relativ geringen Verlusten genommen. Die Geschütze waren allerdings schon weggeschafft worden, möglicherweise wegen der Bombenangriffe, welche die Invasion einleiteten. Die Ranger formierten sich auf dem Kliff neu, errichteten Verteidigungsstellungen und schickten einige Männer weiter ins Inland, um die Geschütze zu suchen. Eine der Patrouillen fand die Geschütze unbewacht und ohne Munition in einem Obstgarten, etwa einen Kilometer südwestlich von Pointe du Hoc. Die Patrouille zerstörte einige der Geschütze mit Thermit-Granaten, wodurch der Höhen- und Schwenkmechanismus zerstört wurde. Die zweite Patrouille kam hinzu und zerstörte die verbleibenden Geschütze. Nachdem die Ranger Pointe du Hoc erobert hatten, wurden sie am 6. und 7. Juni mehrmals von deutschen Truppen angegriffen und 200 m vor der Spitze der Klippe eingekesselt. Das 116. US-Infanterieregiment und das 5. US-Rangerbataillon, die von Omaha Beach kamen, rückten ca. 900 m an die eingeschlossenen Ranger heran. In der Nacht vom 7. auf den 8. Juni befahl der Befehlshaber der deutschen Truppen, die die Ranger einkesselten, sich zurückzuziehen, woraufhin die amerikanischen Verstärkungen durchbrechen konnten. Am Ende des zweiten Tages war die Einheit von mehr als 225 Männern auf 90 noch kampffähige Männer geschrumpft.

Utah Beach

Der Landungsplan umfasste vier Wellen. Mit der ersten Welle sollten in insgesamt 20 Landungsbooten, die mit je einem 30 Mann starken Kampfteam des 8. Infanterieregiments der 4. US-Infanteriedivision besetzt waren, zwei Landeköpfe etabliert werden. Die komplette Operation baute auf der ersten Landungswelle auf, die für 6:30 Uhr am Morgen vorgesehen war. Etwa zur gleichen Zeit sollten auch acht mit je vier Schwimmpanzern bestückte Landungsboote auf den Weg geschickt werden. Die erste Welle ging jedoch 1800 Meter südlich des geplanten Landeabschnitts an Land. Dies war die Folge einer starken seitlichen Strömung, die die Landungsboote nach Süden abdrängte. Da die Küstenlinie infolge des vorangegangenen Beschusses von Rauchwolken verdeckt war, fehlten den Besatzungen der Landungsboote Orientierungspunkte für eine Kurskorrektur. Der falsche Landeort hätte eigentlich zu großer Verwirrung führen können, die aber nicht eintrat. Zwar ließen sich die einzelnen Befehle nicht im Detail ausführen, aber Brigadegeneral Theodore Roosevelt, jr. der stellvertretende Kommandeur der 4. US-Infanteriedivision hatte die Lage im Griff und ließ die erreichbaren starken deutschen Stellungen angreifen. So konnten die Amerikaner schnell zu den Hauptstraßen im Hinterland vorstoßen und die Deutschen von dort aus attackieren. Den Soldaten schlug nur relativ wenig Gegenwehr entgegen, so dass die Verluste mit 197 Männern als sehr gering beziffert werden konnten. Einige deutsche Artilleriestellungen beschossen die Schiffe auf See, konnten dort aber keine Schäden anrichten. Am Ende des Tages hatten mehr als 20.000 Soldaten mit 1700 Fahrzeugen am Utah Beach französischen Boden betreten. Sie hatten nur etwa 200 Opfer zu beklagen.

Die deutsche Reaktion auf die Invasion

Die deutsche Abwehr wusste von zwei Zeilen aus Paul Verlaines Gedicht *Herbstlied*, die kurz vor der Invasion Störaktionen der französischen Widerstandsbewegung auslösen sollten, und die über BBC verlesen wurden. Die entscheidende zweite Strophe kündigte die Invasion innerhalb der nächsten 48 Stunden gerechnet von 0:00 Uhr des auf die Durchsage folgenden Tages an. Diese Strophe wurde am 5. Juni um 21:15 Uhr von deutschen Funkstellen abgehört. Die 15. Armee, die allerdings am Pas-de-Calais stationiert war, wurde daraufhin in Alarmbereitschaft versetzt. Die 7. Armee in der Normandie wurde aus nicht mehr nachzuvollziehenden Gründen nicht benachrichtigt. Da für den 5. und am 6. Juni 1944 schlechtes Wetter vorausgesagt worden war, waren viele Generäle abwesend. Einige, wie der Befehlshaber der 7. Armee, Generaloberst Friedrich Dollmann, hielten sich bei Planspielen (Stabsübung) in Rennes auf. Rommel besuchte am 6. Juni seine Frau in Deutschland, da diese ihren 50. Geburtstag feierte. Die SS-Panzerdivisionen, also auch die 12. SS-Panzerdivision, durften nur mit Genehmigung Adolf Hitlers in Bewegung gesetzt werden. Da dieser aber schlief, blieb die Division dort, wo sie stationiert war und griff nicht in das Kampfgeschehen ein. Die Kampfhandlungen wurden von den Deutschen als Täuschungsversuch von der eigentlichen Invasion beim Pas-de-Calais herabgestuft. Da die Résistance die Telefon- und Telegrafenleitungen zerstört hatte, gab es bei den Deutschen nur wenige Informationen über die alliierten Truppenbewegungen. Die Alliierten setzten zudem Puppen in Fallschirmjägeruniform, die sie *Rupert* nannten und laute Kampfgeräusche imitierten, über der Normandie ab. Da zusätzlich zu diesen Imitaten auch sechs SAS-Soldaten absprangen und mehrfach Scheinattacken auf deutsche Stellungen ausführten, waren die Deutschen vollkommen irritiert und nicht dazu imstande, sinnvoll zu agieren. Um eine Luftlandung zu vertuschen, führten die alliierten Flugzeuge Bomben mit, die sie über unterschiedlichen Zielen im Gebiet abwarfen. Eine Reihe alliierter Fallschirmjäger sprang zudem versehentlich über falschem Gebiet ab, so dass sie sich zu ihren Einheiten in der Normandie durchschlagen mussten und während ihres Marsches dorthin verschiedentlich deutsche Verbände angriffen. Auch dadurch wurden die Deutschen von den tatsächlichen Operationsgebieten abgelenkt und schickten ihre Truppen erneut in die unwichtigeren Areale. Der alliierten Streitmacht stand eine relativ kleine deutsche Luftwaffe gegenüber. Am Tag der Landung waren es genau zwei deutsche Flugzeuge, geflogen von Oberstleutnant Josef Priller und Feldwebel Heinz Wodarczyk, die die alliierten Landungstruppen angriffen. Alle anderen Flugzeuge waren am 4. Juni ins Landesinnere verlegt worden, da man die bisherigen Flugplätze für zu bedroht ansah. Im Verlaufe des D-Days hatten die Alliierten die absolute Luftherrschaft (→ Luftkrieg während der Operation Overlord). Einige Zeit später wurde den Deutschen klar, dass eine Invasion stattfand. Doch sie hielten diese für eine Finte und vermuteten weiterhin, dass die eigentliche Invasion im Gebiet des Pas-de-Calais stattfinden würde. Manche der deutschen Generäle rechneten sogar noch Monate später mit einer Hauptinvasion beim Pas-de-Calais. Als erste Berichte von der Invasion Deutschland erreichten, war die offizielle Reaktion der Bevölkerung Erleichterung, ja sogar Freude. Man war der Meinung, dass man den Feind, der nun zum Greifen nahe war, endlich entscheidend schlagen könne. Andere aber (z. B. an der Ostfront, wo im Sommer 1944 ein totaler Zusammenbruch der Heeresgruppe Mitte stattfand) waren unter der Hand der Meinung, dass der Krieg, der nach der Katastrophe von Stalingrad ohnehin verloren sei, jetzt (anderthalb Jahre später) bald zu Ende gehen werde. Jedenfalls verschwand in den Tagen nach der alliierten Invasion in der Normandie schlagartig bei der gesamten Bevölkerung das Vertrauen in den seit 1942 von der Propaganda als unüberwindbar angepriesenen Atlantikwall. Mit anderen «Wällen», z. B. dem Westwall, war es später nicht anders.

Die Folgetage der Landung

Die Alliierten hatten bei ihren amphibischen Landungen im Mittelmeerraum erkannt, dass es einer gut durchdachten Organisation an den Stränden bedurfte, um die Bewegungen der Schiffe und Fahrzeuge zu koordinieren und die Nachschubgüter zu lagern bzw. zu verwerten. Daher setzten sie Strandmeister ein, wobei es pro Landungsabschnitt (Omaha, Utah Beach etc.) einen *Beach Naval Officer-in-Charge* (NOIC) gab, der die Versorgung organisieren sollte. So sorgten die Alliierten sogar für Bäcker- und Barbierstände und weitere Einrichtungen an den Stränden. Admiral Ramsay sagte später:

„Die Strandmeister stehen bei der ersten Anlandung vor einer übermenschlichen Aufgabe. Die Strände sind lang, und es ist schwierig, sie schnell und gründlich zu inspizieren. Die Strandtrupps sind höchst gefährdet, überall ändert sich die Lage schnell."

Für die Koordinierung der Ankunft und Rückkehr von Nachschub- und Geleitzügen wurden zwei schwimmende Kommandostellen in jedem Gebiet eingerichtet, die die Namen *Captain Southbound Sailings* und *Captain Northbound Sailings* trugen. Der Omaha Beach diente nach dem D-Day als Hafenanlage, während bereits drei Tage nach der Landung der schnellstmögliche Aufbau der beiden Mulberrys begann, zuerst Mulberry B bei Arromanches und kurz darauf Mulberry A am Omaha Beach bei Vierville-Saint-Laurent. Damit war der Nachschub von der britischen Insel gesichert. Obwohl Mulberry A bereits am 19. Juni durch einen schweren Sturm zerstört wurde, konnten bis zum 31. Oktober 628.000 Tonnen Nachschubgüter, 40.000 Fahrzeuge und 220.000 Soldaten an Land gehen. Um einen gesicherten Brückenkopf aufzubauen, mussten die nächstgelegenen Städte eingenommen werden und ein Zusammenschluss der Landungtruppen erfolgen. Gleichzeitig mussten die Strände geschützt werden, um die Nachschubtransporte sicher an Land bringen zu können. Aus diesen Gründen wurden Patrouillen und ganze Kampfverbände in das Hinterland geschickt, die vorrücken und die Städte erobern sollten, was die Deutschen jedoch zu verhindern versuchten. In der Folge entbrannten schwere Kämpfe hinter den Stränden. So versuchte die 12. SS-Panzer-Division „Hitlerjugend" vom 7. bis zum 8. Juni, die kanadischen Einheiten bis zum Strand zurückzudrängen, was ihnen aber nicht gelang. Auch während der Schlacht um Carentan (8. bis 15. Juni) wurde der deutsche Widerstand schließlich gebrochen und die Stadt von den Alliierten eingenommen.

Die Offensive der Sowjetunion – Bindung deutscher Kräfte an der Ostfront

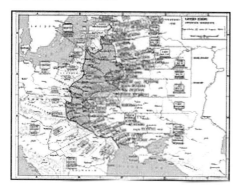

Die Operation Bagration

Durch die große Sommeroffensive der Sowjetunion im Mittelabschnitt der Ostfront, die Operation Bagration, die am dritten Jahrestag des deutschen Überfalls auf die Sowjetunion, am 22. Juni des Jahres 1944, begann, wurden die deutschen Verbände enorm geschwächt. Aufgrund der alliierten Invasion in der Normandie waren deutsche Verbände von der Ostfront abgezogen worden, weshalb weniger Truppen an den deutschen Frontlinien im Osten zur Verfügung standen. Vier sowjetische "Fronten" (Armeegruppen), zusammen mit mehr als 120 Divisionen und 2,15 Millionen Soldaten rückten gegen die mit etwa 600.000 Soldaten stark unterlegenen und schlecht ausgerüsteten Truppen der 9. und 4. Deutschen Armee sowie der 3. Deutschen Panzerarmee vor. Die Rote Armee nutzte ihre Überlegenheit und erzielte auf ganzer Linie Durchbrüche, in die dann Panzerkeile vorstießen. Operativ wendete sie damit zum ersten Mal die von den Deutschen drei Jahre zuvor gegen sie verwendeten Verfahren des Blitzkriegs an. Begünstigt wurde dies durch Hitlers Befehle, zu halten und „Feste Plätze" zu bilden, anstatt zur beweglichen Verteidigung überzugehen. So kam es zu Kesseln und letztlich zur Vernichtung der Heeresgruppe Mitte mit drei deutschen Armeen (insgesamt 25 deutsche Divisionen). Es folgte ein deutscher Rückzug von 500 Kilometern in Richtung Westen, wo die Front erst Mitte August vor der deutschen Reichsgrenze zum Stehen kam. Die Heeresgruppe Nord wurde von allen Landverbindungen abgeschnitten, hielt sich jedoch bis zur Kapitulation im Mai 1945 in Kurland. Nach neuesten Schätzungen verloren die Deutschen bei der Operation, die bis zum 19. August andauerte, über 670.000 Mann, die Rote Armee ungefähr 765.000 Mann. Die Verluste der Wehrmacht konnten nicht wieder ausgeglichen werden, zumal Deutschland zu diesem Zeitpunkt in einem Drei–Frontenkrieg stand. So wurden auch die Nachschübe für deutsche Truppen an der Invasionsfront in Nordfrankreich immer weniger, was den Vormarsch der alliierten Truppen Richtung Osten begünstigte.

Vorstoß ins Landesinnere

Bis zum 12. Juni gelang es den Alliierten, die Brückenköpfe auf einer Länge von etwa 100 km und einer Tiefe von rund 30 km landeinwärts miteinander zu verbinden. In nur sieben Tagen war es ihnen gelungen, 326.000 Soldaten, 54.000 Fahrzeuge und mehr als 100.000 t Kriegsmaterial anzulanden. Trotz dieses Erfolges liefen sie ihrer Overlord-Planung hinterher. So war beispielsweise die Einnahme der Stadt <u>Caen</u> schon für den Landungstag vorgesehen. Auch der Vormarsch durch das <u>Bocage</u>-Gelände der <u>Cotentin</u>-Halbinsel in Richtung der Orte im Landesinneren, wie <u>Carentan</u> (→ <u>Schlacht um Carentan</u>) und dem wichtigen Kanalhafen <u>Cherbourg</u> gestaltete sich äußerst mühsam. Die Hecken und Gräben boten den deutschen Verteidigern hervorragende Deckungsmöglichkeiten. Besonders für <u>Scharfschützen</u> war das Gelände ausgezeichnet geeignet.

21. Juni: Ein deutscher MG-Schütze, dessen Sichtfeld durch Rauchschwaden eingeschränkt ist, bewacht bei einem Übungseinsatz eine Wegblockade

Doch nicht zuletzt durch die alliierte Luftüberlegenheit und die selbst zerstörten französischen <u>Bahngleise</u> gelang es der deutschen Seite nicht, schnellstmöglich zusätzliche Einheiten in das Kampfgebiet der Normandie zu verlegen. Am 14. Juni gelang es der 4. US-Infanteriedivision trotz starken Widerstandes, die deutsche Hauptverteidigungslinie im Norden zu durchbrechen. Im Westen kam das VII. US-Korps ebenfalls langsam voran, da sie die Flüsse <u>Merderet</u> und <u>Douve</u> überqueren mussten. Durch ein verstärktes alliiertes Bombardement der deutschen Stellungen gelang es den Amerikanern am 18. Juni die Cotentin-Halbinsel mit einem schnellen Vorstoß nach Westen abzuriegeln. Die Deutschen zogen sich am 20. Juni in die Stadt Cherbourg zurück, die zu einer Festung ausgebaut wurde (→ Schlacht um Cherbourg).

Ein deutscher Heeresoffizier im Gespräch mit zwei US-Offizieren in Cherbourg nach der Kapitulation

Cherbourg unter Festungskommandant Karl-Wilhelm von Schlieben fiel am 26. Juni nach starkem amerikanischen Artilleriebeschuss und heftigen Straßenkämpfen. Nun waren die Alliierten auch im Besitz eines Tiefseehafens, was ihnen ermöglichte, Truppen und Kriegsgerät in noch größerer Zahl über See heran zu schaffen. Die Schlacht um die Normandie war zu dieser Zeit in eine Anzahl von kleinen Schlachten zerfallen, in die sich alliierte Infanterieeinheiten, unterstützt von Artillerie, verzettelt hatten und nur sehr langsam gegen die deutsche Verteidigung vorstießen. Beispielsweise beklagte man beim VIII. US-Korps zwischen dem 2. und 14. Juli mehr als 10.000 Opfer bei einem Raumgewinn von nur 11 Kilometern. Da die Deutschen immer noch am Ostufer der Orne lagen und von dort aus mit motorisierter Artillerie und Granatwerfern den Sword Beach beschossen, wurde die alliierte Versorgung von Nachschubgütern über diesen Strandabschnitt erheblich erschwert. Das Gebiet östlich der Orne war der Landungsbereich der 6. Britischen Luftlandedivision während der Operation Tonga gewesen, diese hatte den Abschnitt jedoch nicht erobern bzw. halten können. Ursprünglich war der Strandabschnitt vor diesem Gebiet auch als alliierter Landungsstrand mit dem Codenamen Band Beach eingeplant aber später wieder verworfen worden. Als der deutsche Beschuss immer präziser wurde und mehr und mehr Schiffe, Landungsboote und Versorgungsgüter verloren gingen, gaben die Alliierten am 1. Juli 1944 den

Sword Beach auf, da von dort aus keine sinnvolle Nachschubversorgung mehr möglich war. Die Einnahme von Caen (→ Schlacht um Caen) erwies sich für die alliierten Truppen der Briten und Kanadier an der Ostseite des Normandie-Brückenkopfes als ungleich schwieriger. Caen wurde von starken deutschen Einheiten verbissen verteidigt. Montgomery führte daher mehrere militärische Operationen zur Eroberung der strategisch wichtigen Stadt und zur Kontrolle ihres Umlandes durch. Die Kontrolle über Caen und dem Umland hätte den Alliierten den Bau von Landebahnen für Nachschubflugzeuge, bzw. die Nutzung des Flugfeldes bei Carpiquet ermöglicht. Darüber hinaus wäre die Überquerung der Orne durch die Einnahme der Stadt und ihrer Brücken erleichtert worden. Zur Verteidigung verlegten die Deutschen 150 schwere und 250 mittlere Panzer in das Caen-Gebiet. Dies und auch die zeitweise ungünstige Wetterlage erschwerte den Alliierten die Einnahme der Stadt. Erst am 8. Juli, mehr als einen Monat später als geplant, gelang die Eroberung des so wichtigen Flugfeldes bei Carpiquet. Damit war die Frontlinie bis auf weniger als einen Kilometer an die Stadt Caen herangerückt. Am nächsten Morgen rückten die alliierten Truppen in das nördliche Ende Caens ein, wurden aber beim weiteren Vorrücken von Scharfschützen aufgehalten. Der Pionier Arthur Wilkes beschrieb den Zustand der Stadt wie folgt: *„Berge von Trümmern, [etwa] 20 oder 30 Fuß [≈ 6 oder 9 m] hoch [...] die Toten lagen überall."* [12]. Im Kriegstagebuch des *1. Battalion King's Own Scottish Borderers* steht ebenfalls ein Eintrag zum 9. Juli: *„In den verlassen wirkenden Häusern begann langsam ein Aufleben, als den [französischen] Zivilisten klar wurde, dass wir die Stadt eroberten. Sie rannten mit Gläsern und Weinflaschen [aus ihren Häusern] heraus."* [12]. Es dauerte noch etwa 9 weitere Tage, bis die südlichen und östlichen Stadtteile, sowie die Gegend und die Vororte südlich und östlich der Stadt am 19. Juli 1944 von den Briten und Kanadiern erobert wurden. Ein herber Rückschlag traf die Alliierten allerdings während der Operation Goodwood, bei der Montgomery versuchte, mit Panzern den deutschen Widerstand zu brechen und aus dem Gebiet um Caen auszubrechen. Mehr als 430 britische Panzer wurden dabei zerstört, und die alliierten Truppen beklagten mehr als 5500 Tote und mussten sich zurückziehen. Die Deutschen konnten ihre wichtigsten Stellungen mit einem Verlust von 109 Panzern halten, was für sie, im Gegensatz zu den Alliierten, hoch war, da sie die Verluste nur schwer ersetzen konnten. Taktisch gesehen war die Operation zwar eine Niederlage für die Alliierten, strategisch gesehen jedoch erreichte die Operation, dass die Deutschen den alliierten Hauptangriff zum Ausbruch aus dem Brückenkopf jetzt noch stärker im britischen Sektor vermuteten. Die Operation Spring zur Eroberung des Hochplateaus bei Cramesnil und

La Bruyers und der Einnahme der Stadt Verriéres südöstlich von Caen war eine der verlustreichsten der Kanadier im Zweiten Weltkrieg. Die Kanadier verloren etwa 1.500 Männer. Am 25. Juli hatten die Alliierten erst die D+5-Linie erreicht, das heißt, sie hielten Positionen, die sie laut Overlord-Planung schon am 11. Juni erreicht haben wollten. Damit wurde ein Mangel der alliierten Planung für die Tage nach der Invasion aufgedeckt. Man war so mit den Problemen beschäftigt gewesen, die die Invasion selbst mit sich brachte, dass ein adäquates Konzept zum Ausbau des Brückenkopfes fehlte. Besonders die taktischen Probleme an der Front der 1. US-Armee im Westen waren so nicht erwartet worden. Nach der Einnahme Saint-Lôs (→ Schlacht um Saint-Lô) unternahmen die US-Amerikaner daher zeitgleich mit den Vorstößen der anderen Alliierten am 25. Juli einen Ausbruchsversuch aus ihrem Brückenkopfsektor (→ Operation Cobra), der in den Folgetagen im Westen zum Ausbruch aus der Cotentin-Halbinsel bei Avranches führte. Am 30. Juli führte die US-Armee eine Neugruppierung und Umbildung ihrer Einheiten in der Normandie durch. Mit der 3. US-Armee unter der Führung von General George S. Patton wurde eine neue Armee aufgestellt, die zusammen mit der 1. US-Armee, nun befehligt von General Courtney Hodges, unter das Kommando von Bradleys 12. US-Armeegruppe gestellt wurde. Gleichzeitig wurde die 1. Kanadische Armee unter General Henry Crerar General Sir Bernard Montgomerys 21. Britische Armeegruppe zugeteilt. Der nicht vorhergesehene große Erfolg der Operation Cobra führte am 4. August zu einer Planänderung der Alliierten, die einen weiteren Vorstoß nach Westen zu den Atlantikhäfen zugunsten eines schnellen Vordringens zur Loire und Seine zurückstellten und nur einen Teil der 3. US-Armee, das VIII. US-Korps unter Lieutenant General Troy H. Middleton in die Bretagne schickten. Cobra kennzeichnete deutlich den Weg vom Stellungs- zum Bewegungskrieg und war der Beginn für die Verfolgung der deutschen Armeen durch Nordfrankreich, was schließlich zu ihrer Umfassung im Kessel von Falaise führte.

Alliierter Vormarsch in die Bretagne und Richtung Seine

Überraschenderweise fiel den Amerikanern die Brücke bei Pontaubault über die Sélune kurz vor Ende der Operation Cobra unbeschädigt in die Hände, so dass es Patton gelang, innerhalb von nur drei Tagen sieben komplette Divisionen mit etwa 100.000 Soldaten und 10.000 Fahrzeugen über die Brücke in die östliche Bretagne zu führen. Mit dem Vordringen des VIII. US-Korps der 3. US-Armee in die Bretagne (→ Schlacht um die Bretagne) gelang es den Amerikanern, den deutschen Besatzern die wichtigen Atlantikhäfen Saint-Malo und Brest abzunehmen und zur

Nachschublieferung für die alliierten Truppen in Nordfrankreich zu nutzen. Lorient und Saint-Nazaire wurden langfristig eingekesselt. Außerdem konnten die dort stationierten Truppen unter dem Befehlshaber der deutschen Einheiten in der Bretagne, General Wilhelm Fahrmbacher, daran gehindert werden, den Alliierten bei ihrem Vormarsch in Richtung Deutschland in den Rücken zu fallen.

Der alliierte Ausbruch aus dem Normandie-Brückenkopf bis zum 13. August 1944

Am 6. August starteten die Deutschen unter dem leitenden OB West, Generalfeldmarschall Günther von Kluge, eine Konterattacke bei Mortain (→ Unternehmen Lüttich). Viele kleine und verstreute Elemente der 6. US-Panzerdivision wurden auf den Weg nach Mortain zwischen den Flüssen Sée und Sélune aufgerieben. Gegen Mittag griffen dann aber die zur Hilfe gerufenen deutlich überlegenen alliierten Lufteinheiten ein und brachten den Vormarsch zum Stoppen. In der Nacht zum 8. August entschied von Kluge, den Angriff vorerst auszusetzen, da Teile der 3. US-Armee in das Gebiet zwischen Laval und Le Mans verschoben wurden und die deutsche Südflanke bedrohten. Hitler reagierte daraufhin äußerst ungehalten und drohte, von Kluge des Kommandos zu entheben, was er dann am 17. August mit der Einsetzung von Walter Model als neuen OB-West auch ausführte. Mitte August kam es bei Falaise und Argentan (→ Kessel von Falaise) zu einer entscheidenden Schlacht zwischen den Alliierten und den Deutschen. Die Alliierten konnten die deutschen Einheiten so empfindlich schwächen, dass sie sich nicht mehr von dieser Niederlage erholen konnten. Erst beim alliierten Vormarsch Richtung Seine vom 21. bis 25. August wurde das Gebiet östlich der Orne erobert, von wo aus etwa einen Monat früher der Sword Beach von deutscher Artillerie beschossen wurde und daher aufgegeben werden musste. Die 6. Britische Luftlandedivision stieß vom

17. bis zum 27. August 40 Meilen bis nach Pont Audemer vor, während auf der gesamten Front ebenfalls Erfolge erzielt wurden. Der Sword Beach wurde allerdings nicht wieder aktiviert, da sich bereits ausreichend viele Häfen unter alliierter Kontrolle befanden. Die deutsche Wehrmacht verlor zwischen dem 7. und 21. August im Westen 50.000 Soldaten, und weitere 200.000 gerieten in Kriegsgefangenschaft. Bis zu diesem Zeitpunkt beliefen sich die Verluste der Deutschen in der Normandie auf mehr als 240.000 Tote oder Verwundete und weitere 250.000 Gefangene. An Material büßte die Wehrmacht dabei 1.500 Panzer, 3.500 Geschütze und 20.000 sonstige Fahrzeuge ein. Die Alliierten bezifferten 209.672 Verluste, darunter 36.976 Gefallene.

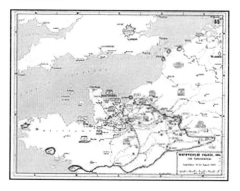

Alliierte Front bis zum 25. August 1944, dem Ende der Operation Overlord

Da den Alliierten nun kaum mehr deutscher Widerstand im Wege stand, konnten sie am 25. August Paris befreien (→ Schlacht um Paris). Ursprünglich war vorgesehen, die Stadt zu umgehen und erst später zu erobern. Vor allem die Pariser Bevölkerung erwartete jedoch, dass die Stadt erobert werden würde. In Paris war es zu Aufständen gekommen, bei denen französische Widerstandskämpfer der Résistance einige Straßen und Gebäude, so auch das Rathaus, einnahmen. Am Abend des 24. August ließ General Philippe Leclerc de Hauteclocque eine kleine Panzerkolonne der 2. Französischen Panzerdivision in die Stadt fahren und bis zum Rathaus vorrücken. Um 10:00 Uhr am Morgen des 25. August standen Leclercs Division sowie die 4. US-Infanteriedivision im Inneren der Stadt. Am 26. August zog Charles de Gaulle, Anführer der „*Freien Französischen Streitkräfte*" (*force française libre, FFL*) und des „*Comité français de la Libération nationale*" („*Französisches Komitee für die Nationale Befreiung*"), in das Kriegsministerium in der *Rue Saint-Dominique* ein. Danach hielt Charles de Gaulle vom Balkon des Hôtel de Ville eine

Ansprache an die Pariser Bevölkerung. Er bildete am 9. September eine provisorische neue französische Regierung. Die Unternehmen Cobra und Falaise beendeten die Kämpfe, um die Normandie, um den schnellen Vorstoß durch Nordfrankreich einzuleiten, der bis etwa Mitte September 1944 andauerte. Der alliierte Vorstoß endete dann nicht wegen des deutschen Widerstandes, sondern aufgrund von Ausrüstungsmangel. Die alliierten Truppen waren das Opfer ihres eigenen Erfolgs geworden und überliefen die Möglichkeiten ihrer Logistik.

Seekrieg während der Operation Overlord

Für die Operation Overlord stellten die Alliierten ein großes Repertoire von Schiffen – sieben Schlachtschiffe, zwei Monitore, dreiundzwanzig Kreuzer, drei Kanonenboote, 105 Zerstörer und 1073 kleinere Kriegsschiffe – auf, die während der Landung bzw. kurz davor, die deutschen Verbände an den Stränden zermürben und deren Stellungen zerstören sollten. Außerdem sollten sie Schutz für die gesamte Invasionsflotte und Nachschubtransporte bieten. Der US-amerikanische Captain Anthony Duke erinnerte sich an die alliierte Armada:

„Bei Gott, ich werde niemals das Gefühl der Stärke vergessen – Stärke die darauf wartete, freigesetzt zu werden –, das in mir aufstieg, als ich die langen, endlosen Kolonnen von Schiffen sah, die Richtung Normandie fuhren."

Die Einsatzmöglichkeiten der deutschen Kriegsmarine gegen die alliierten Landeoperationen waren begrenzt (→ Deutsche Situation in der Normandie im Jahr 1944). Im Juni 1944 verfügte die Kriegsmarine über keine größeren Überwassereinheiten in den Basen in Frankreich. Die Einfahrten zum Kanal wurden zudem durch starke Kriegsschiffverbände der Alliierten geschützt, außerdem hatten die Alliierten die Lufthoheit über den Kanal (→ Luftkrieg während der Operation Overlord). Es war daher offensichtlich, dass die Kriegsmarine keine Chance hatte, die alliierten Nachschublinien über den Kanal zu unterbrechen, gleichwohl wurden Einheiten der Kriegsmarine in dieses aus heutiger Sicht sinnlose Unterfangen geschickt. Die Kriegsmarine besaß am 6. Juni 1944 im gesamten Kanalbereich nur fünf Torpedoboote, 39 Schnellboote – von denen fünf nicht einsatzbereit waren, 163 Minensuch- und Räumboote, 57 Vorpostenboote (Kriegsfischkutter) und 42 Artilleriefährprahme. Hinzu kamen fünf Zerstörer, ein Torpedoboot, 146 Minensuch- und Räumboote und 59 Vorpostenboote, die an der Atlantikküste zwischen Brest und Bayonne stationiert waren. Im mittleren Kanal – dort wo die alliierte Invasion stattfand – verfügten sie jedoch nur über vier Torpedoboote, fünfzehn Schnellboote, neun Vorpostenboote und sechs Artilleriefährprahme. Die Kämpfe waren für beide Seiten verlustreich. Meistens liefen die Gefechte zwischen deutschen Schnellbooten und britischen Motortorpedobooten ab; allerdings setzten die Deutschen ihre fünf Zerstörer ein, was jedoch zu keinem Erfolg führte. Den Alliierten gelang es zum Beispiel künstliche Häfen – die so genannten Mulberrys – zu errichten und den versorgungstechnisch wichtigen Hafen von Cherbourg zu erobern und sich so wichtige Versorgungsstellungen zu sichern. Eines der wichtigsten Nachschubgüter war Treibstoff. Um diesen in die Normandie zu bringen, wurde die Operation Pluto (*P*ipe-*L*ines *U*nder *T*he *O*cean) gestartet. Zu Beginn der Aktion wurde direkt von vor der Küste liegenden Tankschiffen Treibstoff an Land gepumpt und in die Fahrzeuge gefüllt. Als Port-en-Bessin von den Alliierten erobert worden war, wurden dort die ersten Tanklager errichtet. Zu dieser Zeit war der Bau der ersten Unterwasser-Pipeline bereits in vollem Gange. Sie konnte im August in Cherbourg in Betrieb genommen werden. Weitere folgten später im Pas-de-Calais. Insgesamt wurden 21 Treibstoffpipelines durch den Ärmelkanal gelegt. Bis zum April 1945 flossen darin täglich 3100 t Treibstoff in die Nachschubbasen der Normandie. So konnten die Alliierten ihre Einheiten auf dem Land unterstützen und ihnen helfen, den Brückenkopf auszubauen.

Luftkrieg während der Operation Overlord

Der Luftkrieg während der Operation Overlord gehört – neben der Luftschlacht um England, den Trägerschlachten im Pazifik und dem strategischen Luftkrieg gegen das Deutsche Reich – zu den bedeutendsten Luftschlachten des Zweiten Weltkriegs. Die alliierte Landung in der Normandie wurde mit durch die Lufthoheit der alliierten Streitkräfte ermöglicht. Vor dem D-Day bombardierten die Alliierten deutsche Versorgungslinien, Artilleriebatterien und unterstützten die französische Resistance aus der Luft mit Munition und Ausrüstung. Während des D-Days sicherten alliierte Jäger den Luftraum über dem Landungsbereich, während Bomberstaffeln im Hinterland deutsche Stellungen bombardierten. Gleichzeitig suchten alliierte Jäger die See nach deutschen U-Booten ab und bombardierten diese, um die Armada und Nachschubschiffe nicht zu gefährden. Da die Deutschen großenteils noch bis Juni 1944 an eine Landung beim Pas-de-Calais glaubten (→ Deutsche Situation in der Normandie im Jahr 1944), konnten sie den Alliierten am D-Day nur zwei Jagdflugzeuge entgegensetzen. Alle weiteren Flugzeuge waren weiter ins Inland verlegt worden. Nach dem D-Day unterstützten die Alliierten ihre Offensiven auf dem Boden mit konzentriertem Bombardement, zerstörten so allerdings auch Landschaft und Städte und töteten viele französische Zivilisten. Ein walisischer Soldat sagte zu den Bombergeschwadern, die im Verlauf der Schlacht um Caen am Himmel erschienen:

„Der gesamte nördliche Himmel war, so weit das Auge sehen konnte, von ihnen [den Bombern] gefüllt – Welle über Welle, eine über der Anderen, die sich nach Osten und Westen ausdehnten, so dass man dachte es ginge nicht mehr weiter. Jeder hatte jetzt sein Fahrzeug verlassen und starrte verwundert [in den Himmel], bis die letzte Welle von Bombern ihre Bomben abgeworfen hatte und den Rückflug antrat. Danach begannen die Geschütze mit einem immer lauter werdenden Geschützfeuer das Werk der Bomber zu vollenden."

Des Weiteren suchten alliierte Jagdflugzeuge die Normandie nach deutschen Truppenverbänden ab und beschossen sie, um einen Einsatz gegen die Landstreitkräfte zu vermeiden. Da die Deutschen anfangs keine nützlichen Aufklärungsflüge fliegen konnten, hatten sie der alliierten Luftüberlegenheit wenig entgegenzusetzen. Ende August 1944, bei der Auflösung des Kessels von Falaise, betrugen die alliierten Verluste 4099 Flugzeuge und 16.674 Besatzungen. Dem gegenüber verlor die deutsche Luftwaffe 1522 Jagdflugzeuge. Die Verlustrate bei den Jagdflugzeugen im direkten Luftkampf war 3:1 zum Vorteil der Alliierten; die Verlustrate pro Einsatz bei der deutschen Luftwaffe war so sechsmal höher als bei den Alliierten. Während die Alliierten ihre materiellen Verluste über intakte Nachschubwege ersetzen konnten, blieb der Verlust für die deutsche Luftwaffe größtenteils unersetzt.

Deutsche und alliierte Propaganda und Verarbeitung der Invasion in der Presse

Auf deutscher wie auf alliierter Seite wurde die bevorstehende Invasion mit Propaganda wie auch mit – meist propagandistisch eingefärbten – Presseberichten begleitet. Die Deutschen ihrerseits gaben sich zuversichtlich, dass die Invasion gut für sie verlaufen würde, was in folgenden Auszügen aus Reden des deutschen Propagandaministers Joseph Goebbels erkenntlich wird. So sagte Goebbels in einer Rede am 5. Juni 1943 im Berliner Sportpalast:

„Man spricht heute von der Invasion in Europa, als wäre das die selbstverständlichste Sache der Welt […] Der englische und der amerikanische Soldat aber werden eine blutige Zeche bezahlen müssen. Unsere Wehrmacht ist zu ihrem Empfang bereit!"

Alliierter Passierschein, der deutschen Truppen eine gute Behandlung garantiert, wenn sie sich ergeben

Am 4. Juni 1944 hielt Goebbels dann in Nürnberg bei einer Großkundgebung anlässlich des Kreistages des Kreises Nürnberg-Stadt der NSDAP eine weitere Rede:

„Auch die Invasion wird sich nicht so abspielen, wie man sich das in London oder Washington vorstellt. Die erste Runde beispielsweise haben nicht wir, sondern die Feindseite verloren, denn sie hatte geglaubt, uns durch immer neu erfundene Nachrichten nervös zu machen. Ich habe nicht den Eindruck, daß sie alle wahnsinnig nervös sind [Gelächter]. Aber in London ist man nervös. Die englischen Zeitungen schreiben selbst davon, daß eine neue Krankheit ausgebrochen sei: die Invasionitis [Gelächter]. Gestern wieder ist in Amerika direkt eine hysterische Massenstimmung gewesen, weil eine Fernschreiberin in London nach New York durchgeschrieben hatte –, die hatte sich im Fernschreiben geübt und hatte als Übungsmaterial einen Satz niedergeschrieben, daß die Invasion bereits begonnen hätte, worauf nun in ganz Amerika eine Sensation ausbricht. Die Engländer und Amerikaner glauben vielleicht, mit solchen Meldungen uns nervös zu machen. Sie denken wahrscheinlich, daß ich jetzt hier rede, um Sie jetzt wieder langsam abzuwiegeln, – daß ich sage: Na so schlimm ist es nicht, sein Sie doch nicht so nervös und nicht so hysterisch! [Gelächter]"

Auch in deutschen Zeitschriften wurden die Vorkehrungen hochgelobt. So wurde der Atlantikwall oft in einer heroisierenden Wirkung dargestellt. So wurde auf dem Titelbild der deutschen Wochenzeitung „Das Reich" ein standhafter deutscher Soldat mit einem Schild dargestellt, auf dem „Atlantikwall" steht und gegen das ein machtloser Brite anrennt. In anderen Zeitungen wie bspw. der Brüsseler Zeitung vom 13. April 1944 wird die Invasion ebenfalls reißerisch dargestellt und kommentiert:

„In   blasser   Angst   vor   der   Invasion
‚Das   große   Blutbad   der   Weltgeschichte'
Der USA.-Publizist Reynolds zeigt das wahre Gesicht der Zweiten Front. Bei Landung von einer Million Mann rechnet er jeden zweiten als verloren. Die Geschütze der Maginot-Linie sind heute im Atlantikwall eingebaut."

Der alliierte Oberbefehlshaber Dwight D. Eisenhower hingegen gab sich zuversichtlich, dass die Alliierten den Sieg erringen würden. So meinte er in seiner Ansprache vor dem D-Day:

„Ihr werdet Zerstörung über die deutsche Kriegsmaschinerie, die Eliminierung der Nazi-Tyrannei über die unterdrückten Völker Europas und Sicherheit für uns in einer freien Welt bringen. […] Die Vereinten Nationen haben den Deutschen im offenen Kampf Mann gegen Mann große Verluste zugefügt. Unsere Luftoffensive hat ihre Stärke in der Luft und ihre Fähigkeit auf dem Boden Krieg zu führen ernsthaft geschwächt. Unsere Heimatfronten haben uns eine überwältigende Übermacht an Waffen und Munition gegeben und große Reserven von trainierten kämpfenden Männern zur Verfügung gestellt. Das Blatt hat sich gewendet. Die freien Männer der Welt marschieren zusammen zum Sieg. Ich habe vollstes Vertrauen in euren Mut, eure Pflichterfüllung und eure Kampferfahrung. Wir werden nichts anderes als den totalen Sieg akzeptieren. Viel Glück und lasst uns alle um den Segen des Allmächtigen Gottes für dieses großartige und noble Vorhaben ersuchen. ref="

Die Deutschen berichteten meistens positiv über die Invasion und propagierten, dass man dem Feind schwere Verluste zufügen werde. So berichtete eine deutsche Redakteurin über Anweisungen zur Behandlung von Mitteilungen der alliierten Invasion:

„[…] Wir haben die Anweisung bekommen, recht erfreut über dieses langersehnte Ereignis zu schreiben."

Die Propaganda bezog sich allerdings nicht nur auf die Soldaten oder Bevölkerungen der Parteien, sondern auch auf den jeweiligen Gegner. So garantierten die Alliierten den deutschen Soldaten, die sich freiwillig ergeben würden, ein komfortables und sicheres Leben. Diese Nachrichten wurden über Flugblätter verteilt. So waren beispielsweise die ersten alliierten Flugzeuge am 5. bzw. 6. Juni 1944 über dem Himmel der Normandie unterwegs, um Flugblätter abzuwerfen, und erst danach folgten die Maschinen mit den Fallschirmjägern an Bord. Die Flugblätter waren in der Landessprache der jeweiligen Gegenseite verfasst (deutsche Flugblätter auf englisch und andersrum). Teilweise waren jedoch auch Befehle in der Sprache des Austeilers abgedruckt, um die komfortable Behandlung der Gefangenen zu gewährleisten. Neben Garantien und ähnlichem für die Soldaten enthielten diese Flugblätter aber manchmal auch Bombenwarnungen etc. für die Zivilbevölkerung. Die Alliierten warfen von diesen Flugblättern mehrere Millionen Exemplare ab. Es gab jedoch nicht nur Flugblätter: Auch Zeitschriften wurden aus der Luft hinter den gegnerischen Linien abgeworfen. So warfen die Alliierten ab dem 25. April 1944 täglich eine neue Ausgabe der Zeitschrift „Nachrichten für die Truppe" ab, die anfänglich aus zwei, später aber aus vier Seiten bestand und Nachrichten über die militärische Lage und anderes enthielt Diese Kampagne wurde von einem vereinten amerikanischen und britischen Stab für die Operation Overlord entwickelt. Neben diesem Magazin erstellten die Briten und Amerikaner auch die Zeitschriften „Frontpost" und „Frontbrief".Laut dem Buch *Overlord* von Max Hastings war die effektivste Methode dieser Propaganda jedoch der von den Briten betriebene Radiosender Radio Calais, der fast die halbe deutsche Armee erreichte. Laut Hastings hörten die Deutschen den alliierten Durchsagen über gefangengenommene deutsche Soldaten, die über das Radio verlesen wurden, aufmerksam zu. Die Deutschen versuchten, mit ihren „Wunderwaffen" wie der V1 oder V2, sowohl die deutsche Bevölkerung von der Möglichkeit zu überzeugen, den Krieg noch gewinnen zu können, als auch durch die Abschüsse auf London die britische Bevölkerung zu demoralisieren. Bei den alliierten Truppen kam außerdem die heißblütige Stimme von Mildred Elizabeth Sisk Gillars gut an, die als Propagandistin beim Großdeutschen Rundfunk, Radio Berlin unter dem Pseudonym *Axis Sally* bekannt wurde. Ihr infamstes Radio-Feature unter dem Titel *Vision of Invasion* bestand daraus, dass sie am 11. Mai 1944, kurz vor der geplanten Invasion in der Normandie eine amerikanische Mutter spielte, die ihren Sohn im Ärmelkanal verloren hatte. Eine Ansagerstimme brachte es auf den Punkt, mit den Worten: *The D of D-Day stands for doom... disaster... death... defeat... Dunkerque or Dieppe.*

Die Situation der Zivilbevölkerung während der Operation
Opfer unter der Zivilbevölkerung

Aufgrund der Bedingungen für die Zivilbevölkerung in der Normandie (Artilleriebeschuss und Bombardement) war die Zahl von Zivilopfern besonders hoch. Um den Bomben und Granaten zu entkommen, suchten die Menschen Schutz in Kellern, Höhlen, Steinbrüchen und mit Brennholzbündeln bedeckten Gräben. Mehrere tausend Einwohner flohen nach Süden über Straßen und Wege, die regelmäßig bombardiert wurden. Unter ihnen waren Männer, Frauen und Kinder, einschließlich der Alten und Kranken, die zu Fuß, in Karren und manchmal mit ihren Kühen den Weg aufnahmen. Einige taten dies spontan, um vor den Kämpfen zu fliehen, während andere von der deutschen Armee Befehle erhielten, ihre Häuser zu verlassen. Die Flüchtlinge zogen manchmal allein und manchmal in Konvois Richtung Süden, meist auf Routen, die das Vichy-Regime ausgearbeitet hatte. Der Großteil der zivilen Opfer starb aufgrund alliierter Bombardements aus der Luft, die zum Ziel hatten, Straßen zu zerstören, um den deutschen Nachschub aufzuhalten. Die tödlichsten Angriffe fanden am Abend des 6. Juni und während der Nacht vom 6. auf den 7. Juni statt, wobei die Städte Lisieux, Pont-l'Évêque, Caen, Argentan, Flers, Condé-sur-Noireau, Vire, Saint-Lô und Coutances teilweise zerstört wurden. Mehr als 3.000 Menschen wurden getötet. Die Flugblätter, die wenige Stunden vor dem Bombardement abgeworfen wurden, um die Einwohner zu warnen, hatten wenig Wirkung. In den folgenden Tagen verwüsteten Bomben außerdem L'Aigle, Avranches, Valognes, Vimoutiers, Falaise und Alençon. Die Luftangriffe nahmen danach ab, obwohl kleinere Städte und Dörfer wie Aunay-sur-Odon und Evrecy weiterhin stark bombardiert wurden. Viele weitere Einwohner starben aufgrund des alliierten Artilleriebeschusses und des Beschusses von See aus (→ Seekrieg während der Operation Overlord). So wurden viele der Städte und Dörfer an den Landungsstränden zerstört und viele Einwohner getötet. Alexander McKee sagte zu dem Bombardement der Stadt Caen (→ Schlacht um Caen) am 7. Juli folgendes:

„Die 2.500 Tonnen Bomben unterschieden in keiner Weise zwischen

Freund und Feind. Sollten die britischen Befehlshaber geglaubt haben, dass sie die Deutschen einzuschüchtern vermochten, indem sie die Franzosen umbrachten, so hatten sie sich schwer getäuscht."

Als die Stadt Caen am 9. Juli von Briten und Kanadiern erobert wurde, waren viele Einwohner Caens tot oder obdachlos. Der Pionier Arthur Wilkes beschrieb den Zustand der Stadt wie folgt: *„Berge von Trümmern, [etwa] 20 oder 30 foot [≈ 6 oder 9 m] hoch [...] die Toten lagen überall."*. Diverse Einwohner wurden von Deutschen getötet, entweder für Widerstandsaktionen oder weil sie sich geweigert hatten, Anordnungen (es gab alleine 650 für die Niedernormandie) zu befolgen. So wurden am D-Day viele der im Gefängnis von Caen inhaftierten Menschen exekutiert. Am 10. Juni 1944 kam es zum so genannten Massaker von Oradour, bei dem der Ort Oradour-sur-Glane als Repressalie gegen Partisanentätigkeit zerstört und die Einwohner ermordet wurden (vgl. Massaker von Oradour). Bei dem Massaker starben 642 Menschen, von denen nur noch 52 zu identifizieren waren. Unter den Toten befanden sich 207 Kinder und 254 Frauen. Nur sechs Einwohner überlebten das Massaker. Selbst Monate nach den Kämpfen fiel noch eine große Zahl von Einwohnern der Normandie – Bauern, Matrosen und häufig Kinder – Minen und fehlgezündeten Bomben zum Opfer. Insgesamt verloren rund 20.000 Einwohner der Normandie ihr Leben – beträchtlich mehr als die Zahl von britischen und kanadischen Soldaten, die im Kampf getötet wurden (ca. 16.000) und etwa gleich viel wie die amerikanischen Gefallenen (ca. 21.000). Eine vermehrte Anzahl unter zivilen Opfern lässt sich im Gebiet um Caen finden, das durch die schweren Kämpfe während der Schlacht um Caen besonders hart getroffen wurde. Allein in Caen fanden 1989 Zivilisten den Tod, während es in den Vororten und umliegenden Dörfern nur 72 waren .

Reaktion der französischen Einwohner auf die Alliierten

Bei Ankunft der Alliierten in den Städten der Normandie wurde mit Fahnen gefeiert, Teile der Bevölkerung zogen sich sogar in Farben des Union Jacks an. Die Alliierten wurden mit Weinflaschen und offenen Weinkellern begrüßt, während diese wiederum den Einwohnern der Städte Schokolade, Tabak und Kaugummi gaben. So steht beispielsweise im Kriegstagebuch des *1. Battalion King's Own Scotish Borderers* ein Eintrag zum 9. Juli:

„In den verlassen wirkenden Häusern begann langsam ein Aufleben, als die [französischen] Zivilisten realisierten, dass wir die Stadt [Caen] eroberten. Sie kamen rennend mit Gläsern und Weinflaschen [aus ihren Häusern] heraus."

Nachdem am 25. August 1944 die Stadt Paris (→ Schlacht um Paris) unter alliierter Kontrolle war, hielt Charles de Gaulle am 26. August einen Triumphzug ab und sprach danach vom Balkon des Rathauses zur Pariser Bevölkerung. Am selben Tag folgte eine französische Siegesparade über den Champs-Élysées. Ein Buchhändler aus Paris, Jean Galtier-Boissiére, beschrieb die Szenen in Paris am 25. August 1944 wie folgt:

„Eine erregte Menge drängt sich um die französischen Panzer, die mit Fahnen und Blumen geschmückt sind. Auf jedem Panzer, auf jedem gepanzerten Fahrzeug stehen Mädchen, Frauen, Jungen und Fifis mit Armbinden [Kämpfer der FFI] direkt neben den Männern in khakifarbenen Overall und képi. Die Menschen säumten die Straße, warfen Kusshände, reckten die geballte Faust, zeigten den Befreiern ihre Begeisterung."

Kriegsverbrechen

Ein alliierter Soldat bewacht zwei deutsche Kriegsgefangene in der Nähe von Caen, 11. Juli 1944

Während der Operation Overlord verübten sowohl die deutsche als auch die alliierte Seite Kriegsverbrechen, wobei diejenigen von Amerikanern, Kanadiern und Briten erst in jüngster Zeit durch die vor allem auf Augenzeugenberichten beruhenden Forschungen des britischen Historikers Antony Beevor aufgedeckt wurden. Auf beiden Seiten kam es zur Tötung von Kriegsgefangenen, entweder einige Zeit nach der bereits erfolgten Gefangennahme, oder dann, wenn sich Soldaten deutlich erkennbar gerade ergeben wollten. Dass es sich dabei nicht nur um spontane Handlungen oder Reaktionen auf erbitterte, verlustreiche Kämpfe (die deutscherseits zum Teil mit Mitteln der asymmetrischen Kriegsführung gefochten wurden) handelte, zeigt das nachweisbare Vorhandensein entsprechender Befehle, keine Gefangenen zu machen. Praktiziert wurde die Erschießung deutscher Gefangener durch alliierte Soldaten zum Beispiel dann, wenn der eigene schnelle Vorstoß durch die erforderliche Evakuierung der Gefangenen verzögert worden wäre. Weiterhin, so Beevor, haben deutsche Soldaten Verwundete und Sanitätspersonal getötet, während alliierte Piloten deutsche Sanitätskraftwagen aus der Luft beschossen hätten. Schwerpunktmäßig waren folgende Einheiten an solchen Verbrechen beteiligt: Auf deutscher Seite die 12. SS-Panzerdivision „Hitlerjugend" und umgekehrt die gegen sie kämpfenden Kanadier; allein in den ersten Tagen wurden 187 kanadische Gefangene getötet, darunter 18 in der Nacht vom 7. auf den 8. Juni beim Massaker in der Abbaye d'Ardenne bei Caen. Für die amerikanische Seite werden mehrere Vorfälle aus der 101. und 82. Luftlandedivision berichtet, deren Fallschirmjäger besonders schwere Kämpfe schon am ersten Tag zu bestehen hatte; so wurden bei Audouville-la-Hubert am D-Day 30 gefangene Wehrmachtsangehörige erschossen. Darüber hinaus kam es im Verlauf der Operation Overlord zu etlichen, unter dem Deckmantel der „Terroristenbekämpfung" durchgeführten Massakern an der französischen Zivilbevölkerung durch Angehörige folgender Waffen-SS-Divisionen: 1. SS-Panzerdivision „Leibstandarte Adolf Hitler", 2. SS-Panzerdivision „Das Reich", 12. SS-Panzerdivision „Hitlerjugend" (u.a. Panzerregiment 26), 17. SS-Panzergrenadierdivision „Götz von Berlichingen." Nach Beevor verloren bei den 26 schlimmsten Massakern in Frankreich im Jahre 1944 insgesamt 1904 Menschen das Leben, darunter allein 642 (davon 207 Kinder, 254 Frauen) in Oradour-sur-Glane am 10. Juni 1944; der Ort wurde fast völlig zerstört. Noch im August töteten SS-Männer auf dem Rückzug hunderte von Zivilisten in Buchères bei Troyes, in Maillé sowie in Tavaux und Plomion. Die Gestapo ermordete angesichts der bevorstehenden deutschen Niederlage 600 bereits inhaftierte Mitglieder der Résistance.

Der ehemalige SS-Standartenführer Kurt Meyer berichtet wie folgt über die Behandlung von deutschen Kriegsgefangenen durch kanadische Truppen:

„Am 7. Juni wurde mir ein Notizblock eines kanadischen Captains gegeben. Zuzüglich zu handgeschriebenen Befehlen, wiesen die Notizen an: 'no prisoners were to be taken' [‚keine Gefangenen nehmen']. Einige kanadische Gefangene wurden [daraufhin] gefragt, ob die Instruktionen der Wahrheit entsprechen würden [...] und sie sagten, dass sie den Befehl hatten, wenn die Gefangenen den

Fortschritt behinderten, sie nicht gefangen zu nehmen."

Meyer soll daraufhin befohlen haben: *„Was sollen wir mit diesen Gefangenen tun? Die essen nur unsere Rationen. In Zukunft werden keine Gefangenen mehr gemacht."*

Der kanadische Kompanieführer und Major <u>Jacques D. Dextraze</u> bestätigte nach dem Krieg Meyers Anschuldigungen:

„Wir passierten den Fluss – die Brücke war gesprengt worden. [...] Wir nahmen 85 Kriegsgefangene. Ich wählte einen Offizier aus und sagte: 'bring sie zum <u>P.W.</u> Käfig zurück'. Er ging zurück und befahl ihnen, zu der Brücke [...] zu rennen. Diese Männer waren schon einige Meilen gerannt. Sie kamen erschöpft an der Brücke an, [aber der Offizier sagte:] Nein Nein, ihr nehmt nicht die Brücke, ihr schwimmt. Jetzt fielen die Männer in das Wasser. Die meisten ertranken. [...] Danach wurden sie von den Pionieren, die die Brücke reparierten, aus dem Wasser geholt. Ich fühlte mich sehr schlecht, als ich sie alle aufgestapelt neben der Brücke sah."

Verluste bei der Operation Overlord

Die genaue Zahl der Verluste an Soldaten während der Operation Overlord lässt sich nicht rekonstruieren. Bereits vor dem D-Day – zwischen April und Mai 1944 – verloren die Alliierten annähernd 12.000 Männer und mehr als 2000 Flugzeuge. Die Alliierten hatten seit dem D-Day etwa 53.700 Tote (37.000 Tote bei den Landstreitkräften und 16.714 Tote bei den Luftstreitkräften), 18.000 Vermisste und 155.000 Verwundete, die Deutschen 200.000 Tote, Vermisste und Verwundete und weitere 200.000 Kriegsgefangene zu verzeichnen. Von den Alliierten sind insgesamt 32.807 der Gefallenen in Kriegsgräberstätten begraben, während es bei den Deutschen 77.866 sind. Die Opfer unter der französischen Zivilbevölkerung belaufen sich auf etwa 20.000 Menschen (vgl. <u>Opfer unter der Zivilbevölkerung</u>)

Nachwirkungen der Operation Overlord

Die Operation Overlord verlief für die Alliierten relativ erfolgreich, so dass sie ihren Brückenkopf in der Normandie ausbauen und eine feste Basis für einen weiteren Vormarsch nach Osten, Richtung Deutschland, schaffen konnten. Zudem verhalf den Alliierten ihre zweite Landung in Südfrankreich, die <u>Operation Dragoon</u> dazu, Frankreich zu erobern und kraftvoller vorzurücken.

Durch die enorme Materialfülle und absolute Luftherrschaft konnten zu jeder Zeit deutsche Truppenansammlungen zerschlagen werden, weshalb die Alliierten nach dem Ende der Operation Overlord recht zügig vorankamen. Zwar überdehnten sie bei ihrem schnellen Vorstoß zum deutschen Westwall ihre Versorgungslinien, aber durch den Aufbau neuer, schneller Nachschubwege (→ Red Ball Express), gelang es vor allem den in großen Mengen benötigten Treibstoff bereitzustellen. Bereits am 3. September 1944 fiel Brüssel, und am Tag darauf konnte Antwerpen besetzt werden.

Generalfeldmarschall Wilhelm Keitel unterzeichnet 1945 in Berlin-Karlshorst die ratifizierende Kapitulationsurkunde

Bei der Luftlandeoperation Market Garden konnte das II. SS-Panzerkorps den Briten und US-Amerikanern in Arnheim noch einmal eine schwere Niederlage beibringen. Die Operation fand zwischen dem 17. und dem 27. September 1944 in den niederländischen Provinzen Noord-Brabant und Gelderland statt und hatte das Ziel, den deutschen Westwall zu umgehen und den englischen und amerikanischen Truppen einen raschen Vorstoß ins Deutsche Reich zu ermöglichen. Sie war, wie Eisenhower später analysierte, „zu 50 % ein Erfolg". Zwar verschoben die Alliierten die Frontlinie von Belgien aus nördlich bis Nimwegen, aber das Ziel, die deutschen Verteidigungslinien durch Überschreiten des Rheins bei Arnheim zu umgehen, wurde nicht erreicht. Der unerwartet starke deutsche Widerstand in Arnheim verhinderte die Einnahme der wichtigen Rheinbrücke. Die Alliierten mussten sich schließlich unter hohen Verlusten an Menschen und Material zurückziehen. Um den Antwerpener Hafen nutzen zu können, schalteten die kanadischen Truppen im Oktober die deutschen Stellungen auf den in der Scheldemündung liegenden Inseln Süd-Beveland und Walcheren aus. Die wichtige Schlacht an der

Scheldemündung dauerte über einen Monat, dann war der Weg für die alliierten Nachschublieferungen frei. Am 21. Oktober eroberten die Alliierten nach heftigen Kämpfen mit Aachen die erste deutsche Stadt. Am 22. November 1944 erreichten weiter südlich US-amerikanische Kräfte Metz und Straßburg. Im Dezember versuchten die Deutschen mit der Ardennen-Offensive die Oberhand im Westen zu gewinnen. Das Operationsziel, die Linien der Alliierten zu spalten und in breiter Front nach Belgien vorzustoßen, misslang jedoch im gleichen Maße wie die hierdurch erzwungene Umgliederung der alliierten Kräfte im Rahmen des im Januar 1945 durchgeführten Unternehmens Nordwind auszunutzen. Die westalliierten Truppen rückten weiter nach Deutschland vor und trafen am 25. April mit sowjetische Truppen in Torgau an der Elbe (Elbe Day) zusammen; der letzte Einflussbereich der Deutschen zerfiel jetzt in zwei Teile. Am 26. April fiel Bremen an die Briten, die weiter nach Nordosten zogen. In rascher Folge nahmen sie Lübeck (2. Mai) und Hamburg (3. Mai) ein sowie schließlich Wismar; wohl auch, um die Rote Armee daran zu hindern, bis Schleswig-Holstein vorzustoßen. Nachdem Eisenhower im operativen Hauptquartier der SHAEF in Reims das Ansinnen eines separaten Waffenstillstands mit den Westalliierten zurückgewiesen hatte, unterzeichnete der deutsche Generaloberst Alfred Jodl in den Morgenstunden des 6. Mai 1945 die bedingungslose Gesamtkapitulation aller deutschen Truppen, die am 8. Mai um 23:01 Uhr Mitteleuropäischer Zeit in Kraft treten sollte.

Gedenken

Nach Beendigung des Krieges wurden auf dem ehemaligen Operationsgebiet in Nordfrankreich viele Friedhöfe, Gedenkstätten und Museen eröffnet, die an die Gefallenen, an die Überlebenden und ebenso an die Geschehnisse erinnern sollen. Die bekannteste Bestattungs- und Gedenkstätte ist der US-amerikanische Soldatenfriedhof in Colleville-sur-Mer. Daneben befinden sich in der Normandie noch viele weitere Friedhöfe und Gedenkstätten der Briten, Kanadier, Australier und Neuseeländer, die teilweise auch in gemeinsamen Stätten begraben sind. Auf der Kriegsgräberstätte in La Cambe und dem Soldatenfriedhof von St. Desir-de-Lisieux sind deutsche Offiziere und Soldaten bestattet. Die Strände der Operation sind mit ihren Codenamen in Karten und auf Straßenschildern eingezeichnet, und viele der Bunker stehen noch. Eine Vielzahl der Straßen sind nach den Einheiten, die in ihrer Nähe kämpften oder nach Kommandeuren bezeichnet, während an Stellen wie beispielsweise der Pegasusbrücke Büsten, Gedenkstätten und teilweise Museen errichtet wurden. Eines der bekanntesten Mahnmale ist die Felsnadel am Pointe du Hoc, etwa zehn Kilometer westlich der amerikanischen Gedenkstätte am Omaha Beach. Sie soll an die dortigen gefallenen Ranger erinnern und als Mahnung für spätere Generationen an die Geschehnisse des D-Day erinnern. Das Musée de la paix (Friedensmuseum) in Caen wurde auf Initiative der dortigen Stadtverwaltung errichtet und 1988 eröffnet. Es existieren jedoch noch zahlreiche weitere Museen, die über die ganze Normandie verstreut sind und sich teilweise sogar in sehr kleinen Ortschaften befinden. Außerdem liegt einer der ursprünglich zwei Mulberry-Häfen noch immer vor Arromanches, wohingegen in Sainte-Mère-Église eine Fallschirmjägerpuppe am Kirchturm hängt. Am Juno Beach errichteten die Kanadier das Juno Beach Information Centre, die US-Amerikaner hingegen errichteten ihr „National D-Day Museum" in den Vereinigten Staaten. Am 6. Juni jedes Jahres gedachte außerdem der US-amerikanische Karikaturist und Veteran des Zweiten Weltkriegs, Charles M. Schulz (1922–2000), mit seinem Cartoon „Die Peanuts" seiner Kameraden, die in der Normandie fielen.

Siehe auch

* Operation Carpetbagger

Literatur

Einige der Bücher sind in Deutsch sowie in Englisch und auch in anderen Sprachen erhältlich. Bücher, die in deutscher Sprache erschienen sind, werden ausschließlich bei „In deutscher Sprache" aufgelistet. Spezielle Literatur zu den Landungen an den Stränden oder zu einzelnen Operationen usw. sind in den jeweiligen Artikeln zu finden.

In deutscher Sprache

* Anthony Beevor: *D-Day – Die Schlacht in der Normandie*, C. Bertelsmann, Gütersloh, 2010, ISBN 978-357010007-3 (engl. Original, 2009: ISBN 067088703X.)
* Will Fowler: *D-Day: The First 24 Hours*, Amber Books Ltd., London 2003, ISBN 3-85492-855-6 (Fowlers Buch beschreibt ausschließlich die Operation Neptune, dies allerdings mit guter Bebilderung und vielen Karten)
* Friedrich Georg: *Verrat in der Normandie - Eisenhowers deutsche*

Helfer Grabert Verlag, 2007, ISBN 3-87847-237-4

- Tony Hall (Hrsg.): *Operation „Overlord"*, Motorbuch Verlag, 2004, ISBN 3-613-02407-1 (engl. Original, 2003: ISBN 0760316074. Umfassendes Werk internationaler Autoren. Das Buch ist thematisch gegliedert.)
- Helmut K. von Keusgen: *D-Day 1944, Die Landung der Alliierten in der Normandie.* IMK-Creativ-Verl., Garbsen 2000, ISBN 3-932922-10-7
- Yves Lecouturier: *Die Strände der alliierten Landung*, Morstadt, 2003, ISBN 3-88571-287-3
- Janusz Piekalkiewicz: *Invasion. Frankreich 1944*, München 1979
- Cornelius Ryan: *Der längste Tag*, S. Mohn, 1960, ISBN 978-3-7042-2026-4
- Dan Parry: *D-Day*, Vgs Verlagsgesellschaft: Köln, 2004, ISBN 3-8025-1618-4
- Brian B. Schofield: *Der Sprung über den Kanal*, Motorbuch Verlag, 1978, ISBN 3-87943-536-7
- Percy E. Schramm (Hrsg.): *Kriegstagebuch des Oberkommandos der Wehrmacht 1944–1945*, Teilband 1, ISBN 3-7637-5933-6 (Kommentierte Ausgabe des Kriegstagebuchs, insges. acht Bände, von denen sich einer unter anderem mit der Lage an der Westfront 1944 beschäftigt)
- Dan van der Vat: *D-Day. Die alliierte Landung in der Normandie*, Collection Rolf Heyne, 2004, ISBN 3-89910-199-5

In englischer Sprache

- Omar Bradley, Clay Blair: *A General's Life*, Autobiography, 1983
- Anthony Hall: *Operation Overlord. D-Day Day by Day*, New Line Books, 2005, ISBN 1-84013-592-1 – Tagebuch der Planung, Vorbereitung und Durchführung der Operation Overlord, allerdings nur bis etwa fünfzehn Tage nach dem D-Day.
- Stephen E. Ambrose: *D-Day*, Simon & Schuster Inc., 1994, ISBN 0-7434-4974-6 – Dieses Buch basiert auf diversen Interviews mit Zeitzeugen und handelt ausschließlich vom D-Day , dem Tag davor und danach (D-1 und D+1). Ambrose verfasste neben diesem Buch diverse andere Bücher, so beispielsweise das Buch *Band of Brothers*, das Vorlage für die gleichnamige Fernsehserie war.

- Robin Niellands: *The Battle of Normandy – 1944*, Weidenfeld & Nicholson military, 2002, ISBN 0-304-35837-1 – Niellands Buch zur Schlacht in der Normandie behandelt diverse Aspekte der Operation Overlord mit vielen Zitaten als Untermalung.
- Fritz Kramer, Fritz Ziegelmann, Freiherr Von Luttwitz, Heinz Guderian: *Fighting in Normandy: The German Army from D-Day to Villers-Bocage*, Stackpole Books, 2001, ISBN 1-85367-460-5
- Ronald J. Drez: *Voices of D-Day: The Story of the Allied Invasion Told by Those Who Were There (Eisenhower Center Studies on War and Peace)*, Louisiana State University Press, 1998, ISBN 0-8071-2081-2
- John Keegan: *Six Armies in Normandy: From D-Day to the Liberation of Paris: June 6 - Aug 5, 1944*, Penguin Books, 1994, ISBN 0-14-023542-6
- Max Hastings: *Overlord*, Touchstone; Reprint edition, 1985, ISBN 0-671-55435-2
- Humphrey and Young, Susan Wynn: *Prelude to Overlord: An Account of the Air Operations Which Preceded and Supported Operation Overlore*, the Allied Landings in Normandy on D-Day, 6th, Presidio Press, 1984, ISBN 0-89141-201-8
- C.P. Stacey: *Canada's Battle in Normandy*, Queen's Printer, 1948
- Carlo D'Este: *Decision in Normandy*, London, 1983
- Brown: *Operation Neptune.* Frank Cass Publishers, London 2004, ISBN 0-415-35068-9
- Russell A. Hart: *Clash of Arms: How the Allies Won in Normandy*, Boulder, CO: Lynne Rienner, 2001, ISBN 1-55587-947-0

In französischer Sprache

- Eddy Florentin: *Stalingrad en Normandie*, Paris, Presses de la Cité, 1964
- Anthony Kemp: *6 juin 1944*, Edition Découverte Gallimard, Série Histoire, 1994, ISBN 2-07-058353-8
- Georges Bernage: *Gold Juno Sword*, Editions Heimdal, ISBN 2-84048-168-5
- Georges Bernage: *Diables Rouges en Normandie*, Editions Heimdal, ISBN 2-84048-158-8
- Dominique Kieffer, Stéphane Simonnet: *N°4 Commando*, Editions

Heimdal, März 2004, <u>ISBN 2-84048-180-4</u>

- Philippe Bauduin: *Quand l'or noir coulait à flots*, Editions Heimdal, März 2004, <u>ISBN 2-84048-187-1</u>
- <u>Erwin Rommel</u>: *Archives Rommel*, Herrlingen-Blaustein
- Dominique Lormier: *Rommel : La fin d'un mythe*, Le Cherche-Midi Éditeur, Paris 2003
- Henry Corta (1921-1998), Oberleutnant SAS : *les bérets rouges*, amicale des anciens parachutistes SAS francais, Paris 1952, französischen SAS in der Bretagne
- Henry Corta : *Qui ose gagne (Who dares wins)*, Service Historique de l'Armée de Terre (S.H.A.T.), Vincennes 1997, französischen SAS in der Bretagne, <u>ISBN 978-2863231036</u>

Hörbücher [<u>Bearbeiten</u>]

- Stephen E. Ambrose: *D-Day : June 6, 1944 -- The Climactic Battle of WWII*, Audioworks; Abridged edition, 2001, <u>ISBN 0-7435-0814-9</u>, Audio-CD (Englisch)

Weblinks

Commons: Operation Overlord – Album mit Bildern und/oder Videos und Audiodateien

- Literatur zum Schlagwort *Operation Overlord* im <u>Katalog der Deutschen Nationalbibliothek</u> und in den Bibliotheksverbünden <u>GBV</u> und <u>SWB</u>

Deutsch

- Romedio von Thun-Hohenstein: <u>Die Invasion in der Normandie</u>, in Österreichische Militärische Zeitschrift, Ausgabe 1/ 2006
- <u>Weitere Informationen bei battletours.de</u>

Englisch

- <u>Ausführliche Darstellung der Operation Overlord auf www.ibiblio.org</u> (*englisch*)
- <u>Seite zu den kanadischen Streitkräften während der Operation</u>

Overlord (*englisch*)
- bbc.co.uk zur Operation (*englisch*)
- Informationen und Links zu Zeitungsauschnitten betreffend der Operation (*englisch*)
- Website der encyclopedia britannica zum D-Day (*englisch*)
- dday.co.uk (*englisch*)
- ddayancestors.com (*englisch*)
- sehr ausführliche Informationen zur Operation (*englisch*)
- Psychologische Kriegsführung (Flugblätter) (*englisch*) (PDF; 151 kB)
- ausführliche Informationen (*englisch*) (PDF; 5 kB)
- Informationen zum 65. Jahrestag des D-Day auf den Seiten des United States European Command (*englisch*)

Französisch

- detaillierte Information (*französisch*)
- „La Bataille de Normandie" (*französisch*)
- Die Operation Overlord (*französisch*)

Mehrsprachig

- 6juin1944.com (*englisch/französisch*)
- Website zum 60. Jahrestag des D-Day (*englisch/italienisch*)

Einzelnachweise

1. ↑ Janusz Piekalkiewicz: *Die Invasion. Frankreich 1944*, München 1979, Seite 42
2. ↑ Janusz Piekalkiewicz. *Die Invasion. Frankreich 1944*, München 1979, Seite 65
3. ↑ Frederick Sowrey: Aerial Reconnaissance, in: David G. Chandler/James Lawton Collins jr. (Hrsg.): The D-Day Encyclopedia, New York u. a. 1994, ISBN 0-13-203621-5, S. 1–3, S. 1
4. ↑ Janusz Piekalkiewicz: *Die Invasion. Frankreich 1944*, München

1979, Seite 61f.

5. ↑ Anthony Hall: *Operation Overlord: D-Day Day by Day*, New Line Books, 2005, ISBN 1-84013-592-1, Seite 21

6. ↑ Anthony Hall: *Operation Overlord: D-Day Day by Day*, New Line Books, 2005, ISBN 1-84013-592-1, Seite 55

7. ↑ Anthony Hall: *Operation Overlord: D-Day Day by Day*, New Line Books, 2005, ISBN 1-84013-592-1

8. ↑ T. Michael Booth und Duncan Spencer: *Paratrooper: The Life of Gen. James M. Gavin*, Schuster & Simon, New York 1994, ISBN 0-671-73226-9, Seite 170/71

9. ↑ gearboxsoftware.com: *http://www.gearboxsoftware.com/index.php? p=gearblogs&entry=4*; Abgerufen am 10. Juni 2006

10. ↑ ᵃ ᵇ Dokumentation des Discovery Channel aus dem Jahr 2002: „*Normandie*", Bestellnummer: 29208.

11. ↑ Brian B. Schofield: *Der Sprung über den Kanal*, Motorbuch Verlag 1978, ISBN 3-87943-536-7, Seite 73.

12. ↑ ᵃ ᵇ ᶜ ᵈ ᵉ Britisches Verteidigungsministerium: *http://www.veterans-uk.info/pdfs/publications/comm_booklets/drive_on_caen.pdf*, PDF-Datei

13. ↑ Stephen E. Ambrose: *D-Day*. Simon & Schuster Inc., 1994, ISBN 0-7434-4974-6, Seite 258.

14. ↑ Stefan Mannes: *student-online.net*; Abgerufen am 15. April 2006.

15. ↑ Janusz Piekalkiewicz: *Die Invasion. Frankreich 1944*, München 1979, Seite 104.

16. ↑ Janusz Piekalkiewicz: *Die Invasion. Frankreich 1944*, München 1979, Seite 95.

17. ↑ famousquotes.me.uk: *http://www.famousquotes.me.uk/speeches/Eisenhower/index.htm*; Abgerufen am 13. Mai 2006.

18. ↑ psywar.org: *http://www.psywar.org/psywar/reproductions/LeafletReport.pdf*; Abgerufen am 14. Mai 2006

19. ↑ Max Hastings: *Overlord*, Pam Books, 1999, ISBN 0-330-39012-0, Seite 243

20. ↑ Yves Lecouturier: *Entdeckungspfade – Die Strände der alliierten Landung*, ISBN 3-88571-287-3, Seite 102.

21.↑ normandiememoire.com: *Karte mit zivilen Opfern*; Abgerufen am 10. Juni 2006

22.↑ Hedley Paul Willmott, Robin Cross, Charles Messenger: *Der Zweite Weltkrieg*, ISBN 3-8067-2561-6, Seite 231.

23.↑ Antony Beevor, D-Day. Die Schlacht um die Normandie, München 2010, S.67, 80–83, 120f., 136, 163, 176, 183f., 193, 198f., 221, 228f., 232, 241f., 253, 275f., 288f., 318, 374, 403f., 411, 420, 460, 466, 475f., 497, 519, 536, 540.

24.↑
http://www.spiegel.de/international/world/0,1518,692037,00.html

25.↑   a   b   valourandhorror.com: *http://www.valourandhorror.com/DB/ISSUE/POWs.php*.

26.↑   waramps.ca. *http://www.waramps.ca/military/wwii/tnop.html#abbaye2*, Bericht eines polnischen Gefreiten aus der 12. SS-Panzerdivision

27.↑   users.erols.com/mwhite28: *http://users.erols.com/mwhite28/battles.htm*   und ddaymuseum.co.uk: *http://www.ddaymuseum.co.uk/faq.htm#casualities*; Abgerufen am 21. Juni 2006

„http://de.wikipedia.org/wiki/Operation_Overlord"

Malmedy-Massaker

Tote nach dem Malmedy-Massaker

Das **Malmedy-Massaker** war ein Kriegsverbrechen im Zuge der Ardennenoffensive im Zweiten Weltkrieg, bei dem etwa 87 kriegsgefangene US-amerikanische Soldaten von Angehörigen der Waffen-SS erschossen wurden. Der Ort des Geschehens lag in der Nähe der belgischen Kreisstadt Malmedy südlich von Aachen.

Vorgeschichte

Die Ardennenoffensive war der letzte Versuch der Wehrmacht, die Initiative an der Westfront zurückzugewinnen. Drei deutsche Armeen der Heeresgruppe B sollten im Winter 1944 im unwegsamen Gelände der Ardennen den Vorstoß der alliierten Truppen Richtung Rhein zurückschlagen und durch einen überraschenden Vormarsch nach Antwerpen die Hauptnachschublinien der Alliierten unterbrechen. Die deutschen Kommandeure wollten mit dem „Unternehmen Herbstnebel" die Anti-Hitler-Koalition spalten und ein Ende der Kämpfe im Westen erreichen. Während einer Lagebesprechung im Gefechtsstand *Adlerhorst* bei Bad Nauheim erläuterte Adolf Hitler am 12. Dezember 1944 seinen versammelten Generälen seine Ansicht, dass die bevorstehende Winteroffensive die bedeutendste Schlacht in einem „Entscheidungskrieg auf Leben und Tod" sei. Nach Aussagen der damals Beteiligten gab Hitler auch die Anweisung, Gefangene nur dann zu machen, wenn es die „taktische Situation" erlaube. Entsprechend wurden Anweisungen zur „rücksichtslosen Härte" von den übergeordneten Befehlsstellen an die unterstellten Einheiten weitergegeben, so auch von Sepp Dietrich. Laut der Anklage im späteren Prozess soll er Anweisung gegeben haben, kriegsvölkerrechtliche Vorschriften zu ignorieren.

Die Kampfgruppe Peiper

Die *Kampfgruppe Peiper* unter dem Befehl des SS-Standartenführers Jochen Peiper war ein Verband der Leibstandarte „Adolf Hitler", der ungefähr 1000 Mann und 100 Panzerfahrzeuge umfasste. Für die Ardennenoffensive war die Kampfgruppe der 6. SS-Panzerarmee unter Sepp Dietrich zugeteilt, deren Angriffsspitze sie stellen sollte. Die Aufgabe von Peipers Verband war der rasche Vorstoß zu den Maas-Brücken bei Huy und die Öffnung eines Korridors für nachfolgende Truppen. Wie Peiper selbst, hatte ein Großteil seiner Untergebenen zuvor an der Ostfront gekämpft. Vor Beginn der Offensive lag Peipers Truppe weit hinter dem Zeitplan und drohte die gesamte Operation zu gefährden. Da gerade die Leibstandarte „Adolf Hitler" sich als Elite betrachtete, setzte die Angst vor dem Versagen die Kommandeure der Kampfgruppe stark unter Druck.

Das Massaker

Am 17. Dezember 1944, dem zweiten Tag der Ardennen-Offensive, traf die schnell vorgehende Panzertruppe Peipers etwa 4 km südöstlich von Malmedy – an der Straßenkreuzung von Baugnez – auf einen LKW-Konvoi der Battery B des 285th Field Artillery Observation Battalion der United States Army. Sofort nach der Entdeckung wurde der Konvoi beschossen und überwältigt. Die Angriffsspitze der Kampfgruppe Peiper – darunter auch Joachim Peiper selbst – kümmerte sich nicht um die Amerikaner und fuhr weiter. Angehörige der nachfolgenden SS-Einheiten stellten die etwas über 100 Gefangenen auf einer Wiese nahe der Straßenkreuzung auf. Der genaue Ablauf des nun folgenden Massakers oder eine eventuell vorhandene Befehlskette der nachfolgenden Ereignisse konnte bisher nicht präzise geklärt werden. Sicher ist jedoch, dass die SS-Männer gegen Mittag des 17. Dezembers mit Maschinenpistolen und den Bordwaffen ihrer Fahrzeuge das Feuer auf die gefangenen Amerikaner eröffneten – unter denen sich auch Verwundete befanden. Anschließend töteten einzelne SS-Männer die Überlebenden durch Schüsse aus nächster Nähe, was später ein Beweis dafür war, dass es sich um ein Verbrechen und kein normales Gefecht gehandelt hatte. Insgesamt starben bei der Schießerei mindestens 87 Amerikaner, die erst im Januar 1945 von ihren Kameraden gefunden wurden. Es gibt verschiedene Ansätze, den Auslöser für das Massaker zu erklären. Im Wesentlichen lassen sich zwei Versionen unterscheiden:

- Entsprechend den tatsächlich gegebenen oder bloß eingebildeten Befehlen wollten die Deutschen die Amerikaner weder laufen lassen, noch Ressourcen vergeuden, um sie in ein rückwärtiges Kriegsgefangenenlager zu bringen. Die Erschießung hätte somit vorsätzlich und unter eindeutiger Verletzung der damals geltenden Völkerrechtsregeln stattgefunden.

- Ein Fluchtversuch eines oder einzelner Amerikaner wurde von den deutschen Bewachern durch Waffengewalt zu verhindern versucht. Als Reaktion darauf kam es zu Panikreaktionen unter den verbliebenen Gefangenen, die wiederum ebenfalls als Fluchtversuche angesehen wurden. Nach diesem Erklärungsansatz hätte also die Flucht Einzelner eine angespannte Situation zum Eskalieren gebracht.

Da etwa 40 US-Soldaten die Flucht gelang, scheint es sich nicht um eine geplante Hinrichtung, sondern um einen spontanen Gewaltausbruch gehandelt zu haben. Unwahrscheinlich erscheinen dagegen Thesen von einem großangelegten Fluchtversuch oder die Verwechslung der Gefangenengruppe mit einer aktiven amerikanischen Kampfeinheit durch neu ankommende deutsche Truppen. Auf ein Verbrechen, im Sinne des damals geltenden Kriegsrechts, weist letztendlich die Tötung der Verwundeten, die nach der Schießerei hilflos am Boden lagen, hin.

Die Folgen des Massakers

Ungefähr 40 GIs (unter ihnen auch Charles Durning) überlebten, ohne von den SS-Truppen bemerkt zu werden. Nachdem die deutschen Truppen abgerückt waren, flohen die Überlebenden. Bereits am Nachmittag des 17. Dezembers hatten sich die ersten Männer zu den eigenen Linien durchgeschlagen. Am 18. Dezember wurde das alliierte Oberkommando über den Vorfall informiert. Obwohl es nicht das einzige Kriegsverbrechen der SS gegen die Westmächte war und auch nicht blieb, nahm Malmedy später eine Symbolstellung ein, das Massaker stand für die brutale Rücksichtslosigkeit, mit der der Krieg von deutscher Seite geführt wurde. Unter den amerikanischen Soldaten soll es nach Bekanntwerden des Vorfalls Kommandeure gegeben haben, die nun befahlen, bei SS-Truppen keine Gefangenen mehr zu machen. Obwohl Deutsche, die im Rahmen des Unternehmens Greif hinter die feindlichen Linien gesickert und festgenommen worden waren, mit aller Härte behandelt wurden (manche an Ort und Stelle als Spione hingerichtet, da sie in feindlicher Uniform agierten und sich somit außerhalb des Schutzes des humanitären Völkerrechts befanden), sind während der Ardennenoffensive keine Vorfälle bekannt geworden, bei denen die US-Armee in vergleichbarem Umfang gegen SS-Einheiten vorgegangen ist. Das Massaker blieb auch der Öffentlichkeit nicht lange verborgen. Bereits am 21. Dezember kursierten erste Berichte in der alliierten Presse. Bereits am 25. Dezember erschien ein weiterer Bericht im TIME-Magazin, weitere Artikel folgten in der Armeezeitung *Stars and Stripes* und in Newsweek. Im belgischen Chenogne erschossen amerikanische Soldaten am Neujahrstag rund 60 deutsche Kriegsgefangene, nachdem sie den Befehl erhalten hatten, keine Gefangenen zu machen. Am 30. Dezember 1944 ersuchte das US-amerikanische State-Department die Schweizer Botschaft, eine Protestnote mit der Bitte um Untersuchung des Vorfalls an die deutsche Reichsregierung zu übergeben. Generalfeldmarschall von Rundstedt, Oberbefehlshaber im westlichen Kampfraum, teilte dem Führungsstab der Wehrmacht am 1. Januar 1945 mit:

„Heeresgruppe B hat sofort nach der bereits durch den feindlichen Rundfunk erfolgten Bekanntgabe der Anschuldigungen einer angeblichen Erschießung Untersuchung veranlasst. Die bisherigen Nachforschungen sind völlig ergebnislos verlaufen. Es ist daher anzunehmen, daß die Beschuldigung einen Akt übelster Feindagitation darstellt". Unter Berufung auf die Untersuchungsergebnisse der für solche Fälle zuständigen Wehrmacht-Untersuchungsstelle bestritt das Auswärtige Amt den Vorfall, am 8. März erging folgende Antwort auf die Protestnote:

„Die deutschen Militärbehörden haben, als der feindliche Rundfunk Nachrichten über eine angebliche Erschießung von 150 amerikanischen Kriegsgefangenen in der Gegend von Malmédy brachte, sofort eine Untersuchung veranstaltet; diese hat ergeben, daß die Nachricht unwahr war. Aufgrund des Memorandums der schweizerischen Gesandtschaft sind erneute Ermittlungen bei den deutschen Truppenteilen durchgeführt worden, die in der fraglichen Zeit südlich von Malmédy eingesetzt gewesen sind. Auch diese Ermittlungen haben ergeben, daß Erschießungen amerikanischer Kriegsgefangener nicht vorgekommen sind. Der Bericht, der dem amerikanischen State Department von 15 angeblichen Überlebenden gemacht sein soll, ist daher unzutreffend".

Nach Kriegsende fand im Mai 1946 der Malmedy-Prozess in Dachau statt, bei dem die beteiligten SS-Leute, die von den Alliierten noch aufgespürt werden konnten, vor Gericht gestellt wurden. Es gab 43 Todesurteile und 22 lebenslange Freiheitsstrafen. Der Prozess stieß auf Kritik zuerst auf deutscher Seite und wegen der allmählichen Klimaänderung im beginnenden Kalten Krieg auch in den USA. Unregelmäßigkeiten wurden bemängelt. Außerdem standen Foltervorwürfe im Raum. Schließlich untersuchte ein Subkomitee des US-Senats unter Joseph McCarthy die Angelegenheit. Laut McCarthy lag kein fairer Prozess vor. Unterdessen hatte die US Army bereits einige Todesurteile aufgehoben. Die übrigen Urteile milderte man in der Folgezeit ab, und den Gnadengesuchen der zum Tode verurteilten SS-Leute wurde durch den Oberkommandierenden der US-Streitkräfte in Deutschland, General Thomas T. Handy, stattgegeben. 1950 waren bis auf Peiper, der das War Criminals Prison No. 1 in Landsberg am Lech 1956 als letzter Verurteilter verlassen durfte, alle Beteiligten wieder frei. Beobachter rügten angesichts dieser Resultate des Malmedy-Prozesses eine rassistische Schieflage – waren doch vergleichbarer Verbrechen angeklagte japanische Militärs nach 1945 von den Alliierten verurteilt und exekutiert worden.

Heute erinnern eine Gedenkstätte und ein Museum am Ort des Geschehens in Malmedy-Baugnez an die ermordeten Soldaten.

Filme

- Die letzte Schlacht, 1965
- Saints and Soldiers, 2003

Literatur

- Gerd J. G. Cuppens: *Was wirklich geschah. Malmedy-Baugnez - 17. Dezember 1944* Grenz-Echo Verlag, Eupen 2009 ISBN 978-3-86712-026-5.
- Michael Schadewitz: *Zwischen Ritterkreuz und Galgen. Skorzenys Geheimunternehmen Greif in Hitlers Ardennenoffensive 1944/45.* Helios-Verlag, Aachen 2007, ISBN 978-3-938208-48-9.
- Quadflieg, Peter M; Rohrkamp, René (Hrsg.): Das "Massaker von Malmedy". Täter, Opfer, Forschungsperspektiven, Aachen 2010, ISBN 978-3-8322-9241-6.
- Wolfgang Benz (Hrsg.): *Legenden, Lügen, Vorurteile. Ein Wörterbuch zur Zeitgeschichte.*, dtv, München 2002.
- Alfred M. de Zayas: *Die Wehrmachtuntersuchungsstelle*, 7. überarbeitete Auflage, Universitas, 2001.
- Robert Sigel: *Im Interesse der Gerechtigkeit: die Dachauer Kriegsverbrecherprozesse 1945–1948.* Campus-Verl., Frankfurt/M. 1992, ISBN 3-593-34641-9.
- Klaus-Dietmar Henke: *Die amerikanische Besetzung Deutschlands.* Oldenbourg Verlag, München 1996.
- John M. Bauserman: *The Malmédy massacre.* White Mane Publ., Shippensburg PA 1995.
- James J. Weingartner: *Crossroads of Death. The Story of the Malmédy Massacre and Trial*, Berkeley/Los Angeles/London 1979.

Weblinks

- Michael Reynolds: *Massacre At Malmédy During the Battle of the Bulge* bei www.historynet.com
- Homepage des Museums in Malmedy-Baugnez

Einzelnachweise

1. ↑ Die Angaben in der Literatur variieren, meist werden Zahlen von 71 bis 87 genannt. Für den Artikel wurde die Zahl aus Ken Burns' Dokumentation, *The War* (2007) herangezogen.
2. ↑ ^a   ^b http://www.historynet.com/magazines/world_war_2/3030591.html?page=4&c=y
3. ↑ Reynolds, *Massacre at Malmedy*, S. 4
4. ↑ Martin K. Sorge: *The Other Price of Hitler's War : German Military and Civilian Losses Resulting From World War II.* Greenwood Press, 1986, S. 147. ISBN 0-313-25293-9.
5. ↑ BA-MA, RW 4/v. 765, S. 32; Zitiert nach Alfred M. de Zayas: *Die Wehrmachtuntersuchungsstelle*, 6. überarbeitete Auflage, Universitas-Verlag, 1998, S. 214
6. ↑ BA-MA, RW 4/v. 765, S. 27; Zitiert nach Alfred M. de Zayas: *Die Wehrmachtuntersuchungsstelle*, 6. überarbeitete Auflage, Universitas-Verlag, 1998, S. 215

Koordinaten: 50° 24′ 14″ N, 6° 3′ 58″ O (Karte)

„http://de.wikipedia.org/wiki/Malmedy-Massaker"

Atombombenabwürfe auf Hiroshima und Nagasaki

Die **Atombombenabwürfe auf Hiroshima und Nagasaki** vom 6. und 9. August 1945 wurden von US-Präsident Harry S. Truman am 16. Juli 1945 – unmittelbar nach Bekanntwerden des erfolgreichen Trinity-Tests, des ersten Atomtests – beschlossen und am 25. Juli angeordnet. Die Atombombenexplosionen töteten insgesamt etwa 92.000 Menschen sofort. Weitere 130.000 Menschen starben bis Jahresende an den Folgen des Angriffs, zahlreiche weitere an Folgeschäden in den Jahren danach. Nur diese ersten einsatzfähigen Atombomben wurden bisher in einem Krieg gegen Menschen eingesetzt. Darauf folgte am 2. September 1945 die Kapitulation Japans, mit der der Zweite Weltkrieg endete. Die Abwürfe sollten das Ende des Krieges beschleunigen und damit vielen US-Soldaten das Leben retten. Ob diese Begründung zutraf und ob die Abwürfe völkerrechtlich, ethisch und politisch zu verantworten waren, ist seit 1945 stark umstritten. Eine Strafverfolgung der Verantwortlichen geschah nicht.

Vorgeschichte
Ausgangslage

Im Verlauf des Pazifikkriegs waren die amerikanischen Streitkräfte im Jahr 1944 und Anfang 1945 durch die Taktik des Inselspringens immer näher an die japanischen Hauptinseln herangerückt. In der Schlacht um die Marianen-Inseln im Sommer 1944 hatten sie Stützpunkte erobert, die den Einsatz von B-29-Langstreckenbombern gegen Ziele in Japan gestatteten und hatten eine strategische Luftoffensive eröffnet, die die japanische Kriegswirtschaft schwer getroffen hatte. In den Schlachten um Iwojima und Okinawa Anfang bis Mitte 1945 hatten sie sich Ausgangsstellungen für eine spätere Landung auf den japanischen Hauptinseln erarbeitet, die unter dem Namen Operation Downfall vorbereitet wurde und im Spätjahr 1945 stattfinden sollte. Im April 1945 kündigte die UdSSR das 1941 geschlossene Neutralitätsabkommen mit Japan. Die Sowjetunion hatte den USA unter Trumans Vorgänger Franklin D. Roosevelt zugesagt, spätestens drei Monate nach dem Kriegsende in Europa in den Pazifikkrieg gegen Japan einzugreifen, ein Zeitraum, der am 8. August endete. Am 28. Mai 1945 telegrafierte der noch von Roosevelt ernannte US-Botschafter Harry Hopkins in Moskau an Truman, dass sowjetische Truppen für den Krieg gegen Japan in der Mandschurei Stellung bezogen hätten. Japan wisse, dass es verloren sei. Da Japans Regierung jedoch nicht bedingungslos kapitulieren werde, habe Stalin vorgeschlagen, ein japanisches Friedensangebot anzunehmen und dann die eigenen Ziele durch gemeinsame Besetzung und Verwaltung Japans durchzusetzen. Stalin fürchte, anderenfalls werde es dem Regime des Tennō gelingen, die Alliierten zu entzweien und sich auf einen Revanchekrieg vorzubereiten. Hopkins empfahl, das weitere Vorgehen eng mit den sowjetischen Verbündeten abzustimmen, um aus dieser Situation gemeinsam Vorteile für die Nachkriegszeit zu ziehen. Sein Telegramm blieb jedoch unbeachtet.

Manhattan-Projekt

Das 1942 begonnene amerikanische, seit 1943 auch mit britischer Beteiligung durchgeführte Manhattan-Projekt unter der wissenschaftlichen Leitung von Robert Oppenheimer, eines der größten Projekte der Menschheitsgeschichte bis zu diesem Zeitpunkt, sollte eine Anzahl von Atombomben für die Verwendung bei den amerikanischen Streitkräften herstellen. Das Projekt war Ende 1941 als Reaktion auf Berichte über Fortschritte des deutschen Uranprojekts ins Leben gerufen und nach dem Kriegseintritt der USA und der deutschen Kriegserklärung im Dezember 1941 voll in Gang gesetzt worden. Im Frühjahr 1945 näherte sich die Fertigstellung der ersten Bombe, der späteren „Trinity"-Bombe, an zwei weiteren Bomben wurde gearbeitet. Das Kriegsende in Europa Anfang Mai 1945 führte zur Fokussierung der Planungen auf den Einsatz der Bomben gegen Japan, zuvor war ein Einsatz gegen deutsche Großstädte zumindest erwogen worden. Das kurz nach der deutschen Kapitulation am 8. Mai 1945 eingerichtete amerikanische *Interim Committee* sollte Vorschläge über ihre Verwendung erarbeiten. Das dazu gehörige *Target Committee* (Zielfindungskommission) vereinbarte am 10. und 11. Mai 1945 in Los Alamos den Einsatz der Atombomben gegen bisher nicht bombardierte japanische Großstädte mit Kriegsindustrie von militärstrategischer Bedeutung, um die größtmögliche psychologische Wirkung zu erzielen und das Risiko eines Fehltreffers bei begrenzter militärischer Zielauswahl zu vermeiden. Kyōto, Hiroshima, Yokohama und Kokura kamen als mögliche Ziele in die engere Wahl; der Kaiserpalast Tokio wurde verworfen.Am 1. Juni 1945 empfahl das Komitee, die Waffen sofort nach ihrer Fertigstellung und ohne Vorwarnung gegen diese Ziele einzusetzen und keine Rücksicht auf mögliche zivile Opfer dabei zu nehmen. Nur der Untersekretär im Kriegsministerium Ralph Bard äußerte Bedenken dagegen.

Invasions- und Abwurfpläne des US-Militärs

Seit Februar 1945 besaß die strategische US-Bomberflotte die völlige Lufthoheit über Japan. Ihre intensivierten Luftangriffe mit Brandbomben nach britischem Vorbild hatten bereits zwei Drittel der japanischen Großstädte zu etwa 60 Prozent zerstört. Zudem hatte Japan bis dahin fast seine gesamte größte Flotte (Kidō Butai), den Hauptteil der Luftstreitkräfte und die meisten der eroberten Gebiete eingebüßt. Der Verlust der Rohstoffzufuhr hatte die japanische Kriegführung empfindlich geschwächt. Deshalb waren die United States Army Air Forces von der zermürbenden Wirkung ihrer Luftangriffe überzeugt und erwarteten bei unvermindert fortgesetzten konventionellen Luftangriffen eine Kapitulation Japans bis Dezember 1945. Sie glaubten, dessen Regime könne nur noch auf günstige Friedensbedingungen unter Beibehaltung der staatlichen Souveränität hoffen. Jedoch hatten die Schlacht um Okinawa im Juli 1945 und die Schlacht um Iwojima den ungebrochenen Kampfeswillen der Japaner demonstriert: Nur ein kleiner Bruchteil ihrer Soldaten waren dort bereit zu kapitulieren, die übrigen kämpften bis zum Tod. Bei der Eroberung

Okinawas starben etwa 12.500 US-Soldaten; insgesamt waren bis dahin etwa 70.000 US-Soldaten im Pazifikkrieg gefallen. Die United States Army rechnete bei einer Invasion Kyūshūs, besonders im Fall verzögerter Vorbereitungen dafür, mit starkem Widerstand von bis zu 10 japanischen Divisionen und bei einer Landung auf Honshū und Hokkaidō (Operation Downfall) Verluste von 25.000 bis zu 268.000 US-Soldaten. Die US-Bevölkerung rechnete mit bis zu 300.000 weiteren eigenen Todesopfern. Das US-Militär plante weitere Invasionen der japanischen Hauptinseln erst für November 1945. Am 4. Juli 1945 beriet seine Führung mit der Großbritanniens über das weitere Vorgehen im Pazifik. Die britische Regierung war in die Fortschritte des Atombombenbaus eingeweiht und gab ihre Zustimmung zu deren Einsatz. Vorübergehende Überlegungen, die fertigen Bomben nur als „Warnschuss" über unbesiedeltem japanischem Gebiet zu zünden, wurden nicht weiter verfolgt.

Einsatzbefehl und Ultimatum

Am 9. Juli hatte der japanische Botschafter Sato Naotake in Moskau bereits um Friedensverhandlungen gebeten. Der sowjetische Außenminister Molotow sollte diese Bitte den Teilnehmern der bevorstehenden Potsdamer Konferenz der Alliierten (17. Juli bis 2. August 1945) überbringen. Die Vereinigten Staaten wussten darüber ab dem 13. Juli 1945 Bescheid. Am 16. Juli 1945 erfuhr Truman in Berlin zum Auftakt der Potsdamer Konferenz von der ersten erfolgreichen Zündung einer Atombombe nahe Alamogordo in der Wüste im US-amerikanischen Bundesstaat New Mexico (Trinity-Test). Die zweite Bombe *Little Boy* wurde gleichzeitig zur Insel Tinian im Pazifik verschifft, wo sie einsatzfertig gemacht werden sollte. Winston Churchill erfuhr am selben Tag von dem Testerfolg und notierte in seinen Erinnerungen, wie befreit er die Nachricht angesichts der Aussicht auf verlustreiche Landschlachten erlebte:

„Jetzt war mit einem Mal dieser Alb vorüber, und an seine Stelle trat die helle und tröstliche Aussicht, ein oder zwei zerschmetternde Schläge könnten den Krieg beenden … Ob die Atombombe anzuwenden sei oder nicht, darüber wurde überhaupt nicht gesprochen."

Auch General Dwight D. Eisenhower berichtete später, die Entscheidung zum Einsatz der beiden Atombomben habe am 16. Juli bereits festgestanden. Er hatte Truman davon abgeraten, weil die Japaner schon Kapitulationsbereitschaft signalisiert hätten und die Vereinigten Staaten solche Waffen nicht als erste einsetzen sollten. Doch Truman schrieb in sein

Tagebuch:

„Ich glaube, dass die Japsen klein beigeben werden, ehe Russland eingreift."

Erst am Abend des 24. Juli eröffnete Truman Stalin beiläufig, man habe einen neuen Bombentyp entwickelt, der geeignet sei, den japanischen Kriegswillen zu brechen. Stalin habe, so notierte Truman in sein Tagebuch, die Nachricht äußerlich unbewegt aufgenommen und den Vereinigten Staaten zugeraten, die Waffe zu gutem Zweck einzusetzen. Man nimmt jedoch an, dass Stalin durch den Mitarbeiter des Manhattan-Projekts Klaus Fuchs über die Fertigstellung der US-Atombomben informiert war, denn noch am selben Abend veranlasste er seinen Geheimdienstchef Lawrenti Beria, den Bau einer sowjetischen Atombombe, der 1943 begonnen hatte, zu beschleunigen. Am 25. Juli erteilte Truman General Carl A. Spaatz, dem auf Tinian stationierten Oberbefehlshaber der *U.S. Strategic Air Forces in the Pacific*, den Befehl, den Einsatz der ersten „Spezialbombe" bis zum 3. August vorzubereiten. Dabei überließ er dem General die Zielauswahl. Auf dringendes Anraten seines Kriegsministers Stimson hatte er aber Kyoto von der Liste der möglichen Ziele streichen lassen. Am 26. Juli 1945 gab Truman im Namen der Vereinigten Staaten, der Republik China unter Chiang Kai-shek und des Vereinigten Königreichs die Potsdamer Erklärung ab, in der er die japanische Führung zur sofortigen und bedingungslosen Kapitulation aufforderte. Dies war nicht mit der Sowjetunion abgesprochen. Molotow hatte die Vereinigten Staaten vergeblich darum gebeten, das Ultimatum noch einige Tage zurückzuhalten, bis seine Regierung ihren Nichtangriffspakt mit Japan gekündigt habe. Doch der Kriegseintritt der Sowjetunion war für die US-Regierung nun unerwünscht. Die Erklärung ging heraus:

„Die volle Anwendung unserer militärischen Macht, gepaart mit unserer Entschlossenheit, bedeutet die unausweichliche und vollständige Vernichtung der japanischen Streitkräfte und ebenso unausweichlich die Verwüstung des japanischen Heimatlandes."

Man werde Japan vollständig besetzen, seine Führung absetzen und ausmerzen, Demokratie einführen, Kriegsverbrecher bestrafen, Japans Gebiet auf die vier Hauptinseln begrenzen und Reparationen fordern. Dazu werde man die japanische Industrie erhalten und ihr später wieder Teilnahme am Welthandel erlauben: „Die Alternative für Japan ist sofortige und völlige Zerstörung." Jeder konkrete Hinweis auf den geplanten Einsatz einer neuartigen Waffe und deren Ziel fehlte. Flugblätter, die in den Monaten vorher über 35 japanischen Städten, darunter Hiroshima und

Nagasaki, abgeworfen worden waren, hatten deren Bevölkerung vor kommenden Luftangriffen gewarnt und Zivilisten aufgefordert, die Städte zu verlassen. Sie enthielten aber keinen Hinweis auf Atombomben und deren Wirkung. Ein Grund für das Unterlassen einer konkreten Vorwarnung war die Annahme, die Japaner würden Kriegsgefangene als menschliche Schutzschilde in die gewarnten Städte verlegen. Da die US-Invasion der japanischen Hauptinseln erst drei Monate später beginnen sollte, musste die japanische Führung annehmen, das Ultimatum sei das übliche Drohritual zur Demoralisierung der Japaner. Zugleich hoffte sie immer noch, Stalin werde die Westalliierten zur Annahme der eingeleiteten Friedensinitiative bewegen. Besonders die Gebietsverluste schienen unannehmbar. So lautete die Antwort von General Kantaro Suzuki:

„Die Regierung findet nichts von bedeutsamem Wert an der gemeinsamen Erklärung, und sieht daher keine andere Möglichkeit, als sie vollständig zu ignorieren und sich entschlossen für die erfolgreiche Beendigung des Krieges einzusetzen."

Mit einer positiven Antwort hatten die Vereinigten Staaten ohnehin nicht gerechnet, so dass der Einsatzbefehl schon vor dem Ultimatum erfolgt war.

Abwurf auf Hiroshima
Wahl des Ziels

Hiroshima war bis dahin als eine der wenigen japanischen Großstädte von Bombardierungen verschont geblieben. Es war Sitz des Hauptquartiers der 2. Armee unter Feldmarschall Hata Shunroku, das für die Verteidigung Südjapans zuständig war. Daher war es Truppensammelpunkt und diente zur Lagerung kriegswichtiger Güter. Doch die meisten der zirka 255.000 Einwohner waren Zivilisten, davon zehn Prozent koreanische sowie chinesische Zwangsarbeiter. Spaatz hielt Hiroshima für das am besten geeignete Ziel, da es als einzige der Städte, die zur Auswahl standen, keine Kriegsgefangenenlager hatte. Nur einige amerikanische Kriegsgefangene und rund ein Dutzend Deutsche befanden sich dort. Hiroshima bestand bis auf einige Betonbauten im Zentrum aus Holzbauten. Die US-Militärs rechneten daher mit einem Feuersturm. Industrieanlagen in den Außenbezirken der Stadt sollten dadurch ebenfalls zerstört werden.

Startvorbereitung

Am 31. Juli war die drei Meter lange und vier Tonnen schwere Uranbombe „Little Boy" (Sprengkraft 12.500 Tonnen TNT) einsatzbereit. Die Teile für die zweite Bombe „Fat Man" trafen auf Tinian ein. Der für den 1. August geplante Start musste wegen eines Taifuns über der Insel aufgeschoben werden. Am 4. August erfuhr Pilot Paul Tibbets unter strengsten Geheimhaltungsauflagen, was sein Auftrag war. Er taufte die B-29-Superfortress Nr. 82 auf den Namen seiner Mutter „Enola Gay". Alle Bordwaffen bis auf das Heckgeschütz waren entfernt worden. Man hatte den steilen Steigflug nach Auslösung immer wieder geübt, um der Druckwelle der gezündeten Bombe zu entgehen. Für den 6. August wurde klarer wolkenloser Himmel für die japanischen Inseln vorhergesagt. Um 2:45 Uhr morgens startete das Bomberflugzeug mit 13 Mann Besatzung an Bord. Zwei weitere Flugzeuge, die The Great Artiste und ein zu diesem Zeitpunkt namenloses Flugzeug, das später Necessary Evil getauft wurde, begleiteten die Enola Gay. Die Befürchtungen der Militärs, dass die Bombe vorzeitig explodieren könnte, waren groß. William L. Laurence beschrieb die Vorgänge vor dem Start:

„Als dem General gemeldet wird, es bestehe Gefahr, dass bei einem Fehlstart die ganze Insel in die Luft fliegt, antwortet er ‚wir müssen beten, daß das nicht geschieht.' Derselbe General erzählt dann von dem riskanten Start der Maschine: ‚Wir versuchten beinahe, sie mit unseren Gebeten und Hoffnungen in die Luft zu heben.' Vor dem Abflug sprach ein lutherischer Feldgeistlicher ein ‚ergreifendes Gebet':
‚Allmächtiger Vater, der Du die Gebete jener erhörst, die Dich lieben, wir bitten Dich, denen beizustehen, die sich in die Höhen Deines Himmels wagen und den Kampf bis zu unseren Feinden vortragen. […] Wir bitten Dich, daß das Ende dieses Krieges nun bald kommt und daß wir wieder einmal Frieden auf Erden haben. Mögen die Männer, die in dieser Nacht den Flug unternehmen, sicher in Deiner Hut sein, und mögen sie unversehrt zu uns zurückkehren. Wir werden im Vertrauen auf Dich weiter unseren Weg gehen; denn wir wissen, daß wir jetzt und für alle Ewigkeit unter Deinem Schutz stehen. Amen.'"

Daher nannten manche Japaner die Atombombe später auch die „christliche Bombe". Erst auf dem Hinflug nach Hiroshima klärte Tibbets seine Bomberbesatzung darüber auf, dass sie eine Atombombe abwerfen sollten wie die, die kürzlich getestet worden sei. Von Radioaktivität erfuhren die Männer nichts.

Der Abwurf

Nach dem Start von Tinian flog die Enola Gay Richtung Iwo Jima und setzte von dort aus Kurs auf Japan. Über eine Stunde vor der Bombardierung um 7:00 Japan Standard Time entdeckte das japanische Frühwarnradarsystem die Radarschatten einiger amerikanischer Flugzeuge. In mehreren Städten, darunter Hiroshima, wurde die Radioübertragung unterbrochen. Um fast 08:00 Uhr bestimmte die Radarmannschaft in Hiroshima, dass die Zahl der Flugzeuge, die kamen, sehr klein war, wahrscheinlich nicht mehr als drei und der Luftangriffalarm wurde aufgehoben. Um Energie, Kraftstoff und Flugzeuge zu sparen, hatte die japanische Luftwaffe entschieden, keine kleinen Formationen abzufangen. Über eine normale Radiowarnung wurde der Bevölkerung mitgeteilt, dass es ratsam war, in Schutzräume zu gehen, wenn tatsächlich B-29 gesichtet wurden. Allerdings wurde von dieser kleinen Formation angenommen, dass es sich um Aufklärungsflugzeuge handelte, weil Japan, unter anderem Hiroshima, täglich von einzelnen Erkundungsflugzeugen überflogen wurde. Das Letzte davon, eine B-29, war um 07.31 über Hiroshima geflogen, um nachzusehen, ob das Wetter für den Abwurf geeignet war. Um 8:15 Uhr und 17 Sekunden Ortszeit klinkte der US-Bomber Enola Gay die Bombe in 9.450 Metern Höhe aus. Die Enola Gay flog daraufhin ein Wendemanöver, um nicht mehr von der Druckwelle getroffen zu werden.

Auswirkungen des Feuers und der Druckwelle

Um 8:16 Uhr und zwei Sekunden explodierte die Atombombe in 580 Metern Höhe über der Innenstadt bei 34° 23′ 43″ N, 132° 27′ 13″ O34.395345132.453678. Dort befand sich ein Krankenhaus, die Shima-Klinik. Eigentliches Ziel war die charakteristische, T-förmige Aioi-Brücke gewesen, die etwa 250 Meter entfernt liegt. 43 Sekunden später hatte die Druckwelle 80 Prozent der Innenstadt dem Erdboden gleich gemacht. Es entstand ein Feuerball mit einer Innentemperatur von über einer Million Grad Celsius. Die Hitzewirkung von mindestens 6000 °C ließ noch in über zehn Kilometer Entfernung Bäume in Flammen aufgehen. Von den 76.000 Häusern der Großstadt wurden 70.000 zerstört oder beschädigt.

Bild des zerstörten Hiroshima mit Autogramm Paul Tibbets'

Unterdessen stieg der für Atombombenexplosionen charakteristische, aus aufgewirbelten und verstrahlten Trümmern bestehende Atompilz bis in 13 Kilometer Höhe auf. Dieser verbreitete hochkontaminiertes Material, das etwa 20 Minuten später als radioaktiver Niederschlag (*Fallout*) über der Gegend niederging. Tibbets, der Kommandant der Enola Gay, berichtete später, er habe nach der Explosion den Geschmack von Blei im Mund gehabt.

Die Opfer

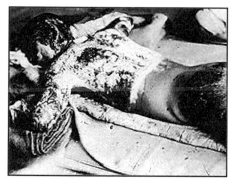

Ein Opfer der Bombe

Epizentrum in Hiroshima vor...

...und unmittelbar nach der Explosion der Atombombe (Modelle im Atombombenmuseum von Hiroshima)

70.000 bis 80.000 Menschen waren sofort tot. Bei Menschen, die sich im innersten Stadtkern aufhielten, verdampften buchstäblich die obersten Hautschichten. Der gleißende Blitz der Explosion brannte Schattenrisse von Personen in stehengebliebene Hauswände ein, ehe die Menschen von der Druckwelle fortgerissen wurden. Die überwiegend unmittelbar bei der Explosion freigesetzte nukleare Strahlung tötete in den Folgewochen zahlreiche weitere Einwohner, die nicht der unmittelbaren Druck- und Hitzewelle zum Opfer gefallen waren, jedoch tödliche Strahlendosen erhalten hatten. Viele, die vor der unerträglichen Hitze an den Fluss geflohen waren und von kontaminiertem Wasser tranken, hatten daraufhin Haarausfall, bekamen purpurrote Flecken am ganzen Körper und verbluteten dann qualvoll an inneren Verletzungen. Insgesamt starben bei dem Abwurf samt den Spätfolgen bis 1946 unterschiedlichen Schätzungen zufolge 90.000 bis 166.000 Menschen.

Die Bombe tötete 90 Prozent der Menschen in einem Radius von 0,5 Kilometern um das Explosionszentrum und immer noch 59 Prozent im weiteren Umkreis von 0,5 bis 1 Kilometern. Bis heute sterben damalige Einwohner Hiroshimas an Krebserkrankungen als Langzeitfolge der Strahlung. Einer Studie zufolge waren 9% der Krebserkrankungen, die von 1950 bis 1990 bei Überlebenden auftraten, eine Folge des Abwurfs. Die Überlebenden der Atombomben werden in Japan als *Hibakusha* bezeichnet.

Blick auf die zerstörte Stadt vom Krankenhaus aus nordwestlich

Zwischen den Abwürfen

Aus Hiroshima selbst meldete kein Überlebender das Ereignis nach Tokio. Alle Verbindungen waren unterbrochen. Erst Stunden später meldeten Militärstützpunkte in Hiroshimas Umgebung eine gewaltige Explosion mit unbekannter Ursache. Man glaubte anfangs, ein großes Munitionslager der Garnison sei explodiert. Offiziere, die die Lage vor Ort überprüfen sollten, wurden durch Luftangriffe auf Tokio daran gehindert. Am Dienstag, dem 7. August, um 0:15 Uhr berichtete Truman auf dem Heimweg in die Vereinigten Staaten vom Kreuzer *USS Augusta* der Welt erstmals vom Einsatz der Atombombe:

„Die Kraft, aus der die Sonne ihre Macht bezieht, ist auf diejenigen losgelassen worden, die dem Fernen Osten Krieg brachten."
Er forderte die Japaner nochmals zur Kapitulation auf und drohte:
„Wenn sie unsere Bedingungen nicht akzeptieren, dann mögen sie einen Regen der Zerstörung aus der Luft erwarten, wie er noch nie auf der Erde gesehen worden ist."

Doch in Tokio brauchte das Kriegskabinett Tage, um sich über das Ausmaß der Zerstörungen in Hiroshima klar zu werden. Auch dann konnte es sich nicht auf eine sofortige bedingungslose Kapitulation einigen, da noch immer eine Friedensinitiative Stalins zu besseren Bedingungen für Japan erwartet wurde. Doch am 8. August erklärte die Sowjetunion Japan den Krieg. Die Rote Armee besetzte die Mandschurei und begann zudem einen Angriff auf die Kurilen. Die Kriegserklärung, die der japanische Botschafter in Moskau nach Tokio melden sollte, kam dort nie an. Die US-Regierung, die mit einer schnellen Kapitulation der Japaner gerechnet hatte, ließ ebenfalls am 8. August ein frisch gedrucktes Flugblatt in Millionen Exemplaren über 47 japanischen Städten abwerfen. Es verglich die Wirkung der Atombombe mit der von 2.000 herkömmlichen Bombenladungen einer B-29: Wer dies bezweifle, solle sich bei Japans Regierung nach dem Schicksal Hiroshimas erkundigen. Das japanische Volk wurde aufgerufen, die Beendigung des Krieges zu fordern. Andernfalls werde man entschlossen weitere Atombomben und auch andere überlegene Waffen verwenden. Eine konkrete Vorwarnung für den zweiten Abwurf blieb aus. Am 9. August um 11:00, zwei Minuten vor der Zündung der Nagasakibombe, traf sich das japanische Kriegskabinett in Tokio. Außenminister Shigenori Togo drängte auf sofortigen Friedensschluss; die Militärs stellten jedoch vier für die Vereinigten Staaten unannehmbare Bedingungen:

- Erhaltung des Tennō-Regimes
- keine ausländische Besetzung
- freiwillige Abrüstung der japanischen Truppen
- Prozesse gegen Kriegsverbrecher nur vor japanischen Gerichten.

Die heftige interne Debatte darüber endete ohne Ergebnis.

Abwurf auf Nagasaki
Wahl des Ziels

Nagasaki war damals ein wichtiger Kriegshafen und Standort des Mitsubishi-Rüstungskonzerns. Dort produzierten und reparierten etwa 20.000 koreanische Zwangsarbeiter unter anderem Kreuzer und Torpedoboote für die kaiserliche Kriegsmarine. Sie hatten auch die Torpedos gebaut, mit denen Japan die US-Flotte auf Pearl Harbour angegriffen hatte. Die Stadt gehörte damit zu den möglichen Angriffszielen der US-Luftwaffe. Sie hatte damals insgesamt etwa 240.000 bis 260.000 Einwohner.

Startvorbereitungen

Auf Tinian war die Plutoniumbombe „Fat Man" mit einer Sprengkraft von

22.000 Tonnen TNT in großer Eile und unter Auslassung wichtiger Kontrolltests zusammengebaut worden. Die Beteiligten standen unter dem Eindruck der Versenkung der *USS Indianapolis* am 30. Juli 1945. Dieser schwere Kreuzer war nach der Ablieferung von Teilen der Hiroshimabombe in Tinian auf der Weiterfahrt nach Guam von zwei Torpedos eines japanischen U-Boots getroffen worden und in wenigen Minuten gesunken. Es war der letzte Verlust eines US-Kriegsschiffes im Pazifikkrieg. Von den knapp 1.200 Mann Besatzung konnten nur 318 gerettet werden. Wäre dies auf dem Hinweg geschehen, so wäre Japan zumindest einer von zwei Atombombenangriffen erspart geblieben; schon die Gewinnung von waffenfähigem Material für drei Bomben hatte über ein Jahr gedauert. Die Generäle auf Tinian beschlossen den Abwurf der zweiten Bombe am 8. August selbst. Als Befehlsgrundlage galt ihnen die Order des US-Präsidenten vom 24. Juli, wonach die „Spezialbomben" nach dem 3. August einsatzbereit sein und nacheinander abgeworfen werden sollten. Eine weitere Anordnung holten sie nicht ein. Sie zogen das für den 11. August angesetzte Abwurfdatum zwei Tage vor, da schlechtes Wetter vorhergesagt war. Nachts gegen 2:00 Uhr am 9. August 1945 startete der 25-jährige Pilot Charles W. Sweeney den Bomber Bockscar mit teilweise neuer Besatzung und zwei Begleitflugzeugen. Sein Ziel war Kokura, eine Stadt mit viel mehr Rüstungsindustrie als Nagasaki. Bei der Ankunft lag Kokura unter einer dichten Wolkendecke; bei drei Anflügen war die Sicht stark behindert, so dass Sweeney den Angriff abbrach. Er durfte die Bombe nur nach Sicht abwerfen, da er die Rüstungsbetriebe treffen sollte. Da dies nicht möglich war und das Flugbenzin zur Neige ging, flog er das Ausweichziel Nagasaki an.

Der Abwurf

Ursprünglich war ein Direktangriff auf die Schiffswerften geplant. Da in Nagasaki aber ebenfalls schlechte Sichtverhältnisse herrschten, konnte kein exakter Zielabwurf durchgeführt werden. Der Pilot hätte den Angriff unter solchen Umständen abbrechen müssen, entschied sich jedoch für einen Radaranflug. Nur ohne die Bombe an Bord konnte man gerade noch Okinawa fur eine Notlandung erreichen. Die Bombe wurde um 11:02 Uhr Ortszeit etwa drei Kilometer nordwestlich des geplanten Zielpunkts bei 32° 46′ 26″ N, 129° 51′ 48″ O32.77378129.863355 über dicht bewohntem Gebiet abgeworfen. Sie sollte eigentlich den Mitsubishikonzern treffen, verfehlte ihr Ziel aber um mehr als zwei Kilometer. Sie zerstörte fast das halbe Stadtgebiet. Die Explosion in etwa 470 Metern Höhe über dem Boden vernichtete im Umkreis von einem Kilometer 80 Prozent aller Gebäude –

zumeist Holzhäuser – und ließ nur wenige Überlebende zurück. Sie explodierte in einem Tal, so dass die umliegenden Berge die Auswirkungen auf die Umgebung der Stadt dämpften. Die Bombe setzte über eine Entfernung von vier Kilometern Objekte in Brand. Ein Feuersturm blieb aus. Der Atompilz erhob sich 18 Kilometer in die Atmosphäre.

Die Opfer

Etwa 30 Prozent der Bevölkerung wohnten 2.000 Meter oder weniger vom Bodennullpunkt entfernt. Im Innenstadtbereich starben sofort etwa 22.000 Menschen; weitere 39.000 starben innerhalb der nächsten vier Monate. Andere schätzen 70.000 bis 80.000 Tote. Die Zahl der Verletzten in Nagasaki betrug 74.909 Personen.

Wirkungen
Das Kriegsende

Die Nachricht von der Zerstörung Nagasakis löste bei Japans Regierung Bestürzung aus. Man fürchtete, die Vereinigten Staaten würden eine dritte Bombe auf Tokio werfen. Ein abgeschossener B-29-Pilot gab diesen Gerüchten Nahrung. Am 12. August trafen tatsächlich weitere Atombombenteile auf Tinian ein, die bis zum 17. August einsetzbar gemacht werden sollten. Nach zwölfstündiger, ergebnisloser Beratung des Kriegskabinetts, bei der sich die Positionen des Außenministers und der Militärs unversöhnlich gegenüberstanden, bat Premierminister Suzuki Kantarō, der bis dahin nicht in die Debatte eingegriffen hatte, den Tennō am 10. August 1945 um seine Entscheidung. Hirohito sprach erstmals ein Machtwort und entschied um 2:00 Uhr morgens, die Potsdamer Erklärung sei anzunehmen. Mit dem Zusatz, man verstehe diese so, dass der Tennō seine souveränen Rechte behalten könne, wurde dieser Beschluss den Alliierten übermittelt. Die Vereinigten Staaten erklärten daraufhin, man werde die Autorität des Tennōs dem alliierten Besatzungskommando unterstellen, sobald die Kapitulation erklärt sei. Die japanische Erklärung wurde also nicht als solche gewertet. Dies wurde in Japan am 12. August bekannt. Die japanischen Generäle riefen daraufhin ihre Soldaten auf, zu millionenfachem Selbstmord bereit zu sein, um die Invasoren „ins Meer zu treiben". Am 14. August entschied Hirohito erneut, zu kapitulieren, um die Nation zu retten und den Japanern weiteres Leid zu ersparen. Er selbst werde seine Untertanen um Verständnis dafür bitten. Bevor seine Rede im Rundfunk ausgestrahlt werden konnte, versuchten jüngere Offiziere, beispielsweise Hatanaka Kenji, einen Staatsstreich. Nachdem der

Kommandeur Tokios, General Tanaka, sie mit einer langen Rede besänftigt hatte, begingen er und die Anführer der Revolte Selbstmord nach dem traditionellen Seppuku. Am 15. August 1945 fand der letzte Luftangriff der Vereinigten Staaten statt; er galt den Städten Kumagaya (Präfektur Saitama) und Isesaki (Präfektur Gunma). Um 16:00 Uhr wurde Hirohitos Rede gesendet (*Gyokuon-hōsō*). Die auf Plätzen versammelten Japaner, die seine Stimme nie zuvor vernommen hatten, erfuhren, wie es um Japan stehe:

„Der Feind hat jüngst eine unmenschliche Waffe eingesetzt und unserem unschuldigen Volk schlimme Wunden zugefügt. Die Verwüstung hat unberechenbare Dimensionen erreicht. Den Krieg unter diesen Umständen fortzusetzen, würde nicht nur zur völligen Vernichtung unserer Nation führen, sondern zur Zerstörung der menschlichen Zivilisation … Deshalb haben wir angeordnet, die gemeinsame Erklärung der Mächte anzunehmen."

Der Rede folgten zahlreiche Selbstmorde. Am nächsten Tag erging der kaiserliche Befehl an alle Truppen, die Kampfhandlungen einzustellen. Am 30. August traf die alliierte Pazifikflotte in der Bucht von Tokio ein. Am 2. September unterzeichneten der neue Außenminister Mamoru Shigemitsu und Generalstabschef Umezu Yoshijirō für Japan, General Douglas MacArthur für die Alliierten auf dem Schlachtschiff USS Missouri die Kapitulationsurkunde. MacArthur hielt eine unerwartete Rede, die Sieger und Besiegte aufforderte, gemeinsam eine der Menschenwürde verpflichtete Welt aufzubauen. Am 9. September 1945 kapitulierte schließlich auch die japanische China-Armee mit etwa einer Million Mann in Nanking gegenüber den Nationalchinesen unter Chiang Kai-shek. Die japanischen Streitkräfte in Südost-Asien kapitulierten erst am 12. September 1945 in Singapur gegenüber den alliierten Streitkräften unter Lord Louis Mountbatten. Damit war der Zweite Weltkrieg beendet.

Nothilfe für die Opfer und Schadensanalyse

Für Hiroshima und Nagasaki bedeutete das Kriegsende, dass nun ausländische Hilfe, etwa durch das Rote Kreuz, erfolgen konnte. Die US-Armee führte in den folgenden Monaten unter Leitung des militärischen Beauftragten für das Manhattan-Projekt, General Leslie Groves, eine ausführliche Dokumentation der Bombenschäden durch, an der auch Wissenschaftler und Mediziner teilnahmen. Die veröffentlichten Ergebnisse waren allerdings propagandistisch geprägt. Insbesondere wurde die radiologische Wirkung der Waffen verneint, die noch Monate nach den Explosionen Zehntausende Opfer forderte. Es wird geschätzt, dass in

Hiroshima bis Ende 1945 weitere 60.000 zunächst Überlebende den Folgen der Verstrahlung sowie Verbrennungen und anderen schweren Verletzungen erlagen. Bis 1950 war die Zahl der Spätopfer in beiden Städten auf insgesamt 230.000 gestiegen, die meisten waren den Auswirkungen der Primärverstrahlung zum Opfer gefallen. Heute liegt die Strahlenbelastung der bombardierten Gebiete nicht mehr über dem Niveau der gewöhnlichen Hintergrundstrahlung (sog. natürliche Radioaktivität) und ist somit nicht höher als in anderen Gebieten der Erde.

Politische Folgen

Die historische Erfahrung, dass auch demokratisch gewählte Regierungen in einem Krieg, der als Verteidigung begann und als Totaler Krieg endete, sämtliche moralischen und zivilisatorischen Hemmschwellen verlieren und beispiellose Demozide (Massentötungen auch von Zivilisten) begehen können, bestimmt seither das politische und historische Bewusstsein weltweit. Auf das Datum der Abwürfe beziehen sich auch viele Initiativen der internationalen Friedensbewegung, etwa die Teilnehmer an den Ostermärschen, die Internationalen Ärzte gegen den Atomkrieg und viele andere. In Deutschland kam es 1957 zur Kampf-dem-Atomtod-Bewegung gegen die geplante Atombewaffnung der Bundeswehr, einer ersten breiten außerparlamentarischen Opposition. Bundeskanzler Konrad Adenauer hatte sogenannte „taktische" Atombomben von einer mit der Hiroshimabombe vergleichbaren Wirkung als bloße „Weiterentwicklung der Artillerie" verharmlost. 18 Wissenschaftler unter Federführung von Carl Friedrich von Weizsäcker widersprachen ihm mit dem Göttinger Appell vom 12. April 1957. Auch in Japan entstand in der unmittelbaren Nachkriegszeit eine Friedensbewegung. Diese beinhaltete auch eine von Hausfrauen initiierte Kampagne zur Ächtung von Atomwaffen, bei der 30 Millionen Unterschriften gesammelt werden konnten. Bis heute tragen auch zahlreiche japanische Künstler, allen voran Kenzaburo Oe dazu bei, die Schrecken des Krieges zu verarbeiten. Auch wurde etwa ein *Peace Memorial Park* in Hiroshima im Jahre 1955 eingerichtet, um des Atombombeneinsatzes zu gedenken, wobei allerdings Opfer anderer Nationen nur unzureichend bedacht wurden. Auch allgemein wird die geringe historische Bedeutung kritisiert, die den Opfern des japanischen Regimes, vor allem den chinesischen und koreanischen Opfern, zugestanden wird. Viele sehen darin eine fehlende Aufarbeitung der eigenen Verbrechen und den Grund für das schlechte Verhältnis zu den asiatischen Nachbarn. Der japanische Verteidigungsminister Fumio Kyuma trat 2007 zurück, nachdem er in einer Rede vor Studenten gesagt hatte, die Atombombenabwürfe auf Hiroshima und Nagasaki „hätten nicht vermieden werden können", weil sie Japan „ein Schicksal wie Deutschland erspart" (gemeint war die Deutsche Teilung) und die Kapitulation beschleunigt hätten. Weite Teile der japanischen Gesellschaft, Medien und die Opposition hatten ihre Empörung geäußert und massiven Druck auf den Politiker ausgeübt.

Historischer Diskurs
Befürworter der Abwürfe

Die Befürworter der Atombombenabwürfe auf Hiroshima und Nagasaki argumentieren unter anderem damit, dass

- durch die frühe japanische Kapitulation die von der Kaiserlich Japanischen Armee verübten noch immer in vollen Gange befindlichen Kriegsverbrechen beendet werden konnten.

- Japan zu diesem Zeitpunkt selbst daran arbeitete, mit Hilfe der Jetstreams biologische Waffen gegen die Vereinigten Staaten und Kanada einzusetzen.

- Japan bis zuletzt selbst an der Entwicklung von Atombomben gearbeitet hatte und dafür Anfang 1945 auf notwendiges Material wartete, das per U-Boot vom Deutschen Reich geschickt wurde.

- das Kaiserreich zu diesem Zeitpunkt noch keineswegs besiegt war, sondern über eine Armee verfügte, welche ihre Heimatinsel zwar nicht verlassen konnte, doch schwer bewaffnet und bereit war, bis zum letzten Mann zu kämpfen.

- dadurch die ansonsten unvermeidliche Invasion Operation Downfall nicht mehr notwendig war und somit einer viertel Million alliierter Soldaten und mehreren Millionen Japanern das Leben gerettet wurde.

Entgegen verbreiteter Meinung war das Kaiserreich Japan auch noch lange nicht vollständig besiegt wie sein Verbündeter, das Deutsche Reich. Zwar war es nicht mehr in der Lage, in die Offensive zu gehen, doch die Verteidigung war straff organisiert und Teile der Industrie waren noch unversehrt, da die Alliierten ihre Bomberverbände bislang hauptsächlich in Europa eingesetzt hatten. Die Kaiserlich Japanische Armee war schwer bewaffnet und was die Verteidigung ihres Heimatlandes (Heiliger Boden) betraf, war die Motivation extrem hoch. Es ist unbestritten, dass die gesamte japanische Armee im Falle der Invasion durch ihre außergewöhnlich hohe

Truppenmoral, die wesentlich höher war als vergleichsweise bei Einheiten der deutschen Wehrmacht, bis zum letzten Mann kämpfen würde. Beispiel: Schlacht um die Gilbertinseln, wo sich von 5.600 japanischen Soldaten nur 3 ergaben. Die anderen kämpften bis zum Tod. Außerdem ist davon auszugehen, dass japanische Offiziere Teile der Zivilbevölkerung in den Selbstmord gezwungen hätten. Diese hätte die Invasoren auch wesentlich stärker bekämpft, als es die Deutschen getan hatten. In welchem Ausmaß lässt sich nicht klären. Die Operation Downfall bestand aus zwei Teilen. Der erste Teil, die Operation Olympic, sah eine gewaltige amphibische Landungsoperation auf der japanischen Insel Kyūshū vor. Der zweite Teil, die Operation Coronet, sah die gewaltigste Invasion der Menschheitsgeschichte in der Bucht von Tokio vor. Mit einer vollständigen Eroberung Japans wurde erst 1947-48 gerechnet. Zum Zeitpunkt des Nuklearwaffeneinsatzes hatte die Japanische Armee über 10.000 Flugzeuge bereit, die bei Invasionsbeginn bereitstanden, von Kamikazepiloten in Schiffe gesteuert zu werden. Dadurch, dass die Piloten darauf trainiert waren, sich auf Flugzeugträger und Truppentransporter mit tausenden Soldaten an Bord zu stürzen, wären die alliierten Verluste überproportional groß ausgefallen. Bevor der alliierte Planungsstab der Armee überhaupt von der Existenz des Atombombenprojekts wusste, schätzte er im April 1945 die Zahl der alliierten Verluste auf 456.000 Opfer, darunter 109.000 Tote bei einer Dauer von 90 Tagen für die Operation Olympic. Nach weiteren 90 Tagen und abgeschlossener Operation Coronet insgesamt 1,2 Mio. Opfer, darunter 267.000 Tote. Die Zahl der japanischen Todesopfer wird auf mehrere Millionen geschätzt. Diese Zahlen scheinen umso realistischer, wenn man bedenkt, dass die Eroberung der kleinen japanischen Insel Okinawa (siehe Schlacht um Okinawa) mit nur ca. 450.000 Einwohnern unter den US-Truppen 12.510 Tote und 39.000 Verwundete gefordert hatte. Die japanische Armee verlor 107.000 Mann. Unter der Zivilbevölkerung, welche sich zu Tausenden von den weißen Kalkfelsen stürzte, gab es 42.000-122.000 Tote. Nicht zuletzt aufgrund des heftigen Widerstands der Japaner auf Okinawa rechneten der Planungsstab der Alliierten bei einer Eroberung der mit 75 Millionen Menschen dichtbevölkerten japanischen Hauptinseln mit über einer Viertelmillion toter amerikanischer Soldaten und 7 Millionen toten japanischen Soldaten und Zivilisten. Man rechnete mit so vielen Opfern, dass in amerikanischen Fabriken über 500.000 Purple Heart Verwundetenabzeichen schon im Vorfeld hergestellt worden waren. Weitere waren schon bestellt.

Gegner der Abwürfe

Die Gegner der offiziellen Rechtfertigungen der Atombombeneinsätze argumentieren unter anderem, dass

- diese besonders im Falle von Nagasaki militärisch nicht nötig waren, da Japan schon Kapitulationsbereitschaft signalisiert hatte,
- der Krieg in kurzer Zeit auch ohne die Atombombenabwürfe geendet hätte,
- Alternativen zu seiner Beendigung vorhanden waren, die nicht ausgenutzt wurden,
- die damals geschätzten Opferzahlen bei einer US-Invasion im Bereich von Zehntausenden, nicht Hunderttausenden lagen,
- Atombombeneinsätze, besonders gegen zivile Ziele, ethisch nicht zu verantworten sind.

Als erster bekannter Historiker stellte *Gar Alperovitz* die Begründung der US-Regierung für die Abwürfe in Frage. Die Rettung von US-Amerikanern sei nur ein Vorwand gewesen. Die Abwürfe hätten keine Invasion in Japan vermeiden, sondern die Sowjetunion von weiterem Vorrücken in Fernost abschrecken und ihr die Macht der USA vorführen sollen. Die 1945 erwarteten Verluste bei einer Invasion der japanischen Hauptinseln werden durch verschiedene Quellen in Frage gestellt. Die US-Verluste wurden nach übereinstimmender Geschichtsforschung vor den Abwürfen viel niedriger geschätzt als danach: Das Militär sei anfangs von 25.000 bis 46.000 toten US-Soldaten bei einer Invasion Japans ausgegangen. Da Japans Kapitulation auch ohne diese absehbar gewesen sei und es zudem noch weitere Alternativen zur Beendigung des Krieges gegeben habe, sei die offizielle These, der Atombombeneinsatz habe vielen Amerikanern das Leben gerettet, falsch. Dass die Atombombeneinsätze militärisch nicht sinnvoll und notwendig waren, meinten einige damals führende US-Militärs wie Dwight D. Eisenhower, General Douglas MacArthur, Flottenadmiral William D. Leahy, General Carl Spaatz und Flottenadmiral Chester W. Nimitz. Andere Forscher erklären die Abwurfbefehle damit, dass der Einsatz die hohen Entwicklungskosten der Atombomben (zwei Milliarden Dollar) habe rechtfertigen oder ihre Wirkungsweise an realen Zielen testen sollen. Auch rassistische Beweggründe werden genannt, bis hin zur Darstellung der Einsätze als Völkermord. So war besonders der Einsatz der Atombombe in Nagasaki laut *Martin Sherwin* „bestenfalls sinnlos, schlimmstenfalls Völkermord". Folgende Alternativen zum Atombombeneinsatz führt *Barton Bernstein* an:

- das Warten auf den Kriegseintritt der Sowjetunion

- eine Test-Demonstration der Atombombe entweder über unbewohntem Gebiet oder gegen ein militärisches Ziel
- Friedensverhandlungen mit Unterhändlern
- veränderte Kapitulationsbedingungen
- eine weitere Belagerung Japans mit konventionellen Streitkräften.

Nach *Tsuyoshi Hasegawa* kapitulierte Japan nicht primär wegen der Atombombeneinsätze, sondern wegen des Kriegseintritts der Sowjetunion. Denn schon die <u>Luftangriffe auf Tokio</u>, die in zwei Stunden mehr Opfer forderten als der Atombombeneinsatz in Hiroshima, hätten keine entscheidende Auswirkung auf die Beendigung des Krieges gehabt.

Gemäßigtes Lager

Die gemäßigten Wissenschaftler versuchen, die Entscheidung zum Atombombenabwurf aus Sicht der damaligen US-Führung nachzuvollziehen. Sie argumentieren, dass

- die Atombombe damals als legitime Waffe im Kampf gegen den Feind gesehen wurde und diese Annahme ungeprüft von Truman übernommen wurde
- Truman somit die Atombombe als legitimes Mittel sah, um den Krieg schnell zu beenden, eventuelle zukünftige Invasionen zu vermeiden, Japan für <u>Pearl Harbor</u> zu bestrafen, etc., und somit andere Alternativen erst gar nicht bedacht wurden
- die Abschreckung der Sowjetunion oder die Rechtfertigung der Finanzierung der Atombombe wichtige, aber sekundäre Motive (*Bonus*) für den Einsatz der Atombomben waren.

Bekanntester Vertreter dieses Lagers ist *Barton J. Bernstein*. Bernstein geht von zwei Gründen aus, deretwegen Alternativen zum Atombombeneinsatz, die den Krieg bis November hätten beenden können, nicht bedacht wurden. Erstens erschienen die Japaner aus der Sicht der US-Regierung dazu entschlossen, trotz der aussichtslosen Situation, in der die militärischen Streitkräfte nahezu vollständig besiegt waren und Japan vollständig von jeglicher Zufuhr von Ressourcen abgeschnitten war, mindestens bis zum Zeitpunkt der geplanten Invasion im November weiterzukämpfen. Bernstein zitiert japanische Führer, die die unbedingte Bereitschaft Japans, im Falle einer Invasion bis zu 20.000.000 Leben zu opfern, betonen. Die Atombombe sei in dem Zusammenhang als ein aus der Sicht der US-Führung wichtiges und legitimes Mittel gesehen worden, um das Kriegsende zu beschleunigen oder auch eine eventuelle Invasion zu vermeiden, auch wenn diese "nur" 25.000 Amerikanern das Leben gekostet hätte. Ein weiterer Hauptgrund für den Einsatz der Atombombe ist somit Bernstein zufolge die Tatsache, dass gegen Kriegsende weitgehend alle Skrupel der USA erodiert waren.

Bewertung in den USA

Regierungen, viele Medien und Bürger der USA rechtfertigen die Abwürfe heute noch fast genauso wie 1945. So sagte der damalige US-Präsident George Bush senior 1991, dass „die Abwürfe Millionen von Leben gerettet haben". *Samuel J. Walker* sieht diese öffentliche Meinung durch Schulbücher geprägt, die die Alternativen zur Kriegsbeendigung auf Atombombeneinsatz oder Invasion Japans reduzierten und zudem die möglichen und wahrscheinlichen US-Opferzahlen einer Invasion übertrieben. Dass einige US-Historiker die traditionelle Begründung der Abwürfe seit 1960 wegen damals veröffentlichter Dokumente der US-Airforce und der Diplomatie zunehmend kritisch beurteilen, hat das allgemeine Geschichtsbild noch kaum beeinflusst. Bis heute hat keine Regierung der USA eine offizielle Entschuldigung gegenüber den zivilen Opfern der Abwürfe und ihren Angehörigen abgegeben.

Bewertung in Japan

Unmittelbar nach Ende des Krieges unterlagen jegliche Berichterstattung, Fotografien und Filmaufnahmen über die Folgen der Atombombeneinsätze strenger Zensur durch die amerikanische Besatzungsmacht. Erst 1948 begannen Details der Katastrophe an die Öffentlichkeit zu gelangen. Die Aufarbeitung des 2. Weltkrieges ist in Japan jedoch bis heute kontrovers. Die Atombomben-Angriffe spielen dabei eine wesentliche Rolle. Japan sieht sich als Folge des Krieges zwar in der Verantwortung, eine Frieden stiftende Nation zu sein, gedenkt aber in erster Linie der eigenen Opfer.

Gedenken
Hiroshima

Die zerstörte Innenstadt Hiroshimas wurde wieder aufgebaut, nur die zentrale Insel im Fluss Ōta wurde als *Friedenspark* erhalten. Auf dem Gelände befinden sich eine Reihe von Gedenkstätten, darunter eine Flamme, die erlöschen soll, wenn die letzte Atombombe vernichtet worden ist; die heute *Atombombenkuppel* genannte Ruine der Industrie- und Handelskammer; das Friedensmuseum; das Kinder-Friedensdenkmal, das an Sadako Sasaki erinnert; sowie eine Erinnerungsstätte für die getöteten koreanischen Zwangsarbeiter. Seit dem 6. August 1947 gedenkt Hiroshima alljährlich der Opfer des Atombombenabwurfs mit einer großen Gedenkfeier. In der Nachkriegszeit waren alle Bürgermeister von Hiroshima und Nagasaki aktive Fürsprecher für nukleare Abrüstung. Am 6. August 2006 bekräftigte Japans Ministerpräsident Koizumi Junichirō, dass sein Land die Anti-Atom-Politik fortsetzen werde. Mit Aufrufen zu einer nuklearwaffenfreien Welt hatten in Hiroshima Menschen der Opfer gedacht. Überlebende, Angehörige von Opfern, Bürger und Politiker legten unter Glockengeläut eine Schweigeminute ein.

Nagasaki

Urakami Kathedrale, katholische Kirche in Nagasaki, am 7. Januar 1946

In Nagasaki erinnern seit 1955 das Atombombenmuseum und der Friedenspark an die Folgen des Abwurfs der Atombombe. An der Universität Nagasaki beschäftigt sich das *Atomic Bomb Disease Institute* (im April 1997 als Zusammenschluss des 1962 gegründeten *Atomic Disease Institute* und des 1974 gegründeten *Scientific Data Center for the Atomic Bomb Disaster* entstanden) mit den medizinischen Folgen der Explosion sowie Folgen von radioaktiver Strahlung im Allgemeinen. Des weiteren gibt es das „ Oka Masaharu Gedächtnis-Friedensmuseum von Nagasaki" (岡まさはる記念長崎平和資料館), wo insbesondere über die Vorgeschichte des Krieges in Bezug auf japanische Aktivitäten im asiatischen Ausland, das Schicksal von koreanischen und chinesischen Zwangsarbeitern sowie anderen Opfern in der japanischen Vorkriegs- und Kriegsgeschichte berichtet und informiert wird.

Literatur

Opfer- und Zeitzeugenberichte

- Günther Anders: *Der Mann auf der Brücke: Tagebuch aus Hiroshima und Nagasaki.* München 1963
- Helmut Erlinghagen: *Hiroshima und wir. Augenzeugenberichte und Perspektiven.* Fischer TB,, Frankfurt am Main 1984, ISBN 3-596-24236-3
- Gerd Greune (Hrsg.): *Hiroshima und Nagasaki: Bilder, Texte, Dokumente.* Köln 1982
- Michihiko Hachiya: *Hiroshima Diary.* University of North Carolina, 1955, ISBN 0-8078-4547-7 (Tagebuch eines Arztes, der während der Bombardierungen in der Stadt war, über die Monate danach)
- John Hersey: *Hiroshima: 6. August 1945, 8 Uhr 15.* Mit einem Vorwort von Robert Jungk. Hamburg 2005 (Bericht eines amerikanischen Journalisten kurz nach Beginn der Besatzung mit Interviews von Überlebenden)
- Ibuse Masuji: *Schwarzer Regen.* Frankfurt am Main 1985
- Keiji Nakazawa: *Barfuß durch Hiroshima.* Hamburg 2004 (International ausgezeichnete Manga-Serie eines Augenzeugen)
- Toyofumi Ogura: *Letters from the End of the World: A Firsthand Account of the Bombing of Hiroshima.* Kodansha, Japan, 1948, ISBN 4-7700-2776-1
- Kyoko Selden u. a.: *The Atomic Bomb: Voices from Hiroshima and Nagasaki. Japan in the Modern World.* ISBN 0-87332-773-X
- Charles Sweeney u. a.: *War's End: An Eyewitness Account of America's Last Atomic Mission.* ISBN 0-380-97349-9

Vorgeschichte

- Nagai Takashi: *Die Glocken von Nagasaki: Geschichte der Atombombe.* München 1955
- Robert Jungk: *Heller als tausend Sonnen: das Schicksal der Atomforscher.* München 1994
- Richard Rhodes: *The Making of the Atomic Bomb.* New York 1986
- William Craig: *The Fall of Japan.* New York 1967
- Stephen Walker: *Shockwave: Countdown to Hiroshima.* New York 2005, ISBN 0-06-074284-4

- Gordon Thomas, Max Morgan Witts: *Enola Gay*. New York 1977
- William L. Laurence, Werner von Grünau: *Die Geschichte der Atombombe*. List Verlag, 1952

Historischer Kontext

- Florian Coulmas: *Hiroshima. Geschichte und Nachgeschichte*. Beck, 2005, ISBN 3-406-52797-3
- Michael J. Hogan: *Hiroshima in History and Memory*
- Fletcher Knebel, Charles W. Bailey: *No High Ground*. Harper and Row, New York 1960
- Pacific War Research Society: *„Japan's Longest Day"*, *the internal Japanese account of the surrender and how it was almost thwarted by fanatic soldiers who attempted a coup against the Emperor.*
- J. Samuel Walker: *Prompt and Utter Destruction: President Truman and the Use of Atomic Bombs Against Japan.*
- Stanley Weintraub: *The Last, Great Victory: The End of World War II, July/August 1945*. Truman Talley Books/Dutton, New York 1995
- Richard B. Frank: *Downfall: The End of the Imperial Japanese Empire*. Penguin, 2001, ISBN 0-14-100146-1

Hintergründe

- Gar Alperovitz: *The Decision to Use the Atomic Bomb*. Vintage Books, New York 1995, deutsch: *Hiroshima: die Entscheidung für den Abwurf der Bombe*. Hamburger Edition, Hamburg 1995, ISBN 3-930908-21-2
- Thomas B. Allen, Norman Polmar: *Code-Name Downfall: The Secret Plan to invade Japan – and why Truman dropped the Bomb*. Simon & Schuster, July 1, New York 1995, ISBN 0-684-80406-9
- Barton J. Bernstein (Hrsg.): *The Atomic Bomb: The Critical Issues*. Little, Brown, Boston 1976
- Claus Biegert (Hrsg.): *„Der Montag, der die Welt veränderte"*, Reinbek bei Hamburg 1996, ISBN 3-499-13939-1
- Kathrin Dräger: *„Hiroshima und Nagasaki als Endpunkte einer Konflikteskalation. Ein Beitrag zur Debatte über die Atombombenabwürfe."* Tectum 2009, ISBN 978-3-8288-2045-6
- Richard B. Frank: *Why Truman Dropped the Bomb: Sixty years later, we have the secret intercepts that shaped his decision. The Weekly Standard*, 8. August 2005, p20

- Paul Fussell: *Thank God for the Atom Bomb* Ballantine, Reprint 1990), ISBN 0-345-36135-0
- Robert Jay Lifton, Greg Mitchell: *Hiroshima in America: A Half Century of Denial.* Quill, 1996, ISBN 0-380-72764-1
- Robert James Maddox: *Weapons for Victory: The Hiroshima Decision.* University of Missouri Press, 2004

- Philip Nobile (Hrsg.): *Judgement at the Smithsonian* Marlowe and Company, New York 1995, ISBN 1-56924-841-9 (Kontroverse um die 1995 in der Smithsonian Institution geplante Ausstellung, die schließlich abgesagt wurde)
- Ronald Takaki: *Hiroshima: Why America Dropped the Atomic Bomb.* Little Brown, ISBN 0-316-83124-7, LoC D769.2.T35 1995
- Shigetoshi Wakaki: *Hiroshima: die infame Maximierung eines Massenmordes; der erste Bericht eines Experten und Augenzeugen.* Grabert, 1992

Folgen

- Gaynor Sekimori: *Hibakusha: Survivors of Hiroshima and Nagasaki.* Kosei Publishing Company, Japan 1986, ISBN 4-333-01204-X
- Angelika Jaeger (Übers.): *Leben nach der Atombombe: Hiroshima und Nagasaki 1945–1985.* Komitee zur Dokumentation der Schäden der Atombombenabwürfe von Hiroshima und Nagasaki, Frankfurt am Main 1988
- Paul Takashi Nagai: *Wir waren dabei in Nagasaki.* Frankfurt am Main 1951
- Takeshi Ohkita: *Akute medizinische Auswirkungen in Hiroshima und Nagasaki,* in: Eric und Susanna Chivian u. a. (Hrsg.): *Last aid. Die medizinischen Auswirkungen eines Atomkrieges.* Heidelberg 1985
- Peter Bürger: *Hiroshima, der Krieg und die Christen.* Asphalt Verlag, 2005, ISBN 3-9807400-7-2
- Robert P. Newman: *Truman and the Hiroshima Cult.* Michigan State University Press, 1995 (kritische Analyse der Nachkriegsopposition gegen die Bombe)
- Robert Trumbull: *Wie sie überlebten. Der Bericht der Neun von Hiroshima und Nagasaki.* Econ Verlag, Düsseldorf 1958.
- Robert Jungk (Hrsg.) *Off limits für das Gewissen. Der*

Briefwechsel zwischen dem Hiroshima-Piloten Claude Eatherly und Günter Anders. Rowohlt Verlag, Reinbek bei Hamburg 1961.

Weblinks

🔥 **Commons: Atombombenabwürfe auf Hiroshima und Nagasaki** – Sammlung von Bildern, Videos und Audiodateien

Vorgeschichte

- *The Decision to Drop the Bomb* – Dokumentensammlung der Truman Library
- Zeit-Artikel über die Entscheidung in Potsdam

Hiroshima

🔥 **Commons: Little Boy** – Album mit Bildern und/oder Videos und Audiodateien

- Peace Memorial Museum Hiroshima viele Bilder und Geschichten von Opfern
- Hiroshima – Die Kapitulation der Moral
- Hiroshima Peacesite der Stadt Hiroshima – Umfangreiche Angaben zu den Auswirkungen des Atombombenabwurfs (englisch)
- Bayerischer Rundfunk, Wissen & Bildung: *60. Jahrestag Hiroshima: Ein Kommando mit verheerenden Folgen*
- Hiroshima: Miyoko Matsubara, Eine Überlebende berichtet vom Atombomben-Abwurf *(RealMedia-Audio einer Sendung des Bayerischen Rundfunks, auch zum Download – 19:04 Min., 20,3 MB)*

Nagasaki

🔥 **Commons: Fat Man** – Album mit Bildern und/oder Videos und Audiodateien

- Homepage Nagasaki Atomic Bomb Museum
- Homepage Oka Masaharu Memorial Nagasaki Peace Museum（岡まさはる記念長崎平資料館）
- Remembering Nagasaki
- The Story of Nagasaki

- Atompilz vom Boden aus fotografiert, 10 km Entfernung, 20 min. nach der Explosion

Wirkungen

- The Effects of Atomic Bombs on Hiroshima and Nagaski, United States Strategic Bombing Survey (englisch)
- Zeit-Artikel über die Bombenabwürfe und die Kapitulation
- Zeitzeugenberichte des Abwurfs (englisch)
- Atomwaffen A–Z, gesundheitliche Langzeitfolgen

Kritik

- Peter Bürger: Die US-Legende über Hiroshima und Nagasaki (Heise, 5. August 2005)
- Hubert Leber, Der Segen der Bombe: Florian Coulmas' kritische Sicht auf die Wahrnehmung von Hiroshima („Berliner Zeitung", 8. August 2005 – Buchrezension)
- Wolfgang Schwentker: Rezension zu Florian Coulmas, *Hiroshima* (26. August 2005)
- Richard B. Frank: Why Truman Dropped the Bomb (The Weekly Standard, 8. August 2005) - Kritik an der Behauptung die Angriffe sein unnötig gewesen.

Einzelbelege

1. ↑ Florian Coulmas (Neue Zürcher Zeitung, 9. August 2005): *Hiroshima und Nagasaki: Über den ersten und einzigen Einsatz der Atombombe vor sechzig Jahren*
2. ↑ Richard B. Frank(The Weekly Standard, 8. August 2005, p20): *Why Truman Dropped the Bomb*
3. ↑ David Horowitz, *Kalter Krieg*, S. 46.
4. ↑ Chris Hastings: *UK proposed using atom bomb against Germany*, The Age, 2. Dezember 2002, abgerufen am 6. August 2010.
5. ↑ *Minutes of Target Committee Meetings on 10 and 11 May 1945* (Sitzungsprotokoll, englisch)
6. ↑ *Notes of the Interim Committee Meeting, Friday, 1 June 1945* (Fotokopie der Originaldokumente, englisch)
7. ↑ *Bard Memorandum, 27. Juni 1945* (englisch)

8. ↑ David Horowitz: *Kalter Krieg*, S. 46.
9. ↑ David Horowitz: *Kalter Krieg*, S. 45.
10. ↑ Theo Sommer: *1945. Die Biographie eines Jahres*, S. 179–186.
11. ↑ Tagebucheintrag Harry S. Trumans zum Einsatzbefehl, 25. Juli 1945 (englisch); Einsatzbefehl von Stabschef General Handy an General Spaatz, Kommandeur der strategischen Luftstreitkräfte, 25. Juli 1945 (englisch)
12. ↑ http://www.mbe.doe.gov/me70/manhattan/debate.htm
13. ↑ Potsdamer Erklärung, 26. Juli 1945 (englisch)
14. ↑ *The Information War in the Pacific, 1945*. Abgerufen am 11. November 2010.
15. ↑ *Decision to Drop Atomic Bomb*. Cia.gov. Abgerufen am 25. März 2009.; *The Myths of Hiroshima*. Commondreams.org. Abgerufen am 25. März 2009.; *Hiroshima: Historians' Letter to the Smithsonian*. Doug-long.com. Abgerufen am 25. März 2009.
16. ↑ Theo Sommer: *1945. Die Biographie eines Jahres*, S. 189.
17. ↑ zitiert nach Theo Sommer (Zeit 30/2005 S. 78): *Entscheidung in Potsdam*.
18. ↑ Timeline #2 - The 509th; The Hiroshima Mission
19. ↑ William L. Lawrence: *Dämmerung über Punkt Null. Die Geschichte der Atombombe*. List Verlag, Leipzig/München 1952, S. 182–183; zitiert nach Helmut Gollwitzer: *Die Christen und die Atomwaffen*, Christian Kaiser Verlag, München 1981 (6. Auflage, unveränderter Nachdruck der 1. Auflage 1957), ISBN 3-459-01407-5, S. 7.
20. ↑ Peter Bürger (Heise.de, 6. August 2005): *Manche Japaner sprachen von der „christlichen Bombe"*.
21. ↑ Louis Allen: *The Nuclear Raids Article - History of the Second World War*. Purnell 1969
22. ↑ *Timeline #2- the 509th; The Hiroshima Mission*. The Atomic Heritage Foundation. Abgerufen am 5. Mai 2007.
23. ↑ Fehler beim Aufruf der Vorlage:cite web: Die Parameter **url** und **title** müssen vorhanden sein.. www.cfo.doe.gov. Abgerufen am 25. Juni 2010.
24. ↑ Robert Siegel and Melissa Block (National Public Radio, 1. November 2007): *Pilot of Enola Gay Had No Regrets for Hiroshima*.
25. ↑ Harry S. Truman Library & Museum. U. S. Strategic Bombing

Survey: The Effects of the Atomic Bombings of Hiroshima and Nagasaki, June 19, 1946. President's Secretary's File, Truman Papers. *2. Hiroshima.*, page 11 of 51. Retrieved on March 15, 2009.

26.↑ *Frequently Asked Questions #1*. Radiation Effects Research Foundation. Abgerufen am 18. September 2007.

27.↑ *Chapter II: The Effects of the Atomic Bombings*. *United States Strategic Bombing Survey*. Originally by U.S. G.P.O.; stored on ibiblio.org (1946). Abgerufen am 18. September 2007.

28.↑ *Frequently Asked Questions #2*. Radiation Effects Research Foundation. Abgerufen am 11. November 2010.

29.↑ beide folgen Zitate nach Spiegel.de (22. April 2005): *Atombombenabwürfe in Japan: Nagasaki ging wegen Treibstoffmangels unter.*

30.↑ Rainer Werning: *Hiroshima, Nagasaki und die vergessenen Koreaner.*

31.↑ Spiegel-Online: *Nagasaki ging wegen Treibstoffmangels unter (2)* (22. April 2005).

32.↑ Takeshi Ohkita: *Akute medizinische Auswirkungen in Hiroshima und Nagasaki*, S. 85.

33.↑ Atomwaffen A-Z.

34.↑ Stern (Zeitschrift): *Nagasaki gedenkt seiner Opfer.*

35.↑ Übersicht der Nagasaki University School of Medicine.

36.↑ zitiert nach Theo Sommer: *1945. Die Biographie eines Jahres.* Hamburg 2005, S. 204

37.↑ Q & A about the Atomic Bombing (Website der Stadt Hiroshima)

38.↑ John W. Dower, *The Bombed – Hiroshima and Nagasaki in Japanese Memory*, Diplomatic History 1995.

39.↑ http://www.weltwoche.ch/ausgaben/2006-31/artikel-2006-31-der-teufel-trug-kittel.html Biowaffen gegen die USA]

40.↑ Per F. Dahl: *Heavy water and the wartime race for nuclear energy*, S. 279–285, CRC Press 1999, ISBN 0750306335

41.↑ Bowen C. Dees: *The Allied Occupation and Japan's Economic Miracle: Building the Foundations of Japanese Science and Technology 1945-52*. Routledge 1997, ISBN 1873410670

42.↑ Zbynek Zeman, Rainer Karlsch: *Uranium Matters: Central European Uranium in International Politics, 1900-1960*. Central European University Press 2008, ISBN 9639776009

43.↑ <u>a</u> <u>b</u> <u>c</u> Frank, *Downfall*, p. 135–137.

44.↑ <u>Japan's Textbooks Reflect Revised History</u> New York Times April 1, 2007

45.↑ Skates, *The Invasion of Japan*, p. 37.

46.↑ Spector, 276–277.

47.↑ <u>a</u> <u>b</u> Frank, *Downfall*, p. 340.

48.↑ Giangreco, Dennis M. & <u>Moore, Kathryn</u>, "*<u>Are New Purple Hearts Being Manufactured to Meet the Demand?</u>*"; *History News Network* (December 1, 2003), Retrieved December 4, 2006.

49.↑ Gar Alperovitz: *Atomic Diplomacy*, 1965.

50.↑ Samuel Walker: *Prompt and Utter Destruction: President Truman and the Use of Atomic Bombs Against Japan.* University of North Carolina Press, 2005 (revised edition).

51.↑ <u>Aussagen hoher US-Militärs</u>.

52.↑ P.Joshua Hill and Professor Koshiro,Yukiko: *Remembering the Atomic Bomb*, FreshWriting 15 December 1997

53.↑ <u>Ein Experiment mit 70.000 Toten</u>

54.↑ zitiert nach Bruce Cumings: *Parallax Visions*, Duke 1999, S. 54.

55.↑ Barton J. Bernstein: *Understanding the Atomic Bomb and Japanese Surrender: Missed Opportunities, Little-Known Near Disasters, and Modern Memory*, Hiroshima in History and Memory. University of Cambridge Press, New York 1996.

56.↑ Tsuyoshi Hasegawa: *Racing the Enemy: Stalin, Truman, and the Surrender of Japan*, Harvard University Press, Cambridge 2005.

57.↑ Barton J. Bernstein: „Understanding the Atomic bomb and the Japanese Surrender: Missed Opportunities, Little-Known Near Disasters, and Modern Memory", 'Diplomatic History' 1995.

58.↑ <u>Joshua /Hill: *Remembering the Atomic Bomb*</u>.

59.↑ Samuel J. Walker: *History, Collective Memory, and the decision to use the Bomb*, Diplomatic History 1995.

60.↑ <u>Regine Mathias (ARD, 5. August 2005): *Japan sieht sich vor allem als Opfer*</u>.

61.↑ <u>*Hiroshima: Zehntausende gedenken der Opfer*</u>, <u>Kölner Stadt-Anzeiger</u> 6. August 2006.

„<u>http://de.wikipedia.org/wiki/Atombombenabw %C3%BCrfe_auf_Hiroshima_und_Nagasaki</u>"

Massaker von Bleiburg

<u>NDH</u>-Truppen auf dem Rückzug kurz vor Bleiburg, Mai 1945

Gedenkkapelle an einem Massengrab, <u>Kočevski Rog</u>

Die **Massaker von Bleiburg** waren eine Serie von <u>Kriegsverbrechen</u>, die 1945 von der <u>jugoslawischen Volksbefreiungsarmee</u> an mit dem Deutschen Reich und Italien verbündeten Truppenverbänden des <u>Unabhängigen Staates</u>

Kroatien und an slowenischen Truppen verübt wurden, benannt nach dem Ort *Bleiburg* (Kärnten). Diese Truppen, die noch nach dem offiziellen Ende des Zweiten Weltkrieges die Kampfhandlungen gegen die jugoslawische Volksbefreiungsarmee fortsetzten, wurden nach ihrer Kapitulation und Entwaffnung Opfer von Exekutionen und Todesmärschen. Auch Zivilisten und deutsche Kriegsgefangene wurden ermordet. Mit dem Sieg der Jugoslawischen Volksbefreiungsarmee kam es an vielen Orten ohne jedes Gerichtsverfahren zu Massentötungen von Militärangehörigen, wobei vor allem Massaker an der *Ustascha*-Miliz und den *Domobrani*, der regulären kroatischen Armee, stattfanden. Die geschlagenen Verbände des Unabhängigen Staates Kroatien versuchten, das von alliierten Truppen besetzte Österreich zu erreichen. Kärnten war aber sowohl von britischen Truppen als auch durch die Jugoslawische Volksarmee besetzt, wodurch es dort noch nach Kriegsende zu Gefechten mit Partisanen kam. In Bleiburg kapitulierte die Führung der kroatischen Verbände vor britischen Truppen bedingungslos und musste ihre Auslieferung an die jugoslawische Volksarmee akzeptieren. Mit dem beabsichtigten Rücktransport in Gefangenenlager in Jugoslawien nahm eine Kette von summarischen Hinrichtungen ihren Anfang. Sie wurden weiter südlich auf jugoslawischem Territorium fortgesetzt. Im gleichen Zeitraum wurden Gefangene aus diesen Lagern in Slowenien und Nordkroatien in Märschen in Lager in der Vojvodina getrieben, wo ihnen der Prozess gemacht wurde, der meist mit einer Verurteilung zu Zwangsarbeit endete. Bei diesen Todesmärschen kam es zu einer großen Zahl von Opfern, darunter waren Tausende von deutschen Kriegsgefangenen. Unter den Opfern der Bleiburger Massaker, die mehrere Monate andauerten, befanden sich Angehörige des Staatsapparates des Unabhängigen Staates Kroatien, Einheiten der Slowenischen Landwehr, serbische und montenegrinische Tschetniks sowie muslimische Truppeneinheiten aus Bosnien und der Herzegowina. Auch Deutschkärntner und deutschgesinnte slowenischsprachige Zivilisten in Kärnten wurden getötet, so wie im bis 1918 zum Kronland Kärnten gehörigen, dann an Jugoslawien angeschlossenen und im Zweiten Weltkrieg wieder von Kärnten verwalteten Mießtal.

Vorgeschichte

Gegen Ende des Zweiten Weltkriegs begann der *Unabhängige Staat Kroatien* zu zerfallen. Einige Soldaten der *Domobrani* wechselten zu den kommunistischen Partisanen über. Die gemäßigten Ustascha-Minister Ante Vokić und Mladen Lorković versuchten, die radikalen Führer der Ustascha-Bewegung von der Spitze zu verdrängen, um mit den Alliierten

Verhandlungen über ein unabhängiges Kroatien aufzunehmen. Der Putschversuch wurde jedoch von Ante Pavelić mit deutscher Hilfe im Keim erstickt, die Verschwörer wurden verhaftet und hingerichtet. Am 6. Mai 1945 konnte die südlich von Zagreb verlaufende „Zvonimir"-Stellung nicht mehr gehalten werden, die kroatischen und die deutschen Verbände mussten sich zurückziehen. Angesichts der drohenden Niederlage versuchten die Streitkräfte, die Ustascha und die Regierung des Unabhängigen Staates Kroatien außer Landes zu kommen, um nicht Titos Armee in die Hände zu fallen. Die Rückzugsbewegung der Wehrmacht und ihrer Hilfstruppen, Kosaken, slowenische Landwehr, Serbisches Freiwilligenkorps sowie der selbständig operierenden Tschetniks geriet zur Flucht. Die kroatischen Streitkräfte, Ustascha-Miliz und die muslimischen Einheiten aus Bosnien und der Herzegowina wurden in Nordkroatien zusammengezogen, um von dort aus durch Slowenien nach Österreich zu marschieren. Der kroatische Historiker Ivo Goldstein schätzt die Gesamtzahl der Flüchtlinge nach neueren wissenschaftlichen Erkenntnissen auf etwa 134.000 Personen. Die Kolonne aus Menschen und Fahrzeugen soll insgesamt 45-65 Kilometer lang gewesen sein. Teile der Marschkolonnen erreichten die slowenisch-österreichischen Alpenübergänge nicht, wurden in Kämpfe mit Partisanen verwickelt, lösten sich auf oder gerieten in Gefangenschaft. Die übrigen marschierten über Dravograd (Unterdrauburg) und Prevalje (Prävali) Richtung Kärnten und stießen bei Bleiburg auf britische Verbände, aber auch auf Einheiten der Volksbefreiungsarmee, die in Kärnten eingedrungen waren. Bereits am 8. Mai 1945 hatten Truppen und Partisaneneinheiten der 4. Jugoslawischen Armee den Südosten Kärntens besetzt und waren in Klagenfurt einmarschiert, wenige Stunden nach der 8. Armee des britischen Feldmarschalls Harold Alexander. Generaloberst Alexander Löhr hatte mit der Heeresgruppe E der Wehrmacht am 10. Mai in der slowenischen Untersteiermark vor der 4. Jugoslawischen Armee kapituliert.

Verlauf der Ereignisse
Kapitulation und Zwangsrepatriierung

In Bleiburg baten die Kommandeure der Truppen des Unabhängigen Staates Kroatien am 14. Mai 1945 einen britischen Brigadekommandeur, General Patrick Scott, um Übernahme in britische Kriegsgefangenschaft und um Asyl für die Flüchtlinge. Scott, der mit einem Kommando der Volksbefreiungsarmee in Verbindung stand, lehnte ab, woraufhin die kroatischen Unterhändler angesichts des militärischen Drucks der Briten und der Volksbefreiungsarmee sich mit einer bedingungslosen Kapitulation abfinden mussten. In einem britisch-jugoslawischen Militärabkommen zwischen dem Brigadier des britischen Generalstabs Toby Low und dem jugoslawischen Oberst Vane Ivanović vom 19. Mai wurde nicht nur der jugoslawische Truppenabzug aus Kärnten bis zum 21. Mai 1945, 19 Uhr, festgelegt, sondern auch die Auslieferung aller „Yugoslav Nationals" an Jugoslawien. Einer der beiden jugoslawischen Vertreter, der Politische Kommissar Milan Basta, versicherte, die Zivilflüchtlinge würden in ihre Herkunftsgebiete zurückgebracht und die Angehörigen der Streitkräfte nach den Bestimmungen des Völkerrechts behandelt. Er kündigte jedoch auch an, dass Offiziere, die Kriegsverbrechen begangen hätten, mit einem Kriegsgerichtsverfahren zu rechnen hätten. Zuerst wurde der Großteil der Kroaten und Serben der jugoslawischen Volksbefreiungsarmee übergeben, Ende Mai/Anfang Juni 1945 der Großteil der Slowenen aus dem Lager Viktring bei Klagenfurt. Die Volksarmee trieb die ihr aus britischem Gewahrsam übergebenen Soldaten und Zivilisten hauptsächlich über Dravograd in Richtung Maribor. Auch die Briten beteiligten sich an der Rückführung, im wesentlichen per Eisenbahn über den Karawankentunnel nach Jesenice oder über Bleiburg und Lavamünd in Richtung Maribor, teils auch über Arnoldstein. Die Gefangenen wurden an die jugoslawischen Truppen teils noch auf österreichischem Boden, teilweise an der Landesgrenze übergeben. Die britischen Soldaten ließen sie in dem Glauben, sie würden nach Italien gebracht, so dass die Übergaben ohne Widerstand stattfinden konnten. Nach der Übergabe wurden die Gefangenen in Fußmärschen weitergetrieben und in Lager in Slowenien und im nördlichen Kroatien verbracht, die dort im Mai und Juni 1945 in großer Zahl entstanden. In den Lagern wurden sie in unterschiedliche Gruppen aufgeteilt, zwischen Militärangehörigen und Zivilisten getrennt sowie nach Truppenteilen, Dienstgraden und nationaler Zugehörigkeit. Bei den Kroaten wurde vor allem auf die Aufteilung in Domobrani und Ustascha Wert gelegt, was aber wie bei den anderen Aufteilungen nicht immer genau vorgenommen wurde.

Hinrichtungen

Schon in Kärnten, außerhalb der Sichtweite der Briten, gab es Hinrichtungen. Im bisher größten aufgefundenen Sammelgrab in Homberg (Holmec) am Grenzübergang wurden etwa 200 Tote gefunden, es gibt viele Einzelgräber. In einem Massengrab bei Opicina (Opčine) bei Triest, das damals wie Kärnten auch britisches Besatzungsgebiet war, fand man neben Deutschen und Italienern Hunderte von Kroaten. Die Zahl der Hinrichtungen auf jugoslawischem Gebiet liegt weitgehend im Dunkeln. Über die Erschießungen in und um die Lager gibt es viele

Augenzeugenberichte, von denen etliche von John Prcela und Stanko Guldescu in ihrem Buch *Operation Slaughterhouse* abgedruckt wurden. Sie sind aussagekräftig, erlauben jedoch keine Schlussfolgerungen über die Zahl der Opfer und ihre Herkunft. Eines der wohl größten Massaker ereignete sich in Tezno nahe Maribor. Ganze Truppeneinheiten wurden dort exekutiert und liegen in ausgedehnten ehemaligen Panzergräben begraben. Die vor vielen Jahren begonnenen Ausgrabungen sind noch nicht abgeschlossen, jedoch nimmt der slowenische Historikers Mitja Ferenc an, dass allein an dieser Stelle mindestens 15.000 Menschen den Tod fanden, vorwiegend kroatische Soldaten. Weitere Orte, bei denen Hinrichtungen mit Tausenden von Opfern vermutet werden, sind die ehemaligen Konzentrationslager Tüchern (Teharje) bei Celje (Cilli) und Sterntal (Strnišče, heute Kidričevo) bei Ptuj (Pettau), bei Šentvid nordwestlich von Ljubljana, bei Slovenska Bistrica, bei Škofja Loka und ganz besonders im Berggebiet der Gottschee (Kočevje). Dort wurde im Gottscheer Hornwald (Kočevski Rog) in einer Karsthöhle das bisher größte Massengrab mit Opfern der jugoslawischen Partisanenarmee gefunden. Karstspalten und -höhlen waren geeignet, Leichen in der Tiefe verschwinden zu lassen, und durch Sprengungen leicht zu verschließen.

Todesmärsche

Von Mai bis August 1945 wurden aus den Gefangenenlagern in Slowenien und Nordkroatien große Marschkolonnen, vorwiegend deutsche Kriegsgefangene und Kroaten, nach Südosten in Bewegung gesetzt, meist zu Fuß, einige Strecken auch per Eisenbahn. Die Marschrouten erstreckten sich über Ostkroatien (Slawonien) etwa entlang der ungarischen Grenze, dann in Richtung Belgrad und in das Westbanat bis in die Nähe der Grenze zu Rumänien. Einige zweigten in Richtung Bosnien ab. Viele der Marschierenden sollen an Entkräftung, Krankheiten oder Folgen von Mißhandlungen gestorben sein, willkürlich oder aus nichtigen Anlässen erschossen worden sein. Nach Zeugenberichten wurden in manchen Orten den durchziehenden Kolonnen von den Bewohnern Kleidungsstücke, vor allem die Schuhe weggenommen. Wer das Marschtempo nicht mehr halten konnte, wurde umgebracht. Ziel dieser Todesmärsche (*smrtni put*, bei den Kroaten auch *križni put*, Kreuzweg) war die Vojvodina, wo in der südlichen Batschka und vor allem im Westbanat bereits seit Ende 1944 Lager für die dort ansässigen Donauschwaben errichtet worden waren. Spätestens hier wurden die Gefangenen einzeln verurteilt, meist zu Zwangsarbeit, schwerer Belastete wurden in Gefängnisse verbracht, meist nach Belgrad. Ein Teil der Gefangenen, darunter aber keine Deutschen und nur wenige Kroaten, fiel im August 1945 unter eine Amnestie.

Anlässe für Massenhinrichtungen und Todesmärsche

Der unmittelbare Hintergrund dieser Ereignisse ist die vorangegangene Kollaboration der militärischen Verbände des Unabhängigen Staates Kroatien (*Nezavisna država Hrvatska*) mit den Besatzungsmächten. Der Unabhängige Staat Kroatien wurde von der in London residierenden Exilregierung nicht anerkannt. Sie hatte sich in einem Abkommen mit Tito am 16. Juni 1944 verpflichtet, alle „Volksverräter und Kollaborateure" öffentlich zu ächten. Die Truppen des Unabhängigen Staates Kroatien waren aus ihrer Sicht keine Kriegsgegner, sondern Deserteure und Verräter, die mit dem Feind zusammenarbeiteten. Folglich war für die Truppen des Unabhängigen Staates Kroatien allenfalls die Militärgerichtsbarkeit zuständig. Nach den Liquidierungen in der ersten Zeit nach der Kapitulation, die umstandslos ohne irgendwelche Verfahren durchgeführt wurden, wurden folgerichtig Schnellverfahren vor Militärgerichten eingerichtet, in denen ohne besondere Formalitäten Urteile gefällt wurden.

Opferzahlen und Gerichtsverfahren

Gesicherte Angaben über die Zahl der Flüchtenden und die Gesamtzahl der Opfer liegen bisher nicht vor; die genauen Zahlen sind strittig. Während einige Quellen von 45.000 bis 200.000 Opfern reden, gehen andere von "einigen Zehntausend" aus. Durch Ausgrabungen belegt sind einige Zehntausend. Weder von jugoslawischer noch von britischer Seite gibt es offizielle Opferzahlen, da die Ereignisse in der SFR Jugoslawien nicht öffentlich thematisiert werden durften und auch von Seiten der Westalliierten keine amtliche Untersuchung erfolgte. Eine weitere Schwierigkeit besteht darin, aus der Gesamtzahl der Opfer den Personenkreis derer herauszufiltern, die aus dem NDH-Staat kamen. Neben deutschen Kriegsgefangenen aus Wehrmacht und Waffen-SS fielen auch italienische Kriegsgefangene, die überwiegend in Dalmatien im Einsatz gewesen waren, den Abrechnungen zum Opfer. Die Zahl der deutschen Kriegsgefangenen, die die Todesmärsche das Leben kostete, wird auf 10.000 geschätzt.. Über das Schicksal des deutschen Personals der kroatischen Legionen, die in der Wehrmacht dienten, gibt es keine offiziellen Berichte. Nach der Machtübernahme erfolgten die Massenexekutionen von kroatischen, slowenischen und deutschen Verbänden, die „Todesmärsche" und die Liquidierungen von Zivilisten umstandslos ohne irgendwelche Gerichtsverfahren. Seit Sommer 1944 waren zwar formalisierte Gerichtsverfahren und erste Militärgerichte etabliert, die im Schnellverfahren Urteile fällten. Solche Militärgerichte sind aus Zagreb, Osijek und Karlovac bekannt. Am 25. August 1945 wurde das

Gesetz „Über Straftaten gegen Volk und Staat" erlassen, in dem auch Tatbestände aufgeführt wurden, die sich auf die Kriegszeit bezogen. Dieses Gesetz wurde rückwirkend angewandt. Es hatte Gültigkeit bis zur Einführung des neuen Strafgesetzbuches (1947 bzw. 1951), das die Grundtatbestände des Landesverrats und der „Kollaboration mit dem Feind" neu fasste.

Beurteilung der Ereignisse

Im ehemaligen Jugoslawien war es tabu, über Bleiburg zu sprechen. Die Weltöffentlichkeit war informiert, aber das Thema wurde in Zeiten des Kalten Krieges, in dem sich Jugoslawien von Stalin abwandte, von westlichen Politikern nicht aufgegriffen. Der montenegrinische Dissident Milovan Đilas schrieb in seinen Memoiren: „diese Soldaten mussten sterben, damit Jugoslawien leben kann". Demnach wurde eine mögliche Opposition gegen das kommunistische Regime „liquidiert". In der kroatischen Emigration wurden und werden die Bleiburger Ereignisse nationalistisch instrumentalisiert und als Nationaltragödie dargestellt. In Bleiburg stand bereits zu Zeiten Jugoslawiens ein Denkmal, das von Bleiburg-Überlebenden und Exilkroaten finanziert und errichtet wurde. Es trug die Inschrift („U čast i slavu poginuloj hrvatskoj vojsci - svibanj 1945. Zum Gedenken an die gefallenen Kroaten - Mai 1945"). Die korrekte deutsche Übersetzung der kroatischen Inschrift lautet jedoch „Zu Ehren und zur Feier der gefallenen kroatischen Armee - Mai 1945". Das Denkmal wurde nach der Ära Tuđman neu errichtet und trägt heute eine neue Inschrift, die nicht mehr der „gefallenen Armee", sondern „unschuldigen Opfern" gewidmet ist. Die Ereignisse um Bleiburg stellen seit 1945 einen wichtigen kroatischen Geschichts- und Nationalmythos dar. Jedes Jahr finden am 15. Mai auf dem Loibacher Feld bei Bleiburg und in vielen Städten Kroatiens Gedenkmessen und Kranzniederlegungen statt, bei denen Kroaten und Bosniaken aus aller Welt der Gefangennahme und der Ermordung der Opfer gedenken. Die Feiern wurden zunächst von kroatischen Emigranten zelebriert, seit dem Ende des kommunistischen Regimes nehmen auch offizielle Regierungsvertreter aus Zagreb teil. 1999 erschien in Kroatien der Film *Četverored* (Viererreihe), der sich mit den Leiden der an den Todesmärschen teilnehmenden Soldaten befasst. Der Film enthält zahlreiche Gewaltszenen. Besonders in Großbritannien entstand eine Kontroverse um die Rolle, die die britische Armee bei der Übergabe der Kroaten an Jugoslawien und der aus dem kroatischen Raum geflüchteten Kosaken an die Sowjetunion gespielt hatte. Eine Kommission unter dem Vorsitz des Brigadegenerals Anthony Cowgill erarbeitete 1990 zwei Berichte, worin unter anderem festgestellt wird, es habe sich kein Hinweis ergeben, dass die britischen Kommandostellen bei der Übergabe der Gefangenen deren anschließende Liquidierung bewusst in Kauf genommen hätten.

Aktuelle Untersuchungen

Erst seit wenigen Jahren werden die Vorgänge um den Massenmord der jugoslawischen Kommunisten nach Beendigung des zweiten Weltkrieges wissenschaftlich erfasst und Massengräber gekennzeichnet sowie untersucht. Insgesamt befinden sich allein in Slowenien 550 Massengräber.

Literatur

- Tamara Griesser-Pecar: *Das zerrissene Volk. Slowenien 1941-1946. Okkupation, Kollaboration, Bürgerkrieg, Revolution.* Böhlau Verlag, Wien 2003, ISBN 3-205-77062-5
- Ivo Goldstein: *Hrvatska povijest.* Novi Liber, Zagreb 2003, ISBN 953-6045-22-2
- Tatjana Šarić: *Bleiburške žrtve na stranicama 'Hrvatske revije'* . In: *Časopis za suvremenu povijest*, 2, 2004, S. 505-521.
- Jozo Tomasevich: *War and revolution in Yugoslavia, 1941 - 1945.* Bd. 2: *Occupation and collaboration.* Stanford, Calif. : Univ. Press, 2001.
- Ekkehard Völkl: *Abrechnungsfuror in Kroatien* in: Klaus-Dietmar Henke, Hans Woller (Hrsg.): *Politische Säuberung in Europa. Die Abrechnung mit Faschismus und Kollaboration nach dem Zweiten Weltkrieg*, München 1991, ISBN 3-423-04561-2, S. 358-394.
- Elste Alfred / Koschat Michael / Strohmaier Paul: Opfer, Täter, Denunzianten. „Partisanenjustiz" am Beispiel der Verschleppungen in Kärnten und der Steiermark im Mai/Juni 1945: Recht oder Rache?, Klagenfurt/Ljubljana/Wien 2007.
- Eva Menasse: Der Holocaust vor Gericht. Der Prozess um David Irving. Berlin 2000,S.66 ff ISBN 3-88680-713-4

Weblinks

- Yalta and the Bleiburg tragedy (engl.)
- Artikel in der slowenischen Tageszeitung "Delo" über

Exhumierungen in Tezno nahe Maribor (slow.)
- Über die Nachkriegsmassaker im Hornwald (Kočevski Rog / Pod Krenom) (slow.)
- Spiegel-Online, engl.
- Deutsche Bundeszentrale für politische Bildung

Einzelnachweise

1. ↑ Elste Alfred / Koschat Michael / Strohmaier Paul: Opfer, Täter, Denunzianten. „Partisanenjustiz" am Beispiel der Verschleppungen in Kärnten und der Steiermark im Mai/Juni 1945: Recht oder Rache?, Klagenfurt/Ljubljana/Wien 2007.
2. ↑ http://www.hic.hr/books/seeurope/015e_tolstoy.htm The Bleiburg massacres by Count Nikolai Tolstoy
3. ↑ John Prcela und Stanko Guldescu (Hrsg.): *Operation Slaughterhouse. Eyewitness Accounts of Postwar Massacres in Yugoslavia, Philadelphia 1970*
4. ↑ Bor M. Karapandžić: *Tito's bloodiest crime, 1945-1965*, Cleveland 1965
5. ↑ Dulić, Tomislav (2004): „Tito's Slaughterhouse: A Critical Analysis of Rummel's Work on Democide", *Journal of Peace Research* 41 (1): 85-102, S. 87.
6. ↑ Kroatische Enzyklopädie, Band 6, Jahr 2004
7. ↑ Kroatisches Familienlexikon, 2005
8. ↑ Massengräber beim Autobahnbau in Slowenien entdeckt (kroatisch/serbisch)
9. ↑ Kurt W.Böhme: *Zur Geschichte der deutschen Kriegsgefangenen des Zweiten Weltkriegs I/1: Die deutschen Kriegsgefangenen in Jugoslawien 1941-1949*, München 1962, S. 134
10. ↑ Anthony Cowgill (Hrsg.): *The Repatriations from Austria in 1945. Report of an Inquiry*, London 1990
11. ↑ Anthony Cowgill (Hrsg.): *The Repatriations from Austria in 1945. The Documented Evidence Reproduced in Full from British, American, German and Yugoslav Sources*, London 1990
12. ↑ nach einer Rezension von Tamara Griesser-Pecar: *Das zerrissene Volk. Slowenien 1941-1946. Okkupation, Kollaboration, Bürgerkrieg, Revolution* von Reinhard Olt in der Frankfurter Allgemeinen Zeitung vom 4. Mai 2004

Foibe-Massaker

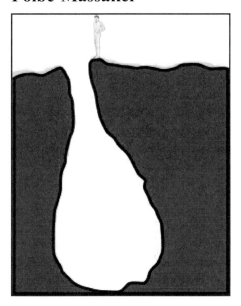

Vereinfachtes Schema einer Foiba

Lageorte einiger Foiben in Istrien, an denen mutmaßlich

Massenexekutionen stattgefunden haben.

Unter dem Begriff **Foibe-Massaker** versteht man Kriegsverbrechen, die im und nach dem Zweiten Weltkrieg geschahen. Damals verübten jugoslawische Partisanen aus Rache Verbrechen an der italienischen Bevölkerung in den istrischen und dalmatinischen Küstengebieten. Die Opfer wurden dabei in Karsthöhlen, die sogenannten *Foiben*, oftmals bei lebendigem Leibe, geworfen. Unter einer **Foiba** (von lat. *fovea, fossa*; kroat. *fojba*) versteht man in der italienischen Sprache unzugängliche Karsthöhlen entlang der kroatischen und slowenischen Küste. Opfer dieser Massaker waren vorwiegend Angehörige der italienischen Volksgruppe sowie slawische Nichtkommunisten, die sich gegen die Annexionsbestrebungen des titoistischen Jugoslawiens stellten, bzw. von den neuen Machthabern als mögliche Gefahr angesehen wurden. Abgesehen von "politischen" Motiven kamen auch persönlich motivierte Racheakte bei den Tötungen zum Tragen. Obschon die meisten „infoibati" unbescholtene Zivilisten waren (darunter Frauen und Kinder), fanden in geringerer Zahl auch kämpfende Soldaten (Wehrmacht,RSI,slawische Kollaborateure und, laut Gianni Oliva und Arrigo Petacco, selbst einige wenige neuseeländische Alliierte) dort den Tod. Der italienische Staat, besonders seit der Machtübernahme der Faschisten, hatte zuvor über zwei Jahrzehnte lang die slowenische und kroatische einheimische Bevölkerung terrorisiert und versucht, sie ihrer nationalen Identität und Sprache zu berauben (Italianisierung). Diese Aktionen wurden während der Kriegsjahre (speziell 1940-1943) intensiviert.

Opferzahlen

Genaue Opferzahlen sind nicht bekannt. Die wissenschaftlich am ehesten vertretbare Zahl liegt bei 4.000 bis 5.000 Toten italienischer Volksgruppenzugehörigkeit. Am weitesten verbreitet sind Zahlen von 10.000 bis 12.000 Opfern, die sich allerdings nur einschließlich der im Mittelmeer versenkten ("annegati") sowie in jugoslawischen Straflagern umgekommenen Italiener erreichen lassen.

Gedenktag

Jahrzehntelang waren die Massaker in Italien mit einem Tabu belegt, wurden in der öffentlichen Meinung und auch im Schulunterricht ausgegrenzt. Seit 2001 finden die Foibe-Massaker immer mehr Beachtung in der öffentlichen Diskussion. Auf Initiative der aus dem neofaschistischen MSI hervorgegangenen Alleanza Nazionale wurde zur Zeit der Regierung Berlusconi ein Gedenktag eingeführt, der Giorno del Ricordo, der seit 2005 begangen wird.

Dieser wird In Italien jährlich am 10. Februar abgehalten. An diesem Gedenktag wird nicht nur der Opfer der Foibe, sondern auch der 200.000 bis 350.000 Esuli (Vertriebenen) aus Julisch Venetien (Istrien, Fiume/Rijeka und Dalmatien) gedacht.

Aktueller Bezug

Dem Thema wird seit Februar 2007 erhöhte Aufmerksamkeit beigemessen, da der italienische Staatspräsident Giorgio Napolitano anlässlich des Feiertages zur Erinnerung an die Geschehnisse gegen Ende des Zweiten Weltkrieges dem letzten italienischen Polizeichef des faschistischen Regimes in Zara (kroatisch. *Zadar*), im heutigen Kroatien, Vincenzo Serrentino und etwa dreißig weiteren Opfern der jugoslawischen Partisanen posthum Orden verlieh. Serrentino wurde im ehemaligen Jugoslawien als Kriegsverbrecher verurteilt und hingerichtet. Napolitano sprach in seiner Rede zum Gedenktag auch von einer „Jahrhundert-Barbarei", dem „blutrünstigen slawischen Hass" und „annexionistischen Tendenzen". Der kroatische Präsident Stjepan Mesić, der in seiner Vergangenheit wegen Lobreden auf den faschistischen Ustascha-Staat aufgefallen war, ließ am 12. Februar 2007 verlauten, dass für ihn „in derartigen Aussagen die Anzeichen von offenem Rassismus, historischem Revisionismus und politischen Revanchismus nicht zu übersehen sind, und es somit schwer sei, dies in Einklang zum deklarativen Wunsch zur Verbesserung der bilateralen Beziehungen beider Staaten zu bringen". Mesić wertete die Aussagen Napolitanos als „Infragestellung des Friedensvertrages", den Italien unterzeichnete, für Kroatien stehe eine Infragestellung der Grenzverträge von Osimo (kroat. *Osimski sporazumi*) von 1975 aber vollkommen außer Frage. Ferner drohte er in einem Interview an, „dass eine solche Haltung letztlich zu einem weiteren Krieg führen könnte". Mesić äußerte sich in der Vergangenheit auch mehrmals, dass es von Seiten der Gewinner im und nach dem Krieg zu einzelnen Verbrechen kam und dass er diese verurteile. Er setze sich ebenfalls für eine Betrachtung des weiteren historischen Kontextes ein und spreche sich gegen eine Vertuschung von Tatsachen aus, wie auch gegen eine Umwandlung von historischen Verlierern in historische Gewinner. Die von Romano Prodi geführte Mitte-links-Regierung stellte sich hinter die Äußerungen von Italiens Staatspräsidenten und reagierte empört auf Mesićs Aussagen. Diese seien „ungerechtfertigt", weil sie „nach einer Zeit der guten Zusammenarbeit zwischen Italien und Kroatien" kämen. Außenminister Massimo D'Alema berief Kroatiens Botschafter zu sich, um ihm seine „Verwunderung und seinen Schmerz" wegen der Attacken gegen Napolitano kundzutun.

Staatspräsident Napolitano äußerte sich danach mehrmals, dass die Foibe-Massaker als „Maßnahmen einer ethnischen Säuberung im Rahmen der slawischen annexionistischen Tendenzen im Friedensvertrag von 1947" zu werten seien und stemmte sich gegen die „diplomatische Verdrängung" der Geschehnisse. Auf Vorschlag Kroatiens soll eine gemeinsame Historikerkommission Licht in die Vorkommnisse während des Zweiten Weltkrieges und der Jahre danach bringen.

Entschädigungszahlungen

Auch die Frage der Entschädigungszahlungen stellt nach wie vor einen wesentlichen Streitpunkt dar. Im Jahr 2002 war eine bilaterale Kommission, die sich mit Entschädigungen und der Rückgabe von ehemaligen italienischen Besitztümern befasste, eingerichtet worden. Die Arbeit der Kommission führte jedoch zu keinen Resultaten. Gemäß dem Vertrag von Rom verpflichtete sich das ehemalige Jugoslawien dazu, 110 Millionen US-Dollar an Entschädigungszahlungen für die italienischen Flüchtlinge und ihre zurückgebliebenen Besitztümer zu leisten. Davon wurden bis 1991 etwa 17 Millionen ausbezahlt. Die Nachfolgestaaten Slowenien und Kroatien einigten sich, die Restschuld in Höhe von 93 Mio. untereinander zu verteilen in einem Verhältnis von 60 zu 40. Slowenien hat also zirka 56 Mio. Verbindlichkeiten, Kroatien 37 Mio. übernommen. Slowenien hat seinen Anteil bereits 2002 auf ein Konto der Dresdner Bank in Luxemburg eingezahlt. Die italienische Regierung hat sich aber geweigert, diese Zahlung als rechtmäßig anzuerkennen. Kroatien hat seinerseits angeboten, seine Schuld zu begleichen.

Bericht eines Überlebenden

„Dann nahm ein großer Mann einen Draht und begann je zwei und zwei zusammenzubinden, so dass er den Draht fest um unsere Handgelenke zog. Das Schicksal war vorgezeichnet, und es blieb nur eine Möglichkeit zu entkommen: mich in den Abgrund zu werfen, bevor mich die Kugel traf. . . . Ich fiel auf einen hervorstehenden Ast. Ich konnte nichts sehen, andere Körper fielen auf mich. Es gelang mir, die Hände aus dem Eisendraht zu befreien, und ich begann hinaufzuklettern."

Siehe auch

- Geschichte Italiens

- Geschichte Jugoslawiens
- Italienische Kriegsverbrechen in Jugoslawien
- Internationale Konflikte der Nachfolgestaaten Jugoslawiens

Literatur

- Gaia Baracetti: *Foibe: Nationalism, Revenge and Ideology In Venezia Giulia and Istria 1943-45*, in: Journal of Contemporary History, Jahrgang 44, Heft 4, 2009 ISSN 0022-0094
- Renato Cristin (Hrsg.) / Italienisches Kulturinstitut Berlin: *Die Foibe. Vom politischen Schweigen zur historischen Wahrheit.* Berlin u.a. 2007
- Paolo De Franceschi, Foibe, prefazione di Umberto Nani, Centro Studi Adriatici, Udine 1949
- Giancarlo Marinaldi, La morte è nelle foibe, Cappelli, Bologna 1949
- Luigi Papo, L'ultima bandiera. Storia del reggimento Istria, L'Arena di Pola, Gorizia 1986
- Roberto Spazzali, Foibe: un dibattito ancora aperto. Tesi politica e storiografica giuliana tra scontro e confronto, Lega Nazionale, Trieste 1990
- Franco Razzi, Lager e foibe in Slovenia, E.VI, Vicenza 1992
- Roberto Spazzali, Tragedia delle foibe: contributo alla verità, Grafica goriziana, Gorizia 1993
- Eno Pascoli, Foibe: cinquant'anni di silenzio. La frontiera orientale, Aretusa, Gorizia 1993
- Giampaolo Valdevit è curatore, Foibe, il peso del passato. Venezia Giulia 1943-1945, Istituto regionale per la storia del movimento di liberazione nel Friuli-Venezia Giulia, Trieste 1997
- Fulvio Salimbeni, Le foibe, un problema storico, Unione degli istriani, Trieste 1998
- Luigi Papo, L'Istria e le sue foibe, Settimo sigillo, Roma, 1999
- Arrigo Petacco, L'esodo. La tragedia negata degli italiani d'Istria, Dalmazia e Venezia Giulia, Mondadori, Milano 1999
- Giorgio Rustia, Contro operazione foibe a Trieste a cura dell'Associazione famiglie e congiunti dei deportati italiani in Jugoslavia e infoibati, 2000
- Guido Rumici, Infoibati. I nomi, i luoghi, i testimoni, i documenti, Mursia, Milano 2002

- Giovanna Solari, Il dramma delle foibe, 1943-1945: studi, interpretazioni e tendenze, Stella, Trieste 2002
- Roberto Spazzali-Raoul Pupo, Foibe, B.Mondadori, Milano 2003
- Gianni Oliva, Foibe. Le stragi negate degli italiani della Venezia Giulia e dell'Istria, Mondadori, Milano 2003
- Claudia Cernigoi, Operazione Foibe - Tra storia e mito, Edizioni Kappa Vu, Udine, 2005
- Raoul Pupo, Il lungo esodo. Istria: le persecuzioni, le foibe, l'esilio, Rizzoli, Milano 2005
- Giacomo Scotti, Dossier Foibe, Manni, San Cesario (Le), 2005
- Sessi Frediano, Foibe rosse. Vita di Norma Cossetto uccisa in Istria nel '43, editore: Marsilio, 2007.
- Jožko Kragelj, Pobitim v spomin: žrtve komunističnega nasilja na Goriškem 1943-1948, Goriška Mohorjeva, Gorizia 2005

Quellen

1. ↑ Gianni Oliva, Die Foibe: Die Gründe eines Schweigens, in: Renato Cristin (Hrsg.), Die Foibe / Foibe. Vom politischen Schweigen zur historischen Wahrheit / Dal silenzio politico alla verità storica, Berlin 2007, S. 55

2. ↑ Renato Cristin, Historische Wahrheit und Verbreitung der italienischen Kultur in der Welt, in: Renato Cristin (Hrsg.), Die Foibe / Foibe. Vom politischen Schweigen zur historischen Wahrheit / Dal silenzio politico alla verità storica, Berlin 2007, S. 5

3. ↑ Gesetz vom 30. März 2004, Nr. 92

4. ↑ Vjesnik, 13. Februar 2007, Izjave s natruhom rasizma i revizionizma (kroatisch)

5. ↑ La repubblica, Foibe, Prodi: „Sdegnato per quelle parole", Mesic: „Inaccettabile ogni revisione dei trattati", 14. Februar 2007 (italienisch)

6. ↑ Italiens Präsident: "Foibe-Massaker nicht vergessen", Die Presse, 10. Februar 2010

7. ↑ Restituzione o risarcimento dei beni espropriati e nazionalizzati dal regime jugoslavo agli esuli istriani, fiumani e dalmati, S. 31(italienisch)

8. ↑ Der Verbrecher, mein Nächster, NZZ, 25. Februar 2006. Zitiert wird aus dem Werk «Der Exodus» von Arrigo Petacco, der Überlebende ist der istrische Lehrer Graziano Udovisi

Verbrechen der Roten Armee im Zweiten Weltkrieg

Als **Verbrechen der Roten Armee im Zweiten Weltkrieg** werden Straftaten oder Verstöße gegen das Völkerrecht bezeichnet, die von Angehörigen der sowjetischen Streitkräfte und deren Führung in der Zeit des Zweiten Weltkrieges begangen wurden. Darunter fallen rechtswidrige Befehle und die Außerkraftsetzung des Kriegsvölkerrechts, der Genfer Konventionen und sonstiger Rechtsnormen, Morde an Zivilisten, Misshandlung und vorsätzliche Tötung von Kriegsgefangenen sowie sonstige Besatzungsverbrechen in verschiedenen betroffenen Ländern. Eine juristische und politische Aufarbeitung hat bis heute nicht stattgefunden. Die Taten wurden in der Sowjetunion und in Russland lange öffentlich bestritten oder verharmlost, ihre Strafverfolgung nicht gefordert oder initiiert. Wie viele Soldaten an ihnen beteiligt waren, die Opferzahlen und die Motive der Täter sind bis heute umstritten.

Hintergrund

Zu Beginn des Zweiten Weltkrieges bestand die Rote Armee (RKKA) bereits seit 20 Jahren. Sie hatte sich im Bürgerkrieg gegen die Weißgardisten durchgesetzt und im Polnisch-Sowjetischen Krieg Anfang der 1920er-Jahre gekämpft. Ihre Führung wurde durch den „Großen Terror" 1937/38, während je nach Quellen bis zu 80 Prozent der Generäle und ein großer Teil der Offiziere aus der Armee entlassen und teilweise hingerichtet wurden, selbst Opfer der eigenen Staatsführung. Die Säuberung hinterließ die Rote Armee in einem ungünstigen Zustand. Es mangelte teilweise an erfahrenen und fähigen Führungskräften. Allerdings durften die allgegenwärtigen Politkommissare nach der Säuberung die strategischen Entscheidungen nicht mehr beeinflussen (Entscheidung der Führung der RKKA vom September 1940 nach den Misserfolgen im Winterkrieg). In den Jahren 1939 und 1940 besetzte die Rote Armee gemäß dem Hitler-Stalin-Pakt einen Großteil Polens sowie die einst zum Russischen Reich gehörenden baltischen Staaten Estland, Lettland und Litauen. Finnland konnte sich im Winterkrieg weitgehend gegen sowjetische Einflussnahme behaupten. Der deutsche Angriff auf die Sowjetunion („Unternehmen Barbarossa") am 22. Juni 1941 traf die Rote Armee schwer, denn große Mengen von Truppen und Material waren in Grenznähe stationiert und wurden rasch eingekesselt und vernichtet. Josef Stalin war von verschiedenen Quellen über den bevorstehenden Angriff informiert worden (zum Beispiel durch den Spion Richard Sorge), hatte diese Meldungen aber als Desinformation der westlichen Staaten fehlinterpretiert, da sie seiner Ansicht nach nur einen Krieg zwischen der Sowjetunion und dem Deutschen Reich provozieren sollten. Deswegen wurden die grenznahen Truppenkonzentrationen weder abgezogen noch gewarnt oder wenigstens in Alarmbereitschaft versetzt. In den folgenden Monaten gerieten Millionen Rotarmisten in deutsche Kriegsgefangenschaft, worauf die deutsche Führung nicht vorbereitet war. Den Wehrmachtssoldaten wurde mit Befehl vom 17. Juli 1941 verboten, Soldaten der Roten Armee als Kameraden zu behandeln. Von den 5,7 Millionen kriegsgefangenen Rotarmisten kamen daher 3,3 Millionen (56 Prozent) in deutschen Kriegsgefangenenlagern um. Diese Verbrechen waren den Soldaten der Roten Armee bekannt. Nicht Russen konnten schon 1941 die Seiten wechseln und in Ostlegionen auf deutscher Seite kämpfen. 1944 stellte der ehemalige sowjetische Generalleutnant Andrei Wlassow eine aus Russen bestehende Wlassow-Armee in deutsche Kriegsdienste. Die Angehörigen dieser „Russischen Befreiungsarmee" wurden, sofern sie das Kriegsende erlebten, an die Sowjetunion ausgeliefert, wo ihnen drakonische Strafen drohten, fast alle wurden wegen Hochverrat hingerichtet oder kamen in Straflagern um. Der Krieg war von einer starken Ideologisierung beider Seiten geprägt. Die deutschen Besatzungstruppen wurden in den 1939/40 von der Sowjetunion annektierten Gebieten von Teilen der Zivilbevölkerung in der Hoffnung auf Rückerstattung des an die Kolchosen verlorenen Landbesitzes zunächst als „Befreier" begrüßt. Diese Hoffnungen wurde jedoch bald enttäuscht, da die NS-Führung die Absicht hatte, die slawische Bevölkerung zu vertreiben oder zu versklaven und die jüdische zu ermorden. Insgesamt verloren mehrere Millionen sowjetischer Zivilisten durch direkte oder indirekte Kriegseinwirkung sowie durch Kriegsverbrechen und planmäßige Tötungen ihr Leben. Die Schätzungen reichen dabei von sechs bis sieben Millionen bis zu 24 Millionen Zivilisten. Die Rote Armee hatte im Zweiten Weltkrieg mit 14 bis 16 Millionen Soldaten die höchsten Verluste aller Kriegsteilnehmer zu verzeichnen. Gründe dafür waren der Überraschungseffekt des deutschen Überfalls, strategische und taktische Fehlentscheidungen der sowjetischen Führung, die zur Einkesselung großer Truppenkontingente führten, Nachwirkungen des personellen Kahlschlages durch die Säuberungen, überlegene deutsche Kriegserfahrung, mangelnde Ausrüstung aufgrund von Unterversorgung durch die in der Anfangsphase des Krieges von Feindestruppen überrannte und größtenteils auf dem besetzten Territorium zurückgebliebene sowjetische Rüstungsindustrie und persönlichen Rivalitäten zwischen einzelnen Befehlshabern. Kapitulation oder gar Desertion wurden von der Führung hart sanktioniert. Nach Josef Stalins Befehl Nr. 270 vom 16. August 1941 wurde jeder Rückzug oder die Aufgabe mit nachfolgender Gefangenschaft bei Offizieren mit sofortiger Erschießung und Verhaftung ihrer Familien bedroht. Überlebende von Einheiten der Roten Armee, die sich in Gefangenschaft begaben, wurden oftmals nach Kriegsende ermordet; ihren Familienangehörigen wurde die Streichung aller staatlichen Hilfsgelder angedroht. In der sowjetischen und russischen Geschichtsschreibung zum großen Vaterländischen Krieg wird dieser Befehl meist nicht erwähnt. Alleine während der Schlacht von Stalingrad wurden 13.500 Rotarmisten exekutiert, die Vorwürfe reichten vom *Rückzug ohne Befehl* über *Selbstverstümmelung* und *Überlaufen* bis zu *Korruption* oder *antisowjetischen Tätigkeiten*. Als die Rote Armee auf gegnerisches Territorium vorrückte, kam es vielerorts zu Plünderungen, Vergewaltigungen, Verschleppungen und Ermordungen von Zivilisten. Insbesondere als der deutsche Angriff auf die Sowjetunion erfolgreich abgewehrt worden war und die Rote Armee ihrerseits deutsches und ungarisches Gebiet eroberte, nahm die Zahl der Übergriffe zu. Teilweise werden diese Straftaten als Racheakte für auf sowjetischem Gebiet begangene Verbrechen seitens der deutschen Militärs gesehen, begünstigt durch sowjetische Kriegspropaganda (*siehe auch*: Verbrechen der Wehrmacht, Verbrechen der SS). Die Verbrechen der Roten Armee werden von manchen auch auf die in Osteuropa betriebene nationalsozialistische Aggressions- und Vernichtungspolitik zurückgeführt und werden in diesem Kontext gesehen. Neuere Untersuchungen zeigen jedoch, dass es auch Vergewaltigungen von sowjetischen und polnischen Frauen sowie weiblicher KZ-Häftlinge nach deren Befreiung gegeben hat. Ebenso gab es Vergewaltigungen nach dem Einmarsch in Jugoslawien.

Opfer

Beispiele

- Fall Broniki (1941)
- Massaker von Feodosija (1942)
- Fall Grischino (1943)
- Massaker von Nemmersdorf (1944)
- Massaker von Metgethen (1945)
- Massaker von Treuenbrietzen (1945)

Zivile Opfer
Polen und das Baltikum

Mit der praktischen Umsetzung des Deutsch-sowjetischen Nichtangriffspaktes, als Polen zwischen dem Deutschen Reich und der Sowjetunion aufgeteilt und Ostpolen 16 Tage nach dem Angriff der Wehrmacht von sowjetischen Truppen besetzt wurde, begann das Leiden für bestimmte Teile der Zivilbevölkerung, insbesondere Angehörige des Klerus und der akademischen und politischen Elite. In der Folge kam es zu politisch begründeten Terrormaßnahmen gegen die Zivilbevölkerung, die sich aus Polen, Weißrussen, Ukrainern und Juden zusammensetzte. Hierbei arbeiteten NKWD und die Rote Armee zusammen. So versuchten viele Polen, dem Zugriff des sowjetischen NKWD zu entkommen, wurden jedoch meist von sowjetischem Militär verhaftet und anschließend deportiert. Operationsgruppen, die direkt der Armee unterstanden, folgten dem Heer, um das Gebiet von „sowjetfeindlichen Elementen zu säubern". Der polnische Historiker Tomasz Strzembosz erkannte in diesen Einheiten Parallelen zu den Einsatzgruppen der Sicherheitspolizei und des SD. Auch im Baltikum, in Weißrussland, der Ukraine und Bessarabien kam es zu zahlreichen Verbrechen gegen die Bevölkerung: Morde, Geiselnahmen, Niederbrennen von Dörfern, Deportationen, Erschießungen, Folterungen. All dies erfuhr eine Steigerung, als die Rote Armee vor der 1941 angreifenden Wehrmacht zurückweichen musste. Der daraus entstandene Hass der Bevölkerung auf die sowjetischen Truppen spielte wiederum den deutschen Einsatzgruppen der SS in die Hände, die nun ihrerseits – mit Unterstützung der Bevölkerung – sowjetische Gegner und Juden ermorden konnten.

>Sowjetischer Befehl, 1945: „Manche Armeeangehörige fügen dem Staat durch ihr Verhalten immensen materiellen Schaden zu dadurch, dass sie in den Städten und Dörfern Ostpreußens Wertgegenstände vernichten, Gebäude und ganze Dörfer abbrennen. […] Ferner sind Fälle von Waffenanwendung durch Armeeangehörige gegenüber der deutschen Bevölkerung, insbesondere gegenüber Frauen und Alten festgestellt worden. Es sind zahlreiche Fälle von Erschießungen von Kriegsgefangenen festgestellt worden unter Umständen, in denen das Erschießen absolut ohne Notwendigkeit und nur aus Mutwilligkeit erfolgte."<

1941 erfolgte der deutsche Angriff auf die Sowjetunion. Während des sowjetischen Rückzuges im Sommer 1941 vor herannahenden deutschen Truppen kam es zu zahlreichen Massenerschießungen politischer Gefangener meist ukrainischer, polnischer und baltischer Nationalität in den Westgebieten der Sowjetunion.

Nach anfänglichen Erfolgen der Wehrmacht kam es Ende 1942 zum ersten Wendepunkt (Schlacht von Stalingrad) des Krieges und die deutschen Streitkräfte befanden sich ab Sommer 1943 (Panzerschlacht von Kursk) auf dem Rückzug.

Flucht der Zivilbevölkerung

Als sich im Oktober 1944 die Front der Ostgrenze des Deutschen Reiches näherte, flohen viele Zivilisten aus eigener Initiative gen Westen – angestachelt von der deutschen Propaganda, die die „Russen" als barbarische Untermenschen darstellte, um den Verteidigungswillen der Bevölkerung zu stärken. Eine rechtzeitig durchgeführte, staatlich organisierte Evakuierung erfolgte nicht. Dem Befehl Adolf Hitlers folgend, verhinderten die Gauleiter der Ostgebiete des Deutschen Reiches bis zuletzt eine Evakuierung der betroffenen Gebiete und organisierten in vielen Fällen nur ihre eigene Flucht. Alte, Frauen und Kinder blieben im Frontgebiet zurück, wer vorher packte und flüchtete wurde erschossen. Der Evakuierungsbefehl erging erst, als die sowjetischen Panzer unmittelbar heranrückten. Die dann plötzlich einsetzende Massenflucht verlief ungeordnet, chaotisch und panisch. Bei eisiger Kälte floh die ostpreußische Bevölkerung durch teilweise hüfthohen Schnee nach Westen, was 100.000 nicht überlebten. Die Situation wurde zusätzlich verschärft, als die Heeresführung Hauptstraßen und Eisenbahnzüge für die fliehende Zivilbevölkerung sperren ließ. Hunderttausende flüchtender Wehrmachtsoldaten drängten die fliehenden Zivilisten auf hoffnungslos verstopfte Feldwege und kleinere Straßen ab. Flüchtlingszüge wurden in vielen Fällen von Einheiten der Roten Armee eingeholt und geplündert, die Flüchtenden weggetrieben, erschossen und die Frauen vergewaltigt. Jagdflieger der sowjetischen Luftwaffe drangen viele Kilometer hinter die Front und nahmen die Flüchtlingstrecks unter Beschuss. Ende Januar 1945 wurden in Ostpreußen 2,5 Millionen Flüchtlinge von der Roten Armee eingeschlossen und sollten nun per Schiff über die Ostsee evakuiert werden. Von ca. 800–1000 Schiffen wurden über 200 versenkt, über 40.000 Zivilisten und Soldaten kamen ums Leben.

Schändung, Raub und Vertreibung

Der viel zitierte Ort Nemmersdorf (heute Majakowskoje), der meist im Zusammenhang mit den Gräueltaten der Roten Armee genannt wird, stand schon in der nationalsozialistischen Propaganda stellvertretend für viele Orte, in denen gemordet und vergewaltigt wurde. Keineswegs war

Nemmersdorf ein Einzelfall, auch beispielsweise in Saalfeld (Ostpreußen) oder in Allenstein fanden ähnliche Ereignisse statt. Vielerorts konnte jedoch aufgrund der damaligen Kriegswirren und anschließenden Vertreibungen eine zeitnahe Untersuchung oder Dokumentation nicht mehr stattfinden, sodass viele Verbrechen nirgendwo Erwähnung finden. Das Vorgehen der Roten Armee in vielen besetzten Dörfern wurde von polnischer Seite für das Dorf Przyszowice, nahe Gleiwitz, dokumentiert. Hier rächten sich die Soldaten der Roten Armee für vorausgegangene, verlustreiche Kämpfe und nahmen irrtümlicherweise an, dass sie sich bereits auf deutschem Territorium befänden. Die Soldaten zündeteten mehrere Häuser an und eröffneten das Feuer, als die Zivilbevölkerung versuchte, den Brand zu löschen. Zwischen 54 und 60 Dorfbewohner wurden erschossen, Frauen wurden vergewaltigt und es kam zu Plünderungen. Das polnische Institut für Nationales Gedenken bewertet die Geschehnisse in Przyszowice als Verbrechen gegen die Menschlichkeit. Mitverantwortlich für Ausschreitungen sowjetischer Soldateska war laut dem Historiker Norman M. Naimark die Propaganda sowjetischer Truppenzeitungen. Dort wurde detailliert über Gräueltaten an der sowjetischen Zivilbevölkerung, vor allem an Frauen und Kindern berichtet. Der generelle Tenor der Schriften war, dass die Rote Armee als Rächer und Richter nach Deutschland kam, um „die Deutschen" zu bestraten. So schrieb der russische Schriftsteller Ilja Ehrenburg am 31. Januar 1945: „[Im Unterschied zu den Westdeutschen] *wurden die Deutschen in Oppeln, in Königsberg und in Breslau schon bestraft. Sie wurden bestraft, aber nicht genügend. Sie wurden bestraft, aber nicht alle."* Aufrufe von sowjetischen Generälen spornten die Soldaten zusätzlich an. Am 12. Januar 1945 wandte sich Armeegeneral Tschernjachowski mit den Worten an seine Truppen: „*Gnade gibt es nicht – für niemanden, wie es auch keine Gnade für uns gegeben hat. [...] Das Land der Faschisten muss zur Wüste werden, wie auch unser Land, das sie verwüstet haben. Die Faschisten müssen sterben, wie auch unsere Soldaten gestorben sind."*

Siehe auch: Vertreibung Flucht und Vertreibung von Deutschen 1944 bis 1948

Vergewaltigungen

Die weibliche Zivilbevölkerung wurde regelmäßig zum Ziel sexueller Gewalt. Britische Kriegsgefangene sagten nach ihrer Rückkehr in die britisch besetzte Zone Deutschlands aus zuvor deutscher Kriegsgefangenschaft aus: „Im Gebiet um unser Internierungslager, wo die Orte Schlawe, Lauenburg, Buckow [...] lagen, vergewaltigten sowjetische

Soldaten in den ersten Wochen nach der Eroberung jede Frau und jedes Mädchen zwischen 12 und 60 Jahren. […] Väter und Gatten, die versuchten, die Frauen zu schützen, wurden erschossen, und Mädchen, die zu viel Widerstand leisteten, wurden ebenfalls ermordet." Die unten angegebenen Quellen schätzen, dass Angehörige der Roten Armee gegen Ende des Zweiten Weltkrieges und in der Zeit nach Beendigung des Krieges über zwei Millionen deutsche Frauen vergewaltigten, Mehrfachvergewaltigungen nicht eingerechnet. Davon starben etwa zehn bis zwölf Prozent an Verletzungen, wurden ermordet oder begingen Selbstmord. Der Historiker Norman M. Naimark nennt ebenfalls die Zahl von zwei Millionen deutschen Vergewaltigungsopfern. In einigen Gebieten häuften sich die massiven sexuellen Missbräuche derart, dass die Aufforderung „Frau, komm!" zu einem geflügelten Wort wurde und auch Kinder „vergewaltigen" spielten. Aus zahllosen Augenzeugenberichten geht hervor, dass zum Zwecke der Vergewaltigung besondere Räume oder Zimmer eingerichtet wurden, aus denen die Frauen erst nach zum Teil tagelanger Tortur entlassen wurden. Die Autorin des Buches „Anonyma – Eine Frau in Berlin …", selbst mehrfaches Vergewaltigungsopfer, beschreibt in ihren Tagebuchaufzeichnungen unterschiedliche Typen von Vergewaltigern, so unterscheidet sie beispielsweise den „höflichen Major, den aufrichtig Verliebten und den grobschlächtigen Säufer und Wüstling". Die erste Frau, die unter ihrem eigenen Namen das Vorgehen der Roten Armee beschreibt, ist Gabi Köpp. Die damals 15 jährige hat während ihrer Flucht ein Tagebuch geführt. Wiederholt wurde sie von Soldaten der Roten Armee missbraucht und von Leidensgenossinnen verraten. In Ungarn bemühte sich die sowjetische Armeeführung ab Februar 1945, Notzuchtverbrechen einzudämmen. Bis dahin wurden tausende ungarische Frauen von Angehörigen der Roten Armee vergewaltigt. In einigen Städten und Dörfern, in denen man noch auf einzelnen Widerstand stieß, wurde den Soldaten gestattet, drei Tage lang zu rauben, zu plündern und zu vergewaltigen. Allein in Budapest wurden schätzungsweise 50.000 Frauen vergewaltigt. Auch die jugoslawischen Partisanen unter Milovan Djilas beklagten sich bei dem sowjetischen General Kornejew über Vergewaltigungen durch sowjetische Soldaten nach dem Einrücken sowjetischer Truppen im Herbst 1944 in Nordost-Jugoslawien anlässlich der Befreiung Belgrads von deutscher Besatzung. Dies wurde jedoch als „Beleidigung der glorreichen Roten Armee" zurückgewiesen. Untersuchungen jugoslawischer Behörden bestätigten später die Vergewaltigungen und gewaltsamen Plünderungen. Eine Erklärung für die Vergewaltigungen in so hoher Zahl sieht Norman M. Naimark in der aus dem Mittelalter herrührenden Tradition der patriarchalischen Gesellschaft, den (männlichen) Feind durch Vergewaltigen seiner Frauen zu demütigen und zu bestrafen, zumal Vergewaltigung stets mit Begriffen von „Ehre und Schande" zusammenhing. Diese beiden Begriffe waren auch in der russischen Kultur immer von Bedeutung. Ebenso hätten aber auch Alkoholgenuss und Trinkgewohnheiten eine Rolle gespielt.

Militärische Opfer (Behandlung von Kriegsgefangenen)

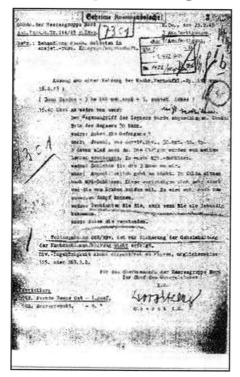

Von der Wehrmacht abgehörte und protokollierte sowjetische Funksprüche

In den ersten beiden Jahren nach Beginn des Angriffs auf die Sowjetunion kamen über 90 Prozent der gefangenen Soldaten der Achsenmächte ums Leben. So wurden beispielsweise 1941 notgelandete deutsche Flugzeugbesatzungen häufig nach der Gefangennahme erschossen. Folterungen, Verstümmelungen, Morde und andere Völkerrechtsverletzungen waren seit Juni 1941 an der Tagesordnung. Seit Winter 1941/42 nahm die Rote Armee jeden Monat etwa 10.000 deutsche

Soldaten gefangen, die Todesrate lag jedoch so hoch, dass die absolute Zahl der Gefangenen bis Ende 1942 zurückging. Die Ermordung der Gefangenen wurde mitunter durch Befehle, Berichte und Aussagen von sowjetischen Befehlshabern angeordnet. „Gefangene Offiziere wurden alle ohne Ausnahme erschossen", hieß es in der Niederschrift eines Rotarmisten. Einer der frühsten bekannt geworden Fälle von Gefangenentötungen war der Fall Broniki, der sich am 1. Juli 1941 ereignete. Die Todesrate verringerte sich Anfang 1943, als mit zunehmender Gefangenenzahl die Etablierung eines Systems zur Versorgung der Kriegsgefangenen notwendig und schließlich durchgesetzt wurde. Dennoch kam es immer wieder zur massenhaften Ermordung von Kriegsgefangenen direkt im Anschluss an die Gefangennahme noch vor der Weiterleitung in ein Gefangenenlager; besonders bekannt wurde hierbei der Fall Grischino. Nach Aufzeichnungen des Geheimdienstes NKWD wurden 3.127.380 deutsche Kriegsgefangene registriert, von denen 474.967 gestorben sein sollen. Nach anderen Schätzungen starben zwischen 1,1 und 1,3 Millionen deutsche Soldaten in sowjetischer Kriegsgefangenschaft (33 bis 42 Prozent). Als die in Schweden internierten Wehrmachtssoldaten die Nachricht erhielten, an die Sowjetunion überstellt zu werden, kam es in den Lagern zu Selbstverstümmelungen und Selbstmorden. Ungarische Kriegsgefangene wurden massenhaft exekutiert. Von 200.000 als vermisst geltenden Soldaten starben die meisten in sowjetischer Kriegsgefangenschaft. Mehrere zehntausend japanische Kriegsgefangene starben in sowjetischer Kriegsgefangenschaft, insbesondere durch extrem harte Zwangsarbeit in sibirischen Minen.

Sonstige Verstöße gegen das Völkerrecht

Angriffe auf Sanitätseinheiten

Auch Sanitätspersonal wurde von Rotarmisten angegriffen. Beispielsweise wurde am 28. Juni 1941 in der Gegend von Minsk eine deutlich gekennzeichnete Kolonne des Krankenkraftwagenzuges 127 überfallen und ein Großteil der Verwundeten und des Sanitätspersonals getötet. Des Weiteren findet sich in einem Gefechtsbericht, der vom „heißen Wunsch, viele von den faschistischen Reptilien zu vernichten, beseelt" war, auch die Eintragung: „Ein Sanitätsfahrzeug mit 2 Pferden und 10 verwundeten Faschisten vernichtet." Der politische Leiter der 1. Kompanie meldete am 5. September 1941: „1 Sanitätsabteilung zerschlagen."

Völkerrechtswidrige Zerstörung von Städten und Gebäuden

Viele Städte und Dörfer vor allem in Ostpreußen wurden nach der meist kampflosen Einnahme von plündernden sowjetischen Soldaten in Brand gesteckt. Orte wie Osterode, Angerburg, Arys, Lauenburg oder Demmin können als Beispiele angeführt werden. Der Bevölkerung wurde in manchen Fällen (Demmin) untersagt, den Brand zu löschen. In der Regel überstanden in der Innenstadt nur wenige Gebäude das Inferno. Die sächsische Stadt Altenberg wurde am 8. Mai von der Roten Armee besetzt, dann aber am 10. Mai niedergebrannt. Zwei Tage nach Kriegsende flogen sowjetische Flugzeuge einen Angriff auf die Stadt, bei dem 75 Prozent der Bausubstanz zerstört wurden. Wahrscheinlich galt der Angriff über die böhmische Grenze fliehenden Truppenteilen der Wehrmacht. Offiziell kamen mehr als 100 Zivilisten ums Leben.

Plünderungen

Walter Kilian, der erste Bürgermeister des Berliner Stadtteils Charlottenburg nach Kriegsende, berichtete, dass es zu umfangreichen Plünderungen durch sowjetische Soldaten gekommen sei, die „Einzelpersonen, Kaufhäuser, Geschäfte, Wohnungen […] beraubten". Auch die Gebiete außerhalb Berlins waren von den Plünderungen betroffen. Durch die Plünderungen und Zerstörungen und den daraus entstehenden Mangel an Nahrung, Medikamenten und Heizmöglichkeiten starben vor allem Alte, Kranke und Kinder an Hunger, Infektionen und Kälte. In der Sowjetischen Besatzungszone äußerten Mitglieder der Kommunistischen Partei Stalin gegenüber Bedenken aufgrund von Plünderungen und Vergewaltigungen durch sowjetische Soldaten. Auf die deutschen Sorgen wegen der möglicherweise resultierenden negativen Folgen für das Ansehen der Sowjetunion und damit einhergehend für den Sozialismus in Deutschland reagierte Stalin ablehnend mit den Worten: „Ich dulde nicht, dass jemand die Ehre der Roten Armee in den Schmutz zieht." In Polen beteiligten sich Rotarmisten gemeinsam mit Angehörigen des NKWD an Ausplünderungen von Transportzügen.

Strafverfolgung durch Militärgerichtsbarkeiten

Die sowjetischen Tagesbefehle, die zu Beginn der sowjetischen Winteroffensive 1945 herausgegeben wurden, enthielten im Wortlaut weder gegen die Zivilbevölkerung gerichtete Tötungsaufforderungen noch finden sich explizite Aufrufe zu anderen Völkerrechtsverstößen. Derartige Disziplinarverstöße wurden teilweise ausdrücklich unter Strafe gestellt.

Allerdings wurden die Soldaten mitunter aufgefordert, sich für das Leid der sowjetischen Zivilbevölkerung und der eigenen Soldaten „grausam zu rächen". In einem von Schukow erlassenen Tagesbefehl der 1. Weißrussischen Front zu Beginn der Winteroffensive 1945 heißt es, nach einem emotionalen Racheappell: *„Wehe dem Land der Mörder! [...] Diesmal werden wir das deutsche Gezücht endgültig zerschlagen!"* Demgegenüber drohte Rokossowski in einem Tagesbefehl vom 22. Januar 1945 solche Verstöße „bis hin zum Erschießen zu ahnden", um in kürzester Frist „mustergültige Ordnung und Disziplin" herzustellen sowie um materielle Werte zu schützen. Dieser Befehl war als streng geheim eingestuft und musste bis zu den Zugführern mündlich übermittelt werden, das heißt er war nicht für öffentliche Propagandazwecke bestimmt. In einer durch Wehrmachtsdienststellen erbeuteten Detailanweisung des Militärstaatsanwaltes eines Armeeverbandes vom 23. Januar 1945 wurde gefordert, schnell einige Schauprozesse gegen Schuldige durchzuführen. Der militärische Justizdienst wurde angewiesen, Disziplinlosigkeit und ausdrücklich auch das „Niederbrennen von Gebäuden und Ortschaften" als „staatsfeindliche Handlungen" zu verfolgen. Außerdem seien Repressalien gegen die Zivilbevölkerung und insbesondere der Waffeneinsatz gegen Frauen und Kinder als „in der Roten Armee nicht üblich" zu bestrafen. Mitte 1947 versuchte die Führung der Roten Armee, das Problem weiter einzudämmen; dabei reichten die Strafen von Arrest bis zur Hinrichtung. Die Rote Armee wurde räumlich von der Wohnbevölkerung getrennt. Im März 1949 schließlich erließ das Präsidium des Obersten Sowjets einen Erlass, der das Strafmaß vereinheitlichte und erhöhte. Die sowjetischen Besatzungstruppen wurden instruiert, dass die neuen Gesetze auch für sie gelten. Eine Vergewaltigung zog zwingend eine Strafe von 10 bis 15 Jahren Arbeitslager nach sich, schwere Fälle eine Strafe von 10 bis 20 Jahren. Die Sowjetunion war der Genfer Kriegsgefangenen-Konvention von 1929 nicht beigetreten. Auch erkannte die sowjetische Führung den Beitritt des Zarenreiches zur Haager Landkriegsordnung nicht als bindend an. Unter dem Hinweis auf deutsche Verstöße gegen das Völkerrecht erkannte die sowjetische Führung Lazarettschiffe, Verwundetentransporter sowie Flüchtlingsschiffe nicht an und behandelte sie wie militärische Ziele. Dennoch wurden regelmäßig auch Regierungen oder Armeeführungen zur Verantwortung gezogen, die sich nicht völkerrechtlichen Grundsätzen verpflichtet hatten. Und obwohl sich das Völkerrecht seit Ende des Ersten Weltkrieges erheblich weiterentwickelt hatte und es Beispiele für eine internationale Strafverfolgung von Kriegsverbrechen gab (Leipziger Prozesse, Nürnberger Prozesse), wurde vor einer internationalen Militärgerichtsbarkeit gegen die sowjetische Armeeführung im Gegensatz zur deutschen Wehrmachtsführung zu keiner Zeit Anklage erhoben.

Ursachenforschung

Der Zweite Weltkrieg und ganz besonders der Krieg gegen die Sowjetunion war von einer immensen Gewalt geprägt, die Millionen an Opfern forderte. Die Sowjetunion erlitt in diesem Krieg die größten Verluste, gleichzeitig starben die meisten Soldaten der Wehrmacht an der Ostfront. Die sowjetische Zivilbevölkerung musste Massaker und Misshandlungen durch die deutschen Angreifer ertragen. Es kann davon ausgegangen werden, dass jeder Soldat der Roten Armee, zumindest diejenigen, die aus dem Westen der Sowjetunion stammten, einen Verlust in der eigenen Familie durch den Krieg zu verzeichnen hatte. Hinzu kam der Verlust von Wohnraum und die Vernichtung von lebenswichtigen Agrargütern durch die gezielte Niederbrennung von Ortschaften und die Beschlagnahme von Lebensmitteln und Vieh durch die deutschen Besatzer, sowie durch die Taktik der „Verbrannten Erde", die die deutschen Truppen bei ihrem Abzug anwandten, indem sie alles Brauchbare mitführten und den Rest zerstörten. Der persönliche Hass der Soldaten wurde durch die sowjetische Kriegspropaganda noch verstärkt. Zusätzlich wurden Armeezeitungen oder auch Kampflieder verbreitet, die Ähnliches zum Inhalt hatten. Ilja Ehrenburg selbst entdeckte 1944 in Minsk eine große Zahl aufeinander geschichteter verkohlter Leichen. Zum persönlichen Leid durch Kriegsverbrechen der deutschen Soldaten, das mit der Propaganda mehr und mehr übereinzustimmen schien, erwirkte die Entdeckung der ersten Konzentrations- und Vernichtungslager noch eine zusätzliche Steigerung des Hasses. Immer wieder mussten die vorrückenden Soldaten Überlebende oder Tote der Todesmärsche entdecken, oft aus der Sowjetunion verschleppte Menschen. Immer mehr Konzentrationslager bekamen die Soldaten zu Gesicht, oftmals mit noch in letzter Minute erschossenen Häftlingen, was besonders politische oder sowjetische Inhaftierte betraf, um ihnen den Triumph über die Niederlage des Nationalsozialismus zu nehmen. Zu den Entdeckungen des Vormarschs auf deutsches Gebiet gesellten sich auch die hohen Opferzahlen der eigenen Kameraden: Der Vormarsch auf Ostpreußen kostete rund 127.000 Rotarmisten das Leben, die Schlachten zwischen Oktober 1944 und April 1945 verlangten noch einmal 319.000 Todesopfer auf Seiten der Roten Armee. In der Schlacht um Berlin starben nochmals über 78.000 sowjetische Soldaten. Als Folge steigerten sich die Gewaltexzesse der Rotarmisten immer stärker. Auch Maßnahmen aus Moskau blieben lange Zeit aus. Im Mai 1944 gab Stalin eine neue Strategie bekannt: „der verwundeten deutschen Bestie" sollte der „Todesstoß" versetzt werden. Aufrufe, die denen Winston Churchills und Franklin D. Roosevelts durchaus ähnlich waren. Übergriffe auf die Zivilbevölkerung waren ausgeschlossen, wurden aber in der Praxis zumindest in den ersten Wochen nach dem Übertritt der Roten Armee auf deutsches Gebiet geduldet. Auf eine Beschwerde eines Offiziers bezüglich der Übergriffe auf die Zivilbevölkerung reagierte Stalin teilnahmslos: „Wir machen unseren Soldaten zuviel Vorschriften; sollen sie doch etwas eigene Initiative haben" Erst als sich abzeichnete, dass insbesondere durch Alkohol aus erbeuteten deutschen Beständen verursachte Übergriffe die militärische Disziplin in Gefahr geraten ließen, wurden Gegenmaßnahmen ergriffen. Als diese Erscheinungen im Januar 1945 gemeldet wurden, fand auch ein Umdenken in der sowjetischen Propaganda statt. In einer Militärzeitung vom Februar 1945 hieß es: *„Wenn die faschistischen zweibeinigen Bestien es sich herausnahmen, in aller Öffentlichkeit unsere Frauen zu vergewaltigen, heißt das nicht, dass wir dasselbe tun müssen."* Bei Übergriffen auf die Zivilbevölkerung wurden nun teils drakonische Strafen verhängt. Übergriffe gegen deutsche Zivilisten blieben dennoch nicht aus, erreichten aber nicht mehr das Niveau aus der Zeit der Grenzüberschreitung.

Kontroversen und fachliche Rezension

In der Bundesrepublik Deutschland waren die Verbrechen der Roten Armee, die Ende des Zweiten Weltkrieges begangen wurden, Teil einer in den 1980er-Jahren öffentlich geführten Kontroverse, des sogenannten Historikerstreits. Der Historiker Andreas Hillgruber unternahm in seinem Buch *Zweierlei Untergang* den Versuch einer parallelen Betrachtung von Holocaust und dem Zusammenbruch der Ostfront und der sich daran anschließenden Phase der Flucht und Vertreibung. In Russland wurde dieses Thema von Menschenrechtlern und Dissidenten wie Alexander Solschenizyn oder Lew Kopelew aufgegriffen. In der breiten Öffentlichkeit ist es weitgehend tabuisiert. In Polen, Ungarn und den baltischen Ländern war dieses Thema zwar im historischen Bewusstsein immer präsent, eine systematische, öffentlich geführte Auseinandersetzung konnte jedoch erst nach dem Zerfall der Sowjetunion beginnen.

Literatur

- Militärgeschichtliches Forschungsamt (Hg.): *Das Deutsche Reich und der Zweite Weltkrieg*, Teilband 10/1, S. 681 ff. (Beitrag Manfred Zeidler), München 2008, ISBN 978-3-421-06237-6 und Teilband 10/2, S. 402 ff., 489 ff. (Beitrag Rüdiger Overmans),

München 2008, ISBN 978-3-421-04338-2.

- Beevor, Antony: *Berlin 1945 – Das Ende*, München 2002, ISBN 3-570-00369-8.
- K. Erik Franzen: *Die Vertriebenen – Hitlers letzte Opfer*, München 2002.
- Max Hastings: *Armageddon: The Battle for Germany, 1944–1945, Chapter 10: Blood and Ice: East Prussia*, ISBN 0-375-41433-9.
- Ingo von Münch: *Frau, komm! Die Massenvergewaltigungen deutscher Frauen und Mädchen 1944/45*. Graz: Ares 2009 ISBN 978-3-902475-78-7
- Hans Graf von Lehndorff: *Ostpreußisches Tagebuch. Aufzeichnungen eines Arztes aus den Jahren 1945–1947*, dtv, 21. Auflage 1993, ISBN 978-3-423-30094-0.
- James Mark: *Remembering Rape. Divided Social Memory and the Red Army in Hungary 1944–1945*. In: *Past & Present*, 2005.
- Richard Overy: *Russlands Krieg*, Reinbek 2002.* John Toland: *The Last 100 Days, Chapter Two: Five Minutes before Midnight* ISBN 0-8129-6859-X.
- Elizabeth B. Walter: *Barefoot in the Rubble*, 1997, ISBN 0-9657793-0-0.
- Alfred M. de Zayas: *Die Wehrmacht-Untersuchungsstelle. Deutsche Ermittlungen über alliierte Völkerrechtsverletzungen im Zweiten Weltkrieg*. Universitas Verlag, München 1984, ISBN 3-8004-1051-6.
- Ingeborg Jacobs: *Freiwild – Das Schicksal deutscher Frauen 1945*. Propyläen, Berlin 2008, ISBN 978-3-549-07352-0.
- Gabi Köpp: *Warum war ich bloß ein Mädchen?* Herbig Verlag, München 2010, ISBN 978-3-7766-2629-2.

Weblinks

- *Swiss Legation Report*
- *German rape victims find a voice at last*, Kate Connolly, The Observer
- *„They raped every German female from eight to 80"*, Anthony Beevor, The Guardian
- *Excerpt, Chapter one*. Aus: William I. Hitchcock: *The Struggle for*

Europe: The Turbulent History of a Divided Continent 1945–2002, 2003, ISBN 0-385-49798-9

- http://hungarianconsulate.co.nz/mszo82/82_en_4.html
- HNet review of *The Russians in Germany: A History of the Soviet Zone of Occupation, 1945–1949.*
- William I. Hitchcock: *The Struggle for Europe The Turbulent History of a Divided Continent 1945 to the Present*, ISBN 978-0-385-49799-2 (0-385-49799-7).

Einzelnachweise

1. ↑ http://www.thewalls.ru/truth/army.htm
2. ↑ http://militera.lib.ru/research/suvorov4/03.html
3. ↑ http://militera.lib.ru/research/suvorov4/04.html
4. ↑ Герасимов Г. И. Действительное влияние репрессий 1937–1938 гг. на офицерский корпус РККА // Российский исторический журнал. 1999. № 1. С. 48–49. Цит. по: Пыхалов И. Великая оболганная война /М.: ЭКСМО, 2006 г.
5. ↑ http://militera.lib.ru/research/suvorov4/04.html
6. ↑ http://www.win.ru/Mysteries-of-History/2926.phtml
7. ↑ Ingeborg Fleischhauer, *Diplomatischer Widerstand gegen „Unternehmen Barbarossa". Die Friedensbemühungen der Deutschen Botschaft Moskau 1939–1941*, Ullstein, Berlin 1991, S. 322.
8. ↑ Christian Streit, *Keine Kameraden. Die Wehrmacht und die sowjetischen Kriegsgefangenen 1941–1945* Dietz, Neuausgabe, Bonn 1997, S. 244 u. ö.
9. ↑ Elke Scherstjanoi (Hrsg.): *Rotarmisten schreiben aus Deutschland. Briefe von der Front (1945) und historische Analysen.* Texte und Materialien zur Zeitgeschichte, Bd. 14, K.G. Saur, München 2004.
10. ↑ Vgl. John Correll: *Casualties*, in: *Air Force Magazine* (Juni 2003), S. 53; F. W. Putzger: *Historischer Weltatlas*, Velhagen & Klasing, 1969; W. van Mourik: *Bilanz des Krieges*, Lekturama-Rotterdam, 1978
11. ↑ Woloschin: *Welchen Preis bezahlte die Sowjetunion für den sogenannten Großen Vaterländischen Krieg*, in: Schlach Peremophy (9. Sept. 1995).

12.↑ Der Befehl Nr. 270 im russischen Original auf hrono.ru

13.↑ Stichwort Befehl 270 auf internet-school.ru

14.↑ a b c d e f g Norman M. Naimark, *Die Russen in Deutschland*, 1997, ISBN 3-549-05599-4.

15.↑ Bernd Neumann, Rede zur *Eröffnung der Ausstellung „Flucht, Vertreibung, Integration" in Berlin* vom 17. Mai 2006

16.↑ Red Army troops raped even Russian women as they freed them from camps

17.↑ a b Thomas Urban, *Der Verlust*, Verlag C. H. Beck 2004, S. 145, ISBN 3-406-54156-9.

18.↑ Tomasz Strzembosz: *Die verschwiegene Kollaboration*, Transodra, 23. Dezember 2001

19.↑ Bogdan Musial: *Ostpolen beim Einmarsch der Wehrmacht nach dem 22. Juni 1941*

20.↑ Bogdan Musial: *Konterrevolutionäre Elemente sind zu erschießen*, Propyläen 2000, ISBN 3-549-07126-4.

21.↑ a b c d e f ARD 60 Jahre Kriegsende

22.↑ Thomas Darnstädt, Klaus Wiegrefe *„Vater, erschieß mich!"*, In: Stefan Aust und Stephan Burgdorff (Hrsg.): *Die Flucht*. dtv und SPIEGEL-Buchverlag, ISBN 3-423-34181-5, S. 28/29.

23.↑ Józef Krzyk, 28. Januar 2005, Wieś w morzu krwi, in: Gazeta Wyborcza issue S. 23, http://szukaj.gazeta.pl/archiwum/1,0,4284728.html? kdl=20050128KAK&wyr=Przyszowice%2Bwe%2Bkrwi%2B

24.↑ *Zbrodnie wojenne Armii Czerwonej na Ślązakach – pierwsze śledztwa*, in: Dziennik Zachodni http://wiadomosci.wp.pl/wiadomosc.html? wid=8022929&ticaid=138fb

25.↑ Sebastian Hartman, przyszowice.com http://www.przyszowice.com/index.php?module=IPage&id=16

26.↑ Józef Krzyk, *Dokumenty z Moskwy pomogą w rozwikłaniu zbrodni z 1945 roku*, in: Gazeta Wyborcza (Gazeta.pl)

27.↑ Andreas Kunz: *Wehrmacht und Niederlage: Die bewaffnete Macht in der Endphase der nationalsozialistischen Herrschaft 1944 bis 1945*, Oldenbourg Wissenschaftsverlag, 2007, ISBN 3-486-58388-3, ISBN 978-3-486-58388-5, S. 140

28.↑ Dietrich Beyrau: *Schlachtfeld der Diktatoren: Osteuropa im Schatten von Hitler und Stalin*, Vandenhoeck & Ruprecht, 2000,

ISBN 3-525-34021-4, ISBN 978-3-525-34021-9, S. 113

29.↑ Originaltext von „Tag der Abrechnung" (russ.)

30.↑ *Congressional Record*, Senate, Washington, 4. Dezember 1945, S. 11374, in: Alfred M. de Zayas: *Die Anglo-Amerikaner und die Vertreibung der Deutschen*, Ullstein, 1988, S. 87.

31.↑ Helke Sander und Barbara Johr, *BeFreier und Befreite. Krieg, Vergewaltigung, Kinder*, Fischer Taschenbuch Verlag, 2005, ISBN 3-596-16305-6.

32.↑ G. Reichling, *Die deutschen Vertriebenen in Zahlen*, Bonn 1986, 1989.

33.↑ Heinz Nawratil: *44. Massenvergewaltigungen bei der Besetzung Ostdeutschlands durch die Rote Armee*. In: Franz W. Seidler, Alfred M. de Zayas, *Kriegsverbrechen in Europa und im Nahen Osten im 20. Jahrhundert*. Mittler, Hamburg 2002, ISBN 3-8132-0702-1, S. 121–123.

34.↑ Auszug aus Hitchcocks *The Struggle for Europe*

35.↑ Bundesarchiv/Militärarchiv Freiburg *Akten Fremde Heere Ost*, Bestand H3, Bd. 483, 657, 665, 667, 690, Bundesarchiv Koblenz; *Ostdokumentensammlung* Ost-Dok. 2 Nr. 8, 13, 14; Ost-Dok. 2/51, 2/77, 2/96

36.↑ Michael Klonovsky, *Preußen zahlt die Zeche*, in: Focus 07/2005, S. 72–76.

37.↑ Anonyma, *Eine Frau in Berlin-Tagebuchaufzeichnungen vom 20. April bis zum 22. Juni 1945*, Berlin 2005, ISBN 3-442-73216-6.

38.↑ Gabi Köpp, *Warum war ich bloß ein Mädchen. Das Trauma einer Flucht 1945*, München 2010, ISBN 978-3-7766-2629-2.

39.↑ ᵃ ᵇ Krisztián Ungváry: *Sowjetische Verbrechen nach der Besetzung Ungarns*, in: Franz W. Seidler, Alfred M. de Zayas: *Kriegsverbrechen in Europa und im Nahen Osten im 20. Jahrhundert*, Verlag Mittler, Hamburg, Berlin, Bonn 2002, ISBN 3-8132-0702-1, S. 126–128.

40.↑ James Mark: *Remembering Rape: Divided Social Memory and the Red Army in Hungary 1944–1945*, Past & Present – Number 188, August 2005, S. 133 f.

41.↑ „*The worst suffering of the Hungarian population is due to the rape of women. Rapes – affecting all age groups from ten to seventy are so common that very few women in Hungary have been spared.*", Swiss embassy report cited in Ungváry 2005, S. 350 (Krisztian Ungvary: *The Siege of Budapest*, 2005).

42.↑ a b c d e Hubertus Knabe, *Tag der Befreiung? Das Kriegsende in Ostdeutschland*, Propyläen 2005, ISBN 3-549-07245-7.

43.↑ BA-MA, RH 21–1/481, 13. Januar 1942.

44.↑ G. F. Krivošeev, *Rossija i SSSR v vojnach XX veka. Poteri vooružennych sil; statističeskoe issledovanie.* Olma-Press, Moskau 2001. (*Russia and the USSR in the wars of the 20th century: losses of the Armed Forces. A Statistical Study, in Russian.*)

45.↑ Támas Stark, *Hungary's Human Losses in World War II*. Uppsala Univ. 1995, ISBN 91-86624-21-0.

46.↑ Alvin D. Cox, *Nomonhan: Japan Against Russia*, Stanford University Press, Stanford 1939.

47.↑ Friedrich Karl Fromme in der Frankfurter Allgemeinen Zeitung vom 19. Mai 2005 (Nr. 114, S. 11).

48.↑ Wolfgang Leonhard *Die Revolution entläßt ihre Kinder*, Köln 1955, Neuauflage 1981

49.↑ K. Erik Franzen, *Die Vertriebenen – Hitlers letzte Opfer*, München 2002, S. 40 f.

50.↑ BA-MA, RH 19 XV/6, Januar 1945

51.↑ Jan Foitzik: *Die Besetzung Ost- und Mitteldeutschlands durch die Rote Armee 1944/1945 im Lichte des Kriegsvölkerrechts. In: E. Scherstjanoi (Hrsg.): Rotarmisten schreiben aus Deutschland. Briefe von der Front und historische Analysen. Texte und Materialien zur Zeitgeschichte* (2004), Band 14, hrsg. vom Institut für Zeitgeschichte. K.G.Saur Verlag München. S. 369–395, hier: S. 378 f.

52.↑ Haager Landkriegsordnung

53.↑ IMT-Protokolle Nürnberg, Nr. 40, S. 50/51

54.↑ Alfred M. de Zayas: *Die Anglo-Amerikaner und die Vertreibung der Deutschen.* Ullstein, 1988.

55.↑ nach: Richard Overy, *Russlands Krieg*, Reinbek 2003, S. 397 ff.

56.↑ http://www.soldat.ru/doc/casualties/book/chapter5_10_1.html#5_10_46

57.↑ http://www.soldat.ru/doc/casualties/book/chapter5_10_1.html#5_10_49

58.↑

http://www.soldat.ru/doc/casualties/book/chapter5_10_
1.html#5_10_46

59.↑ Zit. nach Franzen, S. 98 bzw. S. 100

60.↑ Zit. nach Overy, *Russlands Krieg*, S. 399.

61.↑ Zit. nach Franzen, S. 102.

62.↑ *Russians angry at war rape claims*, Telegraph.co.uk, 25. Januar 2002

„http://de.wikipedia.org/wiki/Verbrechen_der_Roten_Armee_i m_Zweiten_Weltkrieg"

Zitat:

Hier Held, dort Mörder Noch heute werden Kriegsverbrechen von Alliierten im Zweiten Weltkrieg schön geredet!

Immer noch sind vor deutschen Gerichten Verfahren anhängig gegen deutsche Soldaten, denen vorgeworfen wird, im jetzt fast sechzig Jahre zurückliegenden Zweiten Weltkrieg **Kriegsverbrechen** begangen zu haben. Die Öffentlichkeit nimmt davon kaum noch Notiz. Die Prozesse, die nach Ende des Krieges zunächst von alliierten Gerichten geführt, dann von deutschen Gerichten fortgesetzt wurden, haben mit dazu beigetragen, dass sich in der Öffentlichkeit der Eindruck verfestigte, **Kriegsverbrechen** seien **allein von Deutschen** begangen worden. Jeder, der sich mit den Geschehnissen des Zweiten Weltkrieges unvoreingenommen beschäftigt, weiß, dass diese Annahme natürlich falsch ist, doch wer unter den heutigen Deutschen hat schon solche Studien betrieben? Im Laufe der Jahrzehnte ist eine Unzahl von Verstößen gegen das Völkerrecht, die von den Siegermächten begangen worden sind, in der Fachliteratur beschrieben worden, und immer noch findet man vor allem in ausländischen Publikationen neue Darstellungen. Da drängt sich die Frage auf, wie man in den Siegerstaaten mit den von eigenen Leuten begangenen **Kriegsverbrechen** umgeht und wie sich diese Verfahrensweise von der der Deutschen unterscheidet.

In der Juli-Ausgabe der vom US Naval Institute herausgegebenen Zeitschrift "Proceedings" findet man einen Beitrag von Joe I. Holwitt über den US-amerikanischen U-Boot-Kommandanten "Mush" Morton und den "Buyo Maru-Massenmord". Der Vorgang ist in Deutschland nicht (**Anm.:** *oder nur wenigen ...*) bekannt, weshalb er hier kurz geschildert sei. Am 26. Januar 1943 griff das US-Unterseeboot "Wahoo" (SS-238) unter dem Kommando von Lieutenant Commander Dudley "Mush" Morton in den Gewässern von Neuguinea (*der genaue Ort ist in dem Beitrag nicht genannt*) einen japanischen Geleitzug an und versenkte aus ihm den Truppentransporter "Buyo Maru". Als das Schiff gesunken war, war die Wasserfläche bedeckt mit den Köpfen der Schiffbrüchigen, die sich zu retten versuchten. Bei seiner späteren Meldung behauptete der amerikanische U-Boot-Kommandant, es seien 10.000 japanische Soldaten gewesen, was falsch war. An Bord waren nur insgesamt 1.126 Menschen gewesen. Zu ihnen gehörte eine große Zahl von britischen Kriegsgefangenen, Angehörige des 16. Punjab Regiments, die sich bei dem Fall von Singapur den Japanern ergeben hatten. Auf die im Wasser um ihr Leben kämpfenden Schiffbrüchigen befahl der U-Boot-Kommandant das Feuer zu eröffnen. Er wollte damit, wie der Chronist schreibt, die Zeit sinnvoll nutzen, die er benötigte, um über Wasser die Batterien des Boots aufzuladen. Die Besatzung seines U-Boots schoss nun aus allen Rohren auf die Schiffbrüchigen. Spätere Ermittlungen ergaben, daß es den US-Marinesoldaten auf diese Weise gelang, 195 im Wasser treibende kriegsgefangene britische Soldaten und 87 Japaner zu töten. Zurückgekehrt auf seinen Stützpunkt, meldete Lieutenant Commander Morton seinen Erfolg. Dazu der Verfasser des Zeitschriftenartikels: "In seinem ersten Bericht an den Kommandeur der Unterseeboote im Pazifik, Vizeadmiral Charles Lockwood, legte er genau so viel Wert auf das Vernichten japanischer Rettungsboote wie auf das Versenken japanischer Schiffe aus dem Konvoi. Er stellte stolz fest: 'Wir haben alles vernichtet, die Boote und den größten Teil ihrer Mannschaft.' Als Morton im Oktober 1943 fiel, hatte er 19 gegnerische Schiffe versenkt. Er war der zweit erfolgreichste US-U-Boot-Kommandant und wurde mit insgesamt vier "Navy Crosses-Tapferkeitsmedaillen" ausgezeichnet. Nach der Darstellung in der Zeitschrift "Proceedings" wurde er im Pazifik unter seinen Kameraden wegen seines unglaublichen Mutes, seiner Vorstellungskraft und seines Einfallsreichtums gerühmt. "Zwar setzte er sich über Formalitäten und das Protokoll hinweg, doch war er bei allen Dienstgraden ... beliebt. Mit seinem unbezähmbaren Geist stärkte er die Kampfmoral ... Mortons kreative Energie und kämpferische

Kühnheit wirkten Wunder." Joel I. Holwitt, der Autor, schildert aber auch die, wie er es ausdrückt, "dunkle Seite" seines Charakters, nämlich seinen **unbezähmbaren Rassismus**. Er hatte einen "überwältigenden biologischen Hass auf den japanischen Feind ... In allen Ecken seines U-Bootes 'Wahoo' hingen Plakate, auf denen in leuchtenden Buchstaben stand: ‚Schießt auf die Hundesöhne' ('Shoot the sunza bitches!') **Als Rassist wie viele Amerikaner seinerzeit empfand er die Japaner als minderwertig.**" Konteradmiral Dick O'Kane rechtfertigte Mortons Ermordung von Schiffbrüchigen damit, daß auch die Bombardierungen durch die amerikanische Luftwaffe viele zivile Opfer forderten. Der Verfasser des Berichts: "Wenn die USA den Krieg verloren hätten, würde man Morton vor ein Kriegsverbrechertribunal gestellt haben. Seine Regierung aber machte ihn zu einem Killer, und er war bereit, ein möglichst erfolgreicher Killer zu sein." Aus heutiger Sicht meint der Autor des Beitrages, man sollte Morton nicht als Mörder oder Kriminellen brandmarken. "Er fällte die Entscheidung unter dem Druck der Schlacht und riskierte Unehrenhaftigkeit, um seine Soldaten zu retten." Und er empfiehlt den angehenden amerikanischen Marineoffizieren an der Marineakademie, sich mit Mortons Verhalten auseinanderzusetzen und für sich zu prüfen, wie sie sich verhalten würden. Es sind zahlreiche Fälle bekannt geworden, in denen sowohl Briten als auch US-Amerikaner während des Zweiten Weltkrieges gezielt und auf Kommando schiffbrüchige Angehörige gegnerischer Nationen im Wasser erschossen, so am 21. Mai 1941 im Seegebiet nördlich Kreta, als britische Seestreitkräfte 60 Motorsegler angriffen, von ihnen 15 versenkten und im Scheinwerferlicht gezielt auf die im Wasser treibenden deutschen Soldaten schossen, wobei fast 300 Soldaten getötet wurden. Auch ein anderer Fall wird in dem Buch ***"Kriegsverbrechen in Europa und im Nahen Osten"***, herausgegeben von **Franz W. Seidler** und **Alfred de Zayas**, dokumentiert: Am 9. Februar 1942 bringt das britische U-Boot "HMS Torbay" in der Ägäis einen deutschen Frachter auf und versenkt ihn durch ein Prisenkommando. Die sieben an Bord angetroffenen deutschen Soldaten versuchen, sich in einem Rettungsboot in Sicherheit zu bringen, werden aber alle gezielt von den britischen Seeleuten erschossen. Der U-Boot-Kommandant erhält dafür das Victoria-Kreuz und wird 1956 sogar Konteradmiral. Am 18. April 1942 versenkt der US-Zerstörer "Roper" vor der amerikanischen Ostküste das deutsche U-Boot U 85. Rund 40 deutsche Marinesoldaten können sich schwimmend retten, werden aber systematisch vom US-Zerstörer aus getötet, indem der Kommandant unter die im Wasser treibenden **Wasserbomben** werfen lässt. Am 16. September 1942 versenkt ein deutsches U-Boot vor Asucion den britischen Truppentransporter "Laconia" mit 2.771 Menschen an Bord, davon 1.800 kriegsgefangene italienische Soldaten. Als sie im Wasser treiben, funkt U 156 auf offener Dampfer-Welle an alle in der Nähe stehenden Schiffe SOS, nimmt selbst viele Schiffbrüchige an Bord und eine Reihe von Rettungsbooten ins Schlepp. Den offenen Funkspruch fängt auch ein US-Flugzeug vom Typ "Liberator" auf und nutzt die Gelegenheit, um das U-Boot, das durch die große Zahl von aufgenommenen Schiffbrüchigen kaum zur Abwehr fähig ist, ebenso anzugreifen wie die Rettungsboote in seinem Schlepp. **Das Boot kann mit viel Glück beschädigt entkommen.**

Der einzige Fall, in dem ein deutsches U-Boot Schiffbrüchige beschossen hat, ist der des U 852. Es hatte am 13. März 1944 den kleinen griechischen Frachter "Peleus" versenkt. Um die gegnerischen Flugzeuge daran zu hindern, durch die treibenden Wrackteile dem U-Boot auf die Spur zu kommen, versenkte es die umher schwimmenden Trümmer durch Artilleriebeschuss ohne Rücksicht auf die Schiffbrüchigen, die sich noch an ihnen festhielten. Als übrigens dasselbe U-Boot später im Indischen Ozean von britischen Flugzeugen durch Wasserbomben schwer beschädigt wurde und seine Besatzung sich schwimmend zu retten versuchte, wurde sie von den Briten mit Maschinengewehrfeuer angegriffen, wobei viele verwundet wurden. Nach dem Krieg wurde dem deutschen Kommandanten, Kapitänleutnant Eck, in Hamburg von den Briten der Prozess gemacht. Er, der Schiffsarzt und ein Leutnant wurden zum Tode verurteilt und erschossen. Helmut Schmoeckel, der in dem erwähnten Buch über Kriegsverbrechen den Fall schildert, schließt mit den Sätzen: "In der Geschichte der deutschen Seekriegsführung im Zweiten Weltkrieg ist der Fall Eck **der einzige bekannt gewordene Fall**, dass Schiffbrüchige getötet wurden. Es entspricht in keiner Weise der deutschen Auffassung von Humanität und internationalem Völkerrecht." **Nur den deutschen Kriegsverbrechern wurde der Prozess gemacht.**
Hans-Joachim von Leesen
Anm.:

Zu den bekannten **Kriegsverbrechen** des Zweiten Weltkriegs

gehörten (= *"nur" deutsche, zum. lt. "offizieller" Geschichtsschreibung!*):
auf deutscher Seite: Lidice, Kefalonia, Oradour, Malmedy ...
*I.d.R. nur wenig oder gar nicht bekannt - in jedem Fall aber **bis heute unbestraft bzw. ungesühnt:***Auf sowjetischer Seite: Broniki, Feodosia, Grischino, Katyn, Nemmersdorf - Massentötung / Vergewaltigung von Zivilisten ... Auf westalliierter Seite: Mers-el-Kebir, Torbay, Monte Cassino, Annecy, der Bomben-Holocaust gegen Zivilisten ...

Weiterführende Buchtipps - größtenteils von den selben Autoren zum Thema:

=> **Kriegsverbrechen** in Europa und im Nahen Osten im 20. Jahrhundert.
=> Die **Wehrmacht-Untersuchungsstelle. Dokumentation** alliierter Kriegsverbrechen im Zweiten Weltkrieg.
=> Verbrechen an der Wehrmacht, Band 1, **Kriegsgräuel** der Roten Armee 1941/42
=> Kriegsgräuel der Roten Armee 1942/43, Band 2, Verbrechen an der Wehrmacht
=> **Verbrechen am deutschen Volk. Eine Dokumentation** alliierter Grausamkeiten Erich Kern.

-----.

Schwabe

Zitat:

31.3.**1943**

Ein US-amerikanischer **Terrorangriff** auf Wohngebiete der niederländischen Stadt **Rotterdam fordert 180 Menschenleben**; 20.000 Einwohner werden obdachlos

5.04.**1943,**

Ein schwerer **Terrorangriff** der US-Luftwaffe auf die belgische Stadt **Antwerpen fordert 2.130 Menschenleben, 600 Zivilisten werden verletzt.**

Fragt sich nur, was die Niederländer oder Belgier den Amerikanern jemals zuvor (an-)getan haben... ?
[Editiert von Administrator **Schwabe** am 30.08.07 7:20]

Schwabe
Fundstück im Netz:

Zitat:

Alliierte Gräuel an Kriegsgefangenen

Es ist offensichtlich, dass die meisten von Ihnen junge und naive Leute sind, und dass Sie nur wenige Veteranen des Zweiten Weltkriegs kennen, die mit Kriegsgefangenen zu tun hatten.
"Wir" haben routinemäßig **alle Japse** massakriert, die sich uns ergaben (*nicht alle* *haben bis zum Tode gekämpft, was allgemein der Fall war*).
Deutsche Kriegsgefangene wurden sehr harsch behandelt, absichtlich ausgehungert, und als die Rationen verteilt wurden, war ihr Brot oft in Urin getränkt. Wenn einige Vorgesetzte befahlen **»*Bring diese Gefangenen zurück nach Paris und komm in einer Stunde* wieder zurück«**, dann war das ein Code für **»*Sieh zu, dass Dich niemand sieht, wenn du sie erschießt«*.** Wilkes, zeitlebens ein Freund von mir, erzählt immer noch Geschichten darüber, wie sie **deutsche Gefangene als Straßenfüller** für ihre Panzer benutzt haben. Elmore erzählt immer noch die Geschichte über die **»*Schlitzaugen-Jagden«*,** wobei Zivilisten als laufende Ziele für den Feierabend-Spaß verwendet wurden. Die Briten waren kein Stück besser, aber gegenüber den Truppen unserer *"gallanten"* Verbündeten (*dem sowjetischen Abschaum*) waren unsere **Schlächtereien nur Kinderspiele.**

Der Krieg ist vorbei, trotz des permanenten Gejammers und Geheul der Juden darüber. Seht nur zu, dass sie uns nicht wieder in einen Krieg hineinziehen.

Im modernen Krieg gibt es keine guten Jungs - was auch immer diese Fahnen wedelnden Mamas und Papas über *»unsere Jungs«* denken mögen. Warner, heute ein Alkoholiker, hat bei unseren Treffen häufig gesagt: *»Warum zum Teufel habe wir solche Sachen gemacht?«*

Robert, **17th Airborne, 514 Inf. Bat.**

Zitat bezugnehmend auf diesen Artikel:

Unbequeme **Dokumentation** **eines** **Massenmordes**

Das *»Disarmed Enemy Forces«*-**Lager in Siershahn** (Westerwald - Mai bis September 1945) Von **Dr.** Ekkehart Guhr

1989 veröffentlichte **der kanadische Schriftsteller** James Bacques sein berühmtes Buch Der geplante Tod (Ullstein, Frankfurt/Main). Bacques führt darin Beweise an, denen zufolge die US-Amerikaner und die Franzosen **nach dem Ende** des Zweiten Weltkrieges die in ihre Hände gefallenen deutschen Gefangenen vorsätzlich durch Unterernährung und Krankheiten, aber auch durch wahlloses **Erschießen** massenweise umkommen ließen. Als einer der Hauptverantwortlichen für **diesen Massenmord** bezeichnet Bacques **General <u>Dwight D. Eisenhower</u>** Als Reaktion darauf veröffentlichte das Eisenhower Center der Universität New Orleans 1992 eine apologetische Schrift des Titels Eisenhower and the German POWs. **Facts against Falsehood** (Louisiana State University Press, hgg. von G. Bischof und S.E. Ambrose). Diese Veröffentlichung war für den **linken Historiker <u>Manfred Messerschmidt</u>** ein Anlass, Bacques **der Legendenbildung** zu bezichtigen und der amerikanischen Besatzungspolitik im allgemeinen, sowie **General** Eisenhower im besonderen, ein **gutes Zeugnis** auszustellen (**FAZ**, 1.2.1994, S. 29). An diesem Artikel entzündete sich der Unmut nicht nur einiger deutscher Leser, die die Zustände in den alliierten Kriegsgefangenenlagern miterlebt hatten (vgl. Leserbriefe in der **FAZ** vom 10.2. und 26.3.1994.). Auch J. Bacques nahm diesen Beitrag zum Anlass, Messerschmidt Ungenauigkeiten und Mängel in seinem Artikel vorzuhalten (**FAZ**, 12.3.1994). **Prof.** Messerschmidt und sein Mitarbeiter **Dr.** Overmanns untermauerten ihre Kritik in der Ausgabe 4/1994 der Zeitschrift Damals unter anderem, indem sie sich auf einen Bericht bezogen, der die Zustände in einem der vielen US-Gefangenenlager beschreibt, nämlich dem **des Lagers Siershahn.** Messerschmidt und Overmanns benutzten die in diesem Bericht genannten Todeszahlen, um daraus eine **Gesamt-Opferzahl** zu extrapolieren. Sie verschwiegen aber, dass die in dem Bericht beschriebenen Zustände die von Bacques geschilderten vorsätzlichen Zwangsmaßnahmen bestätigen, die **zum Tode** der Häftlinge führten: Wahlloses **Erschießen** von Häftlingen, Verweigerung ärztlicher Hilfe, unzureichende Ernährung sowie katastrophale Unterbringung und Kleidung. Zudem ergibt sich aus dem Kontext des von Messerschmidt zitierten Berichtes, dass eine Extrapolation der darin genannten **Todeszahlen** auf die alliierten Lager insgesamt nicht möglich ist. Der Autor des von **Prof.** Messerschmidt angeführten Beitrages, **Dr.** Ekkehard Guhr, hat sich daher gegen diesen Missbrauch seines Berichtes gewandt und uns gebeten, seine Abhandlung in Gänze abzudrucken, was hiermit geschieht. [...]

(**Anm.:** *Hier sollte eigentlich ein längerer Bericht über* **die Zustände im DEF-Lager Siershahn** *folgen. Diesen kann ich aus aktueller Zeitknappheit und der dazu nötigen Sorgfalt leider nur später nachliefern.*)

Schwabe

Zitat:

Zu dem Beitrag über die **"Gustloff-Katastrophe"** in der National-Zeitung **Nr.12,** vom 14. März 2008: **Die Westalliierten verhielten sich NICHT humaner als die mit ihnen verbündeten Sowjets.**

Angriffe der Westalliierten auf:

- **deutsche** Lazarettschiffe vom 11.09.1940 - 19.11.1944 =28
- **italienische** Lazarettschiffe vom 14.03.1941 - 5.05.1943 = 7
- **japanische** Lazarettschiffe vom 26.03.1942 - 22.05.1943 = 12
- deutsche Sanitäts- und Seenotflugzeuge vom 30.05.1940 - 22.06.1944 = 46

Völkerrechtsbrüche gegen neutrale Schiffe:

Von 1943 bis 1944 wurden durch engl.-amerikanische See- oder Luftstreitkräfte versenkt oder schwer beschädigt:
- Frachtschiffe = 32
- Im Dienste des internationalen Roten Kreuzes fahrende Schiffe

**Angriffe auf deutsches Sanitätspersonal und
-einrichtungen <u>vom</u> 2.05.1940 <u>bis</u> 29.12.1944:**
- **Feldlazarette = 9**
- **Reserve-Feldlazarette = 5**
- **Luftwaffen-Verbandsplätze = 2**
- **Hauptverbandsplätze = 16**
- **Truppenverbandsplätze = 1**
- **Ortslazarette = 4**
- **Sanitätskraftwagen = 110(!)**
- **Sanitätskraftwagen-Kolonnen = 11(!)**
- **Krankenträgergruppen = 5**
- **Lazarett-Züge = 15(!)**

Diese Zahlen beinhalten **<u>NICHT</u>** die Santiätseinrichtungen,
die Opfer (**<u>Anm.:</u>** *wie z.B.* **Krankenhäuser** in <u>HEILBRONN</u>!)
der Terrorangriffe auf **deutsche Städte** geworden sind.

Zitat:

*"Man kann eine Zeitlang <u>die ganze</u> Welt belügen,
man kann die ganze Zeit <u>einen Teil</u> der Welt belügen,
aber man kann NICHT dauernd <u>die ganze</u> Welt belügen."*

US-Präsident Abraham Lincoln

<u>Weiterführende Literatur:</u>
David Irving: SCHLACHT UM EUROPA /
Mit dem Mut der Verzweiflung gegen die Invasion 1944

Quelle: Leserbrief **Dipl.-Ing.** H. Panzer, **Schweiz.**
National-Zeitung, **Nr. 16,** vom 11. April 2008, S.8

<u>Sammelthread - Alliierte Kriegsverbrechen - FAKTEN (!!!)</u>
« am: 29.04.06 (15:17) »
Dieser Thread ist ein Sammelthread um die Ereignisse aufzulisten, damit
die Übersicht nicht verloren geht.

Hier rein gehören alle bekannten und wenn möglich mit Datum & Ort u.ä. Fakten, belegten Kriegsverbrechen der alliierten Streitkräfte. Quellenangaben wären mehr als <u>wünschenswert</u>!!!

Aufgeführt werden sollten Kriegsverbrechen von **allen Kriegsschauplätzen** des 2. Weltkriegs !!!

Für die Unmenschlichkeit der Verbrechen spielt es keine Rolle welcher Nationailtät die Opfer waren.

Aber der alliierte Bombenkrieg soll außenvor bleiben, weil er den Rahmen sprengen würde und die Meinungen dazu teilweise erheblich auseinandergehen.

OHNE DAMIT IRGENDETWAS AUFZURECHNEN ODER ZU RECHTFERTIGEN!!!

Die Vorfälle sollten nicht Gegenstand einer Schuld-Aufrechnung werde...

So_denn...

SIZILIEN(1943)

Viele Massaker an Kriegsgefangen wurden durch die amerikanische 45. Infanterie-Division (Thunderbird) während der Invasion von Sizilien 1943 verübt. Am Flugplatz Comise wurden eine LKW-Ladung deutscher Gefangener, während sie vom Lkw kletterten mit einem MG niedergemäht. Später am gleichen Tag, wurden 60 italienische Gefangene auf die gleiche Weise ermordet. Am 14.Juli wurden 36 Gefangene nahe Gela von ihrem Bewacher, US-Sergeant Barry West erschossen. Am Flugplatz Buttera lies US-Captain Jerry Compton, seine 43 Gefangenen vor einer Wand antreten mähte sie nieder. Westen und Compton wurden des Mordes angeklagt und verurteilt. Sie wurden an die Front geschickt, wo sie beide später fielen.

CHENOGNE   (Jan   1,   1945)

In dem Dorf Chenogne nahm die 11.US Pz-Division ca. 60 deutsche Soldaten gefangen. Führte diese hinter einen kleinen Hügel, außer Sichtweite der gegnerischen Truppen die immer noch die Wälder hinter dem

Dorf hielten und metzelte sie mit einem MG nieder. Die sollte eine Racheakt gewesen sein wegen der Vorfälle bei Malmedy...

VAHRENDORF (nahe Hamburg 1945)

Eine Woche nach der Entdeckung des Konzentrationslagers Belsen, erreichte ein Gerücht die britischen "Desert Rats", das die SS-Pz.Gren.Ers./Ausb.Btl.18 (18.SS-Freiwilligen-Panzergrenadier-Division "Horst Wessel"), ihre Gefangenen in der Nähe des nahe gelegene Dorfes Rather erschossen hatten. Die "Ratten" nahmen an einer erbitterten Schlacht mit den SS-Verteidigern im Dorf von Vahrendorf teil. Langsam und in Gruppen, fing die SS an sich zu ergeben, als der Schlachtenlärm verklungen war kamen die Dorfbewohner aus ihren Kellern und fanden die Leichen von 42 SS-Soldaten, die in einem flachen Grab lagen. Die Körper wurden dann auf einem Kirchenfriedhof nahe dem Dorf begraben.

Holländische Verbrechen in Indonesien (1945/46)

Nach dem der Pazifik-Krieg beendet war bemühte sich Holland seine verlorenen Gebiete niederländisch Ost-Indiens zurückzugewinnen. Als die holländische Kolonial-Armee das Gebiet besetzte fanden sie ca. 2000 japanische Soldaten vor. In den ersten 9 Tagen der Besetzung ermordeten die Holländer brutal 236 japanische Soldaten aus Rache über den japanischen Umgang mit holländischen Kriegsgefangenen. Hunderte die nicht getötet wurden, wurden in Lagern in Timor und Java eingesperrt, in den die Holländer versuchten die selben Umstände von japanischen Lagern zu erschaffen. Dort wurden japanische Soldaten gefoltert und erschlagen wenn sie nicht mehr arbeiten konnten. In kürzester Zeit stieg die Todesrate über 1000 Mann an. Die Gefangenen die diese Lager überlebten wurden einfach freigelassen und sich selbst überlassen, um ihren Weg zurück nach Japan zu finden. Holland und Japan haben gegenseitige Entschuldigungen ausgetauscht für den jeweiligen grausamen Umgang mit den Gefangenen des Gegners in ihrer Obhut.

Norwegen 1940

Die Besatzung des deutschen Zerstörer Erich Giese, welcher in der Schlacht um Narvik gesunken war, hoffnungslos im Wasser schwimmend , wurden durch die britischen Zerstörer beschossen um zu verhindern das sie das Ufer erreichen und sich dort mit den deutschen Truppen die bereits dort waren, vereinigen.

Quelle

Zitat von: Jan-Hendrik am 29.12.05 (15:47)

Erschießung von 5 Waffen-SS-Soldaten und 7 der Wehrmacht , waren Versprengte und wurden von US-Truppen gefangengenommen am 6.April 1945 bei Tietelsen. Am nächsten Tag hingerichtet per Genickschuss. Am 6. April die Erschiessung von 12 Waffen-SS-Soldaten , darunter 8 Wikingern sowie Zivilisten in Borgholzhausen.

Quelle : Ulrich Saft "Krieg in der Heimat - Das bittere Ende im Harz" , Seite 48ff
Zitat von: Wilden am 29.12.05 (15:27)

Original Bildtext: Waffen-SS soldiers were executed by American liberators of   Dachau

Der   Link   zur   Seite:
http://www.scrapbookpages.com/dachau/FiringSquad.html

Zitat von: Hoschito am 09.01.06 (19:39)

... an diese Liste könnte man auch den Angriff der Alliierten auf zwei deutsche U-Boote anhängen, die bei einer eindeutigen Rettungsaktion von Schiffbrüchigen   waren

(QUELLE: *Die U-Boot-Nacht, NDR, Herbst 2005 bezw. Verdammte See - Kriegstagebuch der deutschen Marine 1939-1945*)

Zitat von: widdy am 18.01.06 (21:23)

Das SS-Ersatzbataillon 5 (Wiking??) am Standort Ellwangen/Jagst verteidigte im April 1945 die Gegend Ellwangen/Westhausen gegen US-Truppen. Die älteren/erfahrnen Soldaten ergriffen z.T. die Flucht, die Jüngeren ergaben sich. Warum es anschließend zum "Racheakt" kam ist ungeklärt. Insgesamt kammen 36 junge Soldaten ums Leben. Die Toten wurden anschließlich in Schwäbisch-Gmünd in einem Sammelgrab beerdigt. 2 Tote fand man in der Scheune und dem Misthaufen beim Großvater meines Arbeitskollegen. 6 Erschlagene (zertrümmerte Schädel, keine Schußverletzungen) wurden auf der Straße neben dem Grundstück gefunden. Wer genaue Details wissen möchte kann sich ja melden.

Zitat von: merlin61 am 18.01.06 (22:31)
In dem kleinen Ort Kocherstetten (unterhalb vom Schloss Stetten, neben dem Fluss Kocher bzw. dessen Tal, Nähe Künzelsau)...
ganz in der Nähe liegt Schloss Waldenburg, das Monte Cassino Deutschlands: http://www.buchali-online.de/waldenburg.pdf
... kam es laut Aussagen von Ortsansässigen in den letzten Wochen (Monaten?) zu Kampfhandlungen mit Amerikanern. Nachdem diese zu Ende waren - Spuren gibt es heute noch - ergaben sich "die verbliebenen" deutschen Truppen den Amerikanern. Diese haben dann noch die nähere Umgebung abgesucht und auch noch einzelne Wehrmachtsangehörige dabei aufgespürt. Mit der Begründung, es handele sich dabei um Werwölfe, wurde diese an Ort und Stelle an die Wand gestellt und erschossen. Ein 16jähriger hat sich im Backofen versteckt. Er wurde gefunden und ihm mit dem Gewehrkolben der Schädel eingeschlagen. Heute erinnert zumindest eine Gedenktafel im Ort an die getöteten Wehrmachtssoldaten und deren Schicksal. Um welche Truppenteile es sich jeweils dabei gehandelt hat, kann ich nicht sagen, da dies mein Onkel auch nicht (mehr) wusste. Der Jugendliche stammte

übrigens aus dem Ort und hatte mit den Kampfhandlungen überhaupt nichts zu tun => Fahnenflucht.

Zitat von: Hoover am 21.01.06 (11:50)

09.04.45, nördlich Rehburg (am Steinhuder Meer):

15 Abgehörige der 5. Kp/ SS AusbErsBat 12 "Hitlerjugend" werden von Soldaten der AufklKp des 1st Bn, "Ceshire" Regiments gefangengenommen und in einem Waldweg zwischen Rehburg und Husum erschossen. Es soll eine Rache für den Tod des Kommandeurs, Major E. Loram, gewesen sein, der durch einen Soldaten dieser Kp im Kampf erschossen wurde.

17.04.45, Honerdingen bei Walsrode:

7 Angehörige des selben Bataillons der "Hitlerjugend" wurden von britischen Soldaten, vermutlich der 11th Hussars, am Straßenrand erschossen. Angeblich war es einer Rache für hihe Verluste, was aber anhand der britischen Verlustlisten nicht stimmt. Vermutlich waren dei Briten einem Gerücht aufgesessen.

Quelle: "Krieg in der Heimat - Ende zwischen Weser und Elbe" von Saft

02.45.45, Lazarett Neuenbeken: US Soldaten durchsuchten das Lazarett und nahmen zwei SS-Männer der SS-PzBrig. "Westfalen" mit. Vor dem Haus wurden sie durch Genickschuss erschossen, wobei einer doch überlebte.

31.03.45, Nordborchen: US Soldaten erschießen acht Gefangene der Waffen-SS. Am selben Tag wurden **Etteln** 27 und in **Dörnhagen** 18 Gefangene der Waffen-SS erschossen.

06.04.45, Tietelsen: Ein SS-Soldat wurde mit erhobenen Armen von eienm GI erschossen. Der Dorfpfarrer war Zeuge.

07.04.45 Teufelsberg bei Tietelsen: 5 SS-Soldaten und 7 WH-Soldaten wurden durch Genickschuss erschossen.

Quelle: "Krieg in der Heimat - Ende im Harz" von Saft

Bald gehts weiter...
Zitat von: waldi44 am 23.01.06 (12:34)

Nach der Landung an der sizilianischen Südküste ermordeten US-Soldaten auf den Flughäfen von Biscari (heute Acate) und Comiso Dutzende italienische und deutsche Soldaten, die sich bereits ergeben hatten und entwaffnet worden waren. In Canicatti schossen sie in die Menge der örtlichen Bevölkerung, die eine Seifenfabrik plünderte; dabei starben mindestens sechs, wahrscheinlich erheblich mehr Zivilisten, darunter auch Kinder. Die Täter waren Angehörige der 45. Division, die sich selbst den Kriegsnamen Thunderbirds gegeben hatten. Sie standen unter dem Befehl des Generals George Patton, der 1944/45 die 3. Armee durch Frankreich führte und im Dezember 1945 in Mannheim bei einem Autounfall ums Leben kam. Patton soll vor der Landung befohlen haben, keine Gefangenen zu machen. "Ich will eine Division von Killern, denn Killer sind unsterblich!" soll er seinen Männern über Lautsprecher zugerufen haben. Darauf beriefen sich später die wenigen Täter, die wegen der Ermordung Wehrloser vor ein Kriegsgericht gestellt wurden. Captain John C. Compton, mitverantwortlich für den Tod von mindestens 36 Gefangenen in Biscari, wurde freigesprochen, weil er sich an die von Patton vorgegebene Verteidigungslinie hielt: Die getöteten Italiener seien Heckenschützen gewesen und hätten bis zur letzten Patrone gekämpft. Sergent Horace T. West dagegen, der sich weniger schlau verteidigte, wurde zunächst zu lebenslanger Haft verurteilt, im Februar 1944 aber begnadigt und an die Front geschickt. Die Begnadigung erfolgte auf Initiative des Kriegsministeriums, das in einem erst 2002 bekannt gewordenen Schreiben strikte Geheimhaltung befahl: "Wir dürfen nicht zulassen, dass diese Geschichte veröffentlicht wird. Sie würde von den Bürgern, die weit weg von der Gewalt der Kämpfe sind, nicht verstanden werden." Dabei blieb es auch nach Kriegsende. Auch die christdemokratische italienische Regierung hütetet sich jahrzehntelang, das Thema anzusprechen - das hätte nicht nur den transatlantischen Alliierten verstimmt, sondern, so das zynische Kalkül im Kalten Krieg, "Wasser auf die Mühlen der Kommunisten" geleitet.

http://www.freitag.de/2004/33/04331001.php
Wie die Amerikaner sich gegenüber den Japanern verhalten haben....

Japaner   *als*   *"Unmenschen"*   *dargestellt*

Dabei liegt, wenn auch verstreut, eine große Anzahl von Berichten über unglaubliche Menschenrechtsverstöße US-amerikanischer Truppen gegenüber den Japanern vor. Diese Greueltaten wurden auch dadurch hervorgerufen, daß die US-amerikanische psychologische Kriegsführung - und das nicht etwa erst mit Beginn des Krieges der USA gegen Japan - Japaner als "Untermenschen" darstellte und sich bemühte, ihren Gegnern das Menschsein abzusprechen. Jedem Soldaten fällt es schwer, einen Mitmenschen zu töten; die Entmenschlichung des Gegners setzt diese Hemmschwelle deutlich herab. General W. Halsey, Flottenbefehlshaber im Pazifik, erklärte öffentlich: "Der einzige gute Japse ist ein Japs, der seit sechs Monaten tot ist ... Die Japaner sind ein Produkt des Geschlechtsverkehrs zwischen einer Äffin und den schlimmsten chinesischen, von einem wohlwollenden Kaiser aus China verbannten, Verbrechern." Der Oberbefehlshaber der australischen Truppen, General Sir Thomas Bramey, feuerte seine Soldaten an: "Euer Feind ist eine seltsame Rasse - eine Kreuzung zwischen Mensch und Affen ... Ihr wißt, daß wir dieses Ungeziefer auslöschen müssen, damit wir und unsere Familien leben können." Wie die New York Times seinerzeit berichtete, lobte er seine Soldaten mit den Worten: "Der Japse ist ein kleiner Barbar ... Wir haben es nicht mit Menschen zu tun, wie wir sie sonst kennen. Wir stehen etwas Primitivem gegenüber. Unsere Soldaten haben die richtige Einstellung. Sie betrachten die Japse als Ungeziefer." Diese Einstellung unterscheidet sich von der zeitweise von der deutschen Propaganda verbreiteten Hetze gegen den "bolschewistischen Untermenschen" nur dadurch, daß sie noch abstoßender und widerwärtiger ist.

Schädel gefallener Japaner als Souvenirs

Hat man auf diese Weise den Japanern seines Menschseins entkleidet, dann ist es folgerichtig, daß das große amerikanische Magazin LIFE am 22. Mai 1944 das Foto der Rüstungsarbeiterin Nathalie Nickerson veröffentlichte, die, bunte Schleifchen im Haar, an einem Schreibtisch sitzt und verträumt das Souvenir ihres "boyfriend", eines in Ostasien eingesetzten Marineoffiziers, betrachtet. Das Souvenir ist der Schädel eines gefallenen japanischen Soldaten, auf den der Marineoffizier geschrieben hat: "Dies ist ein guter Japse, ein toter." Daneben sind auf den Totenschädel die Unterschriften von 14 seiner Kameraden gekritzelt.

LIFE-Bild   (Bildquelle: DMZ)

Liebesgrüße eines US-Soldateb aus dem Pazifik an seine Freundin auf dem Schädel eines toten Japaners. Das fand das amerikanische Magazin LIFE, das dieses Foto am 22. Mai 1944 veröffentlichte, offensichtlich lustig.

Dergleichen scheint durchaus kein Einzelfall gewesen zu sein, wird doch an mehreren Stellen berichtet, daß US-Soldaten aus den Knochen japanischer Gefallener Brieföffner und dergleichen Gebrauchsgegenstände gebastelt und nach Hause geschickt haben. Es gehörte offenbar zum Alltag amerikanischer Infanteristen, aus den Schädeln gefallener Japaner mit Brachialgewalt die Goldzähne herauszubrechen. Am 9. und 10. Januar 2002 strahlte der Nachrichtensender Phönix eine zweiteilige Dokumentation über Japan unter dem Titel "Im Namen des Tenno" aus. Darin wurden ehemalige amerikanische Soldaten über den Krieg im Fernen Osten befragt. Der US-Marine-Offizier Gene La Rocqe berichtete: "Man hatte uns beigebracht, daß die Japaner Untermenschen seien." Sein Kamerad von der US-Luftwaffe Paul Montgomery erläuterte, wie man mit japanischen Gefallenen umging: "Sie (seine Kameraden) drehten die Leichen um und hauten ihnen den Gewehrkolben auf den Hinterkopf. Ich sah Soldaten, die eine ganze Papiertüte voller Goldzähne hatten, schätzungsweise zehn oder fünfzehn Pfund. Das war die Freizeitbeschäftigung, es kümmerte keinen." Michael Witowich von der US-Marine-Infanterie erzählte, wie so etwas am einfachsten zu bewerkstelligen war: "Wenn man sie mit der 45er in den Kopf schießt, geht automatisch der Mund auf. Und da lachen einen all die Goldzähne an. Ich habe sie nicht mit dem Gewehrkolben rausgeholt; ich nahm die Zange ... Ich hatte eine ganze Feldflasche voll, hier eine mit Wasser, da eine mit Goldzähnen."

"Wir haben keine japanischen Gefangenen gemacht"

Hatte man keine toten japanischen Soldaten zur Verfügung, griff man auf die gefangenen zurück. James Eagelton von der US-Marine-Infanterie erzählte in der Fernsehdokumentation: "Die Japaner waren Unmenschen. Wir haben nie japanische Gefangene gemacht. In meinen zwei Jahren in Übersee habe ich nie gesehen, wie ein Gegner gefangengenommen wurde. Einmal kam einer mit dreißig, vierzig Mann. Alle hatten die Hände hoch. Sie wurden an Ort und Stelle erschossen. Wir machten eben keine Gefangenen." Und Ronnie Hay, ein britischer Jagdflieger, zog das Resümee: "Nur ein toter Japaner ist ein guter Japaner."

Feuer auf Schiffbrüchige eröffnet

Der Seekrieg wurde von manchen US-amerikanischen U-Booten nicht weniger unehrenhaft geführt. Am 26. Januar 1943 griff das US-Unterseeboot "Wahoo" SS-283 unter dem Kommando von Lieutenant Commander Dudley "Mush" Morton in den Gewässern von Neuguinea einen japanischen Geleitzug an und versenkte aus ihm den Truppentransporter "Buyo Maru". Als das Schiff gesunken war, sah man die Wasserfläche bedeckt mit den Köpfen der Schiffbrüchigen, die sich zu retten versuchten. Bei seiner späteren Meldung behauptete der amerikanische U-Boot-Kommandant, es seien 10 000 japanische Soldaten gewesen, was maßlos übertrieben war. An Bod des Truppentransporters waren insgesamt nur 2 129 Menschen. Auf die im Wasser um ihr Leben kämpfenden Schiffbrüchigen befahl der U-Boot-Kommandant das Feuer zu eröffnen. Er wollte damit, wie der Chronist schreibt, "die Zeit sinnvoll nutzen, die er benötigte, um über Wasser die Batterien des Bootes aufzuladen".

Tapferkeitsmedaille für Kriegsverbrechen

Was der U-Boot-Kommandant nicht sehen konnte: Es handelte sich weniger um Japaner als vielmehr überwiegend um britische Kriegsgefangene, Angehörige des 16. Punjab-Regiments, die sich beim Fall von Singapur den

Japanern ergeben hatten und nun abtranspotiert wurden. Das US-U-Boot hat auf diese Weise 195 der im Wasser treibenden britischen Kriegsgefangenen und 87 Japaner getötet. Zu seinem Stützpunkt zurückgekehrt, meldete der Kommandant unverblümt sein Verbrechen, das er als Heldentat ansah; dazu gehörte auch die von ihm ausdrücklich genannte Versenkung zahlreicher Rettungsboote. Er wurde keineswegs bestraft, sondern erhielt insgesamt vier "Navy Crosses" (Tapferkeitsmedaillen).

Quelle: Magazin DMZ Nr. 41 September-Oktober 2004

Obwohl ich die Zeitung nicht so repräsentativ finde, decken sich diese Angaben mit den genannten TV-Dokumentationen, da ich diese selbst gesehen habe.

Ein guter Soldat ist nicht gewalttätig.
Ein guter Kämpfer ist nicht zornig.
Ein guter Gewinner ist nicht rachsüchtig.
Shaolin-Weisheit

<u>Zitat von: Hoth am 22.04.06 (20:05)</u>
Am 8.6.1944 gerieten der Regimentskdr. des Pz.-Art.-Rgt. 130 der Panzerlehrdivision, der im 1.WK schwerversehrte Oberst Luxemburger,der Abteilungskdr. Mj. Zeißler und der Abtleilungsadjutant Hptm. Graf Clary-Aldringen und weitere 6 Unteroffiziere und Mannschaften in britische Gefangenschaft des Regiments "Inns of Court". Nachdem sich die dt. Offz. geweigert hatten, freiwillig als Kugelfang zu dienen, wurde Oberst Luxemburger von 2 brit. Offz. gefesselt, bewußtlos geschlagen und in blutüberströmten Zustand auf einen brit. Panzer als Kugelfang aufgebunden. Nach Einholung entsprechender Befehle der übergeordneten Befehlsstelle per Funk wurden Graf Clary, Major Zeißler und die Mannschaften von den abrollenden brit. Pz. zusammengeschossen. Graf Clary überlebte dieses KV schwerverwundet durch einen über ihn gefallenen Unteroffizier, Oberst Luxemburger starb in einem dt. Lazarett, nachdem der brit, Pz. später von einer dt. Pak abgeschossen wurde. Am 7.Juni wurde bei einem kanadischen Captain ein Notizbuch mit Aufzeichnungen über die Befehlsaufgabe vor

Beginn der Invasion gefunden. Außer taktischen Anweisungen waren darin auch Anweisungen über Kampfverfahren verzeichnet. Darin hieß es u. a. " Gefangene sind nicht zu machen". Dieses Notizbuch und Angaben von verhörten Offz. der kanad. 3.Division, die bestätigten, von ihren Vorgesetzten den Befehl bekommen zu haben, keine Gefangenen zu machen, wurden vom Ia der 12.SS.PD am 8.6.1944 dem OB der 7.Armee, Generaloberst Dollinger zur Weiterleitung übergeben.

Bitte unbedingt noch Quelle anführen!!!! - Da dies ein sehr interessanter Fall ist -
Zitat
Eine Woche nach der Entdeckung des Konzentrationslagers Belsen, erreichte ein Gerücht die britischen "Desert Rats", das die **18. Ausbildungseinheit der Hitlerjugend-Division**, ihre Gefangenen in der Nähe des nahe gelegene Dorfes Rather erschossen hatten.

Nur zur Info: Es handelte sich um das **SS PzGrenAusb- u. ErsBtl 18 "Horst Wessel"**.
Hallo,

zu alliierten Kriegsverbrechen kann ich auch mein Teil beitragen, eins ist direkt vor meiner Haustür geschehen!

Ort: Dorf Boitzenhagen, Stadt Wittingen, Landkreis Gifhorn, Niedersachsen, Deutschland
Datum: 17. und 18. April 1945
Opfer: 25 getötete Zivilisten und doppelt so viel Verletzte

Nachdem die Einheiten der Panzer-Division "Clausewitz" aus Boitzenhagen, am Abend des 16. April 1945, abgezogen sind betrieben die Amerikaner Aufklärung und zwar gleich doppelt! Nicht nur, das die Amerikaner immer mindestens ein Aufklärungsflugzeug über Boitzenhagen kreisen ließen (auch schon als die "Clausewitz" in Boitzenhagen lag), nein, als sie mitbekamen, das die deutschen Einheiten abgezogen sind, vergewsserte sich sogar ein amerikanischer Offizier, das die Stadt frei von deutschen Truppen ist. Er kam mit einem Jeep in den Ort gefahren, fuhr bis zur Dorfmitte und fuhr, ohne auch nur einmal den Wagen verlassen zu haben, wieder fort. Deshalb kann nachfolgende Aktion nur als Rache der, bei den Kämpfen mit der "Clausewitz", erhaltenen Verluste erklärt werden! Die Amerikaner hatten ca. 10 gefallene, doppelt so viel Verwundete und 112 Gefangene Soldaten zu beklagen. Letztere wurden von den Deutschen allerdings wieder frei gelassen, als sie Boitzenhagen verließen, da sie nur ein "Klotz am Bein" gewesen wären. Zusätzlich wurde der gesamte amerikanische Nachschub eines ganzen Tages von der "Clausewitz" "geplündert". Am Abend des 17. April, als sich die Bewohner wieder aus dem Hause trauten, nachdem sich in Boitzenhagen kein Militär mehr befand, ging plötzlich, ohne jede Vorwarnung, heftiges Artilleriefeuer auf den Ort nieder. An diesem Abend kamen drei Menschen ums Leben, ca. 15 personen wurden, teils schwer, verletzt. Die Menschen flüchteten in ihre Keller und in die im Ort vorhandenen Bunker, die im Falle von Luftangriffen überall in der Gegend angelegt wurde. Als sich die Zivilisten am Morgen des 18. April wieder heraus trauten um die Schäden zu begutachten ging, wieder ohne jegliche Vorwarnung, noch heftigeres Artilleriefeuer auf den Ort nieder! Da die Menschen diesmal völlig überrascht waren und die Heftigkeit des Artilleriefeuers das vom letzte Tage weit überschritt, starben nun 22 Menschen und zahlreiche wurden verletzt. Das Dorf wurde komplett zerstört, es war fast kein Haus unbeschädigt geblieben, viele waren 100%ige Totalschaden. Während der gesamten Zeit, in der die deutschen Einheiten in Boitzenhagen verweilten, ging keine einzige Granate auf den Ort nieder, komischerweise erst, als diese abgezogen waren. Wer den Feuerbefehl gab konnte bis heute nicht geklärt werden, ich pers. würde dem Schwein gern mal in die Augen sehen! Gruß Tobias

Quelle:

- Zeitzeugen aus dem Ort und Umgebung
- "Kriegsende in Boitzenhagen" (geschrieben von einem Zeitzeugen)
- AAR der 84. US-ID

"Im Krieg gibt es keinen Preis für den Zweitplatzierten."
Omar Bradley

"Es ist gut, das Krieg so schrecklich ist - sonst fänden wir noch zu viel gefallen daran."
Robert E. Lee

"Der Tot eines Einzelnen ist eine Tragödie, der Tot von Millionen nur eine Statistik"
Josef Stalin

Kreta

Vorgeschichte:

Zitat:
"Der deutsche Angriff auf Kreta begann am Vormittag des 20.Mai 1941. Nach heftigen Kämpfen wurden die britischen, australischen und neuseeländischen Truppen am 31.Mai evakuiert. Zahlreiche alliierte Soldaten gerieten in deutsche Kriegsgefangenschaft. Obwohl die militärische Auseinandersetzung nur Tage dauerte, waren die Verluste auf beiden Seiten beträchtlich. Auf englischer Seite wurden rund 4.000 Soldaten und Matrosen getötet, rund 12.000 fielen in deutsche Gefangenschaft und 18.000 konnten evakuiert werden. Auf deutsche Seite fielen ebenfalls rund 4.000 Soldaten und Matrosen **(1)**. Die Beteiligung der griechischen Bevölkerung an den Kämpfen verursachten auch unter der Zivilbevölkerung erhebliche Verluste und gab nach dem deutschen Sieg Anlass zu grausamen Repressalien. Bereits am ersten Tag des deutschen Einsatzes wurden viele Kriegsrechtsverletzungen gemeldet. Die ersten eidestattlichen Vernehmungen fanden am 26. Mai statt. Insgesamt wurden rund 150 Zeugen durch zwölf Heeres-, Luftwaffen- und Marinerichter sowie Amtsrichter vernommen. die Vernehmungen dauerten mindestens bis zum 25. August 1941, aber bereits im Juli 1941 stellte die WUSt (=Wehrmachtsuntersuchungsstelle) eine umfangreiche Denkschrift mit dem Titel: **"Völkerrechtsverletzungen der Feindmächte beim deutschen Einsatz auf Kreta"** zusammen **(2)**. Sie gliederte sich in diesen Abschnitte:
---
a.) Tötung und andere Gewalttätigkeiten, Verstümmelungen
b.) Missbrauch der deutschen Hoheitsabzeichen durch Feindtruppen
c.) Freischärlertum
d.) Angriffe auf deutsche Schifftransporte. Völkerrechtswidrige Beschießung von Deutsche in Seenot.

Die Denkschrift wurde von der WUSt dem Auswärtigen Amt zur Verfügung gestellt, das sie in verkürzter Form als Weißbuch **"Völkerrechtsverletzungen der britischen Streitkräfte und der Zivililbevölkerung auf Kreta"** 1942 veröffentlichte **(3)**".

[...]

"... Durch eidestattliche Vernehmungen sind folgende Verletzungen des Völkerrechts einwandfrei erwiesen:

zu a.) Sehr viele Fallschirmjäger sind in unmenschlicherweise misshandelt und verstümmelt worden. Bei den Kämpfen um die Sudabucht mussten sich am 27.Mai 1941 das erste Gebirgsjägerregiment 141 infolge der Übermacht des Feindes und der Ungunst des Geländes vorrübergehend in eine bessere Stellung zurückkämpfen.

           1. Alle Verwundeten, die nicht mehr zurückgeschaft werden konnten, sind ermordet worden.
           2. Ein großer Teil der am nächsten Tag vorgefunden Toten war verstümmelt.

zu b.) Englische Soldaten haben Hakenkreuzflaggen, deutsche Uniformen und die weiße Fahnen missbraucht.
zu c.) Griechische Zivilpersonen haben in großem Umfang als Freischärler am Kampf teilgenommen.
zu d.) Einheiten der englischen Kriegsmarine haben auf deutsche Soldaten, deren Schiffe
sie versenkt hatten und die etwa 100 km vor Kreta wehrlos im Wasser trieben, geschossen."
[...]
"... Eine Sonderkommsission hat diese Details an Völkerrechtsverletzungen festgestellt:

1.) Beteiligung von Zivilisten und Polizisten am offenen Kampf an allen Einsatzplätzen, besonderes im westlichen Teil der Insel; hier haben die Zivilisten stellenweise einen nach militärischen Grundsätzen organisierten Widerstand geleistet. Die Zivilbevölkerung, darunter auch Jungen von zehn Jahren, schoss mit Waffen aller Art, teilweise mit Dum-Dum und Jagdgeschossen. Hecken- und Baumschützen wurden wiederholt beobachtet   ...
2.) Gefallene und Verwundete wurden - vorwiegend von der Zivilbevölkerung - ausgeplündert und ihrer Bekleidungsstücke beraubt.
3.) An Leichen gefallener deutsche Soldaten wurden unzählige Verstümmelungen festgestellt; abgeschnittene Geschlechtsteile, ausgestochene Augen, abgeschnittene Ohren und Nasen, Messerstiche im Gesicht, auf der Brust, im Bauch und am Rücken, Schnitte an der Kehle und abgehackte Hände. Bei den festgestellten Verstümmelungen dürfte es sich vorrangig um Leischenschändungen handeln. Nur in einzelnen Fällen sprechen die Umstände dafür, dass auch Verwundetete misshandelt und zu Tode gequält worden sind. So wurden an Händen, Armen und Beinen gefesselte Leiche gefunden, in einem Fall auch eine

Leiche mit einer Schnur um den Hals.
4.) Auf Feindseite wurden deutsche Uniformen, insbesondere Fallschirmjägerkombinationen und Fallschirmjägerstahlhelmen beobachtet. Ebenfalls wurde aus Täuschungsgründen auf Feindseite mit Hakenkreuzfahnen gewinkt.
5.) Schiffbrüchige der leichten Schiffsstaffel "West", die am 19. Mai in Piräus in See ging und in der Nacht vom 21. zum 22. Mai von englischen Kriegsscshiffen angegriffen und zum Teil vernichtet wurde, sind von den Engländern beschossen worden. Mit Schwimmwesten im Wasser treibende und in Schlauchbooten paddelnde Soldaten wurden dabei erschossen und erlitten Verwundungen. Der Beschuss erfolgte von den englischen Kriegsschiffen mit M.G. und Leuchtspurmunition.

Nach den Ermittlungsergebnissen ist anzunehmen, dass die Leichenschändungen und Misshandlungen fast ausschließlich durch kretische Zivilisten begangen worden waren. In einigen Fällen haben Überlebende beobachtet, dass Zivilisten sich auf Gefallene gestürzt, sie ausgeplündert und mit Messern bearbeitet haben. Nur in einzelne Fällen haben auch Soldaten der Feindseite derartige Übergriffe begangen; besonders selten waren Engländer daran beteiligt. Die Engländer haben im Gegenteil Wert auf eine ordnungsgemäße Behandlung (der) Gefangenen gelegt, Übergriffe der griechischen Soldaten(?) und Zivilisten verhindert und vor allem auf sanitärem Gebiet alles Erforderliche getan. Dagegen ist die Beschießung Schiffbrüchiger ausschließlich durch englische Kriegsschiffe erfolgt. Wie es dazu kam, dass die Zivilbevölkerung von Kreta sich am Kampfe beteiligte und die Greuel beging, ist ausserordentlich schwer festzustellen; die Aussagen der Kretenser und der englischen Gefangenen sind mit größter Vorsicht aufzunehmen, weil sie sich gegenseitig die Schuld in die Schuhe zu schieben geneigt sind... **(4)**"

Zitat   **Ende.**

zu (1): I. Stewart, The Struggle for Crete, London 1968, Seite 475.
zu **(2)**:   BA - MA,   RW   2/v.   138,   S.   80   ff
zu **(3)**:   BA - MA,   RW   2/v.   146
zu **(4)**: BA - MA, RW 2/v. 134, S. 42 ff; Gespräch mit Herrn Schölz am **11. Mai**   **1976**

Quelle: Alfred M. de Zayas: Die Wehrmachtsuntersuchungsstelle - Dokumantation alliierter Kriegsverbrechen im zweiten Weltkrieg. Kapitel 17: **Kreta** - *Auszüge aus den ersten Seiten ab 262 - 272*

Über 200 Soldaten der 17. SS "Götz von Berlichingen" sind von der 42. US-Infantrydivision in Kriegsgefangenschaft liquidiert worden. Sie hatten sich in Nürnberg ergeben, sind aber unter geheimnisvollen Umständen in Bensheim begraben worden und galten offiziell als "vermißt". Angehörige des damaligen Gräberkommandos haben ausgesagt, daß viele dieser Toten zertrümmerte Schädel oder Schüssen in den Hinterkopf hatten. Unter den Opfern auch der Führer des I. Batl. des Regts. 38, Hstuf. Kukula. Erst in den siebziger Jahren nach der Exhumierung, wurde festgestellt, daß er außer einer Fraktur eines Oberschenkels auch noch eine Einschußstelle im Hinterkopf hatte. Viele der übrigen Opfer konnten nicht identifiziert werden.

Quelle: Endkampf zwischen Mosel und Inn, Spiwoks/Stöber. Tötung deutscher Kriegsgefangener aus Posen, Hinterpommern und Ostbrandenburg

In Klammern steht der verantwortliche Truppenteil wenn er bekannt ist.

28.01.1945:

Lenzenbruch (Kreis Arnswalde) - 2 verwundete Wehrmachtssoldaten wurden von russ. Soldaten erschossen (2.Garde-Panzer-Armee)

Ende   Januar   1945:

Kranzin (Kreis Arnswalde) - 1 deutscher Soldat nach Saufgelage russ. Soldaten durch Genickschuss hingerichtet (1.Garde-Panzer-Armee)

28.01.1945:

Heidemühle (Kreis Meseritz) - Erschießung von 9 Verwundeten der Waffen-SS inkl. 2 Offiziere (2.Garde-Panzer-Armee)

Ende   Januar   1945:

Dürrlettel (Kreis Meseritz) - Russische Soldaten töten auf einem Verbandsplatz 58 Verwundete und 2 Rotkreuz-Schwestern

28.01.1945:

Kreuz (Netzekreis) - 2 deutsche Soldaten v. russ. Offizier erschossen & die Leichen auf der Fahrbahn von LKW & Panzern zermalmen gelassen (2.Garde-Panzer-Armee)

29.01.1945:

Schönrade (Kreis Friedeberg) - 14 Soldaten & 2 Offiziere die 600 russ. Kriegsgefangene bewachten werden erschossen (2.Garde-Panzer-Armee)

29.01.1945:

Gottschimm (Kreis Friedeberg) - Bei Beerdigung von deutschen Gefallenen werden bei 7 Leichen Genickschüsse festgestellt. (8.Garde-Armee)

30.01.1945:

Braunsfelde (Kreis Friedeberg) - 20 versprengte deutsche Soldaten werden niedergeschossen (2.Garde-Panzer-Armee)

30.01.1945:

Mansfelde (Kreis Friedeberg) - 1 deutscher Offizier wird von Russen an einer Kinderschaukel aufgehängt (2.Garde-Panzer-Armee)

Ende Januar 1945:

Tempel (Kreis Oststernberg) - 150. Volkssturmmänner des 2. Meseritzer Aufgebotes durch Genickschuss getötet

31.01.1945:

Wugarten (Kreis Friedeberg) - 1 schwerverwundeter deutscher Soldat erschossen (2.Garde-Panzer-Armee)

31.01.1945:

Flatow (Kreis Flatow) - polnische Soldaten erschiessen 2 deutsche Soldaten nachdem sie ausgeplündert & ausgezogen wurden (1.Polnische Armee)

Ende   **Januar**   **1945**:

Groß Densen (Kreis Deutsch Krone) - vor dem Dorfrand erschiessen russ. Soldaten 12 deutsche Offiziere

01.02.1945:

Nordhausen (Kreis Königsberg/Neumark) - 3 deutsche Soldaten erschossen nachdem sie sich ergeben hatten (2.Garde-Panzer-Armee)

16.12.1945:

Hohenfier (Kreis Flatow) - nach einem Gefecht am 15.12. erschiessen russ. Soldaten alle zurückbleibenden deut. Verwundeten

Anfang   **März**   **1945**:

Köslin (Kreis Köslin) - im Lyzeum ermorden russische Soldaten 29 deutsche Verwundete

03.03.1945:

Alt Döberitz (Kreis Regenwalde) - 7 Volkssturmmänner aus Bublitz werden von Russen an die Wand gestellt

Anfang   **März**   **1945**:

Alt Tramm (Kreis Kolberg-Körlin) - 17 schwerverwundete SS-Soldaten & 2 Rotkreuz-Schwestern von russ. Soldaten erschossen

05.03.1945:

Muddelmow (Kreis Greifenberg) - 2 deutsche Soldaten von russ. Soldaten erschossen nach ihrer Gefangennahme

Quelle: "Brennendes Oderland - Band 3" - Fritz Kohlase

Quelle: **Die Wehrmachtsuntersuchungsstelle, Alfred M. de Zayas**, ab S.273 ff (*im Buch mit zahlreichen Abbildungen zum jeweiligen Fall*)

Kapitel 18. Tötung deutscher Kriegsgefangener in der Sowjetunion

Zitat
18.1   Der   Fall   Broniki

Eine der Fragen, die die WUSt am meisten beschäftigte, betraf die Aufklärung der offiziellen sowjetische Politik zur Behandlung der deutschen Kriegsgefangenen, **denn die Sowjetunion war dem Genfer Kriegsgefangenenabkommen von 1929 nicht beigetreten und hatte alle Verträge des zaristischen Russlands, u.a. die Haager Konvention aus dem Jahr 1907 gekündigt. Schon wenige Tage nach Beginn des Russland-Feldzuges gingen bei der WUSt in Berlin zahlreiche Meldungen über Erschießungen deutscher Soldaten ein. Die ersten Berichte stammten von deutschen Soldaten, die durch Genickschuss getötete Kameraden entdeckt hatten. Es kam auch vor, dass einzelne deutsche Kriegsgefangene einer Massenerschießung durch Flucht entgingen oder trotz schwerer Verwundung überlebten und über die Erlebnisse**   **berichteten.**

Als Beispiel wird im folgenden der Vorfall, der sich am **1. Juli 1941** (*pers. Anm.: Beginn des Unternehmen Barbarossa:* **22.** Juni 1941) auf der Straße Klewan – Broniki in der Ukraine ereignete, behandelt **(1)** Dort gerieten etwa 180 deutsche Soldaten des II. Infanterieregimentes 35 (mot.), 7./I.R. 35 (mot.), 6./I.R. 119 (mot.) und 5./A.R. 60 meist unverwundet in russische Gefangenschaft. Nach dem Bericht des Divisionsrichters der 25 I.D. (mot.), Dr. heinrich, vom 2. Juli 1941 wurden am selben Tag **die Leichen von 153 Gefangenen** gefunden. Heinrich begab sich persönlich an die Mordstelle und leitete dort die Untersuchungen **(2)**. Leutnant Franz Kröning identifizierte dabei die Toten **(3)**. Bei einer späteren Suche wurden **noch 12 Leichen gefunden**, die bei der ersten Besichtigung übersehen worden waren, da sie etwa 200 m weiter abseits der Straße lagen **(4)**. Heinrich vernahm ausserdem 6 überlebende Soldaten, denen die Flucht gelungen war.
[...]
Ausführlicher schilderte ein anderer Überlebender, der Gefreite Karl J., in seiner eidlichen Vernehmung am 12. Juli 1941 vor Kriegsgerichtsrat Dr. Heinrich das Schicksal seiner Einheit: "Nach der Gefangennahme am 1.7.1941 bei Broniki wurde ich mit anderen Kameraden gezwungen, mich bis auf die Hose zu entkleiden. Auch Stiefel und Strümpfe musste ich ausziehen.

Alle Wertgegenstände und den gesamten Tascheninhalt musste ich ablegen. Ich habe gesehen, dass andere mit dem Bajonett gestochen wurden, wenn es nicht schnell genug ging. Der Obergefreite Kurz hatte eine Handverletzung und konnte deshalb sein Koppel nicht schnell genug ausziehen. Er wurde mit dem Bajonett von hinten durch den Hals gestochen, so dass die Spitze vorne herausguckte. Ein Schwerverletzter, der mit seinen Händen noch Lebenszeichen von sich gab, wurde mit den Füßen getreten, sein Schädel wurde mit dem Gewehrkolben zertrümmert ... Ich wurde mit einer Gruppe von etwa 12 bis 15 Mann nördlich der Straße zusammengestellt. Es waren auch ganz Nackte dabei. Wir mussten mit erhobenen Händen zusammenstehen. Nach den ersten Schüssen entstand eine Panik, die ich zur Flucht benutzte **(5)**."

[...]

Schütze Hermann Heiss konnte nicht fliehen und blieb schwerverwundet auf der Wiese liegen. Er wurde von deutschen Soldaten gefunden und in ein Lazarett gebracht. Erst am 26. November 1941 wurde Heiss im Reservelazarett Beelitz-Heilstätten durch Kriegsgerichtsrat Dr. Schöne vernommen: "Mir und einigen Kameraden sind darauf die Hände auf den Rücken gebunden worden, und wir mussten uns hinlegen. Ich lag auf dem Rücken, als mich ein russischer Soldat mit dem Bajonett in die Brust stach. Ich dreht mich darauf auf die andere Seite. Ich habe darauf noch 7 Bajonettstiche in den Rücken bekommen und mich dann nicht mehr gerührt. Die Russen nahmen dann wohl an, dass ich tot sei und haben mich in Ruhe gelassen. Während ich dalag, habe ich die Kameraden schreien gehört. ich bin dann eingeschlafen. Am nächsten Vormittag wurden wir dann von deutschen Soldaten gefunden. Ich habe gesehen, dass meinem Nachbarn der Schädel gespalten war. Die anderen Kameraden waren zum größten Teil tot. Einige sind noch später an ihren Verletzungen gestorben."**(6)**

Insgesamt wurden **12 Überlebende und Zeugen** über den Fall Broniki durch vier Kriegsgerichtsräte befragt **(7)**. Daraus gab sich ein übereinstimmendes Bild des Geschehens, das zusammen mit ähnlichen Berichten anderer Divisionen bei den deutschen Stäben Anlass zu der Vermutung gab, dass die Erschießungen deutscher Kriegsgefangener unter Umständen auf einen Befehl höchster sowjetischer Stellen zurückzuführen sein könnte. Es wurde als eine wichtige Aufgabe der WUSt betrachtet, dieser Vermutung nachzugehen.

18.2 Informationsquellen der WUSt

Während des gesamten Russlandfeldzuges rissen die Berichte über

Misshandlungen und Erschießungen deutscher Kriegsgefangener durch die sowjetische Armee nicht ab.

Die WUSt wurde durch vier Hauptquellen über solche Vorfälle unterrichtet:

1.) Beutepapiere, einschließlich Befehle, Operationsberichte und Flugblattpropaganda.
2.) Abhören russischer Funksprüche
3.) Aussagen russischer Kriegsgefangener
4.) Aussagen von Deutschen, die z.T. vorübergehend in russische Kriegsgefangenschaft geraten waren.

Hält man sich das Material, das auf diese Weise im Laufe der Jahre zusammengetragen wurde, vor Augen, so ergibt sich daraus die Erkenntnis, dass die berichtete Praxis sowjetischer Soldaten, keine Kriegsgefangenen zu machen oder diese nach der Vernehmung sofort zu erschießen, keine Einzelerscheinung war. Die von der WUSt gesammelten Untersuchungen über den Westfeldzug oder über die Kämpfe in Nordafrika enthalten zwar einzelne Beispiele von Gefangenenerschießungen, jedoch keine Paralelle zum Geschehen im Ostfeldzug. Andererseits muss man feststellen, dass, obwohl die Rote Armee freilich viele deutsche Kriegsgefangene tötete, sie weit mehr Gefangene in Lagern zuwies. (*pers. Anm. wieviele starben dort?*) Nach den Sowjetischen Frontberichten (SFB) wurden 175.000 Deutsche in den Jahren 1941 und 1942 gefangengenommen, 220.000 im Jahr 1943, 560.000 im Jahr 1944 und 220.000 im Jahr 1945 (**8**). Von einer einheitlichen sowjetischen Behandlung der deutschen Kriegsgefangenen kann man nicht sprechen. Unter diesem Blickwinkel muss die nachfolgende Auswahl aus den Akten betrachtet werden (**9**):

1. Aus Beutpapiere:
Der erbeutete Operationsbericht Nr. 11 vom **13. Juli 1941**, 10.00 Uhr, Stab der 26. Division, nördlicher Waldrand, 1 km westlich von Slastjena, lautet u.a.: "Auf dem Schlachtfeld ließ der Gegner 400 Tote zurück. **Etwa 80 Mann hatten sich ergeben, die erschossen wurden**"(10)

Eine erbeutete Meldung des Kommandeurs einer sowjetischen Kompanie, Hauptmann Gadijew, vom **30. August 1941** lautet: "Drei Stück Minenwerfer, einen Offizier getötet, drei Geschütze P.T., vier Stück M.G. **15 Mann Verwundetet erschossen**." (**11**)

In den Aufzeichnungen eines russischen Kriegsgefangenen, des

Militärarztes B.J., befinden sich folgende Stellen: **"Alle Kriegsgefangenen, die zum Bestand der deutschen Armee gehörten, wurden während der Operation bei Odessa erschossen".** "Im Verlaufe eines hartnäckigen Widerstandes der Roten mit anderen Einheiten wurde vom **4. bis zum 6.11.1941** eine kleine Gruppe Deutscher gefangengenommen. **Diese Gruppe wurde erschossen." "Bei Sewastopol hat man keine Gefangenen gemacht. Genauer gesagt, wurden die Gefangenen erschossen."** (12)

(es folgen noch 8 weitere Aufzählung mit einer unterschiedlichen Anzahl von erschossenen Gefangenen aus Beutepapieren, die ich hier aber nicht widergeben möchte - zuviel Schreibarbeit) ,

[...]

2. **Abgehörte** **Funksprüche**

(es folgen 5 Fälle mit einer unterschiedlichen Anzahl von erschossenen deutschen Gefangenen aus abgehörten Funksprüchen, die ich hier aber nicht widergeben möchte - auch zuviel Schreibarbeit)
====
zu **(1)** Vgl. Fernschreiben vom 8. Juli 1941 an A.O.K. 6 "Nach Meldung des III. A.K. sind **am 30. Juni 150 deutsche Soldaten der 25 I.D. Mot. in russischer Gefangenschaft ermordet worden.** Weiter Meldungen liegen in zwei anderen Fällen vor. Berichte werden nachgereicht." Panzergruppe 1, Ic, BA - MA, Tagesmeldung des A.O.K. 6, 15623/14, S. 155, siehe auch Morgenmeldung vom 4.7.1941 an A.O.K. 17: **"Achtzig Angehörige der eigenen 295 Div.**, die verwundet auf dem Schlachtfeld Dabrowka (südlich Rawa Ruska) zurückgelassen werden mussten, sind von russischen Soldaten der 41. u. 159 Div. **ermordet worden.** Beweismaterial folgt." Ebenda, S. 386. Morgenmeldung vom 28. Juni 1941: **"Bat. 36 hat Erschießung aller deutschen Gefangenen befohlen. In Rawa Rusta sind ebenfalls deutsche Gefangene erschossen worden."** Beweismaterial folgt." BA - MA, AOK6/15623/13 Teil 1, Seite 143; AOK 17 Bd. 144499/54

zu **(2)** BA - MA, RW 2/v. 176, S. 113 ff

zu **(3)** BA - MA, RW 2/v. 176, S. 116; Brief von Kröning vom 23. Mai 1978 **Kröning übergab d. Verf. eine Mappe mit Bildern des Massakers. Gespräch am 18. Juni 1979** zu **(4)** Ebenda. **Nach der Ausstrahlung der WDR-Filme "Kriegsverbrechen" am 21.** März 1983 meldete sich ein weiterer Zeuge, der die hier beschriebenen Tötungen aus eigener Erinnerung bestätigte und dem Verf. drei von ihm aufgenommene Bilder des Massakers überreichte. Helmut Kramer, damals Obergefreiter im Kratschützenzug des I.R. 35 (mot).

zu **(5)** BA - MA, RW 2/v. 176, S. 119; in einem Brief vom 21. Februar 1978 hat J. den Vorfall bestätigt und seine damalige Vernehmung bestätigt.

zu **(6)** BA - MA, RW 2/v. 176, S. 154. Nach Auskunft der Deutschen Dienststelle kehrte Heiss nach seiner Genesung wieder zur Ostfront zurück. Dort geriet er erneut in Gefangenschaft. Er soll im Gefangenenlager noch lebend gesehen worden sein, kehrte jedoch aus der Gefangenschaft nicht zurück.

zu **(7)** BA - MA, RW 2/v. 176, S. 120 ff., 161 ff; RW 2/v. 152, S. 2 f.: zahlreiche Bildaufnahmen zu diesen Massakern in BA - MA, RW 2/v. 153, S. 37 ff.; **ein ungeschnittener Stummfilm zu diesem und anderen Massakern liegt im Filmarchiv des Bundesarchivs Koblenz.**

zu **(8)** Kurt Böhme, Die deutschen Kriegsgefangenen in sowjetischer Hand, München, 1966 S. 49. Diese Zahlen beziehen sich auf deutsche Soldaten, die nicht sofort erschossen wurden, sondern tatsächlich in Kriegsgefangenenlager geschickt wurden, wo allerdings die Überlebenschancen in den ersten Jahren des Krieges gering waren. Von den etwa 3.155.000 deutschen Kriegsgefangenen in der Sowjetunion **starben ca. 1.110.00 oder 35,2%. Davon sind während des Krieges durchschnittlich 60 - 70% ums Leben gekommen.** *(der gegliederte Überblick von Kurt Böhme habe ich schon einmal hier im Forum gepostet und reiche den Link dazu hier => [...] noch nach - falls die Tabelle dazu doch noch auffindbar wird...)*

zu **(9)** BA - MA, RW 2/v. 147 - 241.

zu **(10)** BA - MA, RW 2/v. 152, S. 10; RW 2/v. 155, S. 301, 303, 305.

zu **(11)** BA - MA, RW 2/v. 153, S. 12; BA - MA, RW 2/v. 157, S. 44.

zu **(12)** PA, VR/KR, Bd. 81-1.

9.7.1941 **Mittelmeer** / **Ägäis**

Das britische Unterseeboot Torbay versenkt auf seiner 3. Feindfahrt in der Ägäis eine ganze Reihe von Motorseglern, die 75 deutsche Soldaten zum Festland bringen sollen., mit Artillerie und Sprengpatronen ("battle against caiques"). **Den deutschen Soldaten wird nicht erlaubt, das Boot zu verlassen.** Am 9.7. bringt es wiederum einen der kleinen von Kreta aus nordwärts fahrenden deutschen Motorsegler auf. Ein Enterkommando durchsucht das Schiff und bringt anschließend die Sprengladung an. 7 deutschen Soldaten, die einer Gebirgsdivision auf Kreta angehören, gelingt es sich in ein Schlauchboot zu retten. **Erbarmungslos gibt der U-Boot-Kommandant (LCdr. Miers) daraufhin den Befehl, sie mit dem Maschinengewehr zu erschießen.** Obwohl sich der Erste Wachoffizier und ein Seemann weigern, werden - wie auch im Kriegstagebuch vermerkt - die deutschen Schiffbrüchigen liquidiert. **Zu einem Verfahren gegen LCdr Miers wegen Verstoßes gegen das Völkerrecht kommt es nicht**

Quelle:http://www.wlb-stuttgart.de unter Kriegsverbrechen Da steht noch viel mehr an ähnlichen KV.

Gestern hab ich dort das für das für den Reichskalender (PS Forum) gefunden:

Kriegsverbrecherboot HMS Rorqual, 1942

11.5.1941 Das brit. U-Boot Rorqual (LtCdr. Dewhurst) legt im Golf von Saloniki eine Minensperre, auf der am selben Tag schon die it. Genova Parossi (2000 BRT) verloren geht, und versenkt vor Lemnos 2 kleine Segler, darunter die Osia Paraskevi, von der 7 griech. Besatzungsmitglieder übernommen werden, während 4 deutsche Soldaten gezwungen werden, unter Deck zu bleiben Dieses Kriegsverbrechen wurde nie geahntet!

Westatlantik
Der US Zerstörer Roper greift ein an der amerikanischen Küste operierendes deutsches U-Boot an. In einem nächtlichen Artilleriegefecht erhält U 85 vernichtende Treffer. Der größte Teil der Besatzung kann das Boot rechtzeitig verlassen. Etwa 40 Besatzungsmitglieder schwimmen im Wasser, als das U-Boot sinkt. Daraufhin überläuft der Zerstörer die Untergangsstelle und wirft, obwohl von dem gesunkenen U-Boot keine Gefahr mehr ausgehen kann, 11 Wasserbomben, durch deren Detonationen alle im Wasser schwimmenden Schiffbrüchigen getötet werden. Am nächsten Tag werden an der Untergangsstelle des U-Bootes nur noch 29 Leichen aus dem Wasser geborgen. Eine gerichtliche Untersuchung gegen den Kommandanten des Zerstörers wurde nicht eingeleitet.

Norwegen
Im Kampf gegen einen brit. Flottenverband (VAdm. Whitworth) mit dem Schlachtschiff Warspite (Capt. Crutchley) und den 9 Zerstörern Icarus, Hero, Foxhound, Kimberley, Forester, Bedouin, Punjabi, Eskimo, Cossack gehen acht dt. Zerstörer der Narvik-Gruppe verloren. Warspite, Bedouin und Eskimo versenken Erich Koellner; Cossack und Foxhound versenken Erich Giese. Auf die Schiffbrüchigen des deutschen Zerstörers Erich Giese wird dabei geschossen. Dasselbe wurde auch über die Schiffbrüchigen der anderen Zerstörer gemeldet, aber von der deutschen Wehrmachtsuntersuchungsstelle ist nur der Fall "Erich Giese" dokumentiert und anerkannt worden. In seinem Tagebuch berichtet der Matr.Ob.Gefr. Hans Jorkiewicz (UJ 1207) unter dem Datum des 26.8.1942 von einem Gefecht zwischen dem dtsch U-Bootsjäger UJ 1216 und russischen Schnellbooten im Finnischen Meerbusen, das er aus der Entfernung wahrnehmen konnte. "UJ 1216 sank in 4 Sekunden. ... Von der Besatzung von 46 Mann konnten sich 17 retten. Von den einlaufenden Booten wurden noch 6 Tote geborgen, alle mit Kopfschüssen".

Mittelmeer / **Ägäis**
Die Besatzung einer Do 24 J9+DA der 7.Seenotrettungsstaffel sichtet im Golf von Saloniki ein Floß, auf dem sich zwei Männer befinden. Aus dem

Wasser ragen Köpfe, die aus angelegten gelben Schwimmwesten zu erkennen sind. Die Maschine wassert sofort. Auf dem Floß sitzen ein Marineoffizier und ein Obersteuermann. Das Rettungsflugzeug nimmt die Seeleute auf dem Floß sowie weitere 25 im Wasser treibende Marineangehörige an Bord. Zehn der Soldaten sind durch Schußwunden schwer verletzt worden. Nach Auskunft des Offiziers, Leutnant zur See Hans-Joachim Westfalen, bilden sie den Rest von ehemals 142 Besatzungsmitgliedern des unter dtsch. Flagge fahrenden Torpedobootes TA 37, ex italienische Gladio. Die geretteten Matrosen berichten, daß sie von den britischen Zerstörern Tergamant und Tuscan mit Maschinenwaffen beschossen worden seinen, nachdem sie bereits im Wasser trieben. Mittels Megaphons sei ihnen von Bord zugerufen worden: "Wir kommen wieder"

alles auf der wlb seite, wo auch die Buchquellen stehen mit Seitenangabe

Zitat
[...]

... Der britische Seeoffizier und Historiker Captain Russel Grenfell R.N. schrieb 1954(!) in seinem Buch „Unconditional Hatred", deutsche Ausgabe: "Bedingungsloser Haß", Die Deutsche Kriegsschuld und Europas Zukunft, auf den Seiten 205/206 (Neuauflage 2002 S.151/152) über amerikanische Foltermethoden folgendes: „Am 23. Januar 1949 brachte der Sundy Pictorial unter der Schlagzeile AMERICANS TORTURE GERMANS TO EXTORT ‚CONFESSIONS' (Amerikaner foltern Deutsche, um Geständnisse zu erpressen) eine, wie das Blatt schrieb, **>scheußliche Geschichte barbarischer Folterungen, die im Namen alliierter Gerechtigkeit begangen wurde<**; es war ein Auszug aus dem Bericht des amerikanischen Richters Edward L. van Roden, der als Mitglied einer amtlichen Untersuchungskommission Anschuldigungen dieser Art nachgegangen war. Der Richter fand, daß gefangene Deutsche verschiedenen Formen der Mißhandlung unterworfen wurden, bis - mit den Worten des Pictorial - **>starke Männer zu gebrochenen Wracks wurden, bereit, jedes Geständnis zu murmeln, das ihre Ankläger von ihnen verlangten<**.

Zu den von Richter van Roden enthüllten Überredungsmethoden gehörte, daß brennende Streichhölzer unter die Fingernägel der Gefangenen getrieben, daß Hoden (in 137 von 139 untersuchten Fällen) durch Fußtritte unheilbar beschädigt, daß den Gefangenen eine schwarze Haube über den Kopf gestülpt und ihre Gesichter dann mit

Schlagringen bearbeitet, und daß falsche Priester - mit Kruzifix und Kerze - zu Abnahme der Beichte zu den Gefangenen geschickt wurden, in der Hoffnung, auf diese Weise belastende Aussagen zu erlangen."

Das o.a. Buch ist sowohl antiquarisch (ZVAB), als auch in einer Neuauflage des Lynx-Verlages e.K. Gauting 2002 unter dem neuen Titel: **"Churchill und die Deutschland-Politik"**, ISBN 3-936 169-04-7 zum Preis von 20 Euro erhältlich. Der Erwerb wird sehr empfohlen.

Quelle => http://www.swg-hamburg.de/Aktuell/Folter__Demutigung__Sadismus/body_folter__demuti gung__sadismus.html

Sehr viele - wie ich finde interessante Informationen über den Malmedy-Prozess in Dachau: (*bedauerlicherweise nur in englisch, welches die meisten hier zumindest sinngemäß verstehen dürften - denke ich.*)

Zitat   **Malmedy**   **Massacre**   **Trial**

(*pers. Anmerkung: Die folgenden Zitate stammen komplett aus Teil 1 - siehe Link am Ende der gesamten Zitate*):

[...]

Although popularly known as "the Dachau trials," these court proceedings by the American Military Tribunal at Dachau **were NOT conducted like a typical trial in the American justice system. Guilt was established beforehand by interrogators assigned to obtain confessions from the accused who were then presumed guilty; the burden of proof was on the defense, not the prosecution. A panel of American military officers acted as both judges and jury and the defense attorneys were also American military officers.** The judges took judicial notice of the crimes that were allegedly committed, which meant that the defense was not permitted to argue that the crimes had not taken place. Hearsay testimony was allowed and affidavits could be submitted by witnesses who did not appear in the courtroom and thus could not be cross examined by the defense.

[...]

Dachau was selected as the site for the German war crimes proceedings that were conducted solely by the American military, partly because of the abundant housing available at the former concentration camp and the huge SS Training Camp there, but primarily because it was the place most associated with German atrocities in World War II. The mere mention of the word "Dachau" was enough to convince most people of the guilt of any accused German war criminal. The American prosecutors in the Dachau proceedings, most of whom were Jewish, had only to walk a few yards to the infamous gas chamber, that was located just outside the former Dachau concentration camp, to know what the Germans were capable of.

[...]

Lt. William Perl, an Austrian Jew who had emigrated to America in 1940, was the chief interrogator of the Malmedy Massacre accused. Perl was an active Zionist who had worked to get European Jews into Palestine illegally before he came to America. His wife was a survivor of Ravensbrück, the Nazi concentration camp for women, where she was sent in 1943. Perl was assisted by other Jews on the interrogation staff, including Josef Kirschbaum, Harry Thon and Morris Ellowitz. The Americans needed all the help they could get from native German speakers which is the reason that German Jewish refugees were used in the investigative process.

The chief prosecutor, called the Trial Judge Advocate, was Lt. Col. Burton F. Ellis, a Jewish attorney who had no prior experience in a military courtroom. He took over the case which had been handled by another Jewish prosecutor, Dwight Fanton, during the interrogation phase. His chief assistant prosecutor was another Jew, Raphael Schumaker.

The lawyer for the defense was Lt. Col. Willis M. Everett, who had never been involved in a criminal case before, had never fought in combat, couldn't speak German, and had only just arrived in Germany a few weeks before the proceeding began. On the opening day, Everett and his defense team had not yet interviewed all 73 of the men they were representing in the court room.

Everett was ably assisted by Herbert J. Strong, a civilian attorney who had volunteered to work on the war crimes military tribunals. Strong was a German-born Jew who had emigrated to America after the Nazis came to power. Except for the accused, most of the people in the courtroom were Jews, including two of the court reporters, and it was understandable that they had nothing but hatred and contempt for the ruthless and sadistic SS men.

A panel of high-ranking American army officers acted as both judge and jury. [...]

Col. Rosenfeld was Jewish, and a graduate of Yale. He had had experience in over 200 court martial cases before coming to Dachau in March 1946. "Rosenfeld" was a name that was very familiar to General Dietrich because his close friend, Adolf Hitler, always referred to President Franklin D. Roosevelt by that name, claiming that FDR was both a Communist and a Jew.

[...]

Besides bringing war criminals to justice, the Nuremberg and Dachau military tribunals were designed to educate the public, both in Germany and in America, that World War II was "the Good War," the war fought by the American good guys against the German bad guys, who were rotten through and through, from their evil leader right down to the teenagers who died defending their country. The purpose of the Dachau military tribunals was to establish once and for all that the Germans had committed unspeakable atrocities, which were all part of an evil conspiracy masterminded by Adolf Hitler.

[...]

Fortsetzung **Teil** **2** hier =>
http://www.scrapbookpages.com/DachauScrapbook/DachauTrials/Malmedy Massacre02.html

Fortsetzung **Teil** **3** hier =>
http://www.scrapbookpages.com/DachauScrapbook/DachauTrials/Malmedy Massacre02A.html

Fortsetzung **Teil** **3** hier =>
http://www.scrapbookpages.com/DachauScrapbook/DachauTrials/Malmedy Massacre03.html

Fortsetzung **Teil** **4** hier =>
http://www.scrapbookpages.com/DachauScrapbook/DachauTrials/Malmedy
Massacre04.html

[...]

(*pers. Anmerkung: Zitat aus Teil 4, der vorletzte Absatz daraus - mit*
Peipers *Ende*):

**Just as he was starting to write a book on the Malmedy Massacre,
Peiper was killed on July 14, 1976 when his house was firebombed.
Peiper had been warned to leave, but he refused; he died as he had
lived, with a weapon in his hands, refusing to be driven out of his home.**
His charred body was found in the ruins of his burned home. The date of
July 14th was the French Bastille Day, the equivalent of the American 4th of
July. **A group of Frenchmen, wearing ski masks were photographed as
they announced "We got Peiper." This photo was published on
November 7, 1976 in the New York Times Magazine.**

[...]

Quelle der 4 Seiten (mit zahlreichen Abbildungen) hier =>
http://www.scrapbookpages.com/DachauScrapbook/DachauTrials/Malmedy
Massacre01.html

Zitat von: Michael 60 am 17.05.06 (22:15)
Interessant finde ich nur, dass der Autor dieser Seite ständig nur auf der
jüdischen Herkunft der Amerikaner herumreitet. Wenn schon Texte, dann in
deutscher Sprache.

Michael 60
Der Autor reitet sicher nicht auf der jüdischen Herkunft der meisten
Anwesenden - ausser den Ageklagten - beim Malmedy-Prozess herum.
Er hat dies festgestellt und erwähnt diesen Punkt absolut gleichrangig, wie
viele anderen Dinge auch, die für ihn dazu erwähnenswert sind.

Es kenne im Moment leider keine so ausführlichere Informationsquelle über
den Maldmedy-Prozess in deutscher Sprache. Tipp: Jag die Seiten doch
Absatz für Absatz - oder auch Satz für Satz - einfach durch ein
Übersetzungsprogramm. Z.B. mit diesem: http://uebersetzer.abacho.de/?
ab_get_url= **oder** http://www.linguatec.net/online/ptwebtext/index.shtml

Beim übersetzten Text solltest du danach allerdings die Sätze noch logisch anpassen und diese u.U. auch passend ergänzen. Oder du wartest bis es auf deutsch erscheint. Oder du lässt es dir - privat oder professionell - einfach komplett übersetzen. Ich verstehe zumindest Sinngemäß was dort steht, oder schaue bei Fachbegriffe auch in einer Online-Übersetzung nach

German POWs and wounded killed in March & April   1945

Datum	Ort	US-/UK-Verband	Opfer	
21. März	Pfälzer Wald	7. US-Armee	15	Kriegsgefangene
30. März	südl. Paderborn	3. US-PzDiv	57	Kriegsgefangene
01. April	Istha	9. US-PzDiv	1	Kriegsgefangener
02. April	Neuenbeken	3. US-PzDiv	2	Schwerverwundete
05. April	Heiligenrode	2. US-InfDiv	2	Zivilpersonen
06. April	Tietelsen	3. US-PzDiv	13	Kriegsgefangene
07. April	Struth	65. US-InfDiv	1	Zivilperson
07. April	Karlshafen	3. US-PzDiv	6	Kriegsgefangene
07. April	Beverungen	1. US-InfDiv	9	Kriegsgefangene
08. April	Lauenförde	1. US-InfDiv	20	Kriegsgefangene
08. April	Rehburg	11. UK-PzDiv	15	Kriegsgefangene
08. April	Lippoldsberg	104. US.InfDiv	1	Kriegsgefangener
09. April	bei Göttingen	104. US-InfDiv	13	Kriegsgefangene
09. April	Steimke	11. UK-PzDiv	1	Schwerverwundeter
10. April	Rinteln	102. US-InfDiv	2	Schwerverwundete
10. April	Osterode	3. US-PzDiv	6	Kriegsgefangene
11. April	Erfurt	80. US-InfDiv	46	Kriegsgefangene
12. April	Kelbra/Kyffh.	3. US-PzDiv	2	Verwundete
12. April	Bad Frankenhausen	2. US-InfDiv	ca. 15	Kriegsgefangene
14. April	Osterwieck	poln./amerik. Einh.	16	Verwundete
14. April	Ilfeld	104. US-InfDiv	1	Kriegsgefangener
15. April	Annarode	3. US-PzDiv	40	Kriegsgefangene
15. April	Harkerode	3. US-PzDiv	16	Kriegsgefangene
16. April	Walsrode	7. US-PzDiv	7	Kriegsgefangene
19. April	Thale	9. US-InfDiv	10	Kriegsgefangene
19. April	Treseburg	9. US-InfDiv	14	Kriegsgefangene
20. April	Wienrode	1. US-InfDiv	7	Kriegsgefangene
20. April	Westerhausen	8. US-PzDiv	10	Kriegsgefangene
20. April	Schmallenberg	99. US-InfDiv	1	Kriegsgefangener
22. April	Schierke	8. US-PzDiv	2	Kriegsgefangene
23. April	Oker	8. US-PzDiv	1	Kriegsgefangener
26. April	Vahrendorf	7. US-PzDiv	17	Verwundete
			369	Ermordete

Zitat

[...]

According to World War II historian, Stephan E. Ambrose, the author of the best-selling book, "Citizen Soldiers," **General Maxwell Taylor instructed the men of the 101st Airborne Division to take no prisoners during the Normandy invasion, which they participated in after parachuting into France.** Ambrose was a consultant for the HBO TV series called "Band of Brothers," which showed soldiers of the 101st Airborne shooting German Prisoners of War. **American audiences cheered when German POWs were gunned down by American soldiers in the Spielberg movie "Saving Private Ryan." After the war, the Germans attempted to bring a list of 369 murder cases, involving US Army soldiers killing German POWs and wounded men, before a German court, but the cases were thrown out. The list of these 369 killings was published in a German newspaper.**

Quelle:
http://www.scrapbookpages.com/DachauScrapbook/DachauTrials/Malmedy Massacre03.html - dort ganz unten.

Malmedy Massacre Trial

"It's so long ago now. Even I don't know the truth. If I had ever known it, I have long forgotten it. All I knew is that I took the blame as a good CO should and was punished accordingly." Jochen Peiper, quoted in A Traveler's Guide to the Battle for the German Frontier by Charles Whiting

Lt. Col. Joachim Peiper on the witness stand, June 17, 1946

The Malmedy Massacre proceedings were conducted like a US Army court martial, except that only a two-thirds majority vote by the panel of 8 judges was needed for conviction. Each of the accused was assigned a number because it was hard to keep the names of the 73 men straight. They all wore their field uniforms, which had been stripped of the double lighting bolt SS insignia and all other military emblems and medals.

The proceedings lasted for only two months, during which time both the prosecution and the defense presented their cases. Fearful that they might incriminate themselves on the witness stand, their defense attorney, Lt. Col. Everett, who believed that they were guilty, persuaded most of the SS soldiers not to testify on their own behalf. Col. Joachim Peiper, pictured above, volunteered to take all the blame if his men could go free, but this offer was declined by the court.

The courtroom was in the Dachau complex where the former concentration camp was located. The tall chimney of the Dachau crematorium loomed in the distance, only a quarter of a mile away from where the Jewish "law member" of the court sat under a huge American flag pinned to the wall. It had been only a little more than a year since soldiers in the American Seventh Army had liberated Dachau on April 29, 1945 and had discovered the horror of the gas chamber at Dachau and dead bodies piled up in the morgue of the crematorium building. In June 1945, the former Dachau concentration camp became War Crimes Enclosure No. 1 where the accused German war criminals were held while they awaited trial by the American Military Tribunal.

Col. Peiper listens to closing statement with his arms folded

After only 2 hours and 20 minutes of deliberation by the panel of judges, all 73 of the accused SS soldiers, who were on trial, were convicted. Each of the accused was required to stand before the judges with his defense attorney, Lt. Col. Everett, by his side, as the sentence was read aloud.

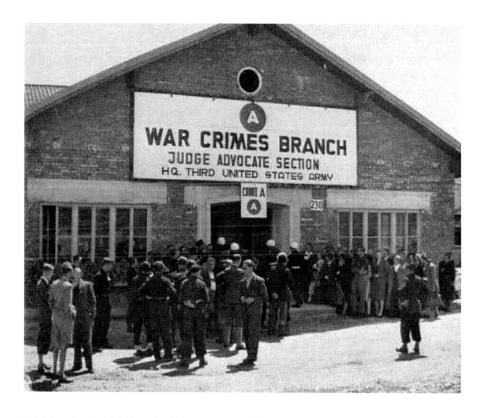

Waiting for the Malmedy Massacre verdict outside the courtroom

Forty-two of the accused were sentenced to death by hanging, including Col. Peiper. Peiper made a request through his defense attorney that he and his men be shot by a firing squad, the traditional soldier's execution. His request was denied. General Sepp Dietrich was sentenced to life in prison along with 21 others. The rest of the accused were sentenced to prison terms of 10, 15 or 20 years

None of the convicted SS soldiers were ever executed and by 1956, all of them had been released from prison. All of the death sentences had been commuted to life in prison. As it turned out, the Malmedy Massacre proceedings at Dachau, which were intended to show the world that the Waffen-SS soldiers were a bunch of heartless killers, became instead a controversial case which dragged on for over ten years and resulted in criticism of the American Occupation, the war crimes military tribunals, the Jewish prosecutors at Dachau and the whole American system of justice.

Before the last man convicted in the Dachau proceedings walked out of Landsberg prison as a free man, the aftermath of the case had involved the US Supreme Court, the International Court at the Hague, the US Congress, Dr. Johann Neuhäusler, a Bishop from Munich, who was a survivor of the Dachau concentration camp, and the government of the new Federal Republic of Germany. All of this was due to the efforts of the defense attorney, Lt. Col. Willis M. Everett.

James J. Weingartner, the author of "A Peculiar Crusade: Willis M. Everett and the Malmedy Massacre," wrote the story of the Dachau proceedings from information provided by Everett's family and gleaned from his letters and diary. According to Weingartner, shortly before the proceedings were to begin, defense attorney Lt. Col. Everett interviewed a few of the 73 accused with the help of an interpreter. Although the accused were being held in solitary confinement and had not had the opportunity to consult with each other, most of them told identical stories of misconduct by their Jewish interrogators.

The accused claimed that they had already had a trial, which was conducted in a room with black curtains, lit only by two candles. The judge was a Lt. Col. who sat at a table draped in black with a white cross on it. After these mock trials in which witnesses testified against the accused, each one was told that he had been sentenced to death, but nevertheless he would have to write out his confession. When all of them refused to write a confession, the prosecution dictated statements which they were forced to sign under threats of violence. There was no question that these mock trials had actually taken place, since the prosecution admitted it during the investigation after the Dachau proceedings ended.

According to Weingartner, Lt. Col. Peiper presented to Everett a summary of allegations of abuse made to him by his soldiers. They claimed that they were beaten by the interrogators and that one of the original 75 accused men, 18-year-old Arvid Freimuth, had hanged himself in his cell after being repeatedly beaten. A statement, supposedly written by Freimuth, although portions of it were not signed by him, was introduced during the proceedings as evidence against the other accused. As in the Nuremberg IMT and the other Dachau proceedings, the accused were charged with conspiracy to commit war crimes, as well as with specific incidents of murder, so Freimuth's statement was relevant to the case, even after he was no longer among the accused himself.

An important part of the defense case was based on the fact that the accused were classified as Prisoners of War when they were forced to sign statements incriminating themselves even before they were charged with a war crime. As POWs, they were under the protection of the Geneva Convention of 1929 which prohibited the kind of coercive treatment that the accused claimed they had been subjected to in order to force them to sign statements of guilt. Article 45 of the Geneva Convention said that Prisoners of War were "subject to the laws, regulations and orders in force in the armies of the detaining powers." That meant that they were entitled to the same Fifth Amendment rights as American soldiers.

After being held in prison for an average of five months, the SS Malmedy veterans were charged as war criminals on April 11, 1946, a little over a month before their case before the American military tribunal was set to begin. By virtue of the charge, they were automatically reduced to the status of "civilian internee" and no longer had the protection of the Geneva Convention.

As quoted by Weingartner, the defense made the following argument at the trial:

"As previously outlined, International Law laid down certain safeguards for treatment of prisoners of war, and any confession or statement extracted in violation thereof is not admissible in a court martial or any subsequent trial under a code set up by Military Government. If a confession from a prisoner of war is born in a surrounding of hope of release or benefit or fear of punishment or injury, inspired by one in authority, it is void in its inception and not admissible in any tribunal of justice.

Could anyone, by artifice, conjure up the theory that the Military Government Rules and Ordinances are superior to the solemn agreements of International Law as stated in the Geneva Convention of 1929? Is this court willing to assume the responsibility of admitting these void confessions?....It is not believed that the Court will put itself in the anomalous position of accepting statements into evidence which were elicited from prisoners of war in contravention of the Geneva Convention and therefore a violation of the Rules of Land Warfare on the one hand and then turn squarely around and meet out punishment for other acts which they deem violations of the same laws. To do so would be highly inconsistent and would subject the Court and all American Military Tribunals to just criticism."

Lt. Col. Rosenfeld ruled against a defense motion to drop the charges, based on the above argument, by proclaiming that the Malmedy Massacre accused had never been Prisoners of War because they became war criminals the moment they committed their alleged acts and were thus not entitled to the protection of the Geneva Convention of 1929. On March 10, 1945, an order signed by General Dwight D. Eisenhower had reduced the status of all German POWs to that of "disarmed enemy forces," which meant that they were no longer protected under the rules of the Geneva Convention after the war. Moreover, as the law member of the panel of judges, Lt. Col. Rosenfeld ruled that "to admit a confession of the accused, it need not be shown such confession was voluntarily made...." Contrary to the rules of the American justice system, the German war criminals were presumed guilty and the burden of proof was on them, not the prosecution.

The prosecution case hinged on the accusation that Adolf Hitler himself had given the order that no prisoners were to be taken during the Battle of the Bulge and that General Sepp Dietrich had passed down this order to the commanding officers in his Sixth Panzer Army. This meant that there was a Nazi conspiracy to kill American prisoners of war and thus, all of the accused were guilty because they were participants in a "common plan" to break the rules of the Geneva Convention. Yet General Dietrich's Sixth Panzer Army had taken thousands of other prisoners who were not shot. According to US Army figures, there was a total of 23,554 Americans captured during the Battle of the Bulge.

US Army Major Harold D. McCown testified as a witness for Col. Peiper

Lt. Col. Jochen Peiper was not present during the alleged incident that happened at the crossroads near Malmedy. The specific charge against Peiper was that he had ordered the killing of American POWs in the village of La Gleize. Major Harold D. McCown, battalion commander of the 30th Infantry Division's 119th Regiment of the US Third Army, testified for the defense at the trial.

McCown had been one of Peiper's prisoners at La Gleize; he claimed that he had talked half the night with the charismatic Peiper, who allegedly didn't sleep for 9 straight nights at the beginning of the Battle of the Bulge. McCown had heard the story of Peiper's men shooting prisoners at the crossroads near Malmedy and he asked Peiper about the safety of the Americans at La Gleize. By this time, Peiper's tanks were trapped in the hilltop village of La Gleize and he had set up his HQ in the cellar of the little schoolhouse there. McCown testified that Peiper had given him his word that the American POWs at La Gleize would not be shot, and McCown also testified that he had no knowledge that any prisoners were actually shot   there.

Peiper poses for his mug shot at Schwabish Hall prison

The main evidence in the prosecution case was the sworn statements signed by the accused even before they were charged with a war crime, statements which defense attorney Everett claimed were obtained by means of mock trials and beatings in violation of the rules of the Geneva Convention of 1929. The war crimes with which they were charged were likewise violations of the Geneva Convention of 1929, a double standard which didn't seem right to defense attorney, Lt. Col. Willis M. Everett.

Another double standard that bothered Everett was that there had been many incidents in which American soldiers were not put on trial for killing German Prisoners of War, but the defense was not allowed to mention this. Any of the accused men who inadvertently said anything about American soldiers breaking the rules of the Geneva Convention were promptly silenced and these comments were stricken from the record.

General Sepp Dietrich was a colorful character, much like General George S. Patton, who was his equivalent in rank. Patton's Army was accused of several incidents in which German prisoners of war were shot, which he admitted in his autobiography. Patton wrote the following entry in his diary on 4 January 1945:

"The Eleventh Armored is very green and took unnecessary losses to no effect. There were also some unfortunate incidents in the shooting of prisoners. I hope we can conceal this."

In another incident involving the shooting of German and Italian Prisoners of War, an American captain was acquitted on the grounds that he had been following the orders of General Patton, who had discouraged American troops from taking prisoners during the landing of the US Seventh Army in Sicily.

Ironically, an incident in which Americans executed German prisoners happened within half a mile of the Dachau courtroom. On April 29, 1945, the day that the SS surrendered the camp at Dachau, American soldiers of the 45th Thunderbird Division of the US Seventh Army lined up surrendered Waffen-SS soldiers against a wall and machine-gunned them down in the SS Training Camp, next to the concentration camp. This was followed by a second incident, on the same day, which happened at a spot very near the courtroom: the killing of SS guards at the Dachau concentration camp after they came down from their guard tower and surrendered with their hands in the air.

A third execution of German soldiers who had surrendered on April 29th, known as the Webling Incident happened in the village of Webling on the outskirts of of the town of Dachau. American soldiers of the 222nd Regiment of the 42nd Rainbow Division executed soldiers of the German Home Guard after they had surrendered. The Home Guard consisted of young boys and old men who were forced into service in the last desperate days of the war to defend their cities and towns.

After an investigation by the US Army resulted in the court martial of the soldiers involved in these killings, General George S. Patton tore up the papers and tossed them in the wastebasket. Col. Howard A. Buechner, the American medical officer who was there when Waffen-SS soldiers were executed during the liberation of Dachau, wrote in his book The Hour of the Avenger, regarding the court martial of soldiers in the 45th Thunderbird Division:

"Public outrage would certainly have opposed the prosecution of American heroes for eliminating a group of sadists who so richly deserved to die."

According to World War II historian, Stephen E. Ambrose, the author of the best-selling book, "Citizen Soldiers," General Maxwell Taylor instructed the men of the 101st Airborne Division to take no prisoners during the Normandy invasion, which they participated in after parachuting into France. Ambrose was a consultant for the HBO TV series called "Band of Brothers," which showed soldiers of the 101st Airborne shooting German Prisoners of War. American audiences cheered when German POWs were gunned down by American soldiers in the Spielberg movie "Saving Private Ryan."

After the war, the Germans attempted to bring a list of 369 murder cases, involving US Army soldiers killing German POWs and wounded men, before a German court, but the cases were thrown out. The list of these 369 killings was published in a German newspaper.

Nach der Befreiung des Lagers(= Buchenwald) im April 1945 durch die Amerikaner wurden die **80(!)** zurückgebliebenen deutschen Lagerwachen und Funktionäre summarisch ermordet. Mitglieder des Lagerpersonals wurden nicht nur von einigen der Häftlinge auf brutalste Weise erschlagen, sondern bisweilen sogar mit Hilfe und Ermunterung durch amerikanische Soldaten.[1] Zwischen 20 und 30 GIs beteiligten sich an dem Morden, indem sie abwechselnd auf sechs Deutsche bis zum Eintritt des Todes einschlugen.[2] In dem 1968 erschienenen Buch *Legends of our Time* berichtet er(= Elie Wiesel), wie einige befreite Lagerinsassen mit U.S. Jeeps ins nahe Weimar fuhren, um dort zu plündern und "wahllos" deutsche Zivilisten zu ermorden,[3] was von Hilberg bestätigt wird.[4]

[1] Robert Abzug, *Inside the Vicious Heart*, Oxford, New York 1985, S. 49, 52.
[2] Marguerite Higgins, *News is a singular Thing*, Doubleday, Garden City, N.Y., 1955, pp. 78f.
[3] Elie Wiesel, *Legends of our Time*, Holt, Rinehart and Winston, New York 1968, S. 140.
[4] Raul Hilberg, *The Destruction of the European Jews*, 3 Bd., Holmes & Meier, New York 1985, S. 987.

Weil der Stadt (Württ.) am 21.04.1945

Der Grenadier Erwin Müller geb. am 11.09.1927 wurde mit 10 weiteren Kameraden am 21.04.1945 mit eingeschlagenen Schädel von der Bevölkerung aufgefunden. 9 von ihnen waren noch keine 18 Jahre alt. Weil der Stadt war damals unter franz. Besatzung.

Qelle: Hr. Landsmann Dekan von W.d.Sdt, August Uhl / Bergheim (Lehrer in W.d.Sdt)

Zitat von: widdy am 15.07.06 (19:23)

Hinzufügen sollte man allerdings noch, dass die von den Amerikanern und Franzosen (nach Kriegsende!) gezogenen Grenzen der beiden Besatzungszonen, ziemlich exakt an der Linie der alten Reichsautobahn Karlsruhe - Stuttgart verlief.

Hier die historische Karte dazu **#46** (mit Weil der Stadt) dazu: http://www.landkartenarchiv.de/reichsautoatlas1938.htm

Da die Ortschaft "Weil der Stadt" nur wenige Kilometer entfernt von jener und auch noch aktuellen Autobahn liegt, kann man heute nur darüber spekulieren, wer von den Beiden letztendlich verantwortlich für die 11 Ermordeten ist.

Interessant dazu vielleicht auch diese Info, die ich bei meiner Suche nach Karten über die Besatzungszonen gefunden habe: **Räumungsbefehl für Neuenbürg**(= ein Ort im Kraichtal muss geräumt werden): http://www.swr.de/kriegsende/beitrag26.html

Info dazu: Das Kraichtal liegt "eindeutig" innerhalb der amerikanischen Zone - "grob" Nord-Nord-Östlich von Karlsruhe (b. Bruchsal). D.h. wenn sich französische Truppen(-teile) bekanntermaßen am 13 April 1945 ausserhalb ihrer eigenen Zone "aufgehalten" haben, dann kämen jene sicher auch für den 21.4.45 in Frage, in dem ca. 60 Kilometer davon entfernte Weil der Stadt gewesen zu sein. ... zumal dieser Ort auch noch eindeutig in ihrer Besatzungszone lag.

Wie auch immer. Einer der Alllierten ist unzweifelhaft dafür verantwortlich - von daher gehört der Beitrag auch hier mit erwähnt.

Ich hätte noch Nebelwerferleute (welche Einheitwird leider nicht genant) auf Sizillien , 21.7.43 bei Leonforte die im Bereich der 15.PGD nach der Gefangennahme durch Angehörige der 1.Kan. Div. hingerichtet worden sein sollen und einen Zug des PGR 67 im Bereich von Arielli , der am 15.12.43 , der nach Gefangennahme erschossen wurde (Neuseeländer/Gegend südwestlich Orsogna) .

Quelle : Kurt Baden **Feldpostnummer 00599E** , Band 1 , Seite 364

In meinem kleinen Heimatdorf Noßwitz b. Elsterberg im Vogtland waren im April 1945 amerikanische Soldaten. In prädestinierter Lage, im Obergeschoß des Rittergutes, errichteten Sie ein Schützennest. Mein Großonkel kam vom Nachdienst bei der Reichsbahn aus dem benachbarten Elsterberg auf dem Fahrad. Als er die ca. 300m vor dem Dorf liegende Holzbrücke über die Elster passierte eröffneten die Amerikaner das Feuer auf ihn und er wurde getötet. Wo kann ich denn die Amis finden die hier feige einen Zivillisten erschossen? Reinhard Otto

In dem Ort Lampolshausen bei Heilbronn wurden 6 Gefangene der Waffen-SS verhört,danach in ein Waldstück geführt und ihnen der Schädel eingeschlagen. Wer sich noch rührte, bekam einen Kopfschuss. Es gibt noch Zeitzeugen,die diese erschüttert in einem Sammelgrab bestattet haben. Der älteste unter ihnen war mal gerade 19 Jahre alt. Alle Namen sind bekannt.

Die Einheit war das Rgt. 253,3. Btl. der " 63. US. Inf. Div. " Blood und Fire".

Auf den zustande gekommen Namen gehe ich noch ein.

Es handelt sich um Angehörige des SS-Pz.-Gren. Ausb.-u. Ers. Btl. 1 (LAH) und 12 (HJ).

Hierzu gibt es auch ein Foto.

Abgetrennte Ärmelstreifen, keine Spiegel und keine Schulterstücke.

Im gleichen Ort wurden 3 versprengte,die sich versteckt hatten,als angebliche "Werwölfe" mit einem Jeep abgeholt,in einen Scheuen geführt und von einem T.-Sgt. Erschossen. Die Soldbücher und pers. Gegenstände wurden geplündert und sie als "Unbekannte" an einem Hang bestattet.

A b s c h r i f t !   40

Betr.: Verhalten der Sowjets in den besetzten Gebieten
        Ungarns und der Slowakei.

a) In dem von den Sowjets im Dezember vorigen Jahres besetzten ungarischen Ort S i o f o k sind innerhalb eines Monats rund 300 ungarische Frauen und Mädchen von den Bolschewiken vergewaltigt worden.
   Ein grosser Teil von ihnen wurde mit Geschlechtskrankheiten infiziert, die bei den Sowjets stark verbreitet waren. Die Sowjets raubten und plünderten sämtliche Wohnungen des Ortes aus.

b) In Ujdombowir ist die ungarische Bevölkerung gleichfalls von den
   Bolschewiken grausam misshandelt und ausgeplündert worden.

c) In K a l o z raubten die Rotarmisten die Almosenbüchsen in der
   katholischen Kirche aus. Die reformierte Kirche diente den Bolschewiken als Wäscherei.

d) In den Gemeinden L e p s e n y, E b y i n g und B o s z o k sind
   90 Prozent der weiblichen ungarischen Bevölkerung im Alter von
   11 bis 80 Jahren von den Bolschewiken vergewaltigt worden. Auch
   hier ist die Anzahl derjenigen Frauen und Mädchen, die mit Geschlechtskrankheiten infiziert worden sind, ausserordentlich hoch.
   Bei Eintritt der Dunkelheit wurden die ungarischen Frauen und
   Mädchen den Sowjets zusammengetrieben und entweder vor den Augen
   ihrer Angehörigen geschlechtlich missbraucht oder in die Unterkünfte der Bolschewiken - vor allem ihrer Offiziere - verschleppt,
   dort tagelang mit Gewalt festgehalten und bei Saufgelagen geschändet. Einige sowjetische Soldaten trieben mit Kühen und Ziegen
   widernatürliche Unzucht.

e) Beim Einmarsch der Sowjets in Felsögalla am 26.12.44 hielten sich
   die Bewohner zum grössten Teil in den Stollen und Bunkern des Koh-
   lenbergwerks verborgen. In ihrer Abwesenheit wurden von den Sowjets
   die Wohnung selbst der ärmsten Bergarbeiter erbrochen und restlos
   ausgeplündert. Von den 300 vergewaltigten Frauen und Mädchen sind
   die meisten an Geschlechtskrankheiten erkrankt. Die Bolschewiken
   haben die beiden Bergwerkinspektoren ohne jeden Anlass erschossen.

362

Abgedruckt

in:

Josef Paul Puntigam **Vom Plattensee bis zur Mur- Die Kämpfe 1945 im
Dreiländereck,**   Seite   362

Am 12. März 1945 flogen 671 Bomber und 412 Begleitjäger der 8. US-Luftflotte einen Grossangriff auf die mit Flüchtlingen überfüllte Hafenstadt Swinemünde. Dabei wurden die im Hafen liegenden Schiffe und Hafenanlagen ebenso bombardiert wie die zehntausende Flüchtlinge an Land. Offiziell galt dieser Angriff dem Hafen und den Bahnanlagen und wurde somit als "Verkehrsangriff auf Rangierbahnhöfe" registriert. Erstaunlicherweise wird dieser Angriff ausser im "Der Brand", nur noch in "Deutschland zur See", Mittler Verlag, erwähnt, obwohl bei im über 23.000 Menschen, überwiegend Frauen, Kinder alte Männer den Tod fanden. Am 12. März 1945 flog die 8. US Army Air Force [USAAF] ihren einzigen Luftangriff auf den Hafen in Swinemünde. Über die Ostsee aus Westen anfliegend, drehte der Strom aus 661 viermotorigen Bombern aller drei Air Divisionen der Luftflotte ca. 85 Kilometer nördlich der Stadt nach Süden ein, bombardierte von 12.06 bis 12.58 Uhr das Ziel und flog nach Westen über Rostock ab. Die 661 B-17 und B-24 warfen insgesamt 3.216 Stück 1.000 lb (453 Kg) und zwei zu 500 lb (226,5 Kg) GP-Sprengbomben [General Purpose: Allzweck] ab. Das waren 1.608,5 Tonnen (US, 1.457,3 to metrisch). Damit steht Swinemünde an sechster Stelle in der Reihe der Städte, in denen die 8. USAAF Ziele mit mehr als 1.000 US-Tonnen Sprengbomben angegriffen hat. Nach abgeworfener Gesamttonnage steht die Hafenstadt unter den 422 aufgeführten Städten im Target Summary der 8. USAAF auf Platz 66. Veranlassung für den Angriff war ein sowjetisches Ersuchen, das der Marschall Khudyakov, Stabschef der Roten Luftwaffe, am 9. März 1945 über die amerikanische Militärmission in Moskau an General Spaatz, den Oberbefehlshaber der amerikanischen Luftstreitkräfte in Europa, richtete und am 11. März noch einmal wiederholte. Khudyakov teilte Spaatz mit, daß in Swinemünde eine Konzentration deutschen Schiffsraumes läge, die die Rote Luftwaffe aber nicht angreifen könne, weil sie in den Bodenkämpfen gegen die Wehrmacht gebunden sei. Wahrscheinlich war der unmittelbare Anlaß zu dem Schritt Khudyakovs die Verlegung der Kampfgruppe 2 (Thiele) der Kriegsmarine von Gotenhafen nach Swinemünde am 7. März 1945. Dieser Verband bestand aus den Panzerkreuzern "Admiral Scheer", "Lützow" und mehreren Zerstörern und Torpedobooten, besaß durch seine schwere Schiffsartillerie eine erhebliche Kampfkraft und sollte in den Kämpfen entlang der pommerschen Küste von Swinemünde aus den Heerestruppen durch Landzielschießen gegen die weit überlegenen Russen Entlastung verschaffen. Über die Schadenslage meldete am 13. März 1945 der Befehlshaber der Ordnungspolizei Stettin: "... 2.000 bis 3.000 Sprengbomben auf Stadtmitte, Hafengebiet und Stadtteil Ostswine. ... Insgesamt 7 Schiffe total, 6 leicht. 1 Fährschiff gesunken, 1 beschädigt und nicht mehr einsatzfähig. Befehlsstelle der örtl. LS-Leitung schwer. Strom- Wasser- und Fernsprechleitungen ausgefallen. 4 Groß- 10 Mittel- und 40 Kleinbrände [diese wohl meist durch umgefallene Öfen, H.S.]. 3 Kraftspritzen total, 1 LF [Löschfahrzeug] 25, 1 mech. Leiter, 1 LKW schwer, 2 Fahrzeuge leicht. Personenverluste bisher: 1.500 Gefallene, davon 1.000 auf Dampfer "Andros", 2.000 Verwundete." Zu den Verlusten und Schäden im Hafengebiet bilanzierte der Luftwaffenführungsstab am 14. März 1945: "1 Dampfer mit 12055 BRT (Kordilliera), 1 Dampfer mit 3000 BRT (Andros), 1 Dampfer ohne Tonnageangabe, 1 Fähre, 2 kleine Kriegsfahrzeuge gesunken. 2 Torpedoschießboote und 47 kleine Fahrzeuge beschädigt. Hafenbetrieb in Ordnung. Umschlagsmöglichkeiten nur unwesentlich beeinträchtigt. 2 Werften getroffen." Über die Personenverluste vermerkte die Meldung: "Bisher 1500 Gefallene, 2000 Verwundete." Erste Alliierte Luftaufklärung stellte fest: "Die Stadt SWINEMÜNDE wurde schwer beschädigt durch H. E [High Explosive. Sprengbomben] Fünf verschiedene Konzentrationen [der Bombenabwürfe] sind zu erkennen. Die erste liegt quer über dem Stadtzentrum, verursachte Zerstörung an Geschäfts- und Wohngebäuden und bedeckte die Straßen mit Trümmern. Die zweite bedeckt das Südufer der Swine und zerstörte oder beschädigte eine kleine Fabrik, drei wahrscheinliche Lagerhäuser beim Boothafen, eine große Zahl Gebäude in einem Hüttengelände und Privathäuser in dem Ortsteil Ostswine. Die übrigen Konzentrationen wurden in dem Vorort Der Strand, West Swine und Friedrichsthal entdeckt und betrafen kleine Häuser und Hütten. Über Schäden im Hafengelände kann wenig gesagt werden, weil der Kohlenhafen und das Südufer der Swine durch einen Nebelmantel verdeckt ist, der auf der Grünen Fläche erzeugt wurde. Immerhin ist zu sehen, daß etliche Gebäude in der Umgebung des Bauhafens getroffen sind und einige kleine und ein einzelnes Gebäude am Flugplatz für Wasserflugzeuge [Schiffbau- und Flugzeugwerft?] beschädigt sind". Aus der Meldung der Luftwaffe ergibt sich, daß der schwere Angriff sein Ziel, den Marinestützpunkt Swinemünde unbrauchbar zu machen, nicht erreicht hatte. Fatale Auswirkungen hatten dagegen die Konzentrationen von Bombenteppichen im Kurpark und auf der Ostswiner Seite. In dem Park hielten sich unter freiem Himmel Soldaten und Flüchtlinge auf, in Ostswine stauten sich Treckwagen, deren Besitzer auf das Übersetzen mit den Fährbooten bzw. die Reparatur der Pontonbrücke warteten, die von Heerespionieren über die Swine zum Eichstaden geschlagen, aber in den Tagen vor dem Angriff beschädigt worden und deshalb unbenutzbar war. Auf dem Dampfer Andros kamen 570 Personen ums Leben, weitere Todesopfer gab es in einem Zug mit Flüchtlingen, der am Bollwerk stand und einen Treffer erhielt. Wie auch in Dresden, sind über den Angriff auf Swinemünde Angaben im Umlauf, die sich bei genauer Betrachtung als Legendenbildung der Nachkriegszeit erweisen, die sich in diesem Fall offenbar erst Jahrzehnte später gebildet haben, weil das Schicksal der Stadt erst nach der Wende 1989/90 Aufmerksamkeit erfuhr. Es handelt sich hierbei um drei Komplexe: 1. die Zielsetzung des Angriffs, 2. angebliche Tiefangriffe der amerikanischen Begleitjäger auf Flüchtlinge und 3. die Zahl der Toten, die mit 23.000 angegeben wird.

1. In Presseartikeln, aber auch vielbeachteten neueren Publikationen wird behauptet, der Angriff habe sich gegen die Flüchtlinge gerichtet, die seit Ende Januar 1945 die Stadt passierten und sich dort stauten. Die russische Anforderung und die Lage der sechs Zielpunkte sind eindeutige Hinweise, daß es weder Russen noch Amerikanern um die Flüchtlinge ging, sondern um Hafen und Schiffe als militärische Einrichtung. Schon vier Stunden nach dem Angriff äußerte Großadmiral Dönitz, Oberbefehlshaber der Marine, der vorher bereits mehrfach auf die Gefährdung Swinemündes als Marinebasis hingewiesen hatte, Hitler gegenüber, daß der Gegner die deutsche Lage erkannt habe und auszunutzen gewillt sei.

2. Es hat keine Tiefangriffe amerikanischer P-51 gegeben. Allen Begleitjägerverbänden waren für diesen Tag im Einsatzbefehl Tiefangriffe nachdrücklich verboten worden und sie haben nach dem Einsatz auch keine Claims [Erfolgsansprüche] angemeldet. Außerdem waren die Wetter- und vor allem die Sichtverhältnisse unmittelbar nach dem Angriff für Tiefangriffe nicht geeignet. Offenbar werden solche russischer Jagdbomber auf Flüchtlingstrecks im Raum Swinemünde und in Pommern in späten Erinnerungen der Zeitzeugen fälschlicherweise als Angriffe amerikanischer Jäger interpretiert.

3. Die Zahl von 23.000 Toten ist offenbar erst in den 90er Jahren auf Usedom in Umlauf gesetzt worden. Zeitnahe Quellen nennen erheblich niedrigere Zahlen (siehe z.B. oben). Eine vergleichende Aufstellung aller amerikanischen Luftangriffe mit mehr als 1.000 US-Tonnen Sprengbomben auf Ziele in deutschen Städten ergibt als höchste Todesrate einen Wert von 1,5 Tote pro Tonne (Berlin, 3. 2. 1945), im Fall Swinemünde wären es 15,8 Tote. Dies ist selbst dann ein unglaubhafter Wert, wenn berücksichtigt wird, daß Tausende von Flüchtlingen dem Angriff ungeschützt und unter freiem Himmel ausgesetzt waren. Aus vorhandenen, in einem Fall auch bereits publizierten, Aufmessungen der Friedhofsanlagen geht eindeutig hervor, daß der ausgewiesene Platz für 23.000 Tote bei weitem nicht ausreicht. Dennoch dürfte der Angriff auf Swinemünde derjenige mit der höchsten Zahl an Todesopfern sein, den ein amerikanischer Luftangriff auf Ziele in einer deutschen Stadt verursacht hat. Sie könnte realistisch geschätzt bei 4.000 bis 5.000 Menschen liegen.

Luftangriffe auf Dresden

Blick vom Turm der Kreuzkirche auf die durch die Luftangriffe zerstörte Innenstadt Dresdens

Luftangriffe auf Dresden wurden im Zweiten Weltkrieg von der Royal Air Force (RAF) und der United States Army Air Forces (USAAF) auf den Großraum Dresden geflogen. Davon sind die vier Angriffswellen vom 13. bis 15. Februar 1945 in die Geschichte eingegangen. Während früher häufig sechsstellige Opferzahlen verbreitet wurden, kamen nach neuesten historischen Untersuchungen mindestens 22.700, höchstens 25.000 Menschen durch diese Angriffe ums Leben. Große Teile der Innenstadt und der industriellen und militärischen Infrastruktur Dresdens wurden zerstört. Diese Angriffe waren nicht die schwersten im Luftkrieg im Zweiten Weltkrieg. Doch veranlassten oft gerade sie Kritik an der alliierten Kriegführung seit 1942, besonders an der britischen *Area Bombing Directive*. Diskutiert wird, ob solche Flächenbombardements militärisch notwendig und zweckmäßig waren sowie ob sie ethisch als Verbrechen, rechtlich als Kriegsverbrechen zu werten sind.

Hintergründe und Ziele

Im Herbst 1944 und im darauffolgenden Winter rückten die Alliierten langsamer vor als von den Nationalsozialisten erwartet. Obwohl die deutschen Truppen in Europa verstreut und teilweise voneinander isoliert waren, scheiterte die Operation Market Garden zunächst. Anschließend gelang es den Deutschen, ihre Truppen zur Ardennenoffensive zusammenzuführen. Der sowjetische Vormarsch stockte 1944 in Ostpreußen und Ungarn und kam an der Oder im Februar 1945 zunächst zum Stillstand; zu „Festungen" ausgebaute Städte wie Breslau, Königsberg und weitere wurden noch immer von den Deutschen gehalten.

Der Dresdner Gauleiter Martin Mutschmann freute sich noch Weihnachten 1944, sein „Volk wieder im Angriff zu sehen". Zum Jahresbeginn 1945 war das Kriegsende für damalige Zeitzeugen also noch nicht eindeutig abzusehen. Anfang 1945 begann die Entscheidungsschlacht der Alliierten gegen das NS-Regime. Die Westalliierten hatten im November 1944 den Rhein erreicht und konzentrierten sich ab Februar 1945 auf die Eroberung des Ruhrgebiets. Die Rote Armee war bis Ende Januar 1945 auf der geografischen Breite Berlins an die Oder vorgedrungen und stand kurz davor, Schlesien zu erobern. Von dort flohen Millionen Deutsche vor allem nach Mitteldeutschland. Versprengte Wehrmachtseinheiten versuchten, Wiederaufstellungsräume hinter der noch ungefestigten sowjetischen Frontlinie zu erreichen. Im Februar und März wuchs die Sowjetarmee auf die für die Schlacht um Berlin notwendige Stärke an. Seit März 1944 besaßen die Westalliierten die Luftüberlegenheit über Deutschland und den besetzten Gebieten. Sie nutzten diese zu Luftangriffen gegen Militär-, Verkehrs- Verwaltungs- und Regierungseinrichtungen, Produktionsstätten und auch gegen die deutsche Bevölkerung, um den Einmarsch ihrer Bodentruppen in die „Festung Deutschland" vorzubereiten. Dabei bombardierten sie in den letzten Kriegsmonaten zahlreiche große und kleine deutsche Städte und zerstörten viele davon teilweise großflächig. Seit Sommer 1944 plante das britische *Bomber Command* einen besonders schweren Vernichtungsschlag (*thunderclap*), um den Durchhaltewillen der Deutschen endgültig zu brechen. Doch im Januar 1945 errechnete der britische Geheimdienst, dass die Wehrmacht nochmals bis zu 42 Divisionen an die Ostfront verlegen könnte. Nun wurden die Angriffspläne für die RAF modifiziert. Dresden wurde neben Berlin, Leipzig und Chemnitz zum vorrangigen Zielgebiet. Auf der Konferenz von Jalta vom 4. bis 11. Februar 1945 vereinbarten die Alliierten auf Drängen der Sowjetunion weitere westliche Fliegerangriffe, darunter auch die auf Dresden, das nun als militärisches Ziel galt. Die Angriffe sollten dieses wichtige Produktions- und Verkehrszentrum hinter der Ostfront funktionsuntüchtig machen und so weitere Truppentransporte verhindern. Zugleich sollten sie die Rote Armee von Gegenangriffen entlasten und so das sowjetische Vorrücken erleichtern.

Dresden im Krieg

Zu Beginn des Zweiten Weltkriegs war Dresden mit 642.143 Einwohnern die siebtgrößte deutsche Stadt. Das Stadtgebiet blieb bis zum August 1944 von Luftangriffen verschont, weil es bis dahin außerhalb der Reichweite und damit der Zielplanungen alliierter Bomber lag. Im Herbst 1944 war Dresden neben Breslau der letzte größere unbeschädigte Industrie-,

Wirtschafts- und Verwaltungsstandort und Verkehrsknotenpunkt des Deutschen Reiches.

Verkehr

Der Eisenbahnknoten Dresden war drittgrößter Bahnumschlagplatz des Deutschen Reichs. Hier kreuzten sich die Bahnstrecken nach Berlin, Prag, Breslau, Warschau, Leipzig und Nürnberg. Da Bahnanlagen anderer Städte bereits schwer beschädigt waren, wurde der Bahnverkehr des Raums Leipzig–Berlin–Dresden ab 1944 großenteils über den Güter- und Rangierbahnhof Dresden-Friedrichstadt, den Hauptbahnhof und den Bahnhof Dresden-Neustadt abgewickelt. Zudem versorgten die Anlagen die Industriebetriebe Freitals und Bergbaubetriebe im Erzgebirge sowie die Industriegebiete von Pirna, Heidenau, Radebeul, Coswig, Bautzen und Görlitz. Die großen Industriebetriebe Dresdens waren über den Kohlebahnhof mit dem Alberthafen und dem Güterbahnhof in der Leipziger Vorstadt (Neustadt) verbunden. Dresden war Sitz der Reichsbahndirektion Dresden, die den Eisenbahnbetrieb im größten Teil Sachsen und im nordwestlichen Sudetenland organisierte. Weiterhin besaß die Deutsche Reichsbahn in Dresden ein Ausbesserungswerk und ein Bahnbetriebswerk. Auf den verkehrsarmen Strecken im Umland und in Tunnels wurden Lokomotiven und Waggons aus gefährdeteren Regionen Deutschlands abgestellt. Transporte von Truppen und Material an die Front und von Gefangenen in die Vernichtungslager wurden über Dresden abgewickelt. Aus dem Osten strömten Millionen Flüchtlinge vor allem nach Mitteldeutschland. Als Ende 1944 immer mehr Menschen aus dem Osten flohen, war Dresden, für das ein Zuzugsverbot galt, für sie Durchgangsstation.

Industrie

Nach den Angaben der Dresdner Industrie- und Handelskammer von 1941 war die Stadt „einer der ersten Industriestandorte des Reiches". Bis 1944 war die Mehrzahl der Betriebe fast vollständig auf Rüstung umgestellt. Nach Angaben der USAAF waren im Februar 1945 „mindestens 110" Fabriken und Unternehmen in Dresden ansässig, die „legitime militärische Ziele" darstellten. 50.000 Arbeiter habe allein die Rüstungsindustrie beschäftigt, darunter auch Zulieferindustrie für die Flugzeugwerke in Dresden-Klotzsche. Die Archive des Hauptstaatsarchives Dresden zeigen die wirtschaftliche Bedeutung und Produktivität des intakten und mit Zwangsarbeitern gut versorgten Großraums: Sie nennen z. B. 44 Betriebe des Geld-, Bank- und Versicherungswesens, 29 Maschinenbauwerke, 13 auf Elektrotechnik und Gerätebau spezialisierte Industriebetriebe, zwölf Betriebe der Lebens- und Genussmittelindustrie, vorwiegend der Zigarettenindustrie, sechs feinmechanische und optische Industriebetriebe sowie weitere Werke, die bis dahin weitgehend auf die Kriegswirtschaft umgestellt und unzerstört waren. Als militärisch bedeutsam werden außerdem insbesondere nach lokalen Quellen folgende Betriebe genannt:

- Chemische Industrie in Niedersedlitz,
- Waffenfabrik Lehmann, Friedrichstadt,
- Optische Werke, vor allem Zeiss Ikon im Stadtzentrum und in Reick,
- Stahlbau Kelle & Hildebrandt in Großluga,
- Fabrik für Transformatoren und Röntgengeräte Koch & Sterzel in Mickten,
- Schaltanlagen- und Apparatebau Gebrüder Bassler und
- Funktechnik von Radio-Mende.

Das Sachsenwerk, Avus und MIAG produzierten Maschinenteile in Leuben; das Panzerwerk MIAG-Mühlenbau (ehemals Mühlenbau Gebr. Seck) befand sich im damaligen Zschachwitzer Ortsteil Sporbitz. Betriebe in Dresden-Löbtau und im südlichen Umland (Erzgebirge) stellten Glasgranaten her. Die Rüstungsfabrik *Universelle-Werke J. C. Müller & Co.* produzierte in der Südvorstadt (Zwickauer Straße, Florastraße) mit Kriegsgefangenen, die auf dem Gelände des MIAG-Mühlenbaus in Leuben und in mehreren weiteren, über die gesamte Stadt verteilten Zwangsarbeiterlagern interniert waren. Bisher weiß man von 10 Außenstellen der Konzentrationslager Flossenbürg, Auschwitz-Birkenau und anderer in der Stadt. Seit Ende 1944 wurden nochmals weitere 5000 Häftlinge nach Dresden transportiert, darunter etwa 2000 Juden. Sie wurden bis zu den Angriffen zusammen mit Dresdner Juden in überfüllten „Judenhäusern" untergebracht und u. a. in den Rüstungsbetrieben Goehle-Werke, bei der Osram GmbH, Bernsdorf & Co. und beim Reichsbahnausbesserungswerk zur Arbeit gezwungen (siehe Vernichtung durch Arbeit).

Militär

Dresden war im Februar 1945 die letzte intakte Garnisonsstadt im Rücken der Ostfront. Schon im 19. Jahrhundert war die Albertstadt als Militärbezirk am nördlichen Stadtrand errichtet worden. Sie umfasste weitläufige Kaserncnkomplexe und Versorgungseinrichtungen mit Gleisanschluss und eigenem Bahnhof, Speichern, Verladerampen, Heeresbäckerei, Metallverarbeitungs- und Handwerksbetrieben wie Sattlerei und Schneiderei. Zudem war sie mit Exerzierplätzen, Kanonenschussbahnen, einer Kirche und der Offizierschule des Heeres versorgt. Auch in Mickten sowie in Johannstadt wurden Kasernen errichtet bzw. ausgebaut. In Dresden waren ab 1921 Einheiten der Reichswehr stationiert. 1935 wurde der Fliegerhorst 38/III Dresden-Klotzsche gebaut (heute: Flughafen Dresden). Als erste im Deutschen Reich nahm 1936 die Luftkriegsschule Dresden (LKS 1) an der „Hermann-Göring-Straße" (heute „Zur Wetterwarte") ihren Betrieb in 60 Gebäuden auf. Ab 1940 wurde der Flugplatz ausschließlich militärisch genutzt. Nach der „Machtübernahme" der Nationalsozialisten wurde auch die Stadt bis 1939 nochmals militärisch ausgebaut und erhielt das Wehrbereichskommando. Das Luftgaukommando IV wurde in Strehlen am Rand der Innenstadt errichtet. Bei Nickern im Süden der Stadt entstand 1939/40 ein weiterer ausgedehnter Kasernenkomplex der Luftwaffe. Zudem standen 1939 etwa 20.000 Mann des IV. Wehrbereichs (Armeekorps) der 6. Armee in Dresden. Im Kriegsverlauf wurden die meisten regulären Truppenteile an die Front verlegt, darunter auch die Flakeinheiten. Die Kaserncn wurden meist mit auszubildenden Ersatztruppen wieder aufgefüllt. Die Garnisonsstadt wurde zu einer Lazarett- und Versorgungsstadt. Auch die bekannten Ballhäuser, Gaststätten und Elbdampfer wurden zu Lazaretten und Lagern umfunktioniert.

„Verteidigungs-" und „Festungsbereich"

Im November 1944 wurden daher auch in Dresden zehn Bataillone des Volkssturms für den erwarteten Kampf gegen den Einmarsch sowjetischer Panzer rekrutiert und vereidigt: darunter Einheiten zum Schanzenbau, Panzerjagdkommandos, Nachrichteneinheiten, Transportbataillone aus sämtlichen Dresdner LKWs samt Fahrern. Einige davon wurden im Januar an die Ostfront abkommandiert. Der Großteil von etwa 20.000 Mann, darunter auch Hitlerjugend, blieb jedoch in Dresden kaserniert. Diese hastig zusammengewürfelten Einheiten wurden auch in Schulen wie Heereseinheiten ausgebildet, konnten aber aufgrund der vorrangigen Versorgung von Wehrmacht, SS und Polizei nicht mehr ausreichend bewaffnet und ausgerüstet werden und wurden daher zum Stellungsbau eingesetzt. Die militärische Führung und verantwortliche Gauleitungen wollten die Elbe von Hamburg bis Prag zur letzten deutschen Verteidigungslinie gegen den Vormarsch der Roten Armee machen. Die flussnahen Städte sollten zu „Festungen" ausgebaut und vom Volkssturm verteidigt werden. Den vorerst geheimen Befehl zur Errichtung des Verteidigungsbereichs Dresden-Riesa gab Generaloberst Heinz Guderian bereits am 1. Dezember 1944: Rund um die Stadt sollten Panzersperren, Panzergräben, Schützengräben, Artilleriestellungen und Minenfelder angelegt werden. Die Behörden in der Stadt wurden dazu dem Befehl des Korpsstabes unterstellt. Nach den ersten Luftangriffen häuften sich seit Januar 1945 die Ersatzanfragen von den Fronten. Mehrere wurden abgelehnt, unter anderem die Anfrage des Kommandeurs der vor der Stadt kämpfenden 4. Panzerarmee. Daher behielt die Garnison Dresden bis zum Mai eine beachtliche Truppenstärke, die vor allem aus der Division 404, der Waffen-SS, Luftwaffe, schlecht ausgerüsteter Flakersatzabteilung und der Kriegsmarine (in Tharandt und Ottendorf-Okrilla) bestand. Die militärischen Polizeitruppen rückten jedoch im März zur Ostfront. Noch im April 1945 gab der Gauleiter Martin Mutschmann die Devise aus „Die Stadt wird mit allen Mitteln und bis zum letzten verteidigt" und startete einen Aufruf an die Bevölkerung „Der Feind bedroht unsere Heimat – Kampf bis zum Letzten".

Luftschutz

1940 wurde auch in Dresden mit kräftigem Werberummel der Propagandafilm *Feuertaufe* gezeigt, woraufhin nach Berichten der SS jedoch angesichts des zerstörten Warschaus bei den Zuschauern „keine heroisch stolze, sondern eine bedrückende, verängstigte Stimmung über die „Schrecken des Krieges" entstand". Spätestens seit Frühjahr 1943 war auch für Dresden diese Bedrohung abzusehen, da schon Luftangriffe auf Leipzig stattfanden, das nur 120 Kilometer entfernt liegt. Nach dem Dresdner Historiker Matthias Neutzner erwarteten die Dresdner nun täglich Bombenangriffe und richteten sich mit der Angst im Alltag ein. Dies zeigen damalige Briefe und Tagebucheinträge. Zwischen August 1944 und April 1945 warfen die Westalliierten ca. 10 Millionen Kriegsflugblätter über Dresden ab, mit denen sie die Bevölkerung zum Aufgeben aufriefen. Seit 1935 war der Luftschutz im ganzen Deutschen Reich vorbereitet worden. Die Gauhauptstadt Dresden galt als „überaus gefährdet". Luftschutzbunker wurden in Dresden jedoch kaum gebaut, da die Behörden unter Gauleiter Mutschmann der Kriegswirtschaft Vorrang vor dem Schutz der Bevölkerung gaben. Zuzug wurde verboten, Durchreisende und Flüchtlinge durften höchstens eine Nacht in der Stadt bleiben. Beides wurde streng durchgesetzt. Ab 1944 wurden Kinder mit der Kinderlandverschickung aus Dresden evakuiert. Die Innenstadtbewohner wurden aufgerufen, in

Quartieren am Stadtrand zu übernachten. Juden durften Luftschutzräume im ganzen Deutschen Reich nicht nutzen. Auch Industrie und Verwaltung bereiteten sich sorgfältig auf Luftangriffe vor, deren Zerstörungsausmaß durch die Erfahrungen in anderen Städten abschätzbar war. Am 13. Oktober 1944 ließ Mutschmann anlässlich der Trauerfeier für die Toten nach dem Angriff vom 7. Oktober in der _Dresdner Zeitung_ verlauten:

„Niemand sollte in der Illusion leben, gerade sein Ort, seine Stadt, würden nicht angegriffen. […] Es gibt keine friedlichen Inseln in Deutschland."

Dies war die einzige Pressemitteilung über den ersten Luftangriff auf Dresden.

Luftangriffe

B-17-Bomber (Flying Fortress) der USAAF

Vorläufige Einzelangriffe

Seit Herbst 1944 gab es häufiger Voralarm und Luftalarm in Dresden. Am 24. August 1944 erfolgte ein erster Bombenangriff auf die Industrie in Freital (Mineralölwerk der Rhenania-Ossag in Freital-Birkigt) und das Industriegelände Dresden-Gittersee. Eine Bombe fiel auf Dresden-Coschütz. Bei dem Angriff starben 241 Menschen. Am 7. Oktober 1944 griffen 30 amerikanische Bomber mit 80 US-Tonnen Sprengbomben, als Ersatz für das Primärziel Brüx (Hydrierwerk Oberleutensdorf), den Bahnhof Dresden-Friedrichstadt und die Rüstungsfabrik Lehmann an. Einige Bomben fielen auf die westliche Altstadt (Seevorstadt) und verursachten 312 Todesopfer.

Am 16. Januar 1945 bombardierte die USAAF mit 133 Flugzeugen, 279,8 US-Tonnen Sprengbomben und 41,6 Tonnen Brandbomben tagsüber erneut den Bahnhof Friedrichstadt. Auch Dresden-Cotta, Löbtau und Leutewitz wurden getroffen. Der Angriff forderte 334 Tote. Die Angriffe schwächten auch die Luftabwehr. Auf dem Militärflugplatz Klotzsche standen danach nur noch 30 einsatzfähige Jagdflugzeuge und Nachtjäger bereit – allerdings fast ohne Treibstoffreserven. Trotzdem wurde die Flak noch im selben Monat an die Ostfront verlegt. Seitdem Air Marshal Arthur Harris 1942 Oberbefehlshaber des britischen „Bomber Command" geworden war, wechselten Nachtangriffe der RAF und Tagesangriffe der USAAF einander ab. Harris gab den Angriffsbefehl zu den folgenden schweren Bombardierungen Dresdens mit dem Codewort „Chevin". Sechs Bomberstaffeln flogen gegen 17:30 von ihren Horsten in Südengland über zwei Routen in das Reichsgebiet ein. Hinter der Westfront flogen einige Begleitjäger zur Irreführung der deutschen Luftabwehr andere Routen.

Erste Angriffswelle in der Nacht vom 13. auf den 14. Februar

Zielmarkierer De Havilland Mosquito

Am Faschingsdienstag, 13. Februar 1945 um 21:45, wurde in Dresden der 175. Fliegeralarm ausgelöst. Die Menschen begaben sich in die Keller ihrer Häuser oder Wohnblocks und die wenigen vorhandenen Luftschutzbunker. Die Angriffe begannen bei aufgeklartem, wolkenlosem Nachthimmel. Um 22:03 wurde die Innenstadt von Avro Lancaster-Bombern des No. 83 Squadron, einer „Pfadfinder"-Einheit, mit Magnesium-Lichtkaskaden („Christbäumen") ausgeleuchtet, zwei Minuten darauf warfen neun britische De Havilland Mosquitos rote Zielmarkierungen auf das gut sichtbare DSC-Stadion im Ostragehege nordwestlich des Stadtkerns. Von 22:13 Uhr bis 22:28 fielen die ersten Bomben. 244 britische Lancaster-Bomber der No. 5

Bomber Group zerstörten die Gebäudedächer mit 529 Luftminen und 1800 Spreng- und Brandbomben, insgesamt 900 Tonnen. Sie gingen südwestlich des Zielpunktes in einem 45-Grad-Fächer zwischen der großen Elbschleife im Westen der Stadt, dem industriell bebauten „Ostragehege" (heute Messegelände) und dem Hauptbahnhof, etwa 2,5 km Luftlinie entfernt, nieder. In diesen 15 Minuten wurde bereits eine Fläche von etwa drei Vierteln der Dresdner Altstadt in Brand gesetzt. Gezielte Treffer einzelner Gebäude waren bei diesen Nachtangriffen der RAF weder beabsichtigt noch möglich. Vielmehr sollte ein Bombenteppich die gesamte Innenstadt großflächig zerstören. Die Flammen der brennenden Innenstadt nach der ersten Angriffswelle waren im weiten Umkreis am Himmel zu sehen. Manche Brände loderten noch vier Tage.

Zweite Angriffswelle in der Nacht vom 13. auf den 14. Februar

Um 1:23 Uhr begann die zweite Angriffswelle mit 529 britischen Lancaster-Bombern der No.1, No. 3 und No. 8 Groups der Royal Air Force sowie der No. 6 Group der kanadischen Luftwaffe. Sie warfen bis 1:54 Uhr insgesamt 650.000 Stabbrandbomben – 1500 Tonnen – über einem Gebiet von Löbtau bis Blasewitz und von der Neustadt bis Zschertnitz ab. Die von der ersten Angriffswelle verursachten Brände dienten nach Augenzeugenberichten britischer Fliegerbesatzungen zur Orientierung für die nachfolgenden Bomber. Ihre Bomben trafen auch die Elbwiesen und den Großen Garten, wohin viele Dresdner nach der ersten Welle geflüchtet waren, und beschädigten auch Kliniken, wie die Frauenklinik Pfotenhauerstraße und das Diakonissenhaus Neustadt, schwer. Beide Bombardements betrafen ein Stadtgebiet von etwa 15 Quadratkilometern. Die zweite Angriffswelle verhinderte weitere Löschaktionen, so dass sich die zahlreichen Einzelfeuer rasch zu einem orkanartigen Feuersturm vereinten. Dieser zerstörte ganze Straßenzüge; in der extremen Hitze schmolzen Glas und Metall. Der starke Luftsog wirbelte auch größere Gegenstände und Menschen umher oder zog sie ins Feuer hinein. Sie verbrannten, starben durch Hitzeschock und Luftdruck oder erstickten in den Luftschutzkellern an Brandgasen. Wer sich ins Freie retten konnte, war auch dort dem Feuersturm und detonierenden Bomben ausgesetzt.

Tagesangriffe am 14. und 15. Februar

Den Nachtangriffen folgte am 14. Februar von 12:17 bis 12:31 Uhr ein Tagesangriff von 311 bis 316 B-17-Bombern der USAAF und zwischen 100 und 200 Begleitjägern. Sie warfen bei wolkenbedecktem Himmel über

Dresden nach Zielradar 1.800 Sprengbomben (474,5 t) und 136.800 Stabbrandbomben (296,5 t) ab. Ihre Angriffsziele waren einige Rüstungsbetriebe und erneut der Bahnhof und das Reichsbahnausbesserungswerk Dresden in Friedrichstadt. Getroffen wurden auch das dortige Krankenhaus und umliegende Stadtteile. Im etwa 35 Kilometer entfernten Neustadt ging am 14. Februar von den Nachtangriffen verursachter Ascheregen nieder. Am 15. Februar etwa um 10:15 Uhr stürzte die ausgebrannte Frauenkirche ein. Von 11:51 bis 12:01 Uhr folgte ein weiterer Tagesangriff von 211 amerikanischen B 17. Bei schlechter Sicht warfen sie 460 t Bomben, verstreut auf das gesamte Gebiet zwischen Meißen und Pirna.

Weitere Angriffe

Am 2. März flogen 455 B-17-Bomber nach Angaben der USAAF zunächst das Hydrierwerk Schwarzheide an, wichen aber auf das Ersatzziel Dresden aus. Ab 10:27 Uhr fielen 853 Tonnen Sprengbomben und 127 Tonnen Brandbomben auf die Bahnanlagen in Friedrichstadt und Neustadt sowie in die angrenzende Bebauung. Werner von Gilsa war nach den Februarangriffen in Dresden eingetroffen und übernahm nun als Nachfolger von Friedrich-Wilhelm Liegmann das Kommando über den Festungsbereich. Sein Stab befand sich vorerst noch im Taschenbergpalais (Altstadt), anschließend in der Albertstadt. Er ließ die Lebensmittellager öffnen und stellte den Bombenflüchtlingen die Luftwaffensanitätseinheit in Nickern zur Verfügung. Andere Truppenteile und Durchreisende ließ er abfangen und abkommandieren; Beurlaubte und sogar Leichtverletzte wurden zu neuen Truppen zusammengestellt. Am 10. April befahl Gauleiter Mutschmann auch Schülern, Stellungen zu bauen. Auf der Brühlschen Terrasse wurden Geschütze aufgestellt. Die 8. Bomberflotte der USAAF flog am 17. April mit 572 Maschinen einen weiteren, letzten Angriff auf das Stadtgebiet. Über den Rangierbahnhöfen warf sie 1385 Tonnen Sprengbomben und 150 Tonnen Brandbomben, auf ein nicht genanntes Industriegebiet weitere 25 Tonnen Sprengbomben ab. Erst dabei wurde der Bahnverkehr durch Dresden wirksam unterbrochen. Das NS-Regime nutzte die verheerenden Angriffe zur Propaganda gegen die Alliierten, um die letzten Kräfte der Überlebenden zu mobilisieren. Man hoffte, die Anti-Hitler-Koalition könnte im letzten Moment zerfallen, und erteilte deshalb für die Elblinie den Befehl: *Halten bis zum Letzten!* Am 14. April erklärte Mutschmann Dresden offiziell zur „Festung". Luftbilder der USAAF bestätigen den Fortschritt beim Bau der Verteidigungsanlagen. Am 23. April warf die RAF erneut 40.000 Flugblätter über dem von der Front umgangenen Dresden ab. Erst nach Kapitulation der Berliner Wehrmachtseinheiten am 2. Mai löste Gilsa den „Verteidigungsbereich Dresden" auf und befahl seine Räumung. Dennoch verteidigten versprengte Gruppen die zerstörte Stadt bis zum Inkrafttreten der <u>Bedingungslosen Gesamtkapitulation</u> am 8. Mai 1945. Erst an diesem letzten Kriegstag nahm die Rote Armee das Stadtgebiet vollständig ein.

Folgen

Für die Bevölkerung

Gedenken in den Trümmern

Enttrümmerungsarbeiten

Straßenbild zwischen Trümmern

Erste gewerbliche Aktivitäten zur Versorgung der Bevölkerung

Die Luftabwehr hatte nach den ersten Bombenangriffen 1944 für viele Mauerdurchbrüche in den Kellern zu Nachbarhäusern gesorgt. Nach Zeugenaussagen konnten einige Menschen so durch die geschlossenen Häuserzeilen in unversehrte Häuser und Stadtteile fliehen; andere fanden durch die Gewölbe unterhalb der Altstadt ins Freie der Elbwiesen. Etwa 1000 Menschen überlebten den Angriff in der Annenkirche. Viele wurden jedoch auf der Flucht von Brandgasen ereilt und erstickten; Familien wurden im Chaos auseinandergerissen. Überlebende, die in Bunkern und Kellern ausgeharrt oder den Weg ins Freie gefunden hatten, wurden für den Rest ihres Lebens schwer traumatisiert. Tausende Menschen flohen noch während der ersten Angriffswelle in weniger beschädigte Stadtteile wie Mockritz, Leuben, Blasewitz, Pieschen, Löbtau oder in das Umland. Öffentliche Gebäude, wie NSDAP-Stellen, Gasthöfe und Schulen, wurden als Auffangstellen genutzt und zu provisorischen Notaufnahmen umfunktioniert. Allein in den fünf Auffangstellen des Dresdner Ortsteils Plauen wurden bis Mitte März 16.000 Flüchtlinge registriert. Die Behörden schickten viele der Ausgebombten in das Umland. Im Stadtzentrum, Bezirk IV, wurden im März noch 4000 Einwohner festgestellt. Der nördliche Teil Striesens musste tausende Flüchtlinge aufnehmen. Trotz der Öffnung der Nahrungsmitteldepots wurden die Nahrungsmittel bald knapp, und selbst Lebensmittelkarten konnten nicht mehr gedruckt werden. Erst Mitte April wurde die Verpflegung der Ausgebombten durch die Nationalsozialistische Volkswohlfahrt eingestellt. „Volksgenossen ohne eigene Kochgelegenheit" wurden laut Bezirksverwaltung am 10. April 1945 auf die gemeinsame Benutzung vorhandener „Kochstellen" verwiesen. Die NS-Behörden waren arbeitsunfähig, als Auffangstellen umfunktioniert oder ausgebrannt; viele Beamte waren geflüchtet oder umgekommen. Die Stadt war laut Mutschmann nicht mehr in der Lage, „ihre laufenden Verwaltungsarbeiten durchzuführen". Wegen Personalmangels wurden Beamte aus ganz Sachsen verpflichtet. Da die Bomben auch die Gestapozentrale zerstörten, kam es nicht mehr zur Deportation der letzten 174 Dresdner Juden, die zwischen dem 14. und 16. Februar 1945 angesetzt war. So entkamen einige wenige Dresdner Juden, die trotz Nutzungsverbots bei Bombardierungsbeginn in Keller geflüchtet waren und dort überlebt hatten, dem Holocaust. Darunter war der Literaturwissenschaftler Victor Klemperer, der damals in sein Tagebuch schrieb:

„Wen aber von den etwa 70 Sternträgern diese Nacht verschonte, dem bedeutete sie Errettung, denn im allgemeinen Chaos konnte er der Gestapo entkommen."

Auch der später weltberühmte Puppenspieler Josef Skupa konnte wegen der Angriffe aus der Gestapo-Haft fliehen. In den folgenden Tagen wurden die Leichen in der Stadt mit Lastwagen oder Handkarren eingesammelt, zu öffentlichen Plätzen zur Identifizierung gebracht und dort zu Tausenden gestapelt. Die meisten geborgenen Opfer konnten nicht mehr identifiziert werden. Aus Furcht vor Seuchen wurden am 25. Februar 6865 Leichen auf dem heutigen Altmarkt, weitere im Krematorium Tolkewitz verbrannt. Bis zum 30. April wurden auf dem Heidefriedhof (Dresden) rund 10.430 Tote und die Asche der auf dem Altmarkt verbrannten Leichen bestattet, weitere Tote auf dem Johannisfriedhof und dem damaligen Standortfriedhof. Der Gauleiter ließ ganze Stadtteile abriegeln und zu „toten Gebieten" erklären.

Für das Stadtgebiet

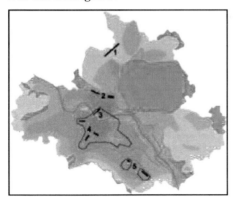

Zerstörte Gebiete in Dresden und einzelne Ziele. Rot umrandet: total zerstörte Kernbereiche der Bombardierung. Rosa abgestuft: bebaute Gebiete. Braun: strategische Ziele

Dresdens dicht besiedelte Innenstadt bestand hauptsächlich aus Bauten der Renaissance, des Barock und Mischgebieten der Gründerzeit auf mittelalterlichem Grundriss. Damals wurden Industriebetriebe in Hinterhöfen der Wohnbebauung oder als größere Komplexe direkt neben Siedlungen errichtet. Die Altstadt brannte zu einem großen Teil aus; außer Ruinen blieben nur wenige Gebäude schwer beschädigt erhalten. Die Seevorstadt, Johannstadt, die östliche Südvorstadt waren weitgehend abgebrannt oder zertrümmert. Auch die alten Ortskerne und historischen Bauten von Mickten, Strehlen und Gruna waren vernichtet. Hinzu kamen schwere Schäden in Reick, Friedrichstadt, Plauen, Zschertnitz, der Inneren Neustadt sowie Brände in Prohlis. Zwischen Schandauer Straße und Bodenbacher Straße wurden fast 800 Häuser mit rund 7000 Wohnungen, Fabriken und Werkstätten vollständig zerstört. Schäden an einzelnen Häuserzeilen gab es im Hechtviertel, in Pieschen, Niedersedlitz und Albertstadt; die am dichtesten besiedelte Äußere Neustadt blieb weitgehend verschont.

Ruine der Frauenkirche vor Beginn des Wiederaufbaus

Ruine der Semperoper

Neubeginn des kulturellen Lebens zwischen den Trümmern, Theodor Rosenhauer

Die Bombenangriffe zerstörten viele Kulturdenkmäler des spätbarocken „Florenz an der Elbe", darunter Semperoper, Frauenkirche, Dresdner Schloss, Sophienkirche und Zwinger. Die Baubehörden der DDR ignorierten den früheren Stadtgrundriss, ließen viele ausgebrannte Gebäude abreißen (u. a. Sophienkirche, Albert-Theater, Palais der Sekundogenitur), andere Ruinen oder Trümmerhaufen als „Mahnmal" erhalten (Frauenkirche, Kurländer Palais) und verstärkten so noch den Eindruck einer fast völligen Zerstörung des Stadtkerns. Obwohl die Nachtangriffe der RAF nicht direkt auf die Dresdner Rüstungsindustrie zielten, zerstörten sie 70 Prozent der Dresdner Industriebetriebe und beschädigten viele Versorgungseinrichtungen wie Gas-, Wasser- und Kraftwerke. Auch die folgenden Tagesangriffe der USAAF waren wegen der schlechten Sicht sehr ungenau. In den Wohngebieten wurden bis Mai 1945 60.000 bis 75.000 von insgesamt 222.000 Wohnungen mitsamt Hausrat und Kleidung völlig zerstört, weitere 18.000 Wohnungen schwer und 81.000 leicht beschädigt. 30 Prozent der Einzelhandelsbetriebe waren funktionsuntüchtig, darunter drei Kaufhäuser der Altstadt und die Markthallen Weißeritzstraße, Antonsplatz und die Neustädter Markthalle, in denen sich der Handel mit Obst und Gemüse damals konzentrierte.

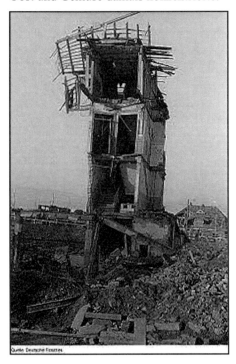

Stehengebliebenes Treppenhaus 1945

Der Straßenverkehr war nach dem 13. Februar zunächst vollständig blockiert. Die Oberleitungen der Straßenbahn waren zu 75 Prozent zerstört, Straßen verschüttet oder mit Bombentrichtern übersät; das Bauamt zählte 1100 davon. Alle Elbbrücken im Stadtgebiet waren beschädigt. Das Zentrum war als Verkehrsknotenpunkt unpassierbar geworden. Arbeitsstellen und Behörden mussten zu Fuß meist durch die Trümmerwüste der Altstadt erreicht werden. Der Eisenbahnverkehr wurde jedoch nach zwei Wochen behelfsmäßig wieder in Betrieb genommen. Truppentransporte fuhren sogar schon nach wenigen Tagen wieder, da die Fernstrecken durch Dresden bis zur Bombardierung am 2. März 1945 nahezu unversehrt blieben. Die meisten Betriebe mussten ihre Produktion einstellen. Sie waren beschädigt oder zerstört, ihre Arbeiter waren umgekommen, ausgebombt oder konnten die Betriebe nicht erreichen. Nach einer „Schlussmeldung" des SS und Polizeifuhrers Elbe vom 15. März 1945 konnten nur noch sechs Betriebe ihre Produktion mit unbestimmter Menge fortsetzen. Der „Städtische Vieh- und Schlachthof" im Ostragehege nahm den Betrieb am 19. Februar, die Brotfabrik und Großfleischerei Rosenstraße Ende März behelfsmäßig wieder auf.

Für die Alliierten

Unter den Westalliierten war das nächtliche *area bombing* in den letzten Kriegsmonaten umstritten. Besonders nach den Februarangriffen auf Dresden drängte die US-Militärführung die Briten dazu, diese Taktik aufzugeben. Doch die RAF war überwiegend für Flächenbombardements ausgerüstet und ausgebildet. Am 28. März 1945 erwog Winston Churchill, den Luftkrieg gegen deutsche Städte einzustellen, und distanzierte sich in einem Telegrammentwurf an General Ismay und die britischen *Chiefs of Staff* und *Chief of the Air Staff* von dessen Ausrichtung:

„Mir scheint, dass der Moment gekommen ist, wo das Bombardieren deutscher Städte, nur um den Terror zu vermehren, wenngleich andere Vorwände angeführt werden, überdacht werden sollte. Andernfalls werden wir ein völlig zerstörtes Land kontrollieren… Die Zerstörung von Dresden stellt die Ausführung alliierter Bombardierungen von nun an ernsthaft in Frage…. Ich sehe die Notwendigkeit für eine präzisere Konzentration auf militärische Ziele… anstelle von bloßen Terrorakten und mutwilligen Zerstörungen, wie imposant diese auch sein mögen."

Gesendet wurde jedoch eine Fassung, die vor allem betonte, dass weitere Zerstörungen von Wohnräumen und ähnlichem Großbritanniens eigenen

Interessen nach dem Krieg entgegen stünden.[32]

Am Folgetag schätzte Arthur Harris die Wirkung in einem Schreiben an das Air Ministry so ein:

„Dresden war eine Ansammlung von Munitionsfabriken, ein intaktes Verwaltungszentrum und ein Knotenpunkt für Transporte nach Osten. Nun ist es nichts mehr davon."

Dass Harris anders als andere führende Militärs in Großbritannien nach dem Krieg keine staatliche Ehrung erhielt und erst spät in den Adelsstand erhoben wurde, gilt manchen als Hinweis auf eine Distanzierung Winston Churchills von seinem „Bomber", obgleich dieser selbst die Entscheidung zum *area bombing* getroffen hatte.

Rezeption

Propaganda

Das Reichsministerium für Volksaufklärung und Propaganda von Joseph Goebbels benutzte Dresdens Bombardierung, um die deutsche Kriegsschuld zu relativieren und eine Opferrolle der Deutschen zu behaupten. Die Nationalsozialisten machten zum Beispiel aus dem subjektiven Erleben der traumatisierten Ausgebombten die offizielle Nachricht eines Kriegsverbrechens von „alliierten Terrorfliegern", um den Hass der Bevölkerung zu schüren. So behauptete bereits die Zeitschrift *Das Reich* am 4. März 1945 in einem Artikel „Der Tod von Dresden":

„Um Mitternacht erschien am glutroten Himmel des Elbtals eine zweite britische Luftflotte und richtete mit Sprengbomben und Bordwaffen unter den Menschenmassen auf den Grünflächen ein Blutbad an, wie es bis dahin allenfalls die Fantasie eines Ilja Ehrenburg hätte ersinnen können."

Diese Propagandalüge ging dann ungeprüft in die deutsche Nachkriegsliteratur ein und wurde auch von dem späteren Holocaustleugner David Irving in veränderter Form übernommen. Im Kalten Krieg behinderten erneut ideologische Vorurteile die sachliche historische Erforschung des Kriegsverlaufs. Dresdens erster Nachkriegsbürgermeister Walter Weidauer hatte die Angriffe 1946 noch als vermeidbare, aber von deutschen Faschisten provozierte Katastrophe dargestellt: Drei Jahre später beschuldigte er allein die Westmächte der verbrecherischen Bombardierung Dresdens ohne jede militärische Notwendigkeit. Seit 1949 unterstellte die

DDR-Propaganda den Alliierten entgegen den heute bekannten Tatsachen, sie hätten der Sowjetunion ein unnötig zerstörtes Ostdeutschland hinterlassen wollen. Die Darstellung der Luftangriffe wird bis heute von politischen Interessen mitbestimmt.

Legenden

Zur festen Überlieferung von den Ereignissen während der Bombardierungen gehören Berichte von Phosphorregen und Tieffliegerangriffen auf Flüchtlinge. Die Historiker Götz Bergander, Helmut Schnatz und Frederick Taylor sind diesen Berichten nachgegangen und bezeichnen sie als „Legenden". Dies rief anfangs wütende Proteste mancher Dresdner hervor; so wurde Helmut Schnatz bei der Vorstellung seines Buchs gestört. Schnatz bestreitet, dass am 13. Februar 1945 weißer Phosphor „abgeregnet" worden sein kann: Phosphorkautschuk wurde damals allenfalls als Brandbeschleuniger in Bombenkanistern verwendet und ließ sich nicht „abregnen". 1945 hatte die RAF Phosphorkanister, die etwa bei der „Operation Gomorrha" gegen Hamburg im August 1943 noch eingesetzt wurden, ausrangiert. Bergander zufolge wies Joseph Goebbels damals gegen die Panik in der Bevölkerung zutreffend darauf hin, dass „in Deutschland noch niemals Phosphor abgeregnet" worden und dies eine optische Täuschung beim Aufschlag anderer Bombentypen sei. Demgemäß können auch in Dresden weiße Leuchtmunition und Stabbrandbomben mit leuchtendem Phosphor verwechselt worden sein. Von direktem Tieffliegerbeschuss berichten Augenzeugen, die am 14. und 15. Februar als Flüchtlinge auf den Elbwiesen, im Großen Garten oder auf Ausfallstraßen unterwegs waren. Details ihrer Erinnerungen – z. B. die Außenmarkierungen der US-Flieger – sind nachweislich falsch; keiner dieser Berichte gilt daher als historisch zuverlässig. Götz Bergander, der die Luftangriffe als Jugendlicher selbst erlebte, ging den Berichten nach und fand 1977 heraus, dass sie sich nur auf den Tagesangriff vom 14. Februar bezogen und Tieflüge an diesem Tag nur von einer Bomberstaffel auf dem Weg nach Prag weitab von Dresden belegt sind. Weder in den Wehrmachtberichten, die sonst jeden Tieffliegerangriff auf Zivilisten vermerkten, noch den Polizeiberichten über Todesursachen sei für die fragliche Zeit dergleichen erwähnt. Er erklärt die wenigen glaubwürdigen Augenzeugenberichte wie folgt:

„Mit großer Wahrscheinlichkeit waren es amerikanische Begleitjäger, die deutsche Jäger verfolgten; Luftkämpfe verlagerten sich oft aus größeren Höhen in Bodennähe, und Luftkämpfe mit deutschen Verlusten sind im Raum Dresden-Chemnitz zweifelsfrei nachweisbar … Bei einer Verfolgungsjagd in Bodennähe können Geschossgarben auch im Boden einschlagen, und es ist ganz natürlich und psychologisch verständlich, dass Menschen im Freien Maschinengewehrsalven als auf sich abgefeuert erleben."

Diese Annahme konnte nicht durch Geschossfunde in den fraglichen Freiflächen erhärtet werden. Die alliierten Begleitjäger sollten beim Ausbleiben eines Luftkampfs sonst nahe Bodenziele angreifen. Doch die RAF und USAAF bestritten, dass solche Angriffe in Dresden stattfanden. Helmut Schnatz überprüfte ihre Befehlsketten und wies nach, dass weder Militärbefehle noch Pilotenaussagen noch Angaben der Nationalsozialisten in Meldungen oder Totenscheine Tieffliegerangriffe erwähnen. Er fand den ausdrücklichen Befehl an die Eighth Air Force, im Luftraum Dresden nicht einzugreifen. Die RAF erwähnt zwar einen Befehl an die amerikanischen Mustangs, den Straßenverkehr in Dresdens Umgebung zu beschießen, um das Chaos zu vergrößern, laut Schnatz bezog sich dieser Befehl allerdings auf Gelegenheitsziele entlang des Rückwegs nach England. Er verweist u. a. darauf, dass Flugzeuge aus den beteiligten Gruppen der USAAF u. a. in der Nähe von Donauwörth und von Bayreuth abstürzten. Tiefangriffe während einer Bombardierung waren generell kaum möglich und nicht üblich, da tieffliegende Jagdflugzeuge und höher fliegende Bomber sich gegenseitig gefährdet hätten. Schnatz zufolge schloss der Feuersturm nach dem ersten Nachtangriff Tiefflug über der brennenden Innenstadt aus. Bei den folgenden Tagesangriffen hätten die Begleitjäger – wie bei US-Operationen typisch – eigene Angriffe allenfalls nach dem Abflug der Bomber starten können. Auch das hält er u. a. wegen der sehr dichten Bewölkung und begrenzten Treibstoffmenge für unwahrscheinlich.Der Forschungsstand seit 2000 schließt direkten Beschuss von Flüchtenden in Dresden daher weitgehend aus.

Erzählerische Dramatisierung

Bis heute werden die Luftangriffe auf Dresden in Erlebnisberichten, Dokumentationen, Romanen und Spielfilmen verarbeitet. Autoren wie Kurt Vonnegut, der als US-Kriegsgefangener die Bombardierung Dresdens miterlebte, und Alexander McKee, britischer Kriegsberichterstatter, haben Erlebnisberichte über die Luftangriffe auf Dresden veröffentlicht, ohne sie abschließend zu bewerten. Vonnegut verarbeitete seine Erinnerungen in dem Roman *Slaughterhouse Five*, der nach dem Städtischen Schlacht- und Viehhof im Ostragehege benannt ist. Matthias Neutzner zufolge trugen solche Darstellungen dazu bei, dass sich in der kollektiven Erinnerung der Ereignisse ein emotionaler Kern verfestigte. Die Bombardierung Dresdens wurde im Englischen zu einer festen sprichwörtlichen Wendung: *Like Dresden* bezeichnet ein verheerendes Feuer oder die Zerstörung von Kulturgütern. Die Angriffe seien häufig als plötzliche, unerwartete, sinnlose Zerstörung einer einzigartigen und unschuldigen Stadt, kurz vor dem absehbaren Ende des Krieges beschrieben worden. Die als prächtige Residenz weithin bekannte, nahezu unbeschädigte Stadt sei aber auch im Februar 1945 noch ein kriegswichtiges Ziel gewesen und nicht allein „die unschuldige Kulturschöne".

Opferzahlen

Leichenberge in der Dresdner Innenstadt, Februar 1945

Die Zahlen der bei den Luftangriffen Getöteten waren auch unter Historikern lange Zeit umstritten. Die NS-Behörden hielten die Berichte über geborgene Tote geheim, so dass deren Zahl sich nur schätzen ließ. Ebenfalls nur zur schätzen waren einige unbekannte und nicht exakt bekannte Faktoren:

- wie viele Einwohner und welche Siedlungsdichte im Innenstadtbereich Dresden im Februar 1945 hatte,
- wie viele Dresdner sich damals als Soldaten, KZ-Häftlinge oder Flüchtlinge – etwa aus Furcht vor Fliegerangriffen, Raumnot oder Nahrungsknappheit – außerhalb des Stadtgebiets befanden,
- wie viele Flüchtlinge aus dem Osten, die sich im Februar 1945 im Innenstadtbereich aufhielten,
- wie viele Menschen bei den Angriffen getötet, aber wegen der Kriegssituation von keinem Angehörigen gemeldet wurden,
- wie viele Getötete nicht aufgefunden, vollständig verbrannten oder verschüttet wurden.

Frühe Medien-und Erlebnisberichte brachten sechsstellige Opferzahlen in Umlauf, auf die sich Rechtsextremisten und Geschichtsrevisionisten oft berufen. Die schwedische Zeitung *Svenska Morgenbladet* vermutete am 17. Februar 1945 „über 100.000", am 27. Februar 1945 „näher bei 200.000" Tote. 1948 erwähnte das Internationale Komitee vom Roten Kreuz über 275.000 „gemeldete" Tote im Raum Dresden. Die Zahl beruhte auf Angaben von NS-Behörden, nicht eigener Nachforschung. Axel Rodenberger schrieb 1951 in *Der Tod von Dresden* von 350.000 bis 400.000 Toten, die ein ungenannter „Leiter des Propagandaamts" nach Berlin gemeldet habe. *F.J.P. Veale* schrieb 1955 in *Der Barbarei entgegen* von 300.000 bis 500.000 Toten. David Irving schätzte 1963 in seinem Buch *Der Untergang von Dresden* 135.000 bis 250.000 Tote und blieb in späteren Auflagen dabei. Hans Dollinger schrieb 1973 von 250.000, Rolf Hochhuth 1974 mit Berufung auf Irving von 202.000, die Süddeutsche Zeitung 1975 von 135.000, *Die Welt* von „250.000 oder gar 400.000" Toten. Der ehemalige Dresdner Generalstabsoffizier Eberhard Matthes behauptet seit 1992 ohne schriftlichen Beleg: Auf einen „Führerbefehl" vom 30. April 1945 habe man dem Führerbunker in seinem Beisein telefonisch 3.500 identifizierte, 50.000 identifizierbare und 168.000 unkenntliche Leichen gemeldet. Bergander bezweifelt, dass Adolf Hitler am Tag seines Suizides noch eine solche Meldung angefordert hätte. Interne NS-Dokumente stellten die spekulativen Zahlen in Frage. Die Zeitung *Das Reich* sprach am 4. März 1945, als Bergungsergebnisse schon vorlagen, von „zehntausenden" gefundenen Toten. Joseph Goebbels sprach bei einer Konferenz in Görlitz am 6. März 1945 nach Berichten von Teilnehmern von „40.000" Todesopfern, für die Hitler ebenso viele alliierte Piloten ermorden wolle. Eine „Schlussmeldung" des „Befehlshabers der Ordnungspolizei Berlin" stellte am 22. März 1945 fest:

18.375 Gefallene, 2212 Schwerverwundete, 13.718 Leichtverwundete.

Von den Toten seien 50% identifizierbar; die „Gesamtzahl der Gefallenen einschl. Ausländer" wurde „auf etwa 25.000 geschätzt". Ein am selben Tag erlassener *Tagesbefehl 47* berichtet von 20.204 geborgenen Toten und schätzt, dass sich diese Zahl wahrscheinlich auf 25.000 erhöhen werde. Dieses Dokument wurde 1966 im Bundesarchiv Koblenz entdeckt und erwies eine bislang bekannte Version davon, bei der an alle Zahlen eine Null anhängt worden war, als Fälschung. David Irving, der sich darauf gestützt hatte, räumte in einem Leserbrief an die Times am 7. Juli 1966 ein, sich geirrt zu haben. Eine weitere Lagemeldung vom 3. April 1945 schrieb von 22096 bis zum 31. März 1945 geborgenen Gefallenen. Akten des

Bestattungs- und Marstallamtes, die 1993 im Dresdner Stadtarchiv gefunden wurden, führen rund 25.000 Tote auf, die bis zum 17. April 1945 beigesetzt wurden. Darin waren schon viele Opfer der Tagesangriffe am 14. und 15. Februar 1945 enthalten. Bis 1970 fand man bei Bauarbeiten in der Stadt noch weitere ca. 1900 Leichen. Forschungen der 1970er Jahre begrenzten die Einwohnerzahl auf etwa 700.000, die der damaligen Flüchtlinge im Großraum Dresden auf 200.000, von denen maximal 85.000 in Notunterkünften der Innenstadt Platz finden konnten. Berücksichtigt wird auch die Kinderlandverschickung seit 1944, ein Zuzugsverbot und die Anweisung, nicht in der Innenstadt zu übernachten. Auf dieser Basis schätzten die meisten Historiker bis 2008, dass mindestens etwa 25.000, höchstens 40.000 Menschen durch die Bombenangriffe ihr Leben verloren haben. (**ANMERKUNG: Laut dem Heimatforscher Lämpe, sind rund 40.000 bis 65.000 Tote beim Bombenangriff auf Dresden zu beklagen! In Mühevoller Kleinarbeit stelle er in Archiven und unendlichen Friedhofsbesuchen fest, daß die Anzahl der Flüchtlinge aus den Ostgebieten, die Lazarettinsassen und die Zwischenbelegungen von Armee- und Kampfkorps nicht genügend berücksichtigt werden!**) Eine 2005 von der Stadt Dresden beauftragte Historikerkommission unter der Leitung von Rolf-Dieter Müller sollte bis zum 800-jährigen Stadtjubiläum 2006 eine möglichst verlässliche Gesamtzahl der Getöteten ermitteln, um Geschichtsfälschungen zu begegnen. Sie arbeitete ergebnisoffen und zog außer den bekannten Dokumenten auch bis dahin unberücksichtigte Akten städtischer Ämter, neue archäologische Befunde und Zeitzeugenberichte heran, zu denen sie die Bevölkerung aufrief. Nach vorübergehender Arbeitseinstellung wegen Mittelkürzungen gab die Kommission im März 2010 ihren Abschlussbericht bekannt. Neu ausgewertet wurden etwa Aktenbestände von Stadtbauamt, Marstall- und Bestattungsamt, Ernährungs-, Fürsorge- und Kriegsschädenamt sowie der Oberbauleitung Enttrümmerung. Über Akten der Ausgabestellen für Nahrungsbezugsscheine nach Kriegsende konnte die Einwohnerzahl Dresdens nach den Angriffen erstmals genauer bestimmt werden. Grabungen im Stadtzentrum ergaben seit 1993, dass fast alle kriegszerstörten Keller nach den Angriffen begehbar waren und geräumt wurden. Nur etwa ein Fünftel davon wies feuergerötete Sandsteine auf, die auf Brandtemperaturen wie beim Feuersturm an der Oberfläche hinwiesen. Man fand Überreste von 14 Toten, die wahrscheinlich durch solche Feuer umkamen. Unbezeugte Tote können statistisch nur einen Bruchteil der bis 1945 insgesamt von Standesämtern und Suchdiensten registrierten für tot erklärten und vermissten deutschen Zivilisten ausmachen. Durch elektronische Datensammlung wurden erstmals alle verfügbaren

Bergungsnachweise, Unterlagen der Friedhöfe und Standesämter, Akten der Amtsgerichte zu Toterklärungen u. a. erfasst. So konnten sie miteinander und mit den Wohn- und Bergungsorten der Luftkriegstoten verglichen und überprüft werden. Auf diese Weise ermittelte die Kommission zunächst eine Mindestzahl von 18.000 und eine Höchstzahl von 25.000 durch die Luftangriffe getöteten Menschen. Diese Rahmendaten seien endgültig, da man dazu sämtliche Quellen ausgewertet und abgeglichen habe. Jedoch fand die Kommission danach neue Dokumente, nach denen 20.100 Tote namentlich und 2600 unbekannte Tote als bestattet nachgewiesen wurden. Daraufhin korrigierte sie die Mindest-, nicht jedoch die Höchstzahl der Todesopfer.

Militärische, ethische und rechtliche Bewertungen

Die Luftangriffe auf Dresden gelten oft als Paradebeispiel für eine verfehlte Kriegführung der Alliierten, die ab 1945 primär der Zivilbevölkerung gegolten und keine kriegsentscheidende Bedeutung mehr gehabt habe. Als Indizien dafür werden die Pläne für einen Vernichtungsschlag und die Auswahl dicht besiedelter Innenstädte ohne größere Industriestandorte genannt. Bezweifelt wird, dass die Angriffe primär Dresdens militärische Infrastruktur treffen sollten: Dagegen sprächen die Abwurfstellen der Zielmarkierungen, der nächtliche Abwurf von Stabbrandbomben auf die Altstadt und der Umstand, dass Flughafen, Fabriken und Kasernen im Norden der Stadt weniger stark beschädigt wurden. Zudem wird behauptet, dass Dresden militärisch schutz- und bedeutungslos gewesen sei, da „die Flakeinheiten ins Ruhrgebiet und nach Schlesien abgezogen worden waren". Dem wird entgegengehalten, dass punktgenaue Bombenabwürfe damals wegen fehlender Zielradartechnik und Wetterabhängigkeit noch erschwert waren. Gerade die schlechte Trefferquote bei Punktzielen war 1943 Anlass zur Verstärkung des Flächenbombardements (*area bombings*). Andererseits soll die RAF an der Westfront mit neuer Radarausrüstung zu zielgenaueren Treffern gekommen sein, die den Vormarsch der alliierten Bodentruppen entscheidend begünstigt hätten. Mit dem H2S-Radar stand der RAF und der USAF seit Januar 1943 ein Zielradar zur Verfügung. Die ethische und rechtliche Verantwortbarkeit der alliierten Luftkriegsstrategie waren in Großbritannien seit ihrem Beginn umstritten, wurden aber seit der Luftschlacht um England nur selten öffentlich kritisiert. Dass die britischen Städtebombardierungen Völkerrecht brechen, die ethischen Grundlagen der westlichen Zivilisation bedrohen und die Chancen zur künftigen Versöhnung mit den Deutschen zerstören, vertrat im House of Lords ab Februar 1943 vehement und wiederholt der anglikanische Bischof George

Bell. Neben ihm opponierten nur noch zwei Labour-Abgeordnete im House of Commons gegen das *area bombing*. Die Haager Landkriegsordnung von 1907 hatte den Unterzeichnerstaaten, darunter Großbritannien und Deutschland, die Auswahl ziviler Ziele, damit auch von Innenstädten, verboten. Die Reichweite des für den Landkrieg konzipierten Völkerrechts hatten Völkerrechtsexperten 1922/23 beraten und Regeln für den Luftkrieg entworfen, in denen es hieß:

„Das Luftbombardement zur Terrorisierung der Zivilbevölkerung und Zerstörung oder Beschädigung von Privateigentum nichtmilitärischen Charakters ist verboten."

Doch dieser Entwurf wurde nicht in das Kriegsvölkerrecht aufgenommen, so dass dieses Flächenbombardements nicht ausdrücklich verbot. Die USAF und die RAF bezeichneten Dresden 1945 anhand von umfangreichem Material als „legitimes militärisches Ziel". Heute diskutieren Historiker und Philosophen ausgiebig militärische und ethische Aspekte des Luftkriegs und ihr Verhältnis zueinander. Zum einen wird gefragt, ob das *moral bombing* zusammen mit dem Abwurf von Millionen von Flugblättern Risse zwischen Volk und Führung erzeugen und die Kampfmoral der Deutschen brechen konnte oder aber eher das Gegenteil erreichte. Zum anderen wird in Frage gestellt, dass der Luftkrieg in den letzten Kriegsmonaten überhaupt noch primär militärische Zwecke verfolgte. Gerd R. Ueberschär beschrieb die Angriffe 2001 als Bruch des damaligem Kriegsvölkerrechts. Die Bombardierung habe keine Schlacht um die Stadt entschieden und auch das Kriegsende nicht beschleunigt. Jörg Friedrich beschrieb in seinem Buch *Der Brand* 2002 die Angriffe aus der Sicht der Betroffenen. Für ihn waren die Bombardierungen vieler deutscher Städte nicht erst seit den letzten Kriegsmonaten militärisch sinnlose, beabsichtigte Massenvernichtung. Er löste damit eine neue, bis heute anhaltende Debatte über den Luftkrieg in Großbritannien und Deutschland aus, in der sein Buch Zustimmung aus dem rechten Spektrum und Kritik erfuhr. Frederick Taylor belegte daraufhin 2004 erneut die kriegswirtschaftliche Bedeutung der Industrie Dresdens, die Pläne der Deutschen an der Ostfront und Absprachen der Alliierten mit den Sowjets. Er betonte, dass die Deutschen den Luftkrieg eröffnet und rücksichtslos geführt hatten, so dass den Briten damals nur noch die Bomber als Offensivwaffe blieben. Er sprach den Angriffen damit eine militärische Rationalität zu, schloss aber nicht aus, dass sie auch Kriegsverbrechen gewesen sein könnten. Der Ethiker Thomas A. Cavanaugh nannte die Angriffe 2006 mit Bezug auf das Prinzip der Doppelwirkung als Beispiel für ein illegitimes „Terrorbombardement", bei dem das Töten von Zivilisten unmittelbares Ziel und kein unbeabsichtigter

Nebeneffekt gewesen sei. Der britische Philosoph Anthony Grayling beurteilte das *area bombing* der Royal Airforce 2007 als militärstrategisch sinnlos und rechtlich wie ethisch als Kriegsverbrechen. Geschichtsrevisionistischen Missbrauch dieser Beurteilung schloss er aus:

„Selbst wenn die alliierte Bomberoffensive teilweise oder völlig moralisch verwerflich gewesen sein sollte, reicht dieses Unrecht auch nicht annähernd an die moralische Ungeheuerlichkeit des Holocaust heran."

Ob 1945 eine Strafverfolgung der Verantwortlichen für den Luftkrieg möglich gewesen wäre, wird wegen der damals fehlenden übernationalen Rechtsinstanz bezweifelt. Nach dem seit 1977 auch von Großbritannien und Deutschland ratifizierten Zusatzprotokoll zur Genfer Konvention ist eine flächendeckende Städtebombardierung verboten. Jedoch ist dieses Verbot juristisch nicht rückwirkend anwendbar.

Gedenken

Kirche

Am 13. Februar 1946 gegen 22:00, dem ersten Jahresdatum der nächtlichen Luftangriffe, kletterten zwei Schuljungen auf den Turm der Kreuzkirche und läuteten deren Glocken. Seitdem läuten jedes Jahr an diesem Tag um 21:45 – dem Zeitpunkt des damaligen Fliegeralarms – alle Dresdner Kirchenglocken. 1995, zum 50. Jahrestag der Angriffe, wurde eine *Glockensinfonie* unter Einbeziehung aller Dresdner Glocken gespielt. Der Kreuzkantor Rudolf Mauersberger schuf 1947 das Dresdner Requiem zum Gedenken an die Zerstörung der Stadt. Schon unmittelbar nach Kriegsende hatte die anglikanische Gemeinde des britischen Coventry, das die deutsche Luftwaffe im Zweiten Weltkrieg nahezu vollständig zerstört hatte, Kontakt mit Dresdner Kirchengemeinden aufgenommen. 1956 begann die Partnerschaft zwischen beiden Städten. 2002 trafen Gäste aus Coventry mit Dresdner Partnern zusammen, um unter dem Motto „Brücken bauen – Versöhnung leben" ein Zeichen gegen Krieg und Hass zu setzen. Die Begegnung fand an der Baustelle der Dresdner Frauenkirche statt, deren Wiederaufbau 1990 begonnen hatte. Sie ist inzwischen mit Hilfe von intensiven Spendensammlungen vor allem britischer und deutscher Fördervereine vollständig wiedererbaut und zum Mittelpunkt der Versöhnungsarbeit geworden. Das „Cross of Nails" (Nagelkreuz von Coventry) aus den Trümmern der am 14. November 1940 zerstörten Kathedrale von Coventry wurde seither zum berühmten Symbol einer internationalen Gemeinschaft, die heute in Hunderten von Bombardierungen betroffenen Städten der Welt existiert. Seit dem 13. Februar 2005 gehört die Frauenkirche Dresden dazu.

DDR

In Dresden gab es von 1946 an – früher als in anderen deutschen Städten – regelmäßige politische Gedenkveranstaltungen, deren Schwerpunkte mehrfach verändert wurden. Zunächst betonte man eine „... bewusst von den faschistischen Verbrechern provozierte Zerstörung Dresdens...", an der „... die politische Schwäche des deutschen Volks" eine Mitschuld trage. Auf Anweisung der sowjetischen Militäradministration sollte das Gedenken keinen Trauercharakter haben. Seit den 1950er Jahren trat die Frage nach der Schuld der Deutschen am Krieg beim nunmehr DDR-weiten offiziellen Gedenken an die Toten von Dresden zurück. Die Luftangriffe wurden zunehmend den Westalliierten angelastet, deren Bombardements keinen militärischen Zielen gegolten und keinerlei strategische Bedeutung für das Kriegsende gehabt hätten, sondern barbarisch und kulturfeindlich gewesen seien. Laut manchen DDR-Politikern hätten „anglo-amerikanische Luftgangster" (ein Ausdruck von Joseph Goebbels) Dresden bewusst zerstört, um die Stadt nicht in sowjetische Hände fallen zu lassen. So behauptete der sächsische Ministerpräsident Max Seydewitz seit 1955 in seinem Dresdenbuch *Die unbesiegte Stadt*, die deutschamerikanischen Besitzer der Villa San Remo in Dresden, Charles und John H. Noble, hätten die alliierten Luftflotten mit einem Sender nach Dresden gelotst. Ein von Staatsinteressen unabhängiges Gedenken begannen kirchliche Friedensgruppen in der DDR. 1981 führte eine solche Gruppe vor der Frauenkirche eine symbolische Kerzenaktion durch und wandte sich in Flugblättern gegen die zunehmende Militarisierung. 1982 versammelten sich dort erstmals hunderte Demonstranten und forderten: „Nie wieder Krieg, nie wieder Faschismus!" Zum 40. Jahrestag der Luftangriffe 1985 gab es erstmals wieder zentrale Staatsfeierlichkeiten in der Innenstadt; die Frauenkirche blieb dagegen Ort gesellschaftskritischer Proteste. Beide Seiten berücksichtigten die deutsche Kriegsschuld, deutsche Terrorangriffe und den Holocaust als Angriffsursachen sowie deren eventuelle militärische Notwendigkeit nur unzureichend. Erst seit der politischen Wende in der DDR 1989 setzten sich die Stadtvertreter vor allem während der Jahrestage der Luftangriffe intensiver mit deren Vorgeschichte auseinander.

Literatur

Gesamtdarstellungen

- Götz Bergander: *Dresden im Luftkrieg. Vorgeschichte – Zerstörung – Folgen.* (1. Auflage 1977) Böhlau, 2., überarbeitete und erweiterte Auflage, Weimar Köln Wien 1994, ISBN 3-412-10193-1
- A. C. Grayling: *Die toten Städte. Waren die alliierten Bombenangriffe Kriegsverbrechen?* Bertelsmann, München 2007, ISBN 978-3-570-00845-4
- Jörg Friedrich: *Der Brand. Deutschland im Bombenkrieg 1940-1945.* Propyläen, Berlin/München 2002, ISBN 3-549-07165-5
- Frederick Taylor: *Dresden, Dienstag, 13. Februar 1945. Militärische Logik oder blanker Terror?* Bertelsmann, München 2004, ISBN 3-570-00625-5

  Rezension von Stephan Reinhardt, 10. Februar 2005
  Rezension von Volker Ullrich, 10. Februar 2005
  Fakten gegen Legenden. Frederick Taylor über die Bombardierung Dresdens im Februar 1945. In: Analyse & kritik Nr. 93 vom 18. März 2005

Sachbücher, Monografien und Einzelbeiträge

- Dresdner Geschichtsverein: *Dresdner Hefte – Beiträge zur Kulturgeschichte.* ISSN 08632138

  besonders Nr. 41: *Dresden – Das Jahr 1945.* Dresden 1995, ISBN 3-910055-27-3
  darin: Matthias Neutzner: *„Wozu leben wir nun noch? Um zu warten, bis die Russen kommen?" Die Dresdner Bevölkerung vom 13. Februar bis zum 17. April 1945*

- Matthias Neutzner (Hrsg.): *Lebenszeichen – Dresden im Luftkrieg 1944/45.* Sandstein, Dresden 1994, ISBN 3-930382-01-6 (2. überarbeitete Auflage, Erstauflage 1991; Dokumentation der gleichnamigen Ausstellung August 1989 bis April 1990 / Februar 1992 bis heute)
- Oliver Reinhard, Matthias Neutzner, Wolfgang Hesse (Hrsg.): *Das rote Leuchten. Dresden und der Bombenkrieg.* Ed. Sächsische

Zeitung, Dresden 2005, ISBN 3-938325-05-4

- Wolfgang Schaarschmidt: *Dresden 1945. Dokumentation der Opferzahlen.* Herbig, München 2005, ISBN 3-7766-2430-2
- Gunnar Schubert: *Die kollektive Unschuld. Wie der Dresden-Schwindel zum nationalen Opfermythos wurde.* Konkret-Texte 42. KVV Konkret, Hamburg 2006, ISBN 3-930786-47-8
- Gerd R. Ueberschär: *Dresden 1945.* In: Gerd R. Ueberschär (Hrsg.): *Orte des Grauens. Verbrechen im Zweiten Weltkrieg.* Primus Verlag, Darmstadt 2003, ISBN 3-89678-232-0, S. 37–48
- Wigbert Benz: *Feuersturm Dresden. Fakten und Legenden um die Bombardierung der Großstadt Dresden 1945.* In: Zeitschrift *Praxis Geschichte*, Ausgabe April Heft 04/2004, Thema *Heimatfront und Kriegsalltag* (Auszug online)

Romane, Erlebnisberichte, autobiografische Erzählungen

- *13. Februar 1945. Zeitzeugen über die Zerstörung Dresdens. Ein Lesebuch.* Sebastian Kranich (Redaktion), Eva-Maria Zehrer (Konzeption), Sächsische Landeszentrale für politische Bildung (Herausgeber), Dresden 2009.
- Henny Brenner: *Das Lied ist aus. Ein jüdisches Schicksal in Dresden.* ddp Goldenbogen, Dresden 2005, ISBN 3-932434-25-0
- Henri Coulonges: *L'adieu à la femme sauvage.* Stock, 1979, ISBN 2-234-01052-7
  - dt. Ausgabe: *Dresden starb mit dir, Johanna.* Ullstein, Frankfurt/Berlin/Wien 1984, ISBN 3-550-06329-6
- Renatus Deckert (Herausgeber): *Die wüste Stadt. Sieben Dichter über Dresden.* Insel, Frankfurt 2005, ISBN 978-3458348498
- Durs Grünbein: *Porzellan. Poem vom Untergang meiner Stadt.* Suhrkamp, Frankfurt 2005, ISBN 978-3518417225
- Daniel Hoffmann : *Der Knabe im Feuer : Ein Erlebnisbericht von Dresdens Untergang.* Evang. Verl.-Anst , Berlin 1956,
- Alexander McKee: *Dresden 1945. The Devil's Tinderbox.* Souvenir Press, 1982, Dutton, 1984, ISBN 0-525-24262-7
  - dt. Ausgabe: *Dresden 1945. Das deutsche Hiroshima.* Zsolnay, Wien/Hamburg 1983, ISBN 3-552-03529-X
- Kurt Vonnegut: *Slaughterhouse-Five or The Children's Crusade.* Delacorte Press, 1969, ISBN 0-385-31208-3; deutsch: *Schlachthof*

5 oder Der Kinderkreuzzug. Hoffmann & Campe, Hamburg 1970, ISBN 3-455-07955-5; Rowohlt, Reinbek 1972, ISBN 3-499-11524-7

- Axel Rodenberger: *Der Tod von Dresden. Ein Bericht über das Sterben einer Stadt.* Landverlag, Dortmund 1951; Neuausgabe unter dem Titel *Der Tod von Dresden. Bericht vom Sterben einer Stadt in Augenzeugenberichten.* Ullstein, Frankfurt/Berlin 1995, ISBN 3-550-07074-8
- Walter Weidauer: *Inferno Dresden. Über Lügen und Legenden um die Aktion "Donnerschlag".* Dietz Verlag, 8. Auflage 1990, ISBN 3320008188

Filme

- „Das Drama von Dresden": ZDF-Dokumentation, 2005, Autor/Regisseur: Sebastian Dehnhardt, Länge: 90 Minuten
- „Dresden": Zweiteiliger Fernsehfilm für das ZDF, Regie: Roland Suso Richter, Buch/Autor: Stefan Kolditz. Gesendet am 5. und 6. März 2006, jeweils 20:15 Uhr, Gesamtlänge: 177 Minuten

Weblinks

🔊 **Commons: Bombenangriffe auf Dresden** – Sammlung von Bildern, Videos und Audiodateien
🔊 **Commons: Bilder vom zerstörten Dresden** – Sammlung von Bildern, Videos und Audiodateien

- Dresden: Abschlussbericht der Historikerkommission
- Deutsche Fotothek: Schadenspläne der Stadt Dresden Dort auffindbar:

  Blatt 1, 4, 5, 6. Bearbeitet 1945/1946 vom Stadtbauamt Dresden. Grundlagenkarte Dresden 1: 5000, Stadtvermessungsamt Dresden, mit Legende zum Zerstörungsgrad. Stadtarchiv Dresden
  „Der neue Plan von Dresden mit besonderer Kennzeichnung der total zerstörten Gebiete". Stadtplan von 1947

- Deutsches Historisches Museum: *Bombardierung von Dresden*

- Mahndepots in Dresden, Kunstprojekt *Gravuren des Krieges*
- *Dresden - Luftkriegsschule 1*

Aufsätze, Vorträge

- Helmut Schnatz (historicum.net, 17. Dezember 2003): *Luftkriegslegenden in Dresden*
- Gilad Margalit, historicum.net, 25. Januar 2004: *Dresden und die Erinnerungspolitik in der DDR*
- Martin Blumentritt (18. Juni 2002): *Keine Träne für Dresden – Über die Dresdenmythen*

Einzelnachweise

1. ↑ *Dresdner Zeitung* vom 23. Dezember 1944, zitiert in Matthias Neutzner: *Die Erzählung vom 13. Februar. Dresdner Hefte, Bd. 84:* Mythos Dresden, *ISBN 3-910055-79-6*
2. ↑ Victor Klemperer: *Ich will Zeugnis ablegen bis zum letzten – Tagebücher 1933–1945.* Aufbau Verlag, Berlin 1995, ISBN 3-351-02340-5
3. ↑ USAF: *The Bombing of Dresden*: USAAF-Analyse der Angriffe vom 14. und 15. Februar
4. ↑ ͣ ᵇ ͨ *Statistisches Handbuch von Deutschland: 1928–1944.* München 1949
5. ↑ Matthias Neutzner: *Die Erzählung vom 13. Februar.* Dresdner Hefte, Bd. 84: *Mythos Dresden* (2005), ISBN 3-910055-79-6
6. ↑ ͣ ᵇ ͨ USAF: *The Bombing of Dresden*
7. ↑ ͣ ᵇ ͨ ͩ ͤ Matthias Neutzner: *Die Erzählung vom 13. Februar.* Dresdner Hefte, Bd. 84
8. ↑ Hauptstaatsarchiv Dresden 9. Wirtschaft
9. ↑ Hauptstaatsarchiv Dresden 9.2. Metallurgische Industrie
10. ↑ Hauptstaatsarchiv Dresden 9.7. Elektrotechnik, Elektronik, Gerätebau
11. ↑ Hauptstaatsarchiv Dresden 9.11 Feinmechanische und optische Industrie
12. ↑ Reinhardt Balzk: *Zwangsarbeiter in Dresden* (Publikation der PDS-Fraktion Stadtrat Dresden, September 2001)

13. ↑ Hauptstaatsarchiv Dresden 9.8 Maschinenbau

14. ↑ Nora Goldbogen: *Nationalsozialistische Judenverfolgung in Dresden seit 1938.* Dresdner Hefte 45: *Zwischen Integration und Vernichtung – Jüdisches Leben in Dresden im 19. und 20. Jahrhundert.* ISBN 3-910055-34-6

15. ↑ Dresdner Geschichtsverein e.V. (Hrsg.): *Dresden als Garnisonstadt.* Dresdner Hefte, Band 35, ISBN 3-910055-43-5

16. ↑ Franz Spur: *Dresdner Fliegerschmiede 1935 – 1945. Geschichte der Luftkriegsschule 1 Dresden in Klotzsche.* Militärhistorische Schriften des Arbeitskreises Sächsische Militärgeschichte e.V., Sonderheft, ISBN 3-9809520-1-0

17. ↑ Dresdner Geschichtsverein e.V. (Hrsg.): *Dresden als Garnisonstadt.* Dresdner Hefte, Band 35

18. ↑ a b c d Hermann Rahne: *Die „Festung Dresden" von 1945.* In: *Dresden – Das Jahr 1945.* Dresdner Hefte, Bd. 41, ISBN 3-910055-27-3

19. ↑ Joachim Trenkner: *Ziel vernichtet* (Die Zeit Juli/2003)

20. ↑ Christian Hermann: *Millionen Kriegsflugblätter für Dresden,* in: *Dresden – Das Jahr 1945.* Dresdner Hefte, Bd. 41, ISBN 3-910055-27-3

21. ↑ Matthias Neutzner (Hrsg.): *Martha Heinrich Acht – Dresden 1944/45.* Dresden 2003 (4. erweiterte Auflage, Erstauflage 1995)

22. ↑ *Sächsische Zeitung,* 12. Februar 2005: *Der Ablauf der Angriffe*

23. ↑ Götz Bergander: *Dresden im Luftkrieg,* Würzburg 1998, S. 138-164, besonders S. 148; S. 371, Anmerkung 28

24. ↑ Christian Hermann: *Millionen Kriegsflugblätter für Dresden,* Dresdner Hefte, Bd. 41

25. ↑ a b c Matthias Neutzner: *Wozu leben wir noch? Um zu warten, bis die Russen kommen?,* Dresdner Hefte, Bd. 41

26. ↑ Nora Goldbogen: *Nationalsozialistische Judenverfolgung in Dresden seit 1938.* Dresdner Hefte 45

27. ↑ Victor Klemperer: *Ich will Zeugnis ablegen bis zum letzten – Tagebücher 1933–1945.* Berlin 1995

28. ↑ Autorenkollektiv: *Unterhaltungskunst A-Z,* Henschelverlag, Berlin 1975 (Taschenbuch der Künste) S. 256f.

29. ↑ Matthias Neutzner: *Wozu leben wir noch? Um zu warten, bis die Russen kommen?* In: *Dresden – Das Jahr 1945,* Dresdner Hefte, Bd. 41, ISBN 3-910055-27-3

30.↑ Dresdner Geschichtsverein e. V. (Hrsg.): *Wiederaufbau und Dogma. Dresden in den fünfziger Jahren*. Dresdner Hefte, Bd. 28, ISBN 3-910055-12-5

31.↑ Telegramm Churchills – Erster Entwurf

32.↑ Telegramm Churchills – Gesendeter Entwurf

33.↑ z. B. Axel Rodenberger: *Der Tod von Dresden. Bericht vom Sterben einer Stadt in Augenzeugenberichten*. Berlin 1995, ISBN 3-550-07074-8

34.↑ David Irving: *Der Untergang Dresdens*, 1964

35.↑ Götz Bergander: *Vom Gerücht zur Legende. Der Luftkrieg über Deutschland im Spiegel von Tatsachen, erlebter Geschichte, Erinnerung, Erinnerungsverzerrung*, in: Thomas Stamm-Kuhlmann u. a. (Hrsg.). *Geschichtsbilder.Festschrift für Michael Salewski zum 65. Geburtstag*, Stuttgart 2003

36.↑ Helmut Schnatz: *Tiefflieger über Dresden? Legenden und Wirklichkeit*. Mit einem Vorwort von Götz Bergander. Köln/Weimar/Wien 2000, ISBN 3-412-13699-9

37.↑ Frederick Taylor: *Dresden, Dienstag, 13. Februar 1945. Militärische Logik oder blanker Terror?* Bertelsmann, München 2004, ISBN 3-570-00625-5

38.↑ Helmut Schnatz: *Tiefflieger über Dresden? Legenden und Wirklichkeit*. Köln/Weimar/Wien 2000

39.↑ Lothar Metzger: *Die Bombardierung Dresdens: Ein Augenzeugenbericht*; Angela's story: *Machine-gunning civilian refugees*

40.↑ Götz Bergander: *Dresden im Luftkrieg – Vorgeschichte, Zerstörung, Folgen*, 2. erweiterte Auflage. Böhlau, Weimar/Köln/Wien 1994, ISBN 3-412-10193-1, S. 198ff

41.↑ Götz Bergander,*Dresden im Luftkrieg*, S. 209

42.↑ Hans Michael Kloth: *Das Ende der Legenden* (Spiegel)

43.↑ Bomber Command – Dresden, February 1945

44.↑ Helmut Schnatz: *Tiefflieger über Dresden? Legenden und Wirklichkeit*. Köln/Weimar/Wien 2000, S. 70 ff., S 123

45.↑ Helmut Schnatz: *Tiefflieger über Dresden? Legenden und Wirklichkeit*. Köln/Weimar/Wien 2000; S. 103f

46.↑ Helmut Schnatz: *Luftkriegslegenden in Dresden*

47.↑ Helmut Schnatz: *Quellenkritische Überprüfung von öffentlichen Diskursen*, Vortrag in Dresden, 1. Oktober 2008

48.↑ Holocaust-Referenz: *Luftkrieg: „Der Untergang Dresdens".* *David Irving und die Luftangriffe auf Dresden*

49.↑ Götz Bergander: *Dresden im Luftkrieg*, S. 215-218, 227f. und 382, Anmerkung 61

50.↑ zitiert nach Götz Bergander: *Luftkrieg in Dresden*, S. 224

51.↑ Götz Bergander: *Dresden im Luftkrieg*, S. 218-222; Richard J. Evans: *David Irving, Hitler and Holocaust Denial: Electronic Edition* (Gutachten im Prozess Irvings gegen Deborah Lipstadt zu den Opferzahlen in Dresden)

52.↑ zitiert nach Götz Bergander: *Luftkrieg in Dresden*, S. 226

53.↑ Götz Bergander: *Dresden im Luftkrieg* S. 213

54.↑ Matthias Neutzner (Hrsg.): *Martha Heinrich Acht – Dresden 1944/45.* Dresden 2003

55.↑ Walter Weidauer: *Inferno Dresden. Über Lügen und Legenden um die Aktion "Donnerschlag"*, Dietz Verlag, 8. Auflage 1990, ISBN 3320008188; Friedrich Reichert: *Verbrannt bis zur Unkenntlichkeit – Die Zerstörung Dresdens 1945.* Stadtmuseum der Landeshauptstadt Dresden (Hrsg.), DZA Verlag für Kultur und Wissenschaft 1994, S. 58; referiert bei Helmut Schnatz: *Luftkriegslegenden in Dresden (17. Dezember 2003)*

56.↑ weitere Mitglieder: Stadt Dresden: Präsentation der Historikerkommission

57.↑ Sven Heitkamp: *Kontroverse um Zahl der Dresdner Bombenopfer (Lausitzer Rundschau 18. Januar 2005)*

58.↑ Interview mit Rolf-Dieter Müller (Die Welt 20. Februar 2007): *Wie viele Menschen starben im Dresdner Feuersturm?*

59.↑ Sven Felix Kellerhoff: *Niemand stirbt in Deutschland ohne Registrierung (Die Welt 13. Februar 2007)*

60.↑ dresden.de: *Abschlussbericht der Historikerkommision zu den Luftangriffen auf Dresden zwischen dem 13. und 15. Februar 1945*

61.↑ Thomas Kübler: *Relevante Quellen für die Historikerkommission im Stadtarchiv Dresden*

62.↑ Thomas Westfalen: *Grabungsfunde im Zentrum von Dresden*

63.↑ Rüdiger Overmans: *Statistische Erhebungen zu Kriegsflüchtlingen*

64.↑ Mattias Neutzner: *Statistisch-geografische Analyse der Bergung, Bestattung und Registrierung von Luftkriegstoten nach den Luftangriffen auf Dresden vom 13. bis 15. Februar 1945*

65.↑ Gesammelte Unterlagen der Stadt Dresden zu den Forschungsergebnissen der Historikerkommission, 17. März 2010

66.↑ Sächsische Zeitung, 15. April 2010: *Mindestzahl der Dresdner Bombenopfer nach oben korrigiert*

67.↑ Gerd R. Ueberschär: *Dresden 1945*. S. 38

68.↑ RAF Zielradar H2S

69.↑ Freeman, Roger A. The Mighty Eighth War Diary (1990). ISBN 0879384956 Seite 240

70.↑ zitiert nach Sven Felix Kellerhoff: *Bombenkrieg und Kriegsrecht: Das Beispiel Dresden* (Die Welt, 9. Februar 2005)

71.↑ Gerd R. Ueberschär: *Dresden 1945 – Symbol für Luftkriegsverbrechen*, in: Wolfram Wette, Gerd R. Ueberschär (Hrsg.): *Kriegsverbrechen im 20. Jahrhundert*, Darmstadt 2001, S. 382-396

72.↑ Jörg Friedrich: *Der Brand. Deutschland im Bombenkrieg 1940– 1945.* Ullstein-Heine-List, München 2002, ISBN 3-548-60432-3

73.↑ Dieter Stein: *Das deutsche Trauma. Ein Buch über den Bombenkrieg trifft den Nerv der Deutschen* (Junge Freiheit 50/02, 6. Dezember 2002)

74.↑ Hans-Ulrich Wehler, Rezension für das Deutschlandradio (*Das politische Buch*), 2. Dezember 2002

75.↑ dazu Thomas Nagel: *War and Massacre*, in: Philosophy and Public Affairs, Vol. 1, No. 2, 1972, S. 123-144

76.↑ Thomas A. Cavanaugh: *Double Effect Reasoning. Doing Good and avoiding Evil*, Oxford University Press 2006, S. 181

77.↑ Anthony Grayling: *Among the Dead Cities*, Februar 2007

78.↑ zitiert nach Sven F. Kellerhoff: *Warum der Luftkrieg ein Kriegsverbrechen war* (Die Welt 1. Februar 2007)

79.↑ Zusatzprotokoll zu den Genfer Abkommen 1949 über den Schutz der Opfer internationaler bewaffneter Konflikte (pdf)

80.↑ john-noble.de: *Die Noble-Legende*

81.↑ Landesamt für Verfassungsschutz Sachsen (Hrsg.): *Verfassungsschutzbericht 2004 Freistaat Sachsen.* S. 53 (PDF, 1,78 Mb, abgerufen am 8. Dezember 2009).

82.↑ Blick nach Rechts, 8. Februar 2007: *Rechtsextreme „Aktionswoche"*

83.↑ Olaf Sundermeyer (Der Spiegel, 13. Februar 2010): *Bomben-Gedenken in Dresden: Neonazis scheitern mit Propagandamarsch*

84.↑ Dresdner Antifabündnis Venceremos: *13./16. Februar 2008 in Dresden: Pressemitteilungen*, abgerufen am 20. April 2010

85.↑ Sächsische Zeitung, 14. Februar 2007: *Dresdner zeigen Courage gegen Rechts*

86.↑ Der Spiegel, 13. Februar 2010: *Zehntausend bei Anti-Neonazi-Kette: Dresden stemmt sich gegen die Geschichtsklitterer'*

„http://de.wikipedia.org/wiki/Luftangriffe_auf_Dresden"

Stalins   Plan   zur   Eroberung   Europas

http://www.youtube.com/view_play_list?p=90D0A892B576FD00

Quote

Spätestens seit den Veröffentlichungen des russischen Militärexperten Viktor Suworow („Der Eisbrecher) und den Dokumentationen der russischen Filmemacher Wladimir Sinelnikow und Igor Schewzow („Der letzte Mythos) ist deutlich geworden, dass die These vom deutschen Überfall auf die Sowjetunion kritisch hinterfragt werden muss. Das geltende Geschichtsbild bröckelt, weil die Theorie vom deutschen Präventivschlag an Substanz gewinnt. Der Film "Den Krieg nach Deutschland tragen! Stalins Plan zur Eroberung Europas" ist ein weiterer Mosaikstein zur Entlastung Deutschlands. Faktenreich, sachlich und mit zum Teil unbekanntem Filmmaterial zeichnet die Dokumentation die Überlegungen und Pläne der sowjetischen Führung von Lenins Machtübernahme bis zum Beginn des Zweiten Weltkriegs nach. Schritt für Schritt wird deutlich, welche Ziele Lenin und sein Nachfolger Stalin wirklich verfolgten, wie konsequent sie an der Umsetzung ihrer Pläne arbeiteten und welche Rolle sie Hitler zuschrieben, als sie erkennen mussten, dass die Machtergreifung der Nationalsozialisten eine kommunistische Revolution in Deutschland unmöglich machte. Um der kommunistischen Weltanschauung in ganz Europa zum Sieg zu verhelfen, verfolgte Stalin einen ebenso einfachen wie genialen Plan: Er wollte die miteinander rivalisierenden europäischen Großmächte in einen Abnutzungskrieg stürzen, um am Schluss, wenn alle Beteiligten wirtschaftlich und militärisch geschwächt wären, mit einer hochgerüsteten modernen Roten Armee ganz Europa für sich zu erobern. Akribisch trägt der Film die inzwischen bekannt gewordenen Fakten zusammen und entwickelt daraus Schritt für Schritt ein faszinierendes

Gesamtbild, das die verborgenen Ziele des Zweiten Weltkriegs offenlegt.

http://www.amazon.de/Den-Krieg-nach-Deutschland-tragen/dp/B001OMMGFA/ref=tag_tdp_sv_edpp_t

In den Büchern Band 1 bis Band 3 „Israels Geheimvatikan" von Wolfgang Eggert (Kopp Verlag)–

Quote

„fußend auf aktuellsten Forschungsergebnissen - untersuchte der Autor die esoterischen Hintergründe des Judentums. Er stieß dabei auf das Wirken eines geheimnisvollen Ordens, insbesondere die Hochgrad-Freimaurerei, des Zionismus und der revolutionäre Sozialismus. So wurden beide Weltkriege von diesen Kräften nachweislich mit vorbereitet und in ihren Ergebnissen am Ende auch bestimmt". In diesem Buch heißt „der Leitsatz der Juden: „Die Welt der Völker ist in Aufruhr geraten und wir können nicht wollen, dass es aufhöre, denn erst, wenn die Welt in Krämpfen aufbricht, beginnen die Wehen des Messias. Die Erlösung ist nicht ein fertiges Geschenk Gottes, das vom Himmel auf die Erde niedergelassen wird. In großen Schmerzen muss der Weltleib kreißen, an den Rand des Todes muss er kommen, ehe sie geboren werden kann.. Selber müssen wir dahin wirken, dass das Ringen sich zu den Wehen des Messias steigere... Nicht zu löschen ist uns dann aufgetragen, sondern anzufachen (Martin Buber, führender Religionsphilosoph des okkulten Judentums)". „Derjenige muss in der Tat blind sein, der nicht sehen kann, dass hier auf Erden ein großes Vorhaben, ein großer Plan ausgeführt wird, an dessen Verwirklichung wir als treue Knechte mitwirken dürfen (Winston Churchill, freimaurerischer Staatsmann)." Deswegen streben die Juden vermutlich darauf hin Böses zu tun, „damit die Welt in Krämpfen aufbricht" und wir dürfen dies nicht weiterhin dulden, da wir dann alle mitbetroffen sind und für ihre Sünden büßen müssen (gleichfalls für die sündigen Tieropfer der Muslime!), indem der Herr, unser Gott die ganze Welt mitverschlingt. Die Teufelsbücher der jüdischen Mystik der verschlüsselte Talmud inbegriffen - sind auch gefährlich, da sie im Stande sind, den Menschen negativ zu beeinflussen, das zur Folge hat, dass man böse, streit- und rachsüchtig wird, weshalb wir diese bereits vor 10 Jahren, nachdem wir diese studiert, vernichtet hatten aber die Juden damit überführen konnten. Auch dies könnte der Grund sein, weshalb die Juden herzlos sind, da sie dieser Religion nachjagen. Jesus sprach: „Der Gerechte erbarmt sich seines Viehs, aber der Gottlose ist grausam".

Von vielen hunderten von Seiten hatten wir lediglich aus Zeitmangel einige Seiten aus „Der Geheimvatikan" – Band 3 – herausgelesen und auf Seite 343 folgendes entdecken können - Zitat: „So verkündete am 12. Januar 1952 der Oberrabbiner Emanuel Rabinowitsch vor einer Sonderversammlung des „Emergency Council of European Rabbis" zu Budapest, in einem Moment der Unachtsamkeit: „Das Ziel, das wir während der 3000 Jahre mit so viel Ausdauer anstreben, ist endlich in unsere Reichweite gerückt. Und weil seine Erfüllung so nahe ist, haben wir unsere Anstrengungen und Vorsichtsmaßnahmen zu verzehnfachen. Ich kann Euch versichern, dass unsere Rasse ihren berechtigten Platz in der Welt einnehmen wird. Jeder Jude ein König, jeder Christ ein Sklave. (Lebhafter Beifall der Versammlung) Wir weckten antideutsche Gefühle in Amerika, welche im Zweiten Weltkrieg gipfelten. Unser Endziel ist die Entfachung des Dritten Weltkrieges. Dieser Krieg wird unseren Kampf gegen die Gojim (Nichtjuden, der Verf.) für alle Zeiten beenden. Dann wird unsere Rasse unangefochten die Erde beherrschen." Und weiter: „Wir werden die grauenvollen Tage des 2. Weltkrieges wiederholen müssen, als wir gezwungen waren, zuzulassen, dass die Hitlerbanditen einige (!) unserer Leute opferten. ... Ich bin gewiß, Sie werden kaum Vorbereitungen für diese Pflicht benötigen, denn Opfer ist immer das Kennwort unseres Volkes gewesen. Der Tod von selbst vielen Tausenden Juden im Tausch für die Weltherrschaft ist wirklich ein geringer Preis."

Quote

Wolfgang Eggerts Triologie, auf der Rückseite der Bücher - Israels Geheimvatikan / Als Vollstrecker Biblischer Prophetie – zu lesenden Textes:

Die Welt der Völker ist in Aufruhr geraten, und wir können nicht wollen, daß es aufhöre, denn erst, wenn die Welt in Krämpfen aufbricht, beginnen die Wehen des Messias. Die Erlösung ist nicht ein fertiges Geschenk Gottes, das vom Himmel auf die Erde niedergelassen wird. In großen Schmerzen muß der Weltleib kreißen, an den Rand des Todes muß erkommen, ehe sie geboren werden kann ... Selber müssen wir dahin wirken, daß sich das Ringen zu den Wehen des Messias steigere... Nicht zu löschen ist uns dann aufgetragen, sondern anzufachen. (Martin Buber, führender Religionsphilosoph des okkulten Judentums) Der Endzweck, den wir uns zu eigen gemacht haben, ist eschatologischer Natur. Diesen Endzweck nennen wir die Verwirklung des Heiligen Reiches, an dem wir mit Gottes

Hilfe mit aller Kraft wirken, unser Orden ist bekanntlich nicht kontemplativ, sondern hauptsächlich aktiv und die zweite Komponente seines Wahlspruchs ‚Deus meumque Jus' macht ihn zu einem Mitarbeiter der Göttlichkeit. Und in der Ordnung, die wir anstreben, bildet das Heilige Reich tatsächlich eine Vision und ein Modell zugleich, diese Ordnung, die unsere Kräfte beansprucht und auf jenes himmlische Jerusalem hindeutet, das dem geistigen Schutzpatron des Ritus, dem von Patmos inspirierten Greis, offenbart wurde. (Henri L. Baranger, Kopf der schottischen Hochgrad-Freimauerei in Frankreich) Derjenige muß in der Tat blind sein, der nicht sehen kann, daß hier auf Erden ein großes Vorhaben ein großer Plan ausgeführt wird, an dessen Verwirklichung wir als treue Knechte mitwirken dürfen. (Winston Churchill, freimaurerischer Staatsmann)

bücher siehe amazon.de

zoe:

Geheimakte Rudolf Hess - Die Wahrheit (Langfassung Der N-Tv-Doku)

http://video.google.de/videoplay?docid=-3819865090288319263

Quote

"Geheimakte Heß – Geschichte und Hintergründe der deutsch-englischen Friedensverhandlungen" Weltgeschichte schrieb Rudolf Heß, Reichsminister und Stellvertreter Adolf Hitlers, als er am 10. Mai 1941 allein in seiner Me 110 nach Schottland flog, um Friedensverhandlungen mit den Briten aufzunehmen. Dieser und alle weiteren spektakulären Wendepunkte im Leben von Rudolf Heß bis hin zu seinem Tode sind noch immer von Mysterien und Legenden umrankt. Jetzt deuten neue Archivfunde aus England darauf hin, dass die britische Regierung die deutschen Friedensangebote von Anfang an torpedierte: Churchill spielte auf Zeit, um die USA und die Sowjetunion in den Krieg zu ziehen. Wurde Heß bis zu seinem Tod inhaftiert, um dieses Vorgehen, das Millionen Menschen Gesundheit und Leben kostete, zu verschleiern? Das letzte Rätsel gab sein plötzlicher Tod auf. Die alliierten Behauptung eines Selbstmords wurde von Augenzeugen und Sachverständigen umgehend in Zweifel gezogen. Die Dokumentation zeigt bislang unbekannte Filmaufnahmen von Rudolf Heß, sensationelle Dokumente aus englischen und privaten Archiven sowie Statements von Augenzeugen und namhaften deutschen und britischen Wissenschaftlern.
http://www.dokublog.com/2009/04/geheimakte-rudolf-hess/#more-123

http://yourarchives.nationalarchives.gov.uk/index.php?
title=Hess,_Rudolf_(1894-1987)_German_Politician

earthling:

Alliierte   Mitschuld   am   2.   WK?
http://www.youtube.com/watch?v=lseVNZRXohQ

http://www.youtube.com/watch?v=SYPwzS5XSlM

Quote

Haben Alliierte Mitschuld am 2. WK? Warum haben die Engländer und Franzosen im September 1939 nicht aktiv in den Krieg eingegriffen? Trotz Beistandsverträgen mit Polen hielten sie sich aus den Kriegshandlungen heraus. Hätten sie sofort eine zweite Front eröffnet, wäre Europa eines seiner dunkelsten Kapitel erspart geblieben, Millionen von Menschen hätten überlebt und auch die Grenzverläufe von 1939 hätten sich nicht geändert. Tragen Frankreich und England eine Mitschuld am verheerendem Verlauf des 2. Weltkriegs? Könnte Polen heute noch Wiedergutmachungsforderungen wegen Nichteinhaltung der völkerrechtlichen Verträge fordern?

earthling:

Alliierte Kriegsverbrechen: Vergessene Kriegsgreuel des Zweiten Weltkrieges trailer
http://www.youtube.com/watch?v=wkNuf-4i5SY

Quote

Dieser Film ist ein erschütterndes Dokument menschlicher Grausamkeit. Er macht deutlich, dass im Zweiten Weltkrieg Kriegsverbrechen auf allen kriegführenden Seiten stattfanden und keine Spezialität einer einzelnen Nation waren. Er ermöglicht Einblicke in einige der zahllosen Kriegsverbrechen, die auch auf alliierter Seite verübt wurden. Die Dokumentation aus dem Jahre 1983 ist der einzige Beitrag, den das deutsche Fernsehen je zu diesem Thema ausstrahlte. Die Basis des von dem international renommierten, amerikanischen Völkerrechtler und Historiker Alfred de Zayas aufbereiteten Materials stellen die Akten der „Wehrmacht-Untersuchungsstelle für Verletzungen des Völkerrechts (WUSt.) dar. Mit diesen Akten konnte jedes der alliierten Kriegsverbrechen dokumentiert und belegt werden. Die beiden nach Kriegsverbrechen an der West- und an der Ostfront gegliederten Teile der Dokumentation zeigen u. a.:

· das Massaker an Lazarettinsassen in Feodosia durch die Rote Armee
· die Versenkung von Rot-Kreuz-Schiffen und das Beschießen von Rot-Kreuz- Einrichtungen durch die britische und die amerikanische Luftwaffe
· Massenvergewaltigungen und zahllose Ermordungen beim Einmarsch der französischen Armee in Stuttgart
· Massenvergewaltigungen und Ermordung nahezu der kompletten Dorfbevölkerung im ostpreußischen Nemmersdorf beim Einmarsch der Roten Armee
· Bombenterror gegen die Zivilbevölkerung der deutschen Städte durch die US-Airforce und die britische Luftwaffe

-Einbinden scheint von youtube behindert zu werden (Einsteller ist gesperrt) deshalb hier der link:
h (leerraum entfernen) ttp://www.youtube.com/view_play_list? p=3320329D68C8BAA2

bzw. siehe hier http://www.youtube.com/user/Kanzler45
oder hier http://www.youtube.com/results? search_type=search_playlists&search query=Alliierte+Kriegsverbrechen& uni=1
aus der Doku hier der Beitrag zu "Dresden" http://www.youtube.com/watch?v=B4QkvIY1zqA

earthling:
Hitlers Krieg? Was Guido Knopp verschweigt

Die Frage nach der Schuld am Zweiten Weltkrieg ist ein Thema, welches in Deutschland nicht offen debattiert werden soll. So wollen es zumindest unsere gleichgeschalteten Medien und unsere politischen Eliten. Denn die Geschichte und mit ihr die angeblich eindeutige und alleinige Schuld der Deutschen am desaströsen Grauen der Weltkriege ist festgeschrieben. Doch es mehren sich die Stimmen, die sich mit dergestalt plumpen Schwarzweißzeichnungen nicht mehr zufrieden geben. Die folgende Dokumentation „Hitlers Krieg? – Was Guido Knopp verschweigt" geht dieser Frage nach und bricht damit ein Taboo.

video sehen http://www.videogold.de/hitlers-krieg-was-guido-knopp-verschweigt/

Quote

Dies ist eine Dokumentation ueber die Kriegsschuldfrage des Zweiten Weltkrieges. Es werden vom Versailler Vertrag bis zum Kriegsende 1945 alle Feldzuege behandelt und in einem neuen Licht dargestellt. Viele Fakten stammen aus dem Buch "Der Krieg der viele Vaeter hatte" von Gerd Schultze-Rhonhof.

Entgegen der offiziellen Geschichtsschreibung werden hier die Friedensangebote Hitlers und auch anderer Personen thematisiert und nicht, wie ueblich, verschwiegen. Diese Dokumentation ist ein Muss fuer jeden Geschichtsinteressierten, den die wahren Hintergruende des Zweiten Weltkrieges interessieren. Hitlers Krieg – Was Guido Knopp verschweigt (2009, 1h 36m, 640×480).

earthling:

Der Zweite 30jährige Krieg (Der große Krieg)
Der dreißigjährige Krieg von 1914 bis 1945

Sechzig Jahre nach Kriegsende ist es an der Zeit, die wahren historischen Zusammenhänge um die beiden großen Weltkriege darzustellen - und Deutschlands Rolle darin. Eine Analyse, die vieles erhellen und manch ein Vorurteil richtigstellen soll.

"Die Zeitgeschichte ist mit der Lüge infiziert wie eine Hure mit der Syphilis." Arthur Schopenhauer

Am 8. Mai 1945 unterzeichnete das Dritte Reich die Kapitulation. Mit diesem Tag ging der Zweite Weltkrieg und mit ihm die Schreckensherrschaft der Nazis zu Ende. Seit damals vernebelt eines der großen historischen Dogmas den ungetrübten Blick auf eine Epoche unsäglichsten menschlichen Leides: die Behauptung nämlich, daß Deutschland die Alleinschuld an beiden Weltkriegen trage, ausgelöst durch seine Kriegstreiberei und sein Dominanzstreben. Diese These hat in sämtliche Schul- und Lehrbücher Einzug gehalten und führt auch heute noch ein aufklärungsresistentes Eigenleben. Am Tropf einer politisch-korrekten öffentlichen Meinungspolitik hängend, hat die ,deutsche Alleinschuld' im Bewußtsein der Menschen überlebt, obwohl sie nichts weiter ist als eine Propagandalüge. Wer die Schuldfrage objektiv klären will, muß den historischen Werdegang betrachten, der letztlich zum schlimmsten aller Kriege führte. Und darin spielen die Nazis vorerst eine untergeordnete Rolle. Einhundert Jahre vor dem Ersten Weltkrieg erschütterte die Rivalität zweier Nationen immer wieder Europa: England und Frankreich lagen generationenlang im Krieg um die wirtschaftliche

Ordnungs- und Wirtschaftsmacht auszuschalten. Der französische Politiker Francolin sehnte bereits 1889 einen neuerlichen Krieg mit Deutschland herbei, als er vom künftigen Kriegsausbruch sagte, "dies ist der Tag, den wir erwarten". Auch England war bereit, seinen Welthandel militärisch zu schützen. So stand bereits am 24. August 1895 in der Londoner Wochenschrift Saturday Review unter dem Titel "Our true foreign policy" ("Unsere wahre Außenpolitik") zu lesen: "Unsere Hauptwettbewerberin in Handel und Verkehr ist heute nicht Frankreich, sondern Deutschland. Bei einem Krieg mit Deutschland kämen wir in die Lage, viel zu gewinnen und nichts zu verlieren." Und zwei Jahre später, am 11. September 1895, forderte die Publikation unverblümt: "Germaniam esse delendam" - Deutschland muß zerstört werden. England fürchtete um seinen jährlichen Handelsumsatz. Zu Recht. In der ersten Jahreshälfte von 1914 hatte der deutsche Außenhandel den britischen beinahe eingeholt: Die Einnahmen der deutschen Exporte beliefen sich auf eine Milliarde und 45 Millionen Pfund, die Einnahmen der Briten auf eine Milliarde und 75 Millionen Pfund. Kein Wunder, waren die Engländer schon Jahre zuvor ins Schwitzen gekommen. Der Staatsmann Richard Burdon Viscount Haldane erklärte am 3. August 1911 offen den britischen Kriegswillen gegenüber dem Deutschen Reich: "Ein solches Land und Volk kann nur durch Spionage und gewaltsame Pläne vom Wettbewerb in der allgemeinen Hochkultur der Menschheit ausgeschaltet werden." Dabei wären die Militärs bereits sechs Jahre zuvor gerne in Deutschland einmarschiert. 1905 nämlich forderte der Erste Britische Seelord Fisher von seinem König Edward VII. die Landung von hunderttausend englischen Soldaten an der Pommerschen Küste, um damit gegen Berlin vorzurücken. Der gleiche Fisher bemerkte dann 1912, der große Krieg werde "jetzt vorbereitet, ohne daß es jemand sieht". Ganz so blind war die Welt allerdings nicht. So stellte der spätere Premierminister der südafrikanischen Union, General Louis Botha, schon 1909 fest, daß Deutschland einem Krieg mit England nicht entgehen könne, gleichviel was es   auch   tue.

http://www.youtube.com/watch?v=_h9un5KFzRg

http://www.youtube.com/watch?v=kuUUsqscV-4

http://www.youtube.com/watch?v=NxSEzfnu-6U

http://www.youtube.com/watch?v=pQBY19yMqeQ

http://www.youtube.com/watch?v=VQQLIou2El8

http://www.youtube.com/watch?v=sTQCYj37aII

http://www.youtube.com/user/Thrivald10#p/u

earthling:
1939 - Der Krieg, der viele Väter hatte (Teil 1)
http://www.youtube.com/watch?v=czuDTh0urOc

1939 - Der Krieg, der viele Väter hatte (Teil 2)
http://www.youtube.com/watch?v=bD3wZqeUzvc

http://www.geschichtsforum.de/f67/1939-der-krieg-der-viele-v-ter-hatte-23147/

earthling:
Der »vergessene« Atomkrieg 1945: Sollte die erste deutsche Atomwaffe am 6. August 1945 eingesetzt werden? Thomas Mehner , 30.06.2008
Seit Jahren laufen intensive Nachforschungen zur Frage, ob das Deutsche Reich bei Kriegsende im Besitz von Atomwaffen war. Die etablierte Historikerschaft, besser die Establishment-Historiker, haben die Existenz eines deutschen Atomwaffenprogramms bis vor Kurzem abgelehnt. Dass das so sein muss, ist nicht verwunderlich angesichts heutiger politischer Korrektheit und der Tatsache, dass ihrerseits vorliegenden Hinweisen niemals nachgegangen wurde, was ein Beweis für den Umstand ist, dass beinahe niemand an der Wahrheit interessiert ist. Die Vereinigten Staaten publizierten unmittelbar nach dem Ende des Zweiten Weltkrieges vieles von dem, was – waffentechnisch gesehen – in Deutschland bei Kriegsende entdeckt worden war, später aber in der Versenkung verschwand. Direkt und indirekt gaben hochrangige Vertreter der Westalliierten zu, dass der Zweite Weltkrieg, hätte er nur wenige Wochen oder Monate länger gedauert, zu einer neuen Form der bewaffneten Auseinandersetzung geführt hätte, wobei fatalerweise die Deutschen eine Vielzahl neuer, schrecklicher Erfindungen eingesetzt hätten. Erst kürzlich konnte wieder eine jener Meldungen identifiziert werden, die so gar nicht in das heutige Geschichtsbild passen will. Wäre sie die berühmte Ausnahme von der Regel, könnte man unbeeindruckt zur Tagesordnung übergehen und das Ganze vergessen. Wie immer jedoch zeigte sich bei weiteren Recherchen, dass die erste Meldung durch zusätzliche, teils deutlichere Informationen untersetzt werden konnte. Worum geht es? Nun, am Montag, dem 9. Juli 1945, hatte das bekannte US-Magazin Time in der Rubrik »Wissenschaft« einen Artikel veröffentlicht, in dem über ein deutsches Projekt mit der Bezeichnung »Sonnenkanone« berichtet wurde. Dieses noch in der Zukunft liegende Projekt sollte – so die

ursprüngliche Planung – eine in der Erdumlaufbahn befindliche deutsche Kampfstation sein, die Sonnenlicht bündelte und dieses in Form eines gezielten Energiestrahls zur Erde schickte, um dort unbotmäßige Nationen anzugreifen und ihre strategisch wichtigen Ziele zu bekämpfen.

weiter   http://info.kopp-verlag.de/news/kopp-exklusiv-der-vergessene-atomkrieg-1945-sollte-die-erste-deutsche-atomwaffe-am-6-august-1.html

earthling:
Historiker: Großbritannien hat Polen 1940 betrogen

LONDON - Schwere Vorwürfe gegen die britische Regierung, unter dem verstorbenen Premier Winston Churchill, erhebt ausgerechnet ein Mitglied der Kommission für Militärgeschichte in London. Der Historiker Jonathan Walker behauptet in seinem jetzt auch in polnischer Sprache veröffentlichtem Buch "Der britische Verrat", dass Großbritannien 1940 nicht wegen dem deutschen Angriff auf Polen in den Krieg gegen Hitler zog, sondern einzig um Deutschland am Boden zu sehen. er betont besonders, dass Churchill Polen nicht nur vor und während, sondern auch nach dem Kriege im Stich liess. Walker prüfte in den Vorbereitungen zu seinem Buch z.B. intensiv die Rolle Londons zum Warschauer Aufstand von 1944 und den Einsatz polnischer Soldaten für das Vereinigte Königreich, denen die britische Regierung Unterstützung im Kampf zur Befreiung ihres Landes von deutschen- sowjetischen Besatzern versprochen hatte. "Die Polen vertrauten ihren "Verbündeten" von den Inseln, doch sollten sie dramatisch enttäuscht werden" - schreibt der Historiker.

weiter   http://polskaweb.eu/briten-ueberliessen-polen-den-sowjets-86764867.html

harakiri:
Sensationelle Aktenfunde eines britischen Historikers: Wie Churchill 1941 den Frieden verhinderte 11. Apr 2010 - Von Werner Baumann   (Hinweis: vermutlich   NPD-nah)

Eigentlich müßte es im deutschen Blätterwald gewaltig rauschen. Denn dem englischen Historiker Martin Allen sind Dokumentenfunde gelungen, die ohne Übertreibung das Adjektiv "sensationell" verdienen. Sie lassen nicht nur den Fall Rudolf Heß in neuem Licht erscheinen; sie weisen auch dem britischen Premier Winston Churchill die Schuld dafür zu, daß sich der 1939 begonnene europäische Konflikt um Polen zum Zweiten Weltkrieg ausweitete - mit mehr als 50 Millionen Toten.

weiter http://fufor.twoday.net/stories/6294813/
http://westfalen-nord.net/wie-churchill-1941-den-frieden-verhinderte
siehe auch http://www.zdj.se/bb/gb.php

harakiri:
Polen freiwillig in Wehrmacht und SS ? 22. MAI 2010
Moskau - Sensationelle Beschuldigungen veröffentlichte am Wochenende
die Moskauer "Nesawissimaja Gaseta", die neben der Tageszeitung
Kommersant, als inoffizielles Sprachrohr des Kremls und hiermit
verbundenen russischen Oligarchen gilt. Unter der Headline " Polnische
Freiwillige in der Wehrmacht " kommt das Blatt nicht nur zurück auf das
Thema "Großvater Tusk" oder "Katyn", sondern vor allen Dingen auf die
nicht unumstrittene Rolle Polens in der ersten Hälfte des 20. Jahrhunderts.
So behauptet die Zeitung z.B. dass nicht nur Geschichte von Josef Tusk,
dem Großvaters vom heutigen polnischen Premier Donald Tusk erfunden
sei, sondern auch die von einer weiteren halben Million Polen, da weder die
Wehrmacht noch die SS in den besetzten Gebieten zwangsrekrutierte,
sondern nur Freiwillige nach strengster Prüfung aufnahm. Josef Tusk soll
damals angeblich aber als Danziger Pole von der Gestapo verhaftet worden
und ins KZ Stutthof gebracht worden sein. Im Jahre 1944 habe man ihn
dann in die Wehrmacht gezwungen.

Quote

"Nesawissimaja Gaseta": "Der Wehrmacht und SS beigetreten waren
insgesamt etwa eine halbe Million polnischer Freiwilliger. Unter ihnen war
Joseph Tusk, der Großvater des heutigen polnischen Ministerpräsidenten
Donald Tusk. Warschau ist aber nicht am Schicksal von 60 277 Polen
interessiert, die in Uniformen der Wehrmacht und der SS gekleidet,
zwischen 1941 bis 1945 in sowjetische Gefangenschaft geraten waren.
Polnische Behörden wollen deshalb auch nicht einmal über die halbe
Million "glücksloser" Landsleute reden, die von den "schlimmen"
Deutschen "zwangsweise" mobilisiert worden waren. Sie verschweigen ihre
Taten, ihre Verbrechen, erwarten aber von Russland druckvoll die
Offenlegung der Dokumente von Katyn. Sorry, aber wir wissen dass auch
Russen, Franzosen, Ukrainer oder Letten nicht unter Zwang in der
Wehrmacht oder SS dienen mussten, warum aber ausgerechnet dann die
Polen ? Sie kämpften alle freiwillig für Hitler."

weiter http://polskaweb.eu/polen-in-hitlers-armeen-8745873665.html

andere - offiziell-deutsche geschichtsschreibung - meinung:
http://kroekel.com/2007/09/29/aus-dem-dunkel-drohen-die-deutschen/
http://www.kas.de/wf/doc/kas_7379-544-1-30.pdf

weitere   Artikel:
http://www.faz.net/s/RubDDBDABB9457A437BAA85A49C26FB23A0/Do
c~E8DD440071E504B9ABAF957F0242A1CD7~ATpl~Ecommon~Sconten
t.html
http://www.spiegel.de/spiegel/print/d-42813445.html
http://www.welt.de/welt_print/article956491/Enkel_haften_fuer_ihre_Gross
vaeter.html
http://www.sz-online.de/nachrichten/artikel.asp?id=981326

http://de.wikipedia.org/wiki/Donald_Tusk#Familie
http://www.mein-parteibuch.com/wiki/Donald_Tusk
http://pl.wikipedia.org/wiki/Józef_Tusk
http://de-de.facebook.com/pages/Donald-Tusk/105966559434654?v=desc

harakiri:

Aufmarsch der Gummiarmee

Mit aufblasbaren Panzern und Trucks zog nach dem D-Day eine streng
geheime US-Spezialeinheit schutzlos in den Krieg, um der Wehrmacht
Fallen zu stellen. Noch heute wirft diese unbekannte "Geisterarmee" Rätsel
auf: Rettete sie Zehntausenden das Leben - oder täuschte sie eher die
eigenen Truppen? Von Christoph Gunkel

Die zwei französischen Zivilisten trauten ihren Augen nicht. Im September
1944 waren sie in der Grenzregion zu Luxemburg von US-Soldaten
angehalten worden. Die GIs fragten misstrauisch, was sie hier wollten, doch
die Franzosen hörten kaum zu. Denn was sie hinter der Patrouille erspähten,
verschlug ihnen den Atem: Dort liefen vier Soldaten zu einem Sherman-
Panzer, bückten sich, hoben den Panzer mühelos hoch, drehten ihn in die
andere Richtung - und stellten ihn wieder hin. Die Amerikaner waren
weder in Zaubertrank gefallen, noch hatten sie übermenschliche Kräfte - der
Panzer wog tatsächlich nur gut 40 Kilogramm. Denn der vermeintliche
Stahlkoloss bestand aus Gummi. Ohne es zu wissen, hatten die Zivilisten
eine streng geheime US-Einheit bei der Arbeit beobachtet - die "23.
Headquarters Special Troops". Intern hieß diese ungewöhnliche Einheit nur
"The Ghost Army" ("Geisterarmee") oder "The Rubber Army" ("Gummi-
Armee"), schließlich war fast alles aufblasbar: Artillerie, Flugzeuge, Panzer,
Jeeps, Trucks. Die "Geisterarmee" sollte die Deutschen in die Irre führen

und mit ihren nur 1100 Soldaten eine gigantische Truppenstärke von bis zu 30.000 Mann vorgaukeln. Es war der bis heute nahezu unbekannte Versuch, Operationen zu entscheiden, ohne auch nur einen Schuss abzufeuern.

http://einestages.spiegel.de/static/topicalbumbackground/7401/aufmarsch_d er_gummiarmee.html

http://en.wikipedia.org/wiki/Ghost_Army
http://www.ghostarmy.org/

http://www.nasaa-home.org/23rdhqs.htm

harakiri:

Massakrierte Deutsche in Tschechien gefunden

Prag - Nach dem Fund von etwa einem Dutzend ziviler deutscher Massengräber in den letzten zwei Jahren in Polen ist man nun auch in Tschechien offenbar fündig geworden. In der Nähe des tschechischen Dorfes Dobronin haben Archäologen unter Aufsicht der Polizei mehrere Skelette gefunden die zu einer Gruppe von 15 Deutschen gehören könnten, die an dieser Stelle Ende Mai 1945 mißhandelt und dann erschlagen bzw. erschossen worden sein sollen. Nach einer ersten Augenscheinnahme der jetzt entdeckten Überreste, spricht die Polizei von deutlichen Hinweisen auf Mord. Anders als in Polen, wo tote Deutsche aus Massengräbern einfach nur für einen Schlusspunkt umgebettet wurden, will man in Tschechien nun DNA- Analysen von den Opfern erstellen lassen, um hierdurch möglicherweise ihre Identität feststellen zu können. Zum Ende des Krieges und vor allen Dingen auch nach Mai 1945 wurden in Osteuropa vermutlich Millionen Deutsche zu Tode gefoltert, erschlagen oder einfach nur erschossen. Die meisten von ihnen gelten seitdem als vermisst. Die Funde immer neuer Massengräber in Polen, Tschechien, Jugoslawien und anderwo sprechen eine klare Sprache.

Quote

"Polskaweb" hat über Jahre unzählige Beweise und Indizien gesammelt, die darauf hinweisen, dass die Täter weniger aus den einheimischen Bevölkerungen kamen, sondern gezielt staatliche Organe zur Vernichtung der Deutschen eingesetzt wurden. Teilweise wurden zum Morden und Rauben aber auch Zivilisten aufgehetzt bzw. bezahlt. Geheimpolizei, teils getarnt als Partisanen und Milizen richteten hierzu überall Blutbäder an. Opfer waren aber nicht nur Deutsche, sondern auch ethnische Polen, Tschechen, Ungarn, Jugoslawen usw, die den neuen Machthabern nicht genehm waren. Zum Ende des zweiten Weltkrieges übernahmen jüdische Politiker, Beamte, Kommissare, Wirtschaftsbosse und Militärs die Macht in den osteuropäischen Staaten, welche die "Rote Armee" vorab "mit Hilfe der Nazis" erobert bzw. besetzt hatte. Sadistische und perverse Mörder und gewissenlose Räuber kamen von Amts wegen zum Zuge. In Osteuropa sind die Nachkommen früherer Machthaber und ihrer Helfer bis heute im Amte. Alle relevanten Politiker, Richter, Militärs, Geistliche, Staatsanwälte und andere Beamte verstecken allerdings nun ihre wahren Stammbäume und haben ihre Biographien gefälscht, oder Bedeutendes absichtlich weggelassen. Es sind Kryptojuden, wie auch die der deutschen Kriegsgräberfürsorge, der Vertriebenverbände und einem Heer von kriminellen Zeitzeugen, Historikern und Journalisten. Aber das ist noch lange nicht alles, denn wir sind inzwischen fest davon überzeugt, dass nicht nur der zweite Weltkrieg vor allen Dingen ein Krieg der Juden in aller Welt gegen ethnische Deutsche war. Wir glauben und haben zahlreiche Indizien und Beweise dafür, dass zumindest der größte Teil, wenn nicht gar alle Nazis Juden waren inklusive Hitler, Bormann, Himmler, Eichmann, Goebbels, Frank, Göth, Rosenberg, Hess, Skorzeny usw. Dies betrifft auch ihre Ehefrauen, Freundinnen und Sponsoren aus der Wirtschaft. Wir sind davon überzeugt, dass Churchill, Roosevelt, Eisenhower, Bomber Harris, Stalin, KGD, GRU, Hoover, Nixon, Johnson, Reagan, Stasi Agenten und Spitzel, zahlreiche Dissidenten und Freiheitskämpfer, Honnecker, Tito, Thyssen, Mielke, Reinhard Gehlen, die Aldi Brüder, Lidl - Dieter Schwarz, Quandt, Krupp - Bohlen und Halbach und viele andere sog. Aristokraten, der Mörder von JFK Oswald und sein Mörder Ruby, Jaqueline Kennedy, Adenauer, Kohl, Erhard, Straus, Scheel, Schröder mit seinen 4 jüdischstämmigen Frauen, Joschka und alle anderen Figuren der deutschen Politik, sowie hunderte Milliardäre, Wirtschaftsbosse, Gewerkschaftler und Bankdirektoren Kryptojuden sind bzw. waren um nur mal einige Bespiele zu nennen. Wir glauben, dass Konrad Adenauer in den 50er Jahren weniger deutsche Kriegsgefangene heimholte, denn Juden aus Osteuropa nach Deutschland und Österreich einschleuste. Wir haben Hinweise und Indizien darauf, dass in der Bundesrepublik wahrscheinlich auch Millionen türkische Juden leben. Wir haben Beweise, dass die Neuapostolische Kirche mit 10 Millionen Mitgliedern eine krypto-jüdische/s Organisation/Versteck ist. Das betrifft auch Scientology, den Bilderberger- Club und viele andere Organisationen und Vereine. Die Profiteure des Unterganges der Deutschen waren und sind somit nach unserer Überzeugung Krypto-Juden, sie haben diesen Krieg auf ihre Art gewonnen. Sie werden, können und müssen dies nicht alles glauben, genauswenig wie die Zahl der tatsächlichen Kriegsopfer, die weit, weit unter den bekannten Zahlen liegen. Viele

Ereignisse der letzten 100 Jahre waren Ergebnisse gekonnter Manipulationen.

http://polskaweb.eu/vermisste-deutsche-in-massengrab-tschechien-86748376.html

Quote

Als Kryptojuden (engl. Crypto-Jews) werden gelegentlich Konvertiten (vom Judentum zu einer andern Religion) und deren Nachkommen bezeichnet, die entgegen ihrer öffentlichen Religionszugehörigkeit sich weiterhin der alten Religion verbunden fühlen und im Geheimen jüdische Kultur und Religion praktizieren.
http://de.wikipedia.org/wiki/Kryptojuden
http://www.jewishvirtuallibrary.org/jsource/judaica/ejud_0002_0005_0_047 38.html
http://www.cryptojews.com/

siehe auch: http://www.kreuz.net/article.10736-page.html

Dazu eventuell ergänzend....dies Internetfundstück, ohne Gewähr...
http://www.judaica-frankfurt.de/content/pageview/1071078
http://www.judaica-frankfurt.de/content/pageview/1071093

aktueller... http://secretsocieties.wordpress.com/2008/09/20/tentang-illuminati/

auch interessant.... http://www.imdialog.org/md2008/06/07.html

-----

Massaker Saaz-Postelberg

...auch in Tschechien, in Saaz-Postelberg nähe Prag...
http://www.bild.de/BILD/politik/2010/05/26/neue-dokumentation-brutale-rache-akte-an-deutschen/fluechtlingen-im-zweiten-weltkrieg.html

http://www.youtube.com/watch?v=dJHFKlHaHxY

http://www.zdf.de/ZDFmediathek/beitrag/video/1061314/Denkmal+für+er mordete+Sudetendeutsche

http://www.zdf.de/ZDFmediathek/beitrag/video/901368/Nachgehakt+vom+
17.11.2009

***

Massaker   von   Aussig

http://de.wikipedia.org/wiki/Massaker_von_Aussig
http://www.jf-archiv.de/online-archiv/file.asp?
Folder=05&File=200531072960.htm
http://www.prull-laubendorf.de/aussig-massaker.htm
http://de.academic.ru/dic.nsf/dewiki/927469

***

Massaker   von   Prerau   (Schwedenschanze)

Beim Massaker von Prerau am 18./19. Juni 1945 im mährischen Prerau
wurden alle 265 Insassen eines Zuges - Karpaten Deutsche Flüchtlinge - am
dortigen Bahnhof von tschechoslowakischen Soldaten ermordet.
http://www.youtube.com/watch?v=SE7T4FwgBa0

Dresden: Tragödie, Kriegsverbrechen oder Machtprobe?

Der Name der Stadt Dresden ist untrennbar mit der Zerstörung im Zweiten
Weltkrieg durch die alliierte Luftwaffe verbunden. Aufgrund der vielen
Opfer wird Dresden weltweit im gleichen Atemzug mit den Städten der
Atombombenabwürfe Hiroschima und Nagasaki genannt. Doch längst ist
aus der historischen Zerstörung ein Politikum geworden.

Der Versuch einer Analyse anlässlich des 65. Jahrestages der Zerstörung.

Am 13. und 14. Februar 1945 versank Dresden in Schutt und Asche. Der
Zweite Weltkrieg lag in den letzten Zügen und er sollte von da an nur noch
zweieinhalb Monate dauern. Seit vielen Jahren wurden bereits zahlreiche
deutsche Städte angegriffen und sind unter alliierten Phosphorbomben in
Flammen aufgegangen. Nicht nur die deutsche Infrastruktur sollte für die
Zeit nach dem Krieg nachhaltig zerstört werden, es sollte auch deutsches

Kulturgut unwiederbringlich vernichtet und nicht zuletzt sollten möglichst viele Zivilisten planmäßig getötet werden. Militärische Anlagen wurden gegen Ende des Krieges geschont, damit die Alliierten nach dem Krieg die Technologien und Wissenschaftler für ihre Zwecke einsetzen konnten.

"Ich möchte keine Vorschläge haben, wie wir kriegswichtige Ziele im Umland von Dresden zerstören können, ich möchte Vorschläge haben, wie wir 600.000 Flüchtlinge aus Breslau in Dresden braten können." – *Winston Churchill*

Die Großstadt Dresden hatte zum Zeitpunkt der Bombardierung 650.000 Einwohner, hinzu kamen etwa 600.000 Flüchtlinge aus den deutschen Ostgebieten, die gen Westen vor der Roten Armee flohen. Dresden war eine erklärte Lazarettstadt ohne militärische Ziele und so hielt es die deutsche Führung für unmöglich, dass Dresden mit all den Flüchtlingen angegriffen werden sollte. Dementsprechend gab es weder Flakabwehr noch Luftschutzbunker.

"Lache nie über die Dummheit der anderen. Sie ist deine Chance." – *Winston Churchill*

Unter dem Oberbefehl von Luftmarschall Arthur Harris, wurden 3.000 amerikanische und englische Bomber mit Brandbomben ausgestattet um die Stadt dem Erdoden gleich zu machen. Der Angriff sollte in drei Wellen erfolgen. Am ersten Tag wurden zwei Angriffswellen geflogen, wobei bei der ersten um 21.30 Uhr der Stadtkern als Ziel gewählt wurde, da er aus alten Fachwerkhäusern bestand, die besonders gut brennen und einen Flächenbrand auslösen sollten. Alliierte Bomber konnten ungestört 463.000 Bomben abwerfen, da die deutschen Jagdflieger wegen Spritmangels auf dem 18 km entfernten Flugplatz am Boden bleiben mussten. Die zweite Welle erfolgte zwei Stunden nach der Ersten mit dem Ziel alle Krankenwagen, Feuerwehren und Helfer zu vernichten. Die Dresdner Straßen und Plätze waren überfüllt von Schutzsuchenden und deshalb völlig verstopft. Eine furchtbare Panik brach aus. Trotzdem versuchten die Menschen, die noch nicht von den Bomben getötet oder verbrannt waren rücksichtslos Hilfe zu leisten, wobei viele ihr Leben verloren. Selbst diejenigen, die Schutz in ihren Kellern gefunden hatten, wurden von dem entstandenen Feuersturm gebraten und gekocht, da die Hitzentwicklung ins Unerträgliche anstieg. Am Tag darauf erfolgte die dritte Welle und so flogen amerikanische Verbände weitere Angriffe gegen die Stadt und ihre Menschen, um Dresden endgültig zu vernichten. Einigen Menschen gelang eine Flucht aus der Stadt auf die Elbwiesen, wo sie bereits erwartet und von Tieffliegern gejagt wurden.

"Dresden? Einen solchen Ort gibt es nicht mehr." – *Arthur Harris*

Die Anzahl der Opfer des schrecklichen Angriffs sind zunächst kaum zu überblicken und so dauert es über einen Monat, bis die ersten historisch belegten Zahlen gemeldet wurden. Am 22.03.1945 meldet Oberst der Polizei Grosse an den Befehlshaber der Ordnungspolizei: "Bis zum 20.03.1945 abends wurden 202.040 Tote, überwiegend Frauen und Kinder, geborgen. Es ist damit zu rechnen, dass die Zahl auf 250.000 ansteigen wird."

Wiederum rund einen Monat später erfolgt die abschließende Meldung durch den ersten Generalstabsoffizier von Dresden Oberstleutnant i.G. Mathes an das Führerhauptquartier: "Die Zahl der Todesopfer hat sich auf 253.000 erhöht. Von ihnen sind 36.000 voll identifiziert, während 50.000 anhand von Eheringen teilidentifiziert, dagegen 168.000 in keiner Weise identifiziert werden können."

In der DDR sprach 1955 der Vorsitzende des Ministerrats, Hans Loch, von mehr als 300.000 friedlichen Menschen, Greisen, Frauen und Kindern die durch die Alliierten hingemordet wurden. Im Westen schätzte zum selben Zeitpunkt Generalmajor der Feuerschutzpolizei a. D. Hans Rumpf die Opfer in Dresden auf 60.000 Tote, eine Zahl die auch vom Brockhaus übernommen wurde. 1960 reduzierte das "Referat für Fremdenverkehr beim Rat der Stadt Dresden" in den Jahren 1960/61 die Toten auf 35.000 identifizierte Leichen; somit 1.000 identifizierte Tote weniger, als sie Oberst der Polizei Grosse gemeldet hatte und ohne Berücksichtigung der zahllosen nicht identifizierten Leichen. In der Sowjetunion spricht die Enzyklopädie "Sowjetskaja Wojennaja Enzyklopädija" im Jahr 1974 noch von 120.000 Toten.

Nach der Wiedervereinigung vermeldete die Stadt Dresden widersprüchliche Zahlen, wobei hier gesagt wurde, dass 250.000 bis 300.000 Tote realistisch seien. Im selben Zeitraum verbreitete dieselbe Stelle aber auch die Information, es habe mindestens 35.000 Tote gegeben. Heute, im Jahr 2010 werden andere Zahlen propagiert. Nach neuesten historischen Untersuchungen seien bei dem Luftangriff auf Dresden mindestens 18.000, höchstens jedoch 25.000 Menschen ums Leben gekommen.

In Zeiten, in denen von amerikanischer und englischer "Befreiung" die Rede ist, passt es nicht so recht ins Bild wenn massenhaft unschuldige Menschen im Vorfeld dieser "Befreiung" ermordet wurden.

Der Spiegel liefert auch gleich die passende Erklärung: Göbbels habe die Zahlen gefälscht, um Hass auf die Alliierten zu schüren. Eine Erklärung die genau so unsinnig wie unlogisch erscheint, war es doch die deutsche Führung, die mit Durchhalteparolen den Widerstandswillen gegen die Feinde Deutschlands aufrecht erhalten wollte. Wenn hier also seitens des deutschen Propagandaministeriums manipuliert worden wäre, dann wohl ausschließlich nach unten und nicht nach oben. Eine noch unsinnigere Erklärung bieten die heutigen Historiker, indem sie behaupten, es sei bei der ersten Meldung einfach eine Stelle zu viel aufgeschrieben worden. Was nicht erklärt warum in der Meldung vom 22.03.1945 bei beiden Zahlen eine Stelle und bei der Meldung an das Führerhauptquartier bei vier Zahlen jeweils eine Stelle zu viel gemeldet wurden. Fakt ist, dass die genauen Zahlen bis heute nicht bekannt sind. Trotzdem ist es logisch, dass bei dem Abwurf von 463.000 Bomben, dem entstandenen Feuersturm, den Tieffliegerangriffen und der kompletten Zerstörung der Stadt Dresden weit mehr als die heute vermeldeten "mindestens 18.000, höchstens jedoch 25.000 Menschen" ums Leben gekommen sind. Augenzeugenberichten und der Logik halber bleiben die erstgenannten Zahlen von etwa 250.000 Toten am wahrscheinlichsten.

Machtprobe   der   Linksfaschisten

Seit vielen Jahren versuchen Linksfaschisten das Gedenken in Dresden zu stören, zu behindern oder ganz zu verhindern. In den vergangen Jahren hat gerade das Gedenken in Dresden der sogenannten Linken die Maske vom Gesicht gerissen und deren moralischen Zustand offenbart. Parolen wie "Bomber Harris do it again" oder 2002 im Jahr der Oderflut "Löschwasser 57 Jahre zu spät" zeigten neben "Nie wieder Deutschland" der Dresdener Bevölkerung deutlich, wessen Geistes Kind die von der Politik hofierten "Anti"-Faschisten tatsächlich sind. Diese Linksfaschisten versuchen mit Unterstützung durch alle im Bundestag vertretenen Parteien deutsche Erinnerungskultur zu zerstören, Geschichtsverdrehung zu praktizieren und natürlich alliierte Kriegsverbrechen zu verharmlosen oder zu leugnen. In diesem Jahr versuchen Linksfaschisten verschiedenster Couleur und Parteienzugehörigkeit die Machtprobe zu stellen. Sie wollen den Trauerzug zum Gedenken an die Tausenden Toten von Dresden mit allen Mitteln verhindern. Um ihres gleichen dafür mobilisieren zu können, druckten sie Anfang des Jahres geschmacklose Plakate und verbreiteten Internetfilme, die zu offenen Widerstandshandlungen gegen Polizei und deutsche Demonstranten aufriefen."Wer in der Absicht, nicht verbotene Versammlungen oder Aufzüge zu verhindern oder zu sprengen oder sonst ihre Durchführung zu vereiteln, Gewalttätigkeiten vornimmt oder androht oder grobe Störungen verursacht, wird mit Freiheitsstrafe bis zu drei Jahren oder mit Geldstrafe bestraft."heißt es im Versammlungsgesetz. Die Staatsanwaltschaft nahm bereits Anfang des Jahres Ermittlungen gegen Linksfaschisten, sowie gegen Landes- und Bundespolitiker auf. Es gab eine Reihe von Hausdurchsuchungen bei linksfaschistischen Privatpersonen, Geschäften sowie in Parteiräumen der "Linkspartei", dabei wurden Unterlagen, Festplatten, Computer und Hetzplakate beschlagnahmt. Doch auch diese Ermittlungen stoppten die Störer nicht. Sie versuchten sich als kriminalisierte Opfer darzustellen und fuhren mit ihrer Kampagne unbeirrt fort. Dies führte unter anderem dazu, dass in Berlin ein Bundestagsabgeordneter beim Plakatieren der beschlagnahmten Plakate mit einigen Jugendlichen festgenommen wurde. Inzwischen kursieren diese Plakate wieder, sie wurden einfach nachgedruckt. An Geld fehlt es den staatlich alimentierten Antifaschisten nicht. Der linksfaschistische Druck zeigte bereits Wirkung und so wurde der Gedenkzug durch Dresden zwischenzeitlich verboten. Bereits die erste Instanz hat die an den Haaren herbeigezogenen Verbotsgründe verworfen und so wird es am kommenden Sonnabend das größte nationale Zusammenkommen in Europa geben.

Wir werden wie in den vergangenen Jahren auch diszipliniert und würdig mit tausenden Menschen aus ganz Europa der Opfer alliierter Kriegsverbrechen in Dresden gedenken. Das sind wir unseren Toten einfach schuldig.

Operation Gomorrha

Operation Gomorrha war der militärische Codename für eine Serie von Luftangriffen, die von der Royal Air Force im Zweiten Weltkrieg vom 25. Juli bis 3. August 1943 auf Hamburg ausgeführt wurden. Es waren die bis dahin schwersten Angriffe in der Geschichte des Luftkrieges. Befohlen wurden diese Angriffe von Luftmarschall Arthur Harris, dem Oberbefehlshaber des Britischen Bomber Command.

Namensgebung

Die Bibel berichtet im 1. Buch Mose, 19, 24: *Der HERR ließ Schwefel und Feuer regnen auf Sodom und Gomorrha und vernichtete die Städte und die ganze Gegend und alle Einwohner.*

Vorgeschichte

Den Luftangriffen ging eine Absprache zwischen den Westalliierten und Stalin voraus. Stalin hatte auf einer zweiten Front im Westen von Deutschland bestanden. Die Westmächte wollten diesen Angriff mit Bodentruppen allerdings noch nicht einleiten und hatten als Kompromiss die Bombardierung deutscher Städte angeboten. Entscheidend für das Gelingen der Operation Gomorrha waren die von den Briten erstmals eingesetzten Düppel aus Stanniolstreifen (Länge 27 cm), welche die deutschen Funkmessgeräte (Wellenlänge 54 cm) völlig wirkungslos machten.

Das Bombardement

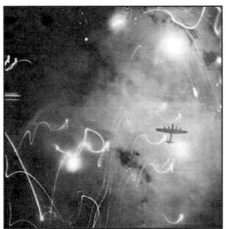

Vorausgehende Bombardierungen: Angriff vom 30./31. Januar 1943

US-Wochenschau "United News" berichtet August 1943 von der Zerstörung Hamburgs.

Im Rahmen der Operation Gomorrha kam es zu fünf Nachtangriffen durch die Royal Air Force und zwei Tagesangriffen durch die United States Army Air Forces (USAAF). Die Angriffe begannen in der Nacht vom 24. auf den 25. Juli 1943 mit der Bombardierung Hamburgs durch 791 britische Bomber. Durch Fehlwürfe der Zielmarkierungen (Zielpunkt war die St.-Nikolai-Kirche im Stadtkern) erstreckten sich die Schäden durch 2300 Tonnen Bomben über ein recht weites Gebiet. Trotzdem kam es in der Innenstadt, in Hoheluft, Eimsbüttel und Altona zu ausgedehnten Flächenbränden. Auch einige nordwestliche Vororte wurden getroffen. *„Die Zahl der Toten schätzte die Luftschutzleitung auf etwa 1500 [...] Genauere Feststellungen für den ersten Großangriff hat es nicht gegeben."* Zwölf britische Bomber kehrten nicht zurück. Am Nachmittag des 25. Juli 1943 griffen etwa 90 bis 110 US-amerikanische Bomber (91st, 351st, 381st [= 1st combat wing], 303rd, 379th, 384th bomb group [= 41st combat wing]) Industrieanlagen und Ziele im Hamburger Hafen an. Es wurden mehrere Schiffe versenkt und einige Mineralölbetriebe getroffen. Wegen der starken Rauchentwicklung durch den vorausgegangenen Nachtangriff der Royal Air Force konnten vielfach Ziele nicht gefunden werden. Bei diesem ersten Tagangriff warf die USAAF etwa 186 Tonnen Sprengbomben binnen 10 Minuten ab und verlor fünfzehn B-17-Bomber infolge heftiger Abwehrmaßnahmen durch Flak und Jäger. Die 381st bomb group konnte ihre Bomben erst während des Rückflugs zur Nordsee über der kleinen Stadt Heide (Holstein) abwerfen. Zur gleichen Zeit überflogen am 25. Juli 1943 rund 60 US-amerikanische Bomber (94th, 95th und 100th bomb group [= 13th combat wing] sowie 388th bomb group) den Großraum Hamburg, um Kiel sowie Rerik (Ostsee) zu bombardieren. Vier B-17-Bomber wurden dabei abgeschossen. Am Mittag des 26. Juli griffen erneut 71 US-amerikanische Bomber Ziele im Hamburger Hafen an. Dabei wurde auch das Kraftwerk Neuhof getroffen. Bei den beiden Tagesangriffen kamen etwa 150 Menschen ums Leben. Bei dem vierten Angriff im Rahmen der Operation Gomorrha handelte es sich um einen Störeinsatz von sechs britischen Maschinen vom Typ Mosquito in der Nacht vom 26. zum 27. Juli 1943, der nur Sachschaden anrichtete. Beim zweiten Großangriff der Royal Air Force in der Nacht vom 27. auf den 28. Juli 1943 wurden 739 Bomber eingesetzt. Der Schwerpunkt der Bombenabwürfe lag in den Stadtteilen östlich der Innenstadt. Aus den Flächenbränden bildete sich wegen der ungewöhnlichen Wetterumstände, die in dieser Nacht über Hamburg herrschten, ein Feuersturm. Die orkanartigen Winde, die am Boden auftraten, fachten die umliegenden Brände weiter an. Die Stadtteile Rothenburgsort, Hammerbrook und Borgfelde wurden fast völlig zerstört, auch in Hamm, Eilbek, Hohenfelde, Barmbek und Wandsbek gab es größere

Zerstörungen. Etwa 30.000 Menschen verloren bei diesem Angriff ihr Leben. Während des dritten Großangriffs der RAF in der Nacht vom 29. auf den 30. Juli 1943 kamen 726 Bomber zum Einsatz. Die Bomben fielen hauptsächlich auf die Stadtteile Barmbek, Uhlenhorst und Winterhude. Trotz ausgedehnter Flächenbrände kam es nicht zur Bildung eines Feuersturms, obwohl Barmbek ein ebenso dicht besiedelter und bebauter Stadtteil war wie Hammerbrook. Die Zahl der Opfer kann nur geschätzt werden; eine Quelle geht hier von etwa 1.000 Toten aus. Die Royal Air Force setzte im Rahmen der Operation Gomorrha in der Nacht des 2. zum 3. August 1943 für den siebten und letzten Angriff 740 Bomber ein, die während eines schweren Gewitters Hamburg erreichten. Die Bombardierung erfolgte daher weitgehend ungezielt und es kam zwar zu mehreren Großfeuern (beispielsweise in der Hamburgischen Staatsoper), aber zu keinen Flächenbränden. Über die Zahl der Opfer dieses Angriffs ist nichts bekannt, sie dürfte aber deutlich geringer sein als beim ersten oder dritten Großangriff der Royal Air Force.

Angriffstechnik

Zur Bombardierung wurde eine Mischung von Luftminen, Spreng-, Phosphor- und Stabbrandbomben verwendet. Die Luftminen und Sprengbomben deckten dabei durch ihre enorme Druckwirkung gezielt die Dächer der Häuser ab, ließen die Fensterscheiben zerspringen und unterbrachen – sofern sie auf Straßen aufschlugen – oftmals die Wasserleitungen. Die Phosphorbomben und Stabbrandbomben konnten die nun freiliegenden hölzernen Dachstühle entzünden, wobei sich die Brände über die fast ausschließlich aus Holz bestehenden Treppenhäuser auf die weiter unten liegenden Etagen ausbreiteten und, begünstigt durch die zerborstenen Fensterscheiben, auch genügend Sauerstoff erhielten. Letztendlich führte dies zum vollständigen Ausbrennen der Gebäude. Die Angriffe beschränkten sich immer auf einen Sektor der Stadt. Zentraler Ausgangspunkt war der rund 147 Meter hohe Turm der Nikolaikirche, deren Ruine nicht wieder aufgebaut wurde und heute als Mahnmal und Dauerausstellung zur Operation Gomorrha dient. Die vorhandenen Bunker zum Schutz der Bevölkerung konnten zu dieser Phase des Krieges nur noch bedingt Schutz bieten, da während des Krieges immer größere Bomben eingesetzt wurden. Auch führte der Sauerstoffbedarf der Brände zum Erstickungstod vieler Eingeschlossener.

Auswirkungen

Die Anzahl der Opfer der Operation Gomorrha ist nicht genau festzustellen. Bis zum 30. November 1943 waren 31.647 Tote geborgen worden, von denen 15.802 identifiziert werden konnten. Die Hamburger Luftschutzleitung schätzte zu dieser Zeit die Gesamtzahl der Opfer auf 35.000, heutige Beiträge der Geschichtswissenschaft gehen von einer Zahl von etwa 34.000 Toten und 125.000 Verletzten in Folge der Operation Gomorrha aus. Eine ausführliche Darlegung, die sich mit den häufig anzutreffenden höheren Angaben der Opferzahl anhand des vorhandenen Quellenmaterials auseinandersetzt, findet sich in dem Buch von Hans Brunswig. Es zeigte sich, dass die vorhandenen Bunker und Schutzräume völlig unzureichend waren. Daher wurde eine Evakuierung eingeleitet, die in einigen Stadtteilen, beispielsweise in Barmbek, noch rechtzeitig durchgeführt werden konnte. Alle Bewohner, die nicht unbedingt in der Rüstungsproduktion benötigt wurden, mussten die Stadt verlassen. Kinder wurden im Rahmen der Kinderlandverschickung weitestgehend auf dem Land in Sicherheit gebracht. Insgesamt flohen nach den Angriffen etwa 900.000 Hamburger aus der Stadt in die „Aufnahmegaue" in Bayern und Ostdeutschland bzw. Polen. Noch im Dezember 1943 waren 107.000 Hamburger in Schleswig-Holstein evakuiert, 58.000 im Gau Bayreuth, 55.000 in Magdeburg-Anhalt, 45.000 in Ost-Hannover und 20.400 in Danzig-Westpreußen.

Nachwirkung

Der Feuersturm zerstörte weite Teile der alten Hamburger Bebauung vollständig, ehemalige Stadtteilzentren wie die Altstadt Altonas existieren ebenso wie auch diverse Baudenkmäler nicht mehr. Einstmals in Straßen voller Altbauten integrierte Gotteshäuser wie die St.-Nikolai-Kirche, St.-Michaelis-Kirche oder die St. Trinitatis-Kirche stehen heute weitgehend isoliert und wurden nach dem Krieg zum Teil nur notdürftig wieder instandgesetzt. Plätze wie den Eimsbütteler Marktplatz gibt es nur noch als Namen auf Erinnerungstafeln oder Straßenschildern, während breite Verkehrswege wie die Ludwig-Erhard-Straße oder die südliche Holstenstraße durch einstmals dicht bebaute Wohngebiete führen. Der Öjendorfer Park, eine hügelige Landschaft im östlichen Hamburger Stadtteil Billstedt, entstand auf den abgeladenen Kriegstrümmern. In dem damals vollständig zerstörten Stadtteil Hammerbrook, zuvor ein überwiegend von Hafenarbeitern bewohntes Viertel, sind praktisch keine Wohngebäude und Altbauten mehr vorhanden. Stattdessen befinden sich dort fast ausschließlich neu errichtete Gewerbebauten.

Die letzten Bombenbrachen der Operation Gomorrha wurden erst Ende der 1960er-Jahre beseitigt, zahlreiche Fleete wurden mit Trümmerschutt gefüllt und ab den 1950er-Jahren mit Straßen überbaut, insbesondere in der Innenstadt. Die Nachkriegsbauten stehen meist quer zur Straße und bilden keine zusammenhängenden Baublöcke mehr, damit sollte ein erneuter Flächenbrand verhindert werden. Für die Stadt Hamburg war die Operation Gomorrha nach 1945 nicht nur städtebaulich von zentraler Bedeutung, der Hamburger Feuersturm von 1943 hat zudem einen besonderen Platz im Gedächtnis der Stadt. Der Historiker Malte Thießen stellte dazu in seiner Studie zum Gedenken an die Operation Gomorrha fest: *„Wegen der bis heute sichtbaren Zerstörungskraft waren die Juli-Angriffe – im Gegensatz zu Ereignissen wie der Machtergreifung, dem Attentat vom 20. Juli 1944 oder der "Reichskristallnacht" – von Anfang an als kollektiver Fixpunkt im städtischen Gedächtnis verankert."* In den vom Bombenkrieg getroffenen Hamburger Wohnvierteln findet man an vielen Nachkriegsbauten Tontafeln mit dem Hamburger Wappen und einer Inschrift mit dem Datum der Zerstörung und des Wiederaufbaus. Sie wurden von der Hamburger Baubehörde für Wohnungen gestiftet, die nach den Zerstörungen 1943 unter finanzieller Förderung der öffentlichen Hand wieder aufgebaut wurden. Auf der Fußgängerinsel zwischen Hamburger Straße und Oberaltenallee beim Winterhuder Weg erinnert seit 30. Juli 1985 ein Mahnmal der Bildhauerin Hildegard Huza an 370 Menschen, die in der Nacht auf den 30. Juli 1943 in einem nahegelegenen Schutzraum erstickten. Es zeigt einen fast lebensgroßen Menschen aus Stein, der sich in einer Mauerecke schutzsuchend niederkauert. Auf dem Friedhof Ohlsdorf befindet sich das Massengrab der Bombenopfer mit dem Mahnmal von Gerhard Marcks. Dargestellt ist der Totenfährmann Charon, der ein Brautpaar, einen Mann, eine Mutter mit Kind und einen Greis über den Acheron setzt. Das Denkmal wurde am 16. August 1952 unter starker Beteiligung der Bevölkerung eingeweiht und ist bis heute der Ort für die offiziellen Kranzniederlegungen des Senats.

Literatur

- Hans Brunswig: *Feuersturm über Hamburg*, ISBN 3-613-02367-9
- Ursula Büttner: *„Gomorrha" und die Folgen. Der Bombenkrieg*, In: Forschungsstelle für Zeitgeschichte in Hamburg (Hrsg.): Hamburg im „Dritten Reich", Göttingen 2005, S. 613–631. ISBN 3-89244-903-1
- Hans Erich Nossack: *Der Untergang* – literarische Verarbeitung der Luftangriffe.

- Joachim Szodrzynski: *Die „Heimatfront" zwischen Stalingrad und Kriegsende*, In: Forschungsstelle für Zeitgeschichte in Hamburg (Hrsg.): Hamburg im „Dritten Reich", Göttingen 2005, S. 633–685. ISBN 3-89244-903-1
- Malte Thießen: *Eingebrannt ins Gedächtnis. Hamburgs Gedenken an Luftkrieg und Kriegsende 1943 bis 2005*, München 2007. ISBN 978-3-937904-55-9
- Malte Thießen: *Gedenken an „Operation Gomorrha". Hamburgs Erinnerungskultur und städtische Identität*, In: Dietmar Süß (Hg.): Deutschland im Luftkrieg. Geschichte und Erinnerung, München 2007, ISBN 3-486-58084-1, S. 121–133.
- Ray T. Matheny: *Die Feuerreiter. Gefangen in Fliegenden Festungen*, Albrecht Knaus Verlag, ISBN 3-8135-0568-5

Film

- *Der Hamburger Feuersturm 1943*, Dokumentarfilm, 120 Min. Regie: Andreas Fischer. Deutschland 2009. Erstausstrahlung: NDR 14. Juli 2009

Weblinks

- Frank Keil: Wer das Erinnern verlernt, verliert seine Identität. Bericht über das Gedenken an „Operation Gomorrha" in der Zeitung Die Welt vom 31. Juli 2008.
- Sehr ausführliche Informationen zur Operation in einer Artikel-Serie vom Hamburger Abendblatt.
- Günter Stiller: So kam „Gomorrha" nach Hamburg Bericht im Hamburger Abendblatt vom 21. Juli 2003 .
- Malte Thießen: Gedenken an Hamburgs „schrecklichste Stunden". Zur Erinnerungskultur des Bombenkrieges von 1945 bis heute Aufsatz vom 28 März 2006 zum Gedenken an die „Operation Gomorrha" nach 1945 mit einigen Abbildungen.
- Theo Sommer: Das Hamburger Inferno. Eine Stadt verbrennt im Feuersturm: Vor 60 Jahren zerstörten englische und amerikanische Bomber die Hansemetropole In: *DIE ZEIT* Nr. 31 vom 24 Juli 2003, S. 74.
- *„Gefangen im Glut-Orkan"* Kleine Bild- und *„Video"*-

Dokumentation zum Juli 1943, einestages: Zeitgeschichte auf Spiegel Online, 24. Juli 2008.

- "Allied Aerial Destruction of Hamburg During World War II", "Bombing of Hamburg 24 Jul-2 Aug 1943 " *zusammenfassende Übersichten*, engl.
- Bisher unveröffentlichte Schadensmeldung über die Luftangriffe auf Hamburg vom 24. Juli bis zum 8. August 1943 vom „Höheren SS- und Polizeiführer" im Wehrkreis X
- Schäden bei der Hamburger Hochbahn auf Hamburger-Untergrundbahn.de

Berichte von Zeitzeugen

- Spiegel Online-Gespräch mit Walter Kempowski über den Bombenkrieg vom 23. Juli 2003
- *„Erstickende Trauer" Ralph Giordano erinnert an die Vernichtung seiner Vaterstadt Hamburg in der „Operation Gomorrha"*, Welt Online, 19. Juli 2003.
- "The target for today is Hamburg" Bericht eines am 25. Juli 1943 abgeschossenen US-Bomber-Piloten (381st Bomb Group, 532nd Squadron), *engl.*

Quellen

1. ↑ CBS-London Nachrichtenmeldung vom 25. Juli 1943
2. ↑ Hans Brunswig: *Feuersturm über Hamburg*, Stuttgart 1978, ISBN 3-87943-570-7, S. 206.
3. ↑ Hans Brunswig: *Feuersturm über Hamburg*, Stuttgart 1978, ISBN 3-87943-570-7, S. 210.
4. ↑ Hans Brunswig: *Feuersturm über Hamburg*, Stuttgart 1978, ISBN 3-87943-570-7, S. 259.
5. ↑ Hans Brunswig: *Feuersturm über Hamburg*, Stuttgart 1978, ISBN 3-87943-570-7, S. 400ff.
6. ↑ Ursula Büttner: *„Gomorrha" und die Folgen. Der Bombenkrieg*, In: Hamburg im „Dritten Reich". Hrsg. Forschungsstelle für Zeitgeschichte in Hamburg. Wallstein Verlag, Göttingen 2005, S. 623.
7. ↑ Malte Thießen: *Eingebrannt ins Gedächtnis. Hamburgs Gedenken an Luftkrieg und Kriegsende 1943 bis 2005*, Dölling und Galitz Verlag, München/Hamburg 2007, S. 12. ISBN 978-3-

937904-55-9.

8. ↑ Malte Thießen: *Gedenken an 'Operation Gomorrha'. Zur Erinnerungskultur des Bombenkrieges nach 1945*, in: <u>Zeitschrift für Geschichtswissenschaft</u> 53 (2005), S. 46–61, 2005, S. 46–61. ISSN 0044-2828.

9. ↑ KZ-Gedenkstätte Neuengamme und Landeszentrale für politische Bildung (Hrsg.): Gedenkstätten in Hamburg, Hamburg März 2003, S. 50, <u>ISBN 3-929728-71-0</u>

10. ↑ <u>http://www.hamburgwiki.de/wiki/Operation_Gomorrha</u>

11. ↑ <u>http://www.bildarchiv-hamburg.de/hamburg/gebaeude/bunker/index9990.htm</u>

12. ↑ <u>http://espritdescalier.de/blog/category/mahnmale/</u>

13. ↑ Malte Thießen: *Gedenken an 'Operation Gomorrha'. Hamburgs Erinnerungskultur und städtische Identität*, in: Dietmar Süß (Hg.): *Deutschland im Luftkrieg. Geschichte und Erinnerung*, München 2007, <u>ISBN 3-486-58084-1</u>, S. 121–133.

„<u>http://de.wikipedia.org/wiki/Operation_Gomorrha</u>"

Bundesarchiv, Bild 183-H26796
Foto: o.Ang. | o.Dat.

Schadensmeldung über die Luftangriffe auf Hamburg vom 24.07 – 08.08.1943 (Bisher unveröffentlichter Inhalt Originaldokumente)

Am 16.08.1943 erstellt der damalige "Höhere SS- und Polizeiführer, bei den Reichsstatthaltern und Oberpräsidenten in Hamburg, in Oldenburg und in Bremen, in Hannover und in Schleswig-Holstein im Wehrkreis X, Generalmajor Liessem, die folgende Schadensmeldung:

"Der Luftschutzort Hamburg wurde in der Nacht zum 25. Juli 1943 und am Nachmittag des gleichen Tages, ferner in den Nächten vom 27. zum 28. Juli 1943, vom 29. zum 30. Juli 1943, sowie vom 2. zum 3. August 1943 jeweils mehrere Stunden von insgesamt etwa 2500 bis 2700 Flugzeugen angegriffen. Der erste Angriff erstreckte sich auf das ganze Stadtgebiet und den Hafen mit Schwerpunkt im Gebiet der Gruppe West. Hier bildeten sich in den Strassengebieten Altona-Mitte, Eimsbüttel-Ost und Hoheluft Schadenskerne heraus, in denen alle Gebäude und Anlagen restlos zerstört wurden. Im Gebiet der Gruppe Ost entstand ein Flächenbrand in geringer Ausdehnung. Durch tatkräftigen Einsatz aller Luftschutzkräfte gelang es, in den übrigen Gebieten die Brände in die Gewalt zu bekommen. Der Tagesangriff am 25. Juli 1943 traf das Hafengebiet und geringe Teile der Stadtgebiete. Bei dem dritten Angriff in der Nacht vom 29. zum 30. juli 1943 wurde besonders das östliche Stadtgebiet erfaßt. Der Schwerpunkt lag

in Rotenburgsort, Hammerbrook und in den Stadtteilen von Hamm. Diese Stadtteile sind die dichtbevölkertsten von Hamburg. Sie sind von zahlreichen Kanälen durchzogen, sodaß trotz Einsatz aller verfügbaren Kräfte nur Teile der Bevölkerung aus dem Flammenmeer gerettet werden konnten. Beim vierten Angriff wurde vom Gegner der Norden des Stadtgebietes, der beim ersten und dritten Angriff verschont geblieben war, betroffen. Insbesondere wurden die Stadtteile in Barmbeck restlos zerstört. Große Mengen von Spreng- und Brandbomben fielen bei diesem Angriff außerdem in die bereits zerstörten Wohngebiete. Der fünfte Angriff in der Nacht vom 02. zum 3. August 1943 wurde vom Gegner bei tief hängender Wolkendecke und schwerem Gewitter durchgeführt. Er verteilte sich auf das ganze Stadtgebiet; zur Hauptsache wurde jedoch die Innenstadt in Mitleidenschaft gezogen. Bei allen Angriffen wurde immer wieder beobachtet, daß der Gegner bestimmte Flächen durch Leuchtbomben markierte und in wechselnder Folge Minen-, Spreng- und Brandbomben in diese Gebiete warf. Diese planvolle Angriffstaktik trat besondern in Hammerbrook und in Hamm in Erscheinung. Die Gebäude wurden durch Spreng- und Minenbomben aufgerissen, stürzten auf die Straße und die folgenden Brandbomben entfachten nunmehr in den Trümmerstätten die Brände, sodaß diese Schadensgebiete in etwa 20 Minuten einem Flammenmeer glichen. Beim dritten Angriff entwickelte sich ein sehr starker Feuersturm, bei dem teilweise größe Bäume umgerissen wurden und ein Passieren der Straße unmöglich war. Bei allen Angriffen konnte die Bevölkerung infolge der zahlreichen Flächenbrände und des Feuersturmes nur unter Einsatz aller verfügbaren Kräfte aus ihren Wohngebieten geborgen werden. Die Sammelwasserleitung fiel bereits bei ersten Angriff aus; die Versorgung mit Licht und Gas ist heute noch unterbrochen.

Anzahl und Art der abgeworfenen Bomben:

600 Minenbomben

12.000 Sprengbomben

1.600.000 Stabbrandbomben

80.000 Phosphorbrandbomben

3.330 Flüssigkeitsbrandbomben (125kg und 250kg)

130 Phosphorkanister

510 Leuchtbomben

Personenschäden

Gefallene: 18.680

Verwundete: 17.498

Davon innerhalb der Ordnungspolizei:

75 Gefallene

294 Verwundete

344 Vermißte

Sachschäden:

a) Wohnungen:Im Stadtgebiet - ohne Harburg - sind die Wohnungen zu 73% zerstört.

b) Industrie- und Rüstungsbetriebe: Die Schäden sind gemessen an der Zerstörung im Wohnraum und in den gewerblichen Betrieben geringer zu bewerten. Beim Ausfall der Zubringerbetriebe und dem Fehlen von Gas-, Wasser und Elektrizität ist die Rüstungswirtschaft zur Zeit nur im geringen Umfange arbeitsfähig.

c) Gewerbliche Betriebe: Zerstörung bzw. Beschädigung bis zu 90%

d) Öffentliche Gebäude: Öffentliche Gebäude, insbesondere sämtlicher Krankenhäuser sind stark in Mitleidenschaft gezogen.

e) Verkehrsanlagen: Der Betrieb der Straßenbahnen kann in absehbarer Zeit nur auf einzelnen Teilstrecken in Gang gesetzt werden. Hoch- und Vorortsbahn haben den Betrieb in den Außenbezirken teilweise wieder aufgenommen.

f) Versorgungsanlagen:
aa) Elektrizitätswerke sind zu 75% betroffen.
bb) Wasserwerke sind zu 60% betroffen
cc) Gaswerke sind zu 90%, Gasbehälter zu 60-70% betroffen

g) Militärische Anlagen:
aa) Kasernenanlagen zu 8% zerstört bzw. beschädigt.
bb) militärische Dienststellen: 17 zu 100% zerstört bzw. beschädigt.
cc) militärische Dienstgebäude: 19 zu 35% zerstört bzw. beschädigt.

Räumungen:
Etwa 900.000 Obdachlose (in dieser Zahl sind die zur Zeit noch Vermißten enthalten).

Brände:
Bei allen Angriffen zahlreiche Einzelbrände die sich teilweise in kurzer Zeit zu Flächebränden mit erheblichen Feuerstürmen (in einem Falle bis zu 30 qkm   Ausdehnung)   entwickelten.

Flugzeugabstürze: Bisher 60 gezählt.

Eingesetzte   Kräfte:
In der Nacht vom 24. zum 25. Juli 1943 und am 25. Juli 1943:

5 Instandsetzungs-Bereitschaften
7 Luftschutz-Abteilungen (mot)
4 Feuerschutzpolizei-Kompanien
32 ortsfeste FuE-Bereitschaften bzw. Bereitschaften der Freiwilligen Feuerwehr
170 Löschgruppen der Freiwilligen Feuerwehr
4 Polizei-Kompanien
15.000 Mann Wehrmachthilfskommandos
1.150 Mann Technische Nothilfe

In der Nacht vom 26. zum 27. juli 1943 und zum Teil an folgenden Tagen:
In dieser Nacht wurden zahlreiche Luftschutzorte des Wehrkreises von Luftangriffen betroffen

46 ortsfeste FuE-Bereitschaften bzw. Bereitschaften der Freiwilligen Feuerwehr
6 Instandsetzungs-Bereitschaften
7 Luftschutz-Abteilungen (mot)
6 Feuerschutzpolizei-Kompanien
150 Löschgruppen der Freiwilligen Feuerwehr
12 Führer, 48 Unterführer vom Instandsetzungsdienst
30 Mann Sprengdienst
4 Polizei-Kompanien
10.000 Mann Wehrmachthilfskommandos

4 Sicherungskompanien der Waffen SS
750 Mann Reichsarbeitsdienst
1.150 Mann technische Nothilfe
450 KZ-Häftlinge

Zerstörte und beschädigte Fahrzeuge und Unterkünfte der Polizei einschließlich Luftschutzpolizei

Fahrzeuge:
116 PKW
179 LKW
10 Zugmaschinen
9 Anhänger
99 Krad
8 K.Si.
53 Fahrräder
40 LF 25
20 LF 15
9 LF 8
4 DL
6 Schlauchkraftwagen
4 Löschboote
2 Karkassen SW
2 Wassertanwagen

Unterkünfte:
45 Polizeidienststellen bzw. Luftschutz-Befehlsstellen davon:
1 Luftschutzgruppe
4 Luftschutzabschnitte
40 Polizeireviere bzw. Posten
16 Rettungsstellen
etwa 100 Luftschutz-Polizei-Unterkünfte einschließlich ortsfeste Einrichtungen

Am 11.08.1943 fand eine Besichtigungsfahrt durch Hamburg, mit anschließender Besprechung, einiger Luftschutz-Leiter statt, deren Feststellunge hier wie folgt widergegeben werden:

Autobahn, Sievekings-Allee bis zur Hammerlandstr., Bergedorferstr. bis zum Berliner Tor	Totalschaden
Lübecker Tor, Lohmühlenstr., Krankenhäuser bis zur Alster	verhältnismäßig gut
An der Außenalster	vereinzelte Brandschäden etwa 50%
Alsterdamm, Jungfernstieg, Adolf-Hitler-Platz vorbei zur Altstädterstr.	in dieser Geger geringe Schäde
Am Ende des Sprinkenhofs, Marktgegend	sehr starke Sch
Von dort über Hauptbahnhof und Lombardtsbrücke, Hauptbahnhof	nur Brandschäc
Über Lombardtsbrücke, Esplanade	verhältnismäßi geringer Schad
Dammtor und Ringstr. bis zum Millerntor, hintere Strassen	starke Schäden
Reeperbahn, Grosse Freiheit	stärkere Brandschäden
Große Bergstr. bis beinahe Altonaer Bahnhof	fast Totalverlu:
Vom Bahnhof Altona, Bahnhofstr.	alles Kaputt
Palmaille, Sandberg, Große Elbstr. St. Pauli Landungsbrücken	Teilschaden
Landungsbrücken über den Ring zum Dammtor zurück, von Dammtor Rotenbaumchaussee	vereinzelt Glasschaden, Villen ausgebr
Klosterstern, Eppendorfer Baum	keine Schäden
Benediktstr., Marie-Luise-Str.	fing es mit Brandschäden
Moorfurter Weg (Winterhude)	geringerer Sch
Schinkelstr., Gertigstr., Jarresstr.	Totalschaden
Saarlandstr,, Elsastr.	Totalschaden
Seitenstraßen zum Alten Schützenhof, Wachtstr. und Zwischenstraßen	Totalverlust

	Totalverlust
Brahmfelder Str., alter Teichweg Ahrensburgerstr., Holstenstr. bis zum Eilbeker Weg, Seumestr. und sämtliche Seitenstraßen	Totalverlust
Holstenstr. Richtung Ahrensburg	gehen die Schäden bis zum Ende von Wandsbek

Angriffe

Nachtangriff	24. - 25.07.1943	Samstag auf Sonntag
Tagangriff	25.07.1943	Sonntag
Nachtangriff	27. - 28.07.1943	Dienstag auf Mittwoch
Tagangriff	28.07.1943	Mittwoch
Nachtangriff	29. - 30.07.1943	Donnerstag auf Freitag
Nachtangriff	01. - 02.08.1943	Sonntag auf Montag

Nach Hamburger Angaben wird angenommen, daß der Angriff mit insgesamt 2.500 Flugzeugen gefolgen wurde, ca. 800 pro Angriffsnacht, und zwar in Wellen von rund 20 pro Welle. Bombenteppich auf markierte Flächen. Für sämtliche Angriffe wird geschätzt 700 Minenbomben, 10.000 andere Sprengbomben, 800.000 Stabbrandbomben, 50.000 Phosphorbomben, 3.000 Flüssigkeitsbomben (500 lbs.). Die Anzahl der Phosphorbomben der einzelnen Angriff ist verschieden. Bei dem ersten Angriff soll wesentlich mehr geworfen sein, wie bei den späteren. Nicht berührt von den Angriffen sind bisher die nördlichen Vororte Bergedorf, Harburg, und der größte Teil von Wilhelmsburg. Der erste Angriff galt in erster Linie dem Gebiet von Eimsbüttel bis Altona. Der Sonntags-Tagesangriff dem Hafen und der zweite Nachtangriff dem Gebiet Wandsbek, Eilbek, Hamm, und der vierte Nachtangriff (durch Gewitter nicht zur vollen Auswirkung gekommen) dem Gebiet Eilbek, Uhlenhorst. Bis jetzt rund 20.000 Tote geborgen. Man schätzt als Höchstzahl 50.000 Tote (Schätzung Bereich), Schätzung B.d.O. 30.000, wahrscheinlich aber weniger. Der Werkluftschutz hat bis jetzt an Einsatzkräften 20 Tote (auffallend wenig!). In manchen Straßenzügen lagern hunderte von Toten völlig unversehrt, zum Teil mit aufgerissener Kleidung. Man vermutet Sauerstoffmangel und durch die große Hitze völliges Austrocknen der

Kleidung und daher leicht Zündmöglichkeit. Die Betriebe an den Brandgebieten sind zum größten Teil restlos erhalten; die Brände konnten gelöscht werden, haben aber bis jetzt keine Gefolgschaft. Bei rund 100 Betrieben Totalverlust, vor allen Dingen kleine und mittlere Betriebe in der Altstadt. Wo kein Flächenbrand war, hat der Werkluftschutz sehr gut gelöscht. Von den Werften hat die Werft Stülcken am meisten bekommen. Es liegen bisher alle Werften still, weil sie kein Strom und Gas haben. Durchschnittlich 10-15% von der Gefolgschaft da. Zum Beispiel waren bei Fa. Blohm & Voss von 14.000 Mann in den ersten Tagen nur 800 Mann da, gestern (10.08.1943) 3.000 Mann. Ausländer haben sich zum größten Teil schlecht benommen. Sie sahen bereits den kommenden Sieg. Ein Werk wurde von Ausländern besetzt und mußte durch Marine-Soldaten mit Gewalt erobert werden. Andererseits aber auch Ausnahmen; zum Beispiel rettete eine Französin allein die Akten einer fremden Firma. In einem anderen Fall hielten Ostarbeiter den ganzen Betrieb. Vereinzelt vorgekommene Versager; zum Beispiel ein Werkluftschutzleiter geflohen und bis heute nicht wieder aufgetaucht, desgleichen einige Betriebsführer. Der Abtransport der Ausländer ins Ausland Norwegen, Schweden, Dänemark hat die Verbreitung ungünstiger Nachrichten verstärkt. Die Industrie bleibt in Hamburg. Die Zivilbevölkerung, soweit sie nicht tätig ist, soll aus Hamburg entfernt werden, um Wohnraum für die arbeitende Bevölkerung zu schaffen. Man rechnet augenblicklich mit 500.000 Obdachlosen. Es wird vorläufig vom Bereich mit 80% Verlusten an Wohnhäusern gerechnet, B.d.O. gibt 66% an. Die Brandwachen waren im allgemeinen gegen Phosphor-Brandbomben machtlos. Diese Brände nur durch Hydrantentrupps, bzw. Löschfahrzeuge bekämpft. Sparsame Aufstellung von Brandwachen und Zusammenstellung der dadurch gesparten Kräfte zu Feuerlöscheinheiten. Vorläufig allerdings ohne Anweisung von oben. Bunkerbau für die Betriebe erscheint dringend Nötig, da in den Betrieben der Altstadt ganze Gefolgschaften in die benachbarten Bunker gegangen sind. Sämtliche Luftschutzräume und Splitterschutzstände haben sich bewährt. Man glaubt in erster Linie, daß die Brandwachen Angst von dem Alleinsein haben und daher ihren Bereich verließen. Es sind 2-3 Hochbunker wegen Brand in der Nachbarschaft geräumt worden. Bei den vernichteten Industrien sind durchschnittlich 90% der Gebäude verbrannt, 90% der Keller aber intakt. In einem großen Schutzraum mußten 3 Mann Feuerschutzpolizei eine Panik verhindern, in dem sie zwei randalierende Männer niederschlugen und einer hysterisch schreienden Frau die Kehle zuhielten. Durch diese energischen Maßnahme konnte die Panik von etwa 1.000 Personen verhindert werden. Alle anderen wurden restlos ruhig in einen anderen Raum geführt. Der Angriff wurde meist mit Minen-

und Sprengbomben begonnen, nach ca. fünf Minuten kam die Brandmunition, dann weiter abwechselnd. Teil wurden die Angriffe so niedrig geflogen, daß Bordwaffenbeschuss erfolgte, aber verhältnismäßig selten. Sämtliche Angriffe sind von Norden nach Süden geflogen worden. Als Höchstzahlen sind gemeldet worden, 2 Stabbrandbomben auf 1 qm bei einer Fläche, die insgesamt 300 Stück hatte. Man rechnet pro Haus in den hauptbetroffenen Gebieten 3-5 Stabbrandbomben. Auf Tarnung legt das Luftgau-Kommando keinen Wert, da außerdem auch kein Material zur Verfügung steht und der Erfolg fraglich erscheint. In Einzelfällen hat sich das Imprägnieren des Holzes bei Entstehungsbrand gut bewährt, bei Flächebränden wenig Erfolg. Häufig kam es vor, daß eine Motorspritze, nachdem sie einmal warmlief und zu einem zweiten Einsatz verwandt wurde, nicht anlief. Nach dem ersten Angriff wurden in Hamburg sämtliche Löschfahrzeuge an den Stadtrand beordert und wurden dann konzentrisch nach dem Abflauen des Angriffs eingesetzt. Auf diese Weise konnte verhindert werden, daß die Fahrzeuge durch Trümmer eingemauert wurden. Bei unabhängigen Löschwasserbehältern, zum Beispiel Feuerlöschteiche, ist zu beobachten, daß sie durch zu enge Brandgassen nicht erreichbar sein können. Werften und Betriebe in aufgelockerten Gebieten haben praktisch überwiegend Sprengbomben abbekommen. Die Brände konnten in diesen Werken fast alle durch die Einsatzkräfte gelöscht werden. Firmen in den Altstadtgebieten haben durch Flächenbrand meist alle Totalschaden. Für Melder nur zuverlässige Personen verwenden. Einem von einem Werkluftschutzleiter zum Revier gesandten Melder benutzte das Fahrrad, um aus Hamburg zu verschwinden. In Hamburg ist augenblicklich nur Notbetrieb durch Autobusse eingerichtet. Nach eigenen Beobachtungen dürfte Straßenbahn in absehbarer Zeit nicht einsatzfähig sein. Auffällig ist, daß das Fernsprechnetz im Hamburg wieder gut funktioniert und fast alle unter der alten Nummer erreichbar sind, selbst eine Menge Privatanschlüsse sind längst wieder intakt. Die Verpflegung in Hamburg ist durch Gemeinschaftverpflegung in sehr guter Weise sichergestellt.

Operation Gomorrha
Die Feuersturmnächte in Hamburg

1. Buch Moses:
"Da ließ der Herr Schwefel und Feuer regnen vom Himmel herab auf Sodom und Gomorrha und vernichtete die Städte und die ganze Gegend und alle Einwohner der Städte und was auf dem Lande gewachsen war."

29. Juli 1943 "Bis auf Weiteres kein Zugverkehr"

28. Juli 1944

Alliierte Kriegsverbrechen an der Ost + Westfront (2 Teiler)

Dieser Film ist ein erschütterndes Dokument menschlicher Grausamkeit. Er macht deutlich, dass im Zweiten Weltkrieg Kriegsverbrechen auf allen kriegführenden Seiten stattfanden - und keine Spezialität einer einzelnen Nation waren. Er ermöglicht Einblicke in einige der zahllosen

Kriegsverbrechen, die auch auf alliierter Seite verübt wurden. Die Dokumentation aus dem Jahre 1983 ist der einzige Beitrag, den das deutsche Fernsehen je zu diesem Thema ausstrahlte. Die Basis des von dem international renommierten, amerikanischen Völkerrechtler und Historiker Alfred de Zayas aufbereiteten Materials stellen die Akten der "Wehrmacht-Untersuchungsstelle für Verletzungen des Völkerrechts" (WUSt.) dar. Mit diesen Akten konnte jedes der alliierten Kriegsverbrechen dokumentiert und belegt werden. Die beiden nach Kriegsverbrechen an der West- und an der Ostfront gegliederten Teile der Dokumentation zeigen u. a.: Das Massaker an Lazarettinsassen in Feodosia durch die Rote Armee + die Versenkung von Rot-Kreuz-Schiffen und das Beschießen von Rot-Kreuz- Einrichtungen durch die britische und die amerikanische Luftwaffe + Massenvergewaltigungen und zahllose Ermordungen beim Einmarsch der französischen Armee in Stuttgart + Massenvergewaltigungen und Ermordung nahezu der kompletten Dorfbevölkerung im ostpreußischen Nemmersdorf beim Einmarsch der Rotem Armee Bombenterror gegen die Zivilbevölkerung der deutschen Städte durch die US-Airforce und die britische Luftwaffe.

Nach dem internationalen Kriegsvölkerrecht war im II. Weltkrieg untersagt:

- **Zivilisten zu töten, zu verwunden oder zu verschleppen**
- **Kriegsgefangene zu töten oder zu verwunden**
- **Rot-Kreuz-Einrichtungen zu zerstören oder zu beschädigen**
- **Schiffbrüchige anzugreifen oder zu beschießen**
- **zu plündern oder zu vergewaltigen!**

Österreichs Bundesregierung deckt alliierte Kriegsverbrecher!

Für deutschsprachige Opfer gilt kein internationales Recht!

München, Bozen, Innsbruck: Während in München ein mutmaßlicher Nazi-Kriegsverbrecher vor Gericht steht, sind die Verbrechen an rund 18 Millionen deutschen Heimatvertriebenen mit rd. 2.5 Millionen Nachkriegstoten ungesühnt. Mit der Negierung dieser Verbrechen gegen die Menschlichkeit macht sich die österreichische Bundesregierung und besonders die Justiz zum Handlanger von Kriegsverbrechen am eigenem Volk. Gegen Ende des 2. Weltkrieges bis 1949 wurden allein rd. 4.5

Millionen Altösterreicher aus ihrer angestammten Heimat vertrieben, über 500.000 Mordopfer waren zu beklagen! Die Europäische Union und auch Österreich messen bei deutschsprachigen Opfern mit zweierlei Maß. Während auch schwerkranke und betagte 90-jährige Nazi-Verbrecher vor Gericht gestellt werden, wurde seitens der österreichischen Justiz bis dato noch kein einziger Strafantrag gegen tschechische und jugoslawische Kriegsverbrecher eingeleitet. Im Gegenteil, der sozialistische Bundespräsident Dr. Heinz Fischer hat im Frühjahr dem tschechischen Präsidenten Václav Klaus den höchsten österreichischen Orden verliehen. Fischer hat damit einen bekennenden Verfechter der Beneš-Dekrete geehrt und dadurch nicht nur die Vertreibungsopfer verhöhnt, sondern damit seine weiße Weste mit Blut bespritzt. Ein Bundespräsident Fischer ist eine Schande für Österreich, eine Schande für die Menschenrechte und gehört bei den anstehenden Wahlen durch möglichste viele Wähler abgestraft, bekräftigt LISTE TIROL-Vorsitzender MAS Alois Wechselberger.

Horror At Neu Stettin

This article was translated from the German by Ingrid Rimland. Dieser Artikel wurde Rimland übersetzt aus dem Deutschen von Ingrid. *Comments in heavy black are by Gerry Frederics. Kommentare in schweren schwarzen sind von Gerry Frederics.*

Some months ago Ernst * asked me to do a report on Allied atrocities during and after World War II, and toward that end, he sent me some information, among them a book in German titled, "Alliierte Kriegsverbrechen" - Allied War Crimes. Vor einigen Monaten Ernst * bat mich, Grausamkeiten zu tun, einen Bericht über Allied während und nach dem Zweiten Weltkrieg und nach diesem Zweck schickte er mir einige Informationen, darunter ein Buch in deutscher Sprache unter dem Titel "Alliierte Kriegsverbrechen" - Alliierte Kriegsverbrechen.

This refers to Ernst Zuendel, the famed German Canadian freedom fighter . Dies bezieht sich auf Ernst Zündel, der berühmte deutsche kanadischen Freiheitskämpfer.

I started reading it and underlining certain passages, but not for long-because I realized that I was getting nauseated. Ich begann zu lesen und es unterstreicht bestimmte Passagen, aber nicht für lange, weil ich merkte, dass ich übel bekam. It was a compilation of first-person testimony as to what happened when the Allies (particularly the Red Army) started to carve up a prostrated and defeated Germany. Es war eine Zusammenstellung von First-Person-Zeugnis, was zu geschehen, wenn die Alliierten (vor allem die Rote Armee begann) schnitzen einen niedergeworfen und besiegte Deutschland.

I made several attempts to finish this assignment, but I couldn't do it. Ich machte mehrere Versuche, diese Aufgabe beenden, aber ich konnte es nicht tun. I simply couldn't do it. Ich konnte einfach nicht tun. Even now, I feel a moral obligation to finish it, but even thinking about it makes my palms clammy and my heart race. Schon jetzt fühle ich eine moralische Verpflichtung, es zu beenden, sondern auch darüber nachzudenken, es macht meine Handflächen feucht und mein Herz Rennen. People in the West have simply no idea what went on in Europe after the Allies began to push the Germans back - from 1943 on! Die Menschen im Westen haben einfach keine Ahnung, was Europa ging in nach den Alliierten begann wieder schieben die Deutschen - ab 1943!

I have given the material below a lot of thought as to whether or not I should send it to my ZGram readers. Ich habe Leser angesichts der Material unter eine Menge Gedanken darüber, ob ich nicht ZGram sollte senden Sie es an meine. It isn't pretty reading. Es ist nicht schön zu lesen. It was published recently in Der Freiwillige, June 1995, pages 10-11, under the title In Their Terror All Were Alike, written (or edited) by Hans Koppe. Er veröffentlichte Terror wurde kürzlich in "Der Freiwillige, Juni 1995, Seiten 10-11 unter dem Titel In Their Alle waren gleich, geschrieben (oder bearbeitet) von Hans Koppe.

"... Since the same old stories of war crimes allegedly committed by the Germans are being parroted over and over again in prayer-wheel fashion, particularly by the younger generations who are too lazy (or deliberately unwilling) to obtain a real grasp of the subject through the study of documents from the archives of our former enemies' documents which are both accessible and irrefutable - we wish to call to mind the following report which first appeared 30 years ago in the Deutschland Journal of April 23, on p. 7 of issue 17. "... Da die gleichen alten Geschichten von Kriegsverbrechen angeblich begangen von den Deutschen werden und nachgeplappert über immer wieder in Gebetsmühle Mode, besonders von den jüngeren Generationen, die von zu faul sind (oder absichtlich nicht willens) zu erfassen, um sich ein reales das Thema durch das Studium von

Dokumenten aus den Archiven der ehemaligen Kriegsgegner "Dokumente, die unwiderlegbar sind sowohl im Internet und - wir wollen Anruf bis 7 Geist der folgende Bericht, die Jahre erschien erstmals vor 30 in der Deutschland Journal of April 23, S. der Ausstellung 17.

It is supplemented with the eyewitness report of an armoured infantryman who recorded his impressions on March 7, 1995. Es ist 1995, ergänzt mit den Augenzeugenbericht eines Panzergrenadier, der seine Eindrücke am 7. März. P. 7, issue 17, April 23, 1965 (Deutschland-Journal). S. 7, Ausgabe 17, 23. April 1965 (Deutschland-Journal). Report of the German-Brazilian citizen Leonora Geier, nee Cavoa, born on October 22, 1925 in Sao Paulo, Brazil. Bericht der deutsch-brasilianischen Bürger Leonora Geier, geb. Cavoa, Brasilien, geboren am 22. Oktober 1925 in Sao Paulo. Before the expulsion she lived in Hirschberg, Bahnstrasse 8. Vor der Vertreibung lebte sie in Hirschberg, Bahnstrasse 8.

Present at the writing of this report: Anwesend bei der Erstellung dieses Berichts:

Bernhard Wassmann, born on May 10, 1901, Bautzen, Senftenberger Strasse 15; Bernhard Wassmann, 15, geboren am 10. Mai 1901, Bautzen, Senftenberger Straße;

Reiner Halhammer, born on February 3, 1910, Bautzen, Sterngasse 2; Reiner Halhammer, 2, geboren am 3. Februar 1910, Bautzen, Sterngasse;

Manfred Haer, born on April 9, 1929, Gorlitz, A.Bebel-Strasse 1; Manfred Haer, 1929 geboren am 9. April, Görlitz, A.Bebel-Strasse 1;

Kyrill Wratilavo, born on March 3, 1918, Bautzen, Karl-Marx-Strasse 25. Kyrill Wratilavo, 25, geboren am 3. März 1918, Bautzen, Karl-Marx-Straße.

The witnesses present confirm that the aforementioned, Leonora Geier, made this report without any coercion, threats or other outside influence, motivated solely by the need to make the terrible events of the time of the German Reich's collapse known to posterity since she has received permission to emigrate to Brazil. Die anwesenden Zeugen bestätigen, dass die oben genannten, Leonora Geier, Erlaubnis gemacht diesen Bericht ohne Zwang, Drohungen oder sonstige äußere Einflüsse erhielt, motivierte allein durch die bekannten brauchen, um die schrecklichen Ereignisse der Zeit des Deutschen Reiches Zusammenbruch der Nachwelt sie seit nach Brasilien auswandern zu.

The report was drawn up on October 6, 1955 and discusses the events of February 16, 17 and 18 1945, which are already partially known. Der

Bericht wurde 1955 erstellt am 6. Oktober und bespricht die Ereignisse vom 16. Februar, 17 und 18 1945, die teilweise bereits bekannt sind. At that time the witness was employed as typist in Camp "Vilmsee" ofthe RAD), the Women's Labour Service. Damals war der Zeuge RAD eingesetzt als Schreibkraft in Camp "Vilmsee" Ofthe), die Women's Labour-Service. Being a Brazilian. Als Brasilianer. she was considered by the Russian Army to be an ally put to forced labour in the .service of the National-Socialist state. sie war als Armee von den russischen Staat zu sein Verbündeter setzen zur Zwangsarbeit in die. Dienst der nationalsozialistischen.

These prerogatives were attested to by a document which she presented here and which bears the rubber stamp of the First White Russian Army. Diese Vorrechte waren Armee bescheinigt durch ein Dokument, das sie hier vorgestellten und die trägt den Stempel des Ersten White Russian. Since the present report disregards existing moral standards and sexual taboos, it must under no circumstances be made available to underage persons. Da der vorliegende Bericht verkennt bestehende Moral und sexuelle Tabus, muss sie unter keinen Umständen Personen zugänglich gemacht werden minderjährige zu.

All events are recounted in a plain, straight-forward manner in order to document historical accuracy. Alle Veranstaltungen sind so erzählte in einem schlichten, geradlinigen, um die Genauigkeit Dokument historisch. Nothing has been added, nothing was withheld.* Nichts wurde hinzugefügt, nichts vorenthalten wurde .*

With the exception of my comments, which are printed in heavy black and have absolutely nothing to do with THE ORIGINAL REPORT and have not been authorized or approved by Mrs. Rimland. Mit Ausnahme von meinen Kommentaren, die in gedruckter sind schwere, schwarze und haben absolut nichts zu berichten wollen, mit dem Original und wurde nicht zugelassen oder genehmigt durch Frau Rimland.

Bernhard Wassmann and Manfred Haer were members of the Infantry Artillery and Training Company IG 81 and were assigned to rescue operations in the aforementioned camp when the city of Neustettin was occupied following the temporary retreat of the First White Russian Army: Bernhard und Manfred Wassmann Haer waren Mitglieder der Infanterie Artillerie und Training Company IG 81 und waren zugeordnet Armee Rettungsaktionen in den oben genannten Lager bei der Stadt Neustettin besetzt war nach dem vorübergehenden Rückzug der Ersten Weißrussischen:

"On the morning of February 16 [19451 a Russian division occupied the Reich Labour Service camp of Vilmsee in Neustettin. The Commissar, who spoke German well*, informed me that the camp was dissolved and that, as we were a uniformed unit, we were to be transported immediately to a collecting camp. "Am Morgen des 16. Februar [19451 eine russische Division besetzten die Reichsarbeitsdienst Lager Vilmsee in Neustettin. Der Kommissar, der * sprach gut deutsch, teilte mir mit, dass das Lager aufgelöst wurde, und dass, wie wir Einheit waren ein uniformierter, wir wurden in das Lager zu sammeln transportiert werden sofort auf eine.

A 'Russian' Commissar who spoke German well – This means he was in all probability a Jew, since Russian Jews have for time immemorial spoken Yiddish as a first language, Russian as a second and German as a third one. A 'russischen' Kommissar, der gut Deutsch sprach - Das bedeutet, er war aller Wahrscheinlichkeit nach ein Jude, denn die russischen Juden haben seit undenklichen Zeiten gesprochen Jiddisch als Muttersprache, Russisch als zweite und Deutsch als dritte. Furthermore, most wealthy Jews of that region send their sons to be educated in Germany. Darüber hinaus reichen Juden, die Region zu entsenden die meisten ihre Söhne erzogen Deutschland in zu werden. The average Russian DID NOT speak German as a rule. Die durchschnittliche russische sprach nicht Deutsch als Regel. The average Russian DID NOT advance to the exalted position of Political Commissar either, but Jews regularly did. Die durchschnittliche russische NICHT vorab auf den erhöhten Position Politkommissar auch nicht, aber Juden regelmäßig tat.

Since I, being a Brazilian * , belonged to a nation on friendly terms with the Allies, he entrusted me with the leadership of the transport which went to Neustettin, into the yard of what used to be an iron foundry. Da ich, dass ein brasilianischer *, gehörte zu einer Nation ein freundschaftliches Verhältnis zu den Alliierten, vertraute er mir mit der Führung des Verkehrs, die Neustettin ging, in den Hof des früheren Gießerei werden ein Bügeleisen. We were some 500 girls from the Women's Reich Labour Service. Wir waren rund 500 Mädchen aus der Women's Reichsarbeitsdienst.

The Commissar was very polite to us and assigned us to the foreign workers' barracks of the factory. Der Kommissar war sehr höflich zu uns und wies uns an die ausländischen Arbeitnehmer Kaserne der Fabrik. But the allocated space was too small for 11 of us, and so I went to speak to the Commissar about it. Aber der zugewiesene Raum war zu klein für 11 von uns, und so ging ich mit ihm sprechen, um den Kommissar über.

He said that it was, after all, only a temporary arrangement, and offered that I could come to the typists' office if it was too Er sagte, es war ja nur eine Übergangslösung, und bot, dass ich ins Büro kommen, um die Schreibkräfte ", wenn es zu war.

crowded for me, which I gladly accepted. voll für mich, die ich gerne angenommen. He immediately warned me to avoid any further contact with the others, as those were members of an illegal army. Er warnte mich sofort, andere vermeiden jeden weiteren Kontakt mit dem, wie diese waren Mitglieder einer illegalen Armee. My protests that this was not true were cut off with the remark that if I ever said anything like that ever again, I would be shot. Mein Protest, dass dies nicht wahr wäre Bemerkung abgeschnitten mit der, dass wenn ich jemals sagte so etwas nie wieder, ich erschossen werden würde.

Suddenly I heard loud screams, and immediately two Red Army soldiers brought in five girls. Plötzlich hörte ich laute Schreie, und gleich zwei Soldaten der Roten Armee brachte fünf Mädchen. The commissar ordered them to undress. Der Kommissar befahl ihnen, sich auszuziehen. When they refused out of modesty, he ordered me to do it to them, and for all of us to follow him. Als sie verweigerte der Bescheidenheit, befahl er mir, sie tun es, und für uns alle, ihm zu folgen.

We crossed the yard to the former works kitchen, which had been completely cleared out except for a few tables on the window side. Wir überquerten den Hof der ehemaligen Küche arbeitet, die vollständig gewesen Seite geräumt, außer für ein paar Tische auf dem Fenster. It was terribly cold, and the poor girls shivered. Es war entsetzlich kalt, und das arme Mädchen zitterte.

In the large, tiled room some Russians were waiting for us, making remarks that must have been very obscene, judging from how everything they said drew gales of laughter. In dem großen, gekachelten Raum einige Russen waren uns warten, so bemerkt, dass sehr obszön muss worden, wie aus wie alles, was sie sagte zog Gelächter.

The Commissar told me to watch and learn how to turn the Master Race into whimpering bits of misery. Der Kommissar sagte mir, zu beobachten und zu lernen, wie man das Elend drehen Sie den Master Race in Wimmern Bits. Now two Poles came in, dressed only in trousers, and the girls cried out at their sight. Nun sind zwei Pole, kam herein, gekleidet nur in Hosen, die Mädchen Anblick rief bei ihr. They quickly grabbed the first of the girls, and bent her backwards over the edge of the table until her joints cracked. Schnell griff das erste der Mädchen und beugte ihr rückwärts über die Kante des Tisches bis zu ihrem Gelenke knackten. I was close to passing out as one of them took his knife and, before the very eyes of the other girls, cut off her right breast. Ich war nah an ohnmächtig wie einer von ihnen nahm sein Messer, und vor den Augen der anderen Mädchen, schnitt ihr die rechte Brust. He paused for a moment, then cut off the other side. Er schwieg einen Augenblick, dann schneiden Sie die andere Seite.

I have never-heard anyone scream as desperately as that girl. Ich habe noch nie jemanden gehört-Mädchen schreien wie verzweifelt wie. After this operation he drove his knife into her abdomen several times, which again was accompanied by the cheers of the Russians. Nach dieser Operation fuhr er sein Messer in ihrem Unterleib mehrmals, was wiederum die Russen war begleitet von dem Jubel.

The next girl cried for mercy, but in vain, it even seemed that the gruesome deed was done particularly slowly because she was especially pretty. Das nächste Mädchen Barmherzigkeit geweint, aber vergeblich, es schien sogar, dass die grausame Tat geschah besonders hübsch langsam, weil sie war besonders. The other three had collapsed, they cried for their mothers and begged for a quick death, but the same fate awaited them as well. Die anderen drei zusammengebrochen war, rief sie nach ihren Müttern und bat um einen schnellen Tod, aber das gleiche Schicksal erwartete sie als gut.

The last of them was still almost a child, with barely developed breasts. Der letzte von ihnen war noch fast ein Kind, mit kaum entwickelten Brüste. They literally tore the flesh off her ribs until the white bones showed. Sie buchstäblich zerrissen das Fleisch ihrer Rippen, bis der weiße Knochen zeigten.

Another five girls were brought in. They had been carefully chosen this time. Weitere fünf Mädchen wurden hereingebracht Sie waren sorgfältig Zeit erwählt. All of them were well-developed and pretty. Alle waren gut entwickelt und hübsch. When they saw the bodies of their predecessors they began to cry and scream. Als sie sah Vorgänger die Leichen ihrer fingen sie an zu weinen und schreien. Weakly, they tried desperately to defend themselves, but it did them no good as the Poles grew ever more cruel. Schwach, versuchten sie verzweifelt, sich zu verteidigen, aber es hat ihnen nicht gut, wie die Polen wurden immer grausamer.

They sliced the body of one of them open lengthwise and poured in a can of machine oil, which they tried to light. Sie aufgeschnitten den Körper einer von ihnen offen Längs-und gegossen in eine Dose Maschinenöl, die sie versucht, Licht. A Russian shot one of the other girls in the genitals before they cut off her breasts. Ein russischer Schuss eines der anderen Mädchen in die Genitalien, bevor sie abgeschnitten ihre Brüste.

Loud howls of approval began when someone brought a saw from a tool chest. Lautes Geheul der Genehmigung begonnen, wenn jemand Brust brachte eine Säge aus einem Werkzeug. This was used to tear off the breasts of the other girls, which soon caused the floor to be awash in blood. Damit wurde zum Abreißen der Brust der anderen Mädchen, die bald verursacht das Wort Blut überflutet. The Russians were in a blood frenzy. Die Russen wurden in einem Blutrausch.

More girls were being brought in continually. Mehr Mädchen wurden laufend brachte. I saw these grisly proceedings as through a red haze. Ich sah diese grausigen Verfahren wie durch einen roten Schleier. Over and over again I heard the terrible screams when the breasts were tortured, and the loud groans at the mutilation of the genitals. Immer wieder hörte ich den schrecklichen Schreie, wenn die Brüste gefoltert wurden, und das laute Stöhnen an der Verstümmelung der Genitalien.

When my knees buckled I was forced onto a chair. Wenn mein Knie gaben war ich gezwungen auf einen Stuhl. The Commissar always made sure that I was watching, and when I had to throw up they even paused in their tortures. Der Kommissar immer dafür gesorgt, dass ich sah, und wenn ich dich zu werfen hatte sie sogar pausiert in ihren Qualen.

One girl had not undressed completely, she may also have been a little older than the others, who were around seventeen years of age. Ein Mädchen hatte nicht ausgezogen vollständig, kann sie auch ein wenig älter als die anderen, die alt waren rund siebzehn Jahren.

They soaked her bra with oil and set it on fire, and while she screamed, a thin iron rod was shoved into her vagina until it came out her navel. Sie durchnässt ihren BH mit Öl und zündeten es an, und während sie schrie, dünne Eisenstange war ein in ihre Vagina geschoben, bis er herauskam ihrem Nabel.

In the yard entire groups of girls were clubbed to death after the prettiest of them had been selected for this torture. Im Hof ganze Gruppen von Mädchen wurden zu Tode geprügelt, nachdem die schönsten von ihnen hatten diese Folter ausgewählt für. The air was filled with the death cries of many hundreds of girls. Die Luft war erfüllt mit dem Tod Schreie der vielen hundert Mädchen. But compared to what happened in here, the beating to death outside was almost humane. Aber verglichen, was passiert in der Datenbank, die Schläge zum Tod draußen war fast menschlich.

It was a horrible fact that not one of the girls mutilated here ever fainted. Es war eine schreckliche Tatsache, dass nicht eines der Mädchen verstümmelt hier jemals ohnmächtig. Each of them suffered mutilation fully conscious. Jeder von ihnen erlitten Verstümmelung bei vollem Bewusstsein. In their terror all of them were alike in their pleading; it was always the same, the begging for mercy, the high-pitched scream when the breasts were cut and the groans when the genitals were mutilated. In ihrer Angst alle waren gleichermaßen in ihrem Plädoyer, es war immer das gleiche, das Betteln um Gnade, die schrillen Schrei, wenn die Brüste abgeschnitten wurden und das Stöhnen, wenn die Genitalien verstümmelt wurden.

The slaughter was interrupted several times to sweep the blood out of the room and to clear away the bodies. Das Schlachten war fegen mehrmals unterbrochen, um das Blut aus dem Zimmer und dem Weg zu räumen den Körper. That evening I succumbed to a severe case of nervous fever. Ich an diesem Abend erlag einem schweren Fall von Nervenfieber. I do not remember anything from that point on until I came to in a field hospital. Ich erinnere mich nicht alles von diesem Zeitpunkt an, bis ich kam in ein Lazarett.

German troops had temporarily recaptured Neustettin, thus liberating us. Deutsch Truppen hatten vorübergehend Neustettin zurückerobert und somit befreit uns. As I learned later, some 2,000 girls who had been in RAD, BDM and other camps nearby were murdered in the first three days of Russian occupation." Wie ich später erfuhr, rund 2.000 Mädchen, die anderen Lagern wurden in RAD, BDM und Umgebung waren Beruf ermordet in den ersten drei Tagen der russischen. "

(signed) Mrs. Leonora Geier, nee Cavoa (Unterzeichnet) Frau Leonora Geier, geb. Cavoa

Copy of a handwritten report: Kopie einer handschriftlichen Bericht:

"I read the account of an eyewitness, Mrs. Leonora Geier. The bestiality she experienced, and described in her account, is 100% true and a typical reflection of the fantasies and exhortations of the Soviet propagandist and chief ideologist Ilya Ehrenburg.* "Ich lese das Konto eines Augenzeugen, Frau Leonora Geier. Die Bestialität sie erlebt und beschrieben in ihrem Konto, ist 100% wahr und ein typisches Abbild der Phantasien und Ermahnungen des sowjetischen Propagandisten und Chefideologe Ilja Ehrenburg .*

Ehrenburg was a Jew, son of a wealthy St. Petersburg wheat merchant. Ehrenburg war ein Jude, Sohn eines wohlhabenden Kaufmanns St.

Petersburg Weizen. He had studied journalism in Paris during WW1, at that time already expressing a pathological hatred of Germans. Er hatte in Paris studiert Journalismus in während WW1, damals bereits Ausdruck einer krankhaften Hass der Deutschen.

This bestiality was a tactical measure intended to force the German population to flee from the Eastern regions en masse, and was the rule rather than the exception all the way over to the Oder River. Diese Bestialität war eine taktische Maßnahme zur Kraft der deutschen Bevölkerung zu fliehen in Massen aus den östlichen Regionen en, und war eher die Regel als die Ausnahme alle den Weg über die Oder.

What I myself witnessed: Was ich selbst erlebt habe:

I was an armoured infantryman and had been trained on the most modern German tank of those days, the Panther. Ich war ein Panzergrenadier und hatte die Panther geschult auf modernsten deutschen Panzer jener Tage. Survivors from tank crews were reassembled in the Reserves at Cottbus and kept ready for action. Hinterbliebene von Panzerbesatzungen wurden Cottbus wieder zusammengesetzt in die Reserven am und hielt einsatzbereit.

In mid January, 1945, we were transferred to Frankfurt on the Oder River, into a school building. Mitte Januar 1945 waren wir Gebäude nach Frankfurt an der Oder, in einer Schule. One morning we were issued infantry weapons, guns, bazookas and submachine guns. Eines Morgens waren wir Kanonen ausgestellt Infanteriewaffen, Gewehren, Panzerfäusten und Maschinenpistolen.

The next day we were ordered to march to Neustettin. Am nächsten Tag wurde uns befohlen, Neustettin Marsch nach. We traveled the first 60 miles or so by lorry, and after that some 90 miles per day in forced marches. Wir fuhren die ersten 60 Meilen oder so per LKW, und danach etwa 90 Meilen pro Tag in Gewaltmärschen.

We were to take over some tanks that were kept ready for us in a forest west of Neustettin. Wir wurden in Neustettin übernehmen einige Panzer dafür waren bereit gehalten uns in einem Wald westlich von. After a march lasting two days and nights, some ten crews reached the forest just before dawn. Nach einem Marsch über zwei Tage und Nächte, zehn Mannschaften erreicht einige der Wald kurz vor dem Morgengrauen.

Two tanks were immediately readied for action and guarded the approach roads while the other comrades, bone-weary, got a little sleep. Zwei Panzer wurden sofort vorbereitet für Action und bewachte den Zufahrtsstraßen, während die anderen Kameraden, Knochen müde, bekam ein wenig schlafen. By noon all tanks, approximately 20, had been readied. Gegen Mittag alle Tanks, etwa 20, war vorbereitet.

Our orders were to set up a front-line and to recapture villages and towns from the Russians. Unsere Bestellungen wurden, eine Front-Line und Russen zurückerobern Dörfer und Städte aus der. My platoon of three tanks attacked a suburb that had a train station with a forecourt. Mein Zug von drei Panzern angegriffen, dass ein Vorort Vorplatz hatte einen Bahnhof mit. After we destroyed several anti-tank guns the Russians surrendered. Nachdem wir Geschütze zerstört mehrere Anti-Panzer der Russen kapituliert.

More and more of them emerged from the houses. Immer mehr von ihnen kam aus den Häusern. They were gathered into the forecourt about 200 sat crowded closely together. Sie wurden 200 gesammelt in den Vorhof über saßen eng gedrängt. Then something unexpected happened. Dann geschah etwas Unerwartetes.

Several German women ran towards the Russians and stabbed at them with cutlery forks and knives. Mehrere deutsche Frauen rannten die Russen und stach sie mit Besteck Gabeln und Messer. It was our responsibility to protect prisoners, and we could not permit this. Es war in unserer Verantwortung, Häftlinge zu schützen, und wir konnten nicht zulassen. But it was not until I fired a submachine gun into the air that the women drew back, and cursed us for presuming to protect these animals. Aber es war nicht bis ich feuerte eine Maschinenpistole in die Luft, dass die Frauen zurück zog, und beschimpfte uns für die Vermutung zum Schutz von Tieren diese. They urged us to go into the houses and take a look at what (the Russians) had done there. Sie forderten uns auf Häuser gehen in die und zu sehen, was (die Russen) hatte es getan.

We did so, a few of us at a time, and we were totally devastated. Wir taten dies, ein paar von uns in einer Zeit, und wir waren total verwüstet. We had never seen anything like it utterly, unbelievably monstrous! Wir hatten noch nie gesehen, so etwas völlig unglaublich ungeheuerlich! Naked, dead women lay in many of the rooms. Nackte Frauen lagen tot in vielen Zimmern. Swastikas had been cut into their abdomens, in some the intestines bulged out, breasts were cut up, faces beaten to a pulp and swollen puffy. Hakenkreuze hatten ihre Bäuche wurden angeschnitten, in einigen der Darm ausgebeult aus, Brüste abgeschnitten wurden, die Gesichter aufgedunsen zu Brei geschlagen und geschwollen.

Others had been tied to the furniture by their hands and feet, and massacred. Andere hatten und massakriert worden gebunden, um die Möbel durch ihre Hände und Füße. A broomstick protruded from the vagina of one, a besom from that of another, etc. To me, a young man of 24 years at that time, it was a devastating sight, simply incomprehensible! Ein Besenstiel ragte aus der Scheide der eine, ein Besen aus dem eines anderen, etc. Für mich ein junger Mann von 24 Jahren zu diesem Zeitpunkt war es ein verheerender Anblick, einfach unverständlich!

Then the women told their story: Dann die Frauen erzählten ihre Geschichte:

The mothers had had to witness how their teen and twelve-year-old daughters were raped by some 20 men; the daughters in turn saw their mothers being raped, even their grandmothers. Die Mütter hatten Zeugen mussten, wie ihre jugendlich und zwölf Jahre alten Töchter wurden vergewaltigt Männer 20 von einigen, die Töchter wiederum sahen ihre Mütter vergewaltigt wird, sogar ihre Großmütter.

Women who tried to resist were brutally tortured to death. Frauen, die widerstehen versucht, wurden brutal zu Tode gefoltert. There was no mercy. Es gab kein Erbarmen. Many women were not local, they had come there from other towns, fleeing from the Russians. Viele Frauen waren nicht vor Ort, sie hatten Städte kommen dort von anderen, auf der Flucht vor den Russen.

They also told us of the fate of the girls from the RAD whose barracks had been captured by the Russians. Sie erzählte uns auch von dem Schicksal der Mädchen aus dem RAD deren Kaserne hatten die Russen gefangen genommen worden durch. When the butchery of the girls began, a few of them had been able to crawl underneath the barracks and hide. Wenn die Metzgerei der Mädchen begann, einige von ihnen hatten eine Kaserne in der Lage, kriechen unter die und zu verstecken. At night they escaped, and told us what they knew. Nachts entgangen, und erzählte uns, was sie wussten. There were three of them. Es waren drei von ihnen.

The women and girls saw parts of what Mrs. Leonora Geier described. Die Frauen und Mädchen sah Teile von dem, was Frau Leonora Geier beschrieben. The women we liberated were in a state almost impossible to describe. Die Frauen, die wir befreit waren in einem Zustand fast unmöglich zu beschreiben. They were overfatigued and their faces had a confused, vacant look. Sie waren overfatigued und ihre Gesichter hatten einen verwirrten, leeren Blick. Some were beyond speaking, ran up and down and moaned the same sentences over and over again. Einige waren über

Sprechen, lief auf und ab und stöhnte die gleichen Sätze immer und immer wieder.

Having seen the consequences of these bestial atrocities, we were terribly agitated and determined to fight. Nachdem wir die Folgen dieser bestialischen Grausamkeiten, wir waren furchtbar aufgeregt und entschlossen zu kämpfen. We knew the war was past winning; but it was our obligation and sacred duty to fight to the last bullet . Wir wussten, war der Krieg vorbei zu gewinnen, aber es war unsere Pflicht und heilige Pflicht, Kugel kämpfen bis zum letzten. . . ." . "

The bestiality of World War II, caused largely by the Jew named Ilja Ehrenburg*, Stalin's main propagandist whose private papers and files were donated by him to Israel before he died, and who whipped the Russian Army into a frenzy of destruction, was worse than anything a sane mind can imagine - and it is coming our way unless courageous men and women stop it. Die Bestialität des Zweiten Weltkrieges verursachte weitgehend von der Jude, namens Ilja Ehrenburg *, Stalins wichtigsten Propagandisten, deren private Papiere und Dateien wurden gestiftet von ihm Israel, bevor er starb, und die Schlagsahne die russische Armee in einen Rausch der Zerstörung war schlimmer als alles, was ein vernünftiger Geist sich vorstellen kann - und es ist auf uns zukommen, es sei denn mutigen Männer und Frauen stoppen.

*This satanic beast is honored (!) in todays Israel as one of their great heroes. * Dieser satanische Tier fühlt sich geehrt (!) In der heutigen Israel als einen ihrer großen Helden. If ANYTHING tells us us what the Jew represents THIS is it! Wenn etwas erzählt uns, was der Jude ist Das ist es!

Thought for the Day: Gedanke für den Tag:

"God cannot alter the past, but historians can." "Gott kann nichts an der Vergangenheit, aber Historiker können."

Samuel Butler Samuel Butler

Die Imperative der Sieger Die Vertreibung als Sprachspiel: Alliierte Propaganda und bundesrepublikanische Lebenslügen, Thorsten Hinz

Die Wochenzeitung Die Zeit hat den 60. Jahrestag der Verkündigung der Charta der Heimatvertriebenen mit einem Artikel der besonderen Art bedacht. Die Ausgabe vom 22. Juli räumt dem Berliner Literaturwissenschaftler David Oels gleich eine ganze Seite für die Kurzfassung einer Studie ein, die er in den Zeitgeschichtlichen Forschungen (Göttingen, Juni 2010) über Jürgen Thorwalds zweibändigen Bestseller „Die große Flucht" publiziert hat. Thorwalds 1950 erschienenes Buch war das erste, das sich ausführlich mit Flucht und Vertreibung beschäftigte, es soll auch Konrad Adenauer beeindruckt haben. 2005 erlebte es bereits die 50. Auflage. Die Überschrift verrät die zentrale Intention des Aufsatzes: „Schicksal, Schuld und Gräueltaten. Populäre Geschichtsschreibung aus dem Geist der Kriegspropaganda". In der linken Randspalte steht groß gedruckt: „Gern wird es (Thorwalds Buch) zitiert, zum Beispiel von der CDU-Politikerin Erika Steinbach, wenn es um die Verbrechen der Vertreibung geht. Doch wieviel Dichtung steckt tatsächlich in Thorwalds Fakten?" Oft zitiert die Vertriebenen-Präsidentin in ihren Reden den Bericht des Pfarrers Karl Seifert aus dem sächsischen Pirna, der im Mai 1945 Tausende vom tschechischen Mob massakrierte Sudentendeutsche elbabwärts treiben sah, darunter eine Familie, die an eine hölzerne Bettstelle genagelt war. Oels bestreitet solche Schreckensberichte nicht rundweg, er konstatiert nur, der Autor habe die Vorgänge „novellenartig zugespitzt". Thorwald hat selber eingeräumt, bestimmte Personen „lediglich als Symbol zur Darstellung der anhand von Originalberichten nachweisbaren Leiden gewählt" zu haben: ein legitimes narratives Verfahren, um dem monströsen Material eine leserfreundliche Struktur zu geben. Ein anderes Stilmittel ist der fiktive Monolog. Oels zitiert ein Selbstgespräch General Guderians, der Hitler um Frontbegradigungen und Truppenverstärkungen zur Rettung der ostdeutschen Zivilbevölkerung bittet: „Frauen lebend an Scheunentore genagelt. Alle Frauen und Mädchen unzählige Male geschändet, Männer und Greise zu Tode gemartert."

Alliierte Untaten haben nur „angeblich" stattgefunden

Vordergründig übt Oels sich in Text- und Quellenkritik: Jürgen Thorwald heißt eigentlich Heinz Bongartz (1915–2006) und begann seine journalistische Karriere – was lebensgeschichtlich anders kaum möglich war –, im Dritten Reich. Während des Krieges war er ziviler Mitarbeiter in einer geschichtlichen Abteilung des Oberkommandos der Marine, für sein erstes Buch schrieb – eine Zwischenüberschrift im Zeit-Artikel hebt das ausdrücklich hervor – Hermann Göring das Vorwort. 1949 veröffentlichte er eine Serie von Vertreibungsberichten in der Wochenzeitung Christ und Welt, die „maßgeblich von ehemaligen Mitarbeitern der Propagandaabteilung des Auswärtigen Amtes" betrieben wurde und in amerikanischen Akten als „undercover Nazi paper" galt. Wegen der Bongartz-Artikel zog sie den

Vorwurf des „Nationalismus und Militarismus" auf sich. Solche Assoziationsketten machen die Quellenkritik zur politischen Insinuation. Wissenschaftliche Objektivität jedenfalls hätte Oels zu der Frage verpflichtet, ob die Verfasser derartiger Aktennotizen vielleicht amerikanischen Propagandaabteilungen angehörten, die bestrebt waren, Berichte über alliierte Kriegsverbrechen zu unterdrücken bzw. zu diskreditieren. Aber Oels führt ungerührt im kleinen aus, was der Zeitgeschichtler Norbert Frei in seinem Standardwerk „Vergangenheitspolitik. Die Anfänge der Bundesrepublik und die NS-Vergangenheit" (1996) zum Konzept erhoben hat. Frei zählt darin die Imperative der alliierten Sieger auf und zetert dann, daß die Nachkriegsdeutschen sie nur widerwillig, halbherzig oder in purer Mimikry befolgt hätten. Alliierte Untaten, etwa die Folterungen deutscher Kriegsgefangener im Malmedy-Prozeß, haben natürlich nur „angeblich" stattgefunden. Für Oels ist es eine „besondere Pointe", daß der von Steinbach zitierte Bericht von Pfarrer Seifert 1995 aus der Neuauflage des Thorwald-Buchs entfernt wurde, weil sich dafür keine Quellen fanden. Das führt ihn zur „Vermutung", der Autor habe lediglich die im Dritten Reich erlernte „Propagandatechnik" der „Emotionalisierung" praktiziert. „So gesehen lassen sich Thorwalds Bücher und besonders das von Steinbach verwendete Beispiel weniger für die erinnernde Vergegenwärtigung erlittener Gewalt in Anspruch nehmen als für eine kritische Rekonstruktion des erinnerungspolitischen Diskurses." Handelt es sich bei den Vertreibungsverbrechen also weitgehend um Sprachspiele emotionalisierter Altnazis? Nun, so leicht lassen sich Bücher wie „Auge um Auge" von John Sack oder die Vertreibungs-Dokumentation der Bundesregierung nicht vom Tisch wischen. Und diese Dokumentation ist höchst unvollständig. Nicht enthalten ist das Massaker im ostbrandenburgischen Städtchen Soldin, wo ein deutscher Offizier, der die Vergewaltigung seiner Frau verhindern wollte, einen russischen Soldaten erschoß. Daraufhin wurden 160 männliche Einwohner drei Tage lang ohne Essen und Trinken in eine Garage gesperrt und dann 120 von ihnen erschossen.

Frauen wurden an Scheunentore genagelt

Im ostpreußischen Nemmersdorf wurden Frauen zwar nicht an Bettgestelle, aber an Scheunentore genagelt; der Vorgang liegt dem von Oels zitierten Guderian-Monolog zugrunde. Doch zu Nemmersdorf gibt sich der Literaturwissenschaftler in einer Fußnote seines Ursprungstexts überzeugt: „Daß es sich dabei um eine bis weit in die Nachkriegszeit wirksame Propagandainszenierung handelte, ist erwiesen, dürfte Thorwald aber noch nicht bekannt gewesen sein. Vgl. Bernhard Fisch, Nemmersdorf, Oktober

1944, Berlin 1997." Über das Buch des Hobbyhistorikers Fisch hat diese Zeitung mehrmals berichtet. („Kein Erinnerungsort, nirgends", JF 44/ 2004) Fisch hat interessante Details herausgefunden und nachgewiesen, daß sich in einigen der Nemmersdorf-Berichte Erlebtes und Gehörtes vermischen und die offizielle Zahl von 61 Toten die Opfer aus den Nachbardörfern Tutteln und Alt-Wusterwitz einschließt. Doch sein schrullenhafter Versuch, das Massaker als Mythos des Kalten Krieges darzustellen, scheitert grandios. Der 2005 gestorbene Schriftsteller Harry Thürk, den Fisch als Zeitzeugen ausfindig gemacht hat, gehörte zu den ersten Soldaten, die am 23. Oktober 1944 in Nemmersdorf einrückten. Er berichtet von grausam zugerichteten Leichen. „An einem Scheunentor, am rechten Torflügel, war eine Frau angenagelt." Im Begleitbuch zu Guido Knopps ZDF-Serie „Die große Flucht" (2001) bestätigt er seine Angaben und äußert sich auch zur Inszenierungsthese: „Erfinden mußten sie (die Propagandisten – Th. Hinz) das Ganze nicht. Leichen mußten sie auch nicht von woanders herholen – die waren da. Man hatte ihnen die Leichen und das, was dort geschehen war, sozusagen auf dem Präsentierteller serviert." Der Film unterschlägt diese Aussagen. So verläuft er seit Jahrzehnten in monotoner Eintönigkeit: der „erinnerungspolitische Diskurs" der Bundesrepublik. Die Zeit und ihr neuer Autor David Oels schreiben ihn ignorant und stupide fort.

Guten Tag, auf N3 in der Serie „**Inselgeschichten**" wurde in der letzten Woche über die **Insel Borkum** berichtet. Mit Erstaunen vernahm ich die Geschichte über ein **amerikanisches Flugzeug, das am 4. August 1944 auf der Insel notlandete.**

Die Besatzung des Bombers wurde nicht etwa eingesperrt, sondern die Männer wurden einzeln durch ein   von Borkumer Bürgern gebildetes Spalier geschickt und von eben diesen Bürgern mit Schaufeln u. a. geschlagen. Am Ende wurden sie per Kopfschuss **getötet**. Seit 2003 gibt es einen Gedenkstein. Bei der offiziellen Feierstunde waren zwei ehemalige Besatzungsmitglieder des Bombers anwesend. Diese beiden hatten überlebt, weil sie vor der Notlandung des Flugzeuges abgesprungen waren. Weil mich diese Geschichte interessiert, habe ich nach Informationen im Netz gesucht und etwas gefunden   und möchte diese mit den Lesern dieses Forums teilen:

Fliegerschicksale.de - Quelkhorn - Borkum 04.08.1944

Die Geschichte der sieben amerikanischen Flieger und der weitere Weg der beiden abgesprungenen Männer wird detailliert beschrieben. Es finden sich zusätzliche Angaben.

Borkum Remembers Murdered US Prisoners

Artikel (englisch) über die Gedenkfeier am 4. August 2003 auf Borkum

Jewish Virtual Library - Flyers Cases

Die website befasst sich mit Verbrechen, die "Fliegern" angetan wurden. Es finden sich die Urteile im Original.

Case No. 12-489 und Case No. 12-485 betreffen den hier geschilderten Fall auf Borkum.

Case No. 12-489 (US vs. Kurt Goebell et al) Tried 22 March 46

Akkermann, Jan J....................Tod durch Erhängen
Albrecht, Guenther....................6 Jahre Haft
Geyer, Karl ....4 Jahre Haft
Goebell, Kurt ....Tod durch Erhängen
Heinemann, Heinrich.................18 Jahre Haft
Krolikovski, Walter....................Lebenslange Haft
Mammenga, Gustav..................20 Jahre Haft
Meyer-Gerhards, Klaus
Pointner, Johann.......................5 Jahre Haft
Rommel, Heinrich.....................2 Jahre Haft
Schmitz, Johann Josef..............Tod durch Erhängen
Seiler,Jakob............................Tod durch Erhängen
Weber, Karl........................ ..25 Jahre Haft
Wenzel, Erich........................ .Tod durch Erhängen
Witzke, Heinz.........................11 Jahre Haft"

Case No. 12-485 (US vs. Ernst Mueller) Tried 19 March 46

Mueller, Ernst
(auf Seite 2 befinden sich die Urteile)

Hallo allerseits! Ich kann hierzu nur eine sehr gute psychologische Erklärung für dieses Phänomen empfehlen. Im Buch **"Das Antlitz des Krieges: Die Schlachten von Azincourt 1415, Waterloo 1815 und an der Somme 1916"** von John Keegan erklärt sich der Autor eine solche menschenunübliche Brutalität wie folgt: Solche Situationen kommen oft zustande, wenn sich ein Mensch (*Soldat oder Zivilist*), sich in einer militärischen Konfrontation befand, in der um sein Leben fürchten muss, weil er der technisch Unterlegene war. Ein technische Unterlegenheit entsteht immer dann, wenn ein Kombatant sich auf technische Errungenschaften stützen kann, welche dem anderen nicht vorliegen. Dieses muss nicht nur duch die Technick entstehen, sondern kann auch durch die Unterschiede der verschiedenen Waffgattungen entstehen.

Beispiele:
Der gemeine Infanterist bis zum I. WK sah jeden feindlichen Kavalleristen (*hoch zu Ross und mit Säbel oder Lanze*) als technisch überlegen an.
Jeder Infanterist sah jeden ab dem I. WK jeden feindlichen Panzermann (*in seinem Panzerfahrzeug mit vielen verschiedenen Waffen*) als technisch überlegen an.
Jeder Panzermann sah jeden feindlichen Kampfflieger (*hoch über einem, mit Bomben odern Bordmaschinenkanonen ausgestattet*) als technisch überlegen an.
Jeder Infanterist sah jeden Infanteristen, welche eine befestigte Stellung verteidigte, mit einem MG bewaffnet oder einem Flammenwerfer war, als technisch überlegen an.
Jeder Infanterist, welcher mit einem MG bewaffnet oder einem Flammenwerfer war, sah einen Scharfschützen all technisch überlegen an.

Und so weiter....

Diese Situation ändert sich schlagartig, wenn ein technischer Vorteil plötzlich nicht mehr gegeben ist:
- die Panzerbesatzung muss ausbooten wegen Bewegungsunfähigkeit des Panzers,
- die Bunkermannschaft muss den Bunker verlassen, weil der Bunker umgangen wurde oder die Lebensmittel verbraucht sind
- ein Pilot muss abspringen, weil sein Flugzeug abgeschossen wurde, etc. ...

Kurz: je mehr verschiedene Waffengattungen, mit unterschiedlichen technischen Vor- und Nachteilen sich gegenüberstehen werden, desto mehr wird immer die Gefahr bestehen, dass der technisch Unterlegene seine plötzliche Dominaz oder seinen Vorteil der Situation in Hass umschlagen lassen wird und dem ehemals technisch Überlegenen seinen angestaute Angst oder Frust zukommen lassen wird...

Meine Meinung: Genauso dürfte es (*teilweise, abgesehen von der deutschen aqufgeheizten Propaganda*) allgemein bei Zivilisten gewesen sein, welche immer wieder um ihr Leben fürchten mussten, ihre Verwandeten ausgraben mussten oder nur ihr Eigentum haben verbrennen sehen...

... Sven

Hallo, Sven, Deine rechtfertigenden Erklärungen reichen mir nicht, um dieses Phänomen von abhanden gekommener Menschlichkeit zu erklären. Hinzu kommen natürlich die Propaganda eines Wahnsinnigen (wie der von Jane verlinkte Artikel zeigt), Hass auf die Bombenabwerfer, eine gehörige Portion Größenwahn und ein verdrehtes Rechtsempfinden der Täter gepaart mit übersteigertem Machtbedürfnis. Und ja, natürlich wußte man auf Borkum auch von den Bombenopfern in Hamburg. **Das alles ist für mich immer noch kein Grund (und schon gar keine Rechtfertigung), Kriegsgefangene zu quälen und/oder umzubringen. Nirgendwo auf der Welt!** Es grüßt Margarete

Hallo Margarete! Sorry, aber du musst mich da wohl ziemlich missverstanden haben, denn ich sprach von einer **"psychologischen Erklärung für dieses Phänomen"** und nicht für eine "rechtfertigende Erklärung"... eine Rechtfertigung gibt es hierfür bestimmt nicht, maximal einen stenischen Affekt der Beteiligten, also eine Handlung aus Wut, Zorn oder ähnlichen Gefühlsregungen heraus ... wie gesagt: keine Rechtfertigung! Grüße Sven

Fadenscheinige Begründungen, aus meiner Sicht ...

Guten Morgen Die angebrachten Erklärungsversuche (ob nun Buch, oder pers.) klingen für mich ziemlich militärisch und politisch eingefärbt und propagiert. Sie hadern auch in aller Deutlichkeit mit dem Spiegelbericht, der augenscheinlich nicht von militärisch vorbelasteten Autoren verfasst wurde. Es geht hier doch um Morde, die aus der Zivilbevölkerung heraus an alliierte Flieger passierten, nicht um Soldaten, wo die einen mehr- oder weniger bewaffnet waren! Es ist anzuzweifeln, ob die Bewohner der kleinen Insel Borkum wussten, dass irgendwo auf dem Festland Frauen und Kinder auf Feldern ihr Leben durch feige Feind-Angriffe verloren... Da ist viel Regime-Geschwätz enthalten, worauf sich keine plausiblen Erklärungen für stattgefundene Lynchmorde aufbauen ließen. War es nicht viel mehr die bittere Pille der Gewissheit, dass der Krieg verloren war?

Der einstige Stolz und Fanatismus eines ganzen Volkes war jäh zerstört. Über diese (Ent)Täuschung wurden selbst im abgelegensten Winkel der Nation simple, niedere Instinkte bei den Bürgern freigesetzt. Ein nebulöses Gebräu aus Rache, Wut, Enttäuschung, kriegsbedingte Verrohung und gekränkte Eitelkeiten. Schließlich glaubte man doch allen anderen Ländern in fast jeder Beziehung überlegen zu sein, erst recht auf eigenem Grund und Boden … Grüße, Jane

Hallo, Jane und alle Anderen ! Das sog. 3. Reich fusste doch auf Lügen. Das Goebbelsche Ministerium sorgte für Verzerrungen, Unwahrheiten, falschen Behauptungen. Die Propaganda suggerierte der Bevölkerung, dass Wochenschau Berichte und Rundfunk Reportagen der Wahrheit entsprachen. Das diese Berichte und Reportagen in Wirklichkeit Märchen waren, haben die Wenigsten erkannt. So, wenn in einem Wochenschau Bericht erklärt wurde, dass "angloamerikanische"* und englische Bomber Piloten Schuld am Tod von Frauen und Kindern waren, wurde dies geglaubt; dass die Verantwortlichen aber Hitler und Co waren, wollte fast Niemand wahrhaben. (" Unsere Mauern brachen, unser Wille nicht "…) Die Suggestion hält ja bis Heute an, aber das wäre ein neuer Thread Borkum ist ja für Lynch Justiz kein Einzelfall, es gab, z.B. Pforzheim Auf "Arte" lief vor einiger Zeit zum Thema Propaganda und Lügen im 3. Reich eine sehr interessante Dokumentation   * dieser Begriff stammt aus der Goebbels Propaganda Gruß Gerd

Hallo,
Zitat:

Original von Caprinus Es ist anzuzweifeln, ob die Bewohner der kleinen Insel Borkum wussten, dass irgendwo auf dem Festland Frauen und Kinder auf Feldern ihr Leben durch feige Feind-Angriffe verloren...

das war wohl auch nicht nötig wenn es Leute gab, die es geschafft haben, Vorgaben des Regimes an den Mann zu bringen:

Zitat aus einem Link von Margarete:
Zitat:

Ein Feldwebel erhielt den Befehl, mit sieben Soldaten die Gefangenen zum Hafen zu führen. **Der Wachmannschaft wurde der berüchtigte Goebbels-Erlaß des Reichspropagandaministers ins Gedächtnis gerufen, der den Wachmannschaften verbot, bei Übergriffe der Bevölkerung gegen abgeschossene feindliche Flieger einzugreifen.**

Der Abstand der Gefangenen sollte 5-6 Meter betragen und die Gefangenen mußten ständig die Hände über den Kopf halten. Noch vor dem Abmarsch wurde ein Wachsoldat, der nicht streng genug zu den Gefangenen war, ausgetauscht. Als die Marschkolonne die obere Strandpromenade ereichte, bildeten dort eine Gruppe von etwa 60 Männern des Reichsarbeitsdienstes, die dort Arbeiten ausführten, ein Spalier durch das die amerikanischen Flieger laufen mußten. Die Reichsarbeitsdienstmänner schlugen mit Spaten und Fäusten auf die Wehrlosen ein. Die Wachsoldaten griffen nicht ein. **An der Ecke Bahnhof / Franz-Habich-Straße kam es zu Übergriffen der Bevölkerung, angestachelt durch Zurufe des Bürgermeisters Jan "Varus"Akkermann.** Wieder griffen die Wachsoldaten nicht ein. Auch auf dem Weg zum Rathaus hielt sich die Borkumer Bevölkerung nicht zurück und es gab weitere Übergriffe. Auch hier schritten die Wachsoldaten wiederum nicht ein. Einer der nun sehr erschöpften und demoralisierten Amerikaner brach am Rathaus zusammen. Aus der Menschenmenge trat der Gefreite Erich Langer, der gerade von seinem Wachdienst im französischen Kriegsgefangenenlager kam, und erschoß mit seiner Dienstpistole den am Boden liegenden Amerikaner. Der Verletzte wurde in das Gebäude des Sicherheitshilfsdienstes gebracht und verstarb dort etwa eine Stunde später. Die Wachsoldaten setzten ihren Marsch mit den sechs Verbliebenen fort, es wurde nicht einmal der Versuch unternommen den Todesschützen zu stellen.

Damals reichte es wohl als Legitimation aus, wenn einer von der "Obrigkeit", der Bürgermeister, dazu seinen Segen gab. Grüße Thomas

Guten Tag, allen, Sven, gut, dass Du mich darauf hinweist, dass ich Dich falsch verstanden habe! Gerd, danke für die beiden interessanten Dokumente.

Zitat:

Original von Huba Damals reichte es wohl als Legitimation aus, wenn einer von der "Obrigkeit", der Bürgermeister, dazu seinen Segen gab.

Ich denke, dass ist heute nicht anders (siehe: Milgram-Experiment). Viele Menschen folgen nach wie vor der Obrigkeit wie dumme Schafe und glauben auch noch, im Recht zu sein. Mit Sicherheit hätte ich nicht zu denjenigen gehört, die den Gefangenen etwas angetan hätte. Allerdings weiß ich nicht, ob ich den Mut gehabt hätte, dagegen einzuschreiten. Unrecht bleibt es aber allemal!Es grüßt Euch Margarete

Hallo allerseits! Ich denke mal ein Thema bezüglich eines Kriegsverbrechen dürfte immer ein wenig heikler sein, als wie zum Beispiel die Identifizierung eines Fahrzeuges oder die chronologische Auflistung einer Einheit... Nichts desto trotz habe ich hier noch zwei interessante Seiten für euch: Die erste Seite behandelt sämtliche Lynchmorde in Deutschland während des II. WK´s, wobei man wiederum erkennt, dass der o.g. Fall (*ausgeführt durch Zivilisten*) wahrscheinlich als Einzelfall gewertet werden dürfte: www.flieger-lynchmorde.de/Text/auflistung.htm Der zweite Link ist ein Artikel aus dem Spiegel, welcher über einen britischen Historiker, der die brit. Bombadierungen von Deutschland während des II WK als unverhältnismäßig kritisiert: www.spiegel.de/spiegel/print/d-25832003.html Wünsche euch allen einen Guten Rutsch und bis nächstes Jahr! Grüße Sven

Hallo zusammen,

Zitat:

Original von Sven30 Ich denke mal ein Thema bezüglich eines Kriegsverbrechen dürfte immer ein wenig heikler sein,

ja Sven, liegt in der Natur der Sache, trotzdem liegt es immer an uns, wie sachlich, ob fruchtbar, ob fair geführt, so eine Diskussion verläuft.

Margarete, ich sehe schon einen Unterschied zwischen Herdentieren damals und heute, andere Vorraussetzungen. Und ob du, oder ich, eingegriffen hätten....werden wir nie erfahren. Ich muss zugeben, dass viele deiner Threads sehr "schwer" sind, schwer im Sinne von Mitreden, einfach drauf losplappern. Gerade das macht deine Dinger so gut, wer hier mitreden will muss sich informiert haben, hier reicht kein berüchtigter Einzeiler. Mir fehlt oft, leider, einfach die Zeit, um mich da einzulesen, mich zu informieren, das tut mir leid und ärgert mich auch. Das mich solche Themen interessieren beweise ich mir seit geraumer Zeit verstärkt immer wieder selbst, die letzten Buchkäufe hatten alle etwas mit Gestapo, Auschwitz, Vernichtungslager zu tun, dummerweise muss ich diese Bücher immer zwei bis dreimal lesen um die Fülle an Informationen zu verstehen, zu verarbeiten, in mein kleines Hirn aufzunehmen. Man möge mir mein OT verzeihen... Grüße Thomas

Hallo, in der Gegend in der ich aufgewachsen bin, kam es am 24.12.1944 auch zu so einem Mord. Obwohl die Zivilbevölkerung auch Tiefangriff erleiden musste, war es der Ortdgruppenleiter, der einen abgesprungenen amerikanischen Jägerpiloten während der Überführung nach Laubach einfach so erschoss. Kann man in dem Buch "Mord in Freienseen" nachlesen. Auch in Heft 7 der Niddaer Geschichtsblättern sind dem Ereignis ein paar Seiten gewidmet. Gruß Rainer

Moin Sven,

Zitat:

Original von Sven30 wobei man wiederum erkennt, dass der o.g. Fall (*ausgeführt durch Zivilisten*)

Nein Sven, eben nicht! Lese bitte die geposteten Links bitte richtig, bevor hier ein falsches, verharmlosendes Bild entsteht. Borkum war eben KEIN Einzelfall. Noch ein weiterer Bericht zu **zivilen** Lynchmorden: Tödliche Jagd Beste Grüße Jane

Tödliche Jagd

Nach einem alliierten Luftangriff fielen Rüsselsheimer Bürger 1944 über kriegsgefangene US-Piloten her. Sechs Männer starben.

Ein Überlebender kommt nun zurück. Sidney Eugene Brown aus Florida ist bisher nur einmal in Rüsselsheim gewesen, am 26. August 1944, und er wird diesen Samstag nie vergessen. Der amerikanische Bomberpilot, von den Deutschen abgeschossen, marschierte zusammen mit sieben Kameraden unter Bewachung zweier Wehrmachtssoldaten durch die Opelstadt. In der Nacht zuvor hatte die britische Royal Air Force mit 400000 Brandbomben dort einen mörderischen Feuersturm entfacht, mindestens 198 Menschen waren dabei umgekommen. Eine aufgebrachte Menge entdeckte den kleinen Trupp feindlicher Piloten und erschlug sechs von ihnen. Nur Brown und sein Kumpel William Adams konnten entkommen. Im April bekam Brown, 76, eine Einladung, an die Stätte dieser grausamen Erinnerungen zurückzukehren. Rüsselsheim wollte nach langem Schweigen über den Lynchmord offiziell des Verbrechens gedenken. Am kommenden Wochenende wird der ehemalige Pilot an der Veranstaltung unter dem Motto „Erinnerung, Versöhnung" teilnehmen, den Bürgern für Fragen zur Verfügung stehen und mit ihnen in der Kirche beten. Die Menschen kehrten gerade aus den Bunkern in ihre Wohnungen zurück oder suchten eine neue Unterkunft. Nach Recherchen des amerikanischen Wissenschaftlers August Nigro schrie zuerst die 38-jährige Käthe R.: „Da sind die Terrorflieger! Schlagt sie tot, sie haben unsere Wohnung zerstört." Dann nahm sie ein Stück Dachschiefer und warf es dem Piloten an den Kopf. NSDAP-Ortsgruppenleiter Josef Hartgen zog seine Pistole Kaliber 6,35 mm und schoss in die Luft. Die letzte Hemmschwelle fiel. Ob einige Dutzend oder gar Hunderte Rüsselsheimer sich an der tödlichen Jagd beteiligten, wurde nie endgültig geklärt. Mit Knüppeln, Metallstangen, Steinen, Dachziegeln aus den Schutthaufen der zerbombten Häuser schlugen die Menschen auf die Soldaten ein. Als der Schullehrer Christoph Keil dazwischengehen wollte, schrie ihn der Eisenbahner Johann O. An: „Mach dich fort, sonst bekommst du es auch noch!" An der Ecke Taunus-/Grabenstraße zerrte der Mob den verletzten William Dumont von der Schulter von Adams, der Dumont getragen hatte, und schlug dem Verwundeten den Schädel ein. Nach einigen hundert Metern stellten die Mörder auch ihre anderen Opfer; als sich keiner mehr regte, feuerte Hartgen auf die Köpfe der Männer. Brown bekam eine Flasche auf den Kopf und stellte sich tot, Adams war ohnmächtig. Als Einwohner sie und die anderen zum Friedhof gekarrt hatten, gab es neuen Luftalarm. Brown und Adams nutzten die Gelegenheit, verbanden notdürftig ihre Wunden und kletterten über die Friedhofsmauer. Vier Tage konnten sie sich verstecken. „Wir wollten in die Schweiz fliehen", so Brown. Am Rhein wurden sie gefasst und für den Rest des Krieges als Kriegsgefangene interniert. Im Juli 1945 stellten die Amerikaner in einem der ersten Kriegsverbrecherprozesse einige Rüsselsheimer Lynchmörder vor ein Militärgericht – sieben wurden zum Tode und drei weitere zu langjährigen Gefängnisstrafen verurteilt. Brown erfuhr davon erst, als er längst wieder in den USA war. Gegen Deutschland und die Deutschen hatte er nie Hassgefühle, sagt er heute. Seine Familie fuhr Volkswagen. „Das hätten wir nie gemacht, wenn wir die Deutschen verabscheuen würden." Klaus Wiegrefenen sollte, die ihm 1944 nach dem Leben getrachtet hatten. Es war damals der erste Einsatz des 19-jährigen Schulabgängers. Um 2.20 Uhr waren die Flieger im englischen Stützpunkt North Pickenham geweckt worden. Der B-24-Bomber mit dem aufgemalten Witzkaninchen und dem Schriftzug „Wham! Bam! Thank you Ma'am!" stieß an der Südküste Englands zu den anderen fast 2100 Flugzeugen, die an diesem Tag ihre tödliche Fracht über Weimar, Leipzig oder Hannover abwerfen sollten – der größte Formationsflug des Zweiten Weltkriegs. Bei Osnabrück wurde Browns Flugzeug abgeschossen, die Besatzung rettete sich mit Fallschirmen und wurde gefangen genommen. Sie waren trainiert, bei Verhören wenig preiszugeben. Sie wussten jedoch nicht, dass in Deutschland Lynchstimmung wegen des alliierten Bombenterrors herrschte. Im Mai 1944 hatte Propagandaminister Joseph Goebbels gegen die Piloten gehetzt, es sei „zu viel von uns verlangt, wenn man von uns forderte, dass wir deutsche Soldaten zum Schutz für Kindermörder einsetzen". Über 100 Fälle von Lynchjustiz hat es nach Schätzung des Berliner Historikers Jörg Friedrich während des Zweiten Weltkriegs gegeben. Die Besatzung der abgeschossenen B-24 sollte mit dem Zug in das Verhörzentrum in Oberursel bei Frankfurt gebracht werden. Bei jedem Halt bespuckten Passanten die Männer oder drohten mit Fäusten. In Rüsselsheim ging es nicht weiter. Der Angriff auf die Stadt hatte auch die Bahngleise zerstört; die Gefangenen mussten durch das Zentrum laufen, um im Osten die unzerstörten Schienen zu erreichen. Der Weg führte direkt in den Tod. Es roch noch nach verbranntem Fleisch, als Brown in die volle Mainzer Straße ein- 42

Euch Allen ein frohes neues Jahr ! @ Sven Allein auf der von Dir zitierten Seite http://www.flieger-lynchmorde.de/Text/auflistung.htm finde ich von Juli 1943 bis August 1944 10 Fälle von Lynchmorden, die von Zivilpersonen begangen wurden ! Nach diesem Zeitraum, wurden weitere Lynchmorde an Bomberbesatzungen verübt. In Rüsselsheim wurde die Besatzung eines abgeschossenen amerikanischen Bombers vom Mob (Zivilisten) durch die Stadt geprügelt und erschlagen. In Pforzheim geschah dies auch , nach dem schweren Luftangriff 1945. Alles "nur" Einzelfälle ? Gruß Gerd

Hauptmann Hermann Noack

Hallo, Hauptmann Hermann Noack wurde am 14.08.1946 vom amerikanischen Militärgericht Dachau zum Tode durch den Strang verurteit, weil das Gericht zur Überzeugung gekommen war, Noack hätte am 27.09.1944 bei Hattenrode Krs. Gießen zwei Besatzungsmitglieder eines angeschossenen US-Bombers ermordet. Das Urteil wurde am 21.03. 1947 vollstreckt. Noack war zu dieser Zeit Kommandant eines nahen Flugplatzes. Er ist zusammen mit dem Fleischermeister Karl Georg Böß (verurteilt zu 8 Jahren Haft wg. Beihilfe), der ein von den örtlichen Behörden gestelltes Fahrzeug lenkte und einem der Gefangenen in einen Wald gefahren, um angeblich dort nach dem Fallschirm zu suchen. Während Böß den Wagen wendete, erschoß Noack den Gefangenen mit seiner Pistole. Das selbe Spiel wiederholten die beiden dann mit einem anderen Gefangenen der selben Crew. Die Ermordeten waren:
S./Sgt. Ferdinand R. Flach
S./Sgt. Lee R. J. Hoffman
Sie gehörten zur Besatzung der B-24H Nr. 41-28922 "Texas Rose" der 445. Bomber Group, 701 Sqd. Sie wurde auf dem Rückflug vom Bombenabwurf

bei Göttingen im Raum Bad Hersfeld von deutschen Jägern angegriffen. Die Besatzung sprang nacheinander ab, der Rest der Männer überlebte, das Flugzeug zerschellte führerlos am Schiffenberg bei Gießen. Quelle: Keller, R.: Luftkrieg über dem Vogelsberg, Burgwald-Verlag 2007, S. 107-110

Nun meine Frage:

Hermann Noack wird in in einem Bericht der Badischen Neuen Presse vom 14.08.1946 als Eichenlaubträger der Fallschirmjäger bezeichnet. Ich konnte ihn aber weder als Eichenlaub- noch als Rk-Träger ausmachen. Er war wohl Kommandant des Flugplatzes Ettingshausen, zumindest ab Jan. 1945 Standort III./ JG 2. Wer weiß etwas dazu? Grüße Thilo

http://www.384thbombgroup.com/384thMemories/index.php? option=com_content&vi ew=article&id=297:mission233&catid=39:november1944missions&Itemid =101

Hallo Rainer, auf Beltershain gab es einige Zeit später einen Bombenabwurf mit mehreren Toten. Ob die Amerikaner von den Morden erfahren hatten (Namen der Täter sind mir z.T. Bekannt)? Vor ein paar Jahren war ein ehem. Besatzungsmitglied einer US-Bombercrew in unserer Stadt, das 1944 hier mit dem Fallschirm niederging. Er erzählte, die Behandlung durch die Männer, dei ihn festgenommen haben, (zwei Bauern und ein WH-Soldat auf Urlaub) war korrekt. Er wurde ins Rathaus gebracht und dort vom Bürgermeister beschimpft und angeschrien. Das ließ er über sich ergehen. Als dann der Kreisleiter mit zwei Polizisten kam, zog er seinen Revolver aus der Fliegerkombi und übergab ihn den Polizisten. Der Bürgermeister wurde schlagartig blaß, ging in einen Nebenraum und mußte sich übergeben.... Sonst sei die Behandlung korrekt gewesen, er wurde zunächst im Landratsamt in eine Zelle gesperrt, am nächsten Tag im normalen Personenzug ins Dulag Luft nach Oberursel gebracht. Grüße thilo

Hallo Margarete, danke für den Tipp, aber wahrscheinlich hab ich Tomaten auf den Augen - ich hab da keine links gefunden, die mir weiterhelfen - kannst Du nochmal genauer sagen, was Du meintest? Ich habe jetzt mal http://www1.jur.uva.nl/junsv/inhaltsverzeichnis.htm per email (auf deutsch) kontaktiert und bei denen eine Recherche beantragt. Das lohnt sich insofern, als aus verschiedensten rechtlichen Gründen deren Online Angebot recht lückenhaft ist. Leider nicht ganz billig: wenn sie nichts finden, ist es umsonst, aber wenn sie ein Verfahren finden, muss man automatisch 75.- EUR Bearbeitungsgebühr bezahlen, bevor einem die Akte als PDF zugeschickt wird. Mal sehen was dabei herauskommt, bzw. was für Tipps die geben, falls sie nichts finden. Gruß, Hewel

Hallo, Hewel, z. B. dieser Link: http://www.jewishvirtuallibrary.org/jsou...lyersCases.html Hinter jedem blauen Link verbirgt sich eine Akte. Es grüßt Margarete

Moin Arthur, Ich weiß wohl das es Gerichtsakten der Offiziere und auch Militärgerichts Akten in Freiburg gibt. Ob dies nun aber auch für Alliierte Gerichtsverfahren gilt weiß ich nicht zu 100%. Ich würde Dir daher mal empfehlen dort eine Anfrage zu stellen. Wenn Du Glück hast liegen die Akten dort. In der Anfrage sind nur die Daten wie Name, Vorname und Geburtsdatum von Nöten. Ein Versuch ist es wert. Hier der Link für das MA in Freiburg : http://www.bundesarchiv.de/bundesarchiv/...g/index.html.de Du kannst die Anfrage ganz bequem via Email schreiben. Es dauert ein paar Tage bis Du dann über den Postweg benachrichtigt wirst ob die Akte dort liegt. Anbei erhälst Du eine Aufstellung der Kosten falls Du die Kopien der Akte möchtest und ein Informationsblatt über weitere Archive. Viel Glück Ostseegruß von der Pam Nachtrag: Oh Verzeihung für diesen Fauxpas... es ging ja um die Prozesse und nicht um die Akte ...

Hallo, zwei Tipps: 1. die Baende JuNS bekommt man auch per Fernleihe 2. die Baende ueber die Nuernberger Prozesse und die Nachfolgeprozesse auch. Ob und wo es ein Zentral-Register gibt, ist mir aber unbekannt. Gruß Marcus

Hallo zusammen, @margarete: danke, den hab ich echt nicht gefunden, das ist ja recht umfangreich! @clubsoda: Der Tip mit Freiburg ist auch gut, werde ich demnächst mal machen, die sagen einem ja auch gleich, falls sie gar nichts finden (ich habe da schon mal jemand anderes recherchiert, allerdings Reichswehr, wußte nicht, daß die auch die Wehrmachtsoffiziere haben) Und das mit Akte oder Prozess hab ich nicht verstanden. Ich such die Akte zum Prozess, da hast Du mir schon geholfen! @lockenheld: JuNS sind diese Bände mit den Westdeutschen Nachkriegsprozessen, oder? Soweit ich verstanden habe, wird doch genau dieser Aktenbestand von den Holländern (siehe oben) ausgewertet, oder nicht? Der Unterschied ist v.a., daß "die Holländer" sich nicht nach deutschem Datenschutz richten müssen. Die verschicken auch Personenbezogene Daten, solange man zahlt. Aber evtl. sollte ich mir den ersten Band mal besorgen und zur Sicherheit nachgucken. Noch habe ich keine Neuigkeiten aus den Niederlanden, melde mich wenn sich das ändert...

Hallo, die Urteile sind sehr umfangreich, unter 30 Seiten geht nichts, Namen sind nur bei Zeugen und Freigesprochenen abgekürzt normalerweise. Wie gesagt, Fernleihekostet nix außer dem Mitgliedsausweis einer angeschlossenen Buecherei..... Gruß Marcus

hallo zusammen, habe jetzt negative Antwort aus Holland, die haben meinen Großvater nicht und nun lasse ich ihn über das Britische National Archiv suchen und bekam eben folgende Antwort einer Rechercheurin:

Zitat:

Generell gibt es zwei Arten von Prozessen in den National Archives - Kriegsverbrecherprozesse, die von den Militaerbehoerden durchgefuehrt wurden und im Archiv unter War Office Signaturen zu finden sind, und Prozesse unter der Control Commission (British Element), die als Foreign Office Akten ueberlebt haben. Stark verallgemeinert kann man sagen, dass die erste Kategorie fuer 1945 bis 1948 gilt, und Konzentrationslager und die Ermordung von alliierten Militaerangehoerigen betrifft. Die Control Commission begann ihre Arbeit etwas spaeter und die Prozesse reichen von illegalem Waffenbesitz bis zu Verbrechen gegen die Menschlichkeit. Der online Katalog des Archivs zeigt keinerlei Treffer fuer XXXX fuer WO oder FO Akten, was aber nicht zu bedeuten hat, denn fuer Militaerprozesse sind oft nicht die Namen aller Angeklagter eines Prozesses aufgelistet. Im Fall der FO Prozessakten sind die Dokumente oft unter dem Namen des Gerichtsorts zu finden. Ausser Prozessakten gibt es in England Voruntersuchungsakten, eine Datenkartei mit mutmasslichen Kriegsverbrechern, Listen des Central Registers of War Criminals and War Crimes Suspects (CROWCASS) zusammengestellt nach Suchmeldungen betroffener Laender und einen kleinen Teil der Personenboegen verhafteter mutmasslicher Kriegsverbrecher
In Bezug auf Ihren Grossvater wuerde ich folgendermassen vorgehen
- Karteikartensuche
- CROWCASS-Suche
- Personenbogensuche
- Check der Voruntersuchungsakten nach Ort (Neuenburg, Polen, Westpreussen)
- Ueberpruefung einer Liste aller Angeklagter von Militaerprozessen

- Suche in thematischem Foreign Office Index, jaehrlich geordnet, nach XXXX
- Suche nach XXXX in den Control Commission Unterlagen in FO Akten, moeglicherweise nach Gerichtsort (zustaendiges Gericht in Naehe zu Westertimke) oder nach Zeitraum

Die ersten 5 Punkte dauern ca. 3 Stunden, fuer die Control Commission Suche weurde ich mindestens 10 Stunden veranschlagen. Mein Stundensatz betraegt 38 Euro und beinhaltet einen ausfuehrlichen Bericht und Digitalaufnahmen aller relevanter Dokumente.

nicht ganz billig, aber ich warte eh erstmal die DD auskunft ab und kann dann die Suche wahrscheinlich eingrenzen.

Hallo, mal eine andere Frage zur selben Recherche. Wo könnte ich Informationen über Vorgänge in Neuenburg 1939 nach Besetzung durch die Wehrmacht bekommen? Gibt es da irgendwelche einschlägigen Bücher, oder muss man bei Reemtsma's Institut für Sozialforschung in Hamburg nachfragen? Vorschläge gerne entgegen nimmt, Euer Hewel.

JUSTIZ UND NS-VERBRECHEN / NAZI CRIMES ON TRIAL

DIE DEUTSCHEN STRAFVERFAHREN WEGEN NS-TÖTUNGSVERBRECHEN

INHALTSVERZEICHNIS

› VERFAHREN ERMITTELN	LESEPROBEN	URTEILE BESTELLEN
STRAFAKTEN EINSEHEN	FORSCHUNGSHILFEN	LINKS

SCHWERPUNKTE DER STRAFVERFOLGUNG IN WESTDEUTSCHLAND	SCHWERPUNKTE DER STRAFVERFOLGUNG IN OSTDEUTSCHLAND

← HOMEPAGE

http://www1.jur.uva.nl/junsv/inhaltsverzeichnis.htm

Einzelne Urteile der ost- und westdeutschen Sammlung können in PDF-Format geliefert werden. Bestellung (durch Angabe der betr. Verfahrensnummer) bei: ex post facto productions (E-Mail: junsv@expostfacto.nl)

Geliefert werden alle veröffentlichten Urteile aus dem Verfahren in dem das gewünschte Urteil ergangen ist. Von den zwischen 1968 und 1981 veröffentlichten westdeutschen Verfahren Nr.1 - 616 wird die 2006 fertig gestellte, überarbeitete und mit aktualisierten Anmerkungen versehene 2. Auflage geliefert. Bestimmt ist dieser Service für Wissenschaftler, Journalisten und andere Privatpersonen, die einige wenige Urteile für private Forschungszwecke erwerben möchten. Die Dokumente sind urheberrechtlich geschützt. Weitergabe oder Veröffentlichung der gelieferten Dokumente in irgendeiner Form ohne vorherige schriftliche Genehmigung der Amsterdamer Stiftung zur wissenschaftlichen Erforschung nationalsozialistischer Verbrechen ist ausdrücklich nicht gestattet. Ein Anspruch auf Lieferung besteht nicht, aber die für die west- und ostdeutschen Urteilsserien verantwortliche Stiftung bemüht sich Ihren Wünschen gerecht zu werden.

Für Fragen: REDAKTION JUNSV Die Kosten (25 Euro pro Verfahren*) werden von dem zur Abwicklung benötigten Zeitaufwand (und somit nicht vom Umfang der Urteile) bestimmt. * *zuzüglich 6% Umsatzsteuer (Mehrwertssteuer)*

Schreie in der Kraterlandschaft Der D-Day war die größte Landungsaktion der Geschichte, nun sind neue, blutige Details der Aktion bekanntgeworden: Ein britischer Autor hat die Invasion in der Normandie von 1944 rekonstruiert und ist dabei auf zahlreiche Kriegsverbrechen gestoßen - auch durch die Alliierten. Von Klaus Wiegrefe

Für William E. Jones war es das erste Verbrechen, und vermutlich konnte er sich deshalb noch Jahre später gut daran erinnern. Er hatte mit anderen US-Soldaten der 4. Infanteriedivision einen kleinen Hügel erobert. Es sei "ziemlich hart zur Sache gegangen", beschrieb Jones später das blutige Gefecht. Und dann verloren die GIs alle Beherrschung. O-Ton Jones: "Wir spielten verrückt. Einige von ihnen saßen noch in den Schützenlöchern. Da sah ich, wie mehrere direkt in den Löchern erschossen wurden. Wir machten keine Gefangenen und konnten nicht anders, als sie zu töten. Das taten wir. Ich hatte noch nie einen auf diese Weise erschossen. Aber sogar unser Leutnant hat mitgemacht, und einige Unteroffiziere auch." Die Namen der Toten werden vermutlich nie geklärt, nur eines ist gewiss: Die Opfer des Kriegsverbrechens waren deutsche Soldaten, gestorben in der Normandie im Sommer 1944. Im Morgengrauen des 6. Juni hatten die Angloamerikaner und ihre Verbündeten mit der Operation "Overlord" begonnen, dem größten Landungsunternehmen aller Zeiten. Seitdem lieferten sich alliierte und deutsche Truppen zunächst an den Stränden, dann in der herben normannischen Landschaft eine der erbittertsten Schlachten des Zweiten Weltkriegs. Bilanz des Schreckens: mehr als 250.000 gefallene oder verwundete Soldaten und Zivilisten und eine verwüstete Normandie.

Menschliche   Schutzschilde

Viele Bücher sind darüber geschrieben, zahlreiche Filme gedreht worden. Steven Spielbergs preisgekrönter "Der Soldat James Ryan" war ein Welterfolg. Ein scheinbar auserzähltes Thema also. Doch zuletzt nahm sich der britische Historiker und Bestsellerautor Antony Beevor den Stoff vor. Und bei seinen Recherchen für "D-Day. Die Schlacht um die Normandie" stieß er auf ein Thema, das unter Experten inzwischen offen diskutiert wird. Alliierte Soldaten haben wohl in größerem Ausmaß als bislang bekannt in der Normandie Kriegsverbrechen begangen. Beevor zitiert umfangreich aus

Berichten und Erinnerungen Beteiligter, denen zufolge Amerikaner, Briten oder Kanadier deutsche Gefangene und Verwundete umbrachten. Auch benutzten sie Soldaten der Wehrmacht oder der Waffen-SS als menschliche Schutzschilde oder trieben sie durch Minenfelder. Ein Soldat namens Smith von der 79. US-Infanteriedivision entdeckte in einer Befestigungsanlage einen Raum mit deutschen Verwundeten. Smith hatte sich vor einem Angriff mit Calvados volllaufen lassen und grölte, nur ein toter Deutscher sei ein guter Deutscher. Der offizielle Bericht vermerkte: "Er machte noch mehrere Verwundete zu guten Deutschen, bevor man ihm in den Arm fiel."

Sinnen auf blutige Vergeltung

Oberfeldwebel Lester Zick kam ein US-Soldat auf einem Schimmel entgegen, der elf Gefangene vor sich hertrieb. Er rief Zick und seinen Leuten zu, es seien alles Polen bis auf zwei, die seien Deutsche. Dann zog er seine Pistole, so Zick, "und schoss den beiden in den Hinterkopf. Wir standen dabei". Der Soldat John Troy erzählte von der Leiche eines US-Offiziers, den die Deutschen gefesselt und ermordet hatten, weil er eine erbeutete deutsche Pistole bei sich trug. Troy ergänzte: "Natürlich haben wir das Gleiche mit ihnen gemacht, wenn wir sie mit amerikanischen Zigaretten oder amerikanischen Uhren am Arm erwischten." Kriegsverbrechen sind ein heikles Thema, doch die Beleglage ist erdrückend. Besonders die Fallschirmjägertruppen, die hohe Opferzahlen zu beklagen hatten, sannen auf blutige Vergeltung. Allein bei dem Dorf Audouville-la-Hubert massakrierten sie auf einen Schlag 30 festgesetzte Wehrmachtsoldaten.

Schmutziger Buschkrieg

Am Strand mussten US-Pioniere deutsche Gefangene vor aufgebrachten Männern der 101. Luftlandedivision schützen, die brüllten: "Überlasst die Gefangenen uns! Gebt sie uns! Wir wissen schon, was wir mit ihnen machen." Als ein Panzerlandungsschiff neben alliierten Verwundeten auch deutsche Gefangene aufnahm, wollten sich die Verletzten auf die Deutschen stürzen. Sanitäter konnten Schlimmeres verhindern. Oft zitiert Beevor aus Erinnerungsberichten alliierter Soldaten, die seit Jahren vorliegen, aber bisher von anderen Historikern ignoriert wurden. Passten sie nicht zum Bild der "greatest generation", zu der besonders die Amerikaner ihre Sieger von 1945 stilisierten? Kein Schatten sollte offenbar auf jenen Krieg fallen, mit dem sich vor allem die Amerikaner das moralische Recht - und die praktischen Voraussetzungen - erkämpften, Europas Schicksal nach 1945 mitzubestimmen.

Inzwischen hat ein Umdenken eingesetzt. 2007 schrieb Pulitzer-Preisträger Rick Atkinson in seinem Buch über den Krieg in Italien und über diverse Kriegsverbrechen der Alliierten. Und jetzt die Normandie.

Soldaten pflücken Blumen - in Trance

Beevor erklärt die Verbrechen vor allem mit der unglaublichen Härte der Kämpfe. Die Deutschen sprachen selbst vom "schmutzigen Buschkrieg", in Anlehnung an die bis zu drei Meter hohen Hecken und Knicks, die in der Bocage-Landschaft der Normandie die Felder abgrenzen - ein ideales Gelände für Hinterhalte und Sprengfallen. Deutsche Einheiten spannten Stahlseile in Kopfhöhe über die Straßen. Brauste ein US-Jeep heran, wurden Fahrer und Beifahrer enthauptet. Sie befestigten Handgranaten an den Erkennungsmarken toter GIs, die sie zurückließen. Versuchte jemand, die Marke abzunehmen, zerfetzte ihn die Granate. Gesichert ist, dass vor allem die Waffen-SS Gefangene erschoss. Das Feuer der Artillerie beider Seiten und die Bombenangriffe der Alliierten verwandelten die Normandie in eine Mondlandschaft. Beevor berichtet von Soldaten, die heulend und schreiend in den Kratern hockten; andere pflückten wie in Trance Blumen zwischen explodierenden Geschossen. US-Mediziner registrierten allein bei ihren Truppen 30.000 Fälle von Kriegsneurosen. Nie habe er so sehr gehasst, schrieb ein US-Infanterist an seine Familie in Minnesota und fügte hinzu: "Und es ist nicht deswegen, weil irgendwelche hohen Tiere hier wilde Reden gehalten haben."

Gefangene sollten nicht gemacht werden

Allerdings hat es solche "wilden Reden" durchaus gegeben. Nach Recherchen des deutschen Historikers Peter Lieb bekamen am D-Day viele Einheiten der Kanadier und Amerikaner Befehl, keine Gefangenen zu machen. War das der Grund, warum die Amerikaner am "Omaha Beach" lediglich 130 Mann festsetzten, von denen wiederum nur 66 an den Sammelstellen am Strand eintrafen? Und noch etwas fällt auf: Waffen-SS-Leute gingen den Alliierten selten ins Netz. Lag es daran, dass die Angehörigen des Totenkopfordens Hitler Treue bis in den Tod geschworen hatten und oft bis zum Letzten kämpften? Oder wirkte sich die alliierte Propaganda aus, die die eigenen Soldaten auf die SS eingeschworen hatte? "Viele von ihnen verdienen wahrscheinlich auf jeden Fall, erschossen zu werden, und wissen das auch", heißt es lakonisch in einem Bericht des britischen XXX. Korps. Für Ewiggestrige freilich geben die neuen Erkenntnisse keinen Grund zum Triumphieren. Mag auch der Umfang alliierter Kriegsverbrechen größer sein als bislang bekannt, sie sind nicht vergleichbar mit dem Ausmaß deutscher Vergehen an Zivilisten. Das Erschießen von unschuldigen Geiseln war Teil der deutschen Strategie, die französischen Partisanen zu bekämpfen, die nach dem D-Day losschlugen. Bis zu 16.000 Franzosen - Männer, Frauen, Kinder - fielen dem Terror von Wehrmacht und SS zum Opfer. Quelle: http://einestages.spiegel.de/static/topica...landschaft.html

danke @ostler für deine information. die amerikanische serie "wir waren wie brüder" ist eigentlich eine aneinaderreihung von kriegsverbrechen. kein teil wo diese nicht vorkommen. erstaunlich finde ich nur, wie offen die amerikaner damit umgehen, obwohl auch damals die defa, z.b. bei "ich war 19", sehr offen mit diesem thema umging...

~Bundeswehr~SaZ12~Pioniertruppe~1993-2005~
Takemusu Aiki Dojo Bayern e.V. IWAMA-AIKIDO
Soldaten im Krieg, noch dazu im Gefecht und im Nahkampf, befinden sich permanent in einer psychischen Ausnahmesituation. Es ist nur zu wahrscheinlich, dass traumatische Erlebnisse, wie der Tod von Kameraden direkt neben einem, der Anblick getöteter Frauen und Kinder durch Artilleriebeschuss oder Bomben (selbst wenn es eigene waren!) oder von der anderen Seite erschossener Nicht-Kombattanten, die als Partisanen gekämpft hatten, ebenso permanente Kurzschlussreaktionen hervorrufen. Deswegen komme niemand damit, dass es auf irgendeiner Seite **keine** Kriegsverbrechen gegeben habe bzw. dass es "sauber" zugegangen sei! Damit will ich deutsche Schuld nicht relativieren. Ich möchte noch bemerken, dass es auch im Soldatenstand Menschen gibt, die derart veranlagt sind, Mordgelüste ausleben zu wollen. Warum sollten die auf alliierter Seite nicht auch "tätig" geworden sein? Der Krieg ist doch auch eine "Spielwiese" für Sadisten, die die psychische Ausnahmesituation dann für sich nutzen! Übrigens schreibt Ernest Hemingway von seinen Erlebnissen während der Ardennen-Offensive 1944 recht offen, wie man mit Deutschen umgegangen ist. Oder "Crusaders" von Heym... Das ist nichts Neues. Heute sind nur noch wenige wirklich damit "befasste" Veteranen am Leben, so dass man bei einer wissenschaftlich fundierten Aufarbeitung nun auf keine Sentiments mehr achten müsste. Man könnte also Forschungen zur "Psychologie des Krieges und der Krieger" zum Nutzen gegenwärtig eingesetzter Soldaten durchführen... Nach wie vor spielen aber Sentiments, nun aus Gründen der Staatsraison und der "Erinnerungskultur", eine Rolle... Zum Schaden eines unverfälschten Geschichtsbildes und zum Schaden "moderner" Soldaten. Cui bono?

OldMan

QUOTE

die amerikanische serie "wir waren wie brüder" ist eigentlich eine
aneinaderreihung von kriegsverbrechen. kein teil wo diese nicht
vorkommen. erstaunlich finde ich nur, wie offen die amerikaner damit
umgehen. obwohl auch damals die defa, z.b. bei "ich war 19", sehr
offen mit diesem thema umging...

Ja Gilbert, als ich mir die Teile des Films (wir waren wie Brüder) ansah,
mußte ich schon paarmal schlucken. zugucker

QUOTE (OldMan @ Samstag, 01.Mai 2010, 11:41 Uhr)

Übrigens schreibt Ernest Hemingway von seinen Erlebnissen während
der Ardennen-Offensive 1944 recht offen, wie man mit Deutschen
umgegangen ist.

Es ist bekannt, das Hemigway selber wehrlose Gefangene erschossen hat.

QUOTE (Ritchie @ Samstag, 01.Mai 2010, 19:56 Uhr)

Es ist bekannt, das Hemigway selber wehrlose Gefangene erschossen
hat.

Interessantes Beispiel, was man vorher und nachher wußte, ich mochte H.
vorher auch aufgrund der in der DDR stattgegeundenen Propaganda sehr,
habe aber keines seines Bücher nach 1990 mehr angefaßt...

QUOTE (einstrich-keinstrich @ Samstag, 01.Mai 2010, 20:19 Uhr)

ich mochte H. vorher auch aufgrund der in der DDR stattgegeundenen Propaganda sehr, habe aber keines seines Bücher
nach 1990 mehr angefaßt...

und was hast du nun davon ? Ich habe mich früher über Eberhard Cohrs
auch totgelacht . Angesichts seiner Vergangenheit (die erst nach seinem
Tode bekannt wurde) könnte mir auch das Lachen im Halse stecken bleiben
tut es aber nicht. Ich lache halt über den Witz und dessen Interpretation und
nicht über Herrn Cohrs .

QUOTE

Es ist bekannt, das Hemigway selber wehrlose Gefangene erschossen
hat.

Gibt es dazu auch nähere Informationen oder Belege? Hemingway hat mit
seinen diesbezüglichen Aussagen (122 Krauts erledigt!) evtl. nur - nunja -
unorthodoxe Eigenwerbung getrieben. Ausser ihm gab es ja keinen, der das
bis heute bestätigt hätte. Ansonsten bestätigt der ganze Vorgang mal wieder

meine Theorie, dass Sieger einfach keine (verfolgbaren) Kriegsverbrechen begehen. Vergleichbare Handlungen auf deutscher Seite sind in den ersten Nachkriegsjahren ja mit besonderer Begeisterung verfolgt worden (siehe z.B. Malmedy-Massaker). Der Versuch der Verfolgung amerikanischer Kriegsverbrechen blieb dann später meist an der Hürde hängen "dass nicht mehr feststellbar sei, welche Einheit zu der Zeit im betreffenden Abschnitt eingesetzt gewesen sei".

inter armas silent regis-im Krieg schweigen die Gesetze, wussten schon die alten Römer... von daher sollte es einen nicht wirklich schocken. Auch wenn man aus der Sicht von heute und jetzt urteilt, ich will nicht wissen wie i c h in diesen Situationen gehandelt hätte. Wahrscheinlich ähnlich.... Insofern Kirche im Dorf lassen und alles tun, damit es nicht zum Kampfe/Kriege kommt! grz

QUOTE (andhen @ Samstag, 01.Mai 2010, 22:43 Uhr)

Gibt es dazu auch nähere Informationen oder Belege? Hemingway hat mit seinen diesbezüglichen Aussagen (122 Krauts erledigt!) evtl. nur - nunja - unorthodoxe Eigenwerbung getrieben. Ausser ihm gab es ja keinen, der das bis heute bestätigt hätte.

Wenn ich Wiki vertrauen dar, spricht einiges dafür. So hat er die Zeichen des Kriegsberichterstatters (wie sehen die eigentlich aus?) von seiner Uniform entfernt. Warum? Weiterhin stand er sogar offiziell unter dem Verdacht, es kam immerhin zu einer Untersuchung. Die Behauptungen von ihm stammen aus Briefen, die nach seinem Tode veröffentlicht wurde, das Motiv der Eingenreklame verblasst da etwas. Aber, es ist ja auch egal, so was zu behaupten ist ja schon pervers genug. Den endgültigen Beweis zu führen, dürfte im Übrigen recht schwer sein. Wie sollte das auch gehen? So bleibt uns also nur sein Wort. Muß jeder für sich entscheiden, ich fass jedenfalls fasse von diesem Säufer kein Buch an.

Das keine Gefangene gemacht wurden, passierte ja in allen Kriegen. Nach einer KZ-Befreiung oder Ähnlichem ist das auch zumindest nachvollziehbar. Nur tifft das für die Ereignisse am D-Day nicht zu. Die Schweine, die sowas gemacht haben, taten das ja an ihrem ersten Kriegstag. Erfahrungen mit Verbrechen der anderen Seite konnten sie ja noch nicht haben. Weiterhin ist beachtenswert, dass das keine Einzelfälle waren. Für Spielberg war das offenbar so was von normal, dass er es in seinem Film und in der Serie unterbrachte.

QUOTE (Ritchie @ Sonntag, 02.Mai 2010, 07:36 Uhr)

Das keine Gefangene gemacht wurden, passierte ja in allen Kriegen. Nach einer KZ-Befreiung oder Ähnlichem ist das auch zumindest nachvollziehbar. Nur tifft das für die Ereignisse am D-Day nicht zu. Die Schweine, die sowas gemacht haben, taten das ja an ihrem ersten Kriegstag. Erfahrungen mit Verbrechen der anderen Seite konnten sie ja noch nicht haben. Weiterhin ist beachtenswert, dass das keine Einzelfälle waren. Für Spielberg war das offenbar so was von normal, dass er es in seinem Film und in der Serie unterbrachte.

Ich weiß nicht. Ich glaube Deutschlands Außenbild in der Zeit war nicht gerade positiv, um es mal nett zu sagen . Es gibt ja die Geschichte von dem Treffen von Stalin und Rosevelt , wo sie bei einen Trinkspruch die Erschießung von 50.000 deutschen Offizieren vereinbaren. Und Rosevelts Sohn setzt glaube ich sogar noch ein paar 10.000 drauf. Bei den einfachen Soldaten wird die Stimmung auch nicht anders gewesen sein. U. a. war es deshalb auch nicht möglich die Anti-Hitler-Koalition aufzubrechen, obwohl es auf West-Seite solche Überlegungen gab. Bekannt geworden ist auch MG-Feuer der Briten auf schiffbrüchige deutsche Seeleute (deren Schiffe durch brit. Schiffsartillerieferuer zerstört worden sind) im Zusammenhang mit der Zerstörer-Gruppe des Kommodore Bonte und deren Einsatz bei "Unternehmen Weserübung" und der Kämpfe um Narvik. OldMan

Wie ich schon schrieb: Permanenter Ausnahmezustand zieht Kurzschluss-Reaktionen nach sich. Um mal auf den Ausgangsartikel dieses Themas zurück zu kommen: Ich habe mir das genannte Buch von Antony Beevor am Freitag gekauft und große Teile des Wochenendes damit verbracht. Obwohl ich erst ein gutes Drittel der schlappen 600 Seiten geschafft habe, bin ich jetzt schon ziemlich begeistert, vor allem wenn ich es mit dem größten Teil der mir bekannten D-Day Literatur vergleiche. Beevor verschließt eben seine Augen vor keinem Kriegsverbrechen, unabhängig von der Nationalität des/der Täter. Das betrifft nicht nur die alliierten Befreier oder die deutschen Besatzer und ihre internationalen Beutetruppen, sondern auch den französischen Widerstand. Nach "Stalingrad", Berlin 1945 - Das Ende" und "Der Spanische Bürgerkrieg" ist es das vierte Buch von ihm, welches ich verschlinge. Schade, dass "Kreta" scheinbar keinen deutschen Verlag gefunden hat. Gruß Köpenick   Eine Ergänzung noch, die mir wichtig erscheint: Durch den eingangs eingestellte SPIEGEL-Artikel und meinen Bezug darauf, könnte vielleicht der falsche Eindruck entstehen, es handelt sich hier um ein Buch in dem ausschließlich Kriegsverbrechen aufgezählt und gegeneinander aufgerechnet werden. Dem ist keineswegs so. Für alle die frühere Werke des britischen Militärhistorikers nicht kennen, sei Eines festgehalten: Es ist vor allem ein umfassender Überblick über die Schlacht in der Normandie, der sämtliche bislang veröffentlichten und viele bislang nicht erschlossenen Quellen, inklusive Geheimdienstberichten und persönlichen Erinnerungen auswertet und einer kritischen Prüfung unterzieht. Packend und fesselnd geschrieben und auch für ein großes Publikum verständlich. Antony Beevor war nicht nur britischer Offizier, bevor er sich der Militärgeschichte zuwandt. Er kann vor allem Eines, was viele Historiker, vor allem deutsche, nicht können: Er kann schreiben! Und zwar so, dass es auch sprachlich eine Freude ist. Köpenick

@ritchie, bei allem Verständnis für Deine Position, aber hast Du den Wiki-Artikel wirklich durchgehend gelesn? Die Aussage dort erscheint mir so, als würde diese doch sehr stark "relativiert", da sie von persönlichen "Beweihräucherungen" glänzte und durch eine UK aufgelöst (als nicht wirklich wahr eingestuft) wurde! Rein literarisch ist E. Hemingway wohl kaum etwas vorzuwerfen, ob menschlich ... ?

> QUOTE (ralle324 @ Montag, 03.Mai 2010, 17:41 Uhr)
>
> Rein literarisch ist E. Hemingway wohl kaum etwas vorzuwerfen, ob menschlich ... ?

Literarisch weiß ich nicht, das werde ich auch nie erfahren. Menschlich? Na würdest Du mit so einem Typen an einem Tisch sitzen wollen?:

> QUOTE
>
> Am 2. Juni 1950 berichtete Hemingway Arthur Mizener, dass er 122 Deutsche getötet habe. Eines seiner letzten Opfer sei ein junger, auf einem Fahrrad flüchtender Soldat gewesen – „ungefähr im Alter meines Sohnes Patrick". Er habe ihm mit einer M1 von hinten durch das Rückgrat geschossen. Die Kugel zerfetzte die Leber. Dass der Nobelpreisträger gegen die Genfer Konvention verstoßen hat, verschweigen selbst seine Bewunderer nicht. Mit der Zahl und Details konfrontiert, wiegeln sie aber meist ab: Man müsse verstehen, es sei Krieg gewesen

Quelle: FOCUS 39/2006

Im Internet findest Du noch mehr Beispiele in dieser Preislage. Allerdings bin ich mir bei den Seiten nicht sicher,ob es braune Seiten sind. Und die Kommission – das, was ich darüber gelesen habe, ist ein Witz!

Aber soll sich nur jeder selber ein darüber Bild machen.

@ritchie, was mich ein wenig "anstößt", ist die Absolutheit mit der die Aussagen getroffen werden und mit der Verdammnis über einen Menschen geworfen wird! Ich habe keinen Einfluß, wer ggf. in der Eckkneipe oder im Hotelrestaurant an meinem Tisch sitzt! ... irgendwie wird bei Wiki aber auch erwähnt (ob wahr oder nicht ...), das die Zahl 122 in beiden WK entstanden ist! Hat E.H. Buch geführt??? Es geht nicht nur um Hemingway. Es geht z. B. auch um den "Prager Aufstand" (bei bzw. nach Kriegsende), wo viehischster Mob sich an Deutschen und dt. Soldaten verging. Unter anderem. Um die "Resistance", die sich auch ein wenig unbeherrscht zeigte... usw. Wie gesagt, ich habe keine Ambitionen, deutsche Schandtaten zu relativieren. Aber die Zeit ist reif für Objektivität und die Feststellung dessen, was Krieg ist: "War is all hell!" (s.u.) OldMan

> **QUOTE** (ralle324 @ Montag, 03.Mai 2010, 21:09 Uhr)
>
> ... irgendwie wird bei Wiki aber auch erwähnt (ob wahr oder nicht ...), das die Zahl 122 in beiden WK entstanden ist! Hat E.H. Buch geführt???

@Ralle, warum soll er nicht Buch geführt haben, also sie gezählt haben? Er war auch ein Tierabschiesser und hat hier ebenfalls Trophäen gesammelt. Während meiner Armeezeit habe ich meine Wachen auch gezählt. Z.B. ist von Scharfschützen und Fliegern auch bekannt, dass sie die Zahl ihrer besiegten Gegner zählten. Die ganze Sache hat für mich noch einen weiteren anrüchigen Beigeschmack. Du kannst (fast) kein Buch über die Ostfront 45 lesen, ohne das sich ein Autor über den russischen Schriftsteller Ilja Ehrenburg auslässt. Das über Hemingway kriegst Du aber nur durch Zufall oder wenn Du ganz gezielt suchst, mit. Ich staune schon ein wenig, dass man so tut als ob die alliierten Verbrechen erst kürzlich bekannt geworden sind. Mir sind da einige Fakten schon länger bekannt. Es ist durchaus kein Geheimnis gewesen, dass vor allem die Kanadier in den ersten Tagen nach der Landung eine sehr brutale "Kriegsführung" an den Tag legten. Gefangene sollten nicht gemacht werden und den gefangenen deutschen Soldaten wurden reihenweise die Kehlen durchschnitten. Empfehlenswerte Literatur hierzu: Kurt Meyer-Grenadiere. Auch und gerade weil Meyer Kommandeur der 12. SS-Panzerdivision war, sind sine Aufzeichnungen zum Thema sehr aufschlußreich. Im Übrigen wurde er nach dem Krieg von den Kanadiern wegen angeblicher Kriegsverbrechen seiner Truppe zum Tode verurteilt, aber nicht hingerichtet, da eine

Beteiligung nicht nachweisbar war. Angehörige der Fallschirmjägertruppe und Waffen-SS waren bei den Alliierten besonders gefürchtet und wurden bei ihrer Gefangennahme oftmals an Ort und Stelle erschossen.

QUOTE (Loewe QLB @ Sonntag, 02.Mai 2010, 04:07 Uhr)

bloss mal eine Frage. Welche seite wurde den angeklagt wegen Kriegsverbrechen. Malmedy ???.

Malmèdy

Am 30. Dezember 1944 ersuchte das State-Department in Washington die schweizerische Gesandtschaft, Abteilung Schutzmachtangelegenheit, der Reichsregierung folgende Meldung zur Kenntnis zu bringen: "Eine Gruppe von 15 Überlebenden hat ausgesagt, dass am 17. 12. im Kampfe südlich von Malmèdy ungefähr 190 Angehörige eines amerikanischen Feldartilleriebeobachtungsbataillon durch deutsche Streitkräfte gefangengenommen worden sind. Den Gefangenen wurden ihre Wertsachen und Ausrüstungsgegenstände abgenommen, sie wurden auf einem Felde zusammengetrieben und von Tanks in einer Entfernung von ungefähr 100 Fuß mit Maschinengewehren beschossen. Man protestiert gegen diese schwere Verletzung der Genfer Kriegsgefangenenkonvention und hofft, dass die deutsche Regierung die verantwortlichen Personen ausfindig macht und bestraft. Die amerikanische Regierung eine Erklärung darüber erhält."
Antwort des Auswärtigen Amtes: "Die deutschen Militärbehörden haben, als der feindliche Rundfunk Nachrichten über eine angebliche Erschießung von 150 amerikanischen Kriegsgefangenen in der Gegend von Malmèdy brachte, sofort eine Untersuchung veranstaltet; diese hat ergeben, dass die Nachricht unwahr ist. Aufgrund des Memorandums wurden eine erneute Untersuchung durchgeführt. Auch diese Ermittlungen bei den im Raum Malmèdy handelnden Truppen brachte kein Ergebnis. Der amerikanische Bericht ist daher unzutreffend. Amerikanische Untersuchungen während und nach dem Krieg haben festgestellt, dass 142 amerikanische Soldaten auf einem Felde an der Wegkreuzung von Malmèdy mit Maschinengewehrfeuer niedergemäht worden sind. Der Prozeß gegen 73 SS-Leute begann am 16. Mai 1946 im ehemaligen KZ-Dachau. Das Urteil vom 16. Juli 1946 verhängte 43 mal die Todesstrafe und 30 mal Haftstrafen. Keine der Todesstrafen wurde vollstreckt. Die deutschen Angeklagten bestritten den Ablauf des Geschehens. gekürzt aus "Die Wehrmacht-Untersuchungsstelle" Auflage 2001 Seite 213 und ffg

QUOTE (jagdfreund @ Dienstag, 04.Mai 2010, 09:34 Uhr)

Ich staune schon ein wenig, dass man so tut als ob die alliierten Verbrechen erst kürzlich bekannt geworden sind. Mir sind da einige Fakten schon länger bekannt. Es ist durchaus kein Geheimnis gewesen, dass vor allem die Kanadier in den ersten Tagen nach der Landung eine sehr brutale "Kriegsführung" an den Tag legten.

@jagdfreund, bekannt schon; eigentlich unmittelbar nach dem Krieg. Aber von alliierter Seite stets unterdrückt, ab- und umgewertet sowie deutsche und russische Kriegsverbrechen in den Vordergrund geschoben. Berichte von deutschen Soldaten über alliierte Verbrechen wurden (fast) immer ignoriert. Und speziell in der DDR wurde wider besseres Wissen die bloße Erwähnung russischer, polnischer und tschechischer Verbrechen im Kriege und in der Zeit danach (die letztlich Kriegsfolge waren) aktiv und repressiv unterdrückt, alliierte Kriegsverbrechen wurden, sofern sie aufgeführt worden sind, zum bloßen Zwecke der Propaganda in Zeiten des "ColdWar" genutzt. Nochmals betont: Keine Aufrechnung gegen einander, nur Wahrheitssuche und -feststellung. Wie hier schon oft festgestellt: Geschichte wird vom Sieger interpretiert. Erst langsam lichtet sich nun, 65 Jahre danach, der Pulverqualm über den Schlachtfeldern. Die Traumata-Träger sind mit wenigen Ausnahmen ausgestorben, die Enkel sehen die Dinge nun realer, wenn überhaupt. Und schon kündigt sich Neues an. OldMan

Die Zusammenhänge + Vorkommnisse von Malmedy sind umstritten, genau wie die Untersuchungen dazu. Es gibt eine Reihe von möglichen Erklärungen über das, was sich dort abgespielt hat/haben soll.

QUOTE (Ritchie @ Dienstag, 04.Mai 2010, 11:43 Uhr)

Die Zusammenhänge + Vorkommnisse von Malmedy sind umstritten, genau wie die Untersuchungen dazu. Es gibt eine Reihe von möglichen Erklärungen über das, was sich dort abgespielt hat/haben soll.

Malmèdy

Die deutschen Angeklagten machten dazu folgende Aussagen: Die durch eine deutsche Panzer-Spitzengruppe überrumpelten Amerikaner, die sich z.T. ergeben hatten, wären durch die zweite deutsche Panzerwelle auf weite Entfernung erneut als Feindtruppe angesprochen und beschossen worden. Auch Aussagen überlebender amerikanischer Zeugen lassen den Schluß zu, dass es sich nicht um eine vorsätzliche völkerrechtswidrige Gefangenentötung, sondern um ein Kampfesgeschehen gahandelt hat; denn nach den Aussagen einzeler Amerikaner sind die Schüsse erst abgegeben worden, als sie zu flüchten versuchten. Der Oberbefehlshaber der amerikanischen Streitkräfte in Deutschland stellte in seiner Entscheidung über die Gnadengesuche am 31. Januar 1951 hierzu fest:"Die Vergehen sind mit einer verwirrten, beweglichen und verzweifelten Kampfhandlung verbunden" Ohne jedoch die Schuld der Angeklagten zu bezweifeln, wurden die Todesurteile in lebenslängliches Gefängnis umgewandelt. gekürzt aus "Die Wehrmacht-Untersuchungsstelle" Auflage 2001 Seite 213 und fg . Soweit ich das in Erinnerung habe, steht doch in den 2+4 und dazugehörigen Verträgen, das Alliierte nicht in Deutschland wegen Kriegsverbrechen in Deutschland angeklagt werden können. Soweit zur "Siegerjustiz"

QUOTE (konfetti @ Montag, 28.Juni 2010, 17.23 Uhr)

Soweit ich das in Erinnerung habe, steht doch in den 2+4 und dazugehörigen Verträgen, das Alliierte nicht in Deutschland wegen Kriegsverbrechen in Deutschland angeklagt werden können. Soweit zur "Siegerjustiz"

Ich weiss ja nicht wie es mit Deinen Erinnerungen bestellt ist, aber mich würde doch sehr interessieren in welchem Artikel Du das von Dir vertretene Gefühl der 'Siegerjustiz' konkret verortet siehst...als Hilfestellung zur Lösung dieser Aufgabe habe ich Dir mal den Link zum Vertragstext beigefügt. http://www.hdg.de/lemo/html/dokumente/DieD...trag/index.html Sollten Dir natürlich exklusiv irgendwelche 'geheimen Zusatzprotokolle' zum Vertrag vorliegen wären wir hier alle selbstverständlich brennend an diesen interessiert - Hinweise auf irgendwelche 'dazugehörigen Verträge' konnte ich übrigens auch nicht erkennen... xde100

Tipps zu Kriegsverbrechen durch alliierte Flieger

eine frage beschäftigt mich seit einigen tagen.gegen ende des 2.weltkrieges wurde immer wieder auf zivilisten, tiere auf bauerhöfen und andere ziele duch jabos im tiefflug geschossen.meine mutter erzählte mir vor einigen tagen so eine ... (Autor: reiner1, 15.3.2011 08:25 Uhr)

hallo, eine frage beschäftigt mich seit einigen tagen.gegen ende des 2.weltkrieges wurde immer wieder auf zivilisten, tiere auf bauerhöfen und andere ziele duch jabos im tiefflug geschossen.meine mutter erzählte mir vor einigen tagen so eine geschichte. im april 1945 hat eine p47 thunderbolt im tiefflug in bochum-werne auf zivilisten gefeuert.die flak hat das flugzeug abgeschossen und der pilot wurde fast von den aufgebrachten menge zu tode geprügelt.2 fragen hätte ich gerne beantwortet. 1.denke gezielt auf zivilisten zu schießen ist ein kriegsverbrechen. 2.wenn dann im zuge der ereignisse menschen einfach durchdrehen ist das doch wohl verständlich.wie sieht es in solchen fällen eigentlich mit der gerichtsbarkeit aus? die amis sprachen doch immer von „war crimes". und selbst?

Re^3:   Kriegsverbrechen   durch   alliierte   Flieger (Autor: Clydefrog, 6.4.2011 02:20 Uhr)

Hallo,
Frage: Waren alle Kriegsparteien im Zweiten Weltkrieg auch Unterzeichner der Haager Landkriegsordnung? Ja.
ok, dann galt die wohl auch. Da alle Kriegsparteien Unterzeichner waren, so war die Haager Landkriegsordnung doch für diesen Konflikt ein durch Anerkennung aller Beteiligten in Kraft getretenes internationales Recht. Wenn die Bombardierungen der Alliierten und die gezielte Tötung von Zivilisten kein KV waren, dann ist es vice versa auch der Kommissarsbefehl nicht. Das ist falsch, denn hier handelt es sich um Regelungen aus verschiedenen Völkerrechtsdokumenten. Die UdSSR hatte das Protokoll über die Behandlung von Kriegsverbrechern nicht ratifiziert. Bei diesem stand/steht es in Frage, welche Gültigkeit es erlangte. Mit diesem meinst du das von der UDSSR nicht unterzeichnete Protokoll über die Behandlung Kriegsgefangener. Es geht mir um Artikel 1 - 3 der Haager Landkriegsordnung, in der Zivilisten nicht als Kombattanten zählen und es wirkt doch recht paradox, wenn kämpfende Truppen eine nichtkriegführende Gruppe Menschen bekämpfen soll. a) Die Bürger werden dafür nicht belangt, schließlich wurden sie zur Kriegspartei erklärt und haben ein Recht auf Selbstwehr. Das ist offensichtlich Unsinn. Niemand hat die deutschen Zivilisten zu Kombattanten erklärt. Im Grunde wäre aber gerade das überhaupt erst die Grundlage dafür gewesen sie zu belangen. Nach Kriegsvölkerrecht können Zivilisten hier gerade deswegen nicht belangt werden, weil sie nicht unter dieses Recht fallen. Der Angriff auf Nichtkombattanten und die offene Erklärung von englischer Seite, deutsche Wohngebiete gezielt anzugreifen zeigen das doch ganz deutlich. :Ich habe nicht behauptet, dass die Bürger vor ein Kriegsgericht gestellt würden. Sie haben ein Recht, sich gegen Angriffe zu verteidigen.

Da sie keine ausgebildeten Soldaten sind, wäre die Tötung des amerikanischen Soldaten wohl straffrei geblieben. Falsch. Die Bürger würden nach dem für Sie geltenden Zivilrecht bestraft und das sah zu keinem Zeitpunkt selbstjustiz vor. ich glaube weniger, dass die Bürger dieses Dorfes im Dritten Reich wirklich vor ein Gericht gestellt worden wären. Vor welches Gericht willst du die stellen? Aber, um mal im allgemeinen zu bleiben: In einem modernen Rechtsstaat würden sie vermutlich vor Gericht gestellt werden, ja. Man kann Leuten nicht vorwerfen, dass sie hysterisch reagieren, wenn man aus einem Flugzeug mit einer MG auf sie schießt. Zum einen kann man es ihnen vorwerfen und zum Anderen wurden sie nicht beschossen als sie dann den Mord versuchten. Wenn jemand dahergeht, deine Äcker zerbombt und auf deine Kinder schießt, siehst du das vielleicht anders. Ich glaube du verwechselst hier moralische Argumente als dich mit der Kriegssituation selbst zu befassen. In einer solchen Situation würden wohl die meisten Staaten davon absehen, ihre Bevölkerung dafür hart zu bestrafen. Mehr wollte ich damit nicht ausdrücken. Gruß Werner Gruß Eric

---

Bombardierung Dresdens ein Kriegsverbrechen?

Ist die Bombadierung Dresdens im Februar 1945 ein Kriegsverbrechen,oder ist diese Aussage eine Relativierung der deutschen Kriegsschuld? bis dann manni

Es ist ein Kriegsverbrechen, weil es ohne erkennbaren militärischen Sinn um Terror gegen die Zivilbevölkerung ging. Die Relativierung beginnt erst mit der Verniedlichung, Verharmlosung, Aufrechnung oder Leugnung der deutschen Barbarei, die dazu geführt hat.

Zivilisten absichtlich zu töten ist ein Kriegsverbrechen. Ich halte aber jeden Krieg für ein Verbrechen an der Menschheit.

Zitat:

> Zitat von **Amadeus**
> *Ich halte aber jeden Krieg für ein Verbrechen an der Menschheit.*

Es war ein Dienst an der Menschheit, dass die Alliierten den Krieg gegen Deutschland geführt und gewonnen haben.

Zitat:

> Zitat von **Jörg König**
> *Es war ein Dienst an der Menschheit, dass die Alliierten den Krieg gegen Deutschland geführt und gewonnen haben.*

man spielt aber immer nur so stark, wie es der... - ach nein, ich wollte was anderes sagen: Die haben aber nicht angefangen!

Stimmt.. P. S.: Selbst wenn.

Zitat:

> Zitat von **pink-nice** *Ist die Bombadierung Dresdens im Februar 1945 ein Kriegsverbrechen,oder ist diese Aussage eine Relativierung der deutschen Kriegsschuld? bis dann manni*

Kriegsverbrechen! Eine Relativierung ist sie nicht, weil ich Verbrechen und Schuld nicht als aufrechenbar ansehe.

Zitat:

> Zitat von **Jörg König**
> *P. S.: Selbst wenn.*

bist du morgen zum Fähnchenschwenken in Mainz?

Zitat:

> Zitat von **Jörg König**
> *Es ist ein Kriegsverbrechen, weil es ohne erkennbaren militärischen Sinn um Terror gegen die Zivilbevölkerung ging.*

Den militärischen Grund gab's sehr wohl. Der waren allerdings nicht die Deutschen (deren Niederlage war nur noch eine Frage der Zeit, für die Westfront war Dresden bedeutungslos), sondern stand 100 Kilometer weiter ostwärts. Die Bombadierung sollte der einrückenden Roten Armee die verheerende Wirkung alliierter Luftangriffe unmittelbar vor Augen führen, wohl wissend, daß sich Russen und Amis/Engländer bald Auge in Auge gegenüberstehen würden und Spannungen nicht ausbleiben würden. Zur

Abschreckung sozusagen, damit die Russen später im besetzten Deutschland nicht auf dumme Gedanken kommen. Hat Churchill mal offen zugegeben.

Was heisst zynisch? Churchill hat den sich abzeichnenden Ost-West-Konflikt schon am Ende des 2. WK vorausgesehen (früher als andere). Die Situation im besetzten Deutschland stand dann auch mehrmals Spitz auf Kopf (z.B. Berlin-Krise). Was gewesen wäre, falls die Russen militärisch weitergegangen wären, als nur ihre Muskeln spielen zu lassen, ist schwer vorstellbar. Inwieweit Dresden dabei die gewünschte abschreckende Wirkung hatte, ist natürlich spekulativ. Noch spekulativer folgendes: mit dem Wissen um die erfolgreiche Wirkung der amerikanischen Atombombe hätte es möglicherweise auch die Bombardierung Dresdens nicht gegeben. Sicher ist nur eines: Die deutsche Zivilbevölkerung hat die Alliierten während des Krieges nicht interessiert. Die hatten nämlich nicht nur Kenntnis von russischen Greueltaten in Ostdeutschland, sondern auch von Millionen ermordeter russischer Zivilisten und europäischer Juden. Da reicht dann der geringste militärische Grund, um sowas wie in Dresden zu veranstalten.

Jedenfalls hätten die Russen ohne Dresden kein Beispiel einer durch alliiertes Flächenbombardement fast vollständig zerstörten deutschen Großstadt in ihrer Besatzungszone und somit unmittelbar vor Augen gehabt. Ausnahme Ost-Berlin, aber das war auch durch den Endkampf/Häuserkampf völlig zerstört worden, da liess sich die gewünschte abschreckende Wirkung nicht mehr zuordnen. Und wie gesagt, in der damaligen Situation reichte der allergeringste militärische Grund. Ob der sinnvoll oder gerechtfertigt war, hat niemanden interessiert. Die Diskussion kam erst Jahre später auf.

Zitat:

> Zitat von **mick67**
> *Denn schließlich haben die Russen ja Dresden und den ganzen Rest der früheren DDR und damit zum größten Teil ihren Willen bekommen. Ich glaube, die Russen hatten auch ohne Dresden genug Respekt vor den westlichen Alliierten, um nicht Europa bis zur holländischen Grenze einzunehmen.*

Die hätten im Fall der Fälle mit Sicherheit in Holland nicht Halt gemacht. Und ganz Berlin hätten sie auch gerne gehabt (aber da hatten die Amis bei Kriegsende ja ein paar Faustpfande wie Thüringen und Böhmen in der Hand). Und die psychologische Wirkung der amerikanischen Atombombe auf die Russen kannte damals noch keiner!

Zitat:

> Zitat von **Wischmop**
> *). Die Situation im besetzten Deutschland stand dann auch mehrmals Spitz auf Kopf (z.B. Berlin-Krise). Was gewesen wäre, **falls die Russen militärisch weitergegangen wären**, als nur ihre Muskeln spielen zu lassen, ist schwer vorstellbar. Inwieweit Dresden dabei die gewünschte abschreckende Wirkung hatte, ist natürlich spekulativ. .*

Die Russen wären ja nicht weitergegangen,weil sie am militärischen Tropf der allierten hingen.

Zitat:

> Zitat von **NiteOwl**
> *bist du morgen zum Fähnchenschwenken in Mainz?*

Nein, ich war arbeiten, habe dann die Simpsons gekuckt und warte jetzt auf Harald Schmidt.

Zitat:

> Zitat von **Jörg König**
> *Es war ein Dienst an der Menschheit, dass die Alliierten den Krieg gegen Deutschland geführt und gewonnen haben.*

Es war ein Dienst an der Menschheit, dass sie die Nazis gestoppt haben, ja. Aber dazu hätten sie nicht die Zivilisten in Dresden töten müssen. Ich halte es übrigens auch für zynisch, wenn Menschen aus politisch/taktischen Gründen umgebracht werden.

Zitat:

> Zitat von **pink-nice**   *Ist die Bombadierung Dresdens im Februar 1945 ein Kriegsverbrechen,oder ist diese Aussage eine   Relativierung der deutschen Kriegsschuld? bis dann manni*

Das war eine unmenschliche Tat.Aber:weiss man genau,ob die Bomberpiloten wussten, dass dort nix Kriegswichtiges sein würde?

Da sind die Gemüter gespalten..ich weiss es nicht.Wenn das schlicht ein Racheakt war, umso schlimmer Jeder Krieg ist für mich unmenschlich,und ich vesteh gar nicht, wie man relativierend von Schuld reden kann,ich kann das nicht.Der Begriff *Schuld* wie kann sowas relativ sein?

Zitat:

Tun sie das denn, "die Engländer"? Neulich habe ich noch darüber gelesen, daß Harris dort durchaus zwiespältig betrachtet wird. Leider komme ich momentan nicht auf die Quelle.

Zur Frage: Ja, die Zerstörung Dresdens war ein Kriegsverbrechen.

Zitat:

die sollte man nun wirklich in keinem Land als Maßstab nehmen...

Zitat:

Vor allem in den englischen Revolverblättern wie Sun u.a. werden diese Klischees des bösen Deutschen aufgewärmt. Die sollte man aber nicht ernster nehmen als Bild. Trotzdem: die Bombardierung Dresdens war ein Racheakt am deutschen Volk und es wäre zum kotzen, wenn dies jemand rechtfertigen würde. Allerdings ist, ob der Ereignisse im Landtag in Sachen, Vorsicht geboten. Verbrechen gegeneinander aufzurechnen geht nicht, ebensowenig wie die Relativierung der Greultaten der Nazis. Deswegen hab ich das unbehagliche Gefühl, dass man den Nazis eine Steilvorlage gibt, wenn man über die Kriegsverbrechen in Dresden redet.

Zitat:

Wenn man nicht redet, überlässt man den Nazi-Schwachköpfen das Terrain und das wäre das Schlimmste was uns passieren kann. Relativieren und Aufrechnen ist natürlich immer falsch !!

Zitat:

> Zitat von **pink-nice** *Wenn man nicht redet, überlässt man den Nazi-Schwachköpfen das Terrain und das wäre das Schlimmste was uns passieren kann.Relativieren und Aufrechnen ist natürlich immer falsch !!*

Reden und auseinandersetzen ja, aber mit den richtigen Themen.

Zitat:

> Zitat von **Amadeus**
> *Reden und auseinandersetzen ja, aber mit den richtigen Themen.*

Man sollte nichts ausklammern .

Zitat:

> Zitat von **Amadeus** *Deswegen hab ich das unbehagliche Gefühl, dass man den Nazis eine Steilvorlage gibt, wenn man über die Kriegsverbrechen in Dresden redet.*

Eine Steilvorlage gibst Du Ihnen so und so. Wenn Du die Bombardierung als Kriegsverbrechen bezeichnest, werden sie applaudieren. Wenn Du es verschweigst, werden sie das Schweigen über alliierte Kriegsverbrechen anprangern. Aber warum von den Hohlköpfen die Themen und Inhalte diktieren lassen?

Zitat:

> Zitat von **Jörg König**
> *Es war ein Dienst an der Menschheit, dass die Alliierten den Krieg gegen Deutschland geführt und gewonnen haben.*

Sehr richtig! Ohne damit eine Aussage über den Zweiten Weltkrieg insgesamt oder einzelne Ereignisse desselben wie die Bombardierung von Dresden, die politischen Vorder- und Hintergründe damals wie heute, die Schuldfrage in allen Aspekten etc. zu tätigen, ein Ereignis gegen ein anderes aufzurechnen, sie zu vergleichen oder miteinander oder gegeneinander zu rechtfertigen oder auch nur einen der anderen hier kritisieren oder zu direkt ansprechen zu wollen: ich habe ein grundsätzliches Problem mit knackigen Sätzen, in denen eine abstrakte Größe als Grund und Rechtfertigung für die Tötung von Menschen genannt und akzeptiert wird.

Zitat:

> Zitat von **Gudrun**

> *ich habe ein grundsätzliches Problem mit knackigen Sätzen, in denen eine abstrakte Größe als Grund und Rechtfertigung für die Tötung von Menschen genannt und akzeptiert wird.*

Spielst du damit auf Jörgs Aussage an? t:

> Zitat von **Bullitt** *Spielst du damit auf Jörgs Aussage an?*

Hast du meinen ganzen Beitrag gelesen?

Zitat:

> Zitat von **Gudrun** *Hast du meinen ganzen Beitrag gelesen?*

Sorry, hatte überlesen, dass das eine allgemeine Anmerkung war.

Zitat:

> Zitat von **Jörg König** *Es war ein Dienst an der Menschheit, dass die Alliierten den Krieg gegen Deutschland geführt und gewonnen haben.*

In meinen Augen ist dies ein Beispiel für eine zweischneidige Aussage. Sie könnte dazu benutzt werden, Kriegsverbrechen wie die Bombardierung von Dresden zu tolerieren bzw. zu rechtfertigen, weil der Krieg gegen die Nazis einer guten Sache diente. Die Aussage von Gudrun zu diesem Threma kann ich unterschreiben.

@wa: deswegen ist es mir ja "unbehaglich", weil bei der Dresden Diskussion die Nazis Aufwind verspüren, egal wie man argumentiert. Ausklammern kann man das Thema dewegen zwar nicht, aber ich würde es nicht ohne zwingenden Grund ansprechen.

Um zur Ausgangsfrage zurückzukommen, verstehe ich die Fragestellung nicht ganz. Was hat die Bombardierung Dresdens mit einer Relativierung der Deutschen Kriegsschuld oder den sonstigen Verbrechen der Nazis zu tun? Rein gar nix, weil sie auch zeitlich zu einem Zeitpunkt stattfand, als die Kriegsverbrechen, die in Deutschen Namen stattfanden, bereits zum Großteil abgeschlossen waren. Dasselbe gilt auch für die Terrortaten beim Einmarsch der Roten Armee in Ostdeutschland. Auch die waren natürlich in keinster Weise zu billigen, aber auch eine Reaktion auf das, was sich Wehrmacht und Sondereinsatzkommandos in den 3 Jahren zuvor in Rußland in einem selbsterklärten Vernichtungskrieg bzw. schlimmer noch hinter der Front erlaubt haben. All das erklärt weder die deutschen Verbrechen noch relativiert es sie in irgendeiner Weise. Es ist umgekehrt. Die alliierten Kriegsverbrechen, die es in einer wesentlich geringeren Dimension gab, werden durch das, was die Deutschen zuvor als Erste in wesentlich größerem Umfang veranstaltet haben, relativiert bzw. lassen sich dadurch teilweise erklären, ohne sie immer rechtfertigen zu können.

Zitat:

> Zitat von **Gudrun**   *Ohne damit eine Aussage über den Zweiten Weltkrieg insgesamt oder einzelne Ereignisse desselben wie die Bombardierung von Dresden, die politischen Vorder- und Hintergründe damals wie heute, die Schuldfrage in allen Aspekten etc. zu tätigen, ein Ereignis gegen ein anderes aufzurechnen, sie zu vergleichen oder miteinander oder gegeneinander zu rechtfertigen oder auch nur einen der anderen hier kritisieren oder zu direkt ansprechen zu wollen: ich habe ein grundsätzliches Problem mit knackigen Sätzen, in denen eine abstrakte Größe als Grund und Rechtfertigung für die Tötung von Menschen genannt und akzeptiert wird.*

Die Wahrheit ist leider, dass es in einem Krieg eben genau um die Tötung von Menschen geht. Das sollte sich im Idealfall an der Front abspielen, wenn aber auf west-alliierter Seite jemand der Meinung war, mit der Bombardierung von Dresden und der damit zwangsläufig verbundenen Tötung von Zivilisten den Krieg verkürzen zu können oder weniger Menschenleben alliierter Soldaten auf's Spiel setzen zu müssen (wann auch immer), dann ist dies ohne Zögern geschehen. War beim Abwurf der Atombombe auf Hiroshima/Nagasaki nicht anders. Da galt und gilt bei Engländern und Amerikanern der alte Grundsatz "Ein eigenes Menschenleben ist mehr wert wie das von Hunderten feindlicher Zivilisten (Soldaten sowieso)". Das mag für manche zynisch sein, dürfte in Kriegszeiten aber auch heute noch so sein. Offen bleibt die Frage: War die Bombardierung Dresdens ein willkürlicher, militärisch vollkommen sinnloser Akt, der nur der Tötung von Zivilisten diente, oder steckte mehr dahinter?

Zitat:

> Zitat von **Wischmop**   *Es ist umgekehrt. Die alliierten Kriegsverbrechen, die es in einer wesentlich geringeren Dimension gab, werden durch das, was die Deutschen zuvor als Erste in wesentlich größerem Umfang veranstaltet haben, relativiert bzw. lassen sich*

> *dadurch teilweise erklären, ohne sie immer rechtfertigen zu können.*

Gerade das ist ja auch verkehrt,es soll nicht relativiert werden !!
Kriegsverbrechen ist Kriegsverbrechen!!

Zitat:

> Zitat von **Wischmop**   *Die Wahrheit ist leider, ...*

Hm. Und meine Aussage war eine Lüge?

Zitat:

> Zitat von **Gudrun**   *ich habe ein grundsätzliches Problem mit knackigen Sätzen, in denen eine abstrakte Größe als Grund und Rechtfertigung für die Tötung von Menschen genannt und akzeptiert wird.*

Das ist eine subjektive Meinung, völlig in Ordnung so. Leider geschieht das obige in fast allen Kriegen und wird, wenn den Menschen nur lange genug eingeredet wird, nur dadurch eigene Menschenleben schonen/retten zu können, auch akzeptiert. Die feindlichen (auch zivilen) Opfer interessiert in Kriegszeiten niemand.

Was   wäre   denn   die   objektive   Meinung?

Dass Dinge geschehen, bedeutet nicht, dass sie in Ordnung sind oder dass es in Ordnung ist, sie zu akzeptieren. Ich entstamme der Frieden-schaffen-ohne-Waffen-Generation. Frieden war das einzige, wofür ich jemals auf der Straße demonstriert habe. Und selbst da hatte ich irgendwann das Problem, dass diese Richtung in nicht unerheblichem Maße Strömungen aufwies, die das abstrakte Prinzip - Frieden - über den Menschen gestellt hat. Ein Prinzip, sei es Demokratie, sei es Frieden, sei es Freiheit ist kein Selbstzweck. Seit dem zweiten Weltkrieg hat man so getan, als ob man das eingesehen hätte, hat ins Grundgesetzt großartig die Menschenwürde als obersten, *unverletzlichen* Grundsatz geschrieben und behandelt trotzdem Menschen als Spielfiguren des Kollateralschadens, des höheren Ziels, des sonstwas. Wen jemand qualvoll krepiert oder grausam umgebracht wird, dann ist es egal, ob er Deutscher, Russe, Amerikaner oder sonstein Gruppenzugehöriger war. Er ist ein Mensch. Passiert dieser Tod aufgrund der Verfolgung eines "höheren" Ziels, ist es menschenunwürdig.   Das ist nicht zu verwechseln mit dem Prinzip der Notwehr.   Der Begriff des Völkermordes kennt keine Notwehr oder Rechtfertigung, sondern bezieht sich gerade auf die Vernichtung von MEnschen aufgrund ihrer abstrakten Gruppenzugehörigkeit ("Volk") zwecks Verfolgung eines "höheren" Ziels. Nur, weil man an der Tatsache, dass Krieg stattfindet, nicht vorbei kommt, bedeutet das noch lange nicht, dass man darüber hinweg sehen darf oder womöglich sollte, dass Krieg nicht "gerecht" sein kann. Verständlich, manchmal. Oder besser: nachvollziehbar. Verständlich finde ich die - tatsächlich subjektiven - Umgangs- und Verarbeitungsweisen der kriegszusammenhängenden Ereignisse, auch dann, wenn sie nicht selber betroffen waren, sondern "nur" ihre Verwandten oder selbst nur ihre Gruppe, sei es die Nation, sei es das Volk, sei es, was auch immer für den Einzelnen identitätsstiftend ist. Geht es um die Beurteilung als Kriegsverbrechen, sollte man aber nicht subjektive Ansichten Einzelner zugrunde legen, sondern sich die Tatsachen ansehen. Dresden wurde mit Bomben bombardiert, die sich gezielt gegen die Zivilbevölkerung richteten: darauf, erst so viele Menschenleben wie möglich zu vernichten, dann darauf, Rettungswege unbenutzbar zu machen, dann darauf, die Stadt insgesamt dem Erdboden so gleich wie möglich zu machen. Auch das ist eine Strategie, die der Kriegsführung dient. Aber nicht alles, was Kriegsstrategie ist, ist nunmal so hinzunehmen. Es ist kein Kriegsverbrechen, sondern nur allzu verständlich. Was hat die Wehrmacht denn mit Paris oder London gemacht? Rache ist süß. Aber was glaubt ihr, was die Rechten sich freuen, das so diskutiert wird? Sind sie im Gespräch, sind sie zufrieden. Wenn sogar versucht wird Verbrechen der Wehrmacht gegen eine Schuld der Alliierten hochzurechnen, ist der Schritt zum Leugnen nicht mer weit.

Genau das ist der Punkt. Und Menschenwürde gibt es nur für gute Menschen, stimmt's? Was ist denn aus deiner Sicht ein Kriegsverbrechen? Immer nur das, was der Verlierer gemacht hat?

Zitat:

> Zitat von **Gudrun**   *Genau das ist der Punkt. Und Menschenwürde gibt es nur für gute Menschen, stimmt's? Was ist denn aus deiner Sicht ein Kriegsverbrechen? Immer nur das, was der Verlierer gemacht hat?*

Nein, jeder Krieg an sich ist ein Verbrechen an den Menschen. Es ist halt nur so, das die Rechten sich über diese Diskussionen freuen und ihre Schuld herunterspielen. Ein Krieg wo auch immer dient nur den Machtphantasien der Mächtigen an ihren Schreibtischen. Das sind Verbrecher. Ich sehe hier keine Rechten. Ich sehe auch niemanden, der hier Schuld herunter spielt. Aber wenn du die eigentlichen Verbrecher am Schreibtisch siehst, dann ist es für mich hochgradig zynisch, das Töten tausender Menschen, welches eigentlich die Kriterien für "Verbrechen" erfüllt, deshalb nicht als Verbrechen zu bezeichnen, weil irgendjemand am Schreibtisch sitzt. Darüber hinaus spielt es m.E. den radikalen Kräften deutlich mehr zu, wenn man es überhaupt zulässt, ein Verbrechen an Menschen durch die Gesinnung der Machthaber über diese Menschen als gerechtfertigt oder zumindest weniger schlimm zu betrachten. Welche Menschen und welche Machthaber man da einsetzt, ist letztendlich eine Variable, Und genau da kann jeder Rechtsradikale und jeder, der eine bestimmte Menschengruppe verachtet und gering schätzt ansetzen und a) durchaus zu recht darauf hinweisen, dass die "Gerechten" das gleiche System benutzen wie die "Ungerechten", nur mit anderen Variablen, und b) sich zu Nutze machen, dass Menschen, die sich auf diese Weise von den "Gerechten" sagen lassen müssen, dass sie oder ihre Angehörigen nunmal weniger zu betrauern sind als andere, dies als ungerecht empfinden und sich auf die Seite derjenigen schlagen, die ihnen zuhören. Oder diese zumindest hoffähig machen. Genau das passiert m.E. auch gerade in der politischen Landschaft. Und der Grund dazu liegt aus meiner Sicht darin, dass bei bestimmten Themen immer noch in zwei unterschiedlichen Menschenkathegorien argumentiert wird. Eine Argumentationsweise, die eigentlich nach 1945 aufgegeben sein sollte. Ich habe nie gesagt, das ich die Bombardierung Dresdens rechtfertigen will, doch ich denke, das es eine verständliche Reaktion der Alierten war. Das war keine Rechtfertigung. Ein Krieg, wo und wann auch immer trifft zu allererst Unschuldige, so ist das immer und überall in der Welt. Nur ich denke, man kann nicht versuchen, Schuld gegeneinander aufzurechnen und so könnte man vielleicht sagen, das die Bombardierung Dresdens ein Kriegsverbrechen war. Aber halt eine verständliche Reaktion der Machthaber und auch der Bomberpiloten, die u menschliche Reaktion. Was haben die Deutschen denn erwartet? Das die Alliierten kommen und Händeschütteln? Bei den Verbrechen, die ihr Volk erdulden musste. Ein Krieg ist niemals gerecht. Und jetzt zu versuchen, die Schuld der Alliierten in den Vordergrund zu schieben, relativiert die Verbrechen, die die Wehrmacht begangen hat. Obwohl die eigentlichen Verbrecher SS und Gestap sowie der ganze Führungsstab Adolf Hitlers waren. Aber auch der einfache Soldat trägt Schuld, alleine durch sein Mitmachen. Das volle Ausmaß eines Verbechens einzugestehen relativiert nicht ein anderes Verbrechen. Niemand versucht, die Verbrechen der Alliierten in den Vordergrund zu schieben, vielmehr wird versucht, überhaupt einmal sachlich darüber zu reden. Was auch bedeutet, eventuell mal zuzulassen, dass einen das tiefe Grausen packt bei dem, was die Alliierten getan haben. Das schmälert das Grausen nicht, das beim Anblick der Nazi-Verbrechen aufkommt. Es hat allerdings ein paar unangenehme Folgen, das stimmt. Unter anderem, dass man feststellen muss, dass es niemanden gibt, der sich gerecht nennen dürfte. Dass es niemanden gibt, der nicht irgendwo in diesem Krieg vergessen hätte, dass Menschen keine Gegenstände sind. Wenn man über Dresden redet als das, was es war, beschönigt man doch den Krieg nicht, macht es nicht entschuldbar, dass er ausgelöst wurde oder verniedlicht oder entschuldigt irgendwas. Im Gegenteil: die Sache wird doch nur noch schlimmer! Es ist ein geschickter, aber gefährlicher Ebenenwechsel, wenn man mal von "dem Volk" oder "den Deutschen" spricht, wenn es um die Schuld geht, um das, was "die nunmal hinnehmen mussten, weil sie ja die Kriegsverursacher waren". Da sind diese Menschen, die der Gruppe "Deutsche" zugeordnet werden, nur eine gesichtslose, abstrakte Größe, die - durchaus logisch - als "mitverhaftet" für die Nazis die Konsequenzen tragen muss. Außerdem wird der Einzelne als "Mitmacher" in die Pflicht genommen. Soweit, so gut. Aber genauso muss man auch sehen, dass sowohl diese Gruppe als Gruppe, als auch der Einzelne als Individuum Grausamkeiten erfahren hat. Marcus, von welchen "Rechten" redest Du hier? Meinst Du "Rechtsextreme" oder "Neonazis"? Falls ja, dann drück es bitte auch so aus.

Zitat:

> Zitat von **Gudrun**   *Was wäre denn die objektive Meinung?*

Wenn du schreibst "Ich habe ein grundsätzliches Problem mit ... ", ist das natürlich eine subjektive Ansicht, die ich i.d.F. auch sehr gut akzeptieren kann. Eine objektive Meinung dürfte ausschließlich auf Tatsachen beruhen. Bei bestimmten Ereignissen (wie der Bombardierung von Dresden) mag man sich vielleicht noch auf die tatsächlichen Geschehnisse einigen können, wenn Wertungen dazu abgegeben werden, noch dazu Jahrzehnte später aus einem ganz anderen Blickwinkel, wird's schwieriger.

Zitat:

> Zitat von **Gudrun** *Ich entstamme der Frieden-schaffen-ohne-Waffen-Generation. Frieden war das einzige, wofür ich jemals auf der Straße demonstriert habe. Und selbst da hatte ich irgendwann das Problem, dass diese Richtung in nicht unerheblichem Maße Strömungen aufwies, die das abstrakte Prinzip - Frieden - über den Menschen gestellt hat. Ein Prinzip, sei es Demokratie, sei es Frieden, sei es Freiheit ist kein Selbstzweck. Seit dem zweiten Weltkrieg hat man so getan, als ob man das eingesehen hätte, hat ins Grundgesetzt großartig die Menschenwürde als obersten, unverletzlichen Grundsatz geschrieben und behandelt trotzdem Menschen als Spielfiguren des Kollateralschadens, des höheren Ziels, des sonstwas. Wen jemand qualvoll krepiert oder grausam umgebracht wird, dann ist es egal, ob er Deutscher, Russe, Amerikaner oder sonstein Gruppenzugehöriger war. Er ist ein Mensch. Passiert dieser Tod aufgrund der Verfolgung eines "höheren" Ziels, ist es menschenunwürdig.*

Jede Friedensbewegung stößt nur leider dann an Ihre Grenzen, wenn sie einer verbrecherischen Ideologie gegenübersteht, die um jeden Preis Krieg will. Hitler und die Nazis wollten genau dies (zur Eroberung von angeblichem Lebensraum, Vernichtung von vermeintlich minderwertigen/lebensunwerten Völkern wie Juden und Slawen usw.), ohne in irgendeiner Weise höhere menschliche oder ideelle Ziele zu verfolgen. Nackte Gewalt, purer Darwinismus, das Recht des Stärkeren, der im Falle des Sieges für nichts eine Begründung braucht. Dagegen war auch eine friedensbewegte Politik wie die Appeasement-Bewegung in England und Frankreich in den 30er Jahren machtlos und alle jetzt lebenden Menschen müssen dankbar sein, dass deren Vertreter wie Chamberlain in die Wüste geschickt und Hardliner wie Churchill ans Ruder kamen. Eben weil Demokratie, Frieden und Freiheit keine Selbstverständlichkeit sind (im Fall der Juden und Russen sogar das blanke Überleben), sondern manchmal gegen Verrückte wie Hitler in einem Kampf auf Leben oder Tod verteidigt werden müssen. Um diesen Kampf gegen eine Diktatur, die gewillt war, bis zum letzten Mann und zur letzten Patrone zu kämpfen, zu gewinnen und möglichst viele eigene Menschenleben zu retten, mußte man eben soviele Deutsche wie möglich töten. Sich als Deutscher darüber zu beklagen oder auf irgendwelche unverletzliche Grundsätze einer menschenwürdigen Kriegsführung (wenn es die überhaupt gibt) zu verweise, ist unangebracht. Dieses Recht haben wir in den Jahren zuvor selber verspielt. Immerhin haben wir es geschafft, 4x soviel Russen und Juden umzubringen (die allerwenigsten übrigens an der Front), als Deutsche von allen Alliierten an allen Fronten zusammen getötet wurden. Und beim völlig sinnlosen Kampf um Berlin fielen 4x so viel Russen, als in Dresden Zivilisten getötet wurden. Wenn also aus alliierter Sicht der geringste militärische Grund für eine Bombardierung Dresdens gegeben war, war er in der damaligen Situation gerechtfertigt. Jeder Tag Kriegsverlängerung bedeutete auch für die Alliierten den Verlust Tausender Menschenleben. In so einer Situation spielt auch die Verhältnismäßigkeit keine Rolle mehr. Wenn es dagegen nur um die willkürliche Tötung von Zivilisten, Rache etc. ging, war's natürlich ein Kriegsverbrechen.

Zitat:

> Zitat von **marcusmitc**   *Es ist kein Kriegsverbrechen, sondern nur allzu verständlich. Was hat die Wehrmacht denn mit Paris oder London gemacht? Rache ist süß. Aber was glaubt ihr, was die Rechten sich freuen, das so diskutiert wird? Sind sie im Gespräch, sind sie zufrieden. Wenn sogar versucht wird Verbrechen der Wehrmacht gegen eine Schuld der Alliierten hochzurechnen, ist der Schritt zum Leugnen nicht mer weit.*

:confused:

Zitat:

> Zitat von **Wischmop**   *töten. Sich als Deutscher darüber zu beklagen oder auf irgendwelche unverletzliche Grundsätze einer menschenwürdigen Kriegsführung (wenn es die überhaupt gibt) zu verweise, ist unangebracht. Dieses Recht haben wir in den Jahren zuvor selber verspielt. .*

Auf Menschenwürde zu verweisen ist nie unangebracht !!

Zitat:

> Zitat von **Wischmop**   *Sich als Deutscher darüber zu beklagen oder auf irgendwelche unverletzliche Grundsätze einer menschenwürdigen Kriegsführung (wenn es die überhaupt gibt) zu verweise, ist unangebracht. Dieses Recht haben wir in den Jahren zuvor selber verspielt. Immerhin haben wir es geschafft, 4x soviel Russen und Juden umzubringen (die allerwenigsten übrigens an der Front), als Deutsche*

> *von allen Alliierten an allen Fronten zusammen getötet wurden. Und beim völlig sinnlosen Kampf um Berlin fielen 4x so viel Russen, als in Dresden Zivilisten getötet wurden. Wenn also aus alliierter Sicht der gerinste militärische Grund für eine Bombardierung Dresdens gegeben war, war er in der damaligen Situation gerechtfertigt. Jeder Tag Kriegsverlängerung bedeutete auch für die Alliierten den Verlust Tausender Menschenleben. .*

Sehr gut auf den Punkt gebracht Wischmop. Hatte gerade lange überlegt was ich dazu schreiben könnte. Dein Statement hat mir sozusagen die Worte aus dem Mund genommen.

Zitat:

> Zitat von **Gudrun**   *Nur, weil man an der Tatsache, dass Krieg stattfindet, nicht vorbei kommt, bedeutet das noch lange nicht, dass man darüber hinweg sehen darf oder womöglich sollte, dass Krieg nicht "gerecht" sein kann. Geht es um die Beurteilung als Kriegsverbrechen, sollte man aber nicht subjektive Ansichten Einzelner zugrunde legen, sondern sich die Tatsachen ansehen. Dresden wurde mit Bomben bombardiert, die sich gezielt gegen die Zivilbevölkerung richteten: darauf, erst so viele Menschenleben wie möglich zu vernichten, dann darauf, Rettungswege unbenutzbar zu machen, dann darauf, die Stadt insgesamt dem Erdboden so gleich wie möglich zu machen. Auch das ist eine Strategie, die der Kriegsführung dient. Aber nicht alles, was Kriegsstrategie ist, ist nunmal so hinzunehmen.*

Gerechte Kriege sind zwar äußerst selten, aber möglich. Der Krieg gegen Hitler (und mögl. auch andere Massenmörder) war mehr als gerecht. Auch die Kriegsstrategie erscheint in einem anderen Licht, wenn man bedenkt, mit welchem Gegner es die Alliierten zu tun hatten und wie hoch die Opferzahlen auch auf alliierter Seite waren.

Zitat:

> Zitat von **Wischmop**   *Berlin fielen 4x so viel Russen, als in Dresden Zivilisten getötet wurden. Wenn also aus alliierter Sicht der gerinste militärische Grund für eine Bombardierung Dresdens gegeben war, war er in der damaligen Situation gerechtfertigt. Jeder Tag Kriegsverlängerung bedeutete auch für die Alliierten den Verlust Tausender Menschenleben. In so einer Situation spielt auch die Verhältnismäßigkeit keine Rolle mehr. Wenn es dagegen nur um die willkürliche Tötung von Zivilisten, Rache etc. ging, war's natürlich ein*

> *Kriegsverbrechen.*

Weil so und so viel Russen fielen, dürfen wir nichts sagen wegen Dresden?? Das kann doch wohl nicht Dein e Ernst sein!

Zitat:

> Zitat von **pink-nice**   *Weil so und so viel Russen fielen, dürfen wir nichts sagen wegen Dresden?? Das kann doch wohl nicht Dein e Ernst sein!*

Es geht wohl eher um die unzähligen massakrierten russischen Zivilisten als um gefallene Sokdaten, die den folgenden russichen Rachefeldzug zumindest äußerst verständlich machen. Du kannst grundsätzlich alles sagen, was du willst. Nur solltest du die Bombardierung Dresdens nicht als isoliertes Ereignis betrachten, sondern im damaligen (Kriegs-)Zusammenhang und unter Berücksichtigung der vorangegangenen Kriegsereignisse sehen. Dann sind die Maßstäbe, was als Kriegsverbrechen gilt und was nicht, andere als aus heutiger oder isolierter Sicht.

Zitat:

> Zitat von **Bullitt**   *Es geht wohl eher um die unzähligen massakrierten russischen Zivilisten als um gefallene Sokdaten, die den folgenden russichen Rachefeldzug zumindest äußerst verständlich machen.*

Verständlich schon,trotzdem ist es ein Kriegsverbrechen und das muß auch gesagt werden!!

Zitat:

> Zitat von **Wischmop**   *Du kannst grundsätzlich alles sagen, was du willst. Nur solltest du die Bombardierung Dresdens nicht als isoliertes Ereignis betrachten, sondern im damaligen (Kriegs-)Zusammenhang und unter Berücksichtigung der vorangegangenen Kriegsereignisse sehen. Dann sind die Maßstäbe, was als Kriegsverbrechen gilt und was nicht, andere als aus heutiger oder isolierter Sicht.*

Die Maßstäbe einer Benennung eines Kriegsverbrechens ändern sich nicht mit der Tragweite der Kriegsschuld anderer.

Zitat:

> Zitat von **pink-nice**   *Verständlich schon,trotzdem ist es ein Kriegsverbrechen und das muß auch gesagt werden!!*

Per Definition natürlich. Bloß was ändert das. Mir persönlich fällt es sehr schwer, in Anbetracht des Ausmaßes der unsäglichen deutschen Kiegsverbrechen, über alleierte Kriegsverbrechen zu sprechen. Das wirkt anmaßend und auf eine etwas morbide Art fast lächerlich.

Zitat:

> Zitat von **Bullitt** *Per Definition natürlich. Bloß was ändert das. Mir persönlich fällt es sehr schwer, in Anbetracht des Ausmaßes der unsäglichen deutschen Kiegsverbrechen, über alleierte Kriegsverbrechen zu sprechen. Das wirkt anmaßend und auf eine etwas morbide Art fast lächerlich.*

Genau nicht darüber zu sprechen ist eine Verhönung der Dresden-Opfer. Das ist wie :Die Deutschen haben viel Schuld auf sich geladen deswegen musstet ihr dran glauben. Wenn's keinen militärischen Grund gab wie die Zerstörung von Rüstungsanlagen oder kriegswichtiger Infrastruktur, der zur Verkürzung des Krieges, Rettung/Schonung eigener Menschenleben etc. beitragen sollte, war's selbstverständlich ein Kriegsverbrechen. Und natürlich ändern sich die Maßstäbe/Verhältnißmäßigkeiten in Abhängigkeit vom Gegner. Hätten die Amis alle irakischen Städte in Schutt und Asche gelegt, wie sie's mit den deutschen Großstädten gemacht haben, hätte jeder zivilisierte Mensch das als Kriegsverbrechen gesehen. Im 2. WK hat sich mit Ausnahme von Dresden niemand über die systematische Bombardierung von Wohngebieten aufgeregt, wohl auch weil die Deutschen mit dem Flächenbombardement (Rotterdam, Coventry) angefangen haben.

Zitat:

> Zitat von **Wischmop** *Wenn's keinen militärischen Grund gab wie die Zerstörung von Rüstungsanlagen oder kriegswichtiger Infrastruktur, der zur Verkürzung des Krieges, Rettung/Schonung eigener Menschenleben etc. beitragen sollte, war's selbstverständlich ein Kriegsverbrechen. Und natürlich ändern sich die Maßstäbe/Verhältnißmäßigkeiten in Abhängigkeit vom Gegner. Hätten die Amis alle irakischen Städte in Schutt und Asche gelegt, wie sie's mit den deutschen Großstädten gemacht haben, hätte jeder zivilisierte Mensch das als Kriegsverbrechen gesehen. Im 2. WK hat sich mit Ausnahme von Dresden niemand über die systematische Bombardierung von Wohngebieten aufgeregt, wohl auch weil die Deutschen mit dem Flächenbombardement (Rotterdam, Coventry) angefangen haben.*

Beides währe oder war ein Kriegsverbrechen!! Schuld ist nicht relativierbar sondern nur erklärbar.

Zitat:

> Zitat von **pink-nice** *Das ist wie :Die Deutschen haben viel Schuld auf sich geladen deswegen musstet ihr dran glauben.*

Genauso ist es aber! Die Hauptverantwortlichen für die Opfer von Dresden, die Vertriebenen und Geschändeten in den Ostgebieten, die Millionen Toten an der Front waren das Verbrecherregime der Nazis und Ihre willfährigen Handlanger und Vollstrecker in Verwaltung, Justiz und Militär. Dafür haben Millionen unschuldiger Deutscher die Zeche bezahlt. Kann man es den Alliierten während des Krieges übelnehmen nach Millionen von unschuldigen Opfern, dass sie zu wenig Rücksicht auf die deutsche Zivilbevölkerung genommen haben? Es geht nicht darum, jemandem etwas übel zu nehmen. Genau das ist der große Trugschluss dieser Diskussion. Es geht auch nicht darum, einen "Schuldigen" zu finden oder zu ermitteln, wer der größte Verbrecher ist. Sondern darum einzugestehen, was alles Verbrechen an Menschen gewesen ist. Wenn es nur darum ginge, wer den Oscar für den größten Schurken zu bekommen hat, läuft das letztendlich zwangsweise darauf hinaus, bestimmte Arten von Gewalt, Grausamkeiten und Verbrechen, die eigentlich unermesslich - d.h. gar nicht mehr messbar! - sind, als vertretbar zu bezeichnen, so lange sie sich gegen "die richtigen" Menschen richtet. "Richtige" Opfer gibt es in dem Kontext aber nicht. Und ich glaube, dass sehr vielen Menschen, die eigentlich nicht rechtsradikal oder menschenverachtend sind, genau das der Grund ist, jemanden wie die NPD zu wählen: weil die scheinbar diesen Unterschied zwischen "richtigen" und "falschen" Opfern von Unmenschlichkeit bekämpfen.

Zitat:

> Zitat von **Wischmop** *Genauso ist es aber! Die Hauptverantwortlichen für die Opfer von Dresden, die Vertriebenen und Geschändeten in den Ostgebieten, die Millionen Toten an der Front waren das Verbrecherregime der Nazis und Ihre willfährigen Handlanger und Vollstrecker in Verwaltung, Justiz und Militär. Dafür haben Millionen unschuldiger Deutscher die Zeche bezahlt. Kann man es den Alliierten während des Krieges übelnehmen nach Millionen von unschuldigen Opfern, dass sie zu wenig Rücksicht auf die deutsche Zivilbevölkerung genommen haben?*

GENAU: Wenn ihr im großen Maßstab Kriegsverbrechen begeht dann können wir jawohl Dresden in Schutt und Asche legen,das ist ja wohl legitim!!! Aber das ist es ja immer: Aug um Aug...Zahn um Zahn immer weiter so...

Zitat:

> Zitat von **pink-nice** *GENAU: Wenn ihr im großen Maßstab Kriegsverbrechen begeht dann können wir jawohl Dresden in Schutt und Asche legen,das ist ja wohl legitim!!!*

Wenn dadurch eigene Menschenleben in irgendeiner Weise gerettet werden konnten, war's legitim. Immerhin waren die Nazis selbst in Ihren letzten Tagen noch in der Lage, Tausende feindlicher und eigener Soldaten + Gefangene in Konzentrationslagern mit in den Untergang zu reissen. Dass die Alliierten da weniger an die deutsche Zivilbevölkerung gedacht haben, sondern daran, den Krieg möglichst schnell und mit möglichst wenig eigenen Verlusten zu beenden, ist verständlich. Ebenso dass einige, die die Verbrechen der Nazis mit eigenen Augen gesehen haben bzw. davon wussten, bei Ihren Entscheidungen nicht immer zwischen schuldigen und unschuldigen Deutschen abgewogen haben. Kriegswichtige Anlagen bzw. Infrastruktur gab's natürlich auch in Dresden (Bahnhof etc.) , und um derer Zerstörung willen hat man sich in der damaligen Situation um die zivilen Opfer einen Dreck geschert. Hauptsache, man glaubte, dadurch den Krieg verkürzen zu können. Wow, das halte ich für gewagt und - sorry - menschenverachtend. Hauptsache man glaubte ....

Zitat:

> Zitat von **Gudrun** *Es geht nicht darum, jemandem etwas übel zu nehmen. Genau das ist der große Trugschluss dieser Diskussion. Es geht auch nicht darum, einen "Schuldigen" zu finden oder zu ermitteln, wer der größte Verbrecher ist. Sondern darum einzugestehen, was alles Verbrechen an Menschen gewesen ist. Wenn es nur darum ginge, wer den Oscar für den größten Schurken zu bekommen hat, läuft das letztendlich zwangsweise darauf hinaus, bestimmte Arten von Gewalt, Grausamkeiten und Verbrechen, die eigentlich unermesslich - d.h. gar nicht mehr messbar! - sind, als vertretbar zu bezeichnen, so lange sie sich gegen "die richtigen" Menschen richtet. "Richtige" Opfer gibt es in dem Kontext aber nicht.*

Beide Verbrechen von Nazis und Alliierten sind sehr wohl messbar.

Die Verbrechen der Nazis an Juden und vermeintlich minderrassigen Slawen sind etwas völlig anderes als z.B. die Bombardierung von Dresden. Das eine ist kalkulierter, rassistisch motivierter, millionenfacher Massenmord fernab von jedem Kriegsgeschehen, das andere ein isoliertes Verbrechen aus einer Kriegshandlung heraus, bei dem bewusst der Tod Tausende unschuldiger Zivilisten in Kauf genommen wurde. Die Dimension ist trotzdem eine völlig andere, die Einmaligkeit der Nazi-Verbrechen, was die Zahl der Opfer, Planung und Ausführung betrifft, ebenfalls. Und diese Verbrechen gingen zum Zeitpunkt der Bombardierung von Dresden und danach bis Kriegsende planmäßig weiter, z.b. Erschiessungen von Kriegsgefangenen, KZ-Häftlingen (meistens Deutsche), von vermeintlichen Deserteuren (ebenso Deutsche). Mit "richtigen" oder "falschen" Opfern hat das nichts zu tun.

Zitat:

> Zitat von **Wischmop** *Du kannst grundsätzlich alles sagen, was du willst. Nur solltest du die Bombardierung Dresdens nicht als isoliertes Ereignis betrachten, sondern im damaligen (Kriegs-)Zusammenhang und unter Berücksichtigung der vorangegangenen Kriegsereignisse sehen. Dann sind die Maßstäbe, was als Kriegsverbrechen gilt und was nicht, andere als aus heutiger oder isolierter Sicht.*

Bei deiner Argumentation muss in den Kopf schütteln. Die absichtliche Massentötung von Zivilisten, darunter überwiegend Frauen, Kinder und Kranke, kann ich weder relativieren noch militärisch rechtfertigen. Welchen Maßstab legst du für Mord im Krieg an? Ich denke nicht, dass es hier jemand als isoliertes Ereignis betrachtet hat. War auch kein isoliertes Ereignis. Alle Luftangriffe auf Großstädte war demnach Mord im Krieg, weil nie gezielt Rüstungsbetriebe, sondern immer auch großflächig Wohngebiete mit der Zivilbevölkerung bombardiert wurden. Du musst dich allerdings auch in die Lage eines alliierten Entscheidungsträgers versetzen, der weiss, dass mit jedem Kriegstag Tausende seiner Soldaten an der Front sterben und ebenso Tausende von Kriegsgefangenen und KZ-Häftlingen in deutschen Lagern. Was soll so ein Mann deiner Meinung nach machen, wenn er einerseits der Überzeugung ist, dass Luftangriffe den Krieg entscheidend verkürzen können, andererseits dafür Zehntausende völlig unschuldiger feindlicher Zivilisten sterben? Die Alliierten standen mehrmals vor dieser Frage (nicht nur bei Dresden) und haben sich stets für die Weiterführung der Bombardierungen und gegen die

Einstellung des Luftkriegs entschieden. Ob das im nachhinein militärisch von Nutzen war (eher nicht), ist eine andere Frage. Aus reinem Spass an der Ermordung unschuldiger Deutscher haben's sie nicht getan, glaube ich zumindest.

Wie Du Kriegsverbrechen zu rechtfertigen versuchst ist schon seltsam!!

Ich habe ziemlich viel über die Zerstörung Dresdens gelesen,und mir auch alles,was zu bekommen war, im TV angesehen. Das war ein unnötiger Akt, WEIL eben nichts Kriegswichtiges dort war.Dort hat es nur die Zivilbevölkerung getroffen. Sowas ist ebenso verbrecherisch,wie eben auch Dinge, die im 3. Reich von den Deutschen angerichtet wurden. Oder etwa nicht?

Sich als Deutscher über Kriegsverbrechen im 2. Weltkrieg zu beklagen finde ich grotesk. Und die Haarespalterei die hier betrieben wird führ auch zu nichts. Hat ja niemand bestritten, das man Dreseden nüchtern betrachtet, als Kriegsverbrechen definieren kann aber verantwortlich dafür mache ich die jenigen, die die Gewaltspirale in Gang gesetzt haben.

[quote=Bullitt]Sich als Deutscher über Kriegsverbrechen im 2. Weltkrieg zu beklagen finde ich grotesk. Da hast Du allerdings Recht!!!!

Zitat:

> Zitat von **Bullitt** *Sich als Deutscher über Kriegsverbrechen im 2. Weltkrieg zu beklagen finde ich grotesk. Und die Haarespalterei die hier betrieben wird führ auch zu nichts. Hat ja niemand bestritten, das man Dreseden nüchtern betrachtet, als Kriegsverbrechen definieren kann aber verantwortlich dafür mache ich die jenigen, die die Gewaltspirale in Gang gesetzt haben.*

Und die Japaner dürfen sich auch nicht über die Atombobe beschweren ,oder?? Was ist das denn für eine Logik?

Zitat:

> Zitat von **Bullitt** *Hat ja niemand bestritten, das man Dreseden nüchtern betrachtet, als Kriegsverbrechen definieren kann aber verantwortlich dafür mache ich die jenigen, die die Gewaltspirale in Gang gesetzt haben.*

Genauso ist es! Und Kriegsverbrechen der Alliierten kann man nicht mit dem millionenfach organisierten Massenmord der Nazis vergleichen. Dieses Verharmlosen des unmenschlichen NS-Regimes ist nämlich genau das, was die Rechten in Wirklichkeit wollen. Die Diskussion um Dresden und um eine Relativierung der deutschen Kriegsschuld dient einzig und allein diesem Zweck.

[quote=Nes]
Zitat:

> Zitat von **Bullitt**   *Sich als Deutscher über Kriegsverbrechen im 2. Weltkrieg zu beklagen finde ich grotesk.   Da hast Du allerdings Recht!!!!*

Kriegsverbrechen muß man immer anklagen,egal ob als Deutscher oder sonstwer !!

Zitat:

> Zitat von **Wischmop**   *Genauso ist es! Und Kriegsverbrechen der Alliierten kann man nicht mit dem millionenfach organisierten Massenmord der Nazis vergleichen. Dieses Verharmlosen des unmenschlichen NS-Regimes ist nämlich genau das, was die Rechten in Wirklichkeit wollen. Die Diskussion um Dresden und um eine Relativierung der deutschen Kriegsschuld dient einzig und allein diesem Zweck.*

Ich relativiere ja nicht,das tust Du ja,indem Du eine Schuld mit der anderen rechtfertigst!!

Zitat:

> Zitat von **Wischmop**   *Dieses Verharmlosen des unmenschlichen NS-Regimes ist nämlich genau das, was die Rechten in Wirklichkeit wollen. Die Diskussion um Dresden und um eine Relativierung der deutschen Kriegsschuld dient einzig und allein diesem Zweck.*

Jetzt kommt schon der Zweite an, und behauptet, daß **die Rechten** das NS-Regime verharmlosen...wer sind denn um Gotteswillen die Rechten? Alle CDU und CSU Mitglieder und Wähler???? Wenn Ihr Rechtsradikale oder Neonazis meint, dann schreibt es auch deutlich.

[quote=pink-nice]
Zitat:

> Zitat von **Nes**   *Kriegsverbrechen muß man immer anklagen,egal ob als Deutscher oder sonstwer !!*

Langsam wird es albern. Ja, muss man. Wir reden hier aber vom 2. Weltkrieg. Also bleibe bitte auch in diesem Zusammenhang! Und wenn man selbst aus einer Nation kommt die solche Kriegsverbrechen geradezu provoziert hat, sollte man vielleicht etwas leisere Töne spucken und erst mal vor seiner eigenen Haustüre kehren bevor man andren ihren Dreck unter die Nase reibt!

[quote=pink-nice]
Zitat:

> Zitat von **Nes**   *Kriegsverbrechen muß man immer anklagen,egal ob als Deutscher oder sonstwer !!*

Ja sicher. Jeder Krieg ist ein Verbrechen! Aber ich glaube, wir sind die Letzten, die darüber den Mund aufmachen sollten.Oder dürfen. Ich kann den ganzen Mist auch nicht mehr hören,klar,aber das ist nunmal die Vergangenheit ,und die wird uns immer und immer wieder einkriegen. Dass man nicht den grossen Schwamm nimmt, und wegwischt, ist klar.Und erinnern sollte man auch, damit SOWAS, wie es hier leider vorkam, NIE WIEDER passiert.

[quote=Bullitt]
Zitat:

> Zitat von **pink-nice**   *Langsam wird es albern. Ja, muss man. Wir reden hier aber vom 2. Weltkrieg. Also bleibe bitte auch in diesem Zusammenhang! Und wenn man selbst aus einer Nation kommt die solche Kriegsverbrechen geradezu provoziert hat, sollte man vielleicht etwas leisere Töne spucken und erst mal vor seiner eigenen Haustüre kehren bevor man andren ihren Dreck unter die Nase reibt!*

Du willst mir also das Wort verbieten weil die Nazis Verbrecher waren??? Kollektivschuld also? Und dann den Nazis dieses Thema überlassen?

Zitat:

> Zitat von **pink nice**   *Ich relativiere ja nicht,das tust Du ja,indem Du eine Schuld mit der anderen rechtfertigst!!*

Ich relativiere die Bombardierung von Dresden nur dadurch, dass die Bedrohung durch die Nazis auch zum damaligen Zeitpunkt noch bestand (für die alliierten Soldaten, die Kriegsgefangenen und sonstige Häftlinge in KZ's) und möglicherweise doch eine militärische Überlegung dahintersteckte. Wenn's ein reiner Racheakt zur Tötung möglichst vieler Zivilisten war, war es natürlich sinnloser Mord und Kriegsverbrechen, auf's Schärfste zu verurteilen. Vergleichen mit den Verbrechen der Nazis würde ich das trotzdem nicht. Die Deutschen jedenfalls hat kein einziger Jude oder Russe in irgendeiner Weise bedroht. Millionenfach umgebracht haben sie die Nazis trotzdem.

Zitat:

> Zitat von **Wischmop** *Ich relativiere die Bombardierung von Dresden nur dadurch, dass die Bedrohung durch die Nazis auch zum damaligen Zeitpunkt Millionenfach umgebracht haben sie die Nazis trotzdem.*

Man kann nicht ein Unrecht mit dem anderen aufrechnen .

Zitat:

> Zitat von **Krautathaus** *Wenn Ihr Rechtsradikale oder Neonazis meint, dann schreibt es auch deutlich.*

Natürlich sind die Neonazis gemeint und nicht CDU/CSU. Kann mich auch nicht erinnern, das die in der ganzen Dresden-Diskussion das NS-Regime verharmlost hätten.

Zitat:

> Zitat von **Bullitt** *Du willst mir also das Wort verbieten weil die Nazis Verbrecher waren??? Kollektivschuld also?*

Nein, will ich nicht. Ich würde nur gerne mal wissen worauf du eigentlich hinaus willst? Hab das Gefühl du diskutierst hier nur um des Diskutierens willen.

Zitat:

> Zitat von **pink-nice** *Nein, will ich nicht. Ich würde nur gerne mal wissen worauf du eigentlich hinaus willst? Hab das Gefühl du diskutierst hier nur um des Diskutierens willen.*

Dein Gefühl trügt!! Ich mag es nicht wenn man eine Schuld mit der anderen aufrechnet.

Zitat:

> Zitat   von   **Bullitt**   *Dein   Gefühl   trügt!! Ich mag es nicht wenn man eine Schuld mit der anderen aufrechnet.*

Rein emotional sehr schwierig, das in diesem Falle nicht zu tun.

Zitat:

> Zitat von **Bullitt**   *Sich als Deutscher über Kriegsverbrechen im 2. Weltkrieg zu beklagen finde ich grotesk.*

Warum? Weil es Deutschen nicht zusteht, sich über Unmenschlichkeit zu beklagen? Zumindest nicht, wenn sie an Deutschen begangen wurde? Sind Deutsche keine Menschen? Oder zumindest minderwertige, an denen Verbrechen begangen werden dürfen, ohne dass sich die Opfer beklagen dürfen? Und: wie lange dauert die Klage-Sperrfrist noch an, 100 Jahre, 200, ewig? (Und: bin ich ein Nazi, weil ich das frage?) ((Und: könnte es sein, dass genau diese Fragen, genauer: das Tabu, diese Fragen stellen zu dürfen, der Grund für die Erfolge der NPD sind?)) Ein paar Fragen mehr: wenn sich hier die Fraktion, welche nicht über Kriegsverbrechen an Deutschen reden will, so intensiv auf ihre Emotionen beruft: wer von euch war dabei und hat es erlebt? Hm, ich nämlich nicht. Zwar sind in meinem Stammbaum ein paar Personen, die im Zusammenhang mit dem Krieg jämmerlich verreckt sind (die politisch Korrekten hier überlsen bitte das "jämmerlich", denn es waren ja nur Deutsche!), aber die habe ich ja auch aus genau dem Grund nie kennen gelernt und nie Gefühle für sie entwickeln können. Wie so viele in meinem Altern und drunter. Selbst drüber. Woher also die Gefühle? Und welche sind es eigentlich? Schuld? Kann ich nicht empfinden, sorry. Ich habe nichts getan und ich war auch nicht zur damaligen Zeit Mitglied des "Deutschen Volkes", bin also weder individuell noch kollektiv schuldig. Aus meiner Sicht. Entsetzen kann ich aber empfinden, und das in ziemlich großem Maß. Entsetzen über das, was damals war. Entsetzen darüber, dass man Grausamkeiten als richtig, gerecht, entschuldigt oder gerechtfertigt betrachten kann, dass man Kriterien schafft, nach denen man einteilt, wer als Opfer eines Verbrechens selbiges auch öffentlich anklagen darf und wer nicht. Ein Verbrechen ist ein Verbrechen. Gerade da es sich bei Kriegsereignissen nicht um etwas handelt, dem man mit der Ermittlung individueller Schuld des Einzelnen auch nur nahe kommen kann, sollte man nicht damit ankommen, Individuen aus dem Beklagen, Betrauern und Anklagen dieser Dinge auszuschließen. Jedes Kriegsverbrechen hat irgendeinen Grund. Ob er gut ist, bestimmt im Zweifel der Sieger am Ende. Dadurch bleibt es aber ein Verbrechen. Wer sich nicht der aktiven Trauer und Anklage anschließen will, der darf schweigen. Aber wer Unmenschlichkeiten klein redet, weil die Betroffenen "selbst schuld sind", - schließlich hätten sie ja nicht Deutsche zu sein brauchen oder was? - der zeigt, dass er nicht begriffen hat, dass das Grausame am Dritten Reich und dem Zweiten Weltkrieg nicht war, dass es explizit Juden waren, die vernichtet wurden (übrigens nicht nur die, aber das nur am Rande), sondern dass es möglich war, eine Maschinerie zu schaffen, in der Mensch nicht mehr der Mensch an sich war, sondern der Mensch mit Zusatzkritierien.

Liebe Gudrun,   sicher sind deine Gedanken dazu nicht verwerflich. Aber gerade weil es so ein heißes Thema ist, bleibt die Diskussion nun mal schwierig. Wenn man deinen Text durchliest, fallen sofort die Argumentationsstränge auf: "Ich war nicht dabei, nicht meine Schuld"..."Deutsche haben auch gelitten"..."...Politische Korrektheit..." "...der Sieger bestimmt am Schluss..." usw. Auch wenn es überhaupt nicht deine Absicht war - und davon gehe ich mal aus - hast du genau den Nerv getroffen, der auch zum Lieblingsjargon von NPD, DVU und Konsorten gehört. Nämlich, dass es endlich genug sei mit all dem, und dass mal Ruhe sein müsse. Nein, im Gegenteil, es werde ja nur immer das Leiden der Juden betont. Auch die Deutschen haben gelitten! Natürlich haben sie das, und nicht zu knapp. Mein eigener Vater war in Kriegsgefangenschaft, ich rede hier nicht ins Blaue. Aber seiner Generation blieb im Nachhinein nichts anderes übrig, als sich an den Leidensgeschichten ihrer Wintermärsche in Russland festzuhalten - als vielleicht einzige Ausweichmöglichkeit, auch "gelitten haben zu dürfen". Das Leiden war echt, keine Frage. Fragwürdig bleibt jedoch, dass keiner sie nach Russland eingeladen hat, es war ein Angriffskrieg. Die persönliche Schuld ist dabei natürlich kaum auszumachen. Hochrechnen hin oder her, es geht ums Nachdenken. Und sehr nachdenklich stimmt mich an deinem Text, dass darin mindestens 10 Steilvorlagen sind, die die NPD auf Kranzschleifen in Dresden niederlegen würde.

Zitat:

> Zitat von **Whole Lotta Pete**: *"Ich war nicht dabei, nicht meine Schuld"..."Deutsche haben auch gelitten"..."...Politische Korrektheit..." "...der Sieger bestimmt am Schluss..." Hochrechnen hin oder her, es geht ums Nachdenken. Und sehr nachdenklich stimmt mich an deinem Text, dass darin **mindestens 10 Steilvorlagen** sind, die die NPD auf Kranzschleifen in Dresden niederlegen würde.*

Davor ist man leider nie gefeit ! Wenn man etwas so verkürzt wiedergibt wie Du entsteht natürlich auch ein neuer Sinn, der nicht gewollt war.

Zitat:

> Zitat von **pink-nice**   *Davor ist man leider nie gefeit ! Wenn man etwas so verkürzt wiedergibt wie Du entsteht natürlich auch ein neuer Sinn, der nicht gewollt war.*

Ich hab ja drauf hingewiesen, dass sie es wohl nicht so meint. Im Gegenteil, Gudruns Argumentationslinie, dass die Tabus vernünftigerweise abgebaut werden sollten, damit ein "normalerer" Umgang mit der Thematik möglich ist, ist meiner Ansicht nach völlig richtig. Aber ich weiß nicht, ob phrasentechnisch gesehen Sachen wie "Ich war nicht dabei, ich bin nicht Schuld" nicht ein Schuß nach hinten sind. Unsere Aufgabe ist es, die Lehren der Geschichte zu ziehen und für Gegenwart und Zukunft zu sorgen. Dazu gehört, dass man der historisch-nationalsozialistischen Revisionismusbewegung einen Riegel vorschiebt. Aber gerade das ist z.Zt nicht der Fall, das Ganze erstarkt wie nie zuvor. Leider ist der Weg von "Ich war nicht dabei" bis hin zu "Es war alles ganz anders" für einige Leute nicht weit. Ich war auch nicht dabei, ich bin auch nicht Schuld an irgendwelchen Vorgängen zu Zeiten des 2. Weltkriegs. Und?

Zitat:

> Zitat von **Whole Lotta Pete**   *Ich hab ja drauf hingewiesen, dass sie es wohl nicht so meint. Im Gegenteil, Gudruns Argumentationslinie, dass die Tabus vernünftigerweise abgebaut werden sollten, damit ein "normalerer" Umgang mit der Thematik möglich ist, ist meiner Ansicht nach völlig richtig. Aber ich weiß nicht, ob phrasentechnisch gesehen Sachen wie "Ich war nicht dabei, ich bin nicht Schuld" nicht ein Schuß nach hinten sind. Unsere Aufgabe ist es, die Lehren der Geschichte zu ziehen und für Gegenwart und Zukunft zu sorgen. Dazu gehört, dass man der historisch-nationalsozialistischen Revisionismusbewegung einen Riegel vorschiebt. Aber gerade das ist z.Zt nicht der Fall, das Ganze erstarkt wie nie zuvor. Leider ist der Weg von "Ich war nicht dabei" bis hin zu "Es war alles ganz anders" für einige Leute nicht weit. Ich war auch nicht dabei, ich bin auch nicht Schuld an irgendwelchen Vorgängen zu Zeiten des 2. Weltkriegs. Und?*

Nazis wird man eh nicht "bekehren", da ist es egal wie man argumentiert .

Zitat:

> Zitat von **pink-nice** *Nazis wird man eh nicht "bekehren", da ist es egal wie man argumentiert .*

Rechtsextremismus ist keine Krankheit. Aber das mit dem Argumentieren ist wahr, es ist in einem schweren Disput so gut wie nie möglich, die andere Seite zu überzeugen. Arbeiten kann man aber dran. Fangen wir also bei der Zukunft an und geben´s unseren Kindern weiter, bevor sie in diesen Brunnen fallen.

Zu den erwähnten "Kranzsprüchen" in Dresden:
Zitat:

> Die DVU-Landtagsfraktion Brandenburg gedenkt am Sonntag, 13. Februar, auf ihrer Kranzschleife der "Opfer des alliierten Massenmordes", das Nationale Bündnis Dresden der "wehrlosen Opfer des alliierten Bombenterrors". Auf der Schleife der Jungen Landsmannschaft Ostpreußen steht: "Phosphor, Napalm, Sprengbomben. Der Schoß ist furchtbar noch, aus dem das kroch". Sie beziehen sich dabei auf "Berthold Brecht", einem <u>Antifaschisten</u>, der mit seiner in den 1950er Jahren gemachten Aussage ("Der Schoß ist fruchtbar noch, aus dem das kroch") vor einem Erstarken der Nazis in der BRD gewarnt hatte. Dabei sind die Neonazis zwar textsicher, jedoch in Namenkunde schlecht beraten. "Berthold" heißt richtig nämlich Bertolt.

Zitat:

> Zitat von **Gudrun** *Warum? Weil es Deutschen nicht zusteht, sich über Unmenschlichkeit zu beklagen?*

Ich kann mich jetzt nur wiederholen. Als Deutscher ist es problematisch sich über Kriegsverbrechen anderer im 2. Weltkrieg zu beklagen. Warum das so ist liegt wohl auf der Hand. Da stimmt die Verhältnismäßigkeit nicht mehr. Von deutschem Boden aus ging der Vernichtungskrieg und Völkermord aus. Warum diskutieren wir nich zunächst mal über diese Unmesnchlichkeiten bevor wir über die Resultate diskutieren?? Das bedeutet im übrigen nicht,dass man nicht um die Opfer Dresdens trauern darf oer dass man die Bombadierung Dresdens bedeuern kann.

Zitat:

> Zumindest nicht, wenn sie an Deutschen begangen wurde? Sind Deutsche keine Menschen? Oder zumindest minderwertige, an denen Verbrechen begangen werden dürfen, ohne dass sich die Opfer beklagen dürfen?

Was für ein Blödsinn. Kommentiere ich nicht. Wenn man mich absichtlich missverstehen will, bitte.

Zitat:

> Und: wie lange dauert die Klage-Sperrfrist noch an, 100 Jahre, 200, ewig?

Ewig, da sich die Fakten um den 2. Weltkrieg aller Voraussicht nach nicht mehr ämndern werden. (Ich gehe mal davon aus, dass du "Klage-Sperrfrist" im Zusammenhang mit dem 3. Reich meinst)

Zitat:

> (Und: bin ich ein Nazi, weil ich das frage?)

:confused:

Zitat:

> Ein paar Fragen mehr: wenn sich hier die Fraktion, welche nicht über Kriegsverbrechen an Deutschen reden will, so intensiv auf ihre Emotionen beruft (...)

Mir kommen die Tränen. Die Masche mit Angehörigen hat hier überhaupt nichts zu suchen und hat mit sachlicher Argumentation nichts mehr zu tun. Kann dir ein ganzes dutzend Angehöriger aus meiner Großeltern Generation nennen, die während des Krieges ums Leben gekommen sind und ich weiß auch um das Leid meiner Großeltern selbst. Und?

Zitat:

> Schuld? Kann ich nicht empfinden, sorry. Ich habe nichts getan und ich war auch nicht zur damaligen Zeit Mitglied des "Deutschen Volkes", bin also weder individuell noch kollektiv schuldig.

:confused: Habe nie von Schuld gesprochen. Empfinde auch keine Schuld.

> **Zitat von Bullitt** *Ich kann mich jetzt nur wiederholen. **Als Deutscher ist es problematisch** sich über Kriegsverbrechen anderer im 2. Weltkrieg zu beklagen. Warum das so ist liegt wohl auf der Hand. Da stimmt die Verhältnismäßigkeit nicht mehr..*

Sagen wir mal so: Für Dich ist es problematisch.

Zitat:

> **Zitat von pink-nice** *Sagen wir mal so: Für Dich ist es problematisch.*

Wenn ich über Deutsche schreibe, dann nicht im deskriptiven Sinn sondern im normativen. Es sollte problematisch sein, wenn man die Geschehnisse im Kontext betrachtet.

Zitat:

> **Zitat von Bullitt** *Wenn ich über Deutsche schreibe, dann nicht im deskriptiven Sinn sondern im normativen. Es sollte problematisch sein, wenn man die Geschehnisse im Kontext betrachtet.*

Genau....es sollte.....Deiner Meinung nach .

Zitat:

> **Zitat von Whole Lotta Pete** *Hochrechnen hin oder her, es geht ums Nachdenken. Und sehr nachdenklich stimmt mich an deinem Text, dass darin mindestens 10 Steilvorlagen sind, die die NPD auf Kranzschleifen in Dresden niederlegen würde.*

Wo sind denn in diesem Forum die Nazis? Da keine da sind, gibt es auch keine Steilvorlage. Sicher könnte ein Politiker öffentlich nicht so argumentieren wie Gudrun zuvor, da würden deine Bedenken ziehen. Hier halte ich sie allerdings für total überzogen. Wirkt wie eine Moralpredigt. Verfolge bitte den kompletten Verlauf der Diskussion, dann verstehst die vielleicht die Reaktionen und Argumentationen, die sich ziemlich hochgeschaukelt haben. Nachdenken ist sicher bei der Diskussion um Dresden angebracht. Aber eines halte ich für wesentlich: dass wir in diesem Forum als vernünftige Menschen lernen, vernünftig über dieses komplexe Thema zu diskutieren.

Zitat:

> Zitat von **Amadeus** *Wo sind denn in diesem Forum die Nazis? Da keine da sind, gibt es auch keine Steilvorlage. Sicher könnte ein Politiker*

> öffentlich nicht so argumentieren wie Gudrun zuvor, da würden deine
> Bedenken ziehen. Hier halte ich sie allerdings für total überzogen. Wirkt
> wie eine Moralpredigt. Verfolge bitte den kompletten Verlauf der
> Diskussion, dann verstehst die vielleicht die Reaktionen und
> Argumentationen, die sich ziemlich hochgeschaukelt haben. Nachdenken
> ist sicher bei der Diskussion um Dresden angebracht. Aber eines halte
> ich für wesentlich: dass wir in diesem Forum als vernünftige Menschen
> lernen, vernünftig über dieses komplexe Thema zu diskutieren.

Hm, ich glaubte durchaus in vernünftigen Bahnen zu diskutieren.
Ich hoffe doch, Gudrun selbst hat sich nicht untergebuttert gefühlt,
ansonsten hätte sie das ja selbst in irgendeiner Form einwerfen
können. Was bitte bedeutet "ziemlich hochgeschaukelt"? Dass mit
zunehmender Diskussion die wahren Meinungen hochkommen?
Oder dass man die späteren Ausführungen nicht mehr so ernst
nehmen sollte? "Steilvorlagen" bedeutet nichts anderes, als dass sich
die entsprechenden Parteien und Gruppierungen somit prima auf
argumentative Unterstützung des Volkes beziehen können. Oder
diskutieren wir hier etwa nicht, ob es nicht bald mal Zeit zum
"Vergessen" sein darf? Das mit dem Aufweichen der Tabus fand ich
wie gesagt gut.

Zitat:

> Zitat von **Whole Lotta Pete**   Oder diskutieren wir hier etwa nicht, ob
> es nicht **bald mal Zeit zum "Vergessen"** sein darf? Das mit dem
> Aufweichen der Tabus fand ich wie gesagt gut.

Vergessen werden darf natürlich nie !!

Sorry, aber ich kann einfach weder ein schlechtes Gewissen, noch
ein flaues Gefühl im Magen bekommen, wenn ich mich kritisch mit
einem Kriegsverbrechen der Alliierten auseinandersetze. Wenn eine
Stadt wie Dresden zugebombt wird, kann man wohl nur noch von
einem Kollateralschaden im weitesten Sinne sprechen. Wenn man
mit demselben Augenmaß die Kriegsverbrechen und den
Völkermord der Nazis betrachtet, kann man kaum vergessen
welches Pack (samt der Mittäter) indirekt auch den
Kriegsverbrechen der Alliierten mitschuld ist.

Gudrun hat es in ihrem Beitrag ziemlich gut auf den Punkt gebracht.

Zitat:

> Zitat von **Whole Lotta Pete** *Hm, ich glaubte durchaus in vernünftigen Bahnen zu diskutieren. Ich hoffe doch, Gudrun selbst hat sich nicht untergebuttert gefühlt, ansonsten hätte sie das ja selbst in irgendeiner Form einwerfen können. Was bitte bedeutet "ziemlich hochgeschaukelt"? Dass mit zunehmender Diskussion die wahren Meinungen hochkommen? Oder dass man die späteren Ausführungen nicht mehr so ernst nehmen sollte? "Steilvorlagen" bedeutet nichts anderes, als dass sich die entsprechenden Parteien und Gruppierungen somit prima auf argumentative Unterstützung des Volkes beziehen können. Oder diskutieren wir hier etwa nicht, ob es nicht bald mal Zeit zum "Vergessen" sein darf? Das mit dem Aufweichen der Tabus fand ich wie gesagt gut.*

Das mit dem "vernünftig diskutieren" war nicht auf dich gemünzt, sondern allgemein in die Runde gestellt. Ich sagte auch "wir" und versetzte diesen Teil etwas. Mit "ziemlich hochgeschaukelt" meinte ich meine Einschätzung, dass manche etwas verärgert wirkten und die Diskussion ziemlich im Kreise verlief. Zu den "Steilvorlagen" teile ich im Prinzip deine Meinung. Ich halte es lediglich für überzogen bei einem solchen Diskussionsverlauf so sehr persönlich auf die Interpretationsmöglichkeiten der Nazis zu verweisen. Ist eben meine Meinung dazu. Es ist offensichtlich, dass die Diskussion zu diesem Thema nicht einfach ist, und ich schließe mich nicht aus. Mal zur Abwechselung meine Meinung zum Thema: Vergessen darf und sollte man die Nazi Verbrechen nie. Die Argumentation "ich war nicht dabei, also geht es mich nichts an" kann ich nicht akzeptieren. Ist mir zu gleichgültig, und das geht ob der Greultaten nicht. Trotzdem darf es kein Tabu sein, die Bombardierung von Dresden als Kriegsverbrechen zu bezeichnen. Eine Relativierung würde die Opfer verhöhnen, so als ob es gute und schlechte Opfer bzw. Morde gäbe.

Frage:

Wenn heute im Irak eine Stadt durch die Amerikaner bombadiert wird und 50.000 Menschen dabei sterben, ist das die gerechte Strafe für die Menschen, weil Saddam Hussein ein Diktator war und Völkermord an den Kurden begangen hat? Diese Denkweise öffnet die Tür zur Lynchjustiz. Weil Du mir etwas grauenvolles getan hast, hat Deine ganze Sippschaft auf ewig alle Menschenrechte verwirkt?

Nein.

Die Bombadierungen der Allierten waren Kriegsverbrechen: Pforzehim, Dresden, Hamburg ...... Es wurden gezielt Zivilisten und Flüchtlinge ermordet. Die Versenkung der Gustlov war ein Kriegsverbrechen. Und dazu muß man nicht in schwarz/weiß, gut/böse, Demokrat/Nazi eingeteilt werden, um das zu sehen. Gerade aus der historischen Distanz zeigt es sich, dass man eine Kugel nicht zwischen Verbrecher und Wohltäter unterscheiden kann. Wenn die Vorgänge vom Ende des 2. Weltkrieges heute von den Kommentatoren beurteilt würden, wäre Die Bezeichnung Kriegsverbrechen zutreffend. Wie reagiert die Öffentlichkeit, wenn mal wieder eine Hochzeitsgesellschaft im Irak zerbombt wird, weil Freudenschüsse in die Luft abgeschossen worden sind?

Das stimmt doch hinten und vorne nicht. Lynchjustiz ist so ziemlich das Gegenteil eines staatlich angeordneten und einer militärischen Befehlskette entlang befohlenen Angriffs. Wenn jemand den Deutschen Sippenhaft bis in alle Ewigkeit angedroht hat, ist das an mir vorbeigegangen; ich habe jedenfalls noch keine Städte gesehen, die aus Rache noch nach 1945 bombardiert worden sind. Der Vorwurf, es seien gezielt Zivilisten und Flüchtlinge umgebracht worden, korrespondiert nicht so recht mit der Behauptung, es seien wahllos Bomben abgeworfen worden. Die Einteilung der Menschen in Demokraten und Nazis ist praktikabel, wenn man Demokrat ist und nicht möchte, dass diese Leute mit einem machen, was sie gerne machen würden, wenn sie könnten. Dass die Waffe nicht der Täter ist, ist ein (gern von der NRA benutztes) Scheinargument - hat das je ein Mensch behauptet? Und um Kommentare zu finden, in denen die Bomardierung Dresdens korrekt als Kriegsverbrechen behandelt wird, braucht man nur wahllos am Kiosk eine Zeitung zu kaufen.

Vielleicht stimmt es dann von vorne nach hinten?

Zitat:

> Zitat von **Jörg König**   *Das stimmt doch hinten und vorne nicht. Lynchjustiz ist so ziemlich das Gegenteil eines staatlich angeordneten und einer militärischen Befehlskette entlang befohlenen Angriffs. Wenn*

> *jemand den Deutschen Sippenhaft bis in alle Ewigkeit angedroht hat, ist das an mir vorbeigegangen; ich habe jedenfalls noch keine Städte gesehen, die aus Rache noch nach 1945 bombardiert worden sind. Der Vorwurf, es seien gezielt Zivilisten und Flüchtlinge umgebracht worden, korrespondiert nicht so recht mit der Behauptung, es seien wahllos Bomben abgeworfen worden. Die Einteilung der Menschen in Demokraten und Nazis ist praktikabel, wenn man Demokrat ist und nicht möchte, dass diese Leute mit einem machen, was sie gerne machen würden, wenn sie könnten. Dass die Waffe nicht der Täter ist, ist ein (gern von der NRA benutztes) Scheinargument - hat das je ein Mensch behauptet? Und um Kommentare zu finden, in denen die Bomardierung Dresdens korrekt als Kriegsverbrechen behandelt wird, braucht man nur wahllos am Kiosk eine Zeitung zu kaufen.*

Sind die Folgen einer "Befehlskette" gerechter, weil sie staatlich angeordnet wurden? Scheinbar ist vieles an dir gänzlich vorbeigegangen. Suche nach einem "Gerechten Krieg" und schaue Dir dann an was Bush mit seinem Adjudant Blair im Irak machen. Wenn "wahlos" in die Menge geschoßen wird, werden "gezielt" die "Unschuldigen" zum Terroropfer.

Zitat:

> Zitat von **masureneagle**
> *Frage: Wenn heute im Irak eine Stadt durch die Amerikaner bombadiert wird und 50.000 Menschen dabei sterben, ist das die gerechte Strafe für die Menschen, weil Saddam Hussein ein Diktator war und Völkermord an den Kurden begangen hat?*

Was ein fürchterlicher Quark, dieser Vergleich!!!   Wo ist die Parallele? Heute ist Saddam längst nicht mehr jener Hitler, der es zu Dresdens Zeiten noch war.   Und nicht die Engländer haben Deutschland zuvor angegriffen und dann noch eins draufgesetzt!! Würden die Amis heute so etwas tun, ja, das wäre doppelt!!

Dann rühr mal Honig in Deinen Quark
Zitat:

> Zitat von **otis**   *Was ein fürchterlicher Quark, dieser Vergleich!!! Wo ist die Parallele? Heute ist Saddam längst nicht mehr jener Hitler, der es zu Dresdens Zeiten noch war.   Und nicht die Engländer haben*

Deutschland zuvor angegriffen und dann noch eins draufgesetzt!!
Würden die Amis heute so etwas tun, ja, das wäre doppelt!!

Rechtfertigt der Diktator und Tyrann Hitler die Zerstörung Dresdens und anderer Staädte? Da läßt Bomber Harris grüßen! War es eine "gerechte" Strafe Tausende von Frauen, Kindern, Flüchtlingen zu verbrennen? Und immer wieder diese Gegenrechnungen mit der Bombadierung Dresdens und Coventry, oder? Hier liegt die Wurzel. Die Bombadierung Coventrys war ein Verbrechen, nichtsdestotrotz ist Dresden ein Fanal gewesen!

Zitat:

> Zitat von **masureneagle**   *Die Bombadierungen der Allierten waren Kriegsverbrechen. Pforzehim, Dresden, Hamburg ...... Es wurden gezielt Zivilisten und Flüchtlinge ermordet. ?*

Nun soll aufeinmal alles vermengt werden?? Alles, alles Kriegsverbrechen? So traurig es ist, in einem Krieg kommen nun mal Zivilisten um. Deswegen sind nun wirklich nicht alle Bombadierungen Kriegsverbrechen.

Krieg als Happening?

Zitat:

> Zitat von **pink-nice**   *Nun soll aufeinmal alles vermengt werden?? Alles, alles Kriegsverbrechen? So traurig es ist, in einem Krieg kommen nun mal Zivilisten um. Deswegen sind nun wirklich nicht alle Bombadierungen Kriegsverbrechen.*

Gibt es einen humanen Krieg? Jeder Krieg ist ein Verbrechen!!!!! Es gibt keine gerechte Kriege. Die Bombadierungen der Städte Dresden, Pforzheim, Hamburg etc in den letzten Zügen des Weltkrieges zeichneten sich dadurch aus, dass hohe Opferzahlen das Ziel waren und nicht irgendwelche militärischen Einrichtungen.

Zitat:

> Zitat von **[b**   *masureneagle]Krieg als Happening [/b]?.*

)))?(((

Zitat:

> Zitat von **pink-nice**   *Nun soll aufeinmal alles vermengt werden?? Alles, alles Kriegsverbrechen? So traurig es ist, in einem Krieg kommen nun mal Zivilisten um. Deswegen sind nun wirklich nicht alle Bombadierungen Kriegsverbrechen.*

Das wirkt peinlich auf mich.

Merci

Welche   Bombardierung   war   zu   rechtfertigen?

Die die Städte wie Dresden bombardieren sind jämmerliche Schurken gewesen! Ich erinnere mich an meine 2 1/2 stündige Befragung während der Kriegsdienstverweigerung. Ein alter Nazi stellte damals die Fragen. Aktuell: Die Amis sind nervös und können Freund und Feind nicht mehr unterscheiden. Bush Politik im Irak versagt. Er hat schon Schwierigkeiten neue Soldaten zu rekrutieren.

Zitat:

> Zitat von **otis**   *Was ein fürchterlicher Quark, dieser Vergleich!!! Wo ist die Parallele? Heute ist Saddam längst nicht mehr jener Hitler, der es zu Dresdens Zeiten noch war.   Und nicht die Engländer haben Deutschland zuvor angegriffen und dann noch eins draufgesetzt!! Würden die Amis heute so etwas tun, ja, das wäre doppelt!!*

Was willst Du eigentlich sagen????????????????????

Zitat:
Zitat von **pink-nice**   *Nun soll aufeinmal alles vermengt werden?? Alles, alles Kriegsverbrechen? So traurig es ist, in einem Krieg kommen nun mal Zivilisten um. Deswegen sind nun wirklich nicht alle   Bombadierungen   Kriegsverbrechen.*

@guenterdudder.....Das wirkt peinlich auf mich. Da hast Du mich mißverstanden!! Das ganze ist nur eine Entgegnung auf die (für mich daraus erkennbare) relativierung von **masureneagel**!! Für mich wird bei ihm nicht mehr unterschieden zwischen Angreifer und Angegriffenen.

at:

> Zitat von **guenterdudda** *Welche Bombardierung war zu rechtfertigen? Die die Städte wie Dresden bombardieren sind jämmerliche Schurken gewesen! Ich erinnere mich an meine 2 1/2 stündige Befragung während der Kriegsdienstverweigerung. Ein alter Nazi stellte damals die Fragen. Aktuell: Die Amis sind nervös und können Freund und Feind nicht mehr unterscheiden. Bush Politik im Irak versagt. Er hat schon Schwierigkeiten neue Soldaten zu rekrutieren.*

Wie hätten sie denn Deiner Meinung nach die Nazi-Diktatur beseitigen sollen???? ,

[quote=pink-nice]
Da hast Du mich mißverstanden!!
QUOTE] Wird so sein.

Zitat:

> Zitat von **pink-nice** *Wie hätten sie denn Deiner Meinung nach die Nazi-Diktatur beseitigen sollen????*

Es wäre zu einfach zu sagen, Hitler als Kopf der Diktatur gefangenzunehmen. Dann ergeben sich Gefolgsleute.

Relativierung des Feuersturms über Dresden

Zitat:

> Zitat von **pink-nice** *Nun soll aufeinmal alles vermengt werden?? Alles, alles Kriegsverbrechen? So traurig es ist, in einem Krieg kommen nun mal Zivilisten um. Deswegen sind nun wirklich nicht alle Bombadierungen Kriegsverbrechen. @guenterdudder.....Das wirkt peinlich auf mich. Da hast Du mich mißverstanden!! Das ganze ist nur eine Entgegnung auf die (für mich daraus erkennbare) relativierung von **masureneagel**!! Für mich wird bei ihm nicht mehr unterschieden zwischen Angreifer und Angegriffenen.*

Spricht aus dem Kommentar eine Selbsterkenntnis? "So traurig es ist, in einem Krieg kommen nun mal Menschen um. Für mich wird bei ihm nicht mehr unterschieden zwischen Angreifer und Angegriffenen" Der Feuersturm über Dresden wird in Deinen Kommentaren als Kriegshappening der Alliierten verharmlost. Die Fratze des Krieges wird verniedlicht. Im Februar 1945 kamen die Angreifer nächstens und warfen ihre Bombenlast ab. Der entfachte Feuersturm zog alles Leben in einen Höllenschlund. Es geht NIE UND NIMMER um eine Verharmlosung von Auschwitz und dem Tyrannen!!!!!!!!!! Hitler ist der Dämon der deutschen Geschichte. Mit dieser Last und Tragödie leben die Generationen der Nachgeborenen. Die Stimmen der Opfer von Dresden, Pforzheim und .... müssen aber zur Sprache kommen, müssen die Frage herausschreien dürfen!!!! Und diese Frage darf nicht den Stiefeltretern und Dumpfbackenen überlassen werden!!!!

Zitat:

> Zitat von **masureneagle**   *Der Feuersturm über Dresden wird in Deinen Kommentaren als Kriegshappening der Alliierten verharmlost. !!!*

So ein Blödsinn !!! Dann zeig mir mal das Zitat!! **Ließ erstmal den ganzen Tread bevor Du so einen Blödsinn schreibst !!**

So ein Blödsinn

Zitat:

> Zitat von **pink-nice**   *So ein Blödsinn !!! Dann zeig mir mal das Zitat!!* **Ließ erstmal den ganzen Tread bevor Du so einen Blödsinn schreibst !!**

Ohne Kommentar

Zitat:

> Zitat von **masureneagle**   *Die Fratze des Krieges wird verniedlicht. Im Februar 1945 kamen die Angreifer nächstens und warfen ihre Bombenlast ab. Der entfachte Feuersturm zog alles Leben in einen Höllenschlund. Es geht NIE UND NIMMER um eine Verharmlosung von Auschwitz und dem Tyrannen!!!!!!!!!! Hitler ist der Dämon der deutschen Geschichte. Mit dieser Last und Tragödie leben die Generationen der Nachgeborenen. Die Stimmen der Opfer von Dresden, Pforzheim und .... müssen aber zur Sprache kommen, müssen die Frage*

Das ist mir zu pathetisch und enthält mir zu viele Ausrufezeichen. Natürlich sind die Angreifer nachts gekommen. Sie wollten abschießen und nicht abgeschossen werden. Hitler war kein Dämon. Er war der gewählte Reichskanzler, von dem eine große relative Mehrheit regiert werden wollte. Dresden ist weltweit ein Synonym für sinnlose Zerstörung. Von Südafrika bis Neuseeland. Die Idee, Dresden habe der Welt etwas mitzuteilen, was die Welt nicht ohnehin schon seit Jahrzehnten weiß, ist nur nur in Deutschland mehrheitsfähig.

was ist jetzt eigentlich mit Pforzheim? Gibts das heute noch??

1945

Durch einen Fliegerangriff am 23. Februar wird der Pforzheimer Stadtkern völlig zerstört, innerhalb von 22 Minuten finden annähernd 20 000 Menschen den Tod. Am 18. April enden die Kriegshandlungen mit der Besetzung der Stadt durch die französische Armee.

Zitat:

Zitat von **Jörg König**   *Hitler war kein Dämon. Er war der gewählte Reichskanzler, von dem eine große relative Mehrheit regiert werden wollte.*

Selbstverständlich war Hitler ein Dämon, wenn auch von ca. 1/3 aller Deutschen gewählt. An seiner Ideologie gibt's meiner Meinung nach nichts Menschliches, war alles von Anfang an auf Unterwerfung, Beherrschung, Vernichtung ausgerichtet, gerechtfertigt nicht durch höhere ideelle Werte, sondern nur durch das Recht des Stärkeren. Hat es allerdings geschafft, einem Volk, das es damals scheinbar dringend nötig hatte, geeignete Sündenböcke (Juden, Kommunisten, dekadente westliche Demokratien) anzubieten, durch anfängliche Erfolge und geschickte Propaganda ein Gefühl der Zusammengehörigkeit (Volksgemeinschaft) zu schaffen und seine wahren Ziele lange Zeit zu verheimlichen. Für mich das wahre Symbol und die Hauptursache für Unmenschlichkeit und Zerstörung, die dann gegen Ende des Krieges auch unschuldige Deutsche getroffen hat.

Zitat:

> Zitat von **Wischmop** *Selbstverständlich war Hitler ein Dämon, wenn auch von ca. 1/3 aller Deutschen gewählt. An seiner Ideologie gibt's meiner Meinung nach nichts Menschliches, war alles von Anfang an auf Unterwerfung, Beherrschung, Vernichtung ausgerichtet, gerechtfertigt nicht durch höhere ideelle Werte, sondern nur durch das Recht des Stärkeren. Hat es allerdings geschafft, einem Volk, das es damals scheinbar dringend nötig hatte, geeignete Sündenböcke (Juden, Kommunisten, dekadente westliche Demokratien) anzubieten, durch anfängliche Erfolge und geschickte Propaganda ein Gefühl der Zusammengehörigkeit (Volksgemeinschaft) zu schaffen und seine wahren Ziele lange Zeit zu verheimlichen. Für mich das wahre Symbol und die Hauptursache für Unmenschlichkeit und Zerstörung, die dann gegen Ende des Krieges auch unschuldige Deutsche getroffen hat.*

Ach so.

Ich glaube nicht, dass Hitler ein Dämon war, er war nur, wie Jörg schon meinte, zum richtigen Zeitpunkt am richtigen Ort, und ein rhetorisches Genie. Nur, die Tatsache, dass Hitler über 40 Anschlagsversuche überlebt hat, macht mich stutzig. Für damalige Widerstandskämpfer hatte er zumindest den "Schutz des Teufels"... Umso ironischer, dass er sich am Ende selbst das Leben genommen hat...

Wohl eher zur falschen Zeit am falschen Ort. Den Massenmörder hätten sie niemals aus Österreich rauslassen sollen. Und sein Selbstmord war auch nicht ganz freiwillig. Gegen die ein paar Hundert Meter entfernte Rote Armee hätte ihm der "Schutz des Teufels" nix mehr genutzt.

Mir sind die Beweggründe für Hitlers Selbstmord durchaus bekannt, ich finde, es hat trotzdem was ironisches. ....sinnlose Diskussion jetzt noch - belassen wirs doch einfach dabei.

Zitat:

> Zitat von **Jörg König**   *[...] Hitler war kein Dämon. Er war der gewählte Reichskanzler, von dem eine große relative Mehrheit regiert werden wollte.*

Mehr noch, er war ein Mensch. Ein Bohemien, einer der sich für einen Künstler hielt. Einer der unendlich lange Monologe hielt, seinen Hund liebte und Verdauungsprobleme hatte. Dämonisierung ist Vertuschung. Hitler steckt in uns allen.

Zitat:

> Zitat von **Jörg König**   *Dresden ist weltweit ein Synoym für sinnlose Zerstörung. Von Südafrika bis Neuseeland. Die Idee, Dresden habe der Welt etwas mitzuteilen, was die Welt nicht ohnehin schon seit Jahrzehnten weiß, ist nur nur in Deutschland mehrheitsfähig.*

Sehr schön gesagt. Dresden ist Bestandteil der Kriegsführung, das was Jörg Friedrich in seinem Buch "Waffe" nennt (nein, ich will jetzt nicht über Friedrich diskutieren, ja, der ist problematisch). Ein Teil des totalen Kriegs der die Bevölkerung in Angst un Schrecken, ihren Widerstandswillen brechen sollte. Zuerst angewandt wurde sie von den Deutschen. Die Briten haben diese "Waffe" perfektioniert und in dem Glauben angewandt, sie hätte auf den Krieg Einfluß. Insofern ist Dresden Teil des Krieges und nicht isoliert zu sehen. Wie ich überhaupt eine Tendenz erkenne, gewisse Ereignisse herauszupicken. Dresden ein Kriegsverbrechen! Jaja, Leningrad, Coventry, Rotterdam Warschau auch, aber wir reden jetzt über Dresden, das andere langweilt. Und über Oskar Schindler, aber nicht über Höss, Hexdrich, Eichmann, Jodel, Frick, Sauckel etc.

Zitat:

> Zitat   von   **latho**   *Hitler   steckt   in   uns   allen.*

In mir nicht.

Zitat:

> Zitat von **Jörg König**   *In mir nicht.*

Doch, denn ich meinte die Tatsache, dass Hitler so wie wir alle ein Mensch war. Und das nehme ich bei Dir doch an - es sei denn, Du bist eine ganz besonders gewitze Künstliche Intelligenz. :) Charakterzüge sind wieder etwas anderes, ich habe mich nur gegen die Dämonisierung gewandt. Hast Du Hamnns "Hitlers Wien" gelesen - da wird der jugendliche Hitler, hmm, lebendig. Und ich bin mir ziemlich sicher, dass diese Gestalt vor Krieg, Bierkellerputschen, Größenwahn und Massenmord etwas hat, dass man wiedererkennt. Da fällt mir das Schulfoto von ca. 1899 ein, auf dem der Grundschüler Hitler (damals vielleicht noch Schicklgruber?) mit sinnlos wütendem Blick und wie angeschweißt verschränkten Armen inmitten seiner Klassenkameraden steht und sehr sichtbar schon alles in sich trägt und aus sich raus lässt, wofür Kritiker seines Wirkens ihn heute noch tadeln. Und nein, ich bleibe dabei: Hitler war kein Mensch wie ich. Er war auch kein Waran, eine Funkmaus, eine Klospülung oder ein brauner Strich im Slip. Hitler war Dummheit, Lärm und Gebrüll. Er war etwas, das man wegmacht, wenn man es sauber haben will. Und das ist er heute noch. Und seine Fans sind nicht mal das.

Zitat:

> Zitat von **Jörg König** *Da fällt mir das Schulfoto von ca. 1899 ein, auf dem der Grundschüler Hitler (damals vielleicht noch Schicklgruber?) mit sinnlos wütendem Blick und wie angeschweißt verschränkten Armen inmitten seiner Klassenkameraden steht und sehr sichtbar schon alles in sich trägt und aus sich raus lässt, wofür Kritiker seines Wirkens ihn heute noch tadeln. Und nein, ich bleibe dabei: Hitler war kein Mensch wie ich. Er war auch kein Waran, eine Funkmaus, eine Klospülung oder ein brauner Strich im Slip. Hitler war Dummheit, Lärm und Gebrüll. Er war etwas, das man wegmacht, wenn man es sauber haben will. Und das ist er heute noch. Und seine Fans sind nicht mal das.*

Nun ja, im Endeffekt natürlich nicht. Aber "angefangen" hat er "normal". Wie gesagt: bei Hamann mal lesen, wie er als Minderwertigkeitskomplexbeladener seinen Mitbewohnern im Obdachlosenasyl Vorträge hielt. Ich kenne eine ganze Menge solcher Leute, ja manchmal gehöre ich selbst dazu. Ich will nicht sagen, dass so etwas in den Völkermord führt (bitte nicht), aber es ist ein Zug den ich als menschlich erkenne.

Zitat:

> Zitat von **latho** *Nun ja, im Endeffekt natürlich nicht. Aber **"angefangen" hat er "normal".** Wie gesagt: bei Hamann mal lesen, wie er als Minderwertigkeitskomplexbeladener seinen Mitbewohnern im Obdachlosenasyl Vorträge hielt. Ich kenne eine ganze Menge solcher Leute, ja manchmal gehöre ich selbst dazu. Ich will nicht sagen, dass so etwas in den Völkermord führt (bitte nicht), aber es ist ein Zug den ich als menschlich erkenne.*

Wenn man sagt "Hitler steckt in uns allen"(Original Zitat@ latho) meint man ja nicht seine Jugendjahre !!

Zitat:

> Zitat von **pink-nice**   *Wenn man sagt "Hitler steckt in uns allen"(Original Zitat@ latho) meint man ja nicht seine Jugendjahre !!*

Nein, natürlich nicht. Aber in der Jugend Hitlers ist das vielleicht deutlicher zu sehen. Waren die Vorträge im Obdachlosenasyl nicht die exakten Vorläufer seiner "Tischgespräche" und Monologe im "Führerhauptquartier"? War nicht seine hervostechende Charaktereigenschaft die völlige Unfähigkeit zum Dazulernen, Umdenken, Erfahren, Kennenlernen, Neugierigsein? Und sieht er nicht schon als 10jähriger so aus, als seien seine Lieblingswörter onerschötterlich, graniten, hart, eisern, ewig und der ganze Rest Vokabel gewordenen Stillstands?

Zitat:

> Zitat von **Jörg König**   *Waren die Vorträge im Obdachlosenasyl nicht die exakten Vorläufer seiner "Tischgespräche" und Monologe im "Führerhauptquartier"? War nicht seine hervostechende Charaktereigenschaft die völlige Unfähigkeit zum Dazulernen, Umdenken, Erfahren, Kennenlernen, Neugierigsein? Und sieht er nicht schon als 10jähriger so aus, als seien seine Lieblingswörter onerschötterlich, graniten, hart, eisern, ewig und der ganze Rest Vokabel gewordenen Stillstands?*

"Vorrsehunk" bitte nicht vergessen... Ich sehe Hitler als Möchtegernkünstler, einer der nicht plant, nicht denkt, eine bohemehaftes Leben führt (welcher deutsche Regierungschef stand denn jemals erst um 11 auf?), nach dem sich alle richten müssen. Ein Mensch, der "seinen Instinkten traut" (= nicht nachdenkt), gleichzeit aber eine brutalen Bauernschläue besitzt, dies aber nie zugeben würde. Einer der seine Vorstellungswelt unbedingt wahr sehen will. Deswegen bin ich strikt gegen Künstler im Amt!

Zu Deiner Anmerkung: Hitler hat sicherlich in seinem Leben ab einem gewissen Zeitpunkt nicht mehr dazugelernt, es auch nicht mehr gewollt. Aber da ist er nicht allein. Hitler ist eine Kombination von diversen Wesenszügen (wie ein jeder), (fast) alle für sich nicht unbedingt gefährlich (wie gesagt, eingebildete Künstler und Leute, die meinen, alles schon zu wissen, kenne ich genügend), aber die Kombination macht es eben. Und dann wird so ein Typ auch noch zum Reichskanzler gewählt ...

Er war ja eben kein Künstler, sondern ein Postkartenmaler, ein übrigens gar nicht mal so unbegabter Zeichner und Aquarellist. Dass er sein womöglich ausbaufähiges Talent für Genie gehalten hat und sich daher für Übung und Arbeit zu fein war... So war er halt. Dass er nur zu maßstabgetreuem Abmalen fähig war... so war er halt. Und dass er seine unterdrückten Samenkoller in der einzigen Phantasie, zu der er fähig war, zu gigantischen Betonburgen verspachtelte... so war er halt. Hitler ist eine historisch singuläre Erscheinung. Sein Aufstieg war undenkbar, seine Kanzlerschaft unmöglich, seine "Führerschaft" die Kapitulation der Zivilisation vor einer Barbarei, die nicht mal unsere Vorfahren für möglich gehalten hätten, als sie noch behaart auf Bäumen hockten. Ich bleibe also dabei: Es gibt keine Ähnlichkeit zwischen mir und ihm.

Zitat:

> Zitat von **Jörg König**   *Er war ja eben kein Künstler, sondern ein Postkartenmaler, ein übrigens gar nicht mal so unbegabter Zeichner und Aquarellist. Dass er sein womöglich ausbaufähiges Talent für Genie gehalten hat und sich daher für Übung und Arbeit zu fein war... So war er halt. Dass er nur zu maßstabgetreuem Abmalen fähig war... so war er halt. Und dass er seine unterdrückten Samenkoller in der einzigen Phantasie, zu der er fähig war, zu gigantischen Betonburgen verspachtelte... so war er halt.*

Das hast Du schön gesagt - das mit dem Künstler stimmt natürlich: er *hielt* sich für einen Künstler, natürlich war er keiner. Von Beruf Politiker, seine Berufung: Massenmord.

Zitat:

> Zitat von **Jörg König**   *Hitler ist eine historisch singuläre Erscheinung. Sein Aufstieg war undenkbar, seine Kanzlerschaft unmöglich, seine "Führerschaft" die Kapitulation der Zivilisation vor einer Barbarei, die nicht mal unsere Vorfahren für möglich gehalten hätten, als sie noch behaart auf Bäumen hockten. Ich bleibe also dabei: Es gibt keine Ähnlichkeit zwischen mir und ihm.*

Wie gesagt: Hitler war ein Mensch so wie Du und ich, darin ähnelt er uns. Ansonsten nicht.

Zitat:

> Zitat von **Jörg König**   *Er war ja eben kein Künstler, sondern ein Postkartenmaler, ein übrigens gar nicht mal so unbegabter Zeichner und Aquarellist.*

Leider auch ein ziemlich erfolgloser. Aus seinen persönlichen Niederlagen als Maler (Ablehnung bei der Wiener Kunstakademie), als Soldat (die persönlich genommene Niederlage im 1. Weltkrieg, Dolchstoßlegende), als Politiker in den Anfängen der Weimarer Republik (Splitterpartei, missglückter Hitlerputsch) resultiert meiner Meinung nach auch sein fanatischer Hass auf Juden, Kommunismus, Kapitalismus etc. Das typische Sündenbockschema also, um vom evtl. eigenen Versagen abzulenken. Bis dahin ein unschöner, aber durchaus menschlicher Charakterzug. Die große Frage (auch aus psycholischer Sicht) ist, warum er selbst nach seinem Aufstieg zum Reichskanzler und seinen offensichtlichen Erfolgen in Friedensjahren (Abbau der Arbeitslosigkeit, Revision von Versailles) so konsequent an der Vernichtung seiner ehemaligen Feindbilder festgehalten hat. Und das selbst dann, wenn dies den militärischen Notwendigkeiten völlig widersprach (die Vernichtung der Juden und die Behandlung der russischen Zivilbevölkerung im 2. Weltkrieg waren aus militärischer Sicht mit Sicherheit kontraproduktiv). In dieser Beziehung gibt's wirklich nichts geschichtlich Vergleichbares, unabhängig von der Zahl der Opfer.

Zitat:

> Zitat von **Wischmop**   *Leider auch ein ziemlich erfolgloser. Aus seinen persönlichen Niederlagen als Maler (Ablehnung bei der Wiener Kunstakademie), als Soldat (die persönlich genommene Niederlage im 1. Weltkrieg, Dolchstoßlegende), als Politiker in den Anfängen der Weimarer Republik (Splitterpartei, missglückter Hitlerputsch) resultiert meiner Meinung nach auch sein fanatischer Hass auf Juden, Kommunismus, Kapitalismus etc. Das typische Sündenbockschema also, um vom evtl. eigenen Versagen abzulenken. Bis dahin ein unschöner, aber durchaus menschlicher Charakterzug. Die große Frage (auch aus psycholischer Sicht) ist, warum er selbst nach seinem Aufstieg zum Reichskanzler und seinen offensichtlichen Erfolgen in Friedensjahren (Abbau der Arbeitslosigkeit, Revision von Versailles) so konsequent an der Vernichtung seiner ehemaligen Feindbilder festgehalten hat. Und das selbst dann, wenn dies den militärischen Notwendigkeiten völlig widersprach (die Vernichtung der Juden und die Behandlung der russischen Zivilbevölkerung im 2. Weltkrieg waren aus militärischer*

> *Sicht mit Sicherheit kontraproduktiv). In dieser Beziehung gibt's wirklich nichts geschichtlich Vergleichbares, unabhängig von der Zahl der Opfer.*

In seinenm weltbild war Hitler bereist vor dem Krieg gefestigt, die Brutalität des Weltkriegs hat nur seine eigene verstärkt (da war er nicht der Einzige). Anfang der 20er war Hitler "fertig", da kam nicht mehr viel dazu, die "Pläne" standen. Die "Friedensjahre" (und die kann man auch nur nach außen hin so bezeichnen) waren Vorbereitung, nichts anderes, Ziel war immer der Große Krieg um die Welt. Der Krieg wurde um "Lebensraum" geführt (und der Ausrottung und Vetreibung missliebiger "Rassen" wie Juden und Slaven), von daher ist die Besatzungspolitik vielleicht kontraproduktiv, aber gewollt, ja sogar Sinn des ganzen Krieges im Osten gewesen.

Das ist natürlich alles richtig. Die Besatzungspolitik im Osten läßt sich sogar mit den Nachkriegszielen (planmäßige "Dezimierung" der Slawen, Ansiedlung von deutschen Großbauern als neuen Herrenmenschen) in Einklang bringen, die Konsequenz der Vernichtung der Juden ist und bleibt aber einmalig. Als Sündenböcke für persönliches Versagen und für politische Zwecke mussten die schon seit Jahrhunderten regelmäßig herhalten, auf die Idee, sie planmäßig in ganz Europa ohne jeden erkennbaren politischen und militärischen Nutzen zu vernichten, kam noch niemand vorher. Von daher habe ich auch ab einem gewissen Zeitpunkt Schwierigkeiten, Hitler als Mensch wie Du und Ich zu begreifen. Eher als einen gewöhnlichen Massenmörder, der leider über Mittel (Parteiapparat, Wehrmacht) und Mittäter (u.a. in der SS und den SEKs) verfügte wie kein zweiter vor ihm.

Zitat:

> Zitat von **latho**   *Hitler steckt in uns allen.*

@@latho.....Wie gesagt: Hitler war ein Mensch so wie Du und ich, darin ähnelt er uns. Ansonsten nicht.
++++++++++++++++++++++++++
Erst sagst Du ....Hitler steckt in uns allen,und nun ist die einzige gemeinsamkeit das er auch ein Mensch ist: confused:

Zitat:

Das wiederspricht sich nicht. Ansonsten: lies meine Posts nochmal durch. Es ist und bleibt im Wortsinn unfassbar. Er war ja eigentlich, mit Tucholsky gesprochen, nur der Lärm, den er erzeugte. Die mit ihm an die Macht gekommene Blase, in der bezeichnenderweise Kreaturen wie Goebbels als intellektuell oder Göring als human durchgehen konnten, hat seinen Untergang keine Woche lang überstanden. Wenn das Menschen wie du und ich sind, hocke ich mich auf den nächsten Baum und lause meine Liebsten.

ENDE des Forum´s

Mein Beitrag aus meiner eigener Familiengeschichte:

In den Dörfern „Wilmersdorf" und „Lakoma" bei der Stadt Cottbus; heute die eingemeindeten Ortsteile, Cottbus-Wilmersdorf und Cottbus-Lakoma haben sich nach dem Zeugnis meiner Großmutter Annemarie Schiesko, geb. Herrmann folgende alliierte Übergriffe auf die Zivilbevölkerung ereignet:

Kurz vor dem Einmarsch der Russen haben meine Urgroßeltern für sie geltende Wertgegenstände wie, Geschirr und Wäsche im Garten und auf dem Feld vergraben, da sie aus Erzählungen von Flüchtlingen wußten, daß die Russen alles zerstören. Trotzdem fanden die Russen einen Teil des Geschirrs, welches in einem Misthaufen versteckt war und zerstörten dieses indem sie mit ihren Säbeln immer wieder reinstachen.

Die Landbevölkerung war zufrieden, daß sich die Russen schon „ausgetobt" haben und vergleichsweise „human" mit der Landbevölkerung umgegangen sind. Als die Russen ins Haus meiner Urgroßeltern kamen, fing meine Urgroßmutter „Marie Herrmann" mit einer Bekannten an Wendisch zu reden. Trotzdem trugen sie das

Cheselong aus der Küche in den Hof und zündeten es an. Auf meinem Urgroßvater „Heinrich Herrmann" legten sie ihre Gewehre an und bedrohten diesen, während das Cheselong abbrannte. Nach Kriegsende kamen die Russen noch mehrmals auf das Gehöft meiner Urgroßeltern. Mal klauten sie die Fahrräder, mal klauten sie Hühner. Nur weil meine Urgroßeltern „Kommandantur" sagten, hielten die Russen ein und es verhinderte schlimmeres. Trotzdem kam es zur Vergewaltigung meiner Großtante, der Schwester von meiner Oma, der „Liesbeth Herrmann". Zu meiner Oma sagten sie, daß sie zu „jung" sei. Im Dorf und im Umkreis kam es zu mehren Vergewaltigungen, sodaß sich die jungen Mädchen auf Dachböden in Häusern versteckten, die in der Dorfmitte lagen. Meine Oma berichtete diese einschneidenden Erlebnisse, auch das sie ihre Notdurft in Eimern auf dem Dachböden verrichten mußten. Ebenfalls wurde berichtet, daß eine Frau mit der Brust auf den Tisch „festgenagelt" wurde und Raten in die Kinderwagen von deutschen Kindern geschmissen wurden. Diese Erlebnisse waren für meine Oma so einschneidend, daß sie jeden Abend vor dem zu Bett gehen, unter die Betten und in den Kleiderschrank gucken mußte um sich zu überzeugen, daß niemand unterm Bett lag oder im Schrank saß. Diese traumatischen Erlebnisse halten bis heute, 66 Jahre nach Kriegsende an!

Herstellung und Verlag

Books on Demand GmbH

ISBN: 9783842367838